Mythos Berlin

Mythos Berlin

Zur Wahrnehmungsgeschichte einer industriellen Metropole

Eine szenische Ausstellung
auf dem Gelände des Anhalter Bahnhofs

Katalog zur Ausstellung
13. Juni - 20. September

Berlin 1987
Ästhetik und Kommunikation

Mythos Berlin Ausstellung
mit Unterstützung des Senators für Kulturelle Angelegenheiten, Berlin

in Zusammenarbeit mit der
Neuen Gesellschaft für bildende Kunst e.V. (NGBK)

unter Beteiligung von:
Ästhetik und Kommunikation, Redaktion
Archiv der Akademie der Künste, Berlin
August-Bebel-Institut, Berlin
Deutscher Akademischer Austauschdienst (DAAD)
Hans Fellner Verlagsauslieferung
Hochschule der Künste, Berlin (HdK)
Institut für Soziologie, Freie Universität Berlin
Künstlerförderung (Senator für Gesundheit und Soziales)
Landesbildstelle Berlin
Landespostdirektion Berlin
Medien und Kultur. Berliner Werkstätten (MuK)
Museumspädagogischer Dienst, Berlin (MD)
Rowohlt Verlag, Reinbek
Schiller-Nationalmuseum / Deutsches Literaturarchiv Marbach/N.
Stiftung Preußischer Kulturbesitz, Handschriftenarchiv
Suhrkamp Verlag, Frankfurt/M.
Universitätsbibliothek Tübingen
U.S.-Mission Berlin
Wissenschaftskolleg zu Berlin

Mythos Berlin Ausstellung GmbH Gesellschafter: Ulrich Baehr, Jutta Brückner, Tilman Fichter, Eckhart Gillen, Knut Hickethier, Franz-Josef Hilbers, Dieter Hoffmann-Axthelm, Gisela Kayser, Eberhard Knödler-Bunte, Rolf Külz, Freya Mülhaupt, Eberhard Sens, Hermann Treusch

Beirat: Peter Glotz, Michael Haerdter, Volker Hassemer, Thomas Kempas, Alexander Kluge, Gottfried Korff, Hans Mayer, Hans Mommsen, Georg Mosse, Henning Rischbieter, Eberhard Roters, Wieland Schmied, Wolf Jobst Siedler, Nicolaus Sombart

Geschäftsführung und Projektleitung: Eberhard Knödler-Bunte

Koordination der Künstler: Ulrich Baehr
Ausstellungsgestaltung: Werner Hutterli
Assistenz: Susanne Demenga, Thomas Ziegler
Architektur: Andreas Reidemeister, Dietrich Riemann
Statik: Franz-Josef Hilbers
Bauleitung: Planungsgemeinschaft Volker Romboy & Alexander Lubiĉ
Projektbearbeitung:
Marlene Apmann, Jan Berg, Walter Gramming, Knut Hickethier, Theodore L. de Jonge, Gisela Kayser, Rainer Knothe, Barbara Krull, Jan Laessig, Claudio Lange, Dieter Lange, Sabine Merseburger-Brüning, Anthony Millionaire, Lothar Müller, Hermann Schwengel, Rudolf Stegers, Klaus Strohmeyer, Signe Theill, Werner Theuer, Frank Wagner
Produktionsleitung: Dietmar Behnke, Knut H. Johnson
Produktionsassistenz: Henry Böttcher, Thomas Jasny
Werkstätten: Alexander Arjona-Jacobi, Peter Bruhn, Kai Kiefer, Max Moormann
Verwaltungsleitung: Bianca Bon
Sekretariat: Christine Ebert, Erika Grimmke, Rosemarie Lapuse
Presse- und Öffentlichkeitsarbeit: Marlene Apmann, Winfried Hamann
Organisation des Republikanischen Forums: Hermann Schwengel

Katalogredaktion und Layout: Knut Hickethier, Michael Schwelling
unter Mitarbeit von Gisela Kayser und Jan Laessig

Umschlaggestaltung unter Verwendung eines Motivs von Nicolaus Ott und Bernard Stein

Danksagung

Der 'Mythos mit beschränkter Haftung' wurde als Unternehmen, als GmbH von seinen vierzehn Initiatoren gegründet: Schriftsteller und Filmemacher, Kulturwissenschaftler und bildende Künstler, Publizisten und Theaterleute, Architekten und Ingenieure. Damit das Ausstellungsprojekt Realität werden konnte, war viel Hilfe und Unterstützung, Anregung und Kritik notwendig. Ohne diese Hilfe von verschiedenen Gruppierungen in dieser Stadt und in der Bundesrepublik Deutschland sowie von vielen engagierten einzelnen wäre »Mythos Berlin« ein zwar konzeptionell interessantes, aber nicht realisiertes Projekt geblieben. Die größte Unterstützung gewährte der Senator für Kulturelle Angelegenheiten, nicht unbeträchtliche Mittel kamen von kooperierenden kulturellen Institutionen und aus Kreisen vor allem der Berliner Wirtschaft. Sehr viele haben sich für dieses Ausstellungsprojekt persönlich engagiert und uns mit Rat und Tat geholfen. Deshalb ist es keine Formsache, wenn ich mich bei allen jenen sehr herzlich bedanke, die uns im Großen wie im Kleinen geholfen haben, die vielen Hürden zu nehmen, die vor der Realisierung dieses Projektes standen. Besonderen Dank gilt auch allen Mitarbeiterinnen und Mitarbeitern.

Eberhard Knödler-Bunte

Für ihre finanzielle und materielle Unterstützung danken wir:

Bally Wulf Automaten GmbH
Bayerische Vereinsbank AG
Blaupunkt Werke GmbH
Borsig GmbH
Robert Bosch GmbH
British Airways (BA)
Richard Brosse GmbH
Bundesverband Torf- und Humuswirtschaft
Daimler Benz AG, Niederlassung Berlin
DeTeWe
Deutsche Bank Berlin AG
Deutsche Kredit- und Handelsbank
SKF GmbH
Evangelische Kirche zu Berlin
Frischbeton Bettels & Co. KG
Haarmann & Reimer GmbH (H & R)
IBK Garagenbau- und Vertriebsgesellschaft mbH
Kaiser's Kaffee Geschäft, Zweigniederlassung Berlin AG

Krone AG
Lichthaus Mösch
Lieferbeton GmbH
Linde AG
Multiplan
Osram Werke GmbH
PAN AM, Berlin
Pannenberg GmbH & Co. KG
Rollbeton GmbH & Co. KG
Schirm Straßenbaustoffe GmbH
Schütz & Franke Betonwerk GmbH & Co. KG
Karl Ludwig Schweisfurth und Frau
Semperlux GmbH
Siemens AG, Berlin
Sorst & Co., Blechverarbeitung
Sparkasse der Stadt Berlin-West
Villeroy & Boch, Keramische Werke KG
Württembergische Feuervers. AG

Besonderer Dank gilt

Uwe Abraham
Dieter Appelt
Jürgen Bachhuber
Uta Berg-Gransow
Peter Bley
Jochen Boberg
Günter Braun
Bazon Brock
Horst Buchmann
Frank Burckner
Willi Helmut Burger
Michael Cullen
Lore Ditzen
Ugo Dossi
Jürgen Egert
Friedhelm Ernst
Dirk Forkel
Ulrich Giersch
Hermann Glaser
Peter Glotz

Michael Götze
Günther Gottmann
Alfred Gottwaldt
Walter Grab
Eckhart Haisch
Rolf Henke
Michael Haerdten
Wolf-Rainer Hermel
Guido Hiss
Rainer Höynck
Werner Jütte
Dietmar Kamper
Elke Karrenberg
Kurt Kasch
Thomas Kempas
Peter G. Kliem
John C. Kornblum
AV-Optics, Helga und Jürgen Krebs
Georg Lechner
Alexander Lubic
Volker Ludwig
Hans Mayer
Joachim S. Meier
Sabine Merseburger-Brüning
Robert Meuser
Hans Mommsen
Walter Momper
Hubertus Moser
Hans-Joachim Nord
Nikolaus Ott
Wolfgang Pabel
Rainer und Monika Papenfuss
Bernhard Paul
Toni Pfeiffer-Sachs
Theo Pinkus
Ken Pitterle
Marie-Louise von Plessen
Johannes Posth
Joachim Putzmann
Margarete Raspé

Peter Raue
Cosima Reif
Linda Reisch
Edzard Reuter
Henning Rischbieter
Harry Ristock
Ulrich Roloff-Momin
Volker Romboy
Eberhard Roters
Klaus Rückert
Dieter Sauberzweig
Reinhold Schattenfroh
Einar Schleef
Wieland Schmied
Ralf Schnell
Brigitte Schütz
Michael Schulze
Arnt Seifert

Wolf Jobst Siedler
Christian Siegert
Nicolaus Sombart
Daniel Spoerri
Bernhard Stein
Walter Orlowsky
Ulrich Thieme

Jension Thomkins
Harald von Unruh
Angelika Wachtel
Krista Weedman
Wolfgang Weick
Otto Jörg Weis
Georg von Wilcken
Sibylle Wirsing
Christoph Wulf
Heinz Zirk
Felix Zwoch

Besonderer Dank gilt auch
der Industrie- und Handelskammer
zu Berlin (IHK)
dem Technischen Hilfswerk (THW)

Leihgeber

Auguste-Viktoria-Krankenhaus
Bahnhofs-Handels-GmbH, Berlin
Berliner Verkehrsbetriebe (BVG)
Bezirksamt Kreuzberg,
Abt. Bauwesen, Gartenbauamt Kreuzberg
Robert Bosch GmbH, Berlin
Bundespräsident Richard von Weizsäcker
Deutsche Bundesbahn Frankfurt/M.;
Deutsche Bundesbahn Gießen
Bruno Dittmar OHG
Freie Universität Berlin, Institut für
Geschichte der Medizin
Karl Gerstner
Paul Gredinger
Claus von Ingersleben, München
Kesting, Berlin
Museum für Verkehr und Technik (MVT)
J. G. Obenaus Sen.
Rheingau-Oberschule

Inhalt

Vorwort

Die 750-Jahr-Feier Berlins darf kein Idealbild der Stadt entwerfen und will sie nicht auf eine geschlossene Formel bringen; sonst wäre es nicht die 750-Jahr-Feier gerade dieser Stadt. Ein durchgängiges Prinzip des Programms ist die Auffächerung der Vergangenheit, der Gegenwart und der Ressourcen für die Zukunft Berlins in die vielen kontrastierenden Farben, die dem komplexen Gegenstand allein gerecht werden.

Berlin läßt sich nicht auf einen Nenner bringen, sondern nur in wechselnden Perspektiven darstellen, wenn das Bild eine angemessene Tiefenschärfe geben will. Darum verfolgt das Programm sowohl die bündelnde Zusammenfassung als auch die differenzierende Verzweigung.
Eine solche in der historischen Topographie schon angelegte komplementäre Beziehung besteht auch zwischen der großen Ausstellung der Historiker im Gropius-Bau und dem Programm »Mythos-Berlin« auf dem Gelände des ehemaligen Anhalter Bahnhofs. Dort die Sammlung von Bildern der Geschichte – hier, dies der hohe Anspruch, die Geschichte der inneren Bilder; Träume und Alpträume, die in den Köpfen derer hausen, die diese Stadt erleben und erleiden. Dort der forschende Blick auf die Realität – hier die innere Erfahrung, die den Blick auf die Realität prägt.

Mythen sind Instrumente gegen Überwältigung durch übermächtige Erfahrungen. Dem ungeordneten Ansturm der äußeren Erlebnisse und inneren Gefühle wird die Ordnung des Mythos entgegengesetzt; die komplexe Welt wird in Bildern und Erzählungen verarbeitet; das in seiner Unerklärbarkeit und Unbegreiflichkeit Bedrohliche wird benannt und damit, vielleicht, gebannt; auch in dem Sinn, daß aus vagen, flüchtigen Begebenheiten dauerhafter, tradierbarer geistiger Besitz wird. Ein Erfahrungsschatz, der mitgeteilt werden kann, und aus der Not des einzelnen gemeinsame Not, aus seiner Begeisterung gemeinsames Glück werden läßt.

Die Geschichte Berlins ist reich an extremen Situationen und Geschehnissen; seine Nachkriegssituation ist im übrigen darunter durchaus eine der extremsten. In den Phasen ihrer stürmischen Entwicklung zur Metropole und auch heute setzt die Stadt ihre Bewohner und Besucher extremen Erfahrungen aus. Und das ist eine ihrer spezifischen Stärken.

Berlin war und ist mythenträchtig aus den Gegensätzen, die hier in kaum gedämpfter Härte aufeinanderstoßen. Berlin ist weltläufig und provinziell zugleich, sublim und grobschlächtig, einladend und abweisend, schwerfällig und agil, sentimental und kaltschnäuzig, kühn und kleinmütig, großmäulig und zurückhaltend, unschuldig und verkommen, prächtig und dürftig; es ist Atlantis und Wurstbude. Die größte Stadt Deutschlands und die einzige, die den Mythos der Metropole ganz erfüllt.

Volker Hassemer
Senator für Kulturelle Angelegenheiten

Ulrich Eckhardt
Beauftragter des Senats von Berlin
für die 750-Jahr-Feier

Mythos Berlin
Wahrnehmungsgeschichte einer industriellen Metropole.

Eine szenische Ausstellung
am Anhalter Bahnhof

Eberhard Knödler-Bunte

Wie keine andere europäische Großstadt ist sich Berlin selbst zum Mythos geworden. Während andere Städte sich langsam in ein mythisches Bild hineingegraben haben, ist die Berliner Geschichte geprägt vom schroffen Wechsel ihrer Mythen und Identitätsangebote. Nur wenige Jahrzehnte trennen die Kolonnistenstadt inmitten des märkischen Sandes von der Kaiserstadt des Gründungsfiebers und der wilhelminischen Repräsentationssucht, die moderne Großstadt der Reformen und des kulturellen Aufbruchs von der Reichshauptstadt der germanischen Weltmachtträume, die Frontstadt des 'Kalten Krieges' von dem unruhig gewordenen Berlin der Revolten und diese wiederum vom lasziven Eldorado der Subkulturen, dem touristischen Zentrum der großen Kongresse, dem aufgefächerten Terrain von kulturellen und künstlerischen Aktivitäten.

Gerade deshalb ist Berlin so anfällig für Bilder, in denen das Versprechen nach Sinn und Zusammenhang formuliert ist. Berlin — das ist die Geschichte von Abrissen und forcierter Bebauung, von Zerstörung und Teilung, von neuen und alten Ghettos; das ist die Geschichte einer Stadt, die nie zur Ruhe gekommen ist, in ihrer Identität schwankend zwischen Provinzialismus und Weltstadtsehnsüchten, zwischen eingemauerten Freiräumen und hoffnungslosem Pragmatismus; das ist eine doppelt geteilte Stadt, in zwei ungleiche Stadthälften zerfallend, ein empfindlicher Schnittpunkt im Ost-West-Konflikt, an dem die Teilung Deutschlands

noch unmittelbar erfahrbar ist. Das hat seine Spuren in den Menschen dieser Stadt hinterlassen, ablesbar an den Bildern, die sie von dieser Stadt prägten.

Mythos Berlin ist eine räumlich-inszenierte Ausstellung zur 750-Jahr-Feier Berlins, eine Geschichte der industriellen Metropole in den Wahrnehmungen ihrer Bewohner wie ihrer Besucher. Thema der Ausstellung ist das 'Berlin im Kopf'. Blicke und Affekte, sentimentale Verklärungen und urbane Nüchternheit, Weltstadtsehnsüchte und Großstadtprovinz, Verlusterfahrungen einer abgerissenen Geschichte und Experimentierfeld von neuen Lebensentwürfen, überschießende Erwartungen von Neuanfang und anderem Leben. Wer diese Austellung betritt, wird das wiedererkennen, in seinen Projektionen, in den inszenierten Bildern und Imaginationen.

Mythos Berlin — das sind in räumliche Bilder übersetzt Spiegelungen dieser Stadt, die sichtbar gemachten Brechungen und Verwerfungen. Das ist ein Angebot, dieser Stadt ins Gesicht zu sehen, so wie sie eben ist, unsicher und irritierbar in ihrem Selbstbewußtsein. Das schließt jede historisierende Rückkehr in eine Geschichte von vornherein aus, die problemlose Identität verspricht. Was heute ansteht, ist die Entdeckung der Berliner Gegenwart: als Ergebnis einer unumkehrbaren Geschichte und als Voraussetzung für realitätshaltige Lebensperspektiven. Das schließt die unabgegoltenen Ansprüche einer Geschichte ebenso mit ein wie die sichtbar gemachten

Brüche und Verluste, mit denen Berlin für das Scheitern der republikanischen Gehversuche Deutschlands bezahlte.

Mythos Berlin Ausstellung — das sind Wahrnehmungs- und Ereignisräume, historische Sprechzimmer und Rauminstallationen, literarische und künsterliche Inszenierungen, in denen die historische Gegenwart Berlins anschaulich wird, die liegengelassenen Träume und die verdrängten Schatten seiner Geschichte. Sie wahrnehmen heißt, in der Berliner Gegenwart anzukommen. Dafür formuliert die Ausstellung Bilder, Situationen und Environments, in denen die Besucher ihr 'Berlin im Kopf' überprüfen und neue Sehweisen erproben können.

Der Ort

Ausstellungsort ist das Gelände des ehemaligen Anhalter Personenbahnhofs, der dem Stadtraum einmal seine Dimension gab. Die Flächenbombardements haben seine Hallenüberdachung zerstört, aber erst die Abrißpolitik der Nachkriegszeit beseitigte in einer heute schwer verständlichen Zerstörungswut diese 'Industriekathedrale' und mit ihr einen Höhepunkt der Berliner Backsteinarchitektur. Heute ist der 'angehaltene Bahnhof' (Walter Benjamin) selber zur Metaper der angehaltenen Stadt geworden, die mit ihrer Geschichte noch nicht ins Reine gekommen ist.

Wer das Gelände des Anhalter Bahnhof betritt, wird mit der unabgeschlossenen

Geschichte dieser Stadt konfrontiert. In den Materialien und Überresten dieses Geländes findet eine Wahrnehmungsgeschichte Berlins ihre Themen vorgegeben:

Sand — der wiederaufgetauchte märkische Boden inmitten des großstädtischen Berlins, Inbegriff von Kargheit und Armut, aber auch Anreiz für den forcierten Willen zur Rationalisierung und Modernisierung, Grundlage für das exerzierende Militär, das Berlin seinen Ton zu geben versuchte, und für die große Industrie, die ihn mit ihrer beispiellosen Dynamik überbaute; unsicherer Baugrund für die viel zu weitgreifenden Weltstadtsehnsüchte und amorpher Stoff, in dem die Energien immer wieder versickern.

Portikus — Überrest einer großen 'Industriekathedrale' und stehengebliebenes Mahnmal einer forcierten Abrißwut; urbaner Brennpunkt des großstädtischen Verkehrs mit seinen neuen Zeitrhythmen und seinen Erfahrungsformen von Anonymität, Gleichgültigkeit und Massenhaftigkeit, dem verdichteten Nebeneinander unterschiedlicher Lebensweisen und Verhaltensformen; Ereignisraum von Ankünften und Abfahrten, von großen und kleinen Geschichten, die mit dem Bahnhof verbunden sind.

Bunker — überlebte Kriegsruine, die nicht mehr wegzubekommen ist, vollgefüllt mit 'Senatskonserven', die wieder das Überleben sichern wollen; Überrest eines beispiellosen Zerstörungskrieges, der die stadthistorische Gestalt Berlins bis zur Unkenntlichkeit entstellte; in seiner Unzerstörtheit zugleich Ausdruck der fortwährenden Bedrohung und der Hilflosigkeit menschlichen Schutzes.

Südportal — ein aufgestelltes Erinnerungszeichen, historisches Zitat und räumlicher Gegenpol zum stehengebliebenen Portikus, mit dem es in Korrespondenz tritt. Die alte Bahnhofshalle mit ihrer weitgespannten Überdachung und ihrer räumlichen Dimension wird wieder imaginierbar und vermittelt eine Vorstellung davon, wie groß, tief, weit und offen ein Raum sein muß, um Teil der Stadt zu sein.

Zwei große Stahltürme, von einer filigranen Binderkonstruktion überspannt, konturieren ein brachliegendes Gelände, das als Stadtraum, als innerstädtischer Ereignis-

ort erst wieder ins öffentliche Bewußtsein kommen muß. Dieses Südportal mit seinen drei charakteristischen Toren, die Berlin nach dem Süden hin öffneten, wurde durch private Hilfe wieder aufgebaut, ein für jeden verständliches Wahrzeichen und Geste eines urbanen Selbstbewußtseins, das sich mit der gegenwärtigen Situation einer einfallslosen Begrünung nicht abfinden will.

Hier, auf dem Gelände des ehemaligen Anhalter Bahnhofs am Rande der alten Stadtmitte, trifft der Besucher wieder auf den märkischen Sand, kommt vorbei an Eingängen und halbverschütteten Räumen, die in vergessene Bild- und Klangwelten führen. Dazwischen gibt es Haltepunkte für die Erinnerung: ein kleines 'Museum der Uto-

pien des Überlebens' ein Hörraum aus Telefonzellen, in denen man die großen politischen Reden in Berlin noch einmal hören kann, eine große Ereignis-Skulptur 'La Tortuga' ('Die Schildkröte'), schließlich ein Republikanisches Forum für Vorträge, Diskussionen und Lesungen, für öffentliche Streitgespräche über Geschichte und Zukunft Berlins.

Zum Mythos Berlin gehören aber auch die Orte des großstädtischen Vergnügens: ein großer Biergarten, wo Berliner Kaffee kochen können; Eisenbahnwagen aus vergangenen Epochen, die von der Betriebsamkeit am Anhalter Bahnhof erzählen. Daneben steht ein maßstäbliches Modell des alten Bahnhofs, Ort für eine attraktive Modellbahnausstellung und zugleich Kopfbahnhof einer Schmalspurbahn zum Mitfahren von

jung und alt. Musik- und Theatergruppen bespielen das große Freigelände vor dem wiedererrichteten Südportal mit Inszenierungen und Multi-Media-Spektakeln, die die Geschichte des Anhalter Bahnhofs und seines Stadtraums in die Gegenwart Berlins versetzen.

Szenische Bilder und Erlebnisräume

Der zentrale Ausstellungsbau zeigt ein großstädtisches Labyrinth mit Durchblicken und Spiegelungen, mit Ausblicken in die Geschichte und in die Zukünfte Berlins. Hier haben die verschiedenen Bilder Platz, die unser Bewußtsein von Berlin noch immer prägen: das wilhelminische Berlin mit seiner Repräsentationssucht und seinem Aufbruch in die Moderne; das hektische, zerrissene Berlin der 20er Jahre; die Reichshauptstadt des nationalsozialistischen Größenwahns; die Stadt der Alpträume von Krieg und Zerstörung; das notleidende Berlin der 'Stunde Null'; die Frontstadt des 'Kalten Krieges' und das Berlin der Nachkriegszeit auf der Suche nach einer neuen Identität. Auf diese Weise entstehen Schaubilder unserer Berlin-Wahrnehmungen mit Ecken und Kanten, sentimentalen Nischen und ungewohnten Perspektiven.

Ein 'Kino Berlin' erinnert an die frühe Zeit des Films, an die Entstehung des modernen Großstadtstars und an die Veränderungen unserer Wahrnehmung durch das neue Medium Film. Ein 'Urbanitätslabor' verschafft Einblicke in die Welt der wissenschaftlichen Experimente und Instrumente, mit denen man den neuen Reizen der Großstadt Herr zu werden versuchte. Ein übergroßes Modell des 'Gläsernen Menschen' veranschaulicht die vielen Versuche, den komplizierten Zusammenhang der Großstadt in ein organisches Bild des ganzen Menschen zu pressen. Aber der menschliche Körper hat sich inzwischen aufgelöst in seine Vielfalt von Organen, Funktionen und Informationssystemen. Die Schaufenster der Großstadtpassage künden vom zwiespältigen Fortschritt der Wissenschaft: künstliche Glieder, Bewegungsapparate und Schutzvorrichtungen antworten auf die Zerstückelung des industrialisierten Körpers.

Der nichtbewältigte Fortschritt der Gesellschaft schlägt in Zerstörung um. Berlin hat diese Erfahrungen immer wieder gemacht, nicht nur in seiner 'Stunde Null', Hier sind nur die Narben besonders sichtbar, die das Scheitern der republikanischen Gehversuche in Deutschland hinterlassen haben, bis heute. Massendemonstrationen und Straßenkämpfe, zerstörte Schaufenster und ausgebrannte Autos, die Zurschaustellung von staatlicher Macht und die marschierende Ordnung — das sind die Angstbilder aus der Berliner Geschichte, mit denen wir immer wieder auf Veränderungen in unserer Gegenwart reagieren.

Aber an den Bruchstellen der gesellschaftlichen Entwicklungen entstehen auch die Kräfte für ein neues und anderes Leben. Eine Multi-Media-Fahrt in der 'Zeitmaschine' spürt die Situationen auf, in denen Berlin, inmitten von Bedrohungen und Zerstörungen, neue Überlebensstrategien entwickelt zwischen Anpassung und Eigensinn.

Erinnerungsbilder aus dem Berliner Alltag werden wachgerufen: die vielen Aufmärsche und Uniformen, die das Bild der Straßen in den 20er und 30er Jahren bestimmten; die Schilder 'Swing tanzen verboten' vor dem Hintergrund von Jazzrhythmen und dem Geheul von Luftschutzsirenen; die Flüsterwitze im Bunker und die stumme Angst vor einem unbekannten Schicksal; die vielen Suchzettel und Anschläge, die das Überleben in der Weltruinenstadt sichern sollten; Schwarzmarktszenen, Hamsterfahrten, Trümmerfrauen und endlose Flüchtlingstrecks; die zahlreichen Grenzgänger während Blockade und Währungsreform; die ersten Familienbesuche nach dem Bau der Mauer; die erregten Diskussionen auf Straßen und Plätze mit einer revoltierenden Studentengeneration, die man nicht mehr versteht; die vielen Touristen und Sonntagsausflügler, die das 'andere Berlin' in Augenschein nehmen: besetzte Häuser und türkische Feste, Treffpunkte der Punks und kulturelle Aktivitäten auf Straßen und Plätzen; die aufgeregten Diskussionen über ein paar Skulpturen am Kurfürstendamm und das achselzuckende Schweigen zu den Bauskandalen. Das ist Berlin, immer schwankend zwischen Provinzialismus und Weltstadtsehnsüchten, eingemauertem Pragmatismus und Aufbruchsstimmung.

Berlin, ein Ort der Moderne

Wie müßte ein Bewußtsein von dieser Stadt beschaffen sein, in dem diese Widersprüche und Ungereimtheiten Raum fänden? Die industrielle Metropole hat beides hervorgebracht: die Angst vor dem modernen Leben und das Bedürfnis nach Urbanität und kultureller Beweglichkeit. Berlin ist der Ort, an dem die Zumutungen der industriellen Großstadt besonders drastisch erfahren werden. Die Menschen reagieren mit Angst, Haß und Apathie auf das anonyme, unübersichtliche Großstadtleben mit seinen übermächtigen Reizen und seiner kalten Gleichgültigkeit. Staatlich garantierte Ruhe und Ordnung und eindeutige Wertmaßstäbe sollen dabei helfen, sich in diesem Großstadtdschungel zurechtzufinden. Die Rückbesin-

nung auf überkommene Traditionen und geschichtliche Orientierungen ist für viele ein Mittel, dem raschen gesellschaftlichen Wandel standzuhalten.
Aber die Großstadt hat immer auch gegenläufige Eigenschaften hervorgebracht. Seit seinem industriellen Aufstieg ist Berlin maßgeblicher Ort, wo die Moderne Raum greift, im Alltagsleben, im Bewußtsein der Menschen, in der stadträumlichen Umwelt. Der Berliner wird zu *dem* Typus des neuen Großstadtmenschen. Seine Berliner Schnauze ist ein typisches Großstadtprodukt. Er ist nüchtern, rotzig und frech, reagiert schlagfertig auf unbekannte Situationen, ist unsentimental und läßt sich nichts vormachen.
In Berlin wird das gelebt, wovon die Provinz träumt: die unstillbare Lust auf Abwechslung und sinnliche Attraktionen, die Freiheit von politischen und moralischen Autoritä-

ten, der Hunger auf das Abenteuer Stadt und die Neugier auf das vielfältige Nebeneinander von Moden und Lebensstilen, künstlerischen Ausdrucksformen und ästhetischen Reizen.
Das ist der Mythos Berlin, noch immer. Er lebt in diesen Bildern einer urbanen, großstädtischen Vielfalt, und er speist sich aus jener unruhigen Mischung von Projektionen, Sehnsüchten und Ängsten, die immer für etwas Neues gut ist.
Wer die Ausstellung betritt, kann diese Berliner Großstadtmischung für sich neu entdecken. Hier grenzt ein 'Hinterzimmer der deutschen Seele' direkt an das Erotik-Kabinett des Asphaltdschungels, hier befindet sich der 'deutsche Bücherschrank' in unmittelbarer Nachbarschaft zu den Buchauslagen der Großstadtliteraten, der 'Haßraum Großstadt' neben dem literarischen Café, hier stehen die 'braune Provinz', die republikanische Metropole der neuen Sachlichkeit und der modernen Reformen neben dem Berlin der Mietskasernen und des Massenelends; hier sehnt sich der Großstädter seine verlorengegangene Natur herbei, Lauben und Gartenvillen, Parks und Seen, Alpen und Meer; von hier richtet sich der gleichermaßen neidvolle wie selbstbewußte Blick auf die andere deutsche Metropole, auf das Wien der Schlösser und Paläste, der Kaffeehäuser und der Walzerseligkeit; hier vermischt sich die Sehnsucht nach einem preußischen Amerika mit dem Bedürfnis nach heimatseliger Enge, der kulturelle Aufbruch in die moderne Metropole mit dem Kiezmief von einst und jetzt.

Bilder für die Berliner Gegenwart

Das eingemauerte Berlin hat diese Widersprüche immer nach der einen oder anderen Seite zu glätten versucht, anstatt mit ihnen offen und konfliktfähig umzugehen. Die Funktionsverluste der Reichshauptstadt durch Krieg, Zerstörung und die Teilung Deutschlands wurden übertüncht durch die neuen Feindbilder nach innen und nach außen. An die Stelle von bewußtgemachten Verlusterfahrungen trat häufig eine Berlin-Nostalgie, die der großen Geschichte von einst nachlebte, um die Gegenwart eines veränderten Berlins in beiden Teilen der Stadt nicht wahrnehmen zu müssen.

Deshalb muß die Gegenwart von Berlin bewußt neu entdeckt werden, so wie sie nun mal geworden ist durch Teilung, Abrißpolitik, Kahlschlagsanierung, Bau- und Subventionsskandalen, mit revoltierenden Minderheiten und provinziell gewordenem Spießertum, kulturellen Freiräumen und touristischen Attraktivitäten.

Die Entdeckung der Berliner Gegenwart fängt mit der Mauer an. Sie ist nicht nur das unmenschliche Zerrbild einer geteilten Stadt, sondern zugleich auch eine historische Bedingung, von der aus Perspektiven für Berlin neu entwickelt werden müssen. Deshalb präsentiert 'Mythos Berlin' Zukunftsvisionen über die durch die Mauer geprägten Stadträume, die aus dem 'Interna-

tionalen Wettbewerb zur behutsamen Verstädterung der Berliner Mauer' hervorgegangen sind. Deshalb der Versuch, an vielen Orten der Ausstellung Bilder für die Berliner Gegenwart zu finden, die Vorstellungen für künftige Entwicklungen entwerfen.

Freilegungen der Geschichte

Geschichte ist kein abgeschlossenes Wissen, das man wie einen Besitz nach Hause tragen kann. Sie muß immer wieder von jeder Generation, von jeder Gegenwart aus neu befragt werden. Wie müßte eine Geschichte dieser Stadt von uns vergegenwärtigt werden, um auf das Berlin von heute zu antworten? Damit dieser Dialog zwischen Vergangenem und Gegenwärtigem gelingt, benötigen wir Anschauungsmittel, Bilder, Erzählungen, Gegenstände und Symbole. Das ist die Funktion von Mythen.

Die Ausstellung 'Mythos Berlin' hat deshalb über 25 Künstlerinnen und Künstler aus dem In- und Ausland aufgefordert, sich mit der Geschichte Berlins und des Stadtraums 'Anhalter Bahnhof' auseinanderzusetzen. Auf diese Weise sind zahlreiche Objekte und Installationen, begehbare Bilder und Filmsequenzen entstanden, die jeweils bestimmte Blicke auf die Geschichte eröffnen. Der Besucher von 'Mythos Berlin' kann selbst auf Entdeckung gehen nach den verborgenen Bedeutungen und historischen Assoziationen seines 'Berlin am Kopf', begleitet von Musik- und Geräuschkulissen, Hörstücken und Textcollagen.

Hier gibt es eine auf dem Rücken liegende Dampflokomotive, aus deren Kessel sich Geschichten vom Reisen vernehmen lassen (Wolf Vostell); ein versteinertes Weizenfeld (Ilan Averbuch); ein Republikanisches Forum aus Torfsteinen (Silvia Breitwieser); Ent-Art, eine 'musikalische Umgebung' mit Flüster- und Tropfenmusik (Erhard Grosskopf/Ulrich Baehr); ein Museum der Strategien des Überlebens (Claudio Lange); eine Landschaft mit einer freigelegten, schreitenden Menschenmenge en miniature (Karol Bronaitowski); die wiedererstandene Halle des Anhalter Bahnhofs als Illusionsraum (Yadegar Asisi-Namini); ein Adler aus Glas und Stahl (Hartmut Bonk); begehbare Bilder von George Grosz und anderen Künstlern (Walter Gramming, Signe Theill); Installationen und Dioramen zur deutschen Seele (Blauhaus Berlin); eine Assemblage aus künstlichen Gliedern mit Objekten von Daniel Spoerri; eine Installation zum Thema Massentransporte (Alfred Hrdlicka); eine multi-mediale Zeitmaschine (Jan Berg, Jürgen Krebs); eine Collage aus Fundstücken vom Anhalter Bahnhof (Raffael Rheinsberg).

Neuer Typus einer szenischen Ausstellung

Mythos Berlin ist eine szenische Ausstellung, eine Montage der Attraktionen und Assoziationen, die das moderne, urbane Berlin in Szene setzt. Thema der Ausstellung ist das 'Berlin im Kopf', eine Wahrnehmungsgeschichte der industriellen Metropole. Dafür hat die Ausstellung vielfältige Erlebnisräume und Erinnerungsbilder geschaffen, künstlerische Objekte und phanta-

stische Installationen. Sie alle setzen Blicke frei auf ein Berlin, wie es in unserem Bewußtsein und in unseren Erinnerungen gespeichert ist. Der Besucher kann selber entscheiden, wie er aus diesem Kaleidoskop sein Berlin zusammensetzt.

Deshalb gibt die Ausstellung keine geschlossene Interpretation vor. Kein pädagogischer Zeigefinger lehrt, wie dieses 'Mythos Berlin' zu lesen ist, und keine politische Autorität verkündet, was die richtige Wahrnehmung von Berlin ist. Hier ist alles Schein: Kulisse, Attrappe, Zitat, Spiel und Spaß. In dieser Ausstellungswelt von Simulationen ist nur der Besucher 'echt', mit seiner Neugier, mit seiner Bereitschaft, genau hinzusehen und eigene Wahrnehmungen zu überprüfen.

Die großstädtische Mischung, die wir Berlin

nennen, hat in dem vielfältigen Angebot von Schaubildern und Ereignisräumen ihr Spiegelbild. Hier findet jeder seine Anhaltspunkte: vertraute Erinnerungen und ungewohnte Perspektiven, vergessene oder verdrängte Erfahrungen, ironische Anspielungen und liebgewordene Blicke auf sein Berlin. Hier wird zusammengeführt, was sonst feinsäuberlich getrennt ist: der Jahrmarkt der Sensationen und die verschlüsselte Sprache der Kunst, die Geschichte der Eisenbahn und des Verkehrs und die Traumfahrt durch die Geschichte unserer Berlin-Wahrnehmungen; die Lust am Spiel und Experimentieren und die öffentliche Diskussion, die Phantasie der Bilder und die Faszination einer Stadtgeschichte, die noch immer wirksam ist.

Wer sein Berlin neu entdecken will, ist eingeladen zu einer Reise durch das 'Berlin im Kopf' am Anhalter Bahnhof. Der Zug fährt ab in das Abenteuer Berlin, das noch lange nicht beendet ist.

Viermal Berlin
Berliner Mythologie
Nicolaus Sombart

Palasthotel um 1899

Von Berlin muß man heute sprechen wie von Troja. Es gibt verschiedene archäologische Schichten, und die muß man numerieren. Es sind Straten verschiedener Geschichtsepochen, in deren jeder Berlin eine Physiognomie gehabt hat, eine eigene Persönlichkeit, eine Vision, eine spezifische Rolle, und die sich jede von der anderen unterscheidet, als hätten sie miteinander nichts zu tun. Es ist nicht wie in Rom, wo die Spuren aller Epochen kohabitieren, die sozialen wie die monumentalen, und wo es immer so etwas gegeben hat wie eine ungebrochene Kontinuität durch die Jahrtausende. Berlin, aus einer »tabula rasa« entstanden, erfand sich immer neu, indem es immer wieder »tabula rasa« mit seiner Vergangenheit machte. Es war immer ein Experimentierfeld, eine offene Baustelle. Trotzdem ist alles, was die verschiedenen, sukzessiven Berlins gemeinsam haben, mehr, als was sie so auffällig unterscheidet; es sind die Metamorphosen der jüngsten und modernsten Großstadt, deren Essenz ihr proteischer Charakter ist.

1945

Das Berlin Marinettis

Das *erste* Berlin, von dem ich hier sprechen will, ist das kaiserliche Berlin, das Berlin der wilhelminischen Ära, der Jahrhundertwende. (Es gab schon zuvor das königlich-preußische Berlin, das Schinkel geprägt hat, doch das war eine halb-

17

provinzielle Residenzstadt, die sich im Traum nicht mit den alten europäischen Metropolen messen konnte; wir können es hier vergessen.) Um 1900 war Berlin die modernste aller europäischen Großstädte, deren mit nichts zu vergleichende Eigenart deswegen so provokativ wirkte, weil sich hier – wie nirgendwo sonst – äußerste Progressivität, wie sie so nur in Amerika zu finden war, mit der ungebrochenen Herrschaft einer Gesellschaftsordnung verband, von der die Welt meinte, daß sie historisch längst überholt sei.

Eine explosive Mischung! Sie führte zu jenem hybriden, hyprerbolischen Stil, der immer auch eine schamlose Stillosigkeit war. Ihr vollkommenster Ausdruck war Kaiser Wilhelm II., der modernste und zugleich retrogradeste aller Dynasten, und dies Berlin war seine Stadt. Niemand hat diese fabelhafte Kreuzung aus Modernismus und Panache besser begriffen als die italienischen Futuristen! Sie waren vollkommen fasziniert von dem cäsaristischen Gestus des Fürsten mit d'Annunzio-Touch, der so futuristische Sätze sagte wie »Die Zukunft Deutschlands liegt auf dem Wasser« und den Erfinder des Zeppelins als den bedeutendsten Mann des neuen Jahrhunderts feierte, der Arroganz einer halb-feudalen Aristokratie, die sich in prächtigen und eleganten Uniformen drapierte, und der generalstabmäßigen Entfaltung industrieller und technischer Kapazitäten, die das Energiepotential einer Millionenbevölkerung zu unübertroffenen Leistungen mobilisierte.

Für die gelangweilte »jeunesse d'oré« Oberitaliens war der neue Mailänder Bahnhof nur ein Terminal der großen »power station« Berlin. Marinetti ließ sich einen Schnurrbart wachsen wie der Kaiser, und sein größter Moment war, als er in einem offenen Auto durch die Potsdamer Straße fahren und Flugblätter wie Konfetti unter's Volk werfen konnte. Er machte es Willy nach, der im offenen Auto durch Berlin raste mit dem wagnerischen Hupsignal; und nur in Berlin konnte Marinetti einem harmlosen Bürger, der zu sehr nach einem Professor aussah, die Handschuhe um die Ohren schlagen wie ein preußischer Gardeoffi-

zier! Das soziale Revers dieser futuristischen Ästhetik förderte der Expressionismus zutage, der damals in Berlin entstand und auch nur als Berliner Phänomen zu verstehen ist. Die aggressive Sprache, in der er die »Masse Mensch« und die Einsamkeit des Einzelnen in der Großstadt exaltierte, ist eine Mischung aus Kasino-Jargon und Hinterhof-Argot.

Das Berlin Döblins

Das alles war 1918 von einem Tag auf den anderen vorbei – verflogen wie ein Spuk. Es entstand aus dem Nichts das *zweite* Berlin. Es ist das Berlin von Alfred Döblins »Alexanderplatz«. Es ist der Schauplatz zweier gleichermaßen merkwürdiger Vorgänge, die sich auf verhängnisvolle Weise verschränken, obwohl man meinen könnte, sie hätten nichts miteinander zu tun.

Auf der einen Seite erleben wir, wie (hier, in seiner Hauptstadt) ein mental und seelisch darauf völlig unvorbereitetes Volk versucht, mit den Spielregeln der parlamentarischen Demokratie zurechtzukommen. Alle Menschen waren im tiefsten Grunde ihres Herzens Monarchisten, die Republik erlebten sie als defizienten Modus der Monarchie, sie litten unter Entzugserscheinungen. Weil ihnen »ihr« Staat genommen war, agierten sie neurotisch den staatenlosen Zustand, vor dem sie einen solchen Horror hatten, als »Bürgerkrieg«. Mit ihrer Weimarer Modellverfassung konnten sie nichts anfangen. Näher lag ihnen der Stil zackiger Freicorps-Führer, die politische Gegner einfach in den Kanal warfen oder totschossen. Vierzehn Jahre lang herrschte in Berlin ein paramilitärischer Bandenkrieg als neudeutsche Version der Politik.

Gleichzeitig hatte die plötzliche, unerwartete Umstellung von einer streng hierarchisch gegliederten, politisch diszipliierten auf eine offene Gesellschaft Freiräume geschaffen, in denen sich das kulturelle Leben in nie gekannter Üppigkeit entfalten konnte. Der eher makabren politischen Szene entsprach eine lebenssprühende Kulturszene, deren Dynamik, Originalität, Extravaganz und Diversität

die Welt verblüffte, weil hier gewissermaßen in Reinkultur das geschah, was anderswo nur ansatzweise und punktuell versucht wurde. Alles, was im wilhelminischen Berlin der Vergangenheit angehörte, war versunken, alles, was modern war, triumphierte. Was »Subkultur« gewesen war – Sezession, Bohème, Kolonie, Kritik –, war jetzt das offiziell Anerkannte: Berlin – ein permanentes Festival aller Avantgarden und kreativen Minderheiten. Hier wurde demonstriert, was eine Millionenstadt kulturell überhaupt zu bieten vermag. Weniger reich als London, weniger elegant als Paris, weniger nobel als Rom, war Berlin der Platz, wo die Kultur des 20. Jahrhunderts entstand – nach allgemeinem, unbestrittenem Urteil jetzt die interessanteste Stadt der Welt.

Das Geheimnis des Wunders? Die deutsch-jüdische Kultursymbiose! Die gelungene Symbiose der jüdischen Minorität mit einem Wirtsvolk führt immer zu einem Höhepunkt der Weltkultur: im hellenistischen Alexandrien des Philon, im spanisch-islamischen Maghreb des Meimonides, im Berlin der zwanziger Jahre. Nach dem Zweiten Weltkrieg haben wir dann etwas Ähnliches wieder in New York erlebt. Das kulturelle Phänomen New York von heute kann genau so wenig wie das Phänomen Berlin von damals ohne den entscheidenden Beitrag der Juden verstanden werden. Das »zweite« Berlin ist ihr Werk. Zieht man die Juden ab, bleibt nichts von dem übrig, was uns heute fasziniert und damals die Welt in Atem hielt.

Sie haben die Chance der Emanzipation wahrgenommen, die das deutsche Bildungsbürgertum allein verschlafen hätte. Das bahnte sich schon im wilhelminischen Berlin an. Im »zweiten« Berlin konnten sie die Führung übernehmen und zeigen, welcher fabelhaften Leistungen sie fähig waren: Presse, Verlagswesen, Literaturbetrieb, Theater und das neueste der kulturellen Medien, der Film, waren ihre Domäne. Dank ihrer Impulse und Initiativen wurde die deutsche Kapitale zur Weltstadt, nicht als die Hauptstadt eines politischen Weltreiches mit Weltherrschaftsansprüchen, wie es sich der Kaiser vielleicht in seinen mega-

Das zweite Berlin: Die fesche Lola, 1931

lomansten Momenten gewünscht haben mochte, sondern als Zentrum einer geistigen Universalherrschaft Deutschlands, von der Heine geträumt hatte.

*Das Berlin des »Arbeiters«
von Ernst Jünger*

Der Preis dieser einzigartigen Reussite war hoch, wie man weiß. Die Juden waren über sich hinausgewachsen, die Deutschen fühlten sich überfordert. Das *dritte* Berlin, das im Schein der Fackelzüge marschierender SA-Kolonnen, der Flammen des brennenden Reichstags und der Scheiterhaufen der Bücherverbrennung wie ein neues Bühnenbild nach dramatischem Kulissenwechsel ebenso plötzlich an die Stelle des zweiten trat wie das zweite an die Stelle des ersten, wurde Schauplatz einer gewaltigen Abrechnung. Angeblich ging es um eine Konsolidierung der politischen Verhältnisse – die Beendigung des »Bürgerkriegs« (der natürlich das »Chaos« ist!). Tatsächlich ging es darum, die Idee eines deutschen Nationalstaats von Weltrang *ohne* die Juden zu realisieren. »L'Allemagne profonde« meldete sich zu Wort, im Namen einer autochthonen, mystischen, kulturellen Identität, die offenbar nicht anders zu definieren war als in der Abgrenzung zu den Juden. Es ging um die Etablierung des »Deutschen Reiches« durch die Exstirpation des jüdischen Geistes. Das kaiserliche Berlin war vergessen, das Berlin der Weimarer Republik verraten und verkauft. Was würde Hitler aus dieser Stadt machen?

Eine Stadt der Aufmärsche und Paraden, der Massenkundgebungen und Machtdemonstrationen, in der das kulturelle Leben reduziert ist auf das Zelebrieren politischer Rituale, in denen es nur zwei Protagonisten gibt: den »Führer« und die »Masse«. Futuristisch, expressionistisch

19

im Grunde, wie das »Metropolis« von Fritz Lang, eine Stadt nach dem Bilde der anonymen, postbürgerlichen Zukunftsgesellschaft, die Ernst Jünger in seinem »Arbeiter« beschrieben hatte. Aus Berlin sollte »Germania« werden! Ein Projekt, dem man eine gewisse Größe nicht absprechen kann. Alles, was die neuen Herren vorgefunden hatten, hatte nur den Wert eines Provisoriums, das so schnell wie möglich beseitigt werden mußte, um der faschistischen Zukunftsstadt Platz zu machen. Was mit Berlin geschah, war ein Modell dessen, was – in Verkennung aller Realitäten – mit Deutschland und der Welt geschehen sollte.

Fünfzehn Jahre stand Berlin im Zeichen wahnhafter Projektionen und Liquidationen. Es wurde abgerissen und gebaut. Das Leben der Stadt war gekennzeichnet durch den Kontrast politischer Demonstrationen und Antizipationen einerseits und die Normalität des biederen Alltags einer braven Bevölkerung andererseits, die sich auf das Überleben einzurichten versuchte. Neben dem offiziellen Berlin und seinen Planungszentralen gab es ein residuelles Berlin der privaten und kulturellen Enklaven. Man hat sie vergessen, weil eine gewisse Mimikry zu ihrer Überlebensstrategie gehörte. Nur zwei fallen einem ein, wenn man an diese irrwitzige Zeit denkt, jene, in der sich ein politischer Widerstand organisierte, und jene ganz andere: die preußischen Staatstheater mit ihrem Intendanten Gustav Gründgens. Kulturell war Gründgens der eigentliche Gegenspieler von Goebbels, dem Herrn von Berlin, dem Virtuosen der Massenmedien, der mit der Ausrufung der »totalen Mobilmachung«, der Kampfparole von Jüngers »Arbeiter«, das Signal zur totalen Zerstörung Berlins geben sollte. Die Zerstörung Berlins durch den Krieg, das können wir heute klar erkennen, lag in der Logik der Liquidierungen, die der Verwirklichung des Projektes »Germania« vorausgehen mußten, und zu denen auch die Vernichtung der Juden gehörte. Es war ihre Fortsetzung mit anderen Mitteln. Es erwies sich, daß »Germania« nicht der Name einer Utopie, sondern das Codewort für ein gigantisches Untergangsunternehmen war.

Berlin als Kat'echon

In der Zerstörung Berlins fand ein Jahrhundert deutscher Machtpolitik sein trauriges, wenn auch vorhersehbares Ende. Aber damit war weder die deutsche Geschichte noch die Geschichte Berlins zu Ende. Aus den Trümmern von »anno zero« entstand das *vierte* Berlin. Armes Berlin! Ohne Kaiser, ohne »Führer«, ohne Juden, ohne Machtelite ist es die Negation von allem geworden, was es früher einmal war: Hauptstadt eines Reichs und Weltmetropole. Es ist überhaupt nicht einmal mehr eine Stadt, sondern deren zwei, mit einem prekären völkerrechtlichen und staatsrechtlichen Status, ein »Kondominium« fremder Mächte, eine politische Nicht-Entität, ohne eigene Identität. Nichts ist ihm geblieben außer seinem häßlichen Namen und seiner geopolitisch bedeutsamen Lage. Alles sprach dafür, daß man nach seinem Harakiri diese Stadt hätte vergessen können. Die Oberfläche der Erde ist bedeckt mit den Ruinen einstiger Metropolen, die im Orkus der Geschichte versunken sind. Aber es hat dem Weltgeist gefallen, in diesem »no-man's-land« nochmal ein Experimentierfeld, diesmal für die Exploration künftiger Lebensmöglichkeiten der Menschheit einzurichten, indem er hier die Grenze zwischen den beiden Weltmächten, die das Geschick der Menschheit bestimmen, durchlaufen ließ.

Aus einer Stadt der europäischen Mitte ist Berlin die Stadt auf der Weltgrenze geworden. Die globale Linie, die die funktionslos gewordene Massenansiedlung durchschneidet und sie zur doppelten Grenzstadt macht, ist nicht einfach nur die Grenze zwischen zwei politisch-militärischen Herrschaftsbereichen, sondern die Grenze zwischen zwei Kulturen. Es berühren sich hier zwei Gesellschaftssysteme, zwei Wirtschaftsordnungen, zwei Lebenswelten, zwei Weltbilder – jede mit dem Anspruch, die bessere und definitive Lösung für die Zukunft der Menschheitsentwicklung bereitzustellen. Dieser Weltgegensatz, in dessen Zeichen dieses Zeitalter steht, hat in Berlin seinen repräsentativen und symbolischen Ausdruck gefunden: die Mauer.

Wieder einmal ist Berlin zum Schauplatz scheinbar unvereinbarer Widersprüche und Kontraste geworden. Und wieder ist es so, daß was hier geschieht, die Welt nicht gleichgültig lassen kann. Es ist klar, daß seine Mission nunmehr darin besteht, die antithetischen Positionen dialektisch zu vermitteln.

Die Negativität seiner Existenz birgt ein ungeheures geistiges Potential. Politisch fremdbestimmt, steht Berlin unter dem Zwang einer kulturellen Selbstdarstellung. In einer Situation totaler Abhängigkeit und Eingebundenheit in die Weltpolitik kann diese kulturelle Selbstbehauptung nur dann gelingen, wenn sie die Bedingungen dieser Weltpolitik transzendiert.

Die alte Frage nach dem Verhältnis von Politik und Kultur stellt sich in Berlin auf exemplarische Weise neu. Jeder Versuch, die Herausforderung der Grenze in den machtpolitischen Kategorien von Freund und Feind zu denken, wäre verhängnisvoll. Geboten ist eine Unentschiedenheit, die den Horizont offenhält für neue Synthesen. Berlin ist verurteilt zum Experiment. Seine Zukunft liegt im »Jenseits der Grenze«. Es ist auf dem richtigen Wege, wenn es gegen die machtpolitischen Realitäten die höhere Wirklichkeit des Mythos mobilisiert.

Noch ist es ungewiß, ob dieser »tour de force« gelingt. Die Aussichten sind nicht schlecht. Das *vierte* Berlin besteht nun schon länger als jedes der drei anderen. »Il n'y a que le provisoir qui dure.« In einer permanenten Vorläufigkeit versucht sie sich als Simulacrum, als Inszenierung, als Ausstellung. Man könte vermuten, daß die Aufrechterhaltung dieses Provisoriums als der hinreichende Grund für die Verhinderung der Weltkatastrophe der weltgeschichtliche Sinn seines Fortbestands ist. Wenn dem so wäre, dann wäre hinter allen Mythologemen, mit denen Berlin herumlaboriert, der Mythos erkennbar, der das Schicksal der Stadt heute prägt. Die Stadt der futuristischen, expressionistischen, faschistischen Beschleunigungen wäre in der Negation ihrer früheren Pseudomorphosen, in ihrer Nicht-Identität, zum großen Aufhalter, zum *Kat'echon* geworden.

I.

Es besteht Anlaß zu der Vermutung, daß in der neuesten Form des Umgangs mit der Stadt die Menschen eine spezifische Angst zulassen, vielleicht sogar verlieren, die lange Zeit heftigst diskriminiert wurde: die Angst vor Zerstückelung angesichts einer hyperkomplexen, in Teile zerfallenen Realität. Vielleicht verliert sich damit auch die sprichwörtliche »Einheit des Imaginären« oder die »imaginäre Einheit«, die als Schutzschild gegen und als »Deckblatt« für eine unerträgliche Situation noch immer gilt. Am Körper der Stadt werden die Reste wichtiger, die nicht aufgehen. Wie es scheint, tendieren die Zentren der Macht ins Unsichtbare.

Es bleiben Lücken im Stadtbild, die nicht mehr ergänzt werden können. Wer es dennoch versucht, baut Kulissen. Vielleicht könnte also das Aushalten der Angst jene immer wieder unterstellte Suche nach dem Ganzen obsolet werden lassen, die wegen ihrer Selbstverständlichkeit schon als »menschliche Natur« apostrophiert wurde und der Geschichte als wohlfeiles Motiv diente. Im Leiden an der Zerstückelung käme – so hat man angenommen – eine Art natürlicher Dialektik zum Austrag. Der Sinn der Angst sei die Reklamation einer verlorenen Einheit und damit die Herstellung der kommenden Vollkommenheit des ganzen Körpers.

In Rücksicht auf Prognosen, die nicht eingetreten sind: der Zerfall der Städte geht weiter; die Menschen sind daran nicht zerbrochen, wäre dieser noch immer hochgradig selbstverständlichen Annahme zu widersprechen, ähnlich wie Bataille es gegen Hegel unternahm: »Sich nicht mehr als ganzen wollen ist für den Menschen das höchste Ziel, das heißt Mensch sein wollen (oder, wenn man will, den Menschen überwinden) – das sein, was befreit wäre vom Bedürfnis, nach dem Vollkommenen zu schielen«[1] oder wie Lacan es versuchte: »Ist das Eine früher als die Diskontinuität? Ich glaube nicht und alles, was ich in den letzten Jahren gelehrt habe, zielte darauf, den Anspruch eines geschlossenen Ganzen loszuwerden... Sie werden mir zu-

Der Körper der Stadt
Reflexionen
über das ganze Bewußtsein
und die zerstückelte Wahrnehmung
Dietmar Kamper

Berlin im Frühjahr 1945

stimmen, daß das Eine, welches durch die Erfahrung des Unbewußten ins Spiel kommt, das Eine der Spaltung, des Risses, des Bruches ist... Wo ist der Grund? Ist es die Abwesenheit? Nein. Der Bruch, die Spaltung, der Riß in der Offenheit läßt die Abwesenheit hervortreten...«[2] Daß dies nicht einfach ist, zeigt ein Blick auf den gegenwärtigen Streit um Bewußtsein und Wahrnehmung, um Einheit und Vielheit des Sprechens, um Vernunft und Einbildungskraft, in den ein Identitätsdenken und ein Differenzdenken verwickelt sind und der noch immer unschlichtbar ist.

Es geht also darum, dem Umstand Rechnung zu tragen, daß die Angst vor Zerstückelung lebens- und zivilisationsgeschichtlich eingebettet ist in eine »starke« Hermeneutik. Diese will, um den Zusammenhang zu retten, kein Außen tolerieren, das Reste vorenthält. Deshalb setzt sie aufs Ganze, auf die Prävalenz des Ganzen, was noch den Sprachgebrauch in der Rede von der Zerstückelung disponiert. Dafür stehen sowohl die Psychoanalyse als auch die Zivilisationstheorie. Kleinkinderängste spielen dabei ebenso mit wie traditionelle Opferkulte in agrarischen Gesellschaften. Die Hermeneutik ist hier Sachwalter eines geschlossenen, einheitlichen Feldes, das durch die Eckdaten Mythos und Moderne umschrieben ist und den Zeitgeist zwischen den Polen zum Pendeln zwingt. Doch wenn es gelänge, den zerstückelten Körper ohne Rücksicht auf ein Bild der Integrität zu denken – wie es etwa, bezeugt durch Bataille und Lacan, im Umfeld des Surrealismus begonnen wurde –[3] könnte eine Realität diesseits des Mythos und jenseits der Moderne erreichbar sein. Man müßte allerdings – noch einmal – gegen das Paradies und für das Labyrinth votieren, getreu dem Motto Nietzsches »... wenn unser Denken als Stadt Gestalt gewönne, kämen wir notwendigerweise zum Labyrinth.«[4]

Im folgenden wid eine Verknüpfung gesucht, eine Verbindung, ein Band, das die Wahrnehmung der Stadt mit Gesetzmäßigkeiten einer körpernahen Einbildungskraft koppelt, die kaum beschrieben sind. Der Stand der Urbanisierung und eine »historische Anthropologie« wären in einem Gedankenexperiment so aufeinander zu beziehen, daß die eingangs bezeichnete Vermutung zu ihrem Recht kommen könnte. Dabei wird die Hoffnung jeder Aufklärung gestärkt, daß der geheime Antrieb einer falschen Suche nach Einheit mit seinem Offenbarwerden entfällt. So könnte man durch Zuwachs an Erkenntnis der Dialektik dieser Aufklärung dadurch beikommen, daß ihr Mechanismus in den weitgehend verstimmten Köpfen außer Fassung gerät. Die Wahrnehmung ist so zu stärken, daß das Bewußtsein nicht härter wird als die Dinge.

II.

Wer die Herausforderung durch die Komplexität der fortgeschrittenen Urbanisierung anzunehmen versucht, muß den Mut zu verschlungenen Denkbewegungen haben. Er darf selbst das Labyrinthische nicht scheuen. Dies entsteht durch Rückkopplung der Zeit, die Denken kostet, auf den Gedankengang. Es geht darum, den Reflexionsstand der »historischen Anthropologie« so zusammenzufassen, daß er auf den Sachverhalt einer durch die Stadt produzierten Wahrnehmung der Stadt anwendbar ist. Dieser Sachverhalt ist kein Kreis, so daß dergleichen systemtheoretisch als »Selbstreferenz« aufzulösen wäre, sondern stellt eine Parabel-Figur mit derart offenen Enden dar, daß sie theoretisch uneinholbar sind.

Der menschliche Körper ist ein Ort der Überkreuzung von Passion und Aktion, von Eindruck und Ausdruck, von Wahrnehmung und Bewegung. Er ist Projektionsfläche für imaginäre Obsessionen und nächstes Instrument von Phantasien, die auf Verkörperung und Realisation drängen. Der Körper oszilliert: er ist nicht nur Feld und er ist nicht nur Medium; man kann ihn beschreiben und er kann sprechen; er changiert zwischen Symptom und Symbol. Die Figur der oszillierenden Bewegung ist wahrscheinlich ein zur Acht geschlungenes Möbiusband. Es ist nie vollständig sichtbar. Zusammenhalt bietet die Imagination als Vermögen der Mimesis, der verkörperten Nachahmung.

Einerseits gibt es Gesetzmäßigkeiten der Wahrnehmung, die durch die Existenz wirklicher Körper bestimmt sind. Nicht allein die Gestaltwahrnehmung und die daraus folgenden Ganzheits- und Einheitszwänge oder die Beurteilung verschiedener Dimensionen nach dem Körpermaß oder die Bevorzugung der Hierarchie wegen des aufrechten Ganges usf., sondern auch Phantasmata und Szenarien, die sich aus dem »Innen-Außen-Schema« der Körpergrenzen ergeben, strukturieren die Sinnlichkeit der menschlichen Sinne. Das gilt für Situationen in Raum und Zeit. Phantasmata und Szenarien sind nämlich mit dem Körpergedächtnis verbunden, das sowohl vorge-

schichtliche als auch historisch-lebensgeschichtliche Spuren trägt. Gleichwohl überwiegt die mythische Struktur, ein Ensemble früher Prägungen, nach Art der Konstellationen, d.h. »Sternordnungen«. Die Stadt und ihre Entwicklung könnten derart inkorporiert sein, daß sie die Grundrißordnungen des Körpers tangiert haben. Als »Kreuz-Ort«, als »Schalt-Platz« – vor jedem Bewußtsein – hätte der Körper Eindrücke erhalten, die seine Sensibilität in fundamentalen Affinitäten festlegen.

Zu den Gesetzmäßigkeiten, die keineswegs angeboren, sondern früh erworben sind, gehören die drei »Ordnungen« der Imagination, sofern sie dem Raum zugewandt ist: Rechts-Links, Oben-Unten, Innen-Außen – mit ihren verschiedenen verspannten Symmetrien bzw. Asymmetrien. Entsprechend dem Zeitpunkt ihrer »Entstehung« sind sie mehr oder weniger verstörbar, am meisten die Rechts-Links-Ordnung, deren »Abrundung« und »Ausrichtung« erst im Schulalter stattfindet, am wenigsten die Innen-Außen-Ordnung, die mit der allerersten Selbstwahrnehmung des Lebens im Mutterleib einhergeht. Interessant ist eine neue These zum Thema »Oben-Unten«: man vermutet, daß sich die Herausbildung des Gleichgewichtssinns (nahe beim Ohr!) und damit das Gespür für die Körperlage schon in der frühen Embryonal-Entwicklung vollzieht.

Kompliziert wird das Zusammenspiel dieser Raumstrukturierungen durch die Intervention der Zeit in der Erfahrung. Wahrscheinlich liegt die Stelle des Einbruchs in den jeweiligen Akzentsetzungen der Ordnungen, bei der Bevorzugung z.B. von Rechts, von Oben, von Innen. Die Ordnungen, heißt das, sind in sich ohne Gleichgewicht. Auch die schönsten Symmetrien enthalten einen Rest, der nicht aufgeht. Meist aber liegt der Organisationspunkt für die Entfaltung der Ordnung nicht in der Mitte. Das macht die menschliche Wahrnehmung für »Un-Ordnungen« empfänglich, für hyperkomplexe Strukturen, in denen das Chaos überwiegt. Erst in dieser Bedrohung durch »Un-Ordnung«, d.h. Zeit, d.h. Tod erweist sich der Mensch als »Negentrop« (Morin). Er schafft das Gegen-

teil des in Naturprozessen Wahrscheinlichen: in Theorie, Praxis und Poesis kann er bis zu einem gewissen Punkt der Krisis der Entropie, also die natürliche Unordnung vermeiden.

Andererseits hat sich die Stadt Strukturen eines imaginären Körpers »geliehen«, die über mimetische Verdopplungen entstehen. Korrespondenzen von Verdauung/Ausscheidung und Entwässerung/Abfallbeseitigung, von Blutkreislauf und Verkehr, von Nerventätigkeit und elektronischer Vernetzung usf. liegen auf der Hand. Analogien der Stimmungslage, des Gemüts, des Geschmacks, der Aufgeschlossenheit, des Tempos, des Herzens haben eine hohe Selbstverständlichkeit erlangt. Weniger deutlich sind die Affinitäten im Bedürfnis nach angemessener Komplexität, in der Loslösung und Übertreibung der Sinne (visuelle Kontrolle, Beschleunigungsmittel o.ä.), in den Substituten fehlender Glieder und Organe, in der Erweiterung der Vermögen über den Menschen hinaus und im Schwindel des überbotenen Körpers.

Die geliehenen, mimetisch verdoppelten Körperstrukturen bedürfen noch einer entscheidenden Differenzierung, um als solche durchschaut werden zu können. Das »Innen-Außen-Schema« unterscheidet nämlich fundamental »Innen-Räume« und »Außenflächen« der Stadt, der Stadtteile, der größeren und kleineren Baukörper. Das bedeutet die irreduzible Verschiedenartigkeit der betroffenen Wahrnehmung: »Innenräume« werden nach dem Muster von frühen »Körper in Körper« Erfahrungen aufgefaßt und entworfen (z.B. Höhlen, Gräber, Kirchen nach dem Modell des Schoßes – sogar noch Initiationshäuser: Schulen, Museen, Festhallen). Dagegen sind »Außenflächen« verkappte Ansichten von Körpern, insbesondere von Gesichtern, wie eine Physiognomik der städtischen Fassaden lehren könnte. Eine besondere Rolle spielt die Haut als Grenze, an der sich nach außen Derivate und Substitute des Tastsinns zu schaffen machen.

Die Übertragbarkeit solcher Muster, die bei einzelnen Bauwerken analog zum einzelnen Körper funktionieren, auf ein größeres Ensemble von Häusern, auf Stadtteile oder gar auf eine Großstadt richtet sich nach der Kapazität der Wahrnehmung. So läßt sich leicht sagen, daß man *in* einer Stadt, in ihren Mauern lebt (obwohl das streng genommen nicht stimmt). Schwieriger ist es – abgesehen vom Anflug aus der Luft – eine Stadt *von außen* zu erfahren. Es ist z.B. die Frage, ob das Berliner Kuriosum: die Mauer von innen, nicht deswegen so viele Verstörungen hervorruft, weil das genannte Schema außer Kraft gesetzt ist und die Mimesis fehlgeleitet wird. Eine weitere Überforderung liegt in der Unmöglichkeit, Zerstörungen größerer Art anhand von Amputationen und Narben des Stadtbildes zu erschließen. Das spürt man bestenfalls an den Fremdheiten diverser Orte.

Ein Hauptproblem im Verhältnis von Inkorporation und Mimesis ist die zunehmende Verlagerung der Spannung zwischen anthropozentrischer und anthropofugaler Bewegung. Die klassische Mechanik kann als einfache Verlängerung des »ganzen« Körpers definiert werden; die neuen Medien basieren dagegen alle auf einem mehr oder weniger »zerstückelten« Körper, von dem sie Abstand nehmen. Technik als „organische Projektion« steht gegen Technik als »transhumane Expansion«, die im Transformationsprozeß der neuesten Abstraktion von der Zersetzung quasi-natürlicher Zusammenhänge lebt. Eine entsprechende Hypertelie ist programmiert, z.B. bei der Realisierung einer Gehirnstruktur zu einer Labyrinth-Struktur, die immer hyperkomplex ausfällt.

Die Stadt kann demzufolge sowohl wie ein großer, ganzer Körper, der die Hauptfunktionen zentral steuert, als auch wie ein aufgelöster, in Stücke geteilter Körper organisiert werden, der seine Fruchtbarkeit durch Auflösung und hypertelische Komplexität erreicht. Die alten Städte hatten insofern alle etwas von den unterstellten Ordnungen des Himmels. Die neuen Städte, seit dem Mittelalter, versuchten sich an deren Auflösung. Diese reicht immer nur soweit, wie das historisch produzierte Wahrnehmungsvermögen der Menschen es zuläßt. Die phantasmatischen Sprünge in den Dimensionen, z.B. zwischen dem Groß-Körper der Stadt, dem Mittel-Körper des Menschen und dem Klein-Körper eines Organs, eines Systems, einer Zelle usf. werden durch die menschliche Einbildungskraft sowohl vollzogen als auch unterfangen. Hier herrscht die »Pars-proto-to-Regel«, die für alle Gestalt- und Gesichtswahrnehmung unerläßliche Voraussetzung ist. Entscheidend ist dabei das Hin und Her zwischen Schrift und Sprache: an der Einschreibung hängt die Passion und die Zerstückelung des Körpers; mit der nonverbalen Sprachkraft kommt seine Aktion und die Ganzheit ins Spiel. In der ersten Hinsicht ist der Körper das Objekt, in der zweiten Richtung ist er das Subjekt der Bewegung. Umschlagspunkt und Grund des Durchgangs ist wieder die

Thrombose

Imagination in ihrer doppelten Gestalt als nachträgliche Spurensicherung und mimetische »Vorahmung«.

Im »Körper der Stadt« kommt also ein Spannungsbogen zwischen den Phantasmata der erlittenen Zerstückelung und dem Szenario einer erkämpften Fügung auf Zeit zum Tragen. Verfall und Aufbau greifen ineinander und sind unabschließbar. Dem entspricht eine dunkle, offene Stelle im Verhältnis von Inkorporation und Mimesis, die – falls sie freigeräumt werden kann – den betroffenen und beteiligten Menschen jederzeit eine produktive und destruktive Spontaneität erlaubt, ebenso die Möglichkeit, durch selbstinitiierte Lernprozesse jederzeit von sich selbst überrascht werden zu können.

III.

Es ist fortschreitend schwieriger geworden, die Großstadt – im Widersatz zur übersichtlichen mittelalterlichen Stadt – als zusammenhängenden Körper wahrzunehmen. Hier finden sich vorderhand nur Teile und Stücke. Aber die alten Gewohnheiten, im Raum und auf der Fläche auch dort »Ordnungen« zu sehen, wo sie nicht vorhanden sind, führen immer noch zu Projektionen. Am Rande des Bewußtseins, gleichsam am Horizont für die Sinne, hält sich das »Ganze« durch. So steht das Imaginäre gegen das Reale, der »ganze« Körper gegen den »zerstückelten«. Dabei ist die imaginäre Einheit, die gegen die reale Vielheit sich durchhält, äußerst hartnäckig. Sie kann sogar wider besseres Wissen die Ganzheit zerrütteter Lebenswelten behaupten, indem sie an die Stelle der Abwesenheit die traditionellen Topoi historischer Stadtbilder setzt und sich in derart mustergültigen Alltagsrhythmen zeitweilig einrichtet. Der Zusammenhang, der eine solche Mischstruktur von verstellender Projektion und irritierter Wahrnehmung, von sinnlicher Aktion und sinnlicher Passion bestimmt, ist nach wie vor unaufgeklärt. Aber er funktioniert – wie gezeigt – offenbar gesetzmäßig.

Man sagt, daß die »Hyperkomplexität« der Stadt ein »Schwinden der Sinne« nach sich gezogen habe. Doch ist die landläufige Konsequenz, die mit »Komplexitätsreduktion«[5] umschriebenn wird, keineswegs zwingend. Die so erscheinende Inkongruenz von Bewußtsein und Wahrnehmung läßt sich mit einer Hypothese über den Stand der Urbanisierung auffangen, die etwa wie folgt formuliert werden kann: die Großstädte sind dabei, ihre »Lebensqualität« zu verlieren; sie haben eine Komplexität ausgebildet, die als Unordnung erscheint; davor ziehen sich die Menschen in übersichtliche Ordnungen zurück: Nostalgie vor-moderner Idyllen; das Hyperkomplexe, das immerhin mit dem menschlichen Gehirn korrespondiert: Zusammenspiel verschiedener Systeme nach diversen Mustern ohne

Zentrale, scheint noch inkommensurabel zu sein.[6]

Diese Hypothese markiert eine Übergangsphase, deren Tendenz unentschieden ist. Statt darüber zu lamentieren, wäre immer aufs Neue Gelegenheit zu geben, die unbewußten Antriebe für die beschleunigte Urbanisierung, sprich Modernisierung der Welt bloßzulegen und mit dem historisch Menschenmöglichen in Beziehung zu setzen. Geschichte und Anthropologie bilden – so betrachtet – auch hier längst einen Verbund. Unter zweierlei Bedingungen könnte die Grundrichtung der Moderne fortgesetzt werden: erstens, daß der unfreiwillige Weg in die Hyperkomplexität als verdeckter »Sinn« der gesellschaftlichen Abstraktion, sprich genau jener Komplexitätsreduktion begriffen werden kann, die sich immerzu als Lösung des Problems angeboten hatte; zweitens, daß ein entsprechender Lernprozeß ermöglicht wird, der die betroffenen Menschen in die Lage versetzt, die stummen Erfahrungen ihrer Sinne nachzuholen, sie sprachlich auszudrücken und mit den widerständigen Mustern eines verspäteten Bewußtseins in Übereinstimmung zu bringen.

Das ist mittels der theoretischen Arbeit, erst recht der »Kritik« allein nicht mehr möglich. Denn die genannten Bedingungen müssen *zugleich* eingelöst werden. Das Eine wäre, zu begreifen, was geschehen ist, die ins Unvorstellbare getriebene Herstellung der Welt, – zwar nicht mittels der Vorstellungen – ,wohl aber in Metaphern Metonymien einzufangen. Das Feld der Arbeit wäre hier der »unbewußte Ausdruck«, der die Verbegrifflichung der Welt begleitet. Das Andere ist der »Nachholbedarf« der Sinne. Die allgemeine Entsinnlichung fordert auch zu ihrer Erfahrung zunehmend eine »Künstlichkeit« der Umwelt, der man nicht mehr durch bloße Rückblicke auf eine »Natürlichkeit« der Natur beikommen kann. Entsprechend dem Votum fürs Labyrinth wäre dabei dem Gehör Genüge zu tun. Komplexität bedeutet den Augen etwas anderes als den Ohren. Letztere fügen den Körper dank der Zeit aufs Neue in offene Räume ein.[7]

Die fällige Mimesis der Abstraktion geschieht zwar auf einem abstrakten Schauplatz, der gleichwohl ein Szenario für Hören und Sehen darstellt. Die »kulturelle« Entwicklung wird in Zukunft immer häufiger solche Schauplätze herstellen müssen, um mittels inszenierter Ereignisse das zu verhindern, was unaufgeklärt zur Zeit Befürworter und Gegner der Moderne antreibt: die Herstellung eines globalen Schlußereignisses. Vielleicht liegt hier der schwer akzeptierbare Sinn: im »Katechon«, das die Wüstenhaftigkeit der Stadt in der Leere der Ereignisse und im Mißglücken der Inszenierungen die Zeit des Wartens verlängert, die der Vielstimmigkeit nützt. Ein erster Schritt mit erwünschter Bremswirkung könnte die »Annahme« jener selbstgefertigten hyperkomplexen Strukturen sein, welche die große Stadt gegenwärtig hervorbringt. Jedenfalls muß die wissenschaftliche Gewohnheit der Komplexitätsreduktion durch eine andere Theorie und Praxis unterbrochen werden, soll nicht die Wiederholung der immergleichen Misere mit den immergleichen Verfahren, die immer noch als Lösungsstrategien gepriesen werden, ad infinitum weitergehen. Denn die Dummheit arbeitet mit am Schicksal der Welt.

Mehringbrücke, ehem. Belle-Alliance-Brücke, 1945

Zum Schluß seien noch einmal jene Punkte wiederholt, die dem Gedankengang Fassung gaben:

- Am Stand der Urbanisierung: Hyperkomplexität als Effekt permanenter Komplexitätsreduktion, wird ein Dilemma deutlich: Selbsteinmauerung des Bewußtseins versus Akzeptanz der Zerstückelung, Versteifung auf die Einheit versus Toleranz des Vielen als Vieles.
- Der quasi-natürlichen Dialektik von Fragment und Totalität entgegen wäre das Labyrinth der Stadt dem retrospektiven Traum vom Paradies vorzuziehen. Nur so sind Lernprozesse für das Ertragen offener Räume in Gang zu setzen.
- Das Phantasma der Zerstückelung muß nicht auf eine verkappte Sehnsucht nach Ganzheit reduziert werden. Ein diesbezüglicher Widerspruch hätte gewiß mehr Chancen, wenn die Leitfunktion des Auges historisch außer Kraft gesetzt würde.
- Die Abschreibung mythischer Strukturen, wie die Moderne sie unternommen hat, sollte nicht bei ihrer Substituierung durch verregelte Diskurse enden. Ein Spiel ohne Regeln aber kann nur durch inszenierte Ereignisse entstehen.
- In Rücksicht auf den zerstückelten Körper der Stadt wäre eine Einbildungskraft vonnöten, die der suggestiven Einheit des Imaginären standhalten könnte, nicht durch wiederholte Aneignung sondern durch Meditation eines unaufhebbaren fremden Schrekkens.

Wellblechbaracken in Berlin 1946

Ready-made

Nach dem Duden-Fremdwörterbuch ist ein Ready-made ein beliebiger, serienmäßig hergestellter Gegenstand, der als Kunstwerk ausgestellt wird. Oder, buchstäblich übersetzt, ein Fertigteil. Wir haben unsere Fertigteile zwar noch nicht zur Kunst erklärt, wohl aber damit zur zeitgemäßen Baukunst beigetragen. Mit Hilfe unserer Serienherstellung, von der Beton-Bohle bis zur schlüsselfertigen Garage, können Baumeister am richtigen Ende sparen, wodurch Mittel frei werden für die Umsetzung architektonischer Ideen.

Vernünftige Baustoffe für Berlin.

IBK Garagenbau- und Vertriebsgesellschaft mbH · Tel.: 030/394 40 55

Schnuppe!

Graham Budgett

1954 in Manchester, England geboren
1973 – 77 Trent Polytechnic, Nottingham, England
BA, Fine Art
1977 – 78 St. Martin's School of Art, London, England
Advanced Diploma, Sculpture
1979 – 82 Stanford University, California, USA
MFA, Sculptura

Ausstellungen und Publikationen in London, San Francisco, Los Angeles, Santa Barbara und Berlin

Um das dominante *Europa-Center* herum feiern ›post-moderne‹ Anreicherungen, die an bereits stark-modernisierter Architektur vorgenommen wurden, Berlins Dreivierteljahrtausend und antizipieren das christliche Jahrtausend, mit einem Optimismus, den nur *Exzeß* hervorbringen kann. Ein Charakteristikum – aber auch nur eines – rettet dieses sehr ›moderne‹ Gebäude vor der Verbannung in die niederen Regionen des architektonischen ›Chic‹: *sein Dachgarten.*
Hier wirft ein riesiger sich drehender blau-weißer Neon *Mercedes-›Stern‹* kaltes blaues Licht auf kalte blaue Gitterstäbe. Aber dieses Panoptikum/Gefängnis-Zellen/Penthouse ist die Verkörperung von Vernunft selbst und nicht, wie es den Anschein hat, nur ›post-modernistischer‹ *Kitsch.* Im Gegenteil, wenn man ihm etwas nicht zum Vorwurf machen kann, dann ist es ästhetische Vortäuschung. Der Käfig ist funktional; er soll den Flucht-Flug möglicher Flüchtlinge aufhalten. Man wird daran erinnert, daß auch hier die Freiheit bedingt ist.
Aber in dieser Stadt Berlin, wo viele Symbole von ihren architektonischen Sockeln gestoßen werden, dienen die Gitterstäbe vielleicht auch einem weniger expliziten Zweck... *aber das ist mir schnuppe!*

(Zoo)logischer Garten

Gleich zu Anfang: Eva hat den *Apfel der Erkenntnis* nicht gegessen, Adam riß seine Rippe heraus und aß sie. Die ganze Geschichte der Menschheit wurde so in dem allerersten Akt des Konsums vorhergesagt *(Unser tägliches Brot gib uns heute)*.
Später: die mächtige Preussische Armee *(der Staat als Vernunft)* besiegte die damalige Hauptstadt der westlichen Zivilisation, Paris, und in ihrer Verzweiflung sahen sich ihre Einwohner gezwungen, sich von den Tieren im Zoo zu ernähren. *(Ich denke, also bin ich.)*

Noch später: die Hauptstadt des alten Preußens war selbst besiegt von den *Alliierten. (Der Feind meines Feindes ist mein Freund.)* Dann: die rote Armee mauerte die rote, weiße und blaue Armee im westlichen Berlin ein und sperrte den Rest Deutschlands aus. *(Ihr habt nichts zu verlieren außer Eure Ketten.)* Die Einwohner der Stadt stürmten jedoch nicht den Zoo, wie man es erwarten könnte, und wurden dafür mit *Manna vom Himmel,* belohnt. *(Annuit Coeptis).* Nahrung fiel, wie durch ein Wunder, vom Himmel und die Zoo-Bewohner priesen ihren

Wärter für die Gefangenschaft.. *(Unser tägliches Brot gib uns heute.)*
Heutzutage: rund um den Zoo führen Tierfreunde ihre Hunde aus, und Mauern schützen sie vor der Wildnis dort drinnen. Aber morgen schon können die Hunde verschwunden sein, nur durch ihre Andenken in den Straßen von Berlin noch in Erinnerung. Nur dann, vielleicht, wird der Zoo den Geschmack der Berliner auf Tiere zufriedenstellen; und nur dann vielleicht, werden *die Kultivierten* noch einmal zu *den Wilden* werden.

Der Blick vom Teufelsberg

DER BLICK VOM TEUFELSBERG ist, wie alle anderen, abhängig vom Standpunkt des Betrachters; *Teufelsberg* wurde von Menschen geschaffen — aus den Trümmern, die übrigblieben, von dem, was Berlin vor 1945 war.

Obwohl ich hier ganz allein stehe, spüre ich eine andere Gegenwart, erklärbar vielleicht durch die Suggestivkraft des Namens, der Geschichte oder anders bedingter Faktoren; es ist auf alle Fälle etwas *Unheilvolles*. Der Blick vom Teufelsberg ist genauso: beeinträchtigt und vorbelastet.

Die Atmosphäre hier ist geladen und schwer. Ein *Geistesblitz* könnte entweder gefährlich oder illuminierend für jene sein, die nach Einbruch der Dunkelheit bleiben.

Die Sonne versinkt; langsam verschwindet die Dämmerung. Ich nehme mein Foto auf und gehe durch den dunklen Wald zurück zum 69er in der Nähe des S-Bahnhofs *Grunewald*. Die Angst folgt mir auf den Fersen. Ich drehe mich nicht eher um, bis ich den Bus erreicht habe, und dann, erst aus der relativen Vertrautheit des Ober-Decks, schaue ich zurück zu dem schimmernden Turm der Militäranlage, der den entfernten Hügel kennzeichnet. Jetzt fange ich an zu überlegen, ob mein Gefühl der Angst auf dem Teufelsberg *Projektion* (von innen nach außen) oder *Empfindung* (von außen nach innen) ist.

Als sich der Bus dem *Olivaer Platz* nähert, ist die Vertrautheit so weit wiederhergestellt, daß ich mich zugunsten von *Empfindung* entscheide: der Wahrnehmung von etwas ganz Konkretem auf der Stätte des Teufelsbergs.

Berlin bei Nacht

West-Berlin erstrahlt bei Nacht; es gibt nichts dergleichen in Europa. Aus der Luft erscheint es wie eine Wüstenoase oder ein glühendes Zeichen gegen den schwarzen Himmel — werbend! Ganz Berlin liegt tief im roten Europa. Ein Teil Berlins ist die Hauptstadt der DDR, der andere — ein Außenposten des Westens. Diese Seite der Mauer Berlins stellt (außer *Disneyland*, das bald in Paris erbaut wird) ganz Europa in den Schatten. Warum? — *What light through yonder window breaks?*
Es ist nicht der Osten; die ewige Flamme des *»Mahnmals für die Opfer des Faschismus und Militarismus«* wird zeremoniös von gut gedrillten Soldaten bewacht!
Es ist *Demokratie*, die so hell jede Nacht in Berlin lodert. Neonblüten streuen ihren Pol-len aus — *that's propagation!* Nazis setzten den Reichstag in Brand und beschuldigten Kommunisten — *that's propaganda!* Werbung erzeugt natürlich Bedürfnisse, verursacht Hunger, aber sie ist die Blüte des Konsums — *that's publicitiy!*

Fast Deutsch

Fast Deutsch ist *almost german;* aber, da Sprache nun mal Sprache ist, eben nicht ganz. ›Fast Deutsch‹ ist schneller und ›cooler‹ als Deutsch, eine ›echt‹ moderne Sprache. ›Deejays‹ und Neonreklamen verwenden es. Es spiegelt das Berliner Tempo wider und nährt eine Kultur wie ›fast food‹ (*der Hamburger* hat mindestens so viel zu dem weltweiten Einfluß der deutschen Kultur beigetragen wie das Goethe-Institut).

Da ich hier in Berlin lebe, bin ich natürlich daran interessiert, Deutsch zu sprechen, aber wenn die Deutschen schnell sprechen, verstehe ich nichts. Das geschriebene Wort ist schon leichter zu verstehen; man hat mehr Zeit für die Feinheiten. ›Fitneßstudio‹ zum Beispiel unterscheidet sich nicht so sehr vom englischen ›Fitness studio‹ und ›Doppel-whopper‹ kann man leicht mit ›*Double Whopper*‹ übersetzen. Solche Wörter illustrie-

ren perfekt den germanischen Ursprung des modernen Englisch.
Diese Worte jedoch bezeichnen nicht einfach Objekte. Sie sind zur gleichen Zeit *Zeichen, Objekte* und *Kult;* sie verkörpern eine Kultur und bieten sie durch sich selbst an. Diese Kultur ist für die deutsche Dinge ›*a gift*‹, das scheinbar paradox die Widmung MADE IN GERMANY trägt.

31

Europa Center

EUROPA CENTER soll ein 'modern' klingender Name für einen 'modernen' Komplex sein: eine *Institution des Konsums* — mit Läden, Bars, Restaurants, Kinos und anderen Geschäften.
Genau wie dieser Bezug zu 'Modernität' versuchen sich sowohl die Art, als auch der Name, als Geste westeuropäischer 'Einheit' (von einigen synonym verwendet) inmitten osteuropäischer 'Solidarität' (die, trotz kurzer und oft fruchtbarer Affairen, weitgehend *'prä-modern'* bleibt).
West-Berlin wird präsentiert als 'modernes' und 'exzentrisches' Zentrum West- Europas, kulturell und territorial die *Avantgarde* der westlichen Welt. Von daher ist es nur angemessen, daß das deutsche *Zentrum* ersetzt wird und bezeichnend, daß man die 'moderne' amerikanische Schreibweise dem europäischen *centre* bevorzugt, für unser *Europacenter*.

George-Grosz-Platz

Bänke, Telefonzellen, ein Zeitungskiosk und eine Männertoilette. Ein dreieckiger Platz, übersehen von den *Ku-Damm* Touristen, und selbst für informationssüchtige oder Erleichterung suchende Berliner – anonym.

Ich kaufe meinen *Guardian* hier. Er ist teuer und kommt mit einem Tag Verspätung an, aber diese Zeitverschiebung ist verschwindend gegenüber einer wirklichen Zeitverzerrung, die dieses Dreieck in Bann schlägt.

Unheimlich, wie die Macht des Künstlers die Gegenwart zu beschwören, für immer mit seinem Namen verbunden bleibt. Hier, an diesem Ort, scheinen die Typen, die in Grosz's Bildern dargestellt sind (solche, die wir uns zwischen den Kriegen verstrickt oder in Bilderrahmen gesichert vorstellen) immer noch Berlin heimzusuchen. Während sie an seinem unangemessenen Denkmal vorbeibummeln, werden sie von einem unbestimmten Einfluß illuminiert und exponiert.

Unbeeinträchtigt und unbetroffen von der Geschichte sind diese Erscheinungen wahre *Zeitgeister*.

33

Olympiastadion

Gemäß populärem Mythos: »Jedes Berlin erzählt eine Geschichte«. Laut Roland Barthes: jedes Foto, das ihn berührt, hat ein *Punktum,* das ihm einen Stich versetzt und ein ›Gefühl‹ in ihm auslöst. Das *Punktum* unterbricht auch, oder punktuiert die mythische Geschichte. Die entstehende Lücke oder Pause ermöglichen es dem Betrachter, ›sich ins Bild zu setzen‹ – persönliche Bedeutung einzubringen.

Als ich das *Olympiastadion* fotografierte,

hatte ich nur eine vage Idee von der Signifikanz eines derartig aufgeladenen Beispiels von *Nazi*-Architektur. Diese Studie hat mir den Zugang zum Bild verschafft; er stellte sich als Fluchtweg vor der Architektur heraus. Ich folgte den Zeichen mit dem flüchtenden Menschen, – dem menschlichen Element, das so oft für das Mißlingen von hoch-organisierten Systemen verantwortlich gemacht wird. Außerhalb des Stadions sind die Straßen Berlins ebenfalls *olypmisch*– gebaut für

Armeen, nicht für Individuen. Es ist wichtig für die Fußgänger, auf die Zeichen zu achten: *WALK! DON'T WALK!* In Seoul, Süd Korea, wird ein Angeklagter im Keller ›verhört‹. Oben übertönt der Lärm, der das Spektakel in der Arena begleitet, sein ›Geständnis‹. Das Spektakel ist *Sport,* die Stätte *Olympia,* und nur weil wir nicht länger *zuschauen* während die Löwen die Christen ›schlagen‹, existieren beide in einem ›unpolitischen‹ Stadium.

Die Lücke

Der Raum zwischen West und Ost ist eine potentiell erogene Zone, die den Höhepunkt der Erregung in sich trägt. Der Akt der Erfüllung bleibt jedoch *tabu*. Für die meisten von uns ist ein Sprung ins Unbekannte immer noch verboten und verbeten.

Gerüste, aufgestellt, um einen *Blick auf den Kommunismus* zu ermöglichen, könnten trotz ihrer physischen Sackgasse ein Sprungbrett für das Bewußtsein darstellen. Um dieses Potential zu erhöhen, wäre es wünschenswert, ähnliche Gerüste neben den bereits vorhandenen zu errichten, aber in umgekehrter Richtung, mit *Blick auf den Kapitalismus*.

Der Blick, der im Sprichwort dem Sprung vorausgeht, – *look before you leap* – ist normalerweise passiv und ersetzt manchmal völlig die Handlung (Fernsehsendungen sind die gebräuchlichste Form des Grenzverkehrs). Wenn man in die Leere hinausschaut, wird der Blick zum Sprung, aktiv, aber nur wenn esklar ist, daß alles, was weder *Osten* noch *Westen* ist, dazwischen liegt.

Die Stätte Utopias ist *Niemandsland*. Unter den bestehenden Verhältnissen jedoch ist *Niemandsland* der umstrittenste Platz überhaupt.

Ästhetik und Kommunikation

Was schon in der Luft liegt oder noch im Nebel dämmert. Was schon in aller Munde ist oder noch unter der Hand gehandelt wird. Erkannt, erfahren, erlebt. In Ä&K.

Was zwischen Politik und Kultur und Gesellschaft nistet. Analysiert, reflektiert, kritisiert, observiert, fotografiert. In Ä&K.

Pro Jahr vier Themenhefte von je 128 Seiten, das Abonnement 38 DM, das Einzelheft 12,50 DM. Alle Bestellungen an: Verlag Ästhetik und Kommunikation, Tempelhofer Ufer 22, 1000 Berlin 61.

Norbert Bolz, Bodo Morshäuser, Richard Nöbel, Samuel Weber u.a.A.

Heiner Müller, Eberhard Sens, Ulrich Sonnemann, Helmut Tributsch u.a.A.

Christopher Lasch, Hermann Schwengel, Barbara Sichtermann, Paul Virilio u.a.A.

Bunkerkonvent
(Wenn alles egal ist)

Ralf Buron
und Christoph Doering
(NotorIsche Reflexe)
Quizmaster: Matthias Beltz

Notorische Reflexe

weil du auf paranoia bist
heißt nicht da lauert nichts auf dich
es trifft ich immer dann wenn's paßt
vorausgesetzt vorausgedacht
und mittendrin in einer nacht
vorausgeplant und mitgedacht
before you fuck me lover
duck and cover

cool sein schlau sein
die tasche muß dabei sein

der supergau die supersau
Bequerel und rem
vorwarnstufe schadstoffarm
rem plem plem plem plem
der blitzkrieg stellt sich wörtlich dar
erst blitz dann druck wie wunderbar
I am prepared you know by now
max nix die alte supersau
duck and cover
kiss my ass good bye

Der Platz des ehemaligen Anhalter Bahnhofs wird neben der Ruine des Eingangsportals von drei in ihrer Bedeutung unterschiedlichen Gebäuden beherrscht:
Das Postgiroamt, als Symbol computergesteuerter Kommunikationszentrale; das Excelsiorhochhaus als architektonische Versinnbildlichung entindividualisierter, isolierter Lebensweise und der Hochbunker, als scheinbar unzerstörbares Relikt des Zweiten Weltkrieges, Hoffnungsträger auf Überleben, gleichzeitig angsteinflößendes Mahnmal für eine zukünftige Katastrophe.

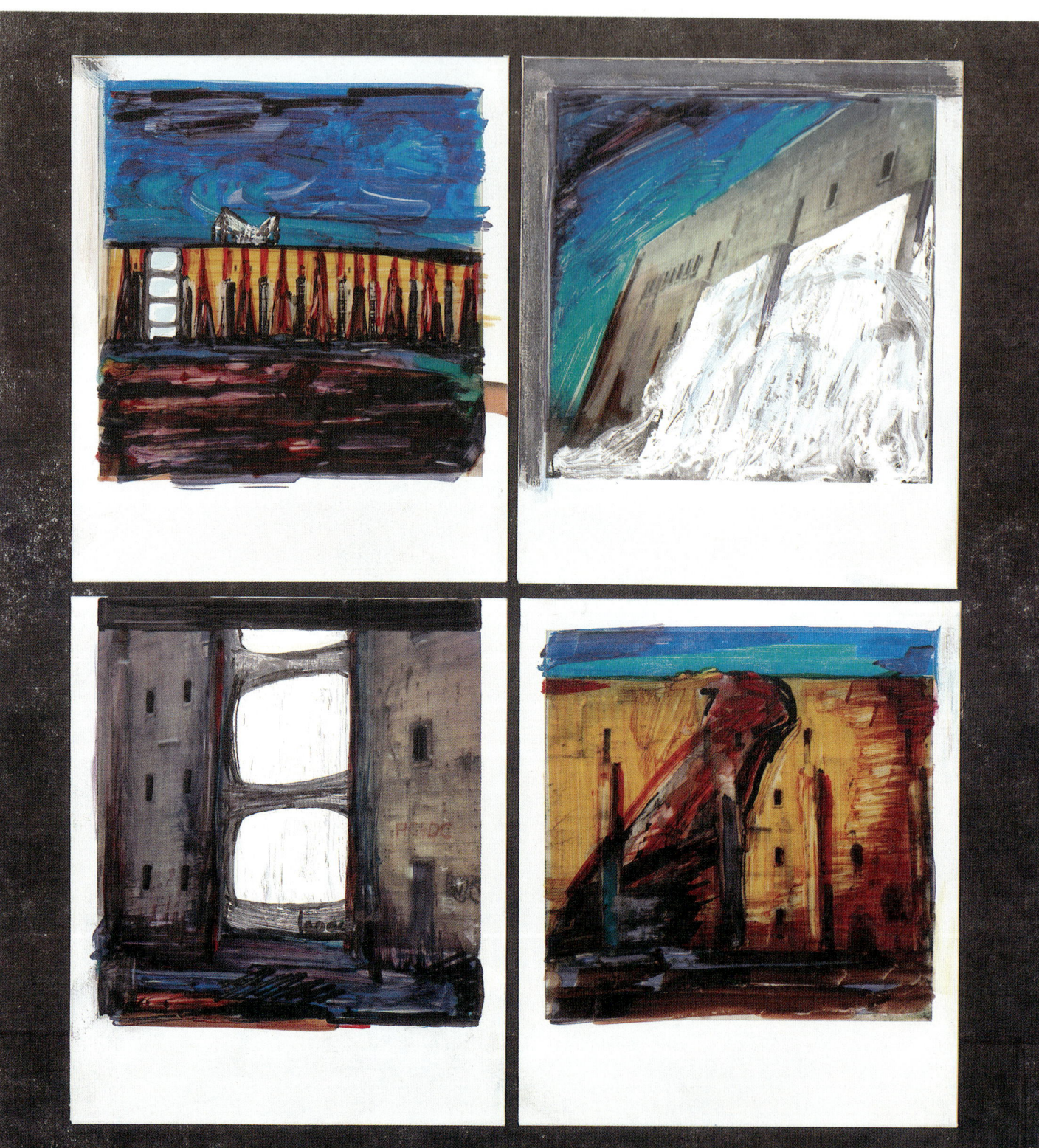

Christoph Doering

geb. am 23.12.1953 in Aschaffenburg

1970-72	Auslandsstudium am York College, Pennsylvania, USA.
1975-77	ev. Theologie an der Kirchlichen Hochschule Berlin
1977-83	freie Malerei an der Hochschule der Künste Berlin
1981	Gründung der Multimediagruppe »Notorische Reflexe« zusammen mit Sacha v. Oertzen, Gasi Twist, Kuno Hoffmeister
1983	Abschluß des Malereistudiums als Meisterschüler bei Prof. Hödicke Lebt in Berlin

Notorische Reflexe

1983 Centre Georges Pompidou Paris, Frankreich
1983 internationales video- u. performancefestival c.d. 83 cankarjer dom Ljubljana, Jugoslawien
1983 Kunstforum des Lenbachmuseums München
1984 Hovikodden Kunstsenter Olso, Norwegen
1984 Teatro Testoni Bologna, Italien
1985 Kitchen New York, USA
     Auditorium der Georgia Universität Atlanta Georgia
1985 Chicago Filmmakers, Boston, Buffalo, Torronto, Montreal (Produktion Goetheinstitut)
1986 »Südseekonvent« auf dem Gelände des Westhafens Berlin

Ralf Buron

1957	in Marienau geb.
1970-76	Arbeit in verschiedenen Düsseldorfer Rock- und Jazzformationen
1976-79	Tätigkeit in der Filmindustrie
seit 1981	Dozent an der Musikschule Wilmersdorf
seit 1982	Mitglied der Gruppe »Notorische Reflexe«

Mit freundlicher Unterstützung von Herrn Otto-Heinrich Wisskirchen und des Postgiroamtes Berlin.

Mythos – Stadt – Wahrnehmung
Dieter Hoffmann-Axthelm

1.

Die Begriffsreihung – Mythos/Stadt/ Wahrnehmung – hat kaleidoskopartige Wirkung: Man meint in allen drei Einzelbegriffen dasselbe zu verstehen, aber durch einen um so kritischeren Zerfall hindurch, innerhalb dessen jeder Teilbegriff möglicherweise sogar das Gegenteil der beiden anderen aussagt. Daß die einzelnen Begriffe unterschiedlichen Wissenschaftsbereichen angehören, ist weniger eine Erklärung, als eine Erhärtung des Gesagten – gegenüber der sehr viel bequemeren Möglichkeit, die Monstrosität der Reihung gleich kurzzuschließen zu den freundlichen literaturwissenschaftlichen (vielleicht auch nur feuilletonistischen) Topoi »Mythos der Stadt« und »Stadtwahrnehmung«, oder zu einem unbekümmerten Trampolin kultureller Ausflüge, solcher im Kopf.

Versucht ist hier vielmehr der Hinweis darauf, daß hinter jedem Begriff etwas Wirkliches steht, das, als Geschichte oder als heutige gesellschaftliche Realität, von den Spinnennetzen der kulturellen Verwertung der realen Welt nicht gänzlich aufgesogen werden kann. Eben das ist es, was sich im Felde intellektueller Unternehmungen in jener praktischen Entzogenheit ausdrückt, die da besagt, daß Phantasietätigkeit nicht genügt, sondern nur fachspezifische Arbeit den bezeichneten Gegenstand wirklich erschließt, also auch – es geht ja deshalb noch lange nicht um Fachidiotentum – die Gräben, die sich zwischen den wissenschaftlich verteidigten Gegenständen auftun und die es dann, nach geleisteter Arbeit, ja doch auch wieder zu schütteln und zu überspringen gilt. Wenn der Begriff Mythos in die Religionswissenschaft gehört (oder in die Philosophiegeschichte), der der Stadt in die theoretischen Grundlagen der Stadtplanung (von der Archäologie bis zur Soziologie), der der Wahrnehmung in die Psychologie, dann muß mit dem Schütteleffekt, daß man etwas sieht, erst einmal ernst gemacht werden.

Die Zugehörigkeit zu einer oder mehreren wissenschaftlichen Disziplinen verweist bereits auf eine bestimmte Ordnung der Widersprüche. Die Wissenschaften unter sich streiten sich nicht um den Besitz. Die Welt unter dem Gesichtspunkt des Anfangs zu sehen, das sollte keine andere Wissenschaft der Philosophie bestreiten, bestenfalls kann man dem als empirische Wiederaufrollung des Prozesses, den die Philosophie schon schließt, indem sie auf den Mythos zurück- wie vorausblickt, die Religionswissenschaft als Spion an die Seite stellen. Von der Stadt zu reden, dem Ort der Philosophie, zugleich und treffender aber auch der Aufklärung, heißt also, zumindest den Mythos immer schon hinter sich zu haben. Indessen ist auch bei allen mit dem Thema Stadt befaßten Wissenschaften das Übergewicht der Vergangenheit nicht zu übersehen. Stadt, das impliziert zwar keinen Anfangsblick, aber durchaus den Rückblick auf die durch Aufklärung verlorenen Verkörperungen sozialen Lebens, die heute auf keine Weise wiederherzustellen sind. Was übrig bleibt, sind Abstrakta, Zeichensysteme, die das soziale Leben organisieren. Aus dieser Herrschaft des Unsichtbaren ergibt sich die Aktualität der Wahrnehmung: weder mythisches Handeln, noch aufgeklärtes Wissen, sondern am Ende aller Gewißheiten der minimale Versuch, sich – wieder oder zum ersten Mal – entlang des letzten verbliebenen Fadens körperlicher Gegenwart in einer weder von Mythos noch städtischer Aufklärung zureichend erhellten Welt wenigstens überlebensmäßig zu orientieren.

2.

Einen funktionalen Hintergrund erhält diese historisch-abfolgende Lesart, wenn man sie als Vorstellungsgerüst einer gesellschaftlichen Wahrnehmungsgeschichte begreift. Die mythische Erzählung spielt ihrer Funktion nach in einer Wahrnehmungswüste und handelt von Maßnahmen des Ahnenheroen, die alle jene Qualitäten, an denen sich das Wahrnehmen festmacht, allererst herstellen. Erzählt werden diese Gründungstaten um des gegenwärtigen gesellschaftlichen Ordnungsgefüges willen. Der Anspruch, die Begründung der Welt, der einer Gruppe, und für diese, zu vergegenwärtigen, sagt dem gegenüber gar nichts anderes und trifft in aller Schärfe zu. Denn indem die Gründungsleistungen Unterscheidungen wie die zwischen oben und unten, innerhalb und außerhalb der Welt, Lebendigen und Toten usw., indem sie unsichtbare Verhältnisse sichtbar machen, indem sie sie in Handlungen, in Farben, Materialien, Örtern, in Gegenständen und Zeichenfolgen aussagen, wird die physiologische Wahrnehmungsfähigkeit allererst vergesellschaftet, auf menschlich gesellschaftlicher Ebene wiederholt, im Material der alltäglichen Praxis.

Da es um diesen Grundvorgang geht, ist die Praxis, auf die sich das mythische Erzählen bezieht, nicht das abgedunkelt Selbstverständliche, die sie heute ist, sondern das fortgesetzte Errichten von Grenzen und Unterscheidungen, von Verknüpfungen und Orientierungsmarken, das gegen ein ungeordnetes Außen gerichtet wird, das man beiseite läßt als ältere, mächtigere Unwelt, und das heißt eben gerade nicht Umwelt. Denn Umwelt wäre vertraut, gleichgültig, ob man sie mit Üexküll biologisch faßt oder im heutigen ökologischen Verständnis als durchschaubares gesellschaftliches Wirkungsverhältnis. Unwelt besagt demgegenüber, daß das, was angeblich außen ist, zugleich innen ist, weil »Innen« kein endgültig lokalisierter Ort ist, sondern die bloße Beschwörung eines solchen, der im Augenblick der Beschwörung schon wieder uminterpretierbar oder verwehbar ist. Das Nichtbewältigte, Nichtwahrnehmbare von außen bedroht die

wahrnehmbare, gesellschaftliche Innenwelt der Ahnenwege, der Verwandtschaftsbeziehungen, der Dorf-, Stammes- und Clanstruktur immer weiter mit Einbruchmöglickeiten, die sich mit jedem neu auftauchenden Objekt oder Menschen anderer Stammes- oder Kulturherkunft jederzeit, bis zur Abschaffung der Frühvölkerkulturen in unserer Zeit, dramatisch zuspitzen konnte – zugleich war das System mobil und konnte, als die wirklich Urhütte, jeder realen räumlichen Verlagerung folgen, ohne daß diese Verlagerung im System hätte auftauchen müssen. Diese bescheidene Weltglocke aus Haftpunkten der Wahrnehmung haftete paradoxerweise überall, eine Bedingung des Überlebens.

Erst recht besteht zwischen Entstehung der Stadt und gesellschaftlicher Wahrnehmungsentwicklung ein enger Zusammenhang. Die frühgeschichtliche Stadt ist nicht einfach ein beliebiges Objekt der Wahrnehmung, sondern sie ist selber eine Wahrnehmungseinrichtung, also weniger die Welt, die gesehen wird, als die real existierende Formidee, durch die hindurch die Welt gesehen wird. Die Stadt übersetzt die zerbrechlichen zeitlichen Strukturen des mythischen Erzählens in gebaute Formen, die auf Materialwiderstand und Dauer angelegt sind, Stadtmauern, Prozessionsstraßen, Tempel, Paläste, Brunnen, Stadtgrundriß, Straßengitter, zentrale Achsen haben die schlagende Einfachheit von Stimuli aus einem neuzeitlichen tierpsychologischen Labor. Diese Einfachheit hat bis ins 20. Jahrhundert alle Stadtgrundrisse, vor allem die der mit einem Schlage angelegten Planungsstädte, ausgezeichnet, ebenso die Gewalttätigkeit der Absicht, über solche Grundrißplanungen die Gesellschaft umzubauen.

Die Stadt ist aber auch in allen weiteren historischen Epochen ein Instrument der weitergehenden Vergesellschaftung der Wahrnehmung geblieben. Die neuzeitliche Verstaatlichung der Wahrnehmung ist mit der des Städtebaus, der Stadtsubstanz, identisch. Wenn im alten Orient die Stadt ein Instrument in den Händen von Priestern, Kriegeradel und Königen war, so wird heute auch die Umpolung der europäischen Städte in der Renaissance nicht als immanent ästhetischer Vorgang, sondern als Versuch des modernen Territorialstaats verstanden, sich sinnfällig weniger in den sichtbaren Strukturen der Stadt, als in den unsichtbaren Wahrnehmungsleistungen der Köpfe zu verankern. Man kann das den Folgen entnehmen: Die immer neuen Wellen neuzeitlichen Stadtumbaus beeinflußten erfolgreich nicht nur was gesehen wurde, sondern vor allem, wie gesehen wurde, also die Wahrnehmungstätigkeit selbst. Aus dieser Rolle, privilegierter Ort der Wahrnehmungsentwicklung zu sein, ist die Stadt erst mit der Industrialisierung herausgefallen.

Dieser Sturz hat ein Jahrhundert angedauert und verschiedene Krisenformen angenommen, in Deutschland vor allem die des Nationalsozialismus. Dieser versprach unter dem Titel Mythos eine altorientalisch gewalttätige und einfache Reinigung der Augen, beschleunigte aber nur den Untergang der an die Stadt gebundenen historischen Wahrnehmungsweisen, die er mit der realen Zerstörung einer Vielzahl europäischer Städte, darunter der meisten deutschen, auch noch überholte. Der Nationalsozialismus ist insofern als Schlüssel benutzbar, der nachträglich den abgelaufenen Prozeß aufschließt.

Benutzt man diesen Schlüssel, dann ist die Stadt von vornherein ein Übergangsmodell zwischen flüssigen Wahrnehmungszuständen, der Versuch, Wahrnehmung zu lokalisieren, zeitlich anzuhalten, gegenständlich zu monumentalisieren. Die gesamte Geschichte der Stadt ist deshalb, trotz der ungeheuren Lebensdauer des Erfolgsmodells, eine Krisengeschichte, zumindest in ihrer Zuspitzung auf das Wahrnehmungsprojekt: Krisengeschichte der Monumentalität. Von Anfang an ist das Modell mit den Mühen beladen, sich vom mythischen Druck zu entfernen, den es doch nur vergangen machen konnte, indem es dessen Schatten zum eigenen sichtbaren Zentrum machte, wobei die Sichtbarkeit zwar der große Vorwärtsschritt ist, aber eben auch die prinzipiell gewordene Unterdrückung durch zentralisierte Wahrnehmung: Herrschaft. Deren Sichtbarkeit ist daher immer mehr als bloßes politisches Erfordernis. Die Entfernung vom mythischen Druck ist gebunden an die Gegenwart der ihn weitertragenden Monumente und realisiert sich nur in dieser langen Abgewöhnungsgeschichte, deren Innenraum nichts anderes als unsere geschriebene Geschichte selber ist. Erst am Ende des Durchlaufs sind, aufgelöst entlang der erscheinungslosen Klassenwidersprüche der Industriegesellschaft in eine dynamisierte, mobile Wahrnehmung, auch die Monumente verbraucht, und ist deshalb das Motiv der Entfernung vom mythischen Druck hinfällig geworden.

Angesichts der Zähigkeit der gegenständlichen Bindung der Wahrnehmung, ist das Ergebnis noch gar nicht zur Kenntnis genommen, sondern nur als Abwesenheit der klassischen Formen beschrieben worden. Da inzwischen der Industrialisierungsprozeß als Übergangsstufe übersehbar wird, ist die Antwort inzwischen auch nicht mehr dadurch zu geben, daß man an die Stelle der Stadt die stadtungebundene Industrie mit den durch sie entbundenen Entgrenzungen der Wahrnehmung setzt. Vielmehr war das ein Anfang zu einer Freisetzung der Wahrnehmungstätigkeit insgesamt, die noch auf längere Zeit das Frieren lehren könnte, da sie zum ersten Male nicht mehr über eine Materialisierung im Vorhandenen abgestützt ist. Daß, an dem historischen Thema Stadt vorbei, die Wahrnehmung selber zum Thema geworden ist, schließt die historische Chance ein, bewohnte Welt sich in einer Weise vorzustellen, die der klassischen Dialektik von Chaos und Ordnungszwang entkommen ist. Aber die Rückkehr zu einer ungebändigten, der Stadtform entledigten neuerlichen Flüssigkeit des Wahrnehmens hat, anders als das mythische Spurenlegen, keine Mächte mehr im Rücken, auf die hin es sich eine, und sei es noch so mobile, Grenze geben könnte. Die Spurensuche, die diese Erfahrung freisetzt, trifft einstweilen nur auf die im historischen Schutt steckenden Grenzmauern der Vergangenheit.

3.

Die Reihe Mythos-Stadt-Wahrnehmung, so gelesen, ist eine der historischen Abfolge, wo jeweils der folgende Begriff den

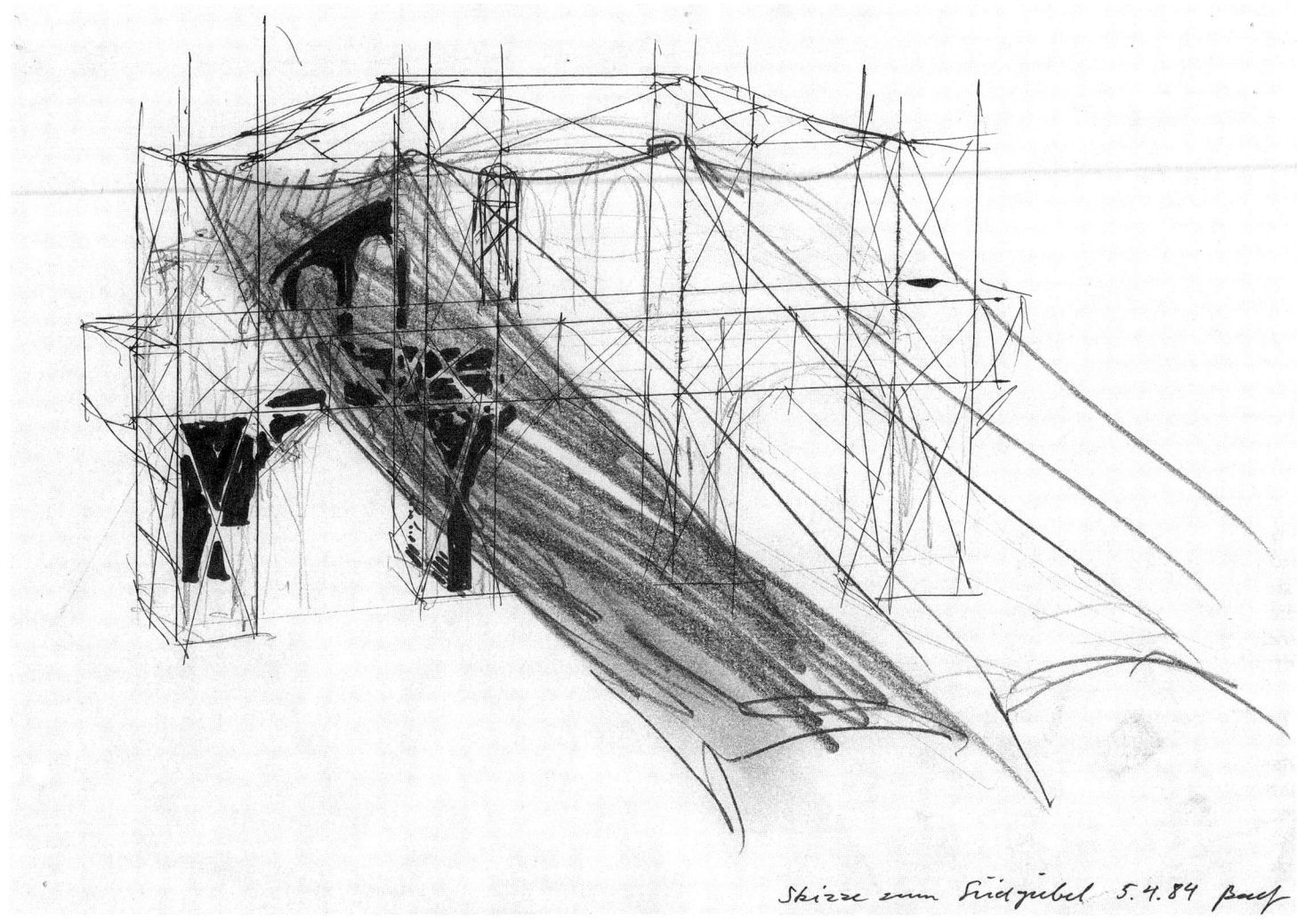

Skizze zum Südgiebel 5.4.84 baeh

Ulrich Baehr: Geländezeichnung Anhalter Bahnhof I, 1984

vorangegangenen beerdigt. Zu ihrer Vieldeutigkeit gehört aber auch die Möglichkeit entgegengesetzter Lesebewegungen. Nicht umsonst haben im Augenblick diejenigen Lesarten Konjunktur, die von vornherein die Möglichkeit, als Abfolge zu lesen, leugnen, indem sie den einen oder den anderen Eckbegriff bloß als Sprungbrett benutzen, um in ein Vorher oder Danach – zwar nicht hineinzuspringen, womit es, wie der geübte Leser von Castaneda weiß, seine Schwierigkeiten hat, wohl aber: hineinzudeuten, etwas, was zu relativ wenig verpflichtet. Denn der Deuter, man denke an Johannes den

Täufer mit seinem Grünewaldisch ausgereckten Finger, bleibt ja, wo er ist. Das muß heute, wo es sich nicht mehr um Propheten, sondern um pensionsberechtigte Philosophieprofessoren handelt, nicht als Verzicht, sondern als Annehmlichkeit aufgefaßt werden, zumal die Kontrolle durchzuführen, ob einer wirklich abnehme, das, worauf er deutet, aber wachse, heute eher spielverderberisch wäre.

Für die Deutung nach vorne hätte der Mythos als Lesebuch der Menschwerdung ausgedient, es ginge ihm (so bei Kamper), wie bei Derrida der Schrift:

nachgeholter Aufstand der Materialität gegen das Bedeuten- bzw. Erzählensollen, noch einmal in Spannung versetzt durch ein Heideggersches Hineinhören in jene Situation der Verweigerung, in der jedes Sichaussagen zwangsläufig eben jene stummen vorausliegenden Dimensionen verdeckt, die es, indem es sich selbst nicht abschafft, instrumentalisiert. Vielmehr, es kommt bei der Postulierung eines Vorher eine irritierende Aktualität hinzu, die Vermutung, der Schlüssel zu jenem Vorher könne der Schlüssel zum heutigen atomar machbaren und bereitliegenden Nachher sein.

45

Sieht so der Stein der Weisen aus?

Wenn man feststellt, daß die Architekten und Bauingenieure, die . . .

. . . zum Beispiel diesen dauerhaften Naturstein verarbeiten und damit jahrhundertealte Tradition der menschlichen Architektur fortentwickeln . . .

. . . oder beispielsweise diese Platten verwenden, die genaugenommen aus Beton sind und in den verschiedensten Farben für ein phantasievolles Stadtbild sorgen . . .

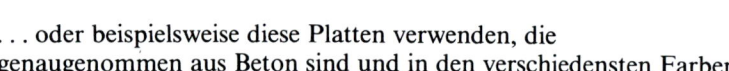

. . . oder Wege mit diesen umweltfreundlichen Natursteinen versehen, die wasserdurchlässige Trag- und Deckschichten bilden und so nach jedem Regenguß die natürliche Erneuerung des Grundwassers gewährleisten . . .

. . . wenn man also feststellt, daß diese Architekten und Bauingenieure weise handeln, weil sie an die Zukunft denken und vernünftiges Baumaterial verarbeiten, dann sieht so der Stein der Weisen aus.

Metropole
Berlin

Die Bauten dieser Stadt bilden den angemessenen Rahmen für die kraftvollen Impulse Berlins in vielen Bereichen.

Die Summe kultureller, wirtschaftlicher und technologischer Leistungen bestätigt nachhaltig die Anziehungskraft Berlins, seine gewachsene Rolle als Zentrum internationaler Begegnungen und des Austauschs, seiner Fähigkeit, Neues zu schaffen um Bewährtes zu verbessern.

Die Attraktivität Berlins zu erhalten und mit Leistung und Engagement zu stärken, ist uns allen Verpflichtung.

**Berliner
Sparkasse**
Ein Stück Berlin seit 1818

Sparkasse der Stadt Berlin West · Bundesallee 171 · 1000 Berlin 31 (Wilmersdorf)

Der angedeutete Umgang mit dem Mythos spart sich dabei allerdings vorausgehende Herkulesarbeiten. Es wird eher eine neue Beleuchtung angeknipst, wieder ausgemacht, wieder angeknipst, usw. Dem Mythos wird, statt jener ausgedehnten, sich lebenslang entziehenden, nie auf den Begriff zu bringenden Frühgeschichte, der von Bachofen bis zu Freud bislang die Arbeit der Entzifferung galt, die Vorstellung des Schleiers (des vorm Bildnis von Sais) oder des Projektionsschirms der Traumdeutung untergeschoben, wo es weniger auf das Erzählte ankämer, als auf die Erkenntnis der in der Tatsache des Schirms gesetzten Verhüllungsstruktur. Vor dem Mythos läge, jenem Zugriff folgend, von ihm nur gezeigt in der Weise der Verbergung, die noch tiefere Vergangenheit.

Aber was ist das? Das entscheidende an der Denkbewegung, dem Mythos zuvorkommen zu wollen, ist ja, daß sie der teleologischen Konstruktion der Geschichte, bereits schon des Erzählens, entgehen will. Begrifflich geht das natürlich nicht. Vor der Geschichte wäre, wenn dort anderes wäre als die Naturgeschichte, die das 19. Jahrhundert im Auge hatte, nur auch wieder Geschichte. Sonnemann hat dafür einen Namen eingesetzt: Atlantis, der Name einer städtischen Zivilisation. Und was wäre davor? Es handelt sich ja bei alledem um Denkbewegungen und Erwartungsstrukturen, d.h. Mechanismen des Einleuchtens, deren Herkunft mit dem, worauf sie angewendet werden, bei einer bestimmten zu weit gehenden Verallgemeinerungsstufe identisch wird. Dieser Zustand liegt heute, wo es eine erste nachbürgerliche Generation gibt, die aus geradezu schon galaktischer Entfernung auf alles, was einstmals Philosophie und Religion war, zurückblickt, einigermaßen nahe. Vor den Mythos gelangen zu wollen, hieße, da wir, indem man intellektuell den Schritt erprobt, doch noch keineswegs unsere Denkmöglichkeiten geändert hätten, nur eine neue Lesart des Vorhandenen zu entwickeln: die Umkehrung der aufgeklärten Lesart »vom Mythos zur Wahrnehmung«. Daran ändert man nichts, wenn man das alles wörtlich nimmt (was natürlich nicht nur schön,

sondern vor allem richtig ist, der einzige Ausweg aus dem bloßen Deuten) und ein Schiff besteigt, um Atlantis zu finden; aber man fände dabei die Antwort, was vor Atlantis war. Da die theoretische Bewegung wirklich wieder in die mythische Reise zurückginge, ginge sie dabei unweigerlich in die vergleichbare Zweideutigkeit einer Wahrnehmungsbewegung voraus.

Denn das Versteckspiel zwischen Vorher und Nachher ist nur oberflächlich zeitlich gedacht und als Gedankenbewegung vom versuchsweise räumlichen Oszillieren zwischen Innerhalb und Außerhalb nicht zu trennen. Letzteres hat aber den Vorteil, daß die Konstruktion der überschreitend-zurückkehrenden Denkfigur hier zwangsläufig viel direkter ausfallen muß als in der schwer überholbaren zeitlichen Entfernung des Mythos. Der Wunsch, hinter den Wandschirm Wahrnehmung zu gucken, innerhalb des eigenen Inneren und außerhalb der äußeren Dinge zu sein, dort, wo alles eins ist, dieser Wunsch ist in den modernen Großstädten unvergleichlich leichter zu erfüllen als im Falle des Forschungsschiffes, das auf die Suche nach Atlantis ginge. Anders gesagt, das begrifflich artifizielle Versteckspiel ist hier schneller durchs einfache gesunde Machen überholt, als der Philosoph es – sich selbst als die Verdeckung dessen zu denken, was da wäre, wenn es ihn nicht gäbe – vorgeführt hat. Jenseits der Wahrnehmung, als Rückseite jener rudimentären Körperlichkeit, die gegen das aufgeklärte Wissen hochgehalten wird, stellen sich lernbare, beobachtbare, teils fotografierbare asiatische Fähigkeiten heraus. Man muß nur durchsichtig genug sein.

4.

Die Gegenwart ist nie mythisch. Mythos heißt von vornherein: Übermacht der Vergangenheit. Der Mythos ist die Anwesenheit einer unbewältigten, nicht bewältigbaren, weil gewollt und prinzipiell nicht greifbaren Vergangenheit in einem historisierten Umfeld. Jene Vergangenheit kann daher, wenn man nicht auf das dem mythischen Erzählen konstitutive

Entzugsprinzip hereinfallen will, nicht vor dem Mythos gesucht werden – da ist die Naturgeschichte –, sondern nur in der Geschichte, die selber ja deutlich genug über sich und ihre im vorgeschichtlichen Dunkel liegenden Voraussetzungen zu reden wüßte, wenn man sie – Historiker wie LeRoy Ladurie und Ginzburg haben es vorgemacht – nur entsprechend aufmerksam befragte.

Diese Regel der Aufklärung, daß die Geschichte den Mythos erklärt und nicht umgekehrt, tut ja nichts anderes, als die Spiegelstruktur des Mythos auf diesen selber anzuwenden: daß unter Mythos eben die Form zu verstehen ist, in der vorgeschichtliches mythologisches Reden zum Moment historischer Selbstinterpretation geworden ist. Das ist bei allen geschrieben erhaltenen (sumerischen, kanaanäischen, griechischen usw.) Mythen der Fall, auf einer sehr freien, aufgeklärten Ebene auch noch bei Platon, der seine Mythen zumindest ihrer Form nach erfunden hat (auch den Atlantis-Mythos, dessen Interesse ja nicht der Inselmythos ist, sondern das Gründungsritual der Erzählung in der Gegenwart der athenischen Geschichte). Um diese autonome, vom Alltag und von rituellen Handeln abgelöste Redeform des Mythos anzunehmen, hat das mythische Erzählen seine Aufhebung durch die Stadtkultur abwarten müssen, die im Mythos ihre Vorgeschichte gefälscht hat.

Der Umbau des mythischen Erzählens zum Mythos macht aus den handlungsleitenden Ahnengeschichten der vorgeschichtlichen Kulturen jenes Spiegelbild der Geschichte, in dem manch einer sich neuerdings wieder aus der Geschichte herausspiegeln möchte. In der Stadt wird der Mythos zum verlorenen Anderen, Nächtlichen, Körperlichen, kurz, zur Vorgeschichte, des begrifflichen Denkens. Zugleich vernichtet die Stadt die flüchtige, praktische Seite, indem sie sie in Stein und Lehmziegel realisiert. Die Aufgabe des mythischen Erzählens ist die in einer noch chaotischen, unübersichtlichen, mehr oder minder herrschaftsarmen Wirklichkeit erfolgende Einschärfung schmerzhafter Trennungen, des gesellschaftlichen Lebens von der Wildnis, der Geister und Götter von den Men-

Ulrich Baehr: Geländezeichnung Anhalter Bahnhof II, 1984

schen, der Lebenden von den Toten, der Männer von den Frauen, der Brüder von den Schwestern, der Lebensmittel von der Erde usw. Der Fluchtpunkt der Mythen ist der mögliche Rückfall, keine Scheidung ist wirklich gesichert.

Das beschreibt in aller Genauigkeit erst der Umbruch zur Stadt. Die großen Scheidungen des babylonischen Schöpfungsmythos werden von der Stadt wahrgemacht, auf mehreren Ebenen. Die Stadt scheidet Geschichte und Vorgeschichte, bewohnte und unbewohnte Welt, und das ganz buchstäblich, durch hohe Mauern aus gebrannten Lehmziegeln, und Wasser und Land durch Dämme, Mühlwerke und Kanäle. Das mythische Territorium enthält dagegen Felsen, Quellen, Bäume, Berge, Höhlen, Felder und Schmiedeessen, aber nichts Städtisches. Die Mythen gelangen bestenfalls in die Nähe der Stadt, bleiben an einer hängen, und gerinnen eben darin zum Mythos, also: zur Kategorie der unterirdisch gewordenen Vergangenheit (wie die Bauopfer, die unter dem Stadtboden liegen). Die Stadt ist die Falle des mythischen Erzählens, als Engführung – statt der nach allen Seiten entfliehenden Vieldeutigkeit der Mythen geht die Erzählung stracks auf das eine Ziel der Stadtgründung zu – und als Beendigung – die Stadt selber provoziert Geschichte, keine Mythen mehr. Trotzdem ist kein Mythos so situiert wie die Gründung der Stadt. Der Gründungsmythos kann wandern wie der Ahne/Heros und ist nie mit den Mauern identisch, die Romulus errichtete, nachdem er sie mit dem Pflug nach der vorgeschriebenen Art gezeichnet hatte.

Der städtisch gewordene Mythos rächt sich in der Antike gelegentlich für die Instrumentalisierung durch die Städtegründer. Als Gründungsmythos blickt er dann mit Röntgenaugen durch die Stadt hindurch und nimmt ihre Zerstörung voraus. Apollon errichtet, gezwungenermaßen, doch ohne Handarbeit, die Mauern Trojas, die am Ende (aber in mythischen Verhältnissen gibt es kein Ende, das nicht im Anfang schon enthalten wäre) zerstört sein werden. Kadmos sät die Drachenzähne, die er der eigentlichen Gründertat verdankt (der Drachentötung, die eine Weltgründung war), in die Furchen; die geharnischten Männer, die aus dieser Saat aufsprießen, bringen sich gegenseitig um. Das ist der Anfang von Theben. An diesem Kurzschluß wird als Rückspiegelung deutlich, was die vorstädtische Wirklichkeitserfahrung von der städtischen unterschied: jene unendliche Mühseligkeit des mythologischen Handelns und Erzählens, die sich noch nicht auf die Dauerhaftigkeit von Mauern und Monumenten abstützen kann, sondern sich an die Flüchtigkeit, Vergänglichkeit und Dürftigkeit einfachster Mittel hält, an Verschleiß und periodische Wiederkehr, ohne die Dauer der Steine zwischen sich und das ständige Veralten ihrer konzentrierten Leistungen zu schieben.

5.

Das Prinzip der Stadt ist die Sichtbarkeit, die auf den Anfang, die Nichtexistenz der Stadt (z.B. das öde Gelände, auf dem sich die wandernde Kuh schließlich niederlegte, überhaupt die Landschaften vor der Gründung) nicht mehr durchsichtig ist. Für die Stadt ist der Mythos ein Stück Vergangenheit zum einmaligen Verbrauch: Einmal muß, inmitten des aufgeklärten Neuen, was mit der Stadt beginnt, noch das Machtverhältnis akzeptiert werden, das vor der Stadtgründung herrschte, zu dem einen oder einmaligen Zweck, die Willkür des Gründungsakts zum Verschwinden zu bringen. Daß sich hier die Handelswege kreuzten, eine Furt bestand, ein zur Verteidigung günstiger Ort gegeben war – das sind die Erklärungen ex post, Teil der systematischen Entfernung vom anfänglichen Kniefall vor den Mächten davor. Die Rationalisierungen sind durchsichtig: Handelswege sind Ahnenwege, an Furten lauern Unge-

heuer (vgl. 1. Mose 32, 22 ff., Jakobs Kampf mit dem Nachtgeist, auch ein Gründungsmythos, zwecks Übergangs von der Nomaderei ins städtische Agrar- und Handelsleben), keine strategische Höhe, wo nicht Götter und Opferaltäre vorher da waren.
Die bloße Landschaft, entgegen einer in Süddeutschland weitverbreiteten Städtebau- und Architekturideologie, prädestiniert keineswegs die Städte, die sie dann besetzen. Die Gründung im Talkessel, zwischen Weinbergen, in einer Schleife des Flusses, ist allemal so willkürlich und damit, in der Kette der mythischen Ursachen und Verknüpfungen, unmotiviert und schutzlos, wie die beliebigste zugige Kolonialgründung in den diluvialen Sänden des Nordens zwischen den Wasserrinnen des ostwestverbindenden Urstromtals. Es geht allemal darum, sich zu den vier Richtungen der Welt zu verhalten. Der Stadtgründungsakt ist deshalb, obwohl in mythischer Sprache, stets bewußte Imitation, natürlich des Weltgründungsaktes. Die Stadt stellt deshalb, eben weil es nicht glaubhaft ist, mit ihren vier Ecken, vier Toren, dem zentralen Straßenkreuz, die Welt dar, und schottet sich durch die Mauern ab gegen das Umland, das es besser wissen könnte. Trockenlegend, vermessend, straßenbauend funktionalisiert sie das umgebende Land und verdichtet die eigene Masse als Ausgangspunkt so sehr, daß kein Platz bleibt für den Gedanken, der sie wieder wegdenken wollte.
Der Undurchsichtigkeit der Stadt auf das Vorher entspricht auf der anderen Seite ein Höchstmaß an innerer Durchsichtigkeit auf den eigenen Aufstieg. Nur Krisenzeiten erinnern die Anfänge und die darin angesprochene Verknüpfung von Gründung und Zerstörung. Schrittweise, zielstrebig wird die Angst der Gründung abgetragen und übersetzt in Geschichte, so wie der Stadtgrundriß übersetzt wird in den Mauerring und die geschlossene Umbauung des Straßenrasters. Für die Stadtanalyse ist das die Dialektik von Grundriß und Aufriß. Der Grundriß enthält noch den mythischen Gründungsvertrag, er spricht nach rückwärts, beschwört, was unter der Erde ist. Unter der Erde ist durchaus etwas, und sei es das, was die

Gründer dort gelassen haben, die Bauopfer. Der Aufriß ist die Aktualität der Stadt: jene gebaute Stadtmasse, in der die Bedingungen des Grundvertrags so positiviert sind, daß sie als vergessen gelten können. Die Stadt über der Erde erzählt nicht, wie der Grundvertrag, von einem unaussprechlichen Vorher, das, ex post besehen, nur als vernünftige Ordnung erscheint (kein Raster des statistischen Landesamtes oder der BKA-Fahndung, der nicht an den erschlagenen Drachen erinnerte), sondern legitimiert sich selbst.
Die Dialektik von Grundriß und Aufriß, unter und über der Erde, ist damit nicht abgeschlossen (sie wäre sonst keine). Die Geschichte produziert immer wieder Ereignisse, die in die ebenerdigen Gräber, in die Sarkophage der Kirchen, nicht hineinpassen, Palastrevolten, Herrschaftswechsel, Aufstände, Hexenjagden usw. Dergleichen reichert den Untergrund immer wieder an, so daß man einsehen muß, daß, entgegen ihrem Selbstverständnis, die Möglichkeit, Teile ihrer selbst nachträglich zu vernichten und als Nachschub dem Gegensystem des Stadtuntergrundes zuzuweisen wie einen gelöschten Text im Computer dem Transbereich der Kassette, zum System Geschichte dazugehört. Die Einmaligkeit, die die Geschichte in den Ereignissen wie in den Bauten der Stadt entfaltet, verdeckt also nicht nur den Schatten aus undifferenziertem Unterdrückten, Haß, Gewalt, Elend, dem letzten Widerspruch der Selbstvernichtung, sondern verlängert ihn auch und reichert ihn an, wie um von Zeit zu Zeit auch darauf zurückgreifen zu können, in Krisenzeiten, wie gesagt, in Zerstörungen, die so radikal sind, daß sie die Stadt erneut auf den Grundriß reduzieren, in Wiederaufbau, der so geschichtslos ist, daß er auf die Geschichtslosigkeit des Untergrunds durchsichtig zu sein scheint.
Stadt ist die ausschließende Aktualität des Aufrisses. Dieser Aufbau tut alles, um die Aufmerksamkeit ganz zu binden, ein System der lückenlosen Anwesenheit. Was in der mythischen Erzählung immer in der Gefährlichkeit der Ferne bleibt, nie selbst erscheinend, sondern nur durch Erzählen und rituelles Handeln

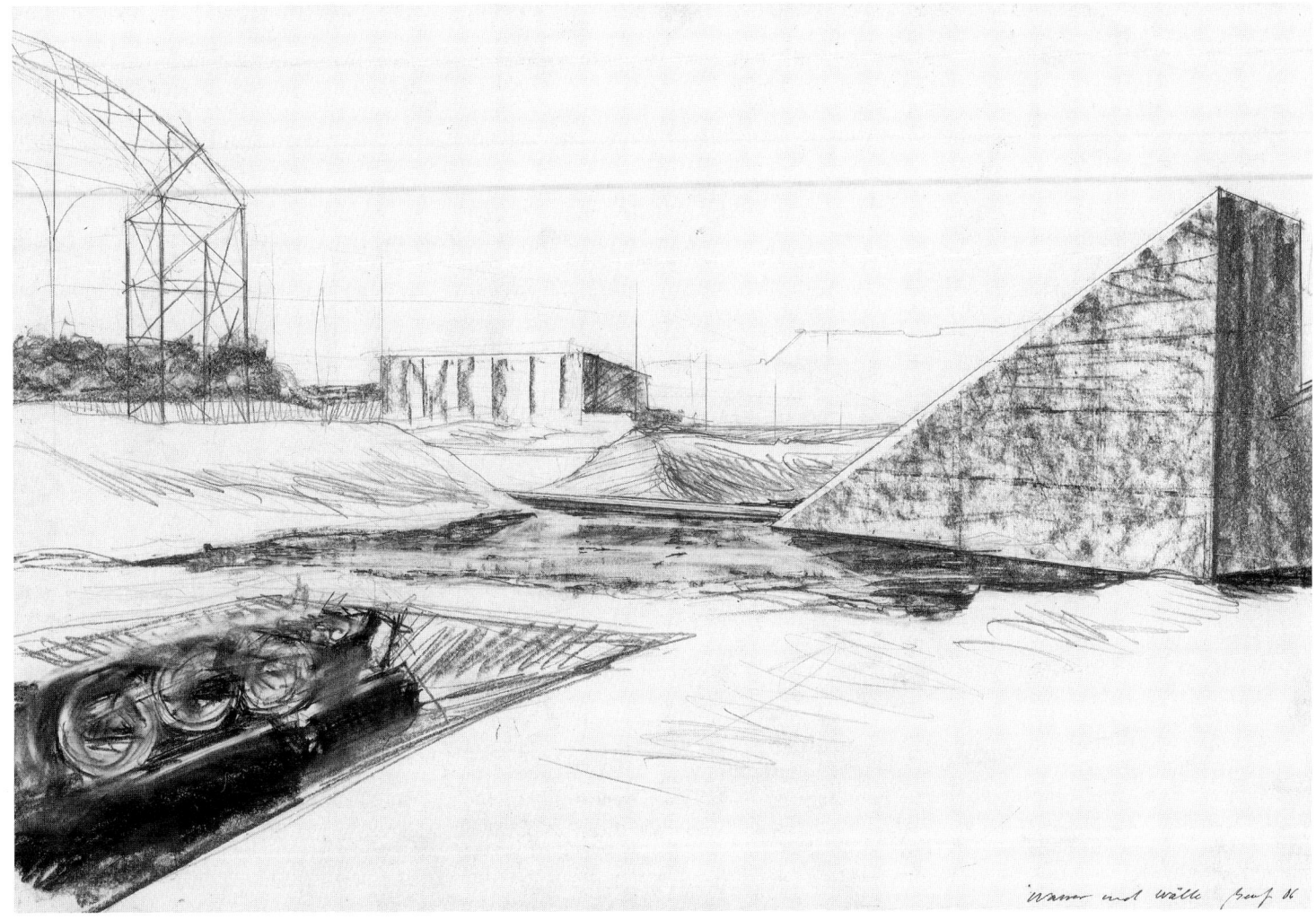

Ulrich Baehr: Geländezeichnung Anhalter Bahnhof III, 1985

eingekreist und umschrieben, das gerade soll in der Stadt zur lückenlosen Erscheinung und Anwesenheit gebracht werden. Dafür ist keine Masse zu gewaltig. Das im Mythos Ausgesparte ist hier der Mittelpunkt, und nicht als obskure Macht, sondern schnell differenziert in lauter aktuelle Herrschaften und Machtteilungen. Alle Machtanteile haben Anwesenheitspflicht, die Herrschaftsstufen, Verwaltungsapparate, Stände, Klassen, die großen Familien, Reichtümer, Korporationen, Berufe. Jeder Anteil ist sichtbar gemacht, spricht sich aus als das, was er ist, und streng lokalisiert.

In dieser Greifbarkeit liegt das Verführerische der Stadt für den heutigen Nachstädter. Der König sitzt in seinem Haus ebenso wie die Priester, die Adelsfamilien, die Großkaufleute und Bürgerführer in den ihren. Sie sind nicht überall, sondern an ihrem Ort und dort in voller Kenntlichkeit – anders als heute der Kaufhauskonzern, die Landesbank, die Postdienststelle, die mit identischen Fassaden überall und nirgends anwesend sind. Das macht sie in ihren Kämpfen untereinander greifbar wie auch gegenüber dem gelegentlich aufrührigen Volk, man kann die Personen in ihren Häusern bela-

gern, anzünden, einsperren, ihnen, auf dem unvermeidlichen Weg vom Palast zur Kirche, auflauern. Die Stadt qualifiziert die Orte, wo die Geschichte sich darzustellen hat, wenn der Triumphator in die Stadt einzieht, der Kaiser, z.B. in Goslar, Ostern feiert, der Gesandte, Prag 1618, aus dem Rathausfenster fällt, Louis XVI geköpft wird.

Es stimmt zwar nicht, daß die Mächte in ihrer Anwesenheit aufgehen, aber sie kommen ohne diese Anwesenheit auch nicht aus. Je weiter man in der Zeit vorangeht, desto deutlicher wird der Versuch der Herrschenden, sich der Greifbarkeit zu entziehen. Es sind die Landesherren, die die Städte gründen und die Grundrisse geben. Das in Staatsakt und Grundriß ersichtliche Kokettieren des barocken Fürsten mit dem archaischen Gründungsritual drückt die Absicht hinlänglich deutlich aus, nicht mehr Teil im Bestand der Stadt zu sein, sondern das Gesetz, das vorausliegt. Trotzdem hat sich auch der absolutistische Staat von der Stadt nicht lösen können und ließ sich – Sturm auf Bastille und Tuilerien – in ihr fangen.

Die Stadt ihrerseits hängt nicht an den gründenden Königen, sie beginnt und endet mit ihren Mauern. Mauerbau ist der Existenzbeweis der Stadt. Solange die Mauern die Existenz der Stadt und der Herrschaft gewährleisten, bleibt letztere, bei aller bürgerlicher Staatlichkeit, noch als Teil in der Stadt greifbar, bis zum Extrem der wuchernden Festungsanlagen des 16. bis 18. Jahrhunderts. Die Mauern sind so gut Bedingungen der Sicherheit wie der Sichtbarkeit. Indem sie zwischen Innen und Außen trennen, machen sie die Stadt als Stadt sichtbar. Sowie die Mauern nutzlos werden und verschwinden, entleeren sich auch alle Lokalisierungszwänge und Anwesenheitsformen, mit dem Stadtkörper verschwinden die Teilkörper. Die Adelshotels und Patrizierhäuser sind dageblieben, haben aber nichts mehr zu tun mit den Funktionsbeziehungen, die heute durch sie hindurchgehen. Was sie an Sichtbarkeit zeigen, ist Vergangenheit geworden, das, was man nicht mehr hat und sich zwar aneignen kann, aber nur als Totes, bedeutungslos Schönes.

6.

Die Wahrnehmung wird dann zum Thema, wenn die Einrichtungen, die in vorangegangenen Entwicklungszuständen die gesellschaftliche Wirklichkeit ordneten, verbraucht sind. Was die Stadt historisch macht, ist die Verbrauchtheit ihres Ordnungsprinzips, des maximalen Sichtbarmachens und Lokalisierens der gesellschaftlichen Anteile. Dieses ist buchstäblich im Entwicklungsprozeß der Stadt aufgezehrt worden und steht nicht

mehr zur Verfügung. Zur Verfügung stehen nur die gebauten Formen, die das Ordnungssystem zu seiner Durchführung errichtet hatte.

Der moderne gesellschaftliche Funktionsmodus erzeugt kein vergleichbares Kristallisationsmodell. Der Konzentrationsort Stadt hatte, im begrenzten Theater, die Entfaltung von Geschichte, und durchaus Weltgeschichte, erlaubt. Nachdem das Stadtei aufgebrochen ist, zeigt sich, daß man zwar, spiegelbildlich zum Ausgesetztsein des Mythos, wieder sich in die Welt zerstreuen kann, und jetzt in der Pose der Herrschaft – aber unter Wegfall aller herkömmlichen Unterscheidungen, Orte, Verkörperungen. Es bleibt das bloße Sehen, Fahren, Stoffwechseln. Die Welt ist ein Erdball, den wir inzwischen mit den Augen der Weltraumsonden von weitem betrachten können, als kämen wir darin gar nicht mehr vor, sondern seien auf die Seite der Gründungsmächte übergewechselt.

Insofern, als es heute in der Hand der Menschen liegt, ihre Welt in die Luft zu sprengen, trifft das ohnehin zu. Es trifft aber auch in der ganz altmodischen Weise zu, in der die mythischen Gründungsgesetze der geschichtlichen Stadt unterlagen. Die benutzte Erdoberfläche ist ein unterscheidungsloses Kontinuum, das, da weder Stadt noch Land noch als Welt greifbare Erde, Umwelt heißt. Die Umwelt ist zentrumslos, ein topologischer Effekt, kein Gegenstand: eine Wahrnehmungsbeziehung bei abwesendem Gegenstand. Über das Sichtbare, Befahrbare, Vermeßbare hinaus gibt es nichts Greifbares. Was greifbar wäre, ist Vergangenheit, Fragmente der untergegangenen oder untergehenden, städtischen Welt. Es sind die alten Städte und Landschaften, die Schönheiten und Naturreichtümer, vom Fisch, der im Fluß gerade noch oder nicht mehr leben kann, bis zum von den Bewohnern gegen Verwaltungseingriffe verteidigten Stadtviertel, herausgefallen aus ihrem ehemaligen Zusammenhang.

Die anerkannte Störanfälligkeit der Umwelt des gesellschaftlichen Systems geht allein darauf zurück, daß es sich im einzelnen und Konkreten nicht um behältermäßige Rohvorkommen von Behausun-

gen, Wäldern, Gewässern handelt, sondern um diese individuellen, hochverletzlichen Fragmente historischer Welt. Die darin eingefahrene Dialektik einer bloßen gesellschaftlichen Wahrnehmungsfähigkeit und einer in Vergangenheitsform entfallenen fragmentierten Gegenständlichkeit erinnert zwar das Modell einer anwesenden historischen Unterwelt, ergibt aber ein ganz anderes Kräfteverhältnis: Die historische Gegenständlichkeit ist eine der wesentlichen Bedingungen der Funktionsfähigkeit der Gesellschaftsleistungen, kann sich aber gegen das Verbrauchtwerden nicht wehren.

Stadt und Land werden, anders gesagt, im unumgänglichen Vorgang der Verortung herrschender Abstraktion – der Umstand, daß Investitionen, Schaltstellen, Informations- und Transportlinien nach wie vor ganz banal irgendwo lokalisiert, und das heißt: auf die Erde gesetzt werden müssen, und zwar so, daß sie auffindbar, wiedererkennbar und von außerhalb erreichbar sind –, gebraucht, als Vermittlungsgröße zwischen Funktion und Erdboden. Sie werden in dieser regulativen Funktion auch, allerdings nicht als die noch erkennbaren Welthälften Stadt und Land, sondern als schnell realisierbare Kürzel, als Bildrealitäten, ein zweites Mal verbraucht, also durchaus auch aufgezehrt, womit der Vorgang schon von vornherein auf Dynamik angelegt ist, unter Ausschluß posthistorischer Windstille.

Zur Vermittlungsgröße sind die Stadt- (und Land-)fragmente genau aufgrund ihrer historischen Verletzlichkeit qualifiziert. Sie tragen jenen Rest an Notwendigkeit, an Zwingendem bei, das weder die ökonomischen und politischen etc. Funktionen, noch die bloße militärisch verfügbare Erdoberfläche hervorbringen könnten. Sie sagen: hier, und dort nicht. Das ist weniger als die mythische Scheidung von Welt und Unwelt oder die historisch-städtische von Stadt und Land, aber es ist noch immer eine Unterscheidungsfunktion und damit ein Orientierungsangebot. Die gesellschaftliche Wirklichkeit ist nicht als elektronisiertes Lagerhaus zu organisieren, wo Roboter entlang digitaler Verschlüsselungen jede gewünschte Systemstelle ansteuern und Ware aufnehmen oder abladen. Es ist gerade die historische Aufgeschlüsseltheit der Stadt, die den, digital nicht erhältlichen, abhängig und unzusammenhängend, die sich zum Funktionssystem verhält wie früher die Landschaft zur historischen Stadt. Was von ihr an Erlebbarkeit freigelegt wird, ist, auch wenn es neuerdings zu Wahrnehmungseinheiten vom Umfang ganzer historischer Altstädte kommt, bezogen, referentiell, auf die immer globaleren, weil immer schnelleren Transferanforderungen des Reproduktionssystems.

Diese widersprüchliche, aber unabdingbare Wichtigkeit des historischen Stadtmaterials drückt sich durch eine eigens den Resten von Stadt (und Land) gewidmete Aufmerksamkeit aus, den Kulturtopos Stadt. Hier kann man dem Verbrauch zusehen. Soviel das Durchmustern und Entdecken des Stadtliebhabers an historischer Stadt aufdeckt, soviel ist zum abgegrenzten kulturellen Objekt gemacht und damit für jedermann und für alle Interessen greifbar geworden. Die Stadtsubstanz wird, im Zuge ihrer Auffindung und Freilegung, buchstäblich in Bilder verwandelt, ob Medien, Denkmalpflege oder Stadtteilkultur. Diese Bilderwelt erhebt schon von ihren Vorführbedingungen her keinen Anspruch auf Gesamtheit – dieser verschwindet bereits im subjektiven Anspruch eines jeden auf seinen Anteil an Stadtbildlichkeit.

Die Realität dieser Stadt ist also von vornherein eine im Kopf. Sie ist deshalb nicht weniger Realität und schlägt mit erheblicher Wucht auf die vorhandenen Stadtfragmente, doch auch auf die funktionalen Prozesse zurück. Die erlebten Stadtinseln decken ihre Bildlichkeit als herrschende Wahrnehmungsschicht auf soziale Vorgänge, auf vorhandene öffentliche Räume, schlagen sich als Architektur an vorhandenen und neugeplanten Gebäuden nieder, organisieren Austauschreihen zwischen einer unübersehbaren Vielzahl von Stadtorten im Sinne lokal unterscheidbarer und festmachbarer Erscheinungsweisen ubiquitärer widersprüchlicher Kopfrealitäten. Der Stadtort ist die bequemste, weil mit dem möglichen Maximum historischer Greifbarkeit ausgestattete Anzeigentafel des kulturel-

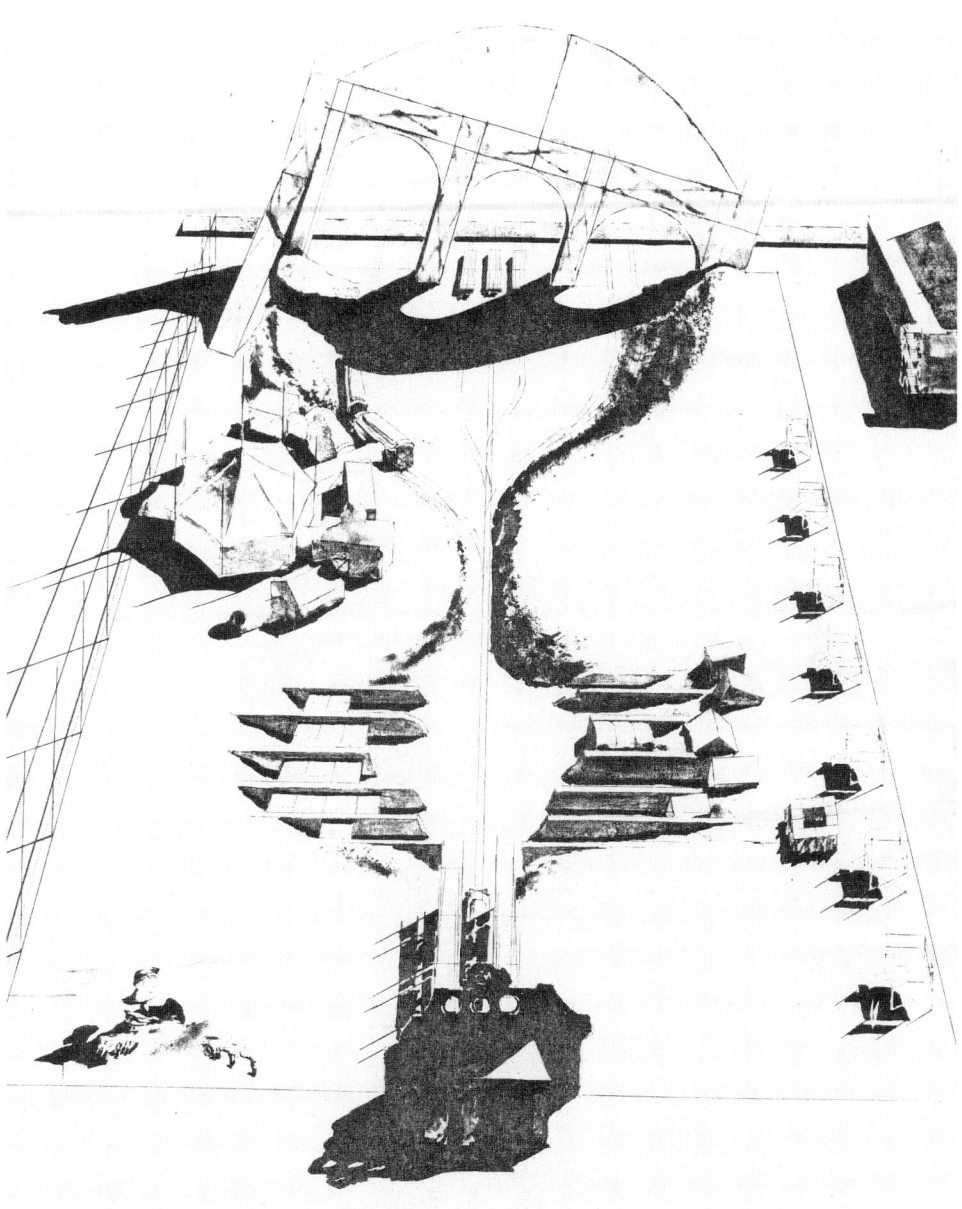

Ulrich Baehr: Geländezeichnung Anhalter Bahnhof IV, 1986

len Stoffwechsels. Die Stadtbilder sind das Suchverzeichnis der in einem Kopf, an einem Stadtort Wand an Wand existierenden Teilkulturen, und als diese lokale Ordnung funktionieren sie erstaunlich gut. Daß einzelne Stadtorte, ein Platz, Straßenführungen, Blickachsen usw., von den Geistern, die sie sich bauten, verlassen sind, stört nicht, sondern ermöglicht den modernen, ganz anderen, mit einer Überzahl bauunfähiger Geister jonglierenden Lokalisierungseffekt. Erst auf dieser Grundlage ist es möglich, über die Leere nachzudenken, die sich fühlbar in den Knochen dieser Stadtorte ausbreitet, je besser sie als Bild gelungen sind.

7.

In dieser Mangelsituation sind nun ständige Gegenstandsangebote fällig, ohne daß absehbar wäre, daß davon etwas auch nur kurzfristig haltbar sein könnte. Die Erwartungssituation selber ist vielmehr zum eigentlichen Gegenstand der kulturellen Produktion, und inzwischen auch der gesamten Kulturindustrie, geworden. Die Kulturproduzenten sind es gleichsam leid, Objekt um Objekt in dieser funktionellen Kälte des Wahrnehmens zu verheizen, und investieren inzwischen, gleichgültig, ob man das Postmoderne, Zeitgeist, Transavantgarde nennt oder wie immer, erst einmal in die Rahmenbedingungen. Das zielt auf ein neues Klima, das Einzelformulierungen allererst wieder tragen können sollte, statt sie umstandslos am Neonhimmel der Kulturindustrie zu verbrauchen. In diesem Zusammenhang eher, denn als Ausdruck einer politischen Wende, sollte der kulturelle Rückgriff auf das Begriffsfeld Mythos gesehen werden, ein Rückgriff, der weder historische noch erst recht philologische Genauigkeit beansprucht, sondern mit den möglichen Wortbildungen als Signalleuchten umgeht, mit denen sich ein verändertes, oder wenigstens verändert beleuchtetes, Territorium wie mit der neuen Himmelsschrift der gebogenen leuchtenden Fiberglasstäbe umstellen ließe.

Es ist dann auch nur mehr oder minder das, was zwangsläufig folgen mußte, wenn die historisch entgegengesetzten Pole Mythos und Wahrnehmung verbal verkoppelt werden, und wenn das Thema Stadt hiermit in Beziehung tritt, in einem gleitenden Übergang von der Stadtwahrnehmung zum Stadtmythos. Es lohnte nicht, als weiterer Verschleiß der Grundbegriffe, diese Wortverbindungen spielerisch hin und herzuwenden, einschließlich der mitzuhörenden unvermeidlichen Echos, entständen dabei nicht auch wieder auffallende Spiegelbilder historischer Beziehungen. So wird man nicht leugnen können, daß in der Tat mythischer Blick und gegenstandslose Wahrnehmung sich vertraut zuzublinzeln scheinen, ein Augenscheinverdacht, der immerhin untersucht werden müßte. Zum andern scheint heute der kulturelle Topos Stadt an die Stelle der historischen Erfahrung von Monumentalität zu treten, was nahelegt, daß seine Scharnierrolle in den verschiedenen kulturellen Abwandlungen des Themas Postmoderne als Hinweis auf einen weitergehenden Wunsch zu lesen wäre, nach neuer Wahrnehmungsgegenständlichkeit.

Die Kernbegriffe Mythos und Wahrnehmung entsprechen sich ohnehin und mit Zwangsläufigkeit in ihrer Beziehung auf die sie trennende Verkörperungsschicht Stadt: Ihr gegenüber verhält sich das mythische Erfinden der Gegenstände in gleicher Weise kritisch wie die vom Stadtgegenstand abstrahierte Wahrnehmungstechnik, und es ist einleuchtend, daß das Noch-nicht und das Nicht-mehr verwandte Züge aufweisen. Daß sich Urzeit und Endzeit entsprechen, war schon immer eine Behauptung des städtischen Mythos als des zu Religion geronnenen mythischen Erzählens. Das reicht also nicht aus; und die behauptete Nähe von Mythos und Wahrnehmung mit der einmal mehr strapazierten Korrespondenz, mehr noch, Paßgleichheit von Urzeit und Endzeit, von Mythos und Apokalypse zu bestreiten, kann nur den mit einem flüchtigen Gefühl des Erkennens versorgen, für den die religiösen Denkfiguren gänzlich, einschließlich der größten Selbstverständlichkeiten, terra incognita geworden sind.

Der Hinweis auf die Kunst, obwohl ebenso obligatorisch wie der auf konservative Gesellschaftsbilder (Gehlen, Jünger), führt dagegen einen Schritt weiter. Versteht man als die heutige Aufgabe künstlerischer Arbeit die Sichtbarmachung der in allen Wahrnehmungsleistungen direktiv enthaltenen gesellschaftlichen Wahrnehmungsbilder, dann ist hier die genaueste Aussage darüber zu erwarten, auf welche Zuständlichkeit von Wirklichkeit die heutige Wahrnehmungstätigkeit hintreibt. Die herrschende Intention jedenfalls der gegenwärtigen ästhetischen Reaktionen ist das fassungslose Bild, oder Nichtbild, entgleister Wirklichkeit: einer nicht mehr surrealen Verrückung, sondern geradezu Vereisung des Wirklichen, in der alle selbstverständlichen Querbeziehungen, die die Wahrnehmung von Autos, Küchengeräten, Filzstiften usw. im Alltag zu Akzidenten der herrschenden Arbeitszeitregelungen machen, zerfroren sind.

Das erzeugt eine Ähnlichkeit der Bilder zwischen Heutigen und Aborigines, der, was die gesellschaftlichen Aufträge angeht, nichts ausreichend Gemeinsames entspricht – denn daß die Aborigines einmal mehr als Spiegel heutiger Gefühle herhalten können, muß zwar erklärt werden, kann aber schlecht als Gemeinsamkeit gewertet werden. Die Aborigines sind, wie immer, Beute, und das tertium comparationis ist von der heutigen Wahrnehmungssituation gesetzt und so allgemein, daß auch vertrautere Institutionen wie der historische Bautenzerfall, NASA-Abstürze oder der atomare Endfall mittun können.

Es geht also, genau besehen, um ein Gegenbild von Geschichte. Dafür sind die Frühzeiten brauchbar, aber sie konnten natürlich, vor der Erfahrung der Geschichte, dieses Gegenbild nicht liefern, sondern nur Materialien dazu. Der mythologische Blick erscheint als solcher ja auch erst im historischen Feld, als jener Blick der Medusa, der erstarren macht. Dieses städtische Bild, dem gerade die griechischen Kolonialstädte sich aussetzten, redet vom unaufhaltsamen historischen Weitergehen in der Form der Aufhebung, des Stehenbleibens und Erstarrens. Gerade das ist auch am andern Ende der historischen Erfahrung wieder das Gesuchte: die Erfahrung der stillstehenden Zeit:

Der mythologische Blick ist ethnologisch verstehbar, literarisch beschreibbar, aber nicht erlernbar. Die Erfahrung der stillstehenden Zeit dagegen ist es in erstaunlichem Maße – man muß Castaneda nicht ernster nehmen als nötig, um zu behaupten, daß er die genaueste Beschreibung dafür gegeben hat, indem er seinen Roman der Rückkehr ins mythische Wissen, entgegen allen mitgelieferten Realitätsinsinuationen, auf der Wahrnehmungsebene angelegt hat. Und in den unterschiedlichen Zen-Schulen ist das, worum es dabei geht, schlicht zu lernen, auch wenn nur die wenigsten Schüler vielleicht so weit gehen wollen oder können. Die Möglichkeit ist demnach überhaupt nicht Problem. Wenn die Erfahrung als moderne herstellbar ist, dann liegt das einzig Interessante darin, daß man sich noch fragen kann, wozu sie gut ist.

Die Antwort dürfte dieselbe sein wie in der Kunst: Der Absturz unterbricht die mechanisierte Zeit, in der sich alle Wahrnehmungsgegenstände in dem Maße, in dem sie miteinander verkettet sind, in Serie entleeren. Der stillgestellte, ichlose, gegenstandslose Wahrnehmungsaugenblick des Zen wie die ästhetisch inszenierte Zeitlosigkeit des Todesaugenblicks in seiner jedes Detail versammelnden Deutlichkeit, stellen sich gegen die funktionale Leere, gegen den ständig weitergehenden Verzehr: daß alles, was heute an Stadt, Natur, neuen Lebensformen erfunden wird, alsbald in Bildlichkeit entgleitet und seinerseits die Substanz auffrißt, die es erhalten und mit der es beziehungsvoll leben wollte. Noch der Absturz als Situation unterliegt dem: Aus dem slum, in dem man eine Weile unreglementiert leben konnte, wird entlang der damit in die Abfallstadt eingeführten Goldfäden das nächste Wohnviertel der erfolgreichen Mittelständler.

Die Zeit anzuhalten, heißt, unsichtbar zu werden: aus der Kontinuitätskette des gesellschaftlichen Funktionierens zu verschwinden. Von da aus scheint wenig Berührung möglich mit dem anderen Thema des mythologischen Rückgriffs, des Wunsches nach neuen Verkörperungen. Die Behauptung, daß auf der Ebene, auf der diese Bewegungen sich abspielen, der der Wahrnehmungsfiguren, der Weg vom einen zum anderen der eines bloßen Sichumdrehens ist, mag ad hoc erfunden scheinen, bevor nicht empirische Evidenz beigebracht wird, kann sich aber – und das ist der Grund, warum sie, selbst wenn ad hoc erfunden, doch ohne weiteres einleuchtend wäre – auf den historischen Fundus von Evidenz schlechthin stützen, den der Religion, im besonderen auf die vertraute zentrale Wahrnehmungsdialektik von Verschwinden und Erscheinen (wohlvertraut, weil ihr historischer Schlüsselfall die Logik des leeren Grabes ist, Golgatha). Sie läßt, verdächtigerweise ohne weiteres Nachdenken, verstehen, daß den Entwicklungsvorstellungen der angehaltenen Zeit die scheinbar gegenteiligen Wünsche nach wiedererschei-

Ulrich Baehr: Geländezeichnung Anhalter Bahnhof V, 1986

nender Körperlichkeit parallel laufen: nach sichtbaren, gebauten funktionslosen Mittelpunkten, gleichsam nach Pyramiden.

Das sind natürlich auch nicht mehr die alten Grabmonumente, es sind, wenn nicht unsichtbare, so doch weitgehend Vorstellungsmonumente, zentralisierende Objekte im richtungslosen Fluß der Nachrichten, Bedeutungen, Beziehungen: Was Deleuze und Guattari vor 15 Jahren als Utopie der überwundenen Autoritätsbindung beschrieben, hat sich in seiner massenhaften Realität als nicht aushaltbar erwiesen, und so macht sich die avancierte intellektuelle Phantasie inzwischen daran, wieder, wenn nicht neue Väter, so neue Vatermonumente zu errichten, in denen zwar von vornherein alle väterliche Gefährlichkeit begraben ist, wo man austauschen, probieren, kommen und gehen kann, wo es aber zumindest den Fluchtpunkt der Bündelung, der Zentralisierung, sogar der Unterordnung gibt. Angst ist nicht mehr vonnöten. Man weiß ja, daß diese ganz auf die Bedürfnisse ihrer Nutzer durchsichtigen Monumente,

z.B. das Phänomen Baghwan, oder der »Kontinent Foucault«, nach Benutzung wieder zerbröckeln werden.

Es gibt dafür vielleicht keinen schöneren Ausdruck als Voths Himmelstreppe, ein Monument, das man desto schärfer vor Augen hat, je geringer die Chance ist, je in jene marokkanische Wüstenlandschaft zu kommen, in der es, heißt es, sich erhebt. Es ist gleichsam gar nicht da, weil es in der Gleichheit der Wüsten und der Weite Afrikas nach privaten Begriffen nicht auffindbar und nicht besichtigbar ist. Genau das macht es, ineins mit der durch fotografierte, Lehm schleppende Beduinen-Bauarbeiter eindrücklich vermittelten Technik archaischer Vergänglichkeit, zum Monument: ruhige Entzogenheit und lässig gezeigte Verfallszeit. Wenn jene wunderschönen Fotos, die durch alle Feuilletons gingen, nur Montage wären, käme das also auf eins hinaus? Wohl kaum: Die Himmelstreppe ist gerade nicht mehr Atlantis, sie muß, obwohl keiner von uns sie wohl je sehen wird, sklavisch so gebaut sein, wie wir sie uns nach den Fotos vorstellen, um mit

55

solcher Intensität in unserer Vorstellung anwesend sein zu können. Das bloße Konzept täte es nicht.

Da, in diesem unbedingten Hinausgehen über den Gedanken, steckt der Kern der Sache, des Wunsches nach Erscheinen im Wirklichen. Sprechen, Schreiben, Zeichnen, Entwerfen reichen nicht aus, es muß dastehen. Was die Himmelsleiter dazu sagt, kann mühelos extemporiert werden. Ihre unzugängliche Wüste ist, geht man einen Schritt weiter, in die normale Wirklichkeit, der städtische Alltag. Die Stadt, das ist auf dieser kulturellen Ebene nicht mehr das fixierbare historische Faktum der Vergangenheit, sondern eine zeitgenössische Ortsbehauptung, die auf Realisierung von Erscheinungswünschen im Maßstab 1:1 besteht. Ob Himmelstreppe oder Pyramide (z.B. die von Pei für den Louvre entworfene), ob neue Hochhäuser in der Stadt des Kapitals oder der wie von Schamanen aus den Knochen der deutschen Geschichte wiedererrichtete Südgiebel der »Mutterhöhle der Eisenbahnen«, es geht um Vorstellungsmonumente zwar, aber gebaute, um Gedankenferne, doch um Stadt. Es geht überhaupt um neue zentralisierende Objekte in den bedeutungsentleerten Innenstädten, die mit der Möglichkeit spielen, statt sie plump zu realisieren, und die den Ausbau zu voller Größe der individuellen Anschauungskraft überlassen.

Auch hier ist, was Mythos genannt wird, substantiell historisch: wie die Pyramiden. Die kaum schon zustande gekommene Gegenständlichkeit der entlang der zeitlichen Struktur ihrer Mythen organisierten frühen, vorgeschichtlichen Gesellschaften liegt außerhalb unserer Reichweite. Daß sie die Gegenstände noch nicht als solche hatten, selbst wenn wir das durchschauten, liefe, wollte man es nachahmen, auf Tricks hinaus, da es im nachhinein nicht mehr möglich ist, sich die Unterscheidung zwischen Objekt und Ornament abzutrainieren, zu der die uns bekannten, von der Ethnologie eingesammelten Objekte früherer Gesellschaften noch auf dem Wege sind (sie verweigern sich ihr ja nicht: sie sind einfach noch nicht so weit; ersteres wäre nachmachbar, letzteres um keinen Preis).

Der Weg vom Fetisch zum Monument, den die städtischen Kulturen gingen, erzeugt also jene schöne mörderische Sinnlosigkeit, die – gerade weil sie die zeitliche Brüchigkeit mythischer Gegenständlichkeit (von der Jahres- und Lebenszeit bis zum höchst vergänglichen Material ist alles auf ständige Eklipsen angelegt) in jene törichte Dauer umsetzt, die es darauf ankommen läßt, wie lange Regen, Hitze, Wind oder auch die Vergeßlichkeit und der Haß der nachgeborenen Menschen zur Zerstörung brauchen – geeignet ist, die heutige Suche nach Zentrierungen der wahrnehmbaren Wirklichkeit zu inspirieren. Damit ist die gesuchte mythische Verkörperungsfähigkeit nicht mehr auf die Frühzeit, das Archaische, beschränkt, sondern begreift noch die schrecklichsten Wiederholungen ein. Mythisch in diesem Sinne wäre dann alles, was sich so in sich selbst verschließt, daß es für die zeitgenössischen Verwertungsregeln nicht mehr zugänglich, stattdessen aber Vexierbild für alle weiteren späteren Monumentalitätsbedürfnisse ist. So kam es, in Paris und anderswo, teils auf dem Papier, teils sogar in der Wirklichkeit, zu architektonischen Mythen jener Vernunft, die sich im Terror gegen das bloße Machtablösungsinteresse des Bürgertums (auf Fern- und Ewigkeitswirkung hin) verschlüsselte, und es kam zu gebauten Mythologien zu kleinen Preisen sogar noch im Zuge der Dampfkraft, der Eisenbahnen, der Stahlkonstruktionen und des motorisierten Krieges, bis zu jenen ungeschlachten Wiederholungsversuchen des Nationalsozialismus, deren Architektur heutige Postmoderne süchtig macht.

Genau hiervon gilt es andererseits die Suche nach neuen städtebaulichen Verkörperungen auch zu unterscheiden. Gesucht ist in der Tat die Gleichgültigkeit des Monuments (ein Monument kann weder rechts- noch linksradikal sein, entsprechend Gemeintes wird bestenfalls annähernd monumental, wenn Geschichte, Zeit, Zerstörung darüber hinweggegangen sind, so, vor dem Wiederaufbau, der Berliner Reichstag und andere Bauten in jenem Umkreis von einem Kilometer, die bislang als historische Kraterzone wahrnehmbar war), also das Insgesamt seiner ablenkenden Eigenschaften, seine Geduld, Dummheit, Dauer, Zuverlässigkeit, Großzügigkeit, Anonymität und Zwecklosigkeit. Da muß deswegen aber keineswegs altorientalisch Stein auf Stein gemauert oder das Gewünschte vollständig in Beton gegossen werden. Vielmehr gehört jener Qualitätenkatalog des Monuments nicht auf die Realien-, sondern auf die Wahrnehmungsseite, d.h. in der Wirklichkeit braucht man nur die Absprungpunkte, das andere ist Wahrnehmungstechnik, Zuendebringen im Kopf.

Der Skandal, den Altlinke darin sehen möchten, liegt, wenn es denn einer wäre, gar nicht hier, im angeblichen Rückfall in Monumentalität. Er liegt darin, daß, in Begriffsabsicht, gebaut werden soll – anders gesagt: daß in Bauten statt in Begriffen gedacht wird, daß vom Mythos in Stadtformen geredet wird, oder noch deutlicher, daß in dem Augenblick, wo das Gebaute im Kopf, als Wahrnehmungsleistung, zuendegebaut wird, das Denken in die Wirklichkeit übergeht und in ihr seine Ergebnisse produziert. Das hat man uns hinsichtlich der Elektronik zwar seit dreißig Jahren versichert – es war die Quintessenz der Kybernetiktheorie Wieners –, aber was das bedeuten könnte, wird erst in vertrauter Form wirklich klar, nämlich sichtbar.

Das wirklich Gebaute hätte also, diesem Interessengang entsprechend, von äußerster Leichtigkeit und Flüchtigkeit zu sein, neu, einfallsreich, ingenieurmäßig, reproduzierbar, provisorisch, zeitabhängig, zwischen Stehen und Absturz eben aufgehalten. Gemeint wäre dabei der Verschleiß, oder, historischer, mit Bataille geredet, diejenige Verschwendung, die so rücksichtslos ist, daß sie das Verschwendete, Verbrauchte bestehen läßt. Auch hier ginge es gerade nicht um die Gründlichkeit des Mythos, sondern genau umgekehrt um jene nicht nur den Dingen, sondern endlich auch der eigenen Subjektivität gegenüber souveräne Oberflächlichkeit, die mit dem Auffressen aufhören könnte. Es wäre, unter der Kappe des Mythos, als Gegenbild der archaischen Opferhügel, der Entwurf einer bei sich bleibenden Selbstwahrnehmung städtischen Lebens.

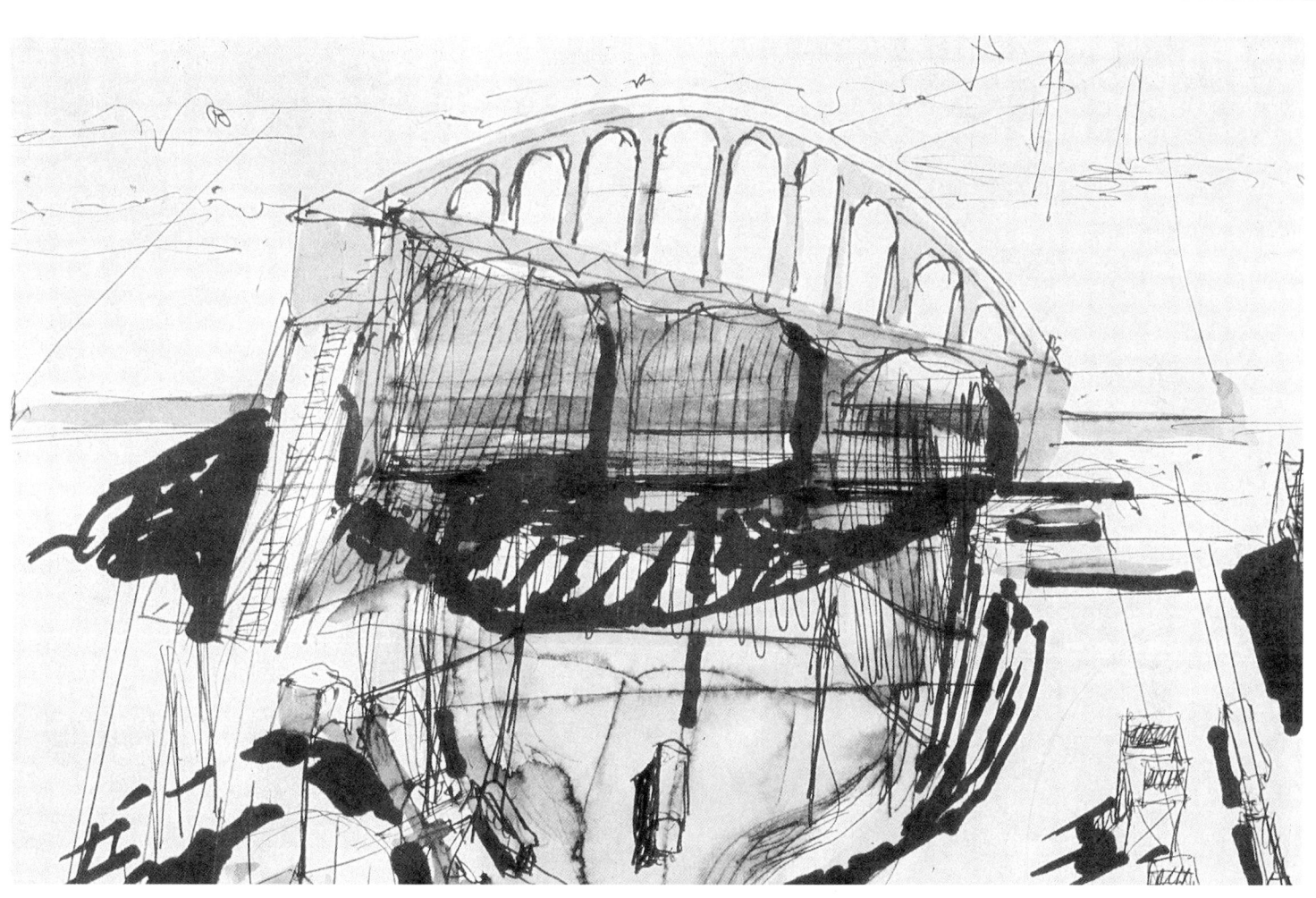

Wolf Vostell

1932 in Leverkusen bei Köln geboren, mit 7
Jahren verläßt er das Rheinland zum ersten
Mal zu einer Weltreise, die bis heute andauert.
1954 erster Besuch der Ecole Nationale Supe-
rieure des Beaux Arts Paris; dé coll/age-Theo-
rien. 1958 erstes Happening in Europa. 1959
heiratet er Doña Mercedes Guardado Oli-
venza in Cáceres/Extremadura. 1960 Geburt
von Santiago David. 1962 Mitbegründer von
FLUXUS in Wiesbaden. 1963/64/66 Einzelausstellungen und Happenings in New York.
1965 Geburt von Rafael Isaac. 1968 Teilnahme
an der Biennale Venedig. 1969 erste Automo-
bil-Einbetonierung in Köln. 1974 erste große
Retrospektive im ARC/Musée d'art Moderne
de la Ville de Paris. Dieselbe Ausstellung erweitert in der Nationalgalerie Berlin 1975.
1976 Gründung des Museo Vostell Malpartida.
1978 Teilnahme an der documenta 6 in Kassel.
1978/79 drei große Retrospektiven auf der ibe-
rischen Halbinsel, im Museo de Arte Contem-
poraneo, Madrid, der Fundació Joan Miró,
Barcelona, und der Fundação Gulbenkian sowie der Galerie Nacional Belem, Lissabon.
1981 fährt sein FLUXUS-ZUG mit neun Environments durch 15 Städte Nordrhein-Westfa-
lens. 1982 Kultur-Preis Pablo Iglésias in Madrid. Retrospektive 1954 – 1982 im Museum
von Calais. 1983 Ausstellung im CAYC in
Buenos Aires. Teilnahme an der Biennale São
Paulo. 1987 Skulpturenboulevard zur B 750 in
Berlin.

Das Projekt: Die Schildkröte (1985-1987)

Als Kind im Krieg lernte ich den bedrohenden Lokomotive ausgang, kennen! Die schwarze Lok Nach 1946 stand ich oft an einer Schranke und Der Fahrwind der Maschine war spannend und um 1953, den verosteten Mythos (alte Kriegs- dé-coll/age- Skulpturen; und später sah ich der Lokomitiv-Räder, meines Lehrers Cassandre, Im Happening. 9- Nein -dé-coll/agen 1963 mit ihrer akustischer Seite zeigen; und Daimler-Benz stoßen. Beim Fluxus-Zug als Environments an, als auf die Transport

Nun mein Projekt: Die Schildkröte Anhalter Bahnhof's. Die auf dem Rücken jahr 1944) ist eine Phänomen-Ereignis- Situation von Berlin und Deutschland ausdrückt. "Kafa-esk" strampeln die

Schrecken, der von dem Unheil-Bringer
war, Mythos der Todes-Reise!
ließ den D-Zug, Köln-Hamburg an mir vorbeirasen!
anregend. Als Student fotographierte ich
Schrott(lokomotiven), es waren meine ersten
die schönen konstruktivistischen Plakate
der Léger-Schule war.
in Wuppertal wollte ich die Unfallsituation,
ließ 2 Dampflokomotiven gegen einen
1981 kam es mehr auf die Container
E-Lok.

1987 in Berlin auf dem Gelände des
= Liegende Kriegsgüterzuglokomotive /Bau-
Skulptur, die als Metapher die
am Ende des XX. Jahrhunderts
Räder langsam in der Luft. Das Ereignis

in Agonie! Im Kessel der Lokomotive
versteckt - fast unsichtbar - mit Kriegs =
Plastik können durch Anlegen ihrer
im Kessel der Lok, die Unterhaltungen
Die Lokomotive soll mit Tender in ihrer
vertieften quadratischen Raum 30 x
liegen. Über dem Lokführer Haus stülpt

Der "Abstieg" des Publikums
<u>Lokomotive,</u> ist die Begegnung mit dem
Mit der <u>Industrie</u> und Kriegs = gesell-
Nun! Wer, wie, wann und Wo
Die Unbekannten Größen der Geschichte
als Handschelle der Zukunft, die

sind circa 20 verschiedene Tonbänder
und Liebesgeflüster. Die "Begeher" des
Ohres an die verschiedenen Tonquellen
wahrnehmen!
vollen Länge, diagonal in einem
30 Meter, etwa wie in einem Massengrab
sich eine Beton-Manchette .
ins Grab des <u>Unheil-Pharaonen-</u>
Mythos-Vergangenheit und Gegenwart!
schafft als Schildkröte .
? Wie wird sie sich wieder aufrichten?
sind die Beton-Manchetten —
alles noch schwerer machen!

15. 2. 87

DIE
GLORIA GALERIE

In unmittelbarer Nähe von Gedächtniskirche und Bahnhof Zoo, direkt neben dem Gloria-Kino, entsteht eine Passage mit außerordentlichem Ambiente. Herzstück wird ein „Marktplatz" sein. Überspannt von einer über 450 m² großen Glas-Edelstahl-Konstruktion. Ein Treffpunkt für Entspannung und Anregung.

Künstlerischer Ausdruck ist uns ein besonderes Anliegen. Deshalb soll als Signal die 20 Meter hohe Skulptur „Lichtharke" von Frank Oehring auf das urbane Ereignis hinweisen.

Um den „Marktplatz" gruppiert sich eine Vielzahl ausgewählter Fachgeschäfte und ein erlesenes Angebot gastronomischer Spezialitäten. Die Ausstattung schafft durch eine ausgeklügelte Komposition von edlen Natursteinen, Messing, Glas und raffinierten Beleuchtungskörpern eine außergewöhnliche Atmosphäre. Als Eröffnungstermin ist Oktober vorgesehen.

**Die Gloria Galerie:
Gädeke und Landsberg**

Im Rahmen der Ausstellung „Mythos Berlin" fördert die
Gloria Galerie: Gädeke und Landsberg
das Projekt „La Tortuga" von Wolf Vostell.

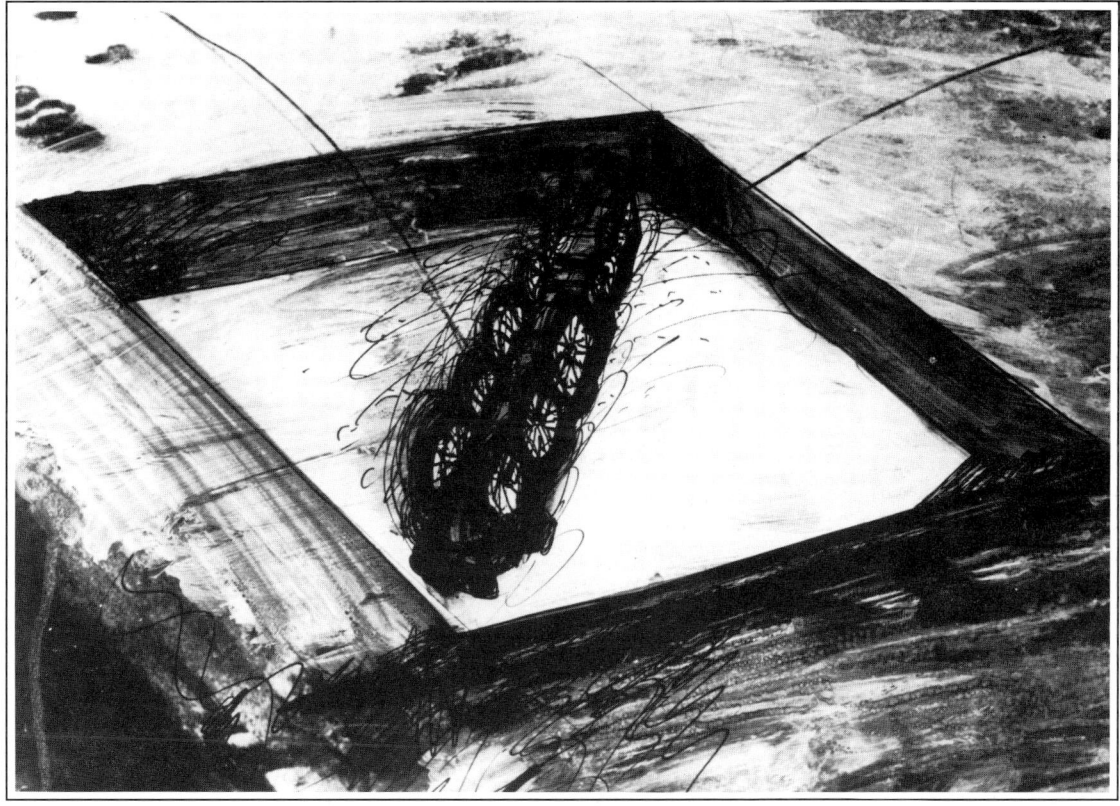

…Deshalb ist die Metapher der auf dem Rücken liegenden Schildkröte=LOKOMOTIVE eine Erinnerungs-Skulptur an die Desaster und Irrwege in der deutschen Geschichte sowie Aufforderung, sich wieder aufzustellen…

Wolf Vostell
Dezember 1985

Berliner Sand...
Materie, Medium
und Metapher einer Stadt
Ulrich Giersch

»Ja, Berlin ist eine Sandwüste; aber wo sonst findet man Oasen?«

Jean Paul

Wo in Europa liegt Berlin? Als ein französischer Reisender um 1900 das topographische Netzwerk der Stadt entwirft, rieselt ihre geologische Beschaffenheit förmlich hindurch:
»Berlin ist auf einer weiten, einförmigen Sandebene inmitten der Provinz Brandenburg aufgebaut, von Norden, von Westen und von Osten allen Winden preisgegeben, die ihren kalten Odem ungehindert über diese karge Erde wehen lassen können. Der Horizont ist durch die steinerne Masse der Häuser gesperrt.«[1]
Kaum ein Reisebericht, der nicht mit der Schilderung jener Strapazen beginnt, denen man während einer tagelangen Expedition durch Sand und Staub ausgesetzt ist: »Und nach Berlin – da ziehen die Kamele hin.«[2] Taucht die Stadt beim Näherkommen endlich auf, so überrascht sie den Reisenden mit einer ungewissen Physiognomie aus Sand und Stein. Es zeichnet sich keine grünende Oase ab, sondern man steht plötzlich vor einer steinernen Insel mit einer starken Sandbrandung: ein Markstein in der Mark Brandenburg.
»Die Gegend ist flach und eintönig..., und Berlin immer in derselben Entfernung vor uns; man kommt in dem tiefen Sand kaum von der Stelle. Endlich scheint es denn doch, als wenn die Türme aus dem blauen Dunst näher rückten.

Eine unabsehbare Mauer zieht sich vor uns hin; ... Daß man vor den Toren Berlins sei, zeigt ein gelbweißes Gemäuer, längs dem sich die Sandwellen kräuseln.«[3]
Vor den Toren der Stadt begann unvermittelt das Land, und noch zu Beginn des 20. Jahrhunderts stand die Stadtgrenze zugleich zwischen einer ersten und einer zweiten Natur:
»In der Stadt ist nichts von der eigentlichen märkischen Natur, und in der märkischen Umgebung ist alle Großstadtstimmung wie ausgelöscht. In Berlin ist von je zu wenig städtische Kultur gewesen, als daß sie dem Lande ringsumher ihren Stempel hätte aufdrücken können; und andererseits ist diese Umgebung kaum kultivierbar.«[4]
Innerhalb der Stadtmauern beobachten die Fremden eine fortgesetzte Stadtgründung, denn es galt, den vielen Sand zu befestigen, ihn mit Steinen abzudecken und zu beschweren:

»Überall wo nicht gepflastert ist, watet man bis an den Knöchel im Sand; der Sand macht die ganze Umgebung zur Wüste; nur Bäume gedeihen da und ein bißchen Rasen. Wie konnte bloß jemand auf die Idee kommen, mitten in all dem Sand eine Stadt zu gründen!«[5]
Während die einen hier mehr oder minder verächtlich bloß den Endpunkt des westlichen Kulturbereiches fixierten, schätzten andere Berlin als Ausgangspunkt für eine verhängnisvolle Ostkolonisation. Als die Sandscholle von einem Schienenmeer überflutet war, entwickelte sich Berlin als Ausgangspunkt zur Drehscheibe für die interkontinentale Kulturverschiebung:

»Der Reisende, der von Warschau kommend im Express nach Paris fährt, merkt gar nicht, daß zwischen dem Schlesischen Bahnhof und Bahnhof Zoo sein innerer Mensch um 180 Grad gedreht wird, daß ein Orientale, in einen Westeuropäer verwandelt, an der Gare du Nord ankommt. Zwischen diesen beiden Achsenstellungen, der östlichen und der westlichen, sind wir Berliner gebettet. Wir sind als Polsterkissen zwischen den beiden Welten; denn Amerika zählt mit zum abendlichen Westeuropa, die mandschurische Eisenbahn aber endet am Schlesischen Bahnhof. Doch Berlin ist etwas ganz anderes als Paris oder London oder New York. Es ist ein Chaos eigner Art...«[6]

Berlin als ein wirbelndes Richtungskreuz, Stadt der Übergänge zwischen Ost und West, in denen man durch Untiefen von Zeit waten muß, ...eingemauertes Transitorium über dessen weite Passagen Mörtelstaub, Ziegelsplitt und schwarzes Granulat hinwegfegen, Reste der Reibung zwischen umhegten Oasen und den Unbilden übergreifender Wüsten.

Der Berliner Sand wurde während der Eiszeit von den Gletschern und den abfließenden Wassermassen aus dem hohen Norden herangeschafft. Daraus sollte sich das südliche Spreeathen erheben. Auf geologisch jungem Boden, auf Moränenschutt und Geschiebemergel, der auf seiner langen Wanderung unter höchstem Druck zerrieben und ausgewaschen worden ist, drängte man auf die Nachgeburt einer alten Kultur, deren Fragmente die Bildersprache der Zeit im Schnellverfahren rekonstruiert hatte.

Auf diesem Sand, dem Neutralen schlechthin, wird Berlin als die Inkarnation einer Grenzstadt im Laufe ihrer Geschichte in allen möglichen Richtungen ausgegrenzt. Hier lagern sich die Gegensätze nicht ab, hier treffen sie zusammen.

An der militärischen Bedeutung des Sandes wurde niemals gezweifelt. Der Platz um das Reichstagsgelände, früher einmal auch die »Wüste Sahara« genannt, war einer der vielen versandeten Exerzierplätze Berlins, von wo jede Aussicht auf eine Flucht in die weite Ferne verschoben werden mußte. Zugleich bot der Sand aber auch Schutz für die vielen Andersdenkenden, die hier Zuflucht fanden, denen Friedrich der Große ein »sehr großes Pantheon bauen wollte«; denn dieser Herrscher hielt den »märkischen Sand für eine Nationalmauer gegen einen sich annähernden Feind.«[7]

Von ganz ähnlichen Eigenschaften des Sandbodens weiß auch Fontane zu berichten. Als er einen kurzen Halt mitten in der Mark Brandenburg machen will, sagt sein Kutscher: »Und ich brauch' auch nicht abzusträngen. In den Sand steh'n die Pferde wie 'ne Mauer.«[8]

Ein Teil der Berliner Mauer war scheinbar immer schon Grenzziehung nicht nur im Sand, sondern sie bestand auch aus Sand, wie von einem Chronisten aus dem 17. Jahrhundert überliefert ist:

»Die Fortifikation der beiden Städte ist zwar genugsam nach der Kunst, aber nur von Sand aufgebauet, daher auch nur ein unbeständig Wesen. Was in einem Jahr gebauet worden, fällt im andern wieder ein.«[9]

Ein Großteil der alten Berliner Stadtmauer bestand damals aus Reihen von angespitzten Holzpfählen. Das Anlegen solcher Palisaden, aber auch die rege Neubautätigkeit verschlangen ungeheure Mengen an Holz, das man sich aus den umgebenden Wäldern einfach nahm, ohne dabei an eine Wiederaufforstung zu denken. Diese planlose Entwurzelung des Sandbodens führte dann dazu, »daß um 1730 die Gegend nördlich der Palisade ‚eine große Fläche des unfruchtbarsten Triebsandes darbot, der von heftigen Stürmen, bald hie und da zu kleinen Sandhügeln zusammengeweht wurde, so daß es hier wandernde Berge gab. Nur einige wenige Hütten mochten zerstreut in dieser Sandwüste liegen. Ein ehemaliger Armeegeneral erinnert sich: ›Dieses Land umher war völlig einer Wüste gleich. Niemand hatte Lust, der Kosten wegen es zu bebauen. Nach der Richtung des Windes entstand bald hier, bald da ein Hügel von Flugsand, so daß man zuweilen sogar über die Palisaden in die Stadt hineinreiten konnte.‹«[10]

Über die von Menschenhand geschaffenen Dämme aus eben diesem Sand werden sich später die Züge ihren Weg in und durch die Stadt bahnen.

Für die Anlegung einer Stadtbahn wurden Unmengen von Sand hin und her und hoch und runter geschafft. Dadurch aber bekam das Antlitz der Steppenstadt erst seine charakteristischen Züge, die sie als Stadtlandschaft den Menschen näher brachte, und ihr gleichzeitig zum Sprung ins weltstädtische Tempo verhalf.

Die S-Bahn fährt mancherorts durch ausgehobene Täler aus Sand, in denen nun eine reiche Spontanvegetation sprießt. Vom Düppeler Ufer aus ist derzeit noch der sandige Querschnitt eines aufgeschütteten Bahndammes zu sehen, da die über den Teltow-Kanal führende Brücke abmontiert worden ist. Diese Strecke wurde einstmals von der ersten preußischen Eisenbahn befahren.

Weiter südlich versanden die Wege dann in den Grenzanlagen.

Denn auch zu der gegenwärtig existierenden Berliner Mauer gehört immer noch ein breiter Sandstreifen. Das mit Sand gefüllte Niemandsland ist vielleicht Kern der topographischen Physiognomie Berlins. In diesen Leerstellen begegnen sich Ende und Anfang einer lange währenden Baupolitik, sie sind das sandige Mal, mit dem Berlin gezeichnet ist: Es war ein Mal so, und es ist nun mal so.

Friedrich Wilhelm I. bezeichnete sie damals als »wüste Stellen«, und da ihm leere Löcher ein Dorn im Auge waren, ließ er davon genaue Listen anfertigen, um sie zwecks Besiedelung bestimmten Personen zuweisen zu können.[11] Die Unlust, hier zu bauen, muß enorm gewesen sein, denn schon das Schicksal einiger im 18. Jahrhundert errichteten Häuser war von hohen Verschuldungen und Mietsskandalen begleitet. Als Lotteriegewinne erlebten manche Bauten die kuriosesten Besitzerwechsel.[12] Hier begann die Geschichte der Berliner Bauruinen. Der Zwang, einen bestimmten Raum zu bebauen, war immer auch ein Zeitzwang. Und so plötzlich wie sie aufgerichtet wurden, krachten sie mit ihren potemkischen Fassaden oftmals wieder zusammen: Diese Häuser, »die ganz oder zum Teil auf Staatskosten erbaut wruden, erhielten auf Anordnung des Königs italienische Prachtfassaden oder dekorative Formen des Spätbarock und Zopfstils, die mit der Innengestaltung oft nicht übereinstimmten – mitunter lag der Fußboden der Räume in Fensterhöhe –, und wurden in größter Eile, mit äußerster Sparsamkeit und Flüchtigkeit und mit minderwertigen Materialien und Putz-, Stuck- oder Gipsfassaden werstellt«. Der König war schon zufrieden, wenn die Bauten für ihn aushielten, wie er mehrfach äußerte. So verfielen viele dieser Immediathäuser binnen kurzer Zeit, ›so daß dann eine solche Straße mit Häusern aussieht, als ob sie zu irgendeiner Feierlichkeit in aller Eile aufgebaut worden wäre‹.«[13]

Spottende Zungen sprachen im Zusammenhang mit der neuerbauten Friedrichstadt denn auch von einer »versteinerten Kabinettsordre«. Es sind nicht Zyklen von Aufbau und Zerstörung, welche die Berliner Baugeschichte von nun an charakterisieren, sondern es ist nur noch ein rascher Tempowechsel analog dem plötzlichen Temperaturumschlag in der Wüste. Eines Tages war die Sandwüste endgültig versteinert, und selbst Bismarck klagte darüber, daß er in einer »Wüste aus Mauersteinen, Pflastersteinen und Zeitungen« zu wohnen gezwungen sei.[14] Die Oasen suchte man nun wieder im märkischen Sand. Zwischen dem Gestein etablierten sich die Laubenpieperkolonien, auf dem selben Sand vielleicht, wo zu Anfang des 18. Jahrhunderts die strohbedeckten Hütten standen, welche hier das Straßenbild beherrschten.

Nunmehr bereitete es dem Berlinbesucher große Anstrengungen, sich durch die wüste Topographie von Straßen, Schienenwegen und Gebäuden aller Art hindurchzufinden. Außer der Straße ‚Unter den Linden‹ zeigten alle anderen Radialstraßen »die seltsame Tendenz, wenn sie auch noch so energisch aus dem Lande auf die Hauptstadt zustreben, an der Peripherie der alten Stadt unsicher im Straßengewirr zu verlaufen, bevor sie das Zentrum erreicht haben. Das aber sagt: es gibt im eigentlichen Zentrum nichts, das zu berühren für die Hauptstraßen wichtig wäre.«[15]

»Des Heiligen Römischen Reiches Streusandbüchse«, wie süddeutsche Fürsten spotteten, war nicht zentrierbar, und alles, was die Anziehungskraft dieser Drehscheibe schier wahllos auf sich zur Versammlung drängte, wirbelte ihre Fliehkraft im selben Moment wieder durcheinander.[16]

So wie einstmals von der märkischen Sandwüste her für die Reisenden kein Ankommen möglich schien, so mußte der Berliner zu Anfang dieses Jahrhunderts erleben, daß es selbst in der Stadt oftmals kein Ankommen mehr gab:

»Orientierungslinien findet man nur dort, wo die Natur für ein paar Merkpunkte gesorgt hat. Man kann zehn Jahre in Berlin leben und sich in den nördlichen oder östlichen Stadtteilen noch rettungslos verlaufen.

In gewissen Gegenden ist man wie in einem Irrgarten, ohne Anfang und Ende;

und die Trostlosigkeit wird durch die gleichmäßige Breite der Straßen, durch die Weiträumigkeit nur noch gesteigert… Es gibt weder deutliche Zentralisation noch Dezentralisation.«[17]

Sicherlich nicht nur die kultivierten Besucher der Stadt irrten durch die wüste Leere ihrer Straßen, wo das eigene Gemüt leicht zu wüten beginnt. Siegfried Kracauer erlebte die Straßenbreite als Halluzinationsraum, in dem er fortwährend tödliche Schreie zu hören meinte:

»Ist es die Leere, die sie für Sekunden so unheimlich macht? Ich wiederhole, daß ich es nicht weiß. Ich kann nur sagen, daß die Tauentzienstraße bös in der Sonne glitzert wie ein unmenschlicher Feind, und daß sich in allen Straßen, die ich meine, ab und zu eine Erregung ansammelt, die, zur Sichtbarkeit gezwungen, dem wütenden Zickzackheer der Schnittmusterlinien gleichen müßte… Heute vermute ich, daß nicht die Menschen in diesen Straßen schreien, sondern die Straßen selber. Wenn sie es nicht mehr ertragen können, schreien sie ihre Leere heraus. Aber ich weiß es wirklich nicht genau.«[18]

Das ganze Elend dieses leeren Luxus kommt einem vielleicht erst beim Vergleich mit anderen Metropolen:

»Heimkehrend findet man vor allem eins: Berlin ist eine menschenleere Stadt. Menschen und Gruppen, die in seinen Straßen sich bewegen, haben die Einsamkeit um sich. … Denn die Breite der Bürgersteige ist fürstlich. Sie machen aus dem ärmsten Schlucker einen Grandsigneur, welcher auf der Estrade seines Schlosses wandelt. Fürstlich vereinsamt, fürstlich verödet sind die Berliner Straßen. … Verglichen mit den Moskauer sind sie wie eine frisch gefegte leere Rennbahn, auf der ein Feld von Sechstagefahrern trostlos voranhastet.«[19]

In diesen Aufmarschstraßen demonstriert eine Architektur für die tödliche Freiheit des Raumes. Kein natürliches Maß, an dem ihre Unmäßigkeit gebrochen würde, woran sie eine deutliche Physiognomie gewinnen könnte:

»Man ist versucht, Berlins fast pietätlos gieriges Vorwärtshasten seinem Sandboden und seiner Lage in der flachen grenzenlosen Spree-Ebene zuzuschreiben; je-

nem willigen Boden, auf dem es sich, trotz des Bibelausspruches, so gut baut und der die Spuren älterer Kulturen rasch überweht. Diese stündlich sich bezeugende Veränderungssucht Berlins ist es auch, die ein Erfassen seiner Gesamtphysiognomie so schwer macht.«[20]

Die damalige Zeit brach in der endlosen Weite des Raumes schon recht bald den schmalen Scheideweg ab, auf dem einige moderne Architekten ihre neue Perspektive wahrgenommen hatten:

»Peter Behrens, Erich Mendelsohn, Hans Poelzig, Max Taut, sie fanden in Berlin, was unsere Architekten nur in Marokko, in der Wüste und in der Steppe finden: Raum, Linie, Freiheit…«[21]

Das Unmaß wird noch einmal mit rasender Geschwindigkeit übertroffen, als in der Steinwüste Berlins die Fata Morgana der Lichterstadt aufgeht:

»Berlin ist modern, modern durch sein Licht, das heißt, seinen Kampf gegen die Nacht. Bin jetzt acht Tage in Berlin: habe nichts von der Nacht bemerkt… Berlin ist ein einziger Lichtblock. Die entsetzliche wilhelminische Architektur verschwindet, aufgesaugt, maskiert, absorbiert von Elektrizität. Die Stadt ist wie eine scharfe Säure, alles ist viel zu neu, das Auge wird müde vom Übermaß an Intensität… Riesige Bauten, fünfzehn Meter hohe Portale, mächtige quellende Karyatiden, eine toll überladene Architektur, wie ordenübersäte Militärs. Aber das alles scheint jetzt zu verschwinden, die Häuser werden abgekratzt, dafür wird die Reklame zum neuen Abgott der Berliner.«[22]

Wird wieder das Vorhergehende dem Sandboden gleichgemacht, zerstreuen sich die Spuren der Geschichte in alle Winde, und der neue Leerraum wird mit unzähligen Lichtblitzen gefüllt. Berlins Traditionslosigkeit hat Tradition:

»Die Stadt enthält so wenig Altertümlichkeit, und ist so neu; und doch ist dieses Neue schon so alt, so welk und abgestorben. Denn sie ist größtenteils nicht aus der Gesinnung der Masse, sondern Einzelner entstanden.«[23]

Aus dem Tempo der Willkür steigt die Katastrophe. Zu Beginn unseres Jahrhunderts erscheint im Simplicissimus eine

Karikatur von Th. Th. Heine: der Eisenbahnbrücken nachempfundene Giebel des Anhalter Bahnhofs, der Turm des roten Rathauses, die Dom- und Schloßkuppel ragen aus dem Sumpf heraus, in dem Berlin gerade untergegangen ist.[24] Aus Sumpf und Sand ist die Stadt einst emporgestiegen. Heute ist das Gelände am Anhalter Bahnhof wieder zur Wüste zerflacht, und der Rest einer zertrümmerten Front steht darin wie die Ruine eines Äquaduktes in der römischen Campagna. Berlin, das sich durch sein legendäres Tempo permanent selbst überholt hat, droht auch der permanente Fall in die eigene Vorgeschichte, das Einsinken in den eigenen Sand: »Im Anfang war Sand,

higkeit zur Kohäsion unterscheidet ihn von der Erde:
»Diese rührende Mischung aus Vergangenheit und Mineral-, Pflanzen- und Tierreich, völlig durchdrungen, völlig durchsetzt, völlig durchwandert auch von ihren Keimen und Wurzeln, von ihrer lebendigen Gegenwart: ist die Erde. Dieses Hackfleisch, diese Fleischpastete aus drei Bereichen.«[26]
Von jeher steht der Berliner vor der Schwierigkeit, nicht nur Geschichte zu machen, sondern er muß sich zudem noch ein Medium erschaffen, in dem ihm seine Geschichte anschaubar wird und bewahrt werden kann. Wofür in anderen Gegenden die Natur schon vorgesorgt hat, dafür

sche Ablagerungen bilden, die den Sand in die Geschichte fallen lassen, was bei G. Langenscheidt in seiner »Naturgeschichte des Berliners« wieder aufgedeckt wird:
»Unser Reisewagen kämpft sich langsam und mühsam in der Gegend des Weddings durch jenen historischen Sand, der – Dank der Produktion Berlins an Dungstoffen – nun auch zu den fast verschwundenen Eigenthümlichkeiten des früheren Berlins gehört.«[31]
Als der Nationalsozialismus mit seiner großen Ostkolonisation begann, wurde sofort ein ganz ähnliches Problem berührt. Den Osten ›heim ins Reich‹ zu holen, hieß, ihn erst einmal bodenständig zu

Sand und nochmals Sand, unterbrochen nur von zahlreichen Morästen, gebildet durch die halbversickernden Nebenarme der Spree, aber Sand ist die wirkliche, die eigentliche Berliner Materie.«[25]

Sand ist aber auch die eigentliche Materie des Kindes, und im Sandkasten hat man die eigene Prähistorie verbuddelt. Von der unermüdlichen Aufbauarbeit und Zerstörungslust finden sind darin kaum noch Spuren, die Geschichte verrät sich höchstens in einer veränderten Konzentration von Schmutz, von organischem Staub, der sich im Laufe der Jahre dem organischen Sand beigemischt hat. Hier berühren wir das zentrale Problem des Sandes: Auf welche Weise vermag er historisch zu werden? Gibt es eine organische Materie, die sich mit ihm so austauscht, daß ein Assimilationsprozeß zustande kommt, der sein zerstreutes anorganisches Dasein organisiert im Sinne eines Zusammenhaltes? Denn diese Unfä-

muß der Berliner noch nachsorgen, will er nicht in der eigenen Vorgeschichte versinken. Friedrich Hebbel schrieb einmal, daß hier die Menschen die »schwere Aufgabe haben, die Natur, die dürftige, im Sand erstickte, zu vertreten.«[27]
Demnach zeigt sich die Kultur des Berliners erst einmal in der Kultivierung seines Standpunktes, der irgendwo inmitten weiter Sandflächen der Mark zu suchen ist. Geschichte ist im Sand nicht vergraben, sondern eher versunken. Um sie aus dem Sand wieder herauszuziehen, rät Fontane dem Archäologen zum Gebrauch der Magie:
So ist es auch nicht weiter verwunderlich, daß im 18. Jahrhundert Bäume, aber auch Rasenflächen unantastbar und unbetretbar waren. Man hielt sie in der Wüste von Bauten für Oasen, mit deren Hilfe Sand und Staub gebändigt und dadurch gleichsam die Bedingungen für ein historisches Klima geschaffen werden sollten. Auf diese Weise erst konnten sich organi-

machen, und die Radikalität des Unternehmens setzte ganz folgerichtig an der Wurzel an, um die Weiten des Ostens zu kultivieren: »Das Form- und Gestaltlose der ostischen Landschaft sollte durch den Aufbau einer deutschen Landschaft verschwinden. ›Es hat keinen Sinn, die verworrenen Verhältnisse im Osten nur verkleistern zu wollen. Das Land muß wie Neuland behandelt werden‹, wurde in einem SS-Leitheft festgestellt.«
Es ist bezeichnend, daß dieses Programm nicht nur in die Tiefen des Sandes hineinreichte, sondern bis weit hinauf in die Höhen der Atmosphäre:

»Die Klimaänderung sollte durch Anlage von Waldgebieten auf landwirtschaftlich wertlosem Boden und der Einrichtung von Knicks geschehen, woraus dann völlig neue klimatische Verhältnisse entstünden.«[32]
Erklärtes Ziel war die Transsubstantiation von Sand in Erde, dem Traumstoff

für die große Volksexpedition, zum Inbegriff des Nährenden und Keimenden:

»Wir waren auf der Fahrt von Lodsch nach Warschau. Immer wieder hielt der Reichsführer-SS den Wagen an, kletterte über den schlierigen Graben, trat in den Acker, der von Granaten aufgerissen war, nahm zwischen die Fingerspitzen eine Prise Erde, roch mit geschrägtem Kopf bedächtig daran, zerbröckelte die Ackerkrume zwischen den Fingern und sah dann über die weite, weite Fläche, voll, übervoll von dieser guten, nahrhaften Erde. So standen wir uralte Bauern und lächelten uns blinzelnd an... Dies war nun also alles deutsche Erde! Hier

Nach dem ersten Weltkrieg standen diese Sandhügel als natürliche Kulisse im Zentrum vieler Wüstenfilme. Gebändigt wurde der Sand später durch eine nach wie vor nur wenige Zentimeter starke Humusschicht, welche die Grünanlagen unterhält. Nackte Sanddünen findet man heutzutage noch bei Sandhausen am Heiligensee; wie einstmals auch die Rehberge wird dieser Bereich derzeit als Schießübungsgelände genutzt. Es handelt sich dabei um aussichtsreiche Sanderhebungen, die den französischen Militärs unterstehen.
Aus Sandsäcken werden bei Flutgefahr provisorische Schutzdämme errichtet; als Kugelfang schützen sie den Schützen bei

Geschriebenes, das Verwischen zu verhindern.‹[36]
Bei der Reibung mit trockenen Sandflächen entzündet sich die Luft und wird elektrisch aufgeladen, was den Geist wachhält und zu großen Leistungen antreibt. Während der Sand in der Wüse eine nahezu keimfreie Atmosphäre erzeugt, ist er andernorts das Medium, das Keime konserviert und transportiert, eine Qualität, auf die Goethe in dem Gedicht ›Musen und Grazien in der Mark‹ anspielt:
»Sag mir nichts von gutem Boden,
Nichts von Magdeburger Land!
Unsere Samen, unsere Toten
Ruhen in dem leichten Sand.

würde der deutsche Pflug das Bild bald verändern.«[33]
Berlin-Moabit: führen die einen den Ursprung dieses Wortes auf »terre maudite«, verfluchte Erde, zurück, so weisen andere Historiker auf die biblische Landschaft Moab am Toten Meer, die bei der Namenstaufe des Stadtteils Pate gestanden haben soll.
Noch weiter nördlich trifft man auf den Berliner Volkspark ›Rehberge‹, eine ehemalige Flugsanddüne am Rande des afrikanischen Viertels.

»Im 19. Jahrhundert dienten die Berge als Abbaustätte des bei den Berliner Hausfrauen so beliebten feinen Sandes, mit dem sie die Stuben ausfegten. Er wurde von den Sandfahrern über die Müllerstraße in die Stadt gebracht. In einem Notstandsprogramm wurden auch in den Rehbergen Arbeitslose zum Sandschippen und Umherkarren eingesetzt.«[34]

Feuergefechten. Derartig zusammengehalten dämpft der Sand Explosionen verschiedenster Art, eine Eigenschaft, die auch dem Berliner Weißbier zugute kam:
»Sand spielte überhaupt eine große Rolle in der Berliner Kneipe. Der Kneipier nannte sich selbst gern ›Weißbierbudiker‹ und mußte darum Sand haben. Der Keller seines Lokals hatte mindestens einen Raum, der keinen festen, sondern nur weißen Sandboden hatte. In diesem Sand war das Weißbierlager. Die Weißbierflaschen wurden darin vergraben (wie Kartoffeln in der Miete), damit sie nicht durch Überdruck explodierten. Eine ›Sandweiße‹ war mehrere Jahre in Sand gelagert.«[35]
Seit jeher wird Sand auch zum Löschen von Feuer eingesetzt. Die sogenannte ›Streusandbüchse‹ stand noch zu Beginn unseres Jahrhunderts neben dem Tintenfaß und wurde alternativ als Löschpapier verwendet: ›Streusandbüchse, mit durchlöchertem Deckel‹..., zum Streuen auf

Selbst die Wissenschaft verlieret
Nichts an ihrem raschen Lauf;
Denn bei uns, was vegetieret,
alles keimt getrocknet auf.«

Sand ist Medium im wörtlichen Sinne: er ver-mittelt *zwischen* den Elementen Feuer, Wasser, Luft und Erde, und als ein solcher Grenzgänger partizipiert er an deren ureigensten Eigenschaften.
Seine nicht minder elementaren Kräfte treten vor allem in den Wüsten dieser Welt und eben im Berliner Raum zutage. Berlin, die Sand- und Grenzstadt war denn auch von jeher ein seltsamer Zankapfel:

»Es ist alles pauvre hier, und von's Pauvresein is noch nie nich was Gutes gekommen«, meinte einmal ein Bewohner der Mark zu Fontane und fuhr fort:
»Sehen Sie sich doch diesen Weg und diese Schonung an. Der reine gelbe Sand. Und wo der reine gelbe Sand is, is auch

immer der reine gelbe Neid. Und gönnt keiner dem andern was. Und von was geben oder helfen steht nu schon gar nichts drin.«[37]

Der Sand als Welle, Wirbel und Wolke weist auf ein rauhes Klima. Im Zentrum der Stadt überraschten den Bürger immer wieder plötzliche Sandverwehungen, die an ein nördliches Pompeji erinnern:

»Bei einem etwas starken Wind aber wird man hier gar in die Sandwüsten Afrikas versetzt. Eine Staubsäule von der Höhe eines Hauses fliegt dann über die großen Plätze weg. Auf der Schloßfreiheit kam mir einst ein solches Ungeheuer von dem Schloßplatz her entgegen. In der Entfernung verdunkelte es schon alle Gegenstände. Es wirbelte sich längs den Häusern fort, und ich übertreibe nicht, wenn ich versichere, daß ich auf drei Schritte keinen Menschen sehen konnte. Alle Budiken, die auf den öffentlichen Plätzen stehen, werden dann mit Sand verschüttet, und die Kleinkrämer und Obstverkäufer haben eine geräume Zeit zu tun, um ihre Kostbarkeiten unter dem Schutt, der sie in einem Augenblick verdeckt, wieder ans Tageslicht zu bringen.«[38]

Ist der Sand materiell überhaupt eindeutig zu bestimmen? Sein Aggregatzustand schwankt zwischen fest, flüssig und gasförmig. So fließend oftmals seine Konturen erscheinen, so fließend sind auch die Übergänge seiner Körnung, in der er vorkommen kann: Kiessand, Sand, Flugsand und Staub.

»Mauerstaub und Berliner Staub dringen überall hin und finden jeden feinsten Spalt aus, wie Luft und Licht.«[39]

Von der Sandwüste zur Lichterstadt und zurück? In den Untiefen des Sandes versinkt man, von Sandwolken wird man eingehüllt und oft ein ganzes Stück davongetrieben:

»Ganze Wolken von Staub geben den auf den Spaziergängen wandelnden Menschenkindern das Ansehen der Götter, wenn sie, in Wolken gehüllt, dem Auge der Sterblichen ihren Glanz verbergen.«[40]

Vor dem nächsten Sturm sucht man heute wie früher gerne Zuflucht in einem der zahlreichen Wirtshäuser mit dem Namen ›Sandkrug‹, in Erinnerung an klimatische

Zustände, wo man einfach das Gröbste herunterspülen mußte, weil es nichts mehr dran zu reiben gab.

»O Seele von Berlin o Staub – aus tausend trocknen Kehlen ausgespien«[41]

schrieb jemand nach dem 2. Weltkrieg, und eine vor nicht allzulanger Zeit verfaßte Ode auf die Stadt beginnt mit den Zeilen:

»Lobt mir den Staub, über der Stadt den Staub, der auf der Zunge zergeht wie Bitterwurz...«[42]

Hatte man sich schon oft mit der geographischen Lokalisierung der Stadt schwergetan, so wird man bei der genaueren Bestimmung ihrer Prima Materia auf noch größere Schwierigkeiten stoßen:

»...es kann gar nicht fehlen, daß in dem Hausstaube auch Spuren von Eisen, Kupfer, Blei, Zinn, Silber und Gold sogar sich vorfinden. Denn auch das Gold greift sich ab, und irgendwo müssen die abgeriebenen Goldpartikelchen doch bleiben. Auf diese Weise wird alljährlich ein Teil des im Ural, in Alaska und in Australien mühsam gewonnenen Goldes dem Boden

wiedergegeben... Endlich gehören zu dem Hausstaube zahlreiche Organismen, in denen schlafendes Leben enthalten ist: eine schöne Auswahl der verschiedenen Arten von Bazillen und Bakterien und Sporen von Pilzen... Der Berliner Straßenstaub aber enthält auch zahllose Samenkörner phanerogamer Pflanzen. Die hebt der Wind hoch empor, streut sie über Mauern und Dächern aus und begründet auf diese Weise eine Flora, die jeder Berliner zur Sommerszeit auf einer Fahrt mit der Stadtbahn zu beobachten Gelegenheit hat.«[43]

Im Herbst 1980 ging diese Saat sogar in einer Berliner Ausstellung mit dem Titel »Exotik als Banalität« auf. Der französische Künstler P. A. Gette hatte in verschiedenen Stadtteilen das »terrain vague« erkundet und die dort blühende Spontanvegetation fotografiert. Die botanische Auswertung seiner ›nature trouvée‹ ergab, daß einige der Findlinge eine Weltreise hinter sich hatten, bevor sie in den Berliner Sand gefallen waren:

»Wie sollte man nicht über diese Eindringlinge aus dem Osten (Ailanthus altissima Swingle, Aexculus Hippocastanum L.) oder Westen (Robina Pseudo-Acacia L., Acer Legundo L.) schmunzeln, wie nicht diese amerikanischen, chinesischen oder vom Balkan stammenden Streuner bewundern...«[44]

In seinem Berliner Stadtplan trug er Schritt für Schritt diese imaginäre Topographie des Zufalls ein, die »Phantasie des Erdbodens« (J.-K. Huysman) diente ihm unter anderem auch zur Orientierung in der Zementwüste. Sandstaub findet sich überall und nirgends, ist eine Zusammenstreuung von jedem und keinem, ist eine unio mystica der Dinge: von allem etwas und zugleich nichts. Totale Kommunikation als Auflösung –, die Materie ist das Medium. Immer scheint Sand sich selbst gleich zu bleiben, doch urplötzlich ist er schon wieder ein anderer. Der Sandwirbel als das Zentrum der Wurzellosigkeit könnte die Metapher für Heinrich Heines Stadterfahrung abgeben:

»Berlin ist gar keine Stadt, sondern Berlin gibt bloß den Ort dazu her, wo sich eine Menge Menschen, und zwar darun-

ter viele Menschen von Geist, versammeln, denen der Ort ganz gleichgültig ist; diese bilden das geistige Berlin.«[45]
Berlin nur als Überbau, ein über dem Sand schwebendes Nomadenzelt? Auf dem Platz der Republik, mitten in der »Wüste Sahara«, plante Speer das große Luftschloß des deutschen Volkes: ein überdimensioniertes Pantheon, Sinnbild materialvergessener Aufgeblasenheit.
Der wilde Sand aber auch als Baugrund und Metapher für eine wildgewordene Architektur; analog zum Staub, der sich aus den Trümmern unterschiedlichster Herkunft zusammensetzt, tauchen auch architektonische Traumfetzen aus aller Herren Länder in die Physiognomielosigkeit der Berliner Straßenflächen ein:

»Man muß sich durch einen Wust von allen möglichen Sonderlichkeiten und Ungereimtheiten zunächst einmal durchfressen: durch die Wildheit der Fassaden, denen nichts fremd ist, fast kein Stil, den es jemals auf der Welt gegeben hat, nicht der romantische, nicht der gotische, nicht das Barock, nicht der maurische, nicht der Tudorstil. Man muß sich an die Ungemütlichkeit, an die Eilfertigkeit, an die Kälte des Tons, … erst einmal gewöhnen.«[46]
War dieser Kulturimport aus Traditionslosigkeit motiviert, so ist die Versteinerung seine einzige Chance, noch ein Stück in die Geschichte hineinragen zu können, Tradition zu bilden. Denn Stein hat ein größeres Beharrungsvermögen als Sand. In seiner Patina, die das Licht pittoresk reflektiert, spiegeln sich Jahre und Jahrhunderte. Er scheint wie mit Zeit getränkt, als ob an und in ihm eine Osmose verschiedener Zeiten stattgefunden hat. Sand dagegen reflektiert das Licht direkt, wenn es nicht gar von den düsteren Schirmen schwärzlicher Kiefern verschluckt wird. Seine grell leuchtende Materie nimmt Lichtstrahlen so wenig auf, wie sie auch unfähig ist, darin geformte Spuren länger zu bewahren.
Solche Eigenschaften rücken den Sand in die Nähe des Spiegels, denn beide haben ein Gedächtnis wie ein Sieb. Gegenüber dem Stein, der die Diffusion verschiedener Zeiten in pittoresker Ordnung aufhebt, ist der Sandhaufen bloßes Diffusat

unterschiedlichster Orte, das die Zeit zusammengefegt hat und auch wieder verjagen wird.
Ist die Sandwelle Diagramm von Geschwindigkeit, so ist die Patina Diagramm von Dauer.
Im Berliner Sand fand Karl Scheffler nur das »ewig gestrige und das vom Tag für den Tag geschaffene.«[47]
Wie schnell wird darin vergessen, und wie überstürzt reagiert man darauf mit rastloser Tätigkeit:

»Auf keiner Bank des Tiergartens sitzt ein richtiger Nichtstuer. Er liest entweder oder rechnet im Sand. Was in Berlin Stillstand scheint, ist, näher besehen, doch ein Marschieren, nur eben zeitweilig auf demselben Fleck. Den Berliner, so paradox es klingt, zwingt das Gesetz der Trägheit, rührig zu sein.«[48]

In Form einer Anhäufung steht der Sand für Trägheit und Ewigkeit als reine Zeitlosigkeit, in Gestalt des Korns blitzt in ihm der Augenblick auf, dramatisiert sich die Lebenszeit, was in der Sanduhr abge-

lesen werden soll. Aber in dem Maße, wie die Sanduhr auch wieder beruhigt, bereitet sie den Betrachter auf die Plötzlichkeit des Todes vor. Im Sand antizipiert das Kind die Träume des Erwachsenen, die dieser dann später – ob realisiert oder nicht – noch einmal im fließenden Sand der Sanduhr reflektiert. Sand als Materie, aber zugleich auch als Medium der Produktion und Reflexion, Stoff, an dem Sisyphos zugrundegegangen ist:
»Die Stunden unseres Lebens sind eingezeichnet in den Sand der Wüste«, lautet die Inschrift eines Grabsteines auf dem Friedhof der französischen Gemeinde an der Liesenstraße. Durch das Friedhofsgelände geht heute die Berliner Mauer. Irgendwo damitten ruht auch Theodor Fontane.
Dem spielenden Kind dient der Sand als Materie zum Bilden, dem Weitspringer als Medium, um sich ein Sofortbild von seiner Leistung machen zu können. Aber es gibt auch noch ein dauerhaftes Polaroid, das der Lichtblitz in den Sand gezeichnet hat. In den Rehbergen wurden neben den Urnenscheiben aus vorwendischer Zeit und Feuersteinen auch sogenannte Blitzröhren gefunden:
»Dort haben sich Blitzschläge so vertheilt, daß eine Unmasse von kleinen korallenartigen Bildungen aus geschmolzenem Quarzsand entstanden ist.«[49]
Anzumerken ist hierbei, daß die Blitzröhren innen hohl sind, Leerstellen aus Sand im Sand. Der fotografierte Blitz? Die bewahrte Lichtspur kommt nicht durch langzeitige Assimilation, sondern durch plötzliche Fusion zustande, analog zu der silbrigen Staubkörnung auf dem Fotopapier, worauf weite Teile der Stadt abgelichtet sind. Berlin auszugraben, heißt vor allem, in Fotokisten zu wühlen, hier findet sich die Wünschelrute, von der Fontane sprach.
Als der Dichter einmal die Markgrafensteine, eines der sieben märkischen Weltwunder, aufsuchte, mußte er feststellen, daß sie ziemlich angegriffen aussahen, weil man an ihnen Schießübungen abhielt. Wegen der herrschenden Materialnot dienten die Steine und nicht der Sand als Kugelfang:
»Ja, wie soll ich sagen? Es ist damit wie mit dem Schiffsjungen, dem der silberne

Teekessel ins Wasser gefallen war, und der dann ärgerlich und pfiffig fragte: ›Is das verloren, wovon man weiß, wo's is?‹ und so kann man auch beim richtigen Kugelfang fragen. In'n Sand, und jeder weiß ganz genau, wo sie sind. Aber weg sind sie doch.«[50]

Erwecken wir mit der Fotografie unsere medialen Fähigkeiten, lassen wir uns während der Betrachtung der Momentaufnahmen Zeit, bis sich die Betrachtungsdauer an Ort und Stelle mit dem Sand derart assimiliert hat, daß auch die nichtfotografierten Gestalten erstehen, die wüsten Stellen wieder erfüllen.

In den hinteren Kammern des Gedächtnisses verstauben jene Bilder, die darauf warten, wieder in Fluß gebracht zu werden. Das dazu notwendige Medium liegt längst bereit, Sand, der durch die Finger rieselt, wobei immer mehr als nur Sand zum Vorschein kommt. Denn Sand wirkt als Filter für alles Unlösbare und Ungelöste, das auch in dem Bilderfluß, sofern er

durch die Geschichtslandschaft führt, mitschwimmt. Wie die ›Erde‹ stellt der Sand eine Pathosformel mit vielen Unbekannten dar:

»Als einmal von Geschichte gesprochen wurde, hob jemand eine Handvoll Erde auf und sagte: ›Das ist alles, was wir von der Weltgeschichte wissen. Aber dies wissen wir, sehen wir, halten wir es fest: wir haben es in der Hand.‹«[51]

Als der Künstler Raffael Rheinsberg in der Wüste um den ehemaligen Anhalter Bahnhof eine Spurensicherung unternahm, wußte er sehr genau um die archäologische Technik, die dem Gelände angemessen war: er machte Hunderte von Fotografien, um schneller zu sein als das Tempo der Wüste, die in Windeseile alle Spuren verweht.[52]

»Berlin muß man fortwährend wieder entdecken, sonst verflüchtigt es sich«, hat Martin Kessel einmal geraten.

Archäologie auf der Höhe der Zeit wandelt sich im Sand zu einer ›Archéologie

immédiate‹, eine die Geschichte rettende Arche im Meer aus Sand. Den Wünschelrutengänger Theodor Fontane vor Augen, legen wir nun ab und wagen eine Übersetzung auf dem Strom der Zeit: hin zu einer ›medialen‹ Archäologie der Mark, denn Mark, das bedeutet schließlich Grenz-Land.

Grenzen sind zumeist auch Zonen des Übergangs und eröffnen einen exterritorialen Zwischenbereich, in dem Definitionen und Identitäten ihre letzte Fassung verlieren oder spurlos verschwinden. Kaum eine Stadt entzieht sich so sehr allen künstlichen Festlegungen wie Berlin und kaum eine Materie entfaltet so viele natürliche Erscheinungsformen wie der Sand.

»Die Definition von Berlin ist ebenso zerbrechlich wie die der Kunst... Berlin ist eine Zierde in der ruhelosen Welt. Berlin ist das Auge des Wirbelsturms.«[53]

Modernität, Nervosität und Sachlichkeit

Das Berlin der Jahrhundertwende als Hauptstadt der ›neuen Zeit‹

Lothar Müller

Amerika im märkischen Sand

Die letzten Etappen auf dem Weg von der überschaubaren Residenzstadt zur ausufernden Industriemetropole hatte Berlin in den Jahrzehnten nach der Reichsgründung im Eiltempo zurückgelegt. Als habe ein experimentierfreudiger Verwandter jener unheimlichen Wissenschaftler, die durch die Kolportageliteratur des 19. Jahrhunderts und ihre Laboratorien geistern, der Stadt alle Essenzen und Ingredenzien zeittypischer Urbanisierungsprozesse konzentriert und in erhöhter Dosis eingeimpft, vollzieht sich Berlins Aufstieg zur ›Weltstadt‹ im überdurchschnittlich beschleunigten Rhythmus konvulsivischer Wachtumsschübe, deren Herausbildung moderner Großstädte radikalisiert und überscharf zur Ausprägung bringt.[1]

Kaum anderswo im deutschen, ja im europäischen Raum waren innerhalb geringerer Zeitspannen mehr Menschen heterogener Herkunft in eine Stadt geströmt, kaum anderswo fraß sich ein städtisches Konglomerat in ähnlich drastischer Expansion formlos ins Umland, kaum anderswo wurden die Prozesse städtischer Verdichtung durch industrielle Dynamik stärker vorangetrieben, lebten mehr Menschen auf engerem Raum zusammen als in den berühmten Mietskasernen des Berliner Nordens und Ostens. Angesichts der Geschwindigkeit und der Dimensionen, in denen das

Stadtbild sich veränderte, schien für die Physiognomie des neu entstehenden Berlin sich im europäischen Traditionsbestand kein Bild mehr finden zu lassen, in dem es sich hätte spiegeln können. Ein Stück deutsches Amerika war aus dem im Vergleich zu London, Paris oder gar Rom traditionslosen märkischen Sand emporgeschossen, und so mußte die gepflegte Wahlverwandtschaft mit der Kulturmetropole der Alten Welt, die zu Zeiten Friedrichs des Großen Voltaire empfohlen hatte, der assoziativen Verknüpfung Berlins mit der führenden Industriemetropole der Neuen Welt weichen. Walther Rathenau, geboren 1867 in der Chausseestraße neben der Maschinenfabrik seines Vaters und in Nachbarschaft zu den Arbeitervierteln des Nordens, schreibt an der Schwelle vom 19. zum 20. Jahrhundert über seine Heimatstadt: *Berlin ist nicht gewachsen, sondern verwandelt. Schinkel und Wertheim, Schlüter und Begas vertragen sich einfach nicht. Das königlich Preußische findet im kaiserlichen Reichsberlin keinen Platz mehr; Spreeathen ist tot und Spreechikago wächst heran.*[2]

Unter leicht entschlüsselbarem Pseudonym 1899 in Maximilian Hardens kaiserkritischer »Zukunft« erschienen, ist Rathenaus Aufsatz – er trägt spöttisch den Titel ›Die schönste Stadt der Welt‹ – eine furiose Polemik gegen die Fassaden-, Denkmals- und Monumentenseligkeit des Wilhelminischen Berlin und zugleich ein programmatisches Plädoyer zur Revision des Stadtbildes aus dem Geist selbstbewußter Modernität.

Wie in einem Guckkasten ruft der Autor dem Leser zunächst panoramatische Bilder von London, Paris und New York vor Augen, ehe er sarkastisch Berlin als »Parvenü der Großstädte und Großstadt des Parvenüs« porträtiert und den pompösen Charakter seiner Architektur, an der Spitze den »Dombau im Weltausstellungsstil«, als steingewordene Peinlichkeit und typisch neureiche Geschmacklosigkeit karikiert:

Was einst der Stolz und die Schönheit der Stadt war, das ist heute erdrückt, veraltet,

*deplaciert. Es ist, wie wenn eine kleine Be-
amtenfamilie das große Los gewinnt und
›sich neu einrichtet‹: da wandern die soli-
den Mahagonimöbel zum Trödel, weil sie
zu Madames goldenen Rococoengelchen
nicht mehr passen wollen.*[3]

Aus dem Lob des geschmackskundig-un-
aufdringlichen Klassizismus des Schin-
kelschen Berlins entwickelt sich das Cres-
cendo einer vernichtenden Kritik am His-
torismus und Eklektizismus der jüngsten
Vergangenheit. Der Elan, mit dem Rathenau die »Renaissancemonströsitäten«
und die »Schilderhebung des Barock«,
die »geläuterte Gotik« vornehmer Privat-
häuser und die »Auffrischung des romanischen Sakralstils« im Kirchenbau kritisch Revue passieren läßt, um schließlich
»durch Subtraktion zu ermitteln, daß
Empire und Biedermeierzeit uns aufge-
spart sind, während der byzantinische Stil
voraussichtlich das Monopol anderer Gebiete bleiben wird«, ist ein Berliner Ge-
genstück zum satirischen Hohn, den
Adolf Loos in Wien, der ›Potemkinschen
Stadt‹, über die Ringstraßenbebauung
ausschüttete. Hier wie dort entzündet
sich die Ironie am grotesken Kontrast
zwischen Fassade und sozialem Inhalt,
grandioser Maske und uniformen Gesicht
des Lebens, das in den Gebäuden stattfindet. Berlin ist zum Spreechikago verwandelt, aber die Innenwelt seiner Bewohner beschreibt Rathenau als retardie-
renden Anarchonismus, dessen fehlender Mut zur Einsicht ins Neue in der An-
klammerung an die historische Staffage
einen sichtbaren Ausdruck findet. Durch
eine hilflos-hypertrophe, allen Proportio-
nen entwachsende Kultivierung des Ornamentalen sieht Rathenau die Modernität der Stadt verhüllt. Die Berliner leben
in einer Stadt der forcierten Gegenwart,
doch sind sie nicht auf der Höhe ihrer
Zeit und flüchten sich in steinerne Illusionen über ihr eigenes Leben:

*Man fühlt sich wie im Fiebertraum, wenn
man eine der großen Hauptstraßen des
Westens zu durcheilen gezwungen ist. Hier
ein assyrischer Tempelbau, daneben ein
Patrizierhaus aus Nürnberg, weiter ein
Stück Versailles, dann Reminiszenzen
vom Broadway, von Italien, von Egypten
– entsetzliche Frühgeburten polytechni-
scher Bierphantasien. Tausend mißver-*

*standene Formen quellen aus den Mauern
dieser kleinbürgerlichen Behausungen. In
Nudeln, Kringeln, Zöpfen und Locken
bläht und ballt sich die erliehene Herrlich-
keit aus Gips, Stuck, Kunstmörtel und Ce-
ment. Und was birgt sich hinter diesem
kunsthistorischen Fassadenbabel mit all
seinen Erkern, Thürmen, Säulenstellun-
gen, Balkonen und Giebeln? Ists eine
Weltmesse in der Art von Nishnij-Nowgo-*

*rod, die aus allen Himmelsstrichen die sa-
genhaftesten Stämme und die fremdartig-
sten Ansprüche zusammenströmen läßt?
Ach, lieber Gott, nein: Das ist es nicht.
Hier wohnen ein paar hundert Kanzleibe-
amte, Ladenbesitzer und Agenten; Einer
von ihnen hat dieselben Gewohnheiten,
Ansprüche und Einkünfte wie der Andere, – und natürlich auch die selbe Wohnung: elf Fuß hoch, Berliner Zimmer und
zwei Vorderstuben, Majolikaöfen und
Goldtapete, dünne Thüren mit schlechten
Schlössern und Parquetfußböden mit
klaffenden Fugen. Dafür ratrappiert man
sich an der märchenhaften Fassade. Alles
›fürs Auge‹.*[4]

Der Refrain in Rathenaus Spottlied auf
das Berlin der Jahrhundertwende ist die
variationsreich durchgeführte Diagnose
mißglückter Modernität. Berlin erscheint
ihm als Mißgeburt der neuen Zeit, als un-
rein gemischte Stadt, die es nicht wagt,
sich eine äußere Form zu geben, die den
Gesetzen ihres inneren Lebensrhythmus
entspricht.

Der Kunstschriftsteller und Architektur-
kritiker Karl Scheffler hatte sich 1899 mit
einem Kampfartikel in der »Zukunft« gegen die Skulpturen der Siegesallee als
Gegner des kaiserlichen Geschmacks
profiliert und war ab 1906 Herausgeber
der Zeitschrift »Kunst und Künstler«, einem einflußreichen und angesehenen
Forum der modernen bildenden Kunst.
In seinem Buch »Berlin. Ein Stadtschicksal« (1910) nimmt Scheffler Rathenaus
Polemik auf und führt die Überblendung
von Amerika und Berlin weiter. Die »uti-
litaristische Stadt an der Spree«, mit den
Attributen des Kargen und Nüchternen,
Frugalen und Empfindungsarmen, Un-
liebenswürdigern und Kunstlosen versehen, erscheint als ein kaum jemals während seiner Geschichte erfolgreich zivili-
serter Ort, der seit je die »Formlosigkeit
einer modernen Arbeitsstadt« in sich
trug.[5]

Entstanden als »Außenwerk« und Grenzstadt an der östlichen Peripherie des
deutschen Kulturkreises, erbaut auf dem
Sand einer märkischen Eiszeitdüne, be-
wohnt »von einem Geschlecht harter und
trockener Pioniere«, ist Berlin im Zeitalter der großen Industrie dazu prädestiniert, ein zweites Mal zur Kolonialstadt

zu werden. Ausdrücklich vergleicht Scheffler Berlin mit amerikanischen und australischen Stadtneugründungen, leitmotivisch zieht sich die physiognomische Annäherung des Yankees und des Berliners als zweier verwandter Figuren turbulenter Blutsmischung durch sein Buch. So radikal sieht er das neue Berlin von seiner Umgebung atmosphärisch getrennt, daß ihm die Bahnlinien entlang der märkischen Seen und Wälder in urweltliche Landschaften zu führen scheinen, »als wäre man im westlichen Amerika, an den Gleisen der Pacificbahn«.[6]

Trotz Friedrich und Voltaire, Gilly und Schinkel immer schon eher spartanisch als athenisch gesinnt, bringt Berlin seine »yankeehafte« Freiheit von Skrupeln und sein gutes Verhältnis zu den Sphären von Zweck und Quantität als Beschleunigungsenergie in die Entwicklung zur Millionenstadt ein, Berlin wird zur Hauptstadt des »Amerikanismus«, der hier umso hemmungsloser zur herrschenden Kraft werden kann, als er lediglich instinktiv, nicht aber durch Bewußtsein und Planung gezähmt, zum Modell genommen wird. Was bei Walter Rathenau 1899 anklingt, wird bei Scheffler zur Schlüsselperspektive der Darstellung: die Charakterisierung Berlins als einer Stadt, deren Entwicklung nicht mehr ins Bild organischen Wachstums gefaßt werden kann. Fasziniert und abgestoßen zugleich porträtiert er Berlin als Produkt anorganischer Prozesse, als künstliches Gebilde voller Monströsität, das durch die phantastischen Dimensionen seiner Vergrößerung und die unbegriffen-chaotisch sich durchsetzende Hypertrophie des Amerikanismus die Züge »einer barbarischen Monumentalität« angenommen hat. Als Organ des Zufälligen wird der rücksichtslos- und geschmacklose, individualistisch denkende Spekulant zum Vollstrecker der anorganischen Stadtverwandlung, ohne daß eine synthetisch-sachliche Stadtplanung aus dem Geist begriffener Modernität ihm Paroli bieten würde. So wird durch die Kombination des instinktiven Amerikanismus und des Mangels an ausgeprägten kulturellen Traditionen der Formprägung Berlin »die physiognomieloseste und häßlichste unter den größeren Städten Deutschlands«.[7]

Scheffler hat seine Kritik am formlosen Berliner Stadtkörper einprägsam verdichtet, indem er dem Berliner Stadtplan denjenigen einer organisch gewachsenen Stadt gegenüberstellte. Meint er dort im Blick auf die Radialen der Hauptstraßen die Wachstumsphasen der Stadt wie Jahresringe eines Baumstamms vor Augen zu haben, zeigt der Blick auf den Berliner Plan ihm vor allem den Mangel eines

Zentrums, das die Kraft hätte, in sich die Hauptstraßen zu bündeln, die an der Peripherie der alten Stadt versickern. Erzählt dort der Stadtplan »das Epos der Stadtgeschichte«, so bringt er es in Berlin nur zur Häufung zusammenhangloser Episoden. Erzeugt dort die organisch sich entwickelnde Stadt einen räumlich angemessenen Ausdruck für ihre neuen Dimensionen, so führt in Berlin die überhitzte Aufblähung der Residenzstadt zu »Kleinlichkeit« und »Unübersichtlichkeit« als den Kennzeichen mißglückter Modernität.

Zwischen Berlin und dem, der es durchläuft, stellt sich – so Schefflers Fazit – kein Vertrauensverhältnis her. Der anorganische Stadtkörper steht dem Körper des Passanten als stets verwirrende, unaufhebbar fremde Sphäre gegenüber, die dem Bedürfnis nach innerer Anschauung der Stadt keine Zugeständnisse macht. Berlin ist ein gesichtsloses Labyrinth ohne Ariadnefaden.

In Paris findet man sich nach drei Tagen im wesentlichen zurecht. Der Stadtplan geht einem dort unmerklich ins Gefühl, die Geometrie des Grundrisses wird zur rhythmischen Empfindung; überall hat man den rechten Instinkt für die Himmelsrichtung und schafft, indem man die Stadt durchwandert, ihre Struktur sozusagen mit dem Bewußtsein nach. In Berlin aber findet man sich nach drei Jahren noch nicht zurecht. Natürlich kennt man nach kurzer Zeit Hauptstraßen, wie die Linden, die Friedrichstraße und Leipzigerstraße und kennt die Verkehrsmittel, worauf man angewiesen ist. Aber das ist nicht gemeint. Trotz dieser Kenntnis verwirrt die Stadt immer von neuem. Sie tut sich nirgend eigentlich weit hindeutend auf, sie zieht den Wanderer in ihr gleichmäßiges Straßengewirr hinein und lähmt seine Phantasie, weil sie nicht natürliche Anhaltspunkte und physiognomische Sonderzüge aufweist. Sie tötet das rhythmische Raumgefühl. Und das allein wäre schon Beweises genug, daß Berlin künstlich entstanden ist. ...Man kann zehn Jahre in Berlin leben und sich in den nördlichen oder östlichen Stadtteilen noch rettungslos verlaufen. In gewissen Gegenden ist man wie in einem steinernen Irrgarten, ohne Anfang und Ende; und die Trostlosigkeit wird durch

die gleichmäßige Breite der Straßen, durch die Weiträumigkeit nur noch gesteigert. *Neu-Berlin ist in Deutschland jedenfalls das monumentalste Beispiel des modernen Dilettantismus in der Stadtbaukunst.*[8]

Abschied von der alten Zeit

Anno 1880 und an einen warmen sonnigen Maiensonnabend war es. Die Mittagsstille lag schier brütend über dem weiten Gendarmen-Markt zu Berlin, der ein Platz voll wunderlich anmutender Gegensätze ist…[9]
So ruhig, so unaufgeregt beginnt Franz Hermann Meißners Roman »Moderne Menschen« (1909) und läßt kaum ahnen, daß er den gleichen Gegenstand hat wie die schrille, vor Entsetzen sich schüttelnde Kritik Karl Schefflers an der verunglückten Amerikanisierung Berlins. Meißner (1863–1925), dessen Romananfang mustergültig jenen Typus repräsentiert, den später Robert Musil mit den ersten Sätzen seines »Mann ohne Eigenschaften« parodierend zersetzen wird, bringt es fertig, die Geschichte des anorganischen Wachstums der Stadt so behutsam dem erfolgreichen Lebensrhythmus seines Helden anzupassen und einzuschreiben, daß an keiner Stelle die explosiven Energien der Millionenstadt den behäbigen Duktus des Entwicklungsromans sprengen. Wenn am Ende der zum größten Terrainspekulanten Berlins aufgestiegene ehemalige Hilfsbuchhalter Otto Anders, sein privates mit dem öffentlichen Wohl nicht nur hier verschränkend, leise der zugleich mit dem Kampf um sein bisher grandiosestes Projekt gewonnenen Frau »in das rosige Ohr flüstert, was er Gewaltiges und Niegesehenes aus dem Fenn im Grunewald herauszaubern wolle und welch ein reizendes Nest er mitten hinein in das kommende Eden für sein junges Glück bereiten wolle«[10] – dann nimmt der Leser Abschied von Figuren, die nur nominell »moderne Menschen« sind. Ausgestattet mit dem seelischen Inventar überlieferter literarischer Bestände, bewegen sie sich zwar im modernen Berlin, doch teilt sich dessen Rhythmus allenfalls dem Hand-

lungsverlauf des Romans, kaum jedoch ihren Bewegungen und ihrer Konstitution mit und ebensowenig dem gleichmäßig fließenden Stil des Autors. Zwar gehören »Elektrisierung« und »Beschleunigung«, das gefräßige Wachstum der Weltstadt und das Verschwinden alter Wohnhäuser zugunsten neuer Geschäftsbetriebe zum Thema des Romans, doch malt er Ansichten des modernen Berlin vor allem deshalb aus, um dem kometenhaften Aufstieg seines Helden einen angemessenen panoramatischen Hintergrund zu geben. Berlin ist Schauplatz, aber nicht Subjekt dieses Romans.
Maschine ist die Stadt auch hier, doch wird sie vom Erzähler ungeachtet der gewachsenen Bedeutung technischer Rationalität in ihrem Innern… so selbstverständlich der naturalen Zeit eingefügt, als folge auch die Stadtmaschinerie in ihrem Rhythmus noch dem der Jahreszeiten:
Apriltage zogen unruhvoll und launisch dahin. In der Luft war ein Drängen, ein Treiben in den Wolken, in allem Gewächs ein Sichdehnen, ein feuchter Duft über der Erde im Tiergarten, gewaltsam schoben sich die Knospen aus dem Holz und drängte sich junges Gras zwischen welkem Laub hervor, als sollte jetzt alles Alte stürzen und ganz Neues an dessen Stelle treten. Den Menschen aber war es ganz wunderlich – in die wintermüden und abgehetzten Gesichter kam ein Schein, jene Frühlingssehnsucht, mit der die Natur die letzten Kräfte anstachelt, auf daß nun alles anders, besser und schöner werde. Auch die ungeheuere Maschine der Weltstadt ließ ihre gewaltigen Kolbenstöße kurz vor dem Kehraus schneller folgen – in allen Schaufenstern wechselten die Auslagen, der Verkehr in den Straßen schien lebhafter, tobender, rücksichtsloser, der Schritt der Menschen eiliger zu werden.[11]
Die Perspektive des Rückblicks auf die Zeit nach der Reichsgründung stellt sich im Berliner Unterhaltungsroman des frühen 20. Jahrhunderts mit unaufdringlicher Selbstverständlichkeit immer wieder ein. Durch die Jahreszahlen 1880, 1885 und 1895 gliedert Meißner querschnittartig seinen Roman in drei Entwicklungsetappen von Held und Stadt. Alice Berend (1878–1938), selbst ein Kind der Gründerjahre, arbeitet in ihrem Roman

»Spreemann & Co.« (1916) mit dem komplementären Muster der Verschränkung von Biographie und Stadtentwicklung. Nicht der himmelstürmende Agent des neuen, sondern der irritierte Repräsentant des zum Untergang verurteilten alten Berlin steht bei ihr im Mittelpunkt. Je älter er wird, desto mehr verjüngt sich die Stadt. Am Ende seines Lebens, das im königlich-preußischen Berlin begann und in der reichshauptstädtischen Millionenstadt nicht recht zu Hause ist, steigt Spreemann auf den Rathausturm und blickt von oben auf das Panorama der »Stadt seiner Enkel«, deren Anblick ihm fremd ist wie die Enkel selbst, obwohl er diese Stadt liebt. Beim Abstieg vom Turm stirbt der Held. Daß das Pathos dieser Inszenierung weniger dem biederen Großvater als dem Abschied vom alten Berlin gilt, hätten die Leser gewiß auch gespürt, trüge der Held nicht den sprechenden Namen Spreemann. Die Parallelisierung des Wachstums der modernen Stadt und des Sterbens der alten Zeit erfolgt hier nicht in dem allgemeinen Sinn, in dem schon immer auf die Zeit der Großväter die der Enkel folgte, sondern mit der speziellen Zuspitzung, daß die neue Zeit die alte nicht einfach ablöst, sondern mit dem Begriff von Zeit selbst bricht, der ihrer Vorgängerin zugrunde lag. Der alten Zeit schlug die Stunde, die neue wird im Sekundentakt gemessen. Der Romananfang betont denn auch weniger die Abfolge der Epochen als die mit ihr einhergehende Diskontinuität in der Erfahrung von Zeit.

Niemand weiß, was aus ihm werden kann. So ahnten auch die Bewohner von Berlin einmal nicht, in wie hohem Maße man sie zu Weltstädtern bestimmt hatte. Selbst als draußen schon die Stränge der Eisenbahn die Welt zu verstricken begannen, barg sich die Grüne Stadt an der Spree noch arglos im Netz der Behaglichkeit. Keinem Berliner wäre es damals eingefallen, durch die Luft fliegen zu wollen. Gemessen und sorgsam bewegte man sich über das holprige Pflaster. Im Sommer hatte man Gras und Wiesenblumen auszubiegen. Im Winter verboten Schlamm oder Glatteis jede übertriebene Eile. Keinem kam es in den Sinn, sich ängstlich zu berechnen, daß eine einzige Minute sechzig kostbare Se-

kunden umschloß. Aus dem einfachen Grunde, weil man von den Sekunden überhaupt noch keinen Gebrauch machte...[12]

Die Eisenbahn, die Großstadt und das Wichtigwerden der Sekunden, die hier treffsicher als Symptome der neuen Zeit herbeizitiert werden, bilden in der Tat einen Zusammenhang, dessen Verbindungen durch die gemeinsame Teilhabe am Prozeß der Industrialisierung von Raum und Zeit hergestellt werden. Mit größerer Plastizität und Tiefenschärfe als in vielen Romanen ist der subjektive Niederschlag dieses Prozesses in der zeitgenössischen Kulturkritik, der Gegenwartsdiagnostik und vor allem der medizinisch-psychologischen Pathographie des »modernen Lebens« festgehalten. Was heutzutage als »Geschichte der Mentalitäten« oder mit Blick auf die Arbeit der Großstadt an den Formen des Handelns, Denkens und Fühlens ihrer Bewohner als »innere Urbanisierung« begriffen wird, ist als Gegenstand der Reflexion in der Zeitdiagnostik der Jahrhundertwende zumindest thematisch vorgeprägt.[13] In den Ergänzungsbänden zu seiner umstrittenen »Deutschen Geschichte«, die in den Jahren 1901 – 1903 erschienen und die unmittelbare Vergangenheit behandelten, hat Karl Lamprecht im Zuge der sozialpsychologischen Ausrichtung seiner Kulturgeschichtsschreibung die Frage erörtert, welche Konsequenzen der moderne Verkehr für »Zeitbegriff« und »Raumanschauung« der Menschen mit sich bringe. Im Mittelpunkt seiner Überlegungen steht die Charakterisierung der ›neuen Zeit‹ in ihrem Doppelcharakter als technisch begründetes und sozial wirksames Regulativ:

Regelmäßigkeit und Zwangsläufigkeit, kontinuierliches Ineinandergreifen sowie Schnelligkeit der Bewegung sind es, die die neue Zeit ausmachen, die in diesem Sinne niemals früher bestanden haben. Was den modernen Zeitbegriff kennzeichnet, ist die genaue praktische Beachtung des kleinen Zeitabschnittes: Fünfminutenaudienzen, Minutengespräche am Telephon, Sekundenproduktion der Rotationsdruckmaschine, Fünftelsekundenmessung beim Fahrrad: moralisch ausgedrückt Pünktlichkeit. Kein Zweifel, daß

diese Betrachtung der Sekunde zunächst und zum großen Teile den modernen Verkehrseinrichtungen verdankt wird. Darum ist sie, die Allgegenwart dieser Einrichtungen entsprechend, vom Zeitbegriff auf andere, verwandte Vorstellungen übertragen worden, ist Präzision, Genauigkeit überhaupt geworden.[14]

Neben den technischen Imperativen des modernen Verkehrs treten die ökonomisch fundierten Imperative der entfalteten kapitalistischen Geldwirtschaft als zweite Triebkraft der Revolutionierung des Zeitbegriffs in Erscheinung. In den Großstädten sind beide Elemente konzentriert. Sowohl der Verkehr wie das Geld haben hier zahlreiche Ausgangs- und Ziepunkte ihrer Bewegung. In seiner »Philosophie des Geldes« (1900), von der ein begeisterter Rezensent sagte, in ihr werde »die Seele des modernen Berlin auf einen universalen Horizont projiciert«, hat der Philosoph und Soziologe Georg Simmel (1858–1918) diese andere Seite der sich durchsetzenden Tendenz zur Feinstrukturierung der Zeit untersucht und die Entstehung der modernen Pünktlichkeit aus dem Geist der ökonomischen Berechenbarkeit erläutert. Methodisch avancierter als Lamprecht und ohne wie dieser die Existenz einer »Kollektiv-Seele« zu unterstellen, analysiert Simmel die Funktion des Geldes für die Herausbildung moderner Vergesellschaftungsformen und zeigt, wie kraft seiner Allgegenwart und Universalität das Geld als Element von Abstraktion und Rationalität zunehmend die Kultur durchtränkt und auf den Lebensstil der Individuen abfärbt. Die Großstädte als Orte der Potenzierung der Zirkulation und traditionslösenden Kraft des Geldes wirken dabei als Multiplikatoren der vom Geldverkehr beförderten Berechenbarkeit. Die technische Pünktlichkeit auf die Sekunde hat innerhalb der ökonomischen Sphäre in der Berechenbarkeit bis auf den letzten Pfennig ihr Pendant.

Durch das rechnerische Wesen des Geldes ist in das Verhältnis der Lebenselemente eine Präzision, eine Sicherheit in der Bestimmung von Gleichheiten und Ungleichheiten, eine Unzweideutigkeit in Verabredungen und Abmachungen gekommen – wie sie auf äußerlichem Gebiet durch die allgemeine Verbreitung der Taschenuhren bewirkt wird. Die Bestimmung der abstrakten Zeit durch die Uhren wie die des abstrakten Wertes durch das Geld geben ein Schema feinster und sicherster Einteilungen und Messungen, das, die Inhalte des Lebens in sich aufnehmend, diesen wenigstens für die praktisch-äußerliche Behandlung eine sonst unerreichbare Durchsichtigkeit und Berechenbarkeit verleiht.[15]

Den konzentrisch sich ausbreitenden Effekten der Quantifizierung, genauen Messung, Abmessung und Abstimmung entspricht die Ausprägung ihnen entsprechender Verhaltensdispositionen bei den Menschen. Die Gesetze, die in Börse und

Bank wie in den technischen Apparaturen des Verkehrs und der Kommunikation herrschen, wandern als rhythmisierende Elemente in die Lebenswelt der Individuen ein und gehen ihnen in Fleisch und Blut über. Der Fahrplan eines großen Bahnhofs bringt nicht nur das Pünktlichkeitsideal der aus- und einfahrenden Züge objektivierend zur Darstellung, er ist zugleich als Gesetzgeber des individuellen Lebens und als Lehrer des Umgangs mit der exakten Zeit Produzent eines veränderten subjektiven Zeitsinns.

Während in den Laboratorien der zeitgenössischen experimentellen Psychologie und Physiologie immer präzisere Chronometer in Dienst genommen werden, um in Reiz-Reaktionstests noch die Bruchteile von Sekunden erfassen zu können, vollzieht sich im Spektrum alltäglicher Zeiterfahrung ein ähnlicher Prozeß der Konzentration auf die kleinsten Maßeinheiten. Der flüchtige Augenblick und der entscheidende Moment, die Taschenuhr mit Sekundenzeiger und der exakte Zeitpunkt machen Karriere. Den Fahrplänen und zeitlichen Strukturgittern der Modernisierung des Alltags- und Berufslebens entspricht die psychologische Aufwertung der Situation des Zuspätkommens. Die spezifisch moderne Eile hat oft die Vermeidung des Verpassens einer Situation, eines Termins oder eines Anschlusses zum Ziel. Ihr psychologischer Kern ist der Wettlauf mit dem Sekundenzeiger.

Zur Überlegenheit des erfahrenen Großstädters gehört die gelungene Synchronisierung von individueller Bewegung und objektivem Zeitplan, von innerer und äußerer Uhr. Die Kunst der Berechnung des Zeitbedarfs etwa für den Weg zum Bahnhof läßt ihn den Zug ›im letzten Moment‹ erreichen, während sich der Provinzler in der Regel viel zu früh am Bahnsteig einfindet. In einem Traum Georg Simmels, der von sich selbst sagte, seine eigene intellektuelle Entwicklung sei in entscheidenden Jahren mit derjenigen Berlins zur Weltstadt der Jahrhundertwende zusammengefallen, sind die Erfahrungen des modernen Umgangs mit der Zeit verdichtet, noch ehe sich die Literatur und vor allem der Film der Pünktlichkeit und des Zuspätkommens annahmen:

Ich habe geträumt, die synthetische Zeit sei erfunden worden. Zunächst konnte man sie nur minutenweise produzieren, grade wie man ja künstliche Diamanten auch nur in ganz kleinen Kriställchen darstellen kann. Wenn man nun z.B. zur Untergrundbahn kommt, und der Zug will gerade abfahren, dann zieht man sein Zeitzeug heraus und reißt ein Zeitholz an. Man gewinnt eine Minute und kann den Zug noch erreichen…[16]

Die Erfindung der Nervosität

Allem »Neumodischen«, das ihm fordernd entgegentritt, begegnet Alice Berends Berliner Stoffhändler Klaus Spreemann mit Skepsis: den Schaufenstern, die sein Laden haben muß, der Gasanlage, die installiert werden soll, der Erweiterung der Ladenfläche und den Anglizismen im Sprachschatz seiner weitgereisten Söhne, die die Modernisierung vorantreiben. Etwa um die Zeit, als das erste Automobil seinen geliebten Dönhoffplatz umkurvt, fragt sich Spreemann anläßlich seines jährlichen Sommeraufenthaltes in Bad Nauheim, ob die auffällige Erhöhung des Anteils der Berliner am Kurpublikum auf das Bevölkerungswachstum der Reichshauptstadt oder auf eine Minderung der Gesundheit ihrer Bewohner zurückzuführen sei.
Berlin war eine Millionenstadt geworden. Aber Wahrheit war auch, daß man viele neue Krankheiten erfunden hatte. Am meisten ärgerte er sich über die Erfindung der Nervosität.
›War mein Lieschen nervös? Oder Tante Karoline?‹ sagte er, wenn es bei seinen Schwiegertöchtern nach Eau de Cologne roch und weder er noch die Kinder in die Vorderzimmer gelassen wurden. Was man früher Ungeduld oder Jähzorn nannte, wurde jetzt vornehm als Nervosität bezeichnet...[17]
Die Nervosität siedelt sich im Niemandsland zwischen Krankheit und Gesundheit an und zieht, unterstützt durch die gewachsene Empfindlichkeit der Menschen, ins Reich der Krankheit hinüber, was früheren Generationen allenfalls als Anfechtung einer im Kern gesunden Natur erschienen wäre. Spreemanns Unmut angesichts der neumodischen Krankheit spielt nicht zufällig mit dem Verdacht, sie sein künstlich erfunden wie so viele Segnungen der neuen Zeit. Tatsächlich läßt sich der von spöttischen Kommentaren begleitete Siegeszug der Nervosität im letzten Drittel des 19. und im frühen 20. Jahrhundert auf einen Ausgangspunkt datieren und lokalisieren wie jede andere moderne Entdeckung oder Erfindung. Im Jahre 1880 hatte der New Yorker Arzt George Beard, Spezialist für Neuropathologie und Elektrotherapie, mit seiner Schrift »Nervous exhaustion, neurasthenia« eine Diskussions- und Publikationsmaschinerie in Gang gesetzt, die schon nach einigen Jahren längst die Grenzen innermedizinischer Verständigung über ein Krankheitsbild überschritten und den Begriff »Neurasthenie« zu einer populären Chiffre gemacht hatte, die überall dort auftauchte, wo die Errungenschaften des Fortschritts und der Technik zeitkritisch überprüft werden sollten. Denn die Neurasthenie war von Beginn an als »Zeitkrankheit« profiliert worden:
Man hat sich oft gefragt, warum die Neurasthenie gerade 1880 entdeckt worden sei. Möglich, daß die schweren Finanzkata-

strophen der siebziger Jahre einen Anstoß zur ersten Selbstbesinnung des Kapitalismus gegeben haben; möglich, daß es auch ohne Katastrophen dazu gekommen wäre – so oder so: um 1880 etwa ist das neue Zeitalter soweit, daß es das Bedürfnis hat, sich vor den Spiegel zu setzen. Ich glaube, Beard wäre nicht so rasch durchgedrungen, hätte er nicht mit Nachdruck seine Neurasthenie als Zeitkrankheit dargestellt.[18]
Gerade weil die Nervosität terminologisch noch offener, kaum mehr fachsprachlich gebunden ist und noch deutlicher als die Neurasthenie die psychologische und kulturelle Ursachenforschung ermuntert, ist sie geeignet zur Ausweitung und Verankerung des Zusammenhangs von Zivilisation und Krankheit im Alltagsbewußtsein der Menschen. Sowohl durch dieses Profil als Zivilisationskrankheit wie in ihrer Funktion als Organisatorin des Reflexionsbedarfs angesichts der vielfältigen Erfahrungen der Modernität beerben Neurasthenie und Nervosität die Hypochondrie des 18. Jahrhunderts. Unschwer sind im Porträt des Neurasthenikers, den Brockhaus' Konversationslexikon von 1894 als leicht ermüdbares, ständig reiz- und erregbares, chronisch überanstrengtes Wesen beschreibt, die Züge des Hypochondristen zu erkennen, der die Bewegung der Aufklärung als Irritationsfigur und schwarzes Schattenbild ihres möglichen Mißlingens begleitete. Stand damals als Figur der Überforderung durch den Fortschritt der moderne Leser im Mittelpunkt, der im Studium der Bücher sein Gehirn überreizt und seine Gesundheit ruiniert oder den Ausgeburten seiner überfütterten Einbildungskraft wehrlos erliegt, so sind Neurasthenie und Nervosität um die Figuren des hektisch betriebsamen Unternehmers und des rastlosen Großstädters zentriert. Hintergrundserfahrung der Hypochondrie ist der Prozeß beschleunigter Akkumulation des Wissens und umfassender Verschriftung der Kultur, während die Nervosität auf dem Boden technischer Modernität und der Beschleunigung des allgemeinen Lebenstempos gedeiht. Das überlaute Echo, das dem New Yorker Arzt Beard aus Europa antwortete, entspringt der Einsicht: tua res agitur. Weil die Neurasthenie als pathologische Variante und Schlagwortzwilling des »Amerikanismus« importiert wurde, war sie die ideale Chiffre zur reflexiven Bündelung der Risiken des Fortschritts im Blick auf die psychophysische »Natur« des Menschen. In Wilhelm Heinrichs Erbs Beitrag »Über die wachsende Nervosität unserer Zeit« (1893) werden resolut das gestiegene Luxusbedürfnis, die modernen Verkehrsmittel, die Verdichtung der Kommunikation durch Telegraph und Telephon sowie als

generelles Negativum »das Leben in den großen Städten« zum Angriff der modernen Zeit auf das Nervensystem der Menschen gebündelt. Die Neurasthenie, so ist bald Konsens, kann nicht als spezifisch amerikanische Krankheit begriffen werden, sie ist die international und ungebunden auftretende Krankheit allzu radikaler Modernität:

Beard, dem wir zuerst eine übersichtliche Darstellung derselben verdanken, glaubte, daß er eine neue, speziell auf amerikanischem Boden erwachsene Nervenkrankheit entdeckt habe. Diese Annahme war natürlich eine irrige; wohl aber kennzeichnet die Tatsache, daß zuerst ein amerikanischer Arzt die eigenartigen Züge dieser Krankheit auf Grund einer reichen Erfahrung erfassen und festhalten konnte, die nahen Beziehungen, welche das moderne Leben, das ungezügelte Hasten und Jagen nach Geld und Besitz, die ungeheuren Fortschritte auf technischem Gebiete, welche alle zeitlichen und räumlichen Hindernisse des Verkehrslebens illusorisch gemacht haben, zu dieser Krankheit aufweisen.[19]

In Deutschland verband sich der Begriff der Nervosität mit dem der »Reizsamkeit«, den Karl Lamprecht in der Diagnose der jüngsten Vergangenheit als Schlüsselkategorie verwendet hatte. Lamprecht hatte den Begriff als neutrale, nicht durchweg pathologische Kategorie zur Erfassung des »modernen Seelenlebens« gebildet, das er in allen seinen Ausdrucksformen bis hin zu ästhetischen Phänomenen wie Naturalismus und Impressionismus als von der »Kultur der Reizsamkeit« bestimmt erklären zu können glaubte. Am reinsten ausgeprägt sieht er den Typus des spezifisch modernen Lebens in den Großstädten, deren Attraktivität für die Zuwanderer er nicht allein auf ihre magnetische Wirkung als ökonomische Zentren, sondern zugleich auf die immateriellen atmosphärischen Lockungen zurückführt, die die Städte als »Resonanzboden« kultureller Reizsamkeit ausprägen.

Ein Schüler Lamprechts, der Sozialpsychologe und spätere badische Kultusminister bzw. Staatspräsident Willy Hellpach (1877–1955) überführte in den ersten Jahren des 20. Jahrhunderts Lamp-

rechts Kulturgeschichte mit einigen Modifikationen und dem publizistischen Elan des ehrgeizigen Privatdozenten in den populären Nervositäts-Diskurs, nicht ohne zugleich im angesehenen »Archiv für Sozialwissenschaft und Sozialpolitik« programmatische die »Sozialpathologie als Wissenschaft« zu skizzieren, um sie in den Rang einer modernen Komplementärdisziplin zur Neuropathologie zu erheben. In seiner 1902 in der von Leo Berg in Berlin herausgegebenen Reihe »Kulturprobleme der Gegenwart« erschienenen Schrift über »Nervosität und Kultur« führt Hellpach vor, wie sich das Gesamtspektrum modernen Lebens von der Technik bis zur Kunst, von der Arbeitswelt bis zum Freizeitverhalten, von der Religion bis zu den Eßgewohnheiten, vom Familienleben bis zur Prostitution als durchdrungen von Nervosität inter-

pretieren läßt. Daß hier wie andernorts in Texten zur Zeitdiagnostik immer wieder Berlin als Beispiel herangezogen wird, wenn es gilt, besonders drastische Befunde zu illustrieren, dürfte nicht nur mit der Statistik und Empirie, sondern auch und vor allem mit der Mythologie dieser eng der Modernität verbundenen Stadt zu tun haben. Zum einen ergibt sich die Assoziierung von Berlin und Nervosität zwanglos aus dem beiden gemeinsamen »Amerikanismus«, zum anderen befördert die besonders gute Beziehung Berlins zur Sphäre der Elektrizität die metaphorische Verknüpfung organischer Nervenstränge des Menschen und anorganischer der Stadt in einem Assoziationskreis. Durch die starke Präsenz der jungen, zukunftsträchtigen Elektroindustrie ist es von der spezifisch Berliner Modernität zur Elektrizität nur ein Schritt. Als terminologische Ressource für den Diskurs über die Nerven ist die Elektrotechnik von nicht zu unterschätzender Bedeutung. Begriffe wie »Reiz« und »Rhythmus«, »Hemmung« und »Widerstand« werden in den populären medizinischen Physiologien gern in bewußter Anspielung auf ihren ›elektrischen‹ Bedeutungshorizont eingesetzt. So wird die psychophysische Innenwelt des Menschen gelegentlich regelrecht ›elektrifiziert‹ wie etwa in folgender Passage aus dem Buch »Vom Schaltwerk der Gedanken« (1916) des Anästhesisten und Nervenspezialisten Carl Ludwig Schleich (1859–1922):

Dem Gehirn und seinem mikroskopischen Wunderbau gegenüber sind wir in der Lage eines Wanderers, der in eine ausgestorbene, seit tausend Jahren tote Stadt hineingeriete aus einer ganz anderen Weltgegend, mit anderen Sitten- und Lebensgebräuchen, anderen Kulturgewohnheiten und Verkehrsformen. Denken wir uns durch irgendein katastrophales Mißgeschick, sagen wir durch die Cyangase eines geplatzten Kometen, erlösche mit einem Schlag alles Lebendige dieses Planeten, die Menschen sänken tot um oder erstickten in ihren Wohnungen, die Betriebe ständen still, die elektrischen Zentralen ließen noch eine Weile ihre Ströme zucken durch die künstlichen Nerven, mit denen der Menschengeist und die Technik die Erde zu einem gehirnartigen Wesen umge-

bildet hat, – sodann stände alles still. Die Lampen verlöschten, die Kabelleitungen hörten auf, die Blechplatten und die Antennen der Telefunkapparate plapperten nicht mehr, alle Telephonleitungen schliefen. Und nun landete nach langer Frist ein Expeditionskorps vom Mars auf unserem Planeten unter einem Führer und Entdecker. Er fände, wie der Anatom vor dem toten Gehirn und Rückenmark, alles – die Schienenstränge, die Säulen des Bogenlichts, die Drähte, die Zentralen, die Apparate zum Ein- und Ausschalten, die Telephone, die Marconiplatten, die Kabel, die Scheinwerfer usw. So, meine ich, steht der rechte Forscher vor der Frage nach dem Verhältnis von Gehirn und Seele, Nerv und Geist.[20]

Wie hier durch die Überlagerung von Gehirn, moderner Stadt und elektrischer Zentrale wird oft in den Büchern dieses vielgelesenen Autors der Mensch metaphorisch zur Apparatur, auch wenn gelegentlich auf den »Mangel aller Analogien aus der Elektrizitätslehre« pflichtschuldig hingewiesen wird. In der Beschreibung des Neurasthenikers tritt folgerichtig bei Schleich an die Stelle älterer Metaphern aus dem Bereich des Stoffwechsels und der Chemie die »physikalisch-elektrische« als überlegene, weil moderne Anschauung, die das Nervensystem als »elektroid« interpretiert:

Ein Neurastheniker gleicht einer schlecht isolierten, flackernden, zittrigen elektrischen Lampe, ein Hysteriker einer solchen mit Kurzschlüssen, Brandstiftungen und Explosionen.[21]

Die Elektrifizierung der Bildersprache betrifft den modernen Menschen wie die moderne Stadt. Indem das menschliche Nervensystem Züge des Anorganisch-Technischen annimmt und umgekehrt die Funktionsmaschinerie Stadt als von Nervensträngen durchzogen apostrophiert wird, lassen sich der Körper der Stadt und der des Menschen übereinanderprojizieren wie in Walther Rathenaus Beschreibung moderner Großstädte als abstrakt-uniformen Zentren der »Mechanisierung«. In seinem Buch »Zur Kritik der Zeit« (1912) schreibt er:

In ihrer Struktur und Mechanik sind alle größeren Städte der weißen Welt identisch. Im Mittelpunkt eines Spinnwebs von

Schienen gelagert, schießen sie ihre versteinernden Straßenfäden über das Land. Sichtbare und unsichtbare Netze rollenden Verkehrs durchziehen und unterwühlen die Schluchten und pumpen zweimal täglich Menschenkörper von den Gliedern zum Herzen. Ein zweites, drittes, viertes Netz verteilt Feuchtigkeit, Wärme und Kraft, ein elektrisches Nervensystem trägt die Schwingungen des Geistes. Nahrungs- und Reizstoffe gleiten auf Schienen und Wasserflächen herbei, verbrauchte Materie strömt durch die Kanäle...[22]

Sinne und Seele in der Großstadt

Das Schlagwort ›Nervosität‹ ist kein schlechter Führer durchs Labyrinth der Großstadt. Auf seinen Spuren kommt man an diejenigen Orte und zu denjeni-

gen Figuren, die zur ›neuen Zeit‹ nach Meinung ihrer Zeitgenossen die besten Beziehungen unterhalten. Daß bei einem derartigen Streifzug das Bild der Stadt systematisch verzerrt und auf Kosten des komplexen Ineinander des Alten und des Neuen zugunsten der letzteren verzeichnet wird, ist offenkundig. Die folgenden Skizzen lassen sich daher nicht zum Gesamtporträt der Stadt zusammensetzen, sondern bleiben Momentaufnahmen der Erfahrung von Modernität.

Als Begleiter ins Zentrum der Stadt empfiehlt sich der »Commis voyageur«, der als lebendiges Appendix der Zirkulationssphäre sich von Ort zu Ort bewegt und die modernen Verkehrsmittel am ausgiebigsten nutzt. Aus mehreren Gründen gilt der Handlungsreisende den Sozialpathologen als leichtes Opfer der Nervosität. Als Agent des Warenverkehrs ist er von der Unruhe moderner Geschäftsabläufe durchdrungen, als Reisender unterliegt er den chronischen psychologischen Belastungen des Wechselspiels von Hast und Pünktlichkeit, und manche Ärzte meinen gar, daß nicht zuletzt die technische Form seiner rastlosen Bewegung von Stadt zu Stadt Risiken birgt und schreiben der fortwährenden leichten Erschütterung durch die Eisenbahnreise einen nervös machenden Wert zu. Betritt nun der stets eilige Handlungsreisende nach Verlassen des Bahnhofs die Straßen der Großstadt, so ist er sogleich in eine der auffälligsten Figuren aus dem Herrschaftsbereich der Nervosität verwandelt: in den Passanten. Mit der heroischen Figur des Flaneurs hat er in der Regel wenig gemein, an dessen Aura hat er keinen Anteil. Denn der Passant im profanen Sinn ist zunächst und vor allem Verkehrsteilnehmer, und zwar einer, dem es kaum einfiele, bewußt und ostentativ den Rhythmus des großen Ganzen zu stören. Er ist Rädchen im Getriebe der Großstadt, nicht aristokratischer Dandy, der den Protest gegen die Eile und die Verachtung der Hast etwa dadurch inszenierte, daß er sich von einer Schildkröte am Band ein aufreizend langsames Tempo vorschreiben ließe. Der Passant wird geschoben und gedrängt wie ein Paket auf der Post, sein Zeil erreicht er durch wachsame Anpassung an wech-

selde Situationen. Nicht souveräner Beobachter, der durch die Menge gleitet, ist der Passant als Verkehrsteilnehmer, sondern Opfer der Unkalkulierbarkeit dessen, was ihm an kleinen Unannehmlichkeiten während des Gangs durch die Straßen zustoßen kann. So jedenfalls beschreibt er sich anno 1902:

Ich glaube, die meisten Leute täuschen sich heute über ihren eigenen Zustand, wenn sie meinen, sie seien an den Lärm, das grelle Licht, das Drängen und Stoßen des modernen Strassenbildes gewöhnt. In Wahrheit bringt ein längerer Gang durch die Großstadt auch dem völlig Eingelebten eine ganze Kette kleiner und kleinster Ärgernisse und Unzuträglichkeiten, die dadurch nicht unschädlicher werden, daß ihre Dauer eine nur momentane ist. Ich trete aus dem Hause und gerade fährt die elektrische Bahn fort. Ich muß mich quer übers Trottoir winden: ein paar Kleinstädter hemmen den Menschenstrom; eine Droschke kommt in rasendem Tempo um die Ecke. Ich muß auf die nächste Straßenbahn warten; mein Nebenmann raucht eine fürchterliche Zigarre; Ruß fliegt mir an den frischen Leinenkragen; der Wagen fährt bald rasend, so daß alles gegeneinander taumelt, bald hält er, weil ein Lastwagen das Geleise versperrt. Zu schwarz ist diese Schilderung nicht. Der echte Großstädter versichert natürlich, alles dies rege ihn nicht mehr auf. Davon ist auch gar nicht die Rede. Aber allein sein Schimpfen beweist, daß er jedesmal einen kleinen Ärger hat; und diese ganz kleinen Ärgernisse zusammen ergeben doch schon eine recht stattliche Summe von Gefühlserlebnissen. [23]

Was im Slapstick zur Quelle des entlastenden Lachens wird, gehört im Alltagsleben des Passanten in die ernsteren Regionen der Angst: daß ständig ein Unfall passieren kann. Nur im Film zur komischen Figur erlöst, sieht sich der Passant als empirische Figur vor allem dann bedroht, wenn er sich den neuralgischen Knotenpunkten des Verkehrs nähert. Immer wieder sind dies in Berliner Zeugnissen zum Leben des Passanten die Leipziger Straße, die Friedrichstraße und vor allem der Potsdamer Platz. Er ist das Zentrum des »fröhlich-bunten Treibens«

und der mondänen Urbanität, zugleich aber das Angstzentrum der Unfallphantasien.

Die Baronin Spitzemberg, geborene Freiin von Varnbüler (1843 – 1914) ist in ihrem Tagebuch nicht nur die Chronistin der näheren und ferneren Umgebung des Berliner Hoflebens und wachsame Beobachterin aller Details der klassischen politischen Sphäre, sie macht sich auch indignierte Notizen über einen Abend in Wolzogens »Überbrettl« in der Köpenikker Straße, hält kopfschüttelnd das undurchsichtige Milieu der »Modernen« um Henry van der Velde und den Grafen Keßler fest und reflektiert skeptisch über die Exaltiertheiten der hauptstädtischen Zeppelinbegeisterung oder ein Autorennen mit Zieldurchfahrt am Brandenburger Tor. Am 20. Dezember 1898 trägt sie in ihr Buch ein:

Das Getriebe in den Hauptverkehrsstraßen wie Leipziger- und Friedrichstraße ist förmlich betäubend; die elektrischen Wagen und die Trams bilden eine ununterbrochene Linie, Wagen aller Art, Droschken, Drei- und Zweiräder zu Hunderten fahren neben-, vor-, hinter- und oft aufeinander, das Läuten aller dieser Vehikel, das Rasseln der Räder ist ohrenzerreißend, der Übergang der Straßen ein Kunststück für den Großstädter, eine Pein für den Provinzler. Behauptete doch Frau von Beulwitz, sie hätten sich anfangs gerührt umarmt, wenn sie nach solchem Übergange des Potsdamer Platzes sich gesund auf der Insel wiederfanden! [24]

Als Passant wird man nicht geboren. In den Schulen üben die Kinder das Aufsteigen auf die Straßenbahn. Die Körper wollen an die neuen Anforderungen, an ihre Reaktionsschnelligkeit und die neuen Bewegungen erst gewöhnt werden, und auch der Geist hat sich auf das Abwägen von Verkehrsrisiken, das Erwischen des günstigen Moments und das plötzliche Innehalten in der Bewegung erst einzustellen. Erscheint hier der noch ungeübte Passant als Lehrling in der harten Schulung seiner Sinne durch die Straßen der Stadt, so taucht er in Richard Hamanns Buch über den »Impressionismus in Leben und Kunst« (1907) vor allem als Figur mit neuen psychologischen und sozialen Zügen auf: als Virtuose der Flüchtigkeit und Oberflächlichkeit, der die zu nichts verpflichtende Höflichkeit der momentanen Begegnung dazu nutzt, sich distanziert im Möglichkeitsmeer von Sozialkontakten zu bewegen. So wird der Potsdamer Platz zum Kristallisationspunkt, an dem sich die »impressionistische Kultur« der Augenblickswahrnehmung als habituelle Verallgemeinerung aus der Apperzeptionsweise des Passanten entwickelt.

Das schnelle Lebenstempo des Großstädters bedingt die Schlagfertigkeit, die Fähigkeit, schnell und auf bloße Andeutungen, Fragmente einer Erscheinung hin sich vorteilhaft zu verhalten. In Deutschland gilt der Berliner als besonders schlagfertig, und in der Tat, um nur an etwas Äußerliches zu erinnern, so erfordert das Überschreiten des Potsdamer Platzes oder auch nur ein Gang durch die Friedrichstraße zu belebter Zeit jene Gegenwart des Geistes, die auch mit den Winken undeutlicher Art, ganz indirekt gesehener Bilder sich begnügt und den Willen danach dirigiert. Wer das Bedürfnis hat, sich in jedem Fall erst umzusehen, die Andeutung zu vervollständigen, würde in diesem Trubel verloren sein. Entgegnung auf minimale Reize und Wechsel der Entschlüsse in jedem Augenblick sind die Grundbedingungen eines Ganges durch eine belebte Großstadtstraße.[25]

Die Überfülle zu verarbeitender Simultaneindrücke, das Laute, Grelle und Plötzliche sind als Risiken nervöser Gefährdung um die Figur des Passanten versammelt. Doch warnten Sozialpathologen wie der zitierte Willy Hellpach nachdrücklich davor, die Nervosität nur dort zu suchen, wo es laut, technisch und strapaziös für die Sinne der Außenwahrnehmung zugehen. Über der äußeren Hast dürfe man die innere Unruhe, über dem Lärm der Straße das stille Büro als Ort der Nervenzerrüttung nicht vergessen. In der Wendung der Aufmerksamkeit auf die Welt des Büros und der spezifisch modernen Berufe kommt der Sozialpathologie die junge Schicht der Angestellten als mögliches Opfer der Nervosität in den Blick. Zumal am Thema der »Berufspsychose«, die nicht selten daraus entsteht,

daß einer den falschen Beruf gewählt hat, der zu seinem individuellen Rhythmus nicht paßt, wird ein Stück Angestelltenwelt sichtbar. Doch bleibt vor allem der mit Haut und Haaren von der Dynamik des entwickelten Kapitalismus bestimmte Unternehmer das sicherste Opfer der Nervosität in der Arbeitssphäre. Freilich ist nicht so sehr er selbst der Faktor, durch den die nervöse Unrast zum prägenden Element der Kultur insgesamt wird, sondern seine Komplementärfigur, der massenhaft auftretende Konsument. Er ist ein naher Verwandter des Passanten und hat wie dieser zur Großstadt sehr enge Beziehungen, denn seine Welt ist die der Schaufenster und der großen Warenhäuser. Sein Gang ist langsamer als der des Passanten, doch ist seine innere Unruhe nicht geringer. Wie der Verkehr räumlich die Sphäre des leicht Erreichbaren erweitert, so potenziert die Konzentration der Waren in der Stadt die potentielle Erreichbarkeit der Dinge. Der Erhöhung des allgemeinen Lebenstempos in der Großstadt entspricht die Beschleunigung der Konsumgeschwindigkeit. Aus allen Richtungen und zunehmend durch Reklame unterstützt werfen die Waren ihre Liebesblicke auf den Konsumenten, und dieser sieht eine Welt voller Möglichkeiten vor sich liegen und ist doch vom greifbar Nahen durch die Schaufensterscheibe getrennt. Der Weg vom begehrlichen Blick zum käuflichen Erwerb führt nur über das Geld. Während Georg Simmel in seiner Analyse des unausschöpfbaren Möglichkeitsreservoirs, das mit dem Geld als abstraktem Vermittler zwischen Mensch und Dingwelt gegeben ist, die Bodenlosigkeit der Zweckreihen betont, in denen das Geld zirkuliert und in der mythologischen Figur des Tantalus ein Bild für die chronisch unerfüllte Erwartungsstimmung des modernen Menschen findet, entwickelt Hellpach gerade aus dem Gelingen immer neuer Befriedigungen, aus der Erhöhung des Güterverbrauchs und der Vervielfachung der Kaufakte die moderne Disposition zur nervösen Unrast im Umgang mit den Waren. Aus der Übersättigung der einfachen Bedürfnisse quillt die Lust am dekorativen Raffinement der Dinge. Wenn schließlich die Waren den Kunden nur

noch unter Aufbietung subtilster Reize zum Kauf verführen können, dann beginnt die Aufwertung des Scheins und der äußeren Gestalt, die Flucht vor der Enttäuschung am Realen in die »ästhetische Kultur«. Der Reigen der immer schneller wechselnden Moden, so Hellpachs Diagnose, dreht sich im Rhythmus der Nervosität. Die Novelle »Der Neurastheniker« (1913) von Martin Beradt (1881–1949) hält fest, wie sehr der empfindlich-reizbare Großstädter in eine von Gewaltphantasien nicht freie Haßliebe zur Welt der Schaufenster verstrickt ist. Zumindest in seinen Träumen besucht er sie nicht als ziviler Konsument, sondern als rächender Zerstörer.

Es litt mich in meiner Wohnung nicht, ich dachte mir Geschäfte aus, aber ich fand keine und lief einfach auf die Straße. Menschen wollte ich nicht sprechen, Vergnügungen gab es nicht am Tage; ich fuhr in die Stadtmitte, um Schaufenster zu betrachten, aber der Luxus widerte mich an, der Gedanke kam mir, die Scheiben zu zertrümmern, die Flaschen zu zerschlagen mit den gelblichen Parfüms, die Schlipse zu zerreißen, die herunterhingen, im Nachbarladen die Konfitüren aus den Schachteln heraus zu holen und sie zwischen meinen Händen zu dicken Massen zu verbacken, um weiße Wäschestücke anzuschmutzen, die nebenan herunterhingen. Ja, ich überschlug mich: wildgemacht, wollte ich einen Polizisten auf den Kopf springen und seine Helmspitze in meinen Darm treiben, durch die Luft fliegen, den Leuten die Hüte einbeulen, Laternenhähne aufreißen, Baumgitter sprengen, mich unter den Motor eines Autos legen und die rasende Spannung unter Wollust kosten, ob der Fahrer mich bemerken oder totfahren würde.[26]

So kann aus dem Passanten und Konsumenten, der im Neurastheniker steckt, plötzlich ein Anarchist herausspringen, der die bürgerliche Ordnung und die Stadt auf den Kopf stellen will.

Die Sozialpathologen rechneten in der Regel nicht damit, daß die Nervosität des Großstädters zu Tumult und Aufruhr führen könnte. Die Frage ging eher dahin, ob sie als gesellschaftliches Phänomen eher in den Kontext von Dekadenz und Auflösung oder den der Entstehung

einer neuen Gesundheit zu stellen sei. Für das erste scheint die enge Verbindung des nervösen Lebensstils zur Sphäre von Zerstreuung und Vergnügung bis hin zur Prostitution zu sprechen. Anders als die Erholung ist die Zerstreuung, ihre moderne Nachfolgerin, nicht mehr ein Gegenpol zu Arbeit und Hast, Ort der Regeneration und Gesundung von nervositätsfördernden Zumutungen, sondern selbst Ausdrucksform der Nervosität. Immer wieder tauchen die von Jules Huret bis Karl Scheffler als besonders prosaisch-nüchtern und brutal-geschäftsmäßig charakterisierten Nachtseiten und Vergnügungsstätten Berlins als Beleg dafür auf, daß die reizgewohnten Nerven des Großstädters kein Gleichmaß des Genusses mehr erlauben, sondern das

ständige Oszillieren zwischen dumpfer Betäubung und Jagd nach allzu starken Reizen zur Folge haben. Auch im Bereich von Erotik und Sexualität steht die Nervosität eher auf Seiten des ›rohen‹ Amerikanismus als der ›raffinierten‹ Decadence – jedenfalls in Berlin. Sehr nüchtern räsonniert der Sozialpathologe über die Beobachtung, daß auf den Straßen Berlins die Möglichkeiten zum Kontakt zwischen den Geschlechtern sich im Zuge der generellen Zunahme flüchtiger sozialer Begegnung vervielfacht haben. Die Liebe zur Passantin, von Baudelaire über Proust bis hin zur surrealistischen Nadja Bretons eine poetische Chiffre für die Erfahrung der modernen Stadt, ihrer Geheimnisse und ihrer Reize, vor allem aber für die Vergänglichkeit und Flüchtigkeit der Erfahrung selbst, wird im Blick auf

Berlin zur sachlichen Kategorie des »Verhältnisses«. Anders als der antimoderne Moral- und Kulturkritiker kann der moderne Sozialpathologe es nicht pauschal verdammen. Denn es bietet die Chance zur Befreiung von der Fixierung auf das Bild der einen, großen Liebe. Als realistische Schule und education sentimentale für den künftigen Ehemann ließe sich das »Verhältnis«, wie der Flirt ein Kind der Konjunktur des Moments und seiner Zufälle, vielleicht nutzen. Zwar wird, wer von diesem Möglichkeitsreservoir allzu ungehemmt Gebrauch macht, der nervösen Überspannung kaum entgehen. Wer aber von der sich abzeichnenden Tendenz zur Selbstverständlichkeit von »Verhältnissen« als legitimen Vorstufen der Ehe vernünftig profitiert, der mag gesünder leben, als derjenige, der im Getriebe der Stadt angestrengt die überlieferte »kulturelle Sexualmoral« aufrechterhält, deren Rigorismus Sigmund Freud als Hauptursache der Nervosität namhaft zu machen können glaubte. Nicht nur an dieser Würdigung des »Verhältnisses« als spezifisch moderner und damit gerechtfertigter Form von Erotik kommt es zu ambivalenten Befunden, die es vom Zuviel oder Zuwenig abhängig machen, ob eine Begleiterscheinung der Modernität Quelle der Nervosität oder eines neuen Typs von Gesundheit wird. Generell gilt für die Nervosität, daß sie auf der einen Seite das Leiden an der Überforderung von Sinnen und Seele durch die Stadt anzeigt, auf der anderen als Vorstufe positiver Integration der Individuen ins moderne Leben ausgelegt werden kann.

Funktionalismus als Therapeuticum

Der bereits erwähnte Arzt und populärwissenschaftliche Schriftsteller Carl Ludwig Schleich schreibt gelegentlich:
Die Neurasthenie ist vielleicht keine beschreibbare Krankheit, sondern ein Anpassungsvorgang an eine zu schnelle kulturelle Entwicklung. Die Nerven müssen sprunghaft werden, um dem Bewegungswahn der Zeit mit allen seinen nervenreizenden Konsequenzen gewachsen zu bleiben.[27]

Die perspektivische Auslegung der Nervosität als Anpassungsphänomen, das nach einiger Zeit verschwinden wird, erlaubte es, die Modernität selbst als Verbündete des Arztes aufzufassen, obwohl die Nervosität im wesentlichen als Leiden an der modernen Zeit interpretiert wurde. Als Kronzeuge der Konzeption einer Heilung der Nervosität durch forcierte und konsequente Modernität kann wiederum der Sozialpsychologe Willy Hellpach auftreten. Die moderne Technik, so seine These, ist sie einmal erlöst von ihrer unvermeidlichen Einfügung in ihr unangemessen, sie hemmende Formen des Vormodernen, wird kraft ihrer eigenen Logik die Nervosität zum Verschwinden bringen. Wie der Asphalt im Prinzip leiser als das Kopfsteinpflaster, die konsequent moderne Fabrik ruhiger als die alte Werkstatt und das elektrische Licht sauberer und gesünder als seine Vorgänger ist, so wird auch die konsequent moderne Stadt der Zukunft zugleich eine gesunde Stadt sein.

Die Großstadt einer gar nicht fernen Zukunft wird nicht lauter und greller, sondern viel stiller und maßvoller sich präsentieren, als die alten lebhaften Kleinstädte, trotz des hundertfachen Verkehrs, der in ihr sich abspielt; gerade die jüngste Entwicklung der Gefährte läßt es als gar nicht unmöglich erscheinen, daß hier der mehr individuell geprägte Motorwagenverkehr die kommunistische Straßenbahn bedeutend entlastet. [28]

Über diese 1902 entstandene Vision eines stillen und maßvollen Automobilismus ist leicht lächeln. Festzuhalten bleibt, daß ihr Grundgedanke ab der Jahrhundertwende nicht nur bei den Nervenärzten Karriere macht: die Aufhebung des Amalgams aus mißglückter Modernität und Nervosität durch konsequente Modernisierung. In polemischer Abgrenzung von Kaltwasservereinen und Naturheilern stellt Hellpach als die besten Helfer des Arztes im Kampf gegen die Nervosität den Ingenieur und den Architekten vor. Arbeitet ersterer an der Vervollkommnung der im Kern gesunden modernen Technik, so letzterer an der Durchsetzung eines neuen Baustils aus dem Geist gefreiter Modernität. Als Vertreter einer praktischen, techniknahen

und verantwortungsvollen Kunst soll der Architekt zum Reformator der nervösen Zerfaserung des Stiles in Malerei, Musik und Dichtung werden. Auf das Übergangszeitalter der Nervosität folgt der »Anfang einer architektonischen Kultur«, die dem Modernen endlich zu einem festen Stil und damit den Menschen in den Städten zur Gesundheit verhilft. Berlin ist auch für diese Hoffnung eine exemplarische Stadt. Denn hier provozierte der Befund des mißglückten Amerikanismus sehr früh die Entwicklung von Programmen der Modernisierung nach funktionalen Gesichtspunkten. Abriß des Störenden, Unübersichtlichen, den Blick Hemmenden und Visionen einer »Haussmannisierung« Berlins sind der programmatische Kern in Walther Rathenaus ein-

gangs zitiertem Aufsatz. Trennung der City als Arbeitsstadt von den Wohnbezirken im Grünen ist das Ziel. Was Rathenau 1899 schreibt, läßt bereits die Visionen der 20er Jahre ahnen:

Ich denke mir in der Gegend zwischen Alexanderplatz und Potsdamer Platz jede Baubeschränkung aufgehoben. Hier entstehen mächtige Bautenreihen, aus Glas, Stein und Eisen, so hoch, wie das Bedürfnis es verlangt und der Baugrund es zuläßt. Längs der Hauptwege des Verkehrs ziehen sich die Straßengeschäfte und Läden, in den Nebenstraßen hausen die Großhändler und Gewerbetreibenden. Nach Art der alten italienischen Handelsstädte finden sich die gleichen Gewerbe in gemeinsamen Vierteln zusammen, wie schon die Bankanstalten und die Arbeitshäuser der Konfektion es heutzutage pflegen. Familienwohnungen werden in dieser

nur am Tage belebten Arbeitsstadt nicht geduldet, denn sie dient nichts Anderem als der Kasernierung des Erwerbs. In dieser Beschränkung aber gestaltet sie sich zu einem lebendigen Denkmal menschlichen Fleißes und großstädtischer Energie. Den Bedürfnissen des Wohnens, des Lebens und Atmens zu dienen, sind die äußeren Zonen bestimmt. Hier sind Mietshäuser, Villen, Gärten, wissenschaftliche und künstlerische Institutionen unter gesundere Lebensbedingungen gestellt; wieder erwacht die Hoffnung, junge Generationen ohne den Keim körperlicher und geistiger Großstadtvergiftung heranwachsen zu sehen, und die fortschreitende Expatriierung nach immer entfernteren Vorstädten, diese neuere secessio plebis in montem sacrum, wird gehemmt. [29]

Karl Scheffler knüpft auch in diesem Punkt an Rathenau an. Wie dieser sucht er unter der »ornamentalen Kruste« des mißglückten Monstrums Berlin nach Anknüpfungspunkten für seine Umgestaltung. Schnell wird er fündig, denn im Gegensatz zum »ruchlosen Individualismus« der Fassaden sind die Mietshäuser im wilhelminischen Berlin technisch moderner als sie scheinen. Die Entdeckung funktionaler Uniformität unter der Putzschicht ist Garant der Hoffnung, im Blick auf das Gerippe der Stadt ihre Befreiung zur neuen Form zu vollziehen. Unterhalb des unecht glänzenden ist das sachliche Berlin verborgen. Auf den letzten Seiten von Schefflers Buch wird diese »Sachlichkeit« zum programmatischen Begriff der Stadterneuerung, an den sich die zum hypertrophen Amerikanismus verzerrten Berliner Tugenden der Nüchternheit und Zweckmäßigkeit anlagern lassen. Modell für die sachliche Stadt ist die Struktur des Warenhauses, und Messels Wertheimbau steht am Ende als steinerner Garant dafür ein, daß aus der »Hauptstadt der Häßlichkeit« eine »schöne moderne Großstadt« werden kann. [30]

Ein Nicht-Berliner, der junge Egon Friedell, hat aus der kontrastiven Perspektive Wiens, der Stadt ›alter Kultur‹, das Lob Berlins als Laboratorium künftiger Modernität am prägnantesten zum Ausdruck gebracht. Ihm sei das Schlußwort über die »amerikanische« Stadt im märkischen Sand belassen:

Es gibt nichts Schädlicheres und Entwicklungshemmenderes als die ewigen Lamentationen über die Amerikanisierung Europas. Die Kultur der Zukunft wird den Amerikanismus überwinden müssen, gewiß; aber auf Basis des Amerikanismus aus dem Amerikanismus heraus. Erst müssen wir Amerikaner werden, dann können wir wieder daran denken, »gute Europäer« zu werden. Aber die Uhr zurückdrehen, von Vergangenheiten träumen, die es nicht mehr gibt, die Forderungen der Zeit einfach von sich weisen: – auf so bequeme Art wird nicht Kultur gemacht. Berlin verdient gerade darum die höchste Bewunderung, weil es seine Aufgabe als deutsche Reichshauptstadt so richtig erfaßt hat: die Aufgabe, ein Zentrum der modernen Zivilisation zu sein. Berlin ist eine wundervolle moderne Maschinenhalle, ein riesiger Elektromotor, der mit unglaublicher Präzision, Schnelligkeit und Energie eine Fülle von komplizierten mechanischen Arbeitsleistungen vollbringt. Es ist wahr: diese Maschine hat vorläufig noch keine Seele. Das Leben Berlins ist das Leben eines Kinematographentheater, das Leben eines virtuos konstruierten homme-machine. Aber das genügt fürs erste. Berlin ist in den Flegeljahren einer kommenden Kultur, die wir noch nicht kennen, und die sich erst herausarbeiten muß. Die Berliner Geschmacklosigkeiten sind wenigstens moderne Geschmacklosigkeiten, und die sind immer noch besser als die geschmackvollste Unmodernität, weil in ihnen Entwicklungsmöglichkeiten stecken.[31] (Herv. von mir – L. M.)

Kadaver einer Metropole
Edgar Morin

Ich hatte mich damals dem Stab der Ersten französischen Armee angeschlossen, um meinen Engliederungsschwierigkeiten in das Alltagsleben zu entfliehen, aber auch, weil mich dieses unbegreifliche Deutschland anzog. Ich wurde unmittelbar mit dem »Deutschland der Stunde Null« konfrontiert. Der Besatzer des Landes, das von Nazi-Deutschland besetzt worden war, der Sieger des Landes, das von ihnen besiegt worden war, fand eine entmachtete, zerstückelte, verwüstete, ruinierte, verstörte, dem Wahnsinn nahe Nation vor. Und von dort war diese unerhörte Macht aufgebrochen, die bis zum Kaukasus, nach Ägypten und zum Polarkreis vorgerückt war. Ich stieß immer wieder auf ein Problem, das mir keine Ruhe ließ: Wie konnte Deutschland zugleich das hervorbringen, was ich am meisten liebe und was ich am meisten verabscheue? Wahrscheinlich war ich, ohne mir dessen bewußt zu sein, im Grunde ein guter Europäer, denn ich hatte, auch als ich gegen die Nazis kämpfte, nie aufgehört, Deutschland zu lieben, während viele Franzosen, auch und vor allem die Kommunisten, Deutschland und die Nazis gleichsetzten und die »Boches« haßten. Es war mir ein großes Bedürfnis, nach Berlin zu fahren. Das Berlin vor Hitler, das war für mich Doktor Mabuse und die Dreigroschenoper, Marlene und die mit rauher Stimme gesungene Lili-Marleen. Die Spree, Unter den Linden, der Tiergarten, der Alexanderplatz, der Reichstag waren Schlüsselworte einer leidvollen, grausamen und poetischen Verzauberung.

Ich erinnere mich noch an meinen ersten Aufenthalt Anfang Juni 1945, als aus den U-Bahnschächten noch der Verwesungsgestank der Leichen strömte. Ich kam mit einer Militärmaschine auf dem Flughafen Tempelhof an, und obwohl ich das total verwüstete Pforzheim und die Ruinen von Mannheim, Frankfurt und so vielen Städten schon gesehen hatte, ging ich voller Bestürzung durch die nicht enden wollenden Ruinenstraßen der riesigen Hauptstadt. Im Zentrum dieser Ruinenstadt, im sowjetischen Sektor, befand sich zwischen dem Alexanderplatz, der Leipziger-Straße, dem Brandenburger Tor und Unter den Linden eine völlig bi-

zarre Landschaft. Dort hatten sich die letzten Kämpfe abgespielt, dort hielten sich die letzten Anhänger des Führers, Kinder, Greise, und vor allem die französischen, holländischen, die »europäischen« Söldner der SS.

Wo die Reichskanzlei gestanden hatte, konnte ich noch von Hitler unterzeichnete Beförderungs- und Ernennungsurkunden finden. Der Bunker unter dem toten Gebäude legte sein aberwitziges Mysterium offen dar. Dort war Walhall eingestürzt und hatte die wilhelminischen Paläste mit in den Untergang gerissen, von denen nur noch riesige Mauerbrokken erhalten waren, mit umgestürzten und zertrümmerten Atlanten und Karyatiden dazwischen. Unter den Linden war völlig zerstört. Über dem Brandenburger Tor wehte die rote Fahne. Ich stand neben den Überresten der französischen Botschaft und des Hotels Adlon. Das Wetter war mild, der Himmel blau. Kein Mensch war zu sehen. Ich befand mich auf einem anderen Planeten.

Plötzlich überfiel mich ein Zittern und ich begann zu weinen. Die Luft war erfüllt von den ergreifenden Klängen einer Geige und eines Klaviers. Ich wurde von einem unerhörten Glücksgefühl und einer unvorstellbaren Traurigkeit erfaßt. Von wo kamen die Klänge? Durch welches Wunder? Ich sah mich um und entdeckte einen Lautsprecher auf dem Brandenburger Tor. Die Russen hatten ihn dort installiert, und spielten, ich weiß nicht weshalb, diese Musik.

Das französische Militär hatte sich außerhalb Berlins eingerichtet, in Frohnau, wo die kleinen Einfamilienhäuser nicht vom Krieg beschädigt waren. Sie standen zwischen Kiefern, Sandstreifen und Seen, es war eine Landschaft, die nicht wie ein Vorort, sondern wie eine weit entfernte Gegend wirkte. Die Kommandantur hatte mir eine alte Kiste mit einem jungen deutschen Fahrer zur Verfügung gestellt. Ich ging normalerweise zu Fuß durch Berlin, den Wagen benutzte ich nur, um nachts ziellos durch die ausgestorbene Stadt zu fahren, oder um tagsüber von Ost nach West zu gelangen.

Es war hier wie dort dieselbe Stadt, die Ruinen und die Verkehrswege waren die gleichen. Dennoch erzählten mir die Frauen der französischen Soldaten und mein junger Fahrer von ihrer Angst vor den Russen. Die westlichen Uniformen wagten sich nicht in den Osten, die sowjetischen Uniformen gingen nicht in den Westen, mit Ausnahme der Offiziere, die sich zu der Viermächte-Kommandantur in der amerikanischen Zone begaben. Es war dieselbe Stadt, aber der Osten war sowjetisch und der Westen westlich. Was mir damals noch nicht bewußt war, was noch keiner begreifen konnte, war, daß eine der größten Hauptstädte Europas schon vor dem Beginn des Kalten Krieges tot war, und daß auf ihrem Kadaver nur zwei verstümmelte Städte wiedererstehen konnten, die durch unterschiedliche Arten künstlicher Befruchtung geboren wurden und Gene in sich trugen, die dem jeweils anderen feindlich gesonnen waren. Als ich 1946 wieder nach Berlin zurückkehrte, hatte ich den Eindruck, daß der Osten mit dem Wiederaufbau begonnen hatte. Ich sah Frauen und Greise, die Unter den Linden Schutt abtrugen, sah Verwaltungsbüros, die in den notdürftig hergestellten Gebäuden der Leipziger Straße eingerichtet wurden, sah wie Unter den Linden massive Paläste in stalinistischem Stil errichtet wurden. Der Westen hingegen blieb strukturlos, auf dem Kurfürstendamm gingen die Prostituierten auf den Strich, die Neonlampen, die in den Ruinen installiert waren, wiesen auf Nachtclubs und Kabaretts hin. Ich sah darin den konkreten Beweis für den Verfall des Kapitalismus, für seine Ohnmacht gegenüber den Problemen der Nachkriegszeit. In der ersten emsigen Geschäftigkeit des Ostens sah ich zugleich den konkreten Beweis für die Fähigkeit des Sozialismus, eine neue Welt zu errichten. Der Westen begann erst sehr viel später mit dem Wiederaufbau, während sich im Osten dann alles verlangsamte, verhärtete und ins Stocken geriet.

Bei meinen weiteren Aufenthalten beschäftigte mich vor allem diese beispiellose Entwicklung, die nicht nur zur Zweiteilung der Stadt, sondern auch zur Errichtung zweier neuer Städte führte. Damit war die endgültige Auflösung der einstigen Stadt besiegelt und es entstanden zwei zugleich völlig verschiedene und dennoch verschwisterte Städte. In Ostberlin hatte man im Zentrum der Hauptstadt mit dem Wiederaufbau begonnen, besonders in der Leipziger Straße, in der sich die Verwaltung niederließ. Ostberlin hörte abrupt mit dem Wiederaufbau des alten Zentrums auf, als deutlich wurde, daß es nicht mehr das Zentrum war, sondern die Grenze, und die Stadt zum Spielball und Schauplatz des Kalten Krieges wurde. Im Osten verlagerte sich das neue Stadtzentrum hinter den an die Peripherie gedrängten Alexanderplatz: in die Stalinallee. Dort entstanden die gewaltigen und sterilen Hochhäuser der DDR,

dort kam es 1953 zu Arbeiterdemonstrationen. Das alte Zentrum verkam mehr und mehr zu einem Niemandsland mit verödeten Flächen und wildwachsenden Gräsern auf den Straßen. Erst sehr viel später wurden hier einige Vorzeige-Bauten für ausländische Besucher hingestellt. Im Westen ging der Aufbau der Stadt vom Kurfürstendamm aus. Auch hier geriet der Teil, der ehemals Stadtmitte war, zum Grenzgebiet. So verödete das Zentrum Berlins zu einer verlassenen Grenzlandschaft.

Als ich 1950 wieder nach Berlin kam, war die Blockade bereits vorbei, die beiden Stadtverwaltungen hatten sich etabliert,

die DDR und die Bundesrepublik waren entstanden. Die Zweiteilung der Stadt war jetzt eine Zweiteilung des Landes. Ich war mit Robert und Monique Antelme von Paris aus in einem »Celtaquatre« losgefahren, den uns M.D. geliehen hatte. Wir waren arbeitslos geworden und die Not trieb uns nach Ostberlin. Da sein Buch *L'Espece humaine* und mein *L'an zero de l'Allemagne* dort in einer Auflage von fünfzigtausend Exemplaren übersetzt worden waren, wartete ein Vermögen auf uns, das wir nicht umtauschen, sondern nur an Ort und Stelle ausgeben konnten. Wir hatten echt aussehende, gefälschte Passierscheine, die

wir dank der Gefälligkeit eines Freundes erhalten hatten, leider waren sie nicht gültig, obwohl sie in vier Sprachen verfaßt und mit beeindruckenden französischen Stempeln übersät waren. Aber wir hatten ein ›Sesam öffne dich‹, dessen magische Wirkung mir bekannt war, da ich die Psychologie der Beamten im Osten kannte. Es handelte sich schlicht und einfach um die Verkaufsaufstellungen unserer Verleger, die uns zu bedeutenden, von der Partei verlegten Schriftstellern erklärten. Dieses ›Sesam öffne dich‹ erlaubte uns, die Grenze zwischen den beiden Teilen Deutschlands zu überschreiten, ganz im Gegensatz zu den Voraussagen der britischen Militärpolizei, die unseren Fall als hoffnungslos angesehen hatte. Es erlaubte uns, streng kontrolliert, nach Ostberlin einzureisen und in einem luxuriösen wilhelminischen Hotel in der Nähe des gespenstischen Bahnhofs Friedrichstraße abzusteigen, obwohl wir nicht einmal den damals unentbehrlichen sowjetischen Propusk hatten: der KGB-Portier hatte uns zunächst den Zutritt zum Hotel verwehrt, aber der Blick auf die Rechnungen und mein selbstbewußtes Auftreten veranlaßten ihn bald, uns zwei gigantische Zimmer aufzuschließen, die mit riesigen Gemälden und pompösen Statuen ausgestattet waren, bei Robert und Monique stand sogar ein Flügel im Zimmer. Die Pariser Arbeitslosen, die keinen Pfennig in der Tasche hatten, gehörten plötzlich zur obersten Garde der Berliner Nomenklatura.

Am nächsten Tag waren unsere Hosentaschen so mit Ostmark vollgestopft und unsere Hemden waren so dick damit gepolstert, daß wir davon in der DDR ein Jahr und sogar noch länger fürstlich hätten leben können. Aber wir mußten leider zur Kenntnis nehmen, daß diese Mark an den entsprechenden Stellen in Westberlin nur zu einem Kurs von fünf zu eins gewechselt werden und wir uns damit also in Frankreich nur wenige Wochen über Wasser halten konnten. Das Nomenklatura-Leben war uns nur wenige Tage vergönnt (da ich dringend nach Paris zurückkehren mußte). Wir gingen in die HOs und verzehrten systematisch die teuersten Gerichte, wir schütteten bulgarischen Wein und Krimsekt in uns hinein; wir kauften in den trostlosen großen staatlichen Kaufhäusern wahllos Nylonhemden, Fotoapparate, russische Zigaretten und Pelzmäntel. Aber es gelang uns nicht, unseren Schatz auszugeben. Trotz unserer fieberhaften Fröhlichkeit wurden wir von der dumpfen und tiefen Trostlosigkcit der Volksdemokratie angesteckt. Ich mußte immer wieder an meinen Freund Lex Ende denken, der 1949, in der Zeit der schlimmsten stalinistischen Frostperiode unter sonderbaren Umständen ums Leben gekommen war. Ich sah die Niedergeschlagenheit meines Freundes Rudolf Leonard, der 1933 nach Frankreich emigrierte und schließlich wieder in die DDR zurückkehrte, weil er in Paris in immer größere Not und Einsamkeit geraten war; er wohnte im Hotel Adlon und zeigte mir mit einem erbärmlichen Lächeln seine riesige Anzugkollektion, die er sich als Staatsdichter leisten konnte.

Wir waren wohl die einzigen, die ihre Zeit damit verbrachten, die Grenze von Ost nach West und von West nach Ost zu überschreiten, wir fühlten uns wie Reisende im Weltall, die den mehrdimensionalen Raum nutzen, um von einer Milchstraße zur anderen zu gelangen, es genügte ein Katzensprung, um von der Volksdemokratie in die bürgerliche Demokratie, vom totalitären Universum ins pluralitäre Universum zu kommen.

Als ich 1957 mit Dionys Macolo im Wagen von Polen zurückfuhr, legten wir in Ostberlin einen Zwischenaufenthalt ein, der unter ähnlich konspirativ-offiziellen Bedingungen verlief wie mein vorhergehender Aufenthalt. Die Beamten der Ausländerbehörde mußten uns zwangsläufig für fortschrittliche »Kongreßteilnehmer« halten, was den Vorteil hatte, daß wir in einem Luxushotel untergebracht wurden. 1964, nach dem Bau der Mauer, kam ich zusammen mit J. wieder nach Ostberlin, und dieses Mal sahen wir rund um die ehemalige Stalin-Allee die neue, eingeschlossene und eingemauerte preußisch-sowjetische Stadt aufragen; wir verbrachten einen Tag mit Zufallsbekanntschaften und eine Nacht mit einem jungen unbekannten Pärchen, das uns, nachdem es Vertrauen gefaßt und genü-

Vor dem Haus der Ministerien in der Leipziger Straße

gend getrunken hatte, seine Verzweiflung gestand.

So konnte ich die Entwicklung verfolgen und miterleben, in deren Verlauf die zweigeteilte Stadt zu zwei Städten wurde, die nun auch noch durch eine Mauer getrennt sind.

Im Grunde haben diese beiden Städte nicht aufgehört, eine einzige Stadt zu sein, die Menschen, die Familien, die Gefühle, die Vorstellungen sind die gleichen. Aber zugleich haben zwei Welten, die im politischen und sozialen Bereich Lichtjahre voneinander entfernt sind, jeweils ihre Stadt geschaffen, sie haben Wurzeln getrieben, sie sind wie feindliche Brüder, sie ignorieren sich.

So ist dieses doppelte Berlin, das 1945 entstand, zu einem doppelten Mikrokosmos des Westens *und* des Ostens geworden. Von diesem symbolischen Ort aus haben die beiden Hälften Europas Gestalt angenommen. Was mich aber an diesem zweigeteilten Berlin faszinierte (wie später, auf andere Art, die beiden Teile Jerusalems vor dem Siebentagekrieg, der palästinensische und der israelische), das war diese willkürliche und aberwitzige Teilung, das waren diese beiden Mikrokosmen, die mich, wenn ich vom einen in den anderen passierte, mit dem tragischen, grotesken und bestürzenden Schicksal unseres Planeten konfrontierten.

Le charme français
und deutsche Qualität

Seit 1748 machen die Bochs Keramik.
Heute in der achten Generation.
Erst Geschirr, dann Kristall, später auch Fliesen und Sanitär.
Französischer Charme prägt die Gestaltung,
deutsches Qualitätsstreben die Herstellung.
Und das in allen 13 Werken:
in Deutschland, Frankreich, Luxembourg.
Diese Mischung gefällt auf der ganzen Welt.
Auch jener Hauch Tradition,
der selbst unsere fortschrittlichsten Produkte umgibt.

Qualitätskeramik heißt weltweit

Villeroy & Boch
KERAMIK-EXPERTEN SEIT 1748

Die Kuppel des Reichstags
Berlin von Moskau aus
Ein Versuch
Karl Schlögel

Es mag ja sein, daß eine Stadt sich selber erst begreift, wenn sie auf andere und mit den Augen anderer auf sich selber blickt. Doch setzt so etwas Bekanntschaft, Austausch, ein Hin und Her von Menschen und Gedanken voraus. Nichts wäre näherliegender, als einen Moskauer einzuladen und ihn zu fragen: Was ist Berlin für dich, für euch Russen? Es war offensichtlich nicht naheliegend, stattdessen der Umweg, und das besagt schon etwas. Jemand in Berlin schreibt also darüber, was Berlin in den Augen eines Moskauers sein könnte. Das hat etwas Künstliches, Umweghaftes, Gewundenes.

Vielleicht ist die Umständlichkeit ein Indiz dafür, daß sich etwas geändert haben muß seit den Zeiten, da Walter Benjamin, soeben am Bahnhof Zoologischer Garten aus Moskau angekommen, ins Tagebuch notieren konnte, »Berlin ist für den, der aus Moskau kommt, eine tote Stadt«. Jemand in Berlin denkt also, was jemand in Moskau über Berlin denkt – wenn das nicht der Ausdruck einer beträchtlichen Störung ist?

Jemand in Berlin wird schrittweise und ohne Rücksicht auf Raum und Zeit sich einer Metamorphose unterziehen. Er ist Relativist genug, zu wissen, daß es *den* Moskauer Blick nicht gibt, sondern die vielen Moskauer Blicke, die Berlin zu verschiedenen Zeiten und unter verschiedenen Umständen gesehen haben. Er wird sich bald in einen Veteranen des Großen Vaterländischen Krieges, bald in

einen Touristen der heutigen Hauptstadt verwandeln. Er wird etwas Kulturgeschichte treiben. Vielleicht wird er sogar versuchen, die Blicke desjenigen Soldaten der Sowjetarmee zu verstehen, dessen Blick er auf der Raststätte an der Transitstrecke von und nach Westberlin gesehen hat. Er stellt Mutmaßungen an über Berlin von Moskau aus.

Reichstag

Berlin ist nicht irgendeine Stadt. Berlin ist nicht Paris, die freundliche Hauptstadt eines freundlichen 19. Jahrhunderts. Berlin ist nicht London; London liegt nicht auf dem Kontinent und mit London hatten wir eher in Indien und Persien zu tun

als in Europa. Berlin ist nicht Rom oder Venedig oder Florenz, die Pilgerstätte unserer Licht suchenden Dichter und Maler.

Berlin ist etwas ganz anderes, viel Näheres. Wir kennen Berlin, noch bevor wir dagewesen sind, und wir wissen mehr über Berlin als der Stadtführer wissen kann, wenn er viel weiß.

Der Reichstag ist Berlin – unser Berlin. Wir sprechen es als deutsches Wort, nur mit rollendem R und ohne den breiten Diphtong.

Die Jungen kennen den Reichstag von Kindesbeinen an; sie kennen ihn von Filmen und vom Fernsehschirm. Der Reichstag ist nicht bloß ein Gebäude, sondern Unterrichtsstoff, Abschluß eines Kapitels und Beginn eines neuen, Prüfungsgegenstand. Er ist der Hintergrund für das, was wir sind, und Kulisse für Detektivgeschichten mit weltgeschichtlichem Hintergrund. Es gibt niemandem im Land, der das Photo nicht kennt: den Soldaten der Sowjetarmee, der die Fahne mit Hammer und Sichel auf dem eroberten rußgeschwärzten Gebäude, hoch über den Ruinen Berlins und der zerschossenen Straßenbahn hißt. Es ist ein Photo, dessen Oberfläche selbst vom Feuer und Ruß versehrt und gerauht erscheint. Es ist ein Zeitungsbild, das zugleich Ikone ist. Wir kennen den Reichstag von flackernden Filmstreifen. Wir kennen das Gerippe der ausgebrannten Kuppel und die Namen der Auserwählten, die über die zerstörten Treppen der Festung das Dach erklommen haben. Wir wissen das historische Datum auf die Minute genau: 30. April 1945, 20 Uhr 50. Die Mauern des Reichstags werden zum Pantheon der Überlebenden; ihre Namen sind nicht in Gold gefaßt, sondern mit Kreide und Kohleresten angemalt. Der Reichstag ist der Endpunkt eines langen Weges. So heißen die Kreideinschriften: *Wolga – Berlin. Stalingrad – Berlin. Wir haben Odessa und Stalingrad verteidigt, sind jetzt in Berlin. Rschew – Riga – Warschawa – Berlin. Leningrad – Berlin. Auch wir Dwinsker waren in Berlin.* Die Majore Bulakin, Schtschelenkow, Jakunitsch, der Kapitän Simonow und der Leutnant Swiridow schreiben: *Für das Blut unserer Landsleute aus Nikopol, Moskau, Orlow, Kuban, Tambow und Orechowo-Zujew – wir haben euch gerächt.* Namenlos ist die Inschrift: *Wir kamen mit dem Schwert nach Berlin, um den Deutschen für immer das Schwert aus der Hand zu schlagen.* Drei andere Soldaten schreiben: *Mögen diese Ruinen für viele Jahre die deutschen Räuber daran erinnern, wie stark die heldenhafte Rote Armee ist.*

Im Russischen ist das alles knapper, lakonischer, asketischer – so wie das Wort Reichstag selbst. Es ist das Wort, in dem sich die Kraft einer millionenstarken Armee der Völker der Sowjetunion zusammenfaßt und die Hekatomben der zwanzig Millionen. Der Reichstag ist der Name dafür, daß jene 20 Millionen nicht umsonst gefallen sind. Reichstag ist ein Name, ein Unterpfand gegen das Vergessen. Doch ist der Reichstag nur der letzte, militärisch nicht einmal wichtigste Geländegewinn im Kampf um die Festung Berlin – die letzte große Schlacht des Weltkrieges, die an die 20 000 Sowjetsoldaten das Leben gekostet hat.
Die besten Berlin-Kenner Moskaus versammeln sich alljährlich am Tag des Sieges, am 9. Mai, vor dem Bolschoj-Theater oder im Gorkij-Park und das nächtliche Feuerwerk ruft jenes Bild wach, da Keitel – noch im Augenblick der Kapitulation hochmütig – den Raum in Berlin-Karlshorst betrat. Hitler kaputt – das ist der Sinn des Saluts. Die Veteranen kön-

nen etwas von Berlin und dem Weg nach Berlin erzählen:
Ihr Weg nach Berlin beginnt kurz vor Leningrad, kurz vor Moskau, auf der Krim, an der Wolga. Der Weg nach Berlin führt über Stalingrad. Der Weg ist genau markiert: durch die Zone der verbrannten Erde, die die Deutschen auf dem Rückzug hinterlassen. Der Weg ist markiert durch Tausende niedergebrannter Dörfer, gesprengte Schachtanlagen und Fabriken. Sie finden den Weg, selbst wenn sie nur schwache Vorstellungen von der Geographie Europas haben. Die Telephonmasten, an denen die Partisanen erhängt wurden; die Lager, aus denen die wenigen Überlebenden herauskriechen; die Brücken, die gesprengt sind; die Massengräber der Namenlosen – die Todesspur, die die zurückweichenden Truppen Hitlers in die Landschaften zwischen Ostsee und Schwarzem Meer eingegraben haben, führt nach Berlin.
Und dann Berlin; die Festung, die sich nicht ergab, die noch im Augenblick des Sieges Tausenden, die es bis hierher geschafft hatten, das Leben kostete! Der Tod im Augenblick des Sieges ist besonders bitter. Wir sind mehr als nur Spezialisten in Stadt-Topographie. Wir kennen jeden Fußbreit dieser großen Stadt. Wir kennen die Stadt zu Lande, zu Wasser und aus der Luft. Wir kennen jeden Fußbreit. Wir haben Berlin Zentimeter um Zentimeter, Haus um Haus erkundet. Unsere Aufklärer kannten jedes Eckhaus, jede Straßenkreuzung, jeden Park. Unsere Pioniere kennen die Tiefe des Teltow- und Landwehrkanals. Unsere Leute an den Katjuschas berechneten die Entfernungen zum Zentrum auf den Meter genau.
Wir haben uns in den Staub der Stadt geworfen, sind Treppenhäuser hinaufgerannt, in Keller und auf Dachböden gekrochen. Berlin war die Stadt unserer besten und letzten Helden. Wir kennen das Geäder der Ring- und S-Bahnen genau, wir wissen, wo die Villenviertel und die Industriearbeiterviertel liegen. Wir hatten unsere Vermutungen, wo der Führer sich verborgen hielt. Es lag nicht an uns, daß die Elefanten und Nashörner im Zoo zwischen die Fronten gerieten. Wir sahen die Straßen von Menschenleibern und

Hausrat übersät. Es lag nicht an uns, daß die amerikanische Fassade des Kaufhauses am Hermannplatz in sich zusammensackte, als sie von der Waffen-SS gesprengt wurde. Wir kennen das unterirdische Berlin – die Tunnels und Schächte der U-Bahnen, die Schlupflöcher der Unentwegten und die Zuflucht der Schutzlosen. Die Stadt ist heimtückischer als das freie Feld: jeder Erker kann den Tod bedeuten. Der Feind ist stark, weil er in seinem Berlin kämpft.
Wir kennen den Grundriß des Schlosses, nicht weil wir Architekturhistoriker sind, sondern weil an dieser Kenntnis unser Leben hing. Wir wissen, wieviel Ausgänge der Anhalter Bahnhof hat – nicht weil wir viel gereist sind, sondern weil wir überleben wollten im Augenblick unserer definitiven Ankunft. Wir haben die Statuen der preußischen Könige genau angesehen, nicht weil wir uns für Kunst interessierten, sondern weil wir Deckung suchten.
Wir haben nicht nur Sehenswürdigkeiten bestaunt, sondern Haus um Haus durchforscht. Wir haben Häuser gesehen, die entzweigerissen waren und Häuser, in denen es unbeschädigte Tapeten, funktionierende Lifte und Telephone gab. Wir haben behagliche Wohnungen mit Messingschildern am Klingelknopf, Eichentüren und gekachelten Küchen vorgefunden. Berlin war voll von Tausenden von Klavieren und Flügeln, die niemand mehr spielte. In Berlin sahen wir Frauen, schön und gepflegt, obwohl Krieg war. Berlin war reich, noch als es in Trümmern lag.
Der eroberte Reichstag und die Ruinen der eroberten Stadt sind von nun an Hintergrund für die Gruppenaufnahmen der siegreichen Soldaten. Die gelassenen, ja heiteren Mienen der Rotarmisten, die vor dem Photographen noch einmal Haltung annehmen, lassen fast vergessen, was ihre Augen gesehen haben: den Triumph des einen und die Katastrophe des anderen Volkes.
Aber rätselhaft ist die Stadt nicht nur im Augenblick der Götterdämmerung, unheimlich ist sie nicht erst in dem unterirdischen Bunker, wo der Selbstmörder Zyankali geschluckt hat, und dessen Stahltüren nun weit offen stehen für jeden, der

dort seine Notdurft verrichten will. Rätselhaft ist die Stadt auch im Augenblick ihrer Auferstehung aus Ruinen. In der Hauptstadt, die noch kämpfte, als das Reich schon verloren war, fahren schon wenige Tage nach der Kapitulation die ersten U-Bahnzüge wieder, zwei Wochen danach die Straßenbahnen. Es vergeht kein Monat, und schon gibt es wieder Rundfunk, Zeitungen, Theater. Die Post wird zugestellt. Am 5. Juni funktioniert in Berlin Mitte bereits wieder das Telephon. Es gibt besiegte Städte, die noch im Augenblick der Niederlage nicht in jene Steinzeit zurückfallen können, in die sie die Städte der Sieger zurückverwandelt haben.

Die in Trümmern liegende Stadt wuchert mit dem, was sich noch auftreiben läßt. Sie bietet Uhren, Flügel, Teppiche, Spiegel, amerikanische Zigaretten, Kommoden, Klassikerausgaben, Fahrräder. Es gibt nichts, was sich nicht auftreiben ließe. Das zerstörte Berlin ist eine Schatzkammer, während es im zerstörten Kiew nur Trümmer und Arbeit gibt. Der Sieg über die Stadt hatte einen zu hohen Preis. Die Rote Fahne auf dem Reichstag macht die zwanzig Millionen Toten nicht mehr lebendig.

Dimitroff

Wir kannten Berliner, bevor wir nach Berlin gekommen waren. Moskau in den dreißiger Jahren war voller Flüchtlinge, voll von Genossen – mit Namen wie Karl, Alfred, Georg. Aus Wien 1934 kam ein ganzer Treck von Schutzbündlern, die ihr Leben in Sicherheit gebracht hatten. Alle hatten ihre Kolonien: Polen, Spanier, Italiener und vor allem Deutsche. Wir hörten ihren Dialekt, wir sahen sie auf den Straßen, wir lasen ihre Aufsätze in den Zeitungen.

Von allem gab es etwas: es kamen Leute vom Theater und vom Film, Herausgeber von Zeitungen und Zeitschriften, Schriftsteller, Schauspieler, die gefährdeten Führer einer geschlagenen Partei – diesmal in Moskau nicht auf Besuch und in Absprache über die einzuschlagende Taktik, sondern verjagt, auf abenteuerlichen Wegen zu uns gelangt. Vorbei waren die Zeiten, wo Millionen kommunistischer Stimmen für den Reichstag soviel bedeutet hatten wie: wir sind nicht allein. Wie anhänglich waren wir gewesen, welch große Stücke hatten wir auf die Losung von Rätedeutschland gegeben! Wir haben Straßen und Fabriken nach Rosa Luxemburg und Karl Liebknecht benannt, sie und Thälmann waren zeitweilig die bekanntesten Deutschen. Den Hauptteil unserer Zentralorgane beanspruchten – neben Sowjetrußland – die Nachrichten von der revolutionären Situation in Deutschland, in Berlin.

Aber dann kam die Zeit, wo wir von den Deutschen als den Geschlagenen hörten. Es waren die Namen derer, die auf unsere Solidarität rechnen konnten, wie Sacco und Vanzetti, wie die Revolutionäre auf dem indischen Subkontinent oder die Opfer von Kanton. MOPR – das war mehr als nur Parteisache. MOPR – das war die Internationale Organisation der Hilfe für die Kämpfer der Revolution. In Sowjetrußland, der stärksten Sektion dieser Organisation, gehörten ihr Millionen an. Ihr Festtag war der Tag der Kommune von Paris, der 18. März.

Daß in Deutschland alles verloren war, erkannten wir daran, daß wir für die Befreiung Dimitroffs und Thälmanns auf die Straßen gerufen wurden. Wir sammelten Spenden für die deutschen Antifaschisten – auf Straßen, in Schulen und Betrieben. Wir sahen eine Niederlage Deutschlands, noch bevor wir Berlin eingenommen haben. Wir haben Dimitroff und Göring auf den Plakaten gesehen und den mächtigen Schädel Ernst Thälmanns. Wir haben das Bild von der Bücherverbrennung vor der Staatsoper gesehen und merkten, daß nicht nur die Arbeiterbewegung oder die Kommunisten besiegt waren.

Wir haben die Deutschen gesehen bei Solidaritätskonzerten und bei Lesungen, auf dem Wege ins Hotel Lux und im Institut für Fremdsprachen in der Ostoschenka. Wir haben von ihnen die deutsche Sprache gelernt, sie haben uns Heine ans Herz gelegt und Goethe, und sie sagten, daß es ein »anderes Deutschland« gäbe.

Mit der Zeit verschwanden immer mehr von den Moskauer Deutschen, oder sie wurden unsichtbar, es schien, sie trauten sich nicht mehr auf die Straße und nicht mehr mit uns zu reden. Es lag etwas in der Luft, doch ihre Vorsicht nützte ihnen wenig. Die Flüchtlinge aus Berlin – viele von ihnen – waren in Moskau nicht gut geschützt, nicht besser als die Moskauer im 1937er Jahr selber. Viele wurden abgeholt und Berlin wurde verstreut übers ganze Land: Herwarth Walden nach Saratow; Heinz Neumann und Carola Neher und Heinrich Vogeler – wir wissen selbst nicht, wohin man sie deportiert hat und wo sie spurlos umgekommen sind. Für viele war Moskau ein Punkt des Überlebens – Kurella, Becher, Lukàcs, Bredel –, für viele war es die Vorbereitung auf die Rückkehr – Ulbricht, Pieck, Leonhard –, doch für sehr viele der Punkt des Verschwindens.

Das Berlin auf den Plakaten der Solidaritätsveranstaltungen, die die MOPR organisierte, ist die Stadt des blutigen, düsteren Terrors, der fackelschwingenden Schwarzhunderter, des Untergangs Goethes in Berlin. Es ist nicht das Berlin der Barrikaden und der Arbeiter- und Soldatenräte, nicht der flammenden Reden Liebknechts und nicht mehr der gewerkschaftlichen Arbeiterdelegationen – es ist das Berlin einer Niederlage, einer zerschlagenen, aufgeriebenen Armee des Proletariats.

Es war ein Berlin, das Anspruch auf unsere Hilfe hatte, das Berlin der Gefolterten, Erschlagenen, in Furcht und Angst Lebenden.

Zoo

Aber wir kennen Berlin auch noch aus Tagen, da nicht alles verloren schien. Wir kennen das Berlin der Roten und der Schwarzen Internationale. Die Zeit des Augenblicks, da Berlin sich Moskau begierig zugewandt hatte und es nicht wenige für nötig hielten, einen Blick auf uns zu werfen und von hier einen Blick zurück auf Berlin. Uns ist dieses Berlin geläufig als Ort der umkämpften Premiere von Eisensteins ›Potjomkin‹ in Deutschland, als Ort der Gastspiele von Tairow und Mejerhold, als der Ort der neuen Architektur, als der Ort der Gärung. Uns war dieses Berlin nahe, wir verstanden es, wir hielten die Revolution für ziemlich sicher. Unsere Zuversicht nach dem Oktober hatte damit zu tun, daß es ein rotes Berlin gab.

Berlin kennen wir genau. Es ist niedergelegt in unserer Literatur. Viktor Schklowskij hat uns in seinen »Briefen nicht über die Liebe« eine genaue Beschreibung gegeben und uns um die Gedächtniskirche herumgeführt. Marina Zwetajewa hat uns mit ihrer Tochter in den Zoo am Tigerhaus vorbeigeführt und sich mit Andrej Belyj, dem Grimassenschneider, auf der Bank ausgeruht. Andrej Belyj hat dort seine Memoiren geschrieben und uns die neuesten deutschen Schlager kolportiert: Er pfiff sie, er tanzte sie, er stürzte sich in die Welt der Nachtbars und Dielen, weil er die Stadt anders nicht aushielt. Wir verstehen, weshalb sich Ehrenburg dort wohlgefühlt hat, in der Prager Diele und im Romanischen Café. Er fühlte sich als Zeitgenosse und ernstgenommen, nicht als »Kosak, der Lesen und Schreiben kann«. Hier fühlte er den Puls der Zeit. Berlin war ein zweites Petrograd – nicht das gemütliche Paris. Berlin ist die Stadt auf der Tangente der Erfahrung der Nachkriegsgeneration.

Wir haben in der Zeit, als Petrograd hungerte und Gras auf dem Newskij-Prospekt wuchs, für eine Weile unsere besten Schriftsteller, Künstler, Musiker – die Avantgarde – an Berlin abgetreten, zeitweise. Sie haben das Berlin zwischen Nollendorfplatz und Kantstraße, zwischen Tauentzien und Bayerischem Platz 1920 bis 1923 zu einer russischen Stadt gemacht. Wenn wir heute eine Literaturgeschichte schreiben, dann ist die Berliner Periode ein Kapitel darin, es ist die russische Literatur jenseits der Grenzen und wir müssen darin fast alles verzeichnen, was Rang und Namen hatte. Wir wissen nicht, ob dies in Berlin heute bemerkt wird, ob an den Häusern, in denen sie einquartiert waren, Gedenktafeln angebracht sind. Es wären nicht wenige. Majakowskij, Ehrenburg, Alexej Tolstoj, Maxim Gorkij, El Lissitzky, Kandinskij, Boris und Leonid Pasternak, Naum Gabo und Iwan Puni, Remisow, Jessenin, Nikolaj Berdjaew, Vladimir Nabokov, Marina Zwetajewa, Archipenko, Xenia Bu-

guslawskaja, Lilja Brik, Andrej Belyj. Viele aus dem Russischen Berlin kamen zurück, viele gingen später weiter nach Paris.

Berlin war der zweitgrößte Verlagsort für russisch-sprachige Publikationen. Wie groß muß die Nähe gewesen sein, wenn als Verlagsort Berlin und Moskau, Berlin und Petersburg auf dem Deckblatt genannt werden! Wie groß muß die Nähe gewesen sein, wenn unsere Philosophen sich mit den deutschen getroffen haben und die russischen Schriftsteller mit den deutschen! Welcher Gleichklang der Wahrnehmung der Zeit muß existiert haben, wenn die Bilder von Malewitsch, Lissitzky, Puni und die Entwürfe von

Gabo Berliner und Moskauer begeistert haben.

Die Gedächtniskirche war einmal der Meditationspunkt russischer Philosophen – Schklowskij hat es aufgeschrieben. Das Gleisdreieck war einmal der Umschlagpunkt für die Zehntausende von Russen, die in der Viermillionenstadt vorübergehend behaust waren.

Das Berliner Tempo war einmal der Anhaltspunkt dafür, was die Zukunft bringen würde. Das Tempo, die Ansicht, daß alles machbar sei, wenn nur die Technik, die Menschen bereitstehen – all dies ist in die Sprache, in die Bilder, in den Stil unserer frühen Romane eingegangen – Berlin ist ein Ort in der sowjetischen Literatur. Es gilt aber auch umgekehrt: für die

Berliner, die nach Moskau gekommen sind: Walter Benjamin, Klaus Mann, Ernst Toller, Joseph Roth, Piscator, Moskau war einmal so etwas wie ein Hintergrund, vor dem das Leben Berlins gesehen wurde.

Berlin ist ein Punkt des Abschieds – für immer. Es ist eine östliche Stadt, das haben sie alle empfunden von Belyj bis Berdjajew, aber auch eine Stadt des Westens. Es ist ein »Kreuzungspunkt von Raum und Zeit« – Berlin hat die Gluthitze, die am Schnittpunkt herrscht, nicht ausgehalten. Es gab keinen Roten Oktober in Berlin, sondern eine Walpurgisnacht. Und was blieb von den Russen in Berlin? Nicht einmal eine Erinnerung! Es ist der größte Punkt der Annäherung – eine Annäherung in der Krise. Die Explosion hat alles auseinandergerissen.

Unter den Linden

Man sieht manches in Berlin deutlicher, wenn man nicht aus Moskau, sondern aus Leningrad anreist. Für die Touristen, die vor dem ersten großen Krieg in Berlin ankamen, war die Stadt, dem Reiseführer von 1904 zufolge, die erste in Westeuropa. Es ist der Ankunftsort und Verteilungspunkt für die Reisen nach Bad Elster, Dresden, Bad Ems, nach Ostende, Abbazzo di Terme, nach Paris und Wien. Der Vorkriegstourismus ist fast grenzenlos. Es ist ein Friedenstourismus, der sich die Besichtigung des Farnesischen Stiers, der Venus von Milo und der Kathedrale von Reims vorgenommen hat. Er kann damit rechnen, daß er allenthalben in jeder Stadt auf ein Hotel de Russie trifft und in keiner größeren Stadt auf seine Zeitungen verzichten muß. Er findet Lesehallen und orthodoxe Kirchen vor. Touristische Informationen werden innerhalb der Familien weitergegeben, in ausführlichen Briefen, Postkarten, Aufzeichnungen, Mitbringseln und Empfehlungen für die Nachfolgenden aus dem Bekanntenkreis.

In Berlin konnten sich die Petersburger fast zuhause fühlen. Am Bahnhof Friedrichstraße erwartet sie das obligate »Hotel de Russie (mit Dampfheizung)«. Wenn sie auf den Prospekt Unter den

Linden hinausgehen und auf und ab schlendern, dann könnte dies auch in Petersburg sein. Der Reiseführer verzeichnet dann auch die entsprechenden Sehenswürdigkeiten. In nächster Nähe haben sie zu besichtigen, was die königlich-kaiserliche Residenz auf engstem Raum zustande gebracht hat. Welch Ebenmaß der Fassaden, welche Großzügigkeit, welch weiter Himmel! Geraden, ein Triumph der Geometrie und der Anmut, vielleicht hellenischer, athenischer. Alles an einem Ort: die Universität, die Staatsbibliothek, die Königliche Bibliothek gegenüber der Staatsoper und der Hedwigskathedrale. Am Arsenal und am Schloß können sie bewundern, was ein Andreas Schlüter in Petersburg hätte zustandebringen können, wenn er nicht dem Irrsinn seines Perpetuum Mobile verfallen wäre – ein Bauherr Berlins als General-Architekt Peters des Großen. Neues Museum, Nationalgalerie – das ist uns vertraut von der Börse, von der Isaaks-Kathedrale!

Und wir können fast unter uns bleiben. Die Botschaft des Kaiserlichen Rußland ist keine fünf Gehminuten vom Hotel entfernt, Unter den Linden 7, fast schräg gegenüber vom Brandenburger Tor, Lustgarten, hat das nicht etwas vom Sommergarten in Petersburg? Und die Nationalgalerie, das Alte und neue Museum – hat das nicht etwas von unserem ›Palmyra des Nordens‹! Allein die Newa fehlt.

Für die Gläubigen unter uns gibt es in der ganzen Stadt Kirchen unseres Bekenntnisses: draußen an der Tegeler Chaussee der Russische Friedhof und die orthodoxe Kirche der Heiligen Konstantin und Helena – »mit der Straßenbahn von Mittelstraße/Ecke Charlottenstraße erreichbar oder mit der Eisenbahn vom Stettiner Bahnhof aus bis Station Eichbornstraße für 20 Pfennig in der III. Klasse und 30 Pfennig in der II. Klasse«. Erst vor kurzem – 1899 – wurde dort das schöne zweigeschossige Gebäude des Kaiser-Alexander-Heims fertiggestellt.

Und wir können sogar wie in Petersburg in die Sommer-Residenzen des Kaisers hinausfahren – nach Potsdam gleich auf drei Linien – über Friedrichstraße, den Potsdamer – oder den WannseeBahnhof oder sogar per Schiff über die Spree.

Auch Berlin hat sein Peterhof und sein Zarskoje Selo. Peterhof und Sanssouci liegen inmitten derselben Landschaft, gebildet aus Parks und Alleen, Fontänen, Teichen und Grotten, bevölkert von Faunen und Nereiden. Die Meister, die die Intarsien fügten, kamen aus derselben Schule und die Herren, die die Gemälde sammelten, hatten in etwa denselben Geschmack. Von der Station Potsdam-Wildpark fahren wir mit der Straßenbahn hinaus nach Alexandrowka, der russischen Kolonie mit ihren vierzehn Häuschen, die den russischen Infanteristen, die an der Befreiung Berlins von Napoleon teilgenommen hatten und hiergeblieben waren, errichtet wurden. Auf dem Cappel-

lenberg steht auch die Alexander-Newskij-Kirche für die Kolonisten, die »dem Glauben ihrer Väter« treu geblieben sind.

Und wenn wir mit dem Schiff über die Havel zurückkehren, dann kommen wir an Nikolskoje, dem Hochzeitsgeschenk König Wilhelms III. für seinen Schwiegersohn, den späteren Zaren Nikolaj I. vorbei – ein Monument dynastischer Familiarität und ein banales Ausflugsziel in einem. Wir sind keine Monarchisten, aber wir müssen eingestehen: es gibt eine verbindende Linie zwischen dem Newskij-Prospekt und Unter den Linden, zwischen dem Schloßplatz und dem Lustgarten, zwischen Peterhof und Sanssouci. Nicht die Garderegimenter, die zum großen Empfang durch Wilhelm II. Nikolajs II. 1913 am Anhalter Bahnhof ein letztes Mal aufmarschiert sind, sind geblieben – aber diese Linie.

Siemens, AEG

Es gibt im Berlin der Jahrhundertwende etwas, das mehr gefangennimmt als die obligaten Sehenswürdigkeiten: es ist nicht Petersburg in Berlin, sondern das Berlin von AEG, Siemens, Borsig. Das Tempo der Stadt, die Stadt als Organismus aus Eisenbahnen, Straßenbahnen, Hochbahnen, und bald auch U-Bahnen. Das bürgerliche Berlin ist Moskau näher als Petersburg. Das Berlin der Kaufleute, der Unternehmer, der Warenhäuser ist näher an Moskau als an der Stadt des Hofes, der Kunst, der Beamten, der Garderegimenter. Es ist das ungegliederte, unübersichtliche, das niederreißende, das nationale, pompöse, schon nicht mehr ganz imperiale. Es hat seine eigenen Plätze und Signaturen. Das ist der Potsdamer Platz, die Friedrichstraße mit ihren Hotels, Panoptika, Kinos, Zirkussen, Theatern. Es ist der Strom, den die Allgemeine Elektrizitätsgesellschaft und die elektrischen Generatoren von Siemens liefern, und der auch nach Moskau überspringt.

Die Technische Hochschule Charlottenburg ist einer der bevorzugten Studienorte der künftigen russischen Ingenieure, die sich in Zukunft nichts mehr werden vorschreiben lassen von den ausländischen Ingenieuren der ausländischen Gesellschaften, die in Rußland Superprofite machen. Technische Hochschule Charlottenburg und die Riesenwerke von AEG und Siemens, das sind auch die Säulen der russischen Werkstudenten und die Kaderschmieden der technischen Elite, die Rußland unter Strom setzen wird. Es ist nicht immer ganz klar, ob der elektrische Funke gemeint ist oder der Funke, der einen Steppenbrand auslösen wird.

Leonid Borissowitsch Krassin, Ingenieur und Bolschewik kommt 1909 nach Berlin. Die Siemens-Schuckert macht ihn 1912 zum Generalvertreter für das ganze russische Reich – sein Moskauer Büro wird zu einer Anlaufstelle. Siemens-Schuckert setzt seinen Generalbevollmächtigten gegen die zaristische Ochrana durch. Krassin wird später der geniale Inspirator und Organisator des Elektrifizierungsprogramms, der Volkskommissar für Außenhandel und der spätere elegante Botschafter Sowjetrußlands in London und Paris, mit dem vornehm gestutzten Spitzbart sein. Er war nicht der einzige auf der Drehscheibe Berlin: Osip Pjatnikij berichtet von seinen Untergrundabenteuern in der Paulstraße im Wedding. Wladimir Uljanow schreibt Briefe an seine Mutter aus der Flensburger Straße 12, 2. Stock, und schreibt sich in der Königlichen Bibliothek als Leser ein. Er sucht natürlich das Weltzentrum der Sozialdemokratie und den Papst des internationalen Marxismus, Kautsky. Er besucht die Vorwärtsredaktion in der Lindenstraße, um die Sozialdemokraten mit authentischem Material zu versorgen und er fährt hinaus nach Friedenau zur bewunderten Rosa Luxemburg. Was Uljanow später über die zwei Hälften der Revolution sagen wird – die deutsche staatskapitalistische Wirtschaftsorganisation einerseits und die revolutionäre Sowjetmacht in Rußland andererseits – das hat eine Anschauung zur Voraussetzung.

Die großen Berliner Banken sind in Lenins Imperialismusschrift eingegangen. Die AEG hat sich in der Elektrifizierung Petersburgs engagiert und von Siemens und AEG stammen Generatoren und Ausrüstung jenes allen Moskauern und Moskaubesuchern bekannten Kraftwerks MOGES I, am Ufer der Moskwa, dem Hotel Rossija gegenübergelegen. Noch immer stößt es gewaltige Dampfwolken in den Moskauer Himmel und vibriert vom leisen Stampfen gebändigter Kräfte.

Berlin ist das Zentrum des »Russengeschäfts« – und eine Schiene der russischen Revolutionäre. Berlin zeigt mit seinem voraussetzungslosen Entwicklungsschub, wie man ins 20. Jahrhundert stürmt. Unterhalb der Familienfeste und Empfänge der Dynastien bereiten sich bereits andere Fäden, Koalitionen, Kooperationen vor.

Doch nicht nur in der Politik. In der Philharmonie wird der junge Kussewitzky mit Ovationen gefeiert. Maxim Gorkijs »Nachtasyl« wird an die fünfhundertmal gespielt. In Berlin erscheinen Gesamtausgaben russischer Klassiker, die in Moskau noch nicht zu haben sind. Moskauer Theaterleute strömen zu Max

Reinhardt. Berlin um 1900 ist ein Kraftwerk, an dessen Energien auch Rußland teilhat.

Hegel

Wir haben das Haus am Kupfergraben Nr. 5 gesehen, in dem Georg Wilhelm Friedrich Hegel zehn Jahre gelebt hat, von 1820 bis zu seinem Tod 1831. Wir interessieren uns aus demselben Grund für Hegel, der schon zu seinen Lebzeiten Berlin zu einem Pilgerort für gebildete Russen und das aufgeklärte Moskau hat werden lassen. Iwan Kirejwskij, der spätere große Slawophile, nimmt viel in Kauf – »Hegel spricht unerträglich, hustet fast bei jedem Wort, verschluckt die

Hälfte der Laute und spricht mit einer zitternden, weinerlichen Stimme kaum die zweite Hälfte zu Ende aus« –, aber er fühlt sich in Berlin »von den ersten Denkern Europas umgeben«.

Eine Moskauer Zeitschrift nennt Berlin 1838 das »neue Athen«. Und Herzen erinnert sich: »Alle, auch die unbedeutendsten Broschüren, die in Berlin und anderen Kreis- und Bezirksstädten der deutschen Philosophie erschienen, in welchen Hegel auch nur erwähnt wurde, wurden bestellt, in einigen Tagen so durchgelesen, daß die Blätter Flecken und Löcher bekamen und herausfielen. Wie hätten alle diese vergessenen Werders, Marheinekes, Michelets, Ottos, Vatkes, Schallers, Rosenkranz und selbst Arnold Ruge vor Rührung geweint, wenn sie wüßten, welche Kämpfe und Feldzüge sie in Moskau auslösten, wie sie gelesen und wie sie gekauft worden sind!«. Für eine Weile sind alle Hegelianer – ein wenig auch Schellingianer –, und in einer Zeitschrift heißt es enthusiastisch, daß »die russischen Professoren, die in Berlin studierten, gestillt von der gründlichen, tiefen, zeitgemäßen Lehre, vertraut mit dem Geist der neuesten Philosophie – ein ganz neues Element in die Moskauer Universität tragen, das ihr neues Leben verleihen sollte.«

»Berlin ist nicht nur Vertreterin der Bildung Preußens, nicht nur der Bildung ganz Deutschlands, sondern die Aufbewahrerin der Eleusischen Mysterien und des heiligen Feuers des neuesten Wissens, es ist Vertreterin der Bildung des ganzen Europa«. Nikolaj Stankewitsch, der genialische und früh verstorbene Führer eines radikalen Zirkels war in Berlin; Timofej Granowskij, der spätere Professor der Moskauer Universität; Michail Katkow, der konservative Zeitungsmann ist später noch zutiefst bewegt vom Berliner Universitätsleben:

»Der betäubende Ausbruch des Beifalls und der Rufe durchzog den Hörsaal und begleitete den Professor. Das war ein wunderbarer Anblick! Wer an ihm teilgenommen hat, der wird ihn nie vergessen. Alle diese Menschen, die einander fremd waren, verschiedener Charaktere und Stämme, alle flossen in eine große Familie zusammen; auf allen Gesichtern brannte die Begeisterung – und in den Augen aller leuchteten Tränen oder glimmte Feuer. Alle fühlten sich in einem gemeinsamen Geiste ...«

Und für Michail Bakunin soll »in Berlin das neue Leben beginnen. Ich erwarte eine Wiedergeburt«. Iwan Turgenjew sieht 1847 allerdings nur noch »einen glatt frisierten und traurig-demütigen Menschen ... Das war Max Stirner«. Hegel geht über diese Spuren ins russische Denken ein – bald in der Figur des zu sich kommenden Volksgeistes einer nationalen Widergeburt der Slawophilen, bald in der dialektischen Figur einer »Algebra der Revolution«, die zum Schlüssel des Umsturzes werden soll. Die Apologeten wie die Kritiker der bestehenden Umstände beziehen sich auf ihn in gleicher Weise.

Die russischen Schüler Hegels kamen als Stipendiaten der zaristischen Regierung und als Sympathisanten der Dezemberrevolutionäre, als künftige Professoren für Staatsrecht und als zukünftige Emigranten und Profis des Untergrundkampfs. Angenommen, sie fänden sich noch einmal ein, um mit dem verehrten Meister durch ihr Berlin zu promenieren. Gewiß wären ihm Berlin oder Moskau nicht einfach Orte, sondern als Hauptstädte grosser Länder und Völker Schauplatz der Weltgeschichte, Wirkungsstätte des absoluten Geistes auf dem Wege zu sich selbst. Vielleicht würde er ihnen sagen können, wie Berlin auf den Begriff zu bringen ist und welche Vernunft in den wirklichen Verhältnissen waltet.

Oh, gäbe es doch einen Mann seines spekulativen Temperaments! Vielleicht könnte er aus der Phänomenologie Berlins etwas machen.

KaDeWe

Wer aus Moskau nach Berlin fährt, fährt in die Hauptstadt Berlin, nur wenige nach Westberlin. Inmitten der Touristengruppen, die über die Linden zum Brandenburger Tor ziehen, kann man manchmal den Eindruck haben, es wüde nur Rus-

sisch gesprochen. Unter den Linden ist obligatorisch und das, was man zuerst nennt, wenn man zurück ist. Gibt es einen solchen Punkt, den die Rückkehrer aus Westberlin benennen könnten? Die Vereinfachung ist immer ungerecht und natürlich gibt es von Westberlin viel zu erzählen: allein schon die Ausdehnung einer Stadt, die in unserer Vorstellung doch auf einer Insel liegt; der hektische Verkehr; die Neuheit der Stadt mit verwirrenden und aufregenden Bauten und Fassaden, aber auch die Ruinenplätze an den Grenzübergängen; eine gewisse Vielsprachigkeit und eine Gelassenheit, die wir an einem solchen Ort nicht erwarten. Aber es gibt Orte, wo man gewesen sein muß, wenn man in Westberlin gewesen ist. Und mit ziemlicher Sicherheit ist ei-

ner davon das KaDeWe. Es ist der Ort, an dem es alles gibt, selbst das, wovon wir bisher keine Vorstellung hatten und wo wir uns den Kopf zerbrechen, wofür es gedacht sei, welchem Bedürfnis und praktischem Zweck es dienen könnte. Es ist ein rätselhafter Ort mit einem Portal, an dem man sich irgendwie einen Vorsatz faßt, nicht der Illusion, Verlockung, dem Betrug anheimzufallen. Man will unbedingt das eine oder andere mitbringen, hat sogar eine Liste der Wünsche bei sich, doch zersetzt sich inmitten der Farben, Düfte, gedämpften Geräusche und dem widergespiegelten Licht sogleich jeder Vorsatz und jede zielgerichtete Bewegung. Wir können nicht das eine oder andere auswählen, sondern müssen uns entscheiden zwischen soundsoviel Variatio-

nen des einen und soundsoviel Varianten des anderen. Der Einkauf wird zur Qual. Das Kaufhaus hat etwas Labyrinthisches. Wir können nur dann etwas finden, wenn wir alles ignorieren und uns ausschließlich auf das Eine konzentrieren. Ein solches Kaufhaus reißt einen Abgrund der Ratlosigkeit auf. Allein die Routiniers und jene, die wirklich nichts anderes wollen als schauen, scheinen ohne Bedrückung durch das Kaufhaus zu gehen. Es gibt von allem zu viel, und die Zeit, die wir in Moskauer Geschäften für Schlangestehen verlieren, verlieren wir hier durch die gewissenhafte Suche nach dem Einen innerhalb des ununterscheidbaren Vielen. Wir fühlen uns verunsichert, wenn der Blick der Verkäuferin aufmerksam und interessiert auf uns gerichtet ist. Es ist ein unbeschreiblicher Ort, eine Art Palast der Waren. Doch wir verspüren eine gewisse Erleichterung, wenn wir wieder auf die Straße hinaustreten. Man muß offenbar mit einem KaDeWe groß geworden sein, um sich dort frei fühlen zu können.

Die Wölbung der Kuppel

Wir haben Schwierigkeiten Berlin zu beschreiben. Wir nennen Plätze, Sehenswürdigkeiten, Differenzen, die sich aus jeder Ortsveränderung ergeben – besonders wenn man im Ausland ist. Wir erzählen, nach Moskau zurückgekehrt, auch, wie die Mauer aussieht und fahren mit dem Finger über die Tischfläche, so als wollten wir um unsere Erzählung konkreter und glaubwürdiger zu machen, eine Mauer durch Moskau ziehen, etwa über den Puschkin-Platz. Aber das ist eine reine Gedankenspielerei, wie sich herausstellt, denn so etwas läßt sich nicht »vorstellen« – höchstens als die Folge einer geschichtlichen Katastrophe. Und wenn wir von der hauptstädtischen Straße Unter den Linden oder dem KaDeWe berichten, dann sind das Details, nicht die Stadt selber. Berlin ist noch immer die Stadt, die von der geborstenen Kuppel überwölbt wird.

Die unsichtbare Stadt
Wolfgang Schäche

Nicht nur in Berlin, aber hier im besonderen, hat sich parallel zu seiner vorhandenen Struktur und Gestalt eine zweite Ebene der Existenz entwickelt. Die stofflich gebaute und damit konkret wahrnehmbare Stadt findet stets ihr dialektisches Pendant in einer noch opulenteren Realitätsebene, der der gedachten, geträumten, der *imaginären* Stadt. Die Dimension des »unsichtbaren Berlins« offenbart sich als ungleich komplexer als die des gebauten. Seine optische Physiognomie ist kaleidoskopischer Natur: unendlich in seiner kreativen Vielfalt und unermeßlich in seinem geistigen Reichtum. Es eröffnet eine faszinierende, erschauerliche Reise in die baulichen Zukunftsvisionen der Vergangenheit. Licht und Düsternis stehen eng beieinander: Immateriell, mit leichtem kühnem Schwung der erdachten Idealform und bleiernd schwer in der sie tragenden oft komplizierten ideologischen Vereinnahmung.

Die überschwengliche Fülle imaginärer Stadtkultur ist dabei Ausdruck einer Entwicklungsdynamik, die Berlin wie keine andere Metropole bis in die Gegenwart kennzeichnet. Weit mehr als die klassischen europäischen Zentren Paris, London und Wien, ist sie vor allem *die* Stadt des 19. Jahrhunderts. Als Parvenue vollzieht sie den Aufstieg der Weltstadt in atemberaubendem Tempo. Diese ekzessive Kompensation von Entwicklung in nur wenigen Jahrzehnten ist eine der Ursachen für Schnelligkeit und nervige Hektik, die für diese Stadt charakteristisch werden. Damit einhergehend entfaltet sich eine Tradition der Traditionslosigkeit. In der Rigidität und Radikalität allenfalls New York vergleichbar, geht Berlin bedenkenlos mit seiner eigenen Geschichte um und opfert sie einem schier rastlosen Fortschrittsglauben. Beinahe mit jeder Generation wechselt es sein Stadtbild aus, wobei der Traum einer glänzenden Metropole die »größte Mietskasernenstadt der Welt« (Werner Hegemann, 1930) gebiert.

So unterschiedlich die verschiedenen Zeiten und Generationen sich auch gesellschaftlich gerieren und baulich zu artikulieren und umzusetzen gedenken, so durchgängig treibt sie eine unstete Hast. Die Abfolge der Planungen und Konzepte atmen gleichermaßen kurzlebige Unruhe, ob nun preußisch, absolutistisch, monarchistisch, demokratisch-republikanisch, nationalsozialistisch oder postfaschistisch. Messianischer Anspruch geht dabei einher mit banaler Zerstörung. Sie ist immer Voraussetzung zur Verwirklichung des vermeintlich Neuen. Das Alte wird bereits rigide verworfen, noch ehe das Neue real greifbar ist. Der Plan ersetzt so oftmals die Wirklichkeit. Die Dimension des Unsichtbaren ist demzufolge in der Tat weitaus reicher, vielschichtiger und inhaltlich brisanter als die vergleichsweise bescheidenen physischen Ablagerungen der gebauten Realität. Die bizarren Schichtungen des fragmentarisch Überkommenen vermitteln sich, wenn auch vielfach undeutlich, als die hartnäckige Hinterlassenschaft uneingelöster Planspiele. In den sichtbaren stadträumlichen und architektonischen Brüchen ist der zuweilen mit ungestümer Leidenschaft wie borniertem Herrschaftsanspruch freigesetzte Vorgriff auf die Geschichte stets immanent:

Es ist die Tragik eines Schicksals, das das aus einer wendischen Fischersiedlung zur mächtigen Millionenstadt und Reichshauptstadt emporgewachsene Berlin dazu verdammt:

immerfort zu werden
und niemals zu sein.
(Karl Scheffler, um 1919)

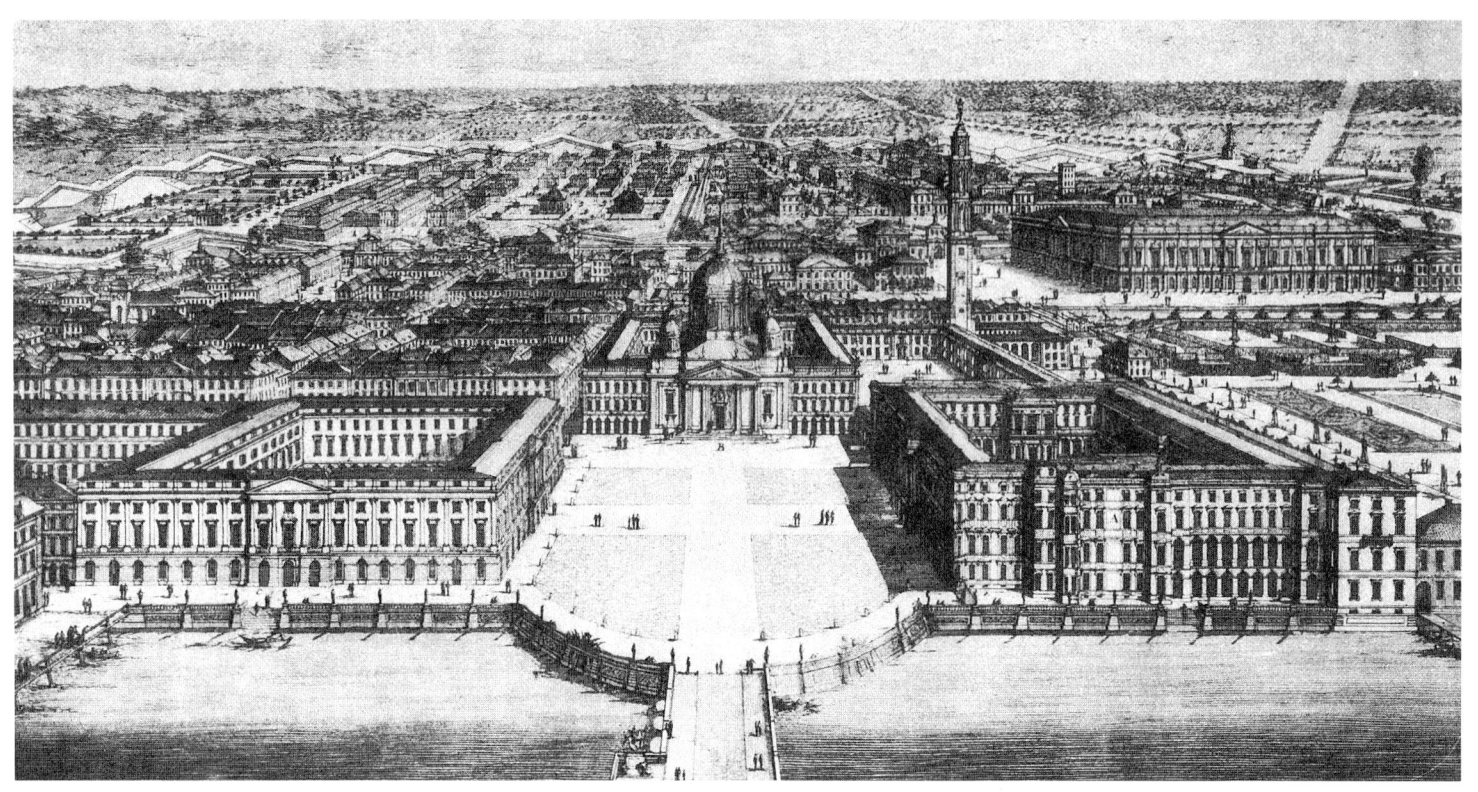

*Jean Baptiste Broebes, »Place Royale de
Berlin«, Idealplan um 1702, Kupferstich
von 1733*

Berlin avanciert durch die Selbstkrönung
Kurfürsts Friedrich III am 18.1.1701 in
Königsberg zur »Königlichen Haupt- und
Residenzstadt«. Friedrich I, wie sich der
König von Preußen fortan nennt, hatte
schon zuvor den Bildhauer und Architekten Andreas Schlüter nach Berlin geholt,
um der künftigen Aufgabe der Stadt ent-
sprechendes architektonisch-künstleri-
sches Ambiente zu verleihen. Er baut das
Schloß in monumentaler Weise aus und
hat starken Anteil am Bau des prächtigen
Zeughauses an der Straße Unter den Linden. Die großzügige Neufassung des
Schloßbezirkes mit Schloßplatz, neuem
Dom und einem hochragenden ca. 91 m
hohen »Münzturm«, von Broebes gestochen, wird ihm zugeschrieben. Doch
noch ehe das künftige preußische Macht-
zentrum Gestalt nehmen kann, findet die
Karriere Schlüters und damit auch seine
Planung durch den Teileinsturz des
»Münzturms« ein jähes Ende. Der geniale Idealentwurf bildet so das gleichsam
gedankliche Fundament für unzählige
Schichtungen der phantastischen, unsichtbaren Stadt.

Friedrich Gilly, »Ehrentempel für König Friedrich den Großen von Preußen«, 1797, Aquarell

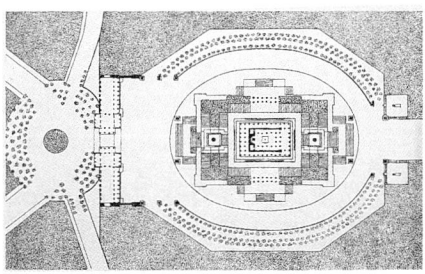

Der Wettbewerb um ein Denkmal für Friedrich II war eines der kreativsten Unternehmungen im Übergang vom 18. zum 19. Jahrhundert. In mehr als 60 Jahren zwischen dem Tod Friedrichs und der Enthüllung des Reiter-Standbildes von Christian Daniel Rauch hatten sich nahezu alle namhaften deutschen Architekten und Bildhauer daran versucht. Gillys mächtige Tempel-Anlage für das Octogon (später Leipziger Platz) vor dem Potsdamer Platz verkörpert am intensivsten die geistige Forderung seiner Zeit zum »archimedischen Punkt« der Architektur vorzustoßen: »Architektur und Raum werden bei Friedrich Gilly auf neue Art thematisiert. Beide sind für ihn unlösbare Bestandteile einer Architektur als Bau- und Raumkunst... Sein legendärer Entwurf... beschenkt den imaginären Besucher der Anlage mit einem Raumerlebnis ohnegleichen. Eine dramatische Bewegungsfolge begleitet und bestimmt den Verlauf der Treppenführung vom gestaffelten Unterbau in die Cella des Tempels. Der leidenschaftliche bewegte Fluß dieser Treppenführung postuliert eine Architektur, die nicht mehr aus der im Raum ruhenden Betrachtung erfahrbar wird, sondern erst durch die Bewegung im Raum. Der Weg im Raum wird selbst zum Ereignis, zum Gleichnis. Er führt uns in eine rätselhafte, fremde Welt, die sich erst beim Eintritt in die nach oben offene Cella entschleiert. Ihr Dach ist der Himmel, das Universum der Gestirne« (Fritz Neumeyer, 1984).

George Gilbert Scott, Beitrag zum ersten Wettbewerb für ein »Parlamentsgebäude für den Deutschen Reichstag«, 1872, Ansicht am Königsplatz (heute: Platz der Republik)

Die seit der Reichsgründung 1871 vornehmste und zugleich spektakulärste Bauaufgabe des ausgehenden 19. Jahrhunderts stellte die Errichtung eines Reichstagsgebäudes in Berlin dar. In zwei Wettbewerben, 1872 und 1882, stellte sich nahezu eine gesamte Architektengeneration der Konkurrenz. Es galt dabei nicht nur das Deutsche Parlamentsgebäude zu konzipieren, sondern um den Entwurf einer neuen Architektur. Vor allem im ersten Wettbewerb von 1872 ist deshalb auch eine starke ausländische Beteiligung erfolgt. Allein die Briten waren mit 15 Entwürfen vertreten. George Gilbert Scott, einer der Hauptvertreter der »hochviktorianischen Zeit« Englands, sucht in seinem mit einem 2. Preis ausgezeichneten Entwurf die Aufgabe mit den ästhetischen Mitteln des »Gothic Style« zu bewältigen. Ihm ging es um »echte« Gotik. Das war für ihn ausschließlich der Stil des dreizehnten und des frühesten vierzehnten Jahrhunderts. Der Anspruch der Architektur konzentrierte sich dabei vor allem darauf, »den Baukörper zu verzieren«.

WALHALL

STVDIE FVR DEN PLATZ GROSSER STERN BERLINER THIERGARTEN

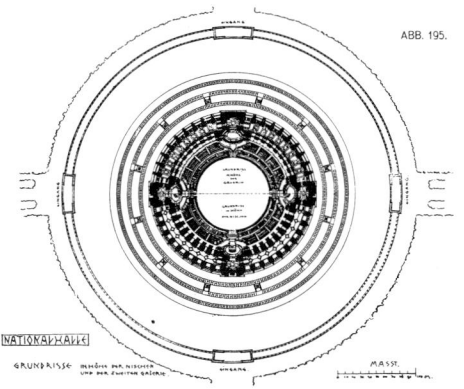

ABB. 195.

Karl Spaeth, Projekt für eine »National-halle« am Großen Stern, um 1904/05, An-sicht und Grundriß

Spaeths Entwurf für ein »Walhall« am ausgebauten Großen Stern ist Ausdruck einer nach 1900 sich verstärkenden natio-nalistischen Gebärde, die sich in zuneh-mender Weise auch in Architektur und Städtebau Ausdruck verschafft. Mon-strös, maßstabslos und mit ungelenkem Pathos bahnt sich die Hybris des Groß-machttraumes architektonischen Raum: Der Platz mißt nahezu 500 m im Durch-messer, der Sockel der Halle ca. 340 m. Die Höhe des Bauwerkes beträgt mehr als 200 m.

109

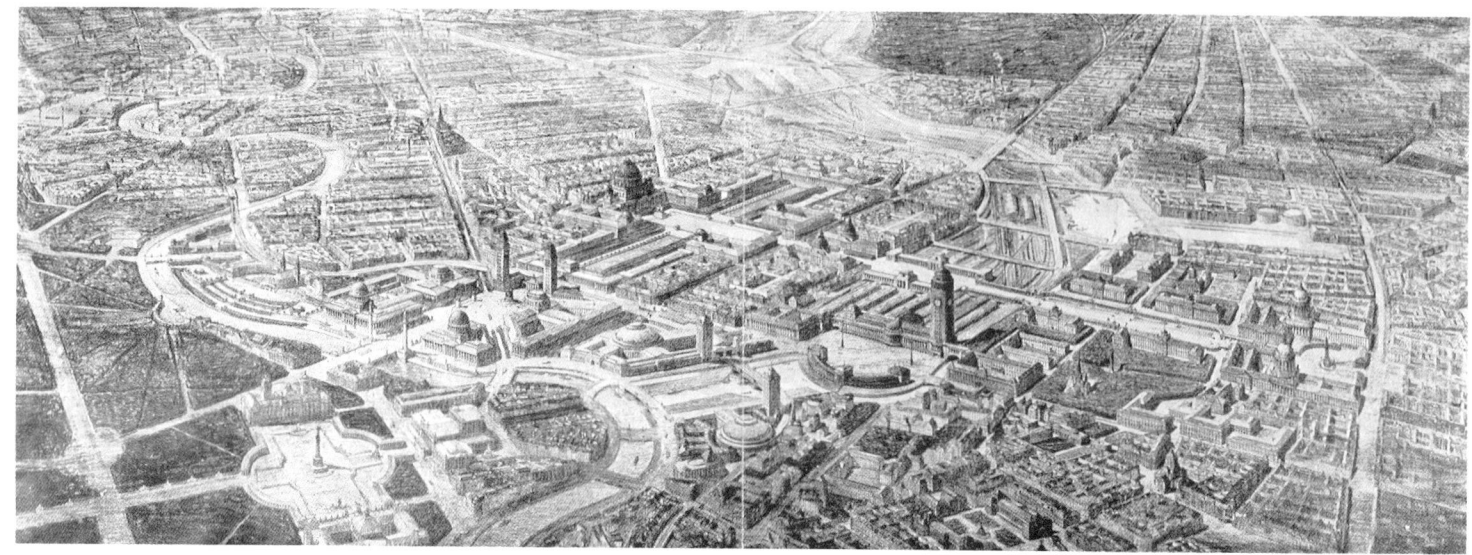

Bruno Schmitz, Otto Blum und Havestadt & Contag, Beitrag zum »Wettbewerb Großberlin«, 1908/09, Monumentalstadtentwurf für die Gegend um den Lehrter Bahnhof sowie den Bereich Potsdamer- und Anhalter Bahnhof

Der mit dem 4. Preis ausgezeichnete Wettbewerbsbeitrag offenbart im besonderen den eklatanten Widerspruch zwischen zukunftsweisenden städtebaulichen Lösungen, die die Konkurrenz hervorbrachte und den zumeist noch dem 19. Jahrhundert verhafteten architektonischen Repertoires der Entwürfe. Überdeutlich ist der Anspruch des Kaiserreichs für Repräsentation und Macht ausgedrückt: »Meist gab der Wunsch, die gefahrdrohenden Zustände des Straßenverkehrs an einzelnen Punkten zu verbessern, Veranlassung, neue künstlerische Stadtbilder zu schaffen, am großartigsten und wuchtigsten bei Bruno Schmitz. Seine... Kohlezeichnungen geben ein berauschendes Bild der zukünftigen Großstadt, in der Macht und Größe des Reiches, die Kraft und die Sehnsucht unseres Zeitalters schwungvoll verkörpert ist...« (Walter Lehweß, 1910)

Hans Scharoun, Wettbewerbsentwurf für ein Hochhaus an der Friedrichstraße, 1921/22, Perspektivische Ansicht

In seinem kühnen Wettbewerbsbeitrag (Kennwort: »Innen und Außen«) für die Bebauung des Geländedreiecks am Bahnhof Friedrichstraße bricht sich die expressionistische Gedankenwelt der unmittelbaren Nachkriegszeit Bahn. Das Motiv der aufgehenden Sonne symbolisiert den optimistischen Aufbruch in eine neue Gesellschaft. »Es ist nicht zu bestreiten«, urteilt Max Berg in einer Wett-

bewerbsbesprechung in der Bauwelt von 1922, »daß dieser Entwurf (von Scharoun) zu den in künstlerischer Hinsicht bedeutendsten Leistungen dieses Wettbewerbes gehört... Eine reiche Phantasie im Nebeneinandersetzen und Abmessen von durch Fensteröffnungen durchbrochenen, geschlossenen und vollständig in Glas aufgelösten Flächen im Mitverwenden der doch nicht abzuhaltenden

Reklame ergibt einen Zusammenklang von besonderer eigener Musik, der Musik der Geschäftsgroßstadt, die dem Fremden beim Betreten der Großstadt hier entgegentritt... Dieser Entwurf ist als das nach der formalen Phantasie charakteristische Zeichen des in diesem Wettbewerb zum Ausdruck gelangten deutschen Hochbauempfindens zu betrachten.«

Ludwig Hilberseimer, Entwurf für eine Hochhausstadt, 1924, Perspektivische Zeichnungen

Hilberseimers radikale Ideen zu einer Hochhausstadt offenbaren seine Vorstellung einer Stadt der Zukunft. Seine Aufmerksamkeit gehört dabei nicht dem Detail, sondern der Ratio des Schemas, das er schließlich in einem Bebauungsvorschlag für die City, westlich des Gendarmenmarktes, im Jahre 1929 konsequent einfließen läßt: Gleichförmige 20-geschossige Scheibenhochhäuer von 600 m Länge an jeweils 60 m breiten Straßenschluchten kennzeichnen den Entwurf; »unmenschlich in jeder Hinsicht«, wie Hilberseimer später selbst bekennen muß (1967), gleichwohl Anstiftung und Konzept zum unwirtlichen Neuaufbau der Städte der Nachkriegszeit.

*Hermann Honnef, Entwurf für ein Wind-
kraftwerk, 1935, Perspektivische Zeichnung*

Hermann Honnefs Projekte kolossaler
Windkraftwerke gehen bereits auf das
Jahr 1932 zurück, wo er ein erstes Modell
von 270 m Höhe vorstellt. Seine Idee gewinnt nach 1933 vor dem Hintergrund der
sich mit dem Ersten Vierjahresplan ver-
bindenden »Autarkie-Politik« der Nazis
an Aktualität. Das Projekt von 1935/36,
konstruktivistisch in seiner Gestalt, sieht
er im Rahmen der Neugestaltung des
Ausstellungsgeländes vor. Der Funkturm
mit seiner »bescheidenen« Höhe von
138 m (ohne Antennenaufbau) wäre von
dem technischen Monstrum dabei zur
Unscheinbarkeit degradiert worden:
500 m in den Himmel gereckt, waren
seine Windturbinen mit einem Außen-
durchmesser von 160 m ausgelegt. Die er-
rechnete Leistung der Anlage sollte bei
60 000 Kilowatt liegen.
Honnefs Windkraft-Pläne erlebten Ende
der 70er Jahre noch einmal eine Renaissance. Ihr technisches Prinzip war
Grundlage bei der Entwicklung der Gro-
wian-Windkraftanlagen.

113

*Hans Stephan, Die Achse Berlin-Rom als
Nord-Süd-Achse, um 1942, Zeichnung*

Hans Stephans »Vision« des Ausbaus der Speer'schen Nord-Süd-Achse, der geplanten »via triumphalis« der künftigen Welthauptstadt Germania (wie Berlin nach 1950 heißen sollte) offenbart den Zynismus der Planungen des »General-bauinspektors für die Reichshauptstadt Berlin« (GBI). Die Hybris des blutigen Rausches der Welteroberung drückt sich in der hypertrophen Achsenanlage des damaligen Abteilungsleiters des GBI und späteren Senatsbaudirektors von West-Berlin (1956–1960) aus: »Berlin hat sich durch seine Ausdehnung Dresden und Magdeburg einverleibt und wird von den Alpen aus als Touristenattraktion bewundert.« (Originaltext zur Zeichnung)

114

*Otto Kohtz, Wiederaufbauvorschlag für
Berlin, 1945, Kohlezeichnung*

Otto Kohtz »Wiederaufbauvisionen« für
Berlin, in einer Reihe von Blättern festgehalten, sind im März/April 1945 entstanden. Sie lassen offen, ob damit der
Aufbau nach dem »Endsieg« oder der in
einer neuen demokratisch verfaßten Gesellschaft gemeint ist. Angesichts unüber-
sehbarer Ruinenfelder – Berlin war der-
weil zur militärischen Festung erklärt
worden – variiert der Architekt unver-
drossen seine im großen Wettbewerb für
eine »Reichsuniversität Adolf Hitler«
entwickelten Hochhausformationen.
Kohtz hatte bereits der Weimarer Republik seine »Reichshaus-Ideen« für den
Alsenplatz (Spreebogen) angedient und
diese in einem umfassenden Hochhaus-
Konzept »für ein gesundes und schönes
Berlin« übersetzt, welches er mit Alfred
Hugenberg unter dem Titel »Die neue
Stadt« 1935 bei Scherl publiziert.

Richard Ermisch, Wiederaufbauplanung für die Innenstadt Berlins – Vorschlag zur Stadtraumgestaltung, 1946/47, Vogelschau der Friedrichstadt

Ermischs Stadtraumgestaltung gibt dem unter Karl Bonatz entwickelten »Neuen Plan Berlin« die dritte Dimension. Im Gegensatz zum zuvor konzipierten »Kollektivplan« sowie dem »Zehlendorfer Plan«, orientiert sich Ermischs Vorschlag weitgehend an den historischen Stadtstrukturen. Als Höhepunkt der Planung sieht der Architekt eine vollständige Glasüberdeckung der als »Kaufstraßen« reaktivierten Leipziger- und Friedrichstraße in ihren Kernbereichen vor. Der Plan bleibt, wie alle anderen in dieser Phase, Vision. Die Realität des Bauens bestand in der Enttrümmerung des Stadtraumes und der »Herstellung von Schutzabdeckungen, Notdächern, Schließen von Einschußlöchern und Vernageln von Fensteröffnungen« (Kurt Böttcher, 1955).

Hans und Wassili Luckhardt, Beitrag zum Wettbewerb »Rund um den Zoo«, 1948/49, Gesamtplan und Blick in den Kurfürstendamm

Als Gegenwart für die getilgte Geschichte bieten die Gebrüder Luckhardt in ihrem Wettbewerbsbeitrag die Fiktion der verkehrsgerechten Stadt an: stromlinienförmige Straßenschluchten, gesäumt von gleichförmig gerasterten Hochhaussolitären, die den dynamischen Schwung der Straße begleiten. Nicht *Wiederaufbau* sondern radikaler *Neubau* heißt die Devise: »Was blieb, nach dem Bombenangriff und Endkampf eine mechanische Auflockerung vollzogen, gibt uns die Möglichkeit eine ›Stadtlandschaft‹ zu gestalten.« (Hans Scharoun, 1946)

Düsseldorf Hbf.
KRONE zeigt, wo's langgeht.

KRONE

Der neue Hauptbahnhof in Düsseldorf gilt als der modernste Europas. Täglich schätzen Tausende den Komfort, die Infrastruktur und Logistik. Herzstück dieses Bahnhofs ist das Informationssystem von KRONE, das den Reisenden permanent, schnell und direkt zeigt, wo's langgeht. Die Informationsausgabe erfolgt durch Zuganzeiger auf den Bahnsteigen, Bildschirmgeräte in der Fußgängerpassage und in den Diensträumen sowie die große Zuganzeigetafel in der Eingangshalle. Die Anzeigegeräte werden – je nach Bedarf – manuell über Bediengeräte oder automatisch über Prozeßrechner gesteuert und überwacht.

Wenn Sie mehr über Informationssysteme und Kommunikationssysteme von KRONE wissen möchten, dann schreiben Sie uns. Oder rufen Sie uns an – womöglich ist Ihr Telefon ebenfalls von KRONE.

KRONE AG · Beeskowdamm 3–11 · D-1000 Berlin 37

Telefon (030) 81 05-16 07 · Telex 1 82 05-0 · Telefax (030) 81 05-17 03 · Btx ✳3603#

Das unterirdische Berlin oder die Geheimnisse der anderen Stadt

Manuel Köppen

»Unterirdische Wanderung – Paris durch Todtenköpfe gestützt!«[1] Oder: »Das unterirdische Paris thut sich vor uns auf. – Die geheimen Kanäle der Intrigue in höhsten und niederen Kreisen öffnen sich.«[2] Nun konnte Berlin nicht, wie Paris oder auch Wien, mit Katakomben aufwarten, die schon topographisch der labyrinthischen Unterwelt der Stadt ihren eigenen Ort zuwiesen. Aber die Unterwelt, das Schattenreich der verborgenen Umtriebe und geheimnisvollen Machinationen, konnte Berlin allemal für sich reklamieren. Verborgen im Dunkel der Nacht und versteckt in muffigen Kellerhöhlen, lauerte unter der Oberfläche des wachen Berlins die andere Stadt: das abseitige, geheime Berlin, eine imaginäre und immer wieder imaginierte Gegenwelt, die in ihrer Unheimlichkeit sehr heimliche, vertraute Züge trägt. Die Ordnung, das Gesetz walten auch hier.

1930: Ein Mann wird aus einem Kellerverschlag gezerrt und durch einen dunklen Gang gestoßen. Eine Eisentür öffnet sich. Er stolpert eine Steintreppe hinunter. Seine Augen sind vor Entsetzen geweitet. Denn das, was seinem Blick begegnet, ist wahrhaft schreckenerregend. In dem halbverfallenen Kellergewölbe einer verlassenen Berliner Schnapsfabrik hat sich die Unterwelt versammelt, um über ihn, den psychopathischen Kindermörder, Gericht zu halten. Hinter einer Tischreihe sitzen seine Richter und An-

kläger, die Vorsitzenden der Ringorganisationen, dicht umdrängt von ihrer unheimlichen Zuhörerschaft, die den Raum bis zu seinen Grenzen zu füllen scheint. Auch ein »Pflichtverteidiger« ist bestellt, der für die Übergabe des Mörders an eine Gerichtsbarkeit plädiert, die den Paragraphen der Unzurechnungsfähigkeit kennt. Vergeblich, denn Gnade kennt dieses Gericht nicht. Doch gerade als sein Schicksal besiegelt scheint, die haßerfüllte Menge sich auf ihn stürzt, um ihn zu lynchen, dringt die Exekutive der Oberwelt in das unterirdische Gewölbe.

So zu sehen in Fritz Langs Film »M – Eine Stadt sucht einen Mörder«.

1889: »Der Herbststurm war zum Orkan geworden und heulte durch die Straßen der kleinen historischen Stadt Spandau. Es ging stark auf Mitternacht, und kein menschlicher Tritt war vernehmbar.« Aber auf der Landstraße zwischen Berlin und Spandau jagt eine verschlossene Kutsche durch Sturm und Regen, einen Mann abzuholen, der dort in einem einsamen Haus wohnt. »Man bedarf (. . .) der sicheren Hand des Scharfrichters von Berlin und der erprobten Schneide seines Beiles.«
Doch nicht im Namen des Königlichen Gesetzes gilt es zu richten, sondern im Auftrag einer Verbrecherwelt, die sich in einem mächtigen Saal irgendwo im Westen Berlins versammelt hat. »Hier mußte es immer Nacht sein, denn kein Fenster zeigte sich an den Wänden des Raumes, welcher mit schwarzem Tuch ausgeschlagen war.«
Vor die vermummten Richter wird ein junges Mädchen geführt, Olga, angeklagt und schuldig gesprochen des Verrats an der organisierten Unterwelt. Sie mochte höchstens achtzehn Jahre zählen.
»Der Scharfrichter gestand sich ein, nie ein schöneres Weib gesehen zu haben. Langes, goldblondes Haar fiel über ihren wunderbar geformten jugendlichen Körper hinab. Das edle, fein geschnittene Gesicht wurde von braunen, sanft blik-

Unterirdisches Berlin: »M« (1931)

kenden Augen belebt, Wangen und Kinn zeigten eine Weichheit und liebliche Rundung, wie sie nur der unberührten Unschuld eigen ist.«
Doch das Urteil ist gesprochen: »Scharfrichter von Berlin tritt vor!'«

»»Sie muß das Oberkleid ablegen'«, entgegnet dieser, »»ich vermag sie sonst nicht mit Sicherheit zu treffen.'«« Und mit der »Purpurröthe der Scham auf ihren Wangen« entblößt sie ihren »weiß schimmernden Nacken und die kräftig entwickelten, doch dabei anmuthig geformten Arme.«

»Dann legte sie ihr Haupt auf den Block. Wie eine goldene Fluth umwallte sie ihr Haar. Sie hob es mit beiden Händen auf und warf es vorn über, so daß es ihr Gesicht wie ein Schleier verhüllte. Scheu zogen sich die Männer von der unheimlichen Richtstätte zurück.

Der Scharfrichter wandte sich ab und ergriff sein Beil, das hinter ihm im Etui lag. Entsetzlich! Er fühlte, daß seine Hände zitterten.
Doch nicht länger durfte er zögern, die Qual der Unglücklichen mußte ein Ende

nehmen. – Das Beil blitzte über seinem Haupte zum todtbringenden Hiebe.«[3]
Fortsetzung folgt.

130 Hefte und damit genau 3119 Seiten währte die schier unerträgliche Spannung, in der Victor von Falk, alias Heinrich Sochaczewski, in den Jahren 1889 – 90 sein Publikum in Atem hielt. »Der Scharfrichter von Berlin. Sensationsroman nach Acten, Aufzeichnungen und Mittheilungen des Scharfrichteers Julius Krautz« war ein unerhörter Erfolg. 260.000 Abonnenten, Bestellungen aus

Übersee, zeitweilig konnte der Verleger die Nachfrage nicht mehr befriedigen. Die Berliner – und nicht nur sie – waren im »Scharfrichter-Fieber«. Bald folgten Nachahmungen: »Der Scharfrichter von Paris«, »Der Scharfrichter von Wien« oder auch »Des Scharfrichters Töchterlein«. Allerdings blieb die Popularität des Berliner Originals unerreicht.

Wieder einmal hatte das unterirdische Berlin mit seinen Verbrecherhöhlen, verborgenen Gewölben und Geheimgängen die Pforten geöffnet. Wenn der »Scharfrichter von Berlin« auch alles bisher Da-

gewesene an Schaurigkeit übertraf, neu waren diese Einblicke in die geheimnisvolle Unterwelt Berlins nicht. Auch der in den 40er Jahren des 19. Jahrhunderts einsetzende Boom der »Geheimnis-Literatur«, in der Berlin in Nachfolge von Sue's »Geheimnissen von Paris« zur Metropole verborgener Umtriebe in deutschen Landen avancierte, markiert nicht den eigentlichen Beginn dieser merkwürdigen Stadtimagination. Die Anfänge reichen bis in die zweite Hälfte des 18. Jahrhunderts zurück, als sich Berlin anschickte, im Erleben der Zeitgenossen

nicht mehr nur eine »ruhige, civilisierte Residenz« zu sein, sondern als »große Stadt« in ihrem zunehmend unüberschaubarer werdenden Getriebe das Abseitige und Verborgene zu beherbergen.

Berliner Galanterien oder die verborgenen Lüste des Fleisches

1782 erschienen die »Briefe über die Galanterien von Berlin, auf einer Reise gesammelt von einem österreichischen Offizier«. Es war die Zeit als die Städteführer und Städtebriefe eine erste Hochkonjunktur hatten. Friedrich Nicolais »Berlin und Potsdam« war bereits sechs Jahre zuvor erschienen. Doch anders als in diesem noch 1821 als »fünfte gänzlich umgearbeitete und verbesserte Fassung« herausgegebenen »Wegweiser für Fremde und Einheimische« interessieren in den »Galanterien« weniger die genaue Topographie und die Sehenswürdigkeiten der Stadt, als vielmehr ihre verborgenen Seiten.

»Den Neuling zu warnen, ihm die verborgne Schlange aufzudecken, ihn von seinem oft zu schnellen Unglücke zu retten, das war hier meine Absicht«,[4] erläutert der Verfasser sein Vorhaben und macht sich alsbald daran, einen Reiseführer zu entwerfen, der in seinen Berichten über die »Schweinereyen« der »Großstädter« u.a. eine detaillierte und sicher damals wohl benutzbare Bordelltopographie enthält. Der Erzähler, der in seinen Briefen einem fiktiven Freund und dessen Gattin von seinen Erlebnissen in Berlin berichtet, lernt die Stadt zunächst aus der Perspektive ihres Äußeren, ihrer beeindruckenden architektonischen Schönheit kennen. Schon bald, im dritten der insgesamt 29 Briefe, schaut er hinter die Fassaden der Stadt und berichtet nun über Orgien und sonstigen außerehelichen Verkehr allen Spielarten der Sittenverderbnis. Selbst die »warme Gesellschaft« fehlt nicht in diesem Szenario Berliner »Ausschweiflinge«. Wie einst Dante Alighieris Wanderer durch die Schrecknisse der Hölle wird auch hier das erzählende Ich zuweilen durch einen wohlerfahrenen Führer auf seinem lüsternen Spaziergang durch das verborgene Berlin begleitet.

»Aber warum eben die Galanterien von Berlin? Ha! Eine andere Frage! Denken Sie nicht, daß ich etwa im Wahne stehe, Berlin sey der einzige Ort der Welt, der sich durch Galanterien auszeichnet. Jede große Stadt hat ihre Fahnen für den Gott der Liebe aufgesteckt. Nur jede große Stadt opfert dem kleinen Götterkinde auf eine andere Methode. Hier in mehreren Bombast, dort in mehrere Misterien gehüllt; hier mit freier Stirne, dort unter dem Deckmantel der Frömmigkeit; hier mit wildem Feuer, dort mit Geschmack, Wahl, und – selbst mit Genügsamkeit.«[5]

Nun die Genügsamkeit konnte Berlin – folgt man den Ausführungen jenes »österreichischen Offiziers« – wohl kaum für sich in Anspruch nehmen: eben weil Berlin mittlerweile eine »große Stadt« war. Die große Stadt mußte in ihrem unüberschaubaren Getriebe und hinter dem Glanz der Fassaden das bergen, was schon immer dort vermutet wurde, wo der freie Blick nicht eindringen konnte. Ob dieses andere, verborgene Treiben als lustvoll phantasierte »Schweinerey« oder als nicht minder lustvoll inszeniertes Verbrechen nun real in der Stadt vorhanden

war oder nicht, entscheidend ist, daß die große Stadt und in Deutschland bevorzugt Berlin das Feld bereitstellte, auf dem all jene Sensationen ungestraft wahrzunehmen waren, die man wahrzunehmen wünschte. Die Unüberschaubarkeit der wirklichen, gesellschaftlichen Stadt zeugte unablässig auch die andere städtische Wirklichkeit, die der in ihr wiedergefundenen wie in sie hineinprojizierten Bilder.

Schon Friedrich Nicolai's »Leben und Meinungen des Herrn Magisters Sebaldus Nothanker« (1773 – 1776), der erste bedeutende Roman mit »Berliner Lokalcharakter«, weiß von diesen Bildern zu berichten. Sebaldus gerät auf seiner Wanderung nach Berlin in die Gesellschaft eines pietistischen Priesters, der von der großen Stadt Übles zu berichten weiß. »Da herrscht lauter Eigennutz und Betrug, da gehen alle Laster im Schwange, da ist alle christliche Liebe erloschen.«[6] Und als sie schließlich »auf den Platz bei den Zelten« im Tiergarten kommen, wo sich ein buntes sonntägliches Treiben entfaltet, gerät der Pietist in geistlichen Zorn. »›Siehe da‹, rief er aus, ›siehe da, die Kinder Belials, wie sie den Lüsten des Fleisches nachziehen! Wie sie den Weg der Sünden gehen, reiten und fahren! Immer gerade in den höllischen Schwefelpfuhl hinein!‹«[7] Wenn Sebaldus auch in den harmlosen Vergnügungen der Berliner nichts Sündliches finden kann, der Pietist schleudert weiter seine Anklagen gegen die Stadt und ihre Bewohner. »›O Stadt, ... du bist wie Sodom und Gomorrha, wie bald wird Gott seinen feurigen Schwefelregen über dich ergießen!‹«[8]

Nicolai parodiert in seinem der Aufklärung verpflichteten Roman die Tiraden über die Verworfenheit Berlins, die für die Sittenspiegel-Literatur in Art der »Galanterien« Anlaß lustvoller Ergüsse über das tatsächliche und vermutete Treiben in dieser Stadt ist. Das bedeutet aber nicht, daß Nicolai diesen Topos Lügen strafen würde, indem er Berlin nun in verklärter Unschuld schilderte. Das verborgene, lasterhafte Berlin wird nur jenen zugeschrieben, die sich darüber ereifern. Eben der Pietist wird im folgenden mit seinen Kupplerdiensten dafür sorgen, eine zarte Schulmeisterstochter einem »wollüstigen Müßiggänger« zuzuführen. »Kurz, sie ward ihrer Unschuld beraubt.«[9] Auch hier, in der aufklärerischen Satire, überwiegt das Bild Berlins als Ort des Lasters.

Die Nachtseiten Berlins: Einblick in ein verborgenes Treiben

Um so mehr mußte sich dieses Bild in der populären, auf den Geschmack des Publikums zielenden Literatur fortschreiben, jener Literatur, die – wie Nicolai im ersten Vorwort seines »Sebaldus Nothanker« bemerkt – »von der halb unangekleideten Schönen am Nachttische gelesen« wird.[10] Populär wurden nach der Jahrhundertwende die »Nachtwachen« und »Nachtstücke«, ein Unterhaltungsgenre, das zum Ort der nächtlichen Exkursionen bevorzugt die Stadt wählte: Louis Schneiders »Bilder aus Berlin's Nächten – Genre-Skizzen aus der Sage, Geschichte, Phantasie und Wirklichkeit« (1835), Dr. Morvells (d.i. C. Vollmer) »Memoiren eines Berliner Nachtwächters« (1845), die »Nachtseiten der Berliner Gesellschaft. Soziale Lebensbilder der neuesten Zeit« (1846) oder auch Joseph Alois Mercy's »Berlinische Nächte«, die bereits 1803 erschienen und jene Kette der nächtlichen literarischen Streifzüge durch Berlin begründeten, in deren Folge »die Nacht als das eigentliche Leben der Großstadt« erschien.[11]

Die Nacht versprach Schauriges. Und in Berlin hielt sie auch, was sie versprach. Die »Berlinischen Nächte«, die »skandalöse Nachtchronik«, wie »Aristides der Zweite von Preußen mit seinem Machtspruche sie zu rezensieren beliebte«,[12] bot ihren Lesern Nacht für Nacht wahrhaft Schreckliches. Aufgesucht werden (bei Nacht!) die »Gäßchen, wo am hellen Tage ewige Finsterniß und die Werke derselben herrschen«,[13] die »Schlupfwinkel der gröbsten viehischen Sinnlichkeit«.[14] So ist denn wieder von der Untreue der Frauen die Rede, von Prostitution und Kuppelei, von berühmt-berüchtigten Tanzlokalen, kurz: von den »unnatürlichen Ausschweifungen der Großstädter«.[15] Aber es sind nunmehr nicht nur die »Galanterien«, denen der Ich-Erzähler auf seiner »nächtlichen Bilderjagd« begegnet. Mord und Totschlag walten in Berlin, und Gruseliges findet sich allenthalben.

Da gibt es die Geschichte eines schönen Mädchens, das nachts durch die Gassen Berlins wandelt – mit einem Korb, in dem sich der abgeschlagene Kopf ihres Geliebten findet. Der Brand eines Irrenhauses entlockt dem Erzähler Bilder von grausiger Schönheit. Und schließlich fehlt auch nicht ein Standardmotiv nekrophiler Lustbarkeit, das die Gemüter im 19. Jahrhundert immer wieder zu erhitzen vermochte: der Obduktionssaal der Berliner Charité. Der Leichnam einer

Prostituierten der besseren Kategorie wird aus einem Bordell getragen. Der Erzähler – neugierig geworden – folgt dem merkwürdigen Trauerzug in die Anatomie, wo schon ganze Heerscharen von angehenden Medizinern mit gezückten Seziermessern auf die Schöne warten, die da kommen soll. Bei der Beschreibung all der gruseligen Einzelheiten, die der Erzähler bei seinem Eintritt in diese Unterwelt zu Gesicht bekommt, kann er sich des schaurig-ästhetischen Genusses nicht erwehren. »Ich war ein Neuling in dieser blutigen Welt, und konnte mich kaum satt sehen.«[16]

Dieses Geschehen hat seinen Ort in Berlin, eben weil die damalige Residenz von 150.000 Einwohnern zunehmend in die

Perspektive dessen geriet, was man von dem Leben in einer »Großstadt« erwartete. Wiederholt ist von den »Großstädtern«, den »großstädtischen Sitten«, dem »Gewühle des großstädtischen Lebens« die Rede oder noch in der älteren unkontraktierten Form von den »betäubenden Geräuschen der großen Stadt«.[17] Mit dem »Gewühle« der Großstadt, der damit vor allem Unübersichtlichkeit und Undurchschaubarkeit eigen sind, korrespondiert beinahe notwendig die Verborgenheit heimlicher Vorgänge. So gibt der »Aufenthalt in einer großen Stadt«, wie der Erzähler der »Berlinischen Nächte« zu berichten weiß, »um so mehr Gelegenheit, seine Leidenschaften vervielfältigt zu verheimlichen«.[18]

Die Heimlichkeit als vermutetes und gesuchtes Wesen der Großstadt wird zur zentralen Eigenschaft eines Erzählens, das die in jenem »Gewühle« erfahrene Anonymität zu Voraussetzung hat. Die Anonymität garantiert erst das unbeobachtete Beobachten, die Heimlichkeit des Erzählens selbst. Unerkannt wandelt er durch das nächtliche Berlin, belauscht, schaut heimlich durch Fenster und Astlöcher, kann seine Blicke richten, ohne von den Blicken der anderen gerichtet zu werden. Die zensierende Instanz ist gleichsam abwesend, das Gesetz außer Kraft gesetzt.

Prädestiniert für die Rolle eines solchen Beobachters war – schon von Berufs wegen – der Nachtwächter. »Das Dunkel der Nacht deckt Thaten, von denen Niemand eine Ahnung hat, als der Nachtwächter, der die Thüren öffnet und schließt!«[19] – Vor allem, wenn sich der Nachtwächter, wie in den 1845 erschienenen »Memoiren eines Berliner Nachtwächters«, kundig macht, indem er bevorzugt durch erleuchtete Fenster schaut, zwischen Gardinen- und Türspalten lugt und Gespräche belauscht. Das nächtliche Berlin als ideales Terrain wunschgetriebener visueller Wahrnehmung bietet sich einem Zuschauer dar, der den Standpunkt des Voyeurs nicht verläßt. Unbeteiligt an dem beobachteten Geschehen, niemals eingreifend, wird ihm die durch die Großstadt ermöglichte Anonymität zur Quelle lustvoller Einblicke.

Es sind, so der Erzähler im Vorwort seiner »Memoiren«, »auch nicht einmal meine Bekenntnisse, Begebenheiten meines Lebens, sondern nur Begebenheiten, deren Zeuge ich zu sein Gelegenheit hatte, ohne daß sie in mein Leben griffen, ohne daß sie mich weiter als vorübergehend berührt«.[20] Dergestalt in ihrer Authentizität beglaubigt, folgt nun die Schilderung der nächtlichen Erlebnisse in chronologischer Ordnung (beginnend mit dem Jahr 1810) und mit genauen topographischen Angaben.

Am »Gensd'armmarkt« etwa, anno 1815, beobachtet der Nachtwächter einen elegant gekleideten Herren, der regelmäßig mit verbundenen Augen von einem Geheimrat in ein Haus geführt und von dort im nämlichen Zustande Nacht für Nacht

wieder abgeholt wird. Neugierig geworden, kann der Nachtwächter aus belauschten Gesprächsfetzen bald seine Schlüsse ziehen und das Geheimnis dieses merkwürdigen Treibens entdecken. Es handelt sich schlicht um eine ärztliche Maßnahme. Ein italienischer Lebemann befreit – im Auftrag des Geheimrats – Damen der Gesellschaft von ihren hysterischen Leiden, indem er ihnen den entsprechenden »Geschlechtsreiz« verschafft.

Oder die »Behrenstraße«, anno 1816: dort vollzieht sich ein wahres Melodram. Ein Heiratsschwindler, Schneidergeselle seines Zeichens, der sich nun aber als ungarischer Baron ausgibt, heiratet die einzige Tochter einer selbstverständlich reichen jüdischen Familie. Am Hochzeitsabend erscheint die Ehefrau des »ungarischen« Bräutigams, ihren Gatten zur Rede stellend. Er erwürgt den ungebetenen Gast. Die Braut stürzt sich aus dem Fenster. Warum diese Verzweiflungstat der nicht schönen, aber doch reichen Braut? Der Nachtwächter hat es beobachtet. Die Gardinen waren zwar zugezogen, doch das Zimmer war hell erleuchtet, so daß dem heimlichen Zuschauer nichts verborgen blieb. Die Braut hatte dem Bräutigam einen Vorschuß auf die Hochzeitsnacht gegeben.

Behrenstraße, Wilhelmstraße, Große Friedrichstraße, Kanonierstraße, Am Rondell: das Revier dieses Nachtwächters war die Friedrichstadt. Dort, in dem Bezirk der besseren Gesellschaft, findet sich verborgen, was der Uneingeweihte nur in den elenden Wohnvierteln vermutet: Geschichten von Unzucht und Sittenverderbnis, aber auch von Verbrechen und grausamen Folterungen. »Glauben Sie mir, es gehen in Berlin Dinge vor, wovon man sich nichts träumen läßt.«[21]

Eine solche Feststellung dürfte dem Publikum 1845 durchaus vertraut gewesen sein. Denn als die »Memoiren eines Berliner Nachtwächters« erschienen, war bereits die Zeit der »Geheimnis-Literatur« angebrochen. Das Dunkel der Nacht brauchte kaum noch bemüht zu werden, um den Lesern plausibel zu machen, daß Berlin von einer anderen Welt als der täglich erfahrenen regelrecht unterminiert war.

Der Moloch Großstadt und seine Geheimnisse

Berlin war inzwischen zu einer Großstadt von immerhin 350.000 Einwohnern angewachsen – eine Zahl, die aber kaum ahnen läßt, wie verwirrend, ja schockartig das Erleben einer solchen Stadt für viele Zeitgenossen war. Das »große, demoralisierte, verderbte Berlin«, dessen Geheimnissen Albert Fränkel und Ludwig Köppen in ihren »Berliner Skizzen« (1846) auf der Spur sind, wird als lärmender, tosender Moloch beschrieben. Das »Gewimmel der Hauptstraßen Berlins«, die »große, geräuschvolle Menschen erfüllte Stadt«, das »Stürzen und Wogen des großstädtischen Lebens«, das »ohrenzerreißende Geräusch und Getöse« oder auch »das täglich sich verändernde Berlin mit seinen neuen Erscheinungen«, die »Weltstadt« in »hastigem Umschwunge«: ein solches Erleben der Stadt produzierte fast notwendig die Kehrseite, die Vorstellung von den »unzähligen, nächtlichen Orgien und wilden Gelagen, von all den verborgenen Frivolitäten des großstädtischen Lebens«, von den »gräßlichen, schaudererregenden Scenen, wie sie tagtäglich hundertfach in den glänzenden Straßen und Häusern Berlins vor sich gehen« – und natürlich nicht minder in den verrufenen Gegenden wie der »Königsmauer, diesem weltbekannten Asyl Berliner Brutalität, diesem frühern Schauplatz entfesselter Gelüste, wie sie in so bestialischer Äußerung nur die gesellschaftlichen Zustände der dicht zusammengedrängten Menschenmasse einer großen Hauptstadt erzeugen können.«[22]

Was da hervorquoll aus den Steinmassen der Stadt, »aus den geheimnisvollsten Winkeln ihres Lebens in die Öffentlichkeit (ge)sendet« wurde,[23] das war schwerlich zu kontrollieren. Es erzeugte ein Gemisch aus Lust und Grauen, begleitet von der Vorstellung, daß hier Geheimnisse walten müßten. Und das war ein Trost. Denn Geheimnisse waren dazu da, aufgeklärt zu werden.

Als 1842/43 Eugene Sue's »Geheimnisse von Paris« im »Journal des Debats« erschienen, verschlangen nicht nur die französischen Leser Morgen für Morgen die neuesten Sensationen der als Fortsetzung gelieferten Enthüllungen über das verborgene Treiben in der Metropole. Allein zwölf deutsche Tageszeitungen und Zeitschriften gaben Übersetzungen der Pariser »Mysterien« heraus, die fast gleichzeitig zu den französischen Folgen erschienen. »Eugen Sue hatte das Unmögliche möglich gemacht. Seine ›Mysterien‹ wurden wieder als etwas Pikantes verschlungen, und alles, was Odem hatte, schrie, stammelte, jauchzte, lispelte in den Leihbibliotheken: Die Geheimnisse von Paris!«[24] – »Die Märchen der bärtigen Sheherazade beherrschen das ganze Haus, vom Souterrain bis zur Mansarde. Verlöscht der Dame die Lampe spät des Nachts beim Lesen der Geheimnisse, so liest das Kammermädchen am frühen Morgen stehend darin.«[25]

Schon bald sollten Kammermädchen wie Dame in die Geheimnisse auch der Berliner Unterwelt eingeweiht werden. 1844 erschienen parallel allein drei Berliner »Geheimnisse« bzw. »Mysterien«, und die Kette der Berliner Geheimnisliteratur sollte bis zum Ende des Jahrhunderts nicht mehr abreißen. Zwar gab es auch die »Geheimnisse« von Hamburg oder die von London, Rom, Prag und Wien, aber zumindest in deutschen Landen wurde Berlin unumstritten zur Metropole des Abseitigen und Verborgenen, zur »Stadt des Geheimnisses«, wie es in einer 1846 erschienenen Berlin-Beschreibung heißt.[26]

Die Geheimnisse von Berlin

Berlin war nicht mehr nur der Ort, wo sich hinter den Fassaden und im Dunkel der Nacht einzelne Schandtaten vollzogen, die – von einem heimlich beobachtenden Erzähler berichtet – in einer gleichmäßigen Folge in sich abgeschlossener Episoden wiedergegeben werden konnten. Berlin war nunmehr unterhöhlt von einer Gegenwelt, die all diese Schandtaten plante und organisierte, eine Welt mit ihren eigenen Gesetzen und ihrer eigenen Sprache. Einem solchen Phänomen konnten nur Romane gerecht werden, die – nach dem Muster von Sue's »Geheimnissen« – die vermutete

Wirklichkeit der Stadt in einem kaleidoskopartigen Handlungsgefüge erfahren ließen, das jenem Chaos unter der nur scheinbar sicheren Oberfläche geordneter Zustände Rechnung trug.

Die Sensationen, die sich hier in verwirrender Abfolge reihten, waren die einer anderen, schreckenerregenden Stadt, der »Unterwelt«. Und die fand ihre Schlupfwinkel vornehmlich dort, wo schon ihr Name sie verortet: unter der sichtbaren Oberfläche, in unterirdischen Kellern und Gewölben.

In den anonym erschienenen »Geheimnissen von Berlin. Aus den Papieren eines Berliner Kriminalbeamten« treffen sich die Gauner mit Vorliebe im »Keller des bucklichen Jobs«, einem »unterirdischen Laden«, von dessen Nebengemach ein »langer finsterer Gang in die Gewölbe des Seitengebäudes« führt. »In diesem hausten die heimlichen Gäste, Gespenstern gleich . . .«[27] Ein finsterer Spreekahn dient als Verbrecherversteck, in der Moabiter »Sahara« treffen sich im Mondschein entwichene Sträflinge, und der Hauptbösewicht, ein listenreicher geldgieriger Jude und vielfacher Raubmörder, findet seinen letzten Zufluchtsort in einer Erdhöhle am Rande Berlins. Zwischen den Höhlen des Lasters und des Verbrechens gibt es Verbindungswege: das oft detailliert angegebene Straßennetz von Berlin. Hier schleichen sich die Verbrecher zu den Tatorten; hier fliehen sie vor ihren Verfolgern in die Verstecke zurück: Berlin als Dickicht, durchsetzt mit den Brutstätten des Lasters und den Schlupfwinkeln der Spieler, Zuhälter, Hehler und Mörder.

Auch in August Brass' »Mysterien von Berlin« ist die beschworene Unterwelt nicht nur metaphorisch zu verstehen. Die in der Vorrede angekündigte »treue Schilderung von dem bewegten Treiben dieser großen Stadt« führt schon bald von einem Etablissement in der Judengasse in die dunkleren Stadtviertel. Über die Lindenallee, die Kleine Wilhelmstraße und die Marschallbrücke führt der Weg zur Karlstraße, wo der Held, ein ungarischer Baron mit wechselvollem Schicksal, unfreiwillig zu dem Versammlungsort der Verbrecherwelt gelangt, einem »Kellergewölbe«, das an den Garten der »Thie-

rarzneischule« stößt. Das »Treiben dieses unterirdischen Ortes«[28] weist die rotwelschenden Ganovenbünde als Gegenwelt mit einer eigenen Ordnung aus. Da werden Wohltätigkeitsfeste für die Angehörigen von Berufskollegen arrangiert, die der Justiz zum Opfer gefallen sind. Und der Nachwuchs erhält geregelte Lehrstunden in zukunftsträchtigen Gewerben wie dem Falschwechseln oder dem Taschendiebstahl.

Die geheimen Gesellschaften des Bundes- und Schauerromans, die den Lesern des 18. Jahrhunderts lustvolles Grauen zu bereiten wußten, kehren in den »Geheimnissen« des 19. Jahrhunderts wieder – moderner nun, nicht mehr als unheimlich-okkulte Orden, deren Rituale den Freimaurerlogen entlehnt sind, sondern als weitverzweigte Verbrecherorganisation, deren Ziele auf den sehr profanen und im Zeitalter des Kapitalismus auch höchst aktuellen Zweck des reinen Gelderwerbs gerichtet sind. Nichtsdestoweniger greifen die jeweiligen Oberschurken, in der Regel Adlige oder Großbürger mit einem »zweiten Gesicht«, mit den Mitteln der Intrige, der Entführung und vor allem des Kindestausches bzw. -raubes tief in die dergestalt aufs äußerste bedrohte Welt scheinbar geordneter Sozialbezüge ein.

So mächtig und geheimnisvoll wie die Bünde des 18. Jahrhunderts ist die moderne Verbrecherwelt allemal. Zudem ist sie den Bürgern nun gefährlich nahe gerückt. Trafen sich die Bundesmitglieder noch bevorzugt in den unterirdischen Gewölben ferner Ritterburgen und Ruinen, so ist der Schauplatz des Geheimnisses nun die Stadt. In unmittelbarer Übertragung der dämonischen Innenarchitektur einer Bundes-Burg auf die moderne Großstadt verwandeln sich der schmale, geheime Gang, die finstere, kleine Treppe, die verborgene Tapetentür in ein Geflecht dunkler Gassen, versteckter Eingänge und verborgener Fluchtwege. Die erschreckende Weitläufigkeit des Burginnern, das Grausige der verworrenen Vielgestaltigkeit dieser Räume finden in der Topographie der Großstadt ihr zeitgemäßes Abbild.

Anders als in Sue's »Geheimnissen«, in denen die lokalen Einzelheiten und Zusammenhänge des Schauplatzees »Paris« nur eine geringe Rolle spielen, werden die Orte des Geschehens in den Berliner Adaptionen genau lokalisiert. Schließlich galt es das Mißverständnis auszuräumen, es handele sich bei den geschilderten Ereignissen um pure Fiktion. »Und dieses Buch ist und soll kein Roman sein«, beteuert Brass und weist an anderer Stelle noch einmal nachdrücklich auf sein Versprechen hin, den Leser »nicht mit haarsträubenden Entsetzlichkeiten, die von vorn herein den Stempel der Unwahrscheinlichkeit tragen, zu unterhalten, sondern die Wirklichkeit zu schildern, diese oft weit schrecklichere Wirklichkeit, welche die Phantasie des Dichters erfindet.«[29]

Zur Wirklichkeit Berlins gehörten daher vornehmlich die Gassen, in die der gesittete Bürger selbst am Tage kaum den Fuß hineinzusetzen wagte. Wahrhaft infernalische Qualitäten werden jener »engen, übelaussehenden Gasse« zugeschrieben, »deren trübselige Häuser auf dem Platze erbaut sind, welchen ehemals die Stadtmauern Berlins einnahmen«, der »Königsmauer« zwischen Kloster- und Friedrichstraße.

»Wenn man an einem vielleicht bevölkerten Tage bei dieser Gasse vorbeigeht, und einen Blick hineinwirft in diese dunstige, stinkende Luft, die dicht zusammengeballt, träge und schwer über der Erde hängt, hält man unwillkürlich den Athem an, um diese widrige Atmosphäre nicht einzusaugen, und die hohen, finstren Häuser, die zu beiden Seiten des Eingangs stehen, sehen mit stummen Ernste auf den Eintretenden nieder und scheinen sich oben zusammenzuwölben, als wolllten sie dem Tageslicht den Zugang versperren, damit ewige Dusterheit über diesem widerwärtigen Ort brüte.« Erst in der Nacht beginnt hier das eigentliche Leben. »Da flimmen die Gaslaternen trübe und unstet wie Irrlichter durch die nebelgraue Nachtluft, da erleuchten sich diese niedrigen breiten Fenster und wüstes, lautes Lachen und Geschrei, der Gesang einer heiseren Stimme, von dem Ton einer verstimmten Guitarre begleitet, zuweilen auch der Lärm einer Schlägerei, tönt aus diesen Höhlen des Lasters hervor.«[30]

Die Gasse als finsterer Hohlweg, der seinerseits Höhlen beherbergt, unter denen sich wiederum »trüb aussehende, tief belegene Keller« befinden: von dort, aus dem unterirdischen Berlin, quellen die ruchlosen Taten, die die Gesellschaft bis in die glänzenden Kreise der Adligen und Großbürger erzittern lassen.

Die »Geheimnisse« der Großstadt zu enthüllen, das bedeutete, neben der Welt des Verbrechens und des Lasters auch die des Elends aufzusuchen. Dem sozialpolitischen Engagement Sue's folgend, geben auch die Berliner »Geheimnisse« herzzerreißende Bilder des unverschuldeten Elends der leidenden und arbeitenden Bevölkerung. Die feuchte Kellerstube des unablässig arbeitenden Webers mit seiner schwindsüchtigen Frau und den hungernden Kindern oder das berüchtigte Voigtland, das Armenviertel vor dem Hamburger Tor, werden zu bevorzugten Schauplätzen des Geschehens.[31] Zum »Kampf gegen die Unsittlichkeit des Reichthums, überhaupt gegen alle die Institutionen, auf welche das unverschuldete Elend des Proletariats zurückgeführt werden muß«, bekennt sich denn auch der Autor jener »Geheimnisse« aus den »Papieren eines Kriminalbeamten«.[32]

Aufklärung, detektivische Spurensuche im Dickicht der Großstadt versprachen die »Geheimnisse« schon durch ihren Titel. Und sie bedienten die geweckten Erwartungen: nicht rational-analytisch, sondern in Projektionen und Wunschbildern erzählend, die emotional unmittelbar einleuchteten. Personifiziert in bestimmten Personen oder Personengruppen, die als teuflische Verschwörer und notorische Bösewichte figurierten, wurde das undurchschaubare gesellschaftliche Getriebe, das gleichermaßen unerklärlich Glanz wie Elend produzierte, faßbar. Dennoch hatten die »Geheimnisse« an Bereiche gerührt, in denen Unkontrollierbares lauerte. Die Lust am Unheimlichen und Lasterhaften barg einen bedrohlichen Rest. Darüber konnten weder die Anklage der gesellschaftlichen Verhältnisse als Motor des Verbrechens noch die vielbeschworene Unschuld und moralische Standhaftigkeit der armen, arbeitenden Bevölkerung hinwegtäuschen.

Die »Höhlen des Elends« waren ein bedrohliches Terrain. Nicht umsonst galt das »Voigtland« als »eine Stadt für sich«.[33] »Von hier aus ziehen jeden Morgen ganze Horden räuberischen Gesindels durch das Hamburgerthor in die Stadt hinein und verbreiten sich wie die Pest, über alle Theile derselben. Von dem Leben und Treiben, welches in diesen Höhlen herrscht, in denen die tiefste Hefe des Volkes zusammengepreßt ist, vermag sich der Leser, welcher sich auf seinen weichen Kissen wohlgefällig streckt, kaum einen Begriff machen.«[34]

Der Schauerroman als Berliner Wirklichkeit

In der Hefe des Volkes und nicht nur hier gärte es. Spätestens im März 1848 war – aus der Sicht der Konservativen – das Unkontrollierbare wie ein Gespenst aus den Untergründen Berlins hervorgequollen und hatte sein barbarisches Gesetz der »Anarchie« errichtet, »die roheste, ekelhafteste Pöbelherrschaft, eine Herrschaft der Hefe der Bevölkerung«, die »Entsetzen und Ekel zugleich einflößte«.[35] Für einen königstreuen Autor wie Alexander von Ungern-Sternberg war es klar, wer zu den Anstiftern dieses Unheils gehörte. »Es waren die Männer, die sich mit unfruchtbaren Systemen, mit dem endlosen Schreiben von Journalartikeln, mit dem Verfassen von Broschüren nicht abgeben, sondern in die kleinen Schenken und Tabagien hinabsteigen, und dort den Bodensatz der Bevölkerung einer großen Stadt aufrührten«:[36] eben Autoren vom Schlage der Geheimnis-Literaten, von denen ja zumindest Braß selbst mit auf den Barrikaden gestanden hatte.
Den »scheußlichen Exzessen«, denen sich diese Schreiber »in den Höhlen der Pestkranken unserer Zivilisation« hingaben,[37] widmet Sternberg eine bemerkenswerte literarische Imagination. Ein Dialog zwischen jenem »Bodensatz der Bevölkerung« und ihre Agitatoren: »Was wollen wir tun? – ›Ihr sollt ihre Peiniger schlachten, ihr sollt in ihrem Blut euch baden!‹ antworten ihnen die Literaten. ›Wer sind unsere Peiniger?‹ ›Die Rei-

chen‹. ›Gut! Wir wollen sie schlachten, wir wollen in ihrem Blut uns baden.‹ (...) Diese Bärte, die jetzt von Branntweinfluten tropften, konnten auch von Blut tropfen.«[38]
Keine Frage, die Literaten trugen mit Schuld daran, daß aus jenen Höhlen, die sie aufgesucht hatten, die Leidenschaften so gefährlich hervorbrachen. Und die Agitatoren setzten ihre Wühlarbeit in den Untergründen Berlins fort. Diese Geheimnisse zu enthüllen, Geheimnisse, die weit gefährlicher erschienen als die der Berliner Verbrecherwelt, war das

Paul Gruhlich: Dämon Berlin

Ziel der unter dem Pseudonym W. Piersig 1846 erschienen »Mysterien der Berliner Demokratie«.
»Demokratie! – Das ist jetzt der Deckmantel, worunter jene alle Länder durchwühlende, alle Völker aufhetzende, auf den Umsturz aller Staaten hinarbeitende Partei ihr hochverrätherisches Treiben verbirgt ...«[39] Aus »dem Abgrunde, wo sie rastlos ihre höllischen Pläne brütet«, weiß der Autor Schauerliches zu berichten. »Die rothen Republikaner in Paris

im Jahre 1848 waren weiße Menschenfresser Europas in der Mitte des neunzehnten Jahrhunderts!«[40] Und neben »Plünderung der Reichen, Mordbrennerei und systematischer Hinrichtung aller Gemäßigten« verfolgen sie einen noch weit höllischeren Plan: »die Frauen und Töchter der Reichen und Adeligen öffentlich zu nothzüchtigen, um so, wie sie sagten, das vornehme Geblüt für immer zu vergiften und gemein zumachen!«[41]
Nun sind die Berliner Demokraten trotz all der konspirativen Verbindungen zu den Republikanern bisher noch vor diesen Maßnahmen zurückgeschreckt. Aber ihre »geheimen Absichten« sind ohnehin schrecklich genug. Der königlichen Familie droht die Ermordung. Die Köpfe der Minister sind bereits »proscribiert«, ebenso wie die Häuser der Großbürger, für die »haufenweise vorräthige Pechkränze« bereitliegen. Sämtliche Bankiers sollen beraubt werden. Und all jenen, die überhaupt etwas besitzen, droht ein ähnliches Schicksal durch das Vorhaben, »die Masse der Armuth durch planmäßige Untergrabung des Wohlstandes, durch permanente Unruhe und die daraus erfolgende Zerrüttung des Kredits bis in's Ungeheure zu vermehren.«[42]
Der Autor kennt die Namen der Verschwörer, weiß die Hintermänner und Verbindungsleute zu nennen und kann sogar die Häuser angeben, in denen jene Pechkränze in den März-Tagen gelagert wurden. Wer hier so gewissenhaft die Aufdeckung der geheimen Umtriebe in Berlin betreibt, heißt mit bürgerlichem Namen Herrmann Ottomar Friedrich Goedsche, Postsekretär a.D. und Redakteur des von ihm konzipierten »Zuschauers«, der überaus erfolgreichen Klatsch- und Sensationsspalte der »Kreuzzeitung«, die in ihrem Potpourri aus Hofnachrichten, Meldungen von Verbrechen und gesellschaftlichen Ereignissen auch das jeweils Neueste über die demokratischen Verschwörungs- und Umsturzpläne bis zu beobachteten Wollüstlinge zu berichten wußte.[43] Dort enthüllt Goedsche auch weitere Einzelheiten aus dem geheimen Treiben der Hauptstadt. So schmiedet ein »Berliner Todtenbund« seine finsteren Pläne, dessen Name ebenso schaurig ist wie seine Devise:

»T.F. = Tod dem Fürsten«. Jeder neu in den Bund Aufgenommene müsse schwören – so die Kreuzzeitung –, »daß ihn weder Familien- noch andere Bande abhalten sollen, alles auszuführen, wozu ihn seine Führer, durch Beschluß der Majorität des Bundes aufgefordert, benutzen wollen...« Die vornehmste Verpflichtung jedes Mitglieds sei es, »alle vierzehn Tage eine Person als der Demokratie gefährlich anzuklagen, über welche dann Gericht gehalten werden müßte«.[44]

In einer gesonderten Publikation unter dem vielversprechenden Titel »Das schwarze Buch« wußte Goedsche noch näheres über das Verfahren dieses Bundesgerichtes mitzuteilen. »Der Antrag von drei Mitgliedern brachte jede Person zum Gericht und ihr Name wurde alsdann in der Liste schwarz unterstrichen. War die Majorität für den Tod, dann wurde der Name mit einem † vorgezeichnet, der Betreffende war alsdann gerichtet und bei erster Gelegenheit dem Tode geweiht.« Bruchstücke einer angeblich vorgefundenen »Proscriptions-Liste« wiesen für neun Berliner Straßen bereits 100 zukünftige Deliquenten aus. Die Guillotine sollte auf dem Dönhoffsplatz errichtet werden, und bei anderen Gelegenheiten gab es auch probate Mittel: »Beim Volksauflauf Messer oder Strick.«[45]

Der Schauerroman hatte die Berliner Wirklichkeit eingeholt – oder vielmehr: die Wirklichkeit ließ sich nicht mehr von den imaginären Bildern unterscheiden, die aus dem Dickicht der Stadt erwuchsen. Aus der organisierten Verbrecherwelt war der Geheimbund finsterer demokratischer Verschwörer geworden, die nichts weniger beabsichtigen als die blutige Schreckensherrschaft ungezügelter anarchisches Leidenschaften. Das Proletariat war all seiner beruhigend mitleiderregenden Züge beraubt. Allein der tierische Instinkt drohte übermächtig aus den Höhlen des Elends auszubrechen. Und selbst die »Galanterien«, die sich in dieser Stadt verbargen, verkehrten ihre lustvolle Seite in den Alptraum einer »öffentlichen Nothzüchtigung«. Das Verdrängte quoll bedrohlich aus den Gassen und Winkeln Berlins, die Welt geordneter Normen und Sozialbezüge zersetzend.

Als einer der führenden Demokraten, der Obertribunalrat Waldeck, angeklagt der Mitwissenschaft von Umsturz- und Königsmordplänen, nach sechsmonatiger Haft 1849/50 vor Gericht gestellt wurde, erfuhr die Inszenierung der Kolportage ihren Höhepunkt. Waldeck sollte zu den maßgeblichen Verschwörern jenes »Todtenbundes« gehören. Als Beweisstücke figurierten neben einer roten Schärpe, die die Bundesmitglieder bei ihren konspirativen Treffen tragen sollten, auch ein angeblich von dem Oberverschwörer d'Ester verfaßtes Dokument. Ein besonders drohender Passus war mit Blut geschrieben – d'Esters ureigenstem Blut, wie die Anklage behauptete. Wenn Waldeck schließlich auch freigesprochen werden mußte und sich das Dokument als Fälschung erwies, der Glauben an die schwarzen Pläne demokratischer Finsterlinge war damit noch lange nicht erschüttert. Immerhin hatte sich selbst der Minister Manteuffel des ominösen Dokuments bedient, um in der Kammer mit d'Ester abzurechnen. Die seriösen Berliner Bürgerblätter, die »Vossische« und die »Spenersche Zeitung«, hatten die sensationellen Enthüllungen Goedsches nachgedruckt. Und schließlich wurde auch Friedrich Wilhelm IV., der sich regelmäßig aus Goedsches Sensationsspalte vorlesen ließ, nicht irre in dem Glauben, daß feige Verschwörer nach seinem Leben trachteten. Wenn die geheimen Verbrecherpläne im Prozeß nicht aufgedeckt werden konnten, dann nur, weil sie eben so geheim waren, daß selbst der wohlorganisierte Kriminal- und Justizapparat der Hauptstadt versagen mußte.

Zwischenspiel: Enthüllungen und andere Geheimnisse

Doch die Verhältnisse beruhigten sich wieder. Gott, König, Vaterland, Militär, Disziplin, Ordnung und Fleiß: die Restauration räumte mit dem märzlichen Spuk und seinen Nachwehen auf. Auch der Bürger konnte wieder voll Vertrauen in die Zukunft blicken und sich jenen Geheimnissen der Stadt zuwenden, die we-

niger bedrohlich waren. Schon bald, 1853, erschien ein Nachzügler des Geheimnis-Booms: »Berlin ohne Dach. Berliner Mysterien«, der Bekanntes wiederholte. Zugkräftig blieb die Koppelung des Titels der »Geheimnisse« mit dem Namen ihres bevorzugten Schauplatzes auch weiterhin. In Berlin gab es einiges zu enthüllen und wenn es auch nur die Pikanterien des Berliner Nachtlebens waren, die – unter dem Geheimnis-Titel firmierend – die Bedürfnisse des sittenstrengen Bürgers nach lustvollen Einblicken in den Sündenpfuhl der Hauptstadt bedienten. »Berlin bei Tag und Nacht oder die Geheimnisse von Berlin« (ca. 1886), »Die Geheimnisse einer Weltstadt oder Sünderin und Büßerin« (1871), »Mysterien der galanten Frauen Berlins« (ca. 1875) oder »Berliner Leben. Enthüllte Geheimnisse der Weltstadt« (ca. 1890) sind nur einige dieser Enthüllungen besonderer Art versprechenden Titel.[46]

Die großen Verschwörungen im Untergrund – einschließlich der unterirdischen Verließe und Geheimgänge – waren vorerst anderen Orten vorbehalten: der nicht genauer lokalisierbaren »unterirdischen Zentrale« des »Bundes der Unsichtbaren«, der von dort weltweit Revolutionen und Kriege anzettelte, den unterirdischen Gewölben der »Mördersekte der Thugs« in Indien oder den unterirdischen Schächten des »Klosters der Lebendigbegrabenen« in Italien. Der hier äußerst publikumswirksam die realen Geschehnisse der Welt als Folge finsterer Intrigen des jesuitischen Ultramontanismus, revolutionärer Geheimbünde und einer jüdischen Weltverschwörung interpretiert, ist kein anderer als Friedrich Goedsche, der – seit 1855 unter dem Namen »Sir John Retcliffe« schreibend – zu einem der meistgelesenen Kolportageautoren des 19. Jahrhunderts avancierte. Sein Berlin ist im Zeichen der erstarkenden Macht Preußens zum unerschütterlichen Bollwerk geworden, durch das legitime Königtum von Gottes Gnaden gegen die perfiden Intrigen der internationalen Verschwörungen gefeit. Zwar tummeln sich auch hier immer noch rotwelschende Räuberbanden, betreiben Jesuiten, Demokraten, Liberale und Juden als Werkzeuge einer verschworenen Internationale die Schwächung Preußens; doch müssen alle Unterwanderungsversuche an dem letzten Rettungsanker der Welt, der preußischen Krone in Berlin, scheitern – ein Bild Berlins, das sich in verwandter Form auch in den Kolportageromanen Karl Mays findet.

Das Unheimliche und Unterirdische wurde weitgehend ausgelagert, in exotische Ferne verwiesen oder allenfalls noch in anderen europäischen Hauptstädten aufgesucht. Eine Möglichkeit, sich des lustvoll begehrten Schauderns zu versichern und dennoch von Berlin zu reden, bot die ohnehin in Mode gekommene historische Erzählung. »Die Geheimnisse von Berlin oder die Gründer auf dem Molkenmarkt. Historische Erzählung aus den dunkelsten Tiefen über das Treiben der Kaiserstadt« (ca. 1870) oder auch »Berlin im schwarzen Rahmen. Erzählungen aus dem alten und neuen Berlin« (1860 – 62) lieferten Gruseliges und Erbauliches aus vergangenen Zeiten.

Doch Berlin, inzwischen zur Millionenstadt angewachsen, produzierte Abgründe, denen auf Dauer auch die gründerzeitliche Fassade nicht standhalten konnte. Es waren die Naturalisten, die in den 80er Jahren wieder die »unansehnlichen Gassen«, die »abgelegenen Winkel«, die »tief unter der Erde gelegenen Kellerstuben«, kurz: die »Höhlen des Elends« aufsuchten.[47] Die von Max Kretzer oder in weit sensationellerer Manier von Athur Zapp beschworenen Nachtseiten der Reichshauptstadt öffneten wieder den Blick für die Abgründe Berlins. Aber das ungebändigte Ausphantasieren dieses anderen Berlin, unzensiert durch ästhetische Ansprüche oder soziales Anliegen, blieb der Kolportage vorbehalten, die zunächst nichts weiter wollte als massenhaften Konsum.

Berlin – eine Phantasmagorie des Abseitigen

»Der Scharfrichter von Berlin«, der laut Selbstpreisung des Verlegers »von Millionen und aber Millionen« gelesen wurde,[48] holte die Schrecken und Lüste des Unterirdischen aus der exotischen Ferne wieder zurück zu einem Ort, der täglich von den Lesern erfahren wurde. Berlin wird zu einer Phantasmagorie des Abseitigen und Verdrängten. Doch zunächst zur Fortsetzung des Geschehens: »Wir hatten Krautz verlassen, als er das Beil über seinem Haupte schwang, und Olga, den Todesstreich erwartend, das Haupt auf den Block gelegt hatte. Aber als das Beil niedersauste, als ein dumpfer Aufschrei den Lippen der versammelten Männer entfuhr, da war Olga verschwunden, weder von ihr, noch von dem Block war eine Spur zu erblicken.«[49] Auch unterirdische Gewölbe haben ihre Falltüren, die ins Freie führen können. Auf ihrer Flucht durch die Nacht gerät Olga zu einem einsamen Bahnwärterhäuschen an der Strecke der Hamburger Eisenbahn. Doch gerettet ist sie damit keineswegs. Vergewaltigung droht ihr dort noch als das mindeste Übel. Im letzten Moment kann sie wiederum fliehen, gefolgt von dem lüsternen und erzürnten Bahnwärter. »Da – zwei große, feurige Augen strahlten durch das Dunkel der Nacht, kaum zwanzig Schritte waren sie von der Unglücklichen entfernt. (...) Der Zug brauste heran, die Lokomotive erfaßte eine weibliche Gestalt – ein einziger markerschütternder Hülfeschrei durchbrach die Stille der Nacht.«[50]

Der Leser kann das Heft in der schauerlichen Gewißheit weglegen, daß das grausame Schicksal dieses blühenden Mädchens endgültig besiegelt ist. 'Doch weit gefehlt. Schon im nächsten Heft finden wir sie im Spandauer Forst wieder, »da, wo das Gehölz am dichtesten ist und wohin sich fast nie der Fuß eines Spaziergängers verirrt, weil die Gegend hier von Morästen durchzogen wird«.[51] Gerade droht sie im »Höllenteich« zu versinken, als – buchstäblich in letzter Sekunde – der rettende Förster erscheint.

Die Handlung gehorcht nicht den Gesetzen der wachen Welt und ihrer Logik, sondern einem höchst anarchischen Prinzip, das seine Folgerichtigkeit aus einer tagträumenden Transformation des realen Berlins in sein wunschbesetztes Gegenbild bezieht. Sensation reiht sich an Sensation. Die Wünsche, die sich dergestalt artikulieren, erscheinen in merkwürdig verschobener Gestalt: als Gewaltphantasien in allen denkbaren Spielarten. Das andere Berlin ist ein Ort der fortwährenden Bedrohung – zumal für Frauen vom literarischen Typus der verfolgten Unschuld.

Die Wege solcher Opfer können sich auch kreuzen: etwa im Krematorium. Dort liegt die hypnotisierte Tochter des Polizeipräsidenten als Scheintote neben der nicht minder scheintoten Blumenmacherin, die – nach dem Raub ihres Kindes in eine todesähnliche Starre verfallen – bereits in der Totenkammer der Berliner Charité darauf warten mußte, von Studenten der Anatomie alsbald seziert zu werden. Der Weg der beiden Schönen – bald erwachen sie selbstverständlich aus ihrer Starre und verlassen den ungastlichen Ort – führt die eine geradewegs ins Arbeitshaus, die andere in ein Bordell. Die im Labyrinth der Stadt umherirrenden Mädchen sind unablässig Heimsuchungen ausgesetzt, in denen die restriktive Sexualmoral der Öffentlichkeit ihre verborgene Kehrseite produziert – in immer wieder neu phantasierten Kombinationen der Erotik mit Tod, Krankheit, Bedrohung, dem Bösen.

Die Unterwelt Berlins, die erst all diese begehrten Sensationen ermöglicht, ist auch hier eine organisierte Gegenwelt, ein mächtiger Geheimbund mit eigener Gerichtsbarkeit, mit der seinem Treiben – er stellt u.a. in unterirdischen Werkstätten gefälschte Goldmünzen in einem beinahe schon industriell optimierten Verfahren her – ebenso eine plausible Erklärung für all den sichtbaren »unrechtmäßigen« Reichtum liefert, wie er, durch finstere Intrigen in das politische Geschehen eingreifend, die undurchschaubaren Verwicklungen des Weltgeschehens erklärt: Enthüllungen auf allen Ebenen und vor allem im Souterrain.

Das unterirdische Berlin ist hier wahrlich keine Metapher mehr. Es gibt kaum ein Haus, das nicht über unterirdische Kellergewölbe und Geheimgänge verfügen würde. Das Haus des »Goldgrafen«, des adligen Überschurken der geheimnisvollen Verbrecherorganisation, weist dabei höchst praktische und effektvolle Installationen auf. So läßt sich mittels Ziehen einer Schnur ein Diwan bei Gelegenheit – etwa wenn sich hypnotisierte Damen darauf befinden sollten – in die unterirdischen Gewölbe desselben Hauses versenken. In dem geheimen Keller eines jüdischen Wucherers häufen sich die Goldbarren. Aber längst haben sich andere Finsterlinge einen noch geheimeren Zugang zu den Kostbarkeiten gegraben. Und das »Weiße Kaninchen«, das »verrufene Lokal« der Verbrecherwelt, das nicht nur mit seinem Namen auf Sue's Schenke im Gassenlabyrinth von Paris verweist, ist nicht nur ein schlichtes Kellerlokal.

In »der entlegenen Vorstand des Ostens« an »einer schmalen, ziemlich am Weichbild Berlins belegenen Straße« findet der Besucher abgewetzte Treppenstufen vor, die in ein zwar finsteres, aber anscheinend harmloses Lokal führen. Nur wenn er die Parole kennt, öffnet sich ihm eine geheime Tür hinter dem »Schänktisch«, die ihn in einen »schmalen, vollständig dunklen Gang« führt, in dem er »nur die Hände vor sich streckend und vorsichtig an der Wand vorbeistreifend vorwärts gelangen« kann. Nach einer Weile wird eine »Eisenthür« seinen Weg hemmen, die zu einem »kleinen, spärlich erleuchteten Zimmer« führt. Hier dringt dem Besucher allerdings schon »Lärmen, Schreien und Lachen« entgegen – aus einem »großen, durch mehrere Gaslampen hellerleuchteten Saal«, der durch eine verborgene Tapetentür zu erreichen ist: dem »Paradies« des »weißen Kaninchens«, in dem sich »vierzig bis fünfzig Personen« Exzessen der Trunksucht, des Spiels und der Wollust hingeben.[52]

Den »Höhepunkt« dieser Imaginationen einer Welt unter dem Pflaster der Großstadt bilden sicher die »unterirdischen Marterhöhlen« des Doktor Robin, der in seiner Irrenanstalt nicht nur unliebsame Personen verschwinden läßt, sondern ausgesuchte Opfer in verborgenen Kellergewölben verwahrt, um an ihnen schauerliche chirurgische Experimente zu vollstrecken. Die Leichname der Unglücklichen werden schließlich durch einen geheimen Gang geschafft und in der Spree versenkt. Es gibt nur eine Möglichkeit, den Schrecken dieses Ortes zu entweichen: die Berliner Kanalisation. Als gigantisches »Röhren-Labyrinth« erstreckt sie sich bis zu den Gewölben des

Doktor Robin. Stundenlang müssen die Fliehenden durch einsame Tunnel wandern, belästigt durch Ratten und bedroht durch flutartig ansteigende Wassermassen, bis sie durch die Oberwelt in Gestalt der Spandauer Rieselfelder erlöst werden.

Ob sich nun das Schreckliche in einer hermetisch abgeschlossenen Familiengruft auf dem »Kirchhof zum heiligen Georg« vollzieht oder in der glänzenden Etage eines Palais der Friedrichstadt, es gibt keinen Ort in Berlin, wohin nicht die Macht der Verbrecherwelt reichen würde. Die Berliner Polizei ist völlig hilflos. Erst nach 343 Seiten erwächst dem geheimnisvollen Goldgrafen ein ernstzunehmender

Gegenspieler. Franz Bristol, der »König der amerikanischen Detektive«, trifft auf dem Bahnhof Friedrichstraße ein, eigens importiert, um den Machinationen der Berliner Verbrecherorganisation auf die Spur zu kommen. Doch auch diese Gestalt, von einem legendären Ruf begleitet und mit allen Insignien detektivischer Machtvollkommenheit ausgestattet, bleibt über weite Strecken dieses Kolportagewälzers völlig blaß gegenüber seinem Hauptwidersacher, der als »Goldgraf«, alias Graf Marco oder auch Graf Collmar, in Verkehrung der Vorzeichen jenen charismatischen Glanz ausstrahlt, den einst Sue's Rudolph von Gerolstein besessen hatte. Er ist es, der nun im Zeichen des Bösen in immer neuen Verklei-

dungen unerkannt in der Ober- wie Unterwelt Berlins sein Unwesen treibt und eben auch den »König der Detektive« immer wieder zu düpieren vermag.

Und all dieses unglaubliche Geschehen sollte sich tatsächlich in Berlin begeben? Der Leser, den diese Frage beschäftigte, erhielt ausreichend Antwort. Zwar nannte der Autor nicht den genauen Ort, wo sich nun in der Friedrichstadt das Palais des Grafen Marco befand. Auch die Verbrecherkneipe »Zum weißen Kaninchen« war nur ungefähr lokalisiert. Aber da waren ja die berüchtigte »Spielhölle« der Madame La Bourde im Gartenhaus der Bülowstraße Nr. 172 oder die gewissenlose »Engelmacherin« im vierten Stock des Hinterhauses Ackerstraße Nr. 24 oder der berühmte »Geisterseher« in der Kanonierstraße.

Zudem verbürgte die Gestalt des Scharfrichters Julius Krautz Authentizität. Aus seinen »Acten und Aufzeichnungen« war der Roman erstellt; und die detailliert wiedergegebene Ausführung seines Handwerks vollzog sich an Verbrechern, deren Namen und Fälle dem Leser noch hinlänglich aus vergangener Zeitungslektüre vertraut gewesen sein dürfte.

Die tagtraumförmige Verwandlung der Berliner Realität mit all den sensationellen Unwahrscheinlichkeiten einerseits, die zeitgeschichtliche und lokale Verortung des Geschehens mit dem Anspruch auf Wahrhaftigkeit andererseits: dies war ein explosives Gemisch, das um so gefährlicher schien, als hier das Vertrauen in die gütige Vorsehung und einen wohlfunktionierenden Staatsapparat gründlich unterminiert wurde. Für die im Elend Lebenden war keine Erlösung in Sicht. Der Glanz des Bösen überstrahlte alle Rettungsversuche. Der Polizeiapparat versagte, und der höllische Gegner triumphierte.

Übrig blieb ein Syndrom von Bedrohung, Flucht und erneuter Bedrohung, das sich anarchisch der Welt geordneter Sozialbezüge verweigerte und einen Alptraum der Hauptstadt zutage förderte, eine Mythologie Berlins mit allen Schrecken und Wundern, die im Unterbewußtsein ihrer Bewohner und Bewunderer lebten.

Der »Lieblingsschriftsteller des deutschen Volkes«, wie Victor von Falk nach seinem Sensationserfolg annonciert wurde,[53] sprach den Bemühungen aufklärerischer Volksliteratur-Apostel Hohn. Die Reaktionen waren entsprechend. Verschiedene Lieferungen wurden beschlagnahmt. In der bald darauf einsetzenden »Schundliteratur-Debatte« wurde der »Scharfrichter« als gefährlichstes Machwerk seines Genres zitiert und für mehrere Verbrechen verantwortlich gemacht, die nach seiner Vorlage begangen sein sollten. Und noch lange nach der Jahrhundertwende galt der »Scharfrichter von Berlin« in den einschlägigen Publikationen zur »Schundliteratur und ihrer Bekämpfung« als *das* Paradigma höchst gefährlichen literarischen Unwerts. Die vielzitierten »Unsittlichkeiten« dieses Romans waren es wohl weniger, die die staatlichen und kulturellen Ordnungshüter dermaßen in Harnisch brachten, sondern die Schrecknisse des Unterirdischen,, die in Gestalt einer anarchischen Phantasieproduktion in die Oberwelt drängten.

Doch mochten sich manche Berliner auch beunruhigt fühlen über das, was dort unter ihrem Pflaster blühte, die Kolportage hatte wieder einen bevorzugten Ort für ihre nichtswürdigen Imaginationen entdeckt. Schon bald nachdem sich der überwältigende Erfolg der ersten Lieferungen des »Scharfrichters« abzuzeichnen begann, kamen die »Berliner Nachtstudien« heraus. Nur wenige Monate später erschienen die ersten Lieferungen der »Nachtgesellen von Berlin«, die »Berlin,, die Millionenstadt und ihre Geheimnisse« zum Gegenstand hatten, ein – wie es der Verleger anpries – wahrlich »unerschöpfliches Thema«.[54] Ähnlich dachte auch Victor von Falk und lieferte als Nachfolge seines »Scharfrichters« prompt »Die Geheimnisse von Berlin oder in den Höhlen des Elends«. »Die Nachtwandlerin von Berlin« oder auch der »Kinderschlächter von Berlin«: in Kombination mit Abseitigem oder Geheimnisvollem war Berlin ein Reizwort, das Absatz versprach.

Im fin de siècle, das ohnehin die morbiden Nachtseiten der Gesellschaft zu goutieren wußte, erlebte das Bild Berlins als Ort einer bedrohlichen-lustvollen Gegenwelt seinen Höhepunkt. Hans Ost-

wald durchforstete Kaffeehäuser, Spielerkneipen, Tanzlokale, beobachtete die »dunklen Winkel in Berlin«, liefete »Berliner Nachtbilder« und stellte schließlich – nach der Jahrhundertwende – gar eine zehnbändige, sensationell aufgemachte Untersuchung über das »Berliner Dirnentum« zusammen. Sicher nicht ohne Grund zog Berlin in diesen Jahren Schriftsteller wie Stanislav Przybyszewski an, der hier seine »Totenmesse« oder den Roman »Satans Kinder« schrieb, Werke, die in ihrer überhitzten Folge von Tagträumen und Assoziationsketten wie in ihrer Feier des Abseitigen und Dämonischen im deutschen Sprachraum nicht ihresgleichen haben.

Die Geschichte der Geheimnisse von Berlin ist im wesentlichen eine Geschichte des 19. Jahrhunderts. Das Bedürfnis nach Enthüllungen war auch eine Reaktion auf die immer unüberschaubarer werdende Welt, eine Reaktion auf das Neue der Großstadterfahrung, auf die ungeheuren sozialen Umwälzungen, die – je nach Perspektive – bemitleidenswertes Elend oder einen bedrohlichen »Bodensatz« produzierten, und die andererseits auch die Phänomene eines schier unerklärlichen neuen Reichtums anderer Bevölkerungsgruppen hervorbrachten. Bei all dem konnte es nur mit unrechten Dingen zugehen, und die sensationellen, nicht-rationalen Erklärungsmuster vor allem der Kolportage zeichneten ein Bild

der Stadt, in das sowohl das Beunruhigende der Sozialerfahrungen einging wie in ihm all jene Lüste aufgehoben waren, die durch die prohibitive Sexualmoral des 19. Jahrhunderts ohnehin in das Feld des Geheimnisvollen verwiesen wurden.

Das 20. Jahrhundert – Ausblicke

In der Literatur der Moderne ist schon zu Anfang des 20. Jahrhunderts der Bruch mit dem alten geheimnisvollen Bild der großen Stadt deutlich spürbar. Der Expressionismus bricht mit Vehemenz – in Wort wie in Bild – das im »Unterirdischen« Verdrängte auf und setzt den Geheimnissen der Stadt seine Vision von Unruhe und Chaos als ein neues Lebensgefühl entgegen. In der Massenliteratur jedoch und in dem neuen Massenmedium »Film« lebte das andere, verborgene Berlin bis in die zwanziger Jahre weiter.

In den Jahren nach dem ersten Weltkrieg, in denen der deutsche Film- und Kinomarkt beinahe explosionsartig expandierte, bestand die Masse der Kinoware aus Sensationsfilmen, die nicht nur die Motive der Kolportage, einschließlich der »unterirdischen« Schauplätze, adaptierten, sondern auch die Form der Handlungsfolge in Fortsetzungen übernahmen. Als »Dr. Marbuse« in Fritz Langs zweiteiligem, 1922 uraufgeführtem Sechsstundenepos sein Unwesen in der Berliner Gesellschaft zu treiben begann, waren die Geheimbünde auch für den Film kein unbekanntes Thema mehr. Mabuse war die moderne Version eines Grafen Marco aus dem 19. Jahrhundert: kein Adliger mit dunkler Vergangenheit mehr, sondern ein angesehener Psychoanalytiker bürgerlicher Provenienz, der aber mit den gleichen Requisiten und mit der gleichen bedrohlichen Machtvollkommenheit des Bösen sein gefährliches Spiel in der Hauptstadt trieb. Auch er ist der Anführer einer weitverzweigten Verbrecherorganisation, kann unerkannt in vielen Masken und unter vielen Namen auftauchen, manipuliert die Börse und die Politik. Und auch er verfügt über die geheimnisvolle Kraft der Hypnose, um die Opfer in seine Gewalt zu bringen. Die Beletage weicht einem Zimmer im »Excelsior«, aber ansonsten sind die Orte vertraut: das Amüsierlokal, die Spelunke, der Spielklub, die unterirdische Falschmünzerwerkstatt. Und merkwürdig vertraut ist auch das Bild der Stadt – eine unheimliche, kulissenhafte Gegenwelt mit grellen Effekten von Licht und Schatten.

Doch die Berliner Unterwelt der zwanziger Jahre gebar nicht nur Monster, sie forderte auch die großen Detektive heraus. Einer ihrer berühmtesten Vertreter war Tom Shark. Ursprünglich ein von Alwin Neuß verkörperter Held einer Stummfilmserie, später als »Kriminalkommissar Shark« die Unterwelt das Fürchten lehrend, erreichte er den Gipfel der Popularität, als er 1928 zum Titelhelden einer Heftchenserie avancierte.

Tom Shark, der »König der Detektive«, wie er im Untertitel annonciert wurde, war nach langen Jahren aus Amerika in die Stadt seiner Jugendjahre zurückgekehrt – nach Berlin. In der Wallotstraße, zwischen Königsallee und Halensee, hatte er sein Domizil – selbstverständlich mit unterirdischem Geheimgang und verborgenem Kellergewölbe. Von dort wurde er zum Polizeipräsidium am Alexanderplatz gerufen, wenn wieder einmal ein Fall für den zuständigen Kommissar unlösbar schien. »Das Geheimnis der Jagowstraße«, »Die Nordpiraten von Berlin«, »Ratten der Unterwelt«, »Der Herr des Friedrichshains«, »Die Mitternachtsbande«, »Der Mann aus der Spree«: Berlin war ein gefährliches Pflaster, auf dem sich nur Meisterdetektive wie Tom Shark bewähren konnten – oder eben auch »Kriminale« vom Schlage eines Kommissar Lohmann.

Lohmann, der bärbeißige Kommissar des Morddezernats am Alex in Fritz Langs »M«, Gegenspieler der Berliner Ganoven und gleichzeitig fast familiär mit ihnen vertraut, war einer der letzten Vertreter des Gesetzes, die noch einer »wirklichen« Unterwelt gegenüberstehen durften, einer weitverzweigten, organisierten Welt des Verbrechens, die ihre Treffpunkte im Souterrain hat. Da stürzen anläßlich einer Razzia in den »Verbrechervierteln« Berlins die Ganoven, gewarnt, aus ihrem Kellerlokal die Treppe hoch, um den rettenden Ausgang zu erreichen.

Doch zu spät, Gegenschnitt, Stiefel für Stiefel fluten die Reihen der Gendarmen die enge gewundene Kellertreppe herunter. Dann folgen die Kriminalbeamten, und schließlich erscheint er selbst – Lohmann, ein Zerberus der Unterwelt, mit großem »Hallo« von den Ganoven begrüßt. So gemütlich es in diesem romantisierten Gaunermilieu auch zugeht, der Herr dieser Unterwelt darf nicht fehlen. Es ist hier ein wegen dreifachen Polizistenmordes gesuchter Verbrecher mit internationalem Betätigungsfeld, der größte Schränker »zwischen Berlin und Frisco«. Verkörpert durch Gustav Gründgens, taucht noch einmal die Gestalt des gefährlichen und machtvollkommenen Edelverbrechers auf, der zu befehlen versteht.

Die in diesem Film inszenierte Gleichwertigkeit zweier Welten, der organisierten Verbrecherwelt Berlins und der Staatsorgane, wurde oft als Prophetie auf das kommende Terrorsystem der nationalsozialistischen Herrschaft gedeutet. Beabsichtigt hat dies Fritz Lang sicher nicht. Ebensowenig ahnte er, daß sein Film zu einem großen Epilog auf einen Mythos werden sollte, der das Bild der werdenden Metropole Berlin mehr als hundert Jahre wesentlich beeinflußt hatte.

Als Langs Nachfolgefilm »Das Testament des Dr. Mabuse« im März 1933 – noch vor seiner Uraufführung – wegen »Gefährdung der öffentlichen Ordnung und Sicherheit« verboten wurde und auch »M« nicht mehr gezeigt werden durfte, als Tom Shark, zensiert durch die Reichsschrifttumskammer, die Unterwelt nur noch in exotischen Gefilden bekämpfen konnte und schließlich 1939 sogar germanisiert wurde (er hieß fortan Wolf Greif), da hatte eine andere Organisation von den Träumen des Unterirdischen Besitz ergriffen und sie in einen höchst realen Alptraum verwandelt.

Nach 1945 war kaum noch Bedarf nach Imaginationen einer »Gegenwelt« – zumal in den Regionen des realen Berliner Untergrunds. Die Kellerlöcher und U-Bahnschächte Berlins hatten Schrecken bereit gehalten, die jene der Kolportage lächerlich erscheinen lassen mußten.

Zur Erotik der Passage

Barbara Krull / Klaus Strohmeyerr

Der Rittmeister erspähte den Eingang der Passage von den Linden zur Friedrichstraße. Er hatte sich immer gern einmal das Panoptikum angesehen, er floh in den Ladeneingang. Aber es war, als sei er aus der Vorhölle in die Hölle geraten. Eine dicht gedrängte Menge schob sich unendlich langsam durch den strahlend erleuchteten Tunnel. In den Läden prangten riesige Ölschinken mit nackten Frauen, widerlich nackt, mit widerlich süßen, rosigen Brüsten. Unanständige Postkarten hingen in langen Wimpelketten überall. Es gab Scherzartikel, die einen alten Lüstling hätten erröten lassen, und die Schamlosigkeit der Aktfotos, die einem feucht flüsternde Männer in die Hand drückten, war nicht mehr zu überbieten.[1]

Trotz aller Anzeichen des Schreckens und des Abscheus, der Rittmeister war keineswegs zufällig und gegen seinen Willen in diese Gegend geraten. Fallada beschreibt in ›Wolf unter Wölfen‹ den Ausflug des Rittmeisters von Prackwitz nach Berlin als Ausdruck einer unbestimmten Sehnsucht nach Welt. Und aus dem Blickwinkel der Provinz ist allemal Berlin das Ziel der Inflationswirren von 1923.

So dicht wie die Leipziger und die Friedrichstraße im alten Zentrum beieinanderliegen, sich kreuzen, die vornehme Hauptgeschäftsstraße der Tagesbetriebsamkeit und die zwielichtige Hauptverkehrsstraße des Nachtlebens, so dicht scheinen auch die Angebote des Waren-

konsums und der sexuellen Befriedigung einander benachbart: die Schaufenster der modischen Welt und die Schaukästen der Variétes und Nachtlokale, die Leuchtreklame für die Extravaganzen der Kleidung wie der erotischen Verführung, die Personifikationen von Handel und Liebe, die Verkäuferinnen und die Kokotten, die Delikatessengeschäfte und die Bordelle, die Wäschegeschäftsauslagen und ihre offenherzigen Propagandistinnen. In diesem Bezirk scheint alles erotische Ausstrahlung zu besitzen und die Schaulust herauszufordern, scheinen alle der Sinnlichkeit zu huldigen; sie entfaltet hier ihre ganze Warenpalette. Das Auge schweift von einem Reiz zum anderen, wird das dominierende Sinnesorgan, das

mit Ungeduld verzehrt, was mit Berechnung zur Schau gestellt wird. Aber auch die anderen Sinne bleiben nicht unvermarktet.

Es ist, als wäre der einleitende Bummel durch die Leipziger Straße nur das Vorspiel des Eindringens in den Genitalbezirk der Stadt. Prackwitz wird von der erotischen Ausstrahlung der Stadt angezogen und unterliegt Schritt für Schritt ihren Verführungen. Mag ihm auch vorschweben, daß er nur in die Schaufenster hineinsieht, um seiner daheimgebliebenen Ehefrau eine Kleinigkeit mitzubringen, »etwas Seidenes oder eine Bagatelle mit Spitzen«, in Wahrheit fasziniert ihn das Fluidum des Sinnlichen, das diese Waren umgibt.

Es war eine Wonne, so etwas zu kaufen. Jedesmal, wenn er in einen solchen Laden trat, war alles noch leichter und duftiger geworden, noch zarter in der Farbe. Man konnte solche Höschen in einer Hand zu einem leichten, winzigen Ball zusammenpressen, und dann breitete es sich, leicht knisternd, wieder aus. Das Leben mochte noch so grau und trostlos geworden sein, Frauenschönheit schien immer leichter, zärtlicher, unirdischer zu werden. Solch ein Büstenhalter nur aus Spitzen...[2]

Das Höschen, der Büstenhalter werden zum Inbegriff der Verführung, doch Prackwitz bleibt nicht stehen auf dieser Stufe des Vorspiels, begnügt sich nicht mit der fetischistischen Sinnlichkeit der Dessous. Sie verheißen mehr, und so folgt er der erotischen Spur, dringt weiter in den Lustbezirk der Stadt.

Scheinbar nähert er sich dem Bazar der Reize nur widerwillig, kann nur mit Ekelgefühlen den Ausverkauf der Sinne beobachten, der sich vor seinen Augen vollzieht. Je mehr die Körper zum Zwecke der Anpreisung bloßgestellt werden, je mehr das Spiel mit der Sinnlichkeit offener Prostitution weicht, je mehr die erotische Atmosphäre entzaubert und auf ihren Geldgrund hinunter durchsichtig wird, desto mehr wird sein Bummel zu einer Flucht, allerdings einer Flucht nach vorn, bis er schließlich durch die Verlockungen der Schaufenster, durch das Spalier der Huren und Zuhälter am Passageneingang angekommen ist. Doch die Passage, das Zitat hat es offenbart, bietet keinen Schutz, im Gegenteil: *Aber es war, als sei er aus der Vorhölle in die Hölle geraten. Eine dicht gedrängte Menge schob sich unendlich langsam durch den strahlend erleuchteten Tunnel.*[3]

In der Passage wird die sexuelle Lust auf den Höhepunt getrieben. In der Beschreibung, wie sich die Masse durch den engen Kanal der Passage schiebt, inszeniert Fallada einen Koitus. Es ist wie ein Blick in die Tabuzone der Stadt. Der Zurschaustellung der Körper auf offener Straße, ihrem herausfordernden Verkaufsangebot folgt der Eintritt in den Intimbereich Passage. Prackwitz' Weg führt von der Warensinnlichkeit zur Ware Sinnlichkeit. Die Passage leistet dem sexuellen Verlangen Vorschub, in ihr ist die Warenwelt eng mit der Prostitution verklammert, in ihr findet die Vereinigung von Sexualität und Käuflichkeit ihren organischen Ausdruck. Im Zwielicht der Passagen ist die öffentliche Moral unterminiert, die Passagen ermöglichen ein Eindringen in den Körper der Stadt. Hier findet die Nachtseite der Stadt, die der Tagesrationalität abgewandte Triebseite, ihre Verlängerung, hier werden Tagträume erfüllt. In diesem Sinne sind Passagen Orte des Übergangs, transitorische Orte, definiert von der Logik des Kaufens und Verkaufens, bestimmt vom Leichtsinn der Schaulust, aufgeladen mit Sexualmetaphorik.

Die Passagen sind die Orte der käuflichen Scheinmoral der Moderne: Die von Zweckgedanken und Geld-Zeit-Relationen beherrschte Stadt, die das Tempo der industriellen Entwicklung spiegelt, drängt die Momente der Besinnung in die Käuflichkeit ab, lokalisiert die Sinnlichkeit als Kaufanreiz in unmittelbarer Nähe von Handel und Wandel.

Denn die Passagen, beispielsweise die Linden- oder die Kaiserpassage waren die zwielichtigen Orte, in denen die bürgerliche Fassade desillusioniert wurde. Hier sammelten sich ›Laster, Elend und Bettelei, Hunger, Betrug und Gift‹. Hier offenbarte sich das Leben der Hure Babylon, die ›Hölle‹ der Stadt (Fallada). Nicht nur Kokotten, Zuhälter, Transvestiten, Schwule, Matrosen hielten sich hier auf,

an den Hauswänden hockten Bettler und Krüppel, es gab hier Läden, die die offiziellen Straßen nicht zeigten. Kitschige Sexplundergeschäfte, Krimskramsläden, auch Souvenir- und Postkartenverkäufer, Greuelpanoramen neben dem Kaiserpanorama, Cafés, Friseurläden verwandelten die Passage in eine zerklüftete Gefühlslandschaft.[4]

Prackwitz' mit Gebärden des Abscheus vollzogene Flucht wirkte um so unglaubwürdiger, wenn man weiß daß das Passage-Panoptikum, das er »sich immer gerne einmal… angesehen (hatte)« als Höhepunkt seiner Attraktionen ein Anatomisches Kabinett hatte. Egon Erwin Kisch beschreibt die Steigerung der Attraktionen so:

Das Schönste von Berlin ist die Lindenpassage.
Das Schönste von der Lindenpassage ist das Passagenpanoptikum.
Das Schönste vom Passagenpanoptikum ist das Anatomische Museum.
Das Schönste vom Anatomischen Museum ist das Extrakabinett.
Das Schönste vom Extrakabinett ist – pst.[5]

Prackwitz' Pilgerfahrt gesteigerten Leidens ist scheinheilig angesichts der Zielstrebigkeit, mit der er seinen Bummel in die Lindenpassage einmünden läßt. Es ist allzu wahrscheinlich, daß auch er sich – zumindest unbewußt – von dieser topographischen Erregungsskala leiten läßt, nur daß sich die zunehmende sinnliche Anspannung bei ihm unter verkehrendem Vorzeichen zur Geltung bringt: Je größer der Druck, desto stärker die Unterdrückung, je heftiger das Begehren, desto rigider die Abwehr, bis er sich nur mehr mit Flucht vor den eigenen Begierden zu helfen weiß, mit Flucht aus der Passage, mit Flucht aus dem Sündenquartier Friedrichstraße, mit Flucht schließlich aus dem moralisch so verkommenen Berlin.

Im viertelstündlich wechselnden Rhythmus wurden Männer und Frauen in das Extrakabinett eingelassen, damit sie sich hier wechselseitig über anatomische Details des anderen Geschlechts Aufklärung verschaffen konnten. Dabei durfte sich ihre Schaulust hinter der Perspektive medizinischen Interesses geborgen wissen. Sie galt ja vorgeblich nicht dem Genitale selbst, sondern den Gefährdungen, die der Geschlechtslust durch venerische Krankheiten drohten, bzw. den biologischen Geheimnissen, die vorher im Körper verschlossen lagen und nun von der Medizin ans Tageslicht naturwissenschaftlich-analytischen Interesses geholt wurden. Höhepunkt dieser Entwicklung war der Bau eines Gläsernen Menschen, der Einblicke in den inneren Organismus des menschlichen Körpers ermöglichte und der interessierten Öffentlichkeit preisgab. Das Anatomische Kabinett bildete den Vorläufer dieses Gläsernen Menschen. Auch wenn es noch in den Kreis der Jahrmarktsattraktionen eingebettet war, spielte es doch immerhin mit dem Aufkärungsinteresse.

*Es ist alles echt oder lebenswahr, leibhaf-
tige Fötusse, die Entwicklung des Menschen von der Befruchtung bis zur Nor-
mal-, Steiß- oder Zangengeburt, Perfora-
tion oder Kaiserschnitt; Organe und so
weiter – alles bis aufs Haar genau in der
Rubrik ,Weibliche Geschlechtskrankhei-
ten' als erstes Schauobjekt das Hymen
oder Jungfernhäutchen angeführt, denn
von allen besagten Krankheiten ist diese
am raschesten heilbar. Sie ist selten und
man bestaunt das Objekt sehr. Allzulange
aber nicht, denn nur eine Viertelstunde
darfst du weilen, draußen scharrt schon
das andere Geschlecht.*[6]

Der von Fallada aufgezeichnete Weg von
der Warensinnlichkeit zur Ware Sinnlichkeit, von den Randzonen des Sexualbe-
zirks bis in ihr Zentrum, gipfelt nicht in
der Zurschaustellung der Geschlechts-
teile an sich, sondern in der Zurschaustellung der erkrankten Genitalien. Sexualität unter den Bedingungen der Großen
Stadt, unter den Bedingungen der immer
noch nicht restlos beseitigten ›wilhelmi-
schen‹ Sexualmoral erscheint als geldför-
mige, widernatürliche, ekelerregende
Attraktion. Der Bummel hätte, wäre
Prackwitz nicht vor dem aufdringlichen
Verhalten und den provozierenden Gebärden der Transvestiten, Homosexuel-
len und Huren kurz vor dem Ziel geflo-
hen, unweigerlich im Kabinett der Ge-
schlechtskrankheiten, vor den Ereignissen ›kranker Liebe‹ geendet. Das Innerste, das ›Allerheiligste‹, oder nach den
Worten Kischs ,das Schönste' bei der Er-
kundung der erogenen Zonen der Stadt
ist nicht der Anblick des von der Gesellschaft schamhaft Verhüllten, sondern
seine von der Liebe zerstörte Gestalt.
Vor dieser heimlichen Drohung flüchtet
Prackwitz.

In Berlin ist die Geschichte der Passage
schon sehr früh in den Konnotationshof
sexueller Verführung eingebettet, während in Paris, der wahren Hauptstadt der
Passagen, die transitorische Funktion der
gläsernen Wandelgänge in etwas anderem besteht. Neben denen, die sich dem
Wandel der Zeit angepaßt haben, die sich
luxuriös und großzügig transparent geben, findet Walter Benjamin auf seinen
Streifzügen hier noch die kleinen, alten,

Lindenpassage von der Friedrichstraße aus

düsteren Passagen, die, erbaut in der ersten Hälfte des 19. Jahrhunderts, noch
die Bedürfnisse einer sich erst entfalten-
den Warenwelt spiegeln:

*Hier ... bewahren noch heute einige Pas-
sagen in grellem Licht und düsteren Winkeln raumgewordene Vergangenheit. Ver-
altende Gewerbe halten sich in diesen Bin-*

135

nenräumen und die ausliegende Ware ist undeutlich oder vieldeutig. Schon die Inschriften und Schilder an den Eingangstoren (man kann ebensogut Ausgangstoren sagen, denn bei diesen seltsamen Mischgebilden ist jedes Tor Eingang und Ausgang zugleich), schon die Inschriften, die sich dann innen, wo zwischen dicht behängten Kleiderständen hier und da eine Wendeltreppe ins Dunkel steigt, an Wänden wiederholen, haben etwas Rätselhaftes...[7]

In diesen Museumsgängen finden sich die Warenangebote längst vergangener Zeiten, in diesen Passageläden haben die Waren aufgehört, untereinander um die Käufergunst zu konkurrieren. In ihrem geheimnisvollen Nebeneinander verweisen sie nicht mehr auf sich selbst, sondern geben Auskunft über eine vergessene, abgesunkene Schicht der Warenkultur. Anders als in Museen, wo nur die großartigen Denkmäler der Vergangenheit vom Fortschritt der Menschheit zeugen, erzählen die Passagen eine Geschichte des Alltags ohne nationalen Stolz. Sie gewähren den Gegenständen eine Zuflucht, die sie im Tageslicht der Straßenschaufenster nicht finden.

In den belebten Passagen der Boulevards wie in den etwas leeren der alten rue Saint-Denis liegen in dichten Reihen Schirme und Stöcke aus: eine Phalanx farbiger Krücken. Häufig sind hygienische Institute, da tragen Gladiatoren Bauchbinden, und um weiße Mannequinbäuche schlingen sich Bandagen. In den Fenstern der Friseure sieht man die letzten Frauen mit langem Haar, sie haben reich ondulierte Massen auf, versteinerte Haartouren. Wie brüchig erscheint daneben, darüber das Mauerwerk der Wände: bröckelndes Papiermaché. ›Andenken‹ und Bibolets wollen grausig werden, lauernd lagert die Odaliske neben dem Tintenfaß, Adorantinnen in Strickhemden heben Aschbecher wie Weihwasserbecken. Eine Buchhandlung benachbart Lehrbücher der Liebe mit bunten Epinaldrucken, läßt neben den Memoiren einer Kammerzofe Napoleon durch Marengo reiten und zwischen Traumbuch und Kochbuch altenglische Bürger den breiten und den schmalen Weg des Evangeliums gehen. In den Passagen erhalten sich Formen von Kragenknöp-

fen, zu denen wir die entsprechenden Kragen und Hemden nicht mehr kennen. Ist ein Schusterladen Nachbar einer Confiserie, so werden seine Schnürsenkelgehänge lakritzenähnlich. Über Stempel und Letternkästen rollen Bindfäden und Seidenknäuel. Nackte Puppenrümpfe mit kahlen Köpfen warten auf Behaarung und Bekleidung. Froschgrün und korallenrot schwimmen Kämme wie in einem Aquarium, Trompeten werden zu Muscheln, Okarinen zu Schirmkrücken, in den Schalen der photographischen Dunkelkammer liegt Vogelfutter...[8]

Auch darin ist die Passage ein transitorischer Ort: ein Ort des historischen Übergangs, zugleich einer Bühne, einer stillgestellten Zeit, auf der man beim Durchschreiten eines Häusermassivs Orte und Zeiten wechselt und in die Traumwirklichkeit vom Tagesgetriebe abgeschirmter Erinnerungen taucht. Es ist wie ein unterirdischer Gang, der die Gegenwart unterminiert, eine ›Passage‹ im Sinne einer Fährfahrt in die Tiefen des Stadtgedächtnisses, in die Tiefen der Unter-, und wie wir bei Fallada gesehen hatten, der Halbwelt.

...wer vermöchte mit einem Griff das Futter der Zeit nach außen zu kehren? Und doch heißt Träumeerzählen nichts anders. Und nicht anders kann man von den Passagen handeln, Architekturen, in denen wir traumhaft das Leben unserer Eltern, Großeltern nochmals leben wie der Embryo in der Mutter das Leben der Tiere. Das Dasein in diesen Räumen verfließt denn auch akzentlos wie das Geschehen in den Träumen. Flanieren ist die Rhythmik dieses Schlummers.[9]

In den Passagen trennen sich die Bedürfnisse von ihren natürlichen Erfüllungsorten, die Passagen markieren die Abkehr des Lebens von organischen Zusammenhängen. Sie sind Orte der Künstlichkeit und des geldvermittelnden Vergnügens, als solche auch in Paris von Anfang an mit erotischer Ausstrahlung umgeben. Die Käuflichkeit und das Spiel mit der Verführung bringt die hier ausgestellten Waren ins Zwielicht. Doch die Pariser Passagen haben den verhaltenen Charme der vergangenen Formen der Werbung um

die Käufergunst bewahrt, erinnern traditionsbewußt an die Anfänge der Warenästhetik, führen en passant die Geschichte der Reklame vor Augen.

In Berlin dagegen, dieser zu schnell emporgekommenen Stadt, die mit Brachialgewalt zu den gewachsenen europäischen Hauptstädten aufschließt, hat man für den verhaltenen Charme der Vergangenheit wenig Sinn. In der Parvenuestadt Berlin dominiert allerorten der Eklektizismus: man leiht sich aus, was man der neuen Hauptstadt für angemessen hält, baut Repräsentationsarchitektur, protzt mit Fassaden, errichtet auch, nach Pariser Vorbild, Passagen. Doch in Berlin müssen diese Passagen großartig, hell ausgeleuchtet und geräumig sein, bedürfen einer Prunkfront. Die in der Gründerzeit erbaute Lindenpassage soll Berlins Anspruch bezeugen dem neugegründeten Deutschen Reich eine moderne, selbstbewußte Hauptstadt zu sein; sie wird zu einer Attraktion für Berlin-Besucher, zu einem Stück Identitätsarchitektur für Berliner.
Allerdings verfällt auch die Lindenpassage bald dem Verdikt der schnellebigen Zeit, sinkt der Zustand der Ungleichzeitigkeit, so daß auch sie schließlich jenen von Benjamin beschriebenen Charakter eines Refugiums vor der grellen Gleichzeitigkeit des nur modisch-aktuellen Warenangebots erhält, der den Zauber der angehaltenen Zeit ausstrahlt.

Was die Gegenstände der Lindenpassage einte und ihnen allen dieselbe Funktion zuerteilte, war ihre Zurücknahme von der bürgerlichen Front. Begierden, geographische Ausschreitungen und viele Bilder, die aus dem Schlaf rissen, durften sich dort nicht blicken lassen, wo es hoch herging in den Domen und den Universitäten, bei Festreden und Paraden. Man exekutierte sie, wenn es möglich war, und konnten sie nicht ganz zerstört werden, so wies man sie doch aus und verbannte sie ins innere Sibirien der Passage.[10]

Um so widersprüchlicher muß die Prunkfassade aus Renaissance-Elementen von dieser neuen inhaltlichen Besetzung abstechen. Das von Benajmin betonte Zwielicht, das die Waren in eine undeutliche Märchensphäre entrückt, wird beseitigt und bleibt zugleich: Die neue Passagenbeleuchtung zeigt nüchtern die Konturen, doch die Semantik des Zwielichtigen teilt sich der Auswahl der Waren mit, die sich hier ansiedeln, sobald die Passage der Zeit hinterherzuhinken beginnt. Sie gerät moralisch ins Dämmerlicht und lebt schließlich ganz und mit Berliner Deutlichkeit von dieser besonderen Atmosphäre, verdankt ihren zwiespältigen Ruf den besonderen Attraktionen, mit denen sie aufwartet. Einer der Ersten, die diesen Ruf begründen, scheint der Hofmaler Fischer gewesen zu sein. Er wird zu einer vielzitierten, bis in die 40er Jahre hinein verbleibenden Passagen-Institution.

Der Hofmaler Fischer, dessen photographisch getreue Widergabe bekleideter und unbekleideter Damen sowie männlicher ›Charakterköpfe‹ im Silberbart alle künstlerischen und politischen Revolutionen überdauerte, er ist immer noch da, in alter Frische, und hat sich teilweise sogar auf die neue Zeit umgestellt. Nur von seinen altgewohnten, verlockend erfundenen Schildern und Anpreisungen konnte er sich nicht trennen, und so liest man denn – kurios genug nimmt sich das aus neben den zeitgenössischen Porträts in voller Uniform – die seit Jahren wiederholte Ankündigung: »Das Kolossal-Diorama ›Der Harem des Sultans Boabdill im Löwenhof der Alhambra‹ ist für kurze Zeit ausgestellt. Jugendliche heben keinen Zutritt!« Neu hinzugekommen ist noch die ›Venus im Bade mit ihren Gespielinnen, schöne Frauengestalten‹, und auf die übrige ›Schönheitsgalerie‹ wird ebenfalls aufmerksam gemacht; Eintritt 50 Pfennig.[11]

Fischers Bilder geben der Lindenpassage seit den 90er Jahren das fleischfarbene Kolorit. Daneben siedeln sich an: *Buch- und Zeitschriftenläden mit ihren schlüpfrigen Romanen, Pariser Sittengeschichten und ›Einführungen in das Liebes- und Eheleben‹,* handverkaufte Postkartenserien ›Original Paris‹, Schmuck- und Andenkengeschäfte.

›Souvenir de Berlin‹ steht auf Tellern und Krügen geschrieben und das Flötenkonzert von Sanssouci wird oft als Mitbringsel

begehrt. Diese Gedächtnishilfen, die sich betasten lassen, diese echten Kopien ortsansässiger Originale sind Leib vom Leibe Berlins und zweifellos besser dazu geeignet, ihren Käufern die Kräfte der von ihnen vertilgten Stadt mitzuteilen als die Lichtbilder, zu deren eigenhändiger Anfertigung das Photographengeschäft einlädt. Die Photos wähnen die bereisten Länder heimzubringen; das Welt-Panorama dagegen gaukelt die ersehnten vor und entrückt erst recht die bekannten."[13] Schließlich Reisebüros, ein Tabakwaren- und Pfeifengeschäft, sowie ein Schmuckladen finden sich des weiteren in der Passage, auch ein Schallplattengeschäft und nach Auskunft von Franz Hessel ein Damenfrisör, ein Zeitungsstand, Schuhputzer, ein Strickwarengeschäft, ein Optiker, eine Briefmarkenhandlung. Am Ausgang dann stehen die ›Kinematographischen Automaten‹, die unter anderem für einen Sechser einen Schlüssellochblick auf die ›Hochzeitsnacht der Gräfin Yvonne‹ versprechen.

Zu Anfang beherbergte die vom Kaiser feierlich eröffnete ›Kaisergalerie‹, die für die Berliner nur die ›Lindenpassage‹ war, ein Wiener Café und Restaurants, einen Konzertsaal und eine Poststation und natürlich Castans Panoptikum, auch das Kaiserpanorama und das Kabarett Klimperkasten waren hier untergebracht. Doch mit der Zeit wichen die repräsentativeren und seriöseren Einrichtungen den kleinen Läden, deren Angebot für eine Laufkundschaft berechnet war, und den anrüchigen Attraktionen mit den grellen Akzenten oder schwummrig-schwülen Verheißungen.

Kracauers Ahnung, daß die aus der Zeit herausgefallene Architektur der Passage ihre Bestimmung verloren hat und später einmal wer weiß was ausbrüten wird – vielleicht den Faschismus[14] muß angesichts der historischen Entwicklung wie eine Prophezeiung erscheinen. Denn nachdem die ›Sexualwissenschaftliche Buchhandlung‹ von den Nationalsozialisten im März 1933 geschlossen worden war, weil solche Einrichtungen ekelerregende Blüten des moralischen Sumpfes sind, den die Systemzeit in der Friedrichstraße, in dem deutschen Berlin angelegt hat,[15] so ›Der

Angriff‹ von Goebbels, schrumpfte das moralisch ausgekehrte Gebäude auf das Format bedeutungsloser leerer Monstrosität von Nazi-Architektur, in der die Fassade den Inhalt zu ersetzen hat und wird aller Geheimnisse entkleidet.

Das Foto der von Bomben zerstörten, ausgebrannten Lindenpassage, das in der Mitte des Passagengangs ein Autowrack zeigt, muß wie ein Nachruf gelten. Es signalisiert ein zweites und unwiderruflich letztes Mal den ›Abschied von der Lin-denpassage‹ und bietet dazu noch einmal die verlorene Rätselkraft auf, indem sie den erstaunten Beobachter vor die unbe-antwortbare Frage stellt, wie dieses Auto in die Passage gekommen ist.

Erinnerung an einen Raum
Anamorphotische Installation von
Yadegar Asisi-Namini

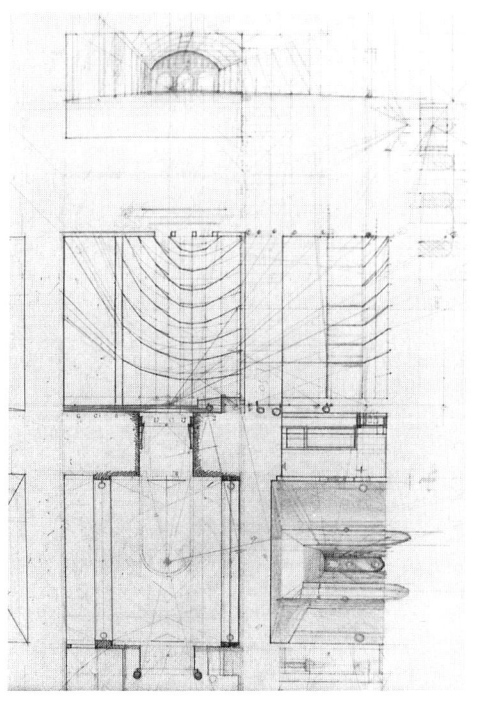

Assistenten:
Juliette Bekkering
Klaus Dieckmann
Daniela Estefez
Markus Torge
Licht: Jürgen Krebs

Speziellen Dank an den Weddinger Bürgermeister Jörg Otto Spiller und seinen Mitarbeiter Uwe Forst.

Alles fließt; Geschichte, Menschen kommen und gehen, sie essen und trinken, lieben und leben, sterben. Sie schaffen Notwendiges wie Wunderbares und zerstören es wieder, notwendig wie sonderbar, und man mag sich erinnern, man mag fragen...

Da war einmal der Anhalter Bahnhof, einer der größten und schönsten in Europa, und wo er war, ist heute leeres Feld, auf dem Unkraut wächst. Dort stehen wir und fragen nach dem Gewesenen, nach den Ursachen der Zerstörung im Krieg, nach den Ursachen der endgültigen Zerstörung durch die »Planung« der fünfziger Jahre.

Durch die Anamorphose, durch ein wenig Holz, Leinwand und Farbe gelingt es, für einen Augenblick die Illusion, Innenraum und Atmosphäre des Anhalter Bahnhofs zurückzuholen, wiederzuerwecken in unserer Zeit.

Der Augenblick bleibt Illusion. Wir meinen, vergangenes Leben zu spüren, Menschen, Züge, Lärm und Gedränge, die Stadt – doch es bleibt ein Bild: die Halle bleibt leer, stumm, diese Welt ist versunken. Und noch stiller erscheint der Bahnhof, leerer noch im kalten Nachtlicht des Mondes.

Kino Kino
Knut Hickethier

»Berlin ist eine wundervolle moderne Maschinenhalle, ein riesiger Elektro-Motor, der mit unglaublicher Präzision, Energie und Geschwindigkeit eine Fülle von mechanischen Arbeitsleistungen vollbringt. Es ist wahr, diese Maschine hat vorläufig noch keine Seele. Berlin hat vielleicht selber nur das Leben eines Kinematographentheaters, eines virtuos konstruierten ›homme machine‹.«[1]

Als der Schriftsteller Egon Friedell 1912 dies schrieb, steckte das Kino noch in den Anfängen, doch seine Revolutionierung der Wahrnehmung und der künstlerischen Darstellung waren in Ansätzen bereits erkennbar. Das Kino, das sich um die Jahrhundertwende zu etablieren beginnt, ist ohne die Stadt, ist ohne die Metropole nicht denkbar.

Das Kino, der Film ist ein urbanes Medium, in der Produktionsweise eng mit der Stadt und ihren Lebens- und Arbeitsformen verbunden. Denn wenn das Ordnungsprinzip der Stadt im »maximalen Sichtbarmachen«, im »Lokalisieren der gesellschaftlichen Anteile« durch Architektur und gebauten Stadtraum besteht (Hoffmann-Axthelm), dann setzt das Kino noch eins drauf: im imaginierten Raum macht es sichtbar, was nicht am Ort ist, was räumlich von ihm getrennt und zeitlich entfernt ist, schemenhaft zwar nur, als projiziertes Bild, aber mit dem mit der technischen Reproduktion verknüpften, wenn auch fragwürdigen Anspruch auf Authentizität des Abgebildeten. Die Welt kommt in den Kinoraum und erhöht damit das Konzentrationspotential der Stadt.

Das Kino aber hebt die Bindung an die Stadt zum Teil auch wieder auf. Die Bilder, die es erzeugt, sind ablösbar vom Ort ihrer Produktion. Das ist gerade das faszinierende Neue: sie sind an anderen Orten reproduzierbar, in anderen Städten, in Dörfern, auf dem Land. Das Kino trägt damit die städtische Struktur als Botschaft ins Land, löst sie aus ihrer Bindung an die Stadt, ohne dabei das Urbane in ihr zu verwischen. Selbst die Natur im Film, die im Film vorgeführte Exotik ist in ihrer Präsentationsform und Inszenierungsweise auf die Stadt bezogen: als Inszenierung des ganz Anderen, als Rückübersetzung der Metapher vom Großstadtdschungel, auch als schlichter Ausflug in die Vorstadt. Wie anders auch: die Exotik wird mitten in der Stadt produziert, geformt durch die Imagination, nach der Vorstellung am Tricktisch synthetisch zusammengesetzt. Ernst Lubitsch, und er war keine Ausnahme, drehte 1921 »Das Weib des Pharao« in Berlin Steglitz, die ägyptische Wüste in den Rauhen Bergen, einem Talkessel von Sandbergen, mit Wasseranschluß, Fernsprechnetz und Feuerschutzanlage.

Der filmischen Wahrnehmung liegt eine urbane Struktur zugrunde: die »filmische

Sehweise«, die Montage des Disparaten, die Addition unterschiedlicher Wahrnehmungssegmente, der ständig neue Wechsel der Assoziationen – das bestimmt die Wahrnehmung der Stadt so wie sie dann auch in Döblins »Berlin Alexanderplatz« die literarische Stadtbeschreibung prägt. Mythos – Stadt – Wahrnehmung erfahren im Kino eine Brechung. In der ästhetischen Struktur des Kinos verknüpfen sie sich auf neue und andere Weise. Die Stadt gibt der filmischen Wahrnehmung und dem filmischen Erzählen die Handlungs- und Darstellungsmuster vor, auch dort, wo sie vorurbanem, archaischem Geschehen eine Form geben wollen. Deshalb kann der Film nur unvollkommen Mythen nacherzählen. Der Mythos wird im Film, dort wo er nur auf der stofflichen Ebene bleibt, zum bloß exotisch sich gebenden plot. In Fritz Langs »Nibelungen« ist Paul Richters Siegfried nur ein Abenteurer, der mit ausgefallenen Gegnern kämpft. Der Kinomythos ist gerade nicht der Mythos im Film, er hat gerade keine stoffliche Struktur, seine Bezüge zur Stadt sind anderer Art. »Wenn Mythos eine Form der Weltbewältigung vor und neben der begrifflichen Logik darstellt, so ist *Faszination am imaginären Bildraum* die dem Mythos vergleichbare Qualität des Mediums Film.«[2]

Kino – Stadt: Das Helle und das Dunkle

Großstadt und Kino verbinden zunächst Metaphern. »Der Film ist die größte Massensuggestion der letzten Zeit. Er umarmt mit den Polypenarmen seiner unabsehbar langen Zelluloidstreifen die Menge, er ist Phantasie von ihrer Phantasie, er zielt ins Volk«, schreibt Max Prels um 1920 in seinem volkstümlich gehaltenen Buch über das neue Medium. Die Großstadt als krakenarmiger Moloch, als Polyp, dessen Arme weit ins Land hinausreichen, ist eine viel benutzte Stadtmetapher. »Dämon Berlin« hieß eine Reportage von Paul Grulich um die Jahrhundertwende, die mit dem Bild des Polypen Stadt beginnt: »Dämon Berlin – keine packendere Bezeichnung kann man für den Riesenorganismus wählen, den die, ihre Fangarme von Tag zu Tag, von Jahr zu Jahr immer weiter ausstreckende Hauptstadt des Deutschen Reiches heute darstellt!«[3]

In Fritz Langs monumentalem Film ›metropolis‹ (1926), dessen Buch Thea von Harbou schrieb, hat die Metapher als Filmmotiv eine neue Form gefunden. Die Maschinenstadt Metropolis brüllt wie ein Tier nach menschlichem Futter, das sich auf »Straßen, die sich nie kreuzten mit anderen Menschenstraßen« in endloser Folge (»zwölf Glieder breit war der Strom«) dem Moloch näherte: Sie »schlürft die Massen ein«.[4]

Metropolis, Sinnbild des Berlins der zwanziger Jahre, ist in eine helle und lichte Oberstadt und eine dunkle, finstre Unterstadt geteilt. Der Gegensatz zwischen Hellem und Dunklem ist prägend für die Metropole des neuen Jahrhunderts, er bestimmt auch das Bild vom Kino.

Spezielle Räume entstehen in der Stadt, zellenartig, dunkel, ausgegrenzt vom scharfen öffentlichen Blick, aber zugleich doch öffentlich. Im Kinodunkel ist mehr möglich als nur Filmesehen. Die Dunkelheit schafft einen Freiraum. »Kommen Sie nur herein, unser Kino ist das dunkelste der ganzen Stadt«, pries ein Kinobesitzer vor 1914 sein Lokal an.[5] Der Zuschauerraum als zwielichtiger Ort ist zugleich in seiner überbordenden Bilderproduktion ein Ort rauschhafter Bewußtseinsabschwächung, ein Ort halluzinatorischer Bilder: Das Kino als Tagtraummaschine.

Umgekehrt bilden sich im städtischen Gewebe Zellen heraus, in denen die in der Dunkelheit aufflimmernden Bilder hergestellt werden: lichte, helle Räume. Glas bestimmt die Architektur der frühen Film-Ateliers, die das Tageslicht für die Film-Produktion nutzen. Dies weckt Assoziationen zur neuen Industriearchitektur, zu den kristallinen Visionen der »Gläsernen Kette«, der Architekten um Taut und zur Glasarchitektur Scheerbarts. Das Kino als Ausdruck einer neuen Zeit schuf sich, darin zugleich auch ganz pragmatisch und in keiner Weise einer künstlerischen Gestaltungsidee folgend, die lichten Oberräume über der Stadt, vergleichbar den Kristallformen Tauts, die das Gebirge symbolisch überhöhen sollten.

Die ersten Filmateliers entstehen in der Friedrichstraße, dort wo die Stadt am dichtesten ist, hoch oben in den ausgebauten Dächern. Messter fing hier an, auch Guido Seeber hatte zuerst ein solches Dachgeschoßatelier. Während die Ateliers sich an die Peripherie der Stadt verlagern, nach Lankwitz in die Zietenstraße, nach Marienfelde, Weißensee und Johannisthal, in die Oberlandstraße nach Tempelhof, nach Staaken und dann vor allem nach Neu-Babelsberg, bleiben die Verleihgesellschaften mit ihren Presse- und Organisationsabteilungen weiterhin im Zentrum der Stadt, im »Filmviertel« rund um die Friedrichstraße.

Die natürliche Helligkeit der Glasateliers wird bald ersetzt durch das künstliche Licht der Jupiterlampen. Die Ateliers dichten sich gegen das Licht der Realität ab. Fabriken zur Erzeugung neuer Wirklichkeiten, Filmwirklichkeiten, entstehen.

Die Dunkelheit der Kinos und das Überhelle der Ateliers haben ihre Entsprechung im zwiegesichtigen Bild von der Stadt, das sie als strahlende Glitzerwelt, aber auch als dämonisch-dunkles Schattenreich zeigt. Eine weitere Analogie findet sich in den Kinopalästen mit ihren Leuchtreklamen, hinter denen der sich abdunkelnde Zuschauerraum, der »Sehtunnel« sich öffnet, hin zum leuchtenden bewegten Bild.

Das Kino gehört zur Nachtseite der Stadt. Erst dort wird es imaginativ und mächtig. Das Kino am Tage, das Tageskino gilt heute nur noch dem pornographischen Film. Glitzerfassaden faszinieren nur, wenn es ringsum dunkel ist. Die Dunkelheit etabliert eine neue Wirklichkeit: »Erst in der Dunkelheit zeigt sich die Macht des künstlichen Lichtes, ein Stück eigener Realität zu schaffen. In der Dunkelheit ist das Licht Leben. Der im Dunkeln sitzende Betrachter einer Lichtspiel-Szene konzentriert seine ganze Aufmerksamkeit, fast möchte man sagen sein Leben, auf diese Szene. Das Bild im Dunkeln ist wie ein Rettungsanker im Ozean. Darauf basiert die Suggestion der Lichtspiele seit Daguerre.«[6]

Die mythischen Bilder des Kinos und der Großstadt zehren voneinander, und stützen sich gegenseitig. Wenn später der Nationalsozialismus gegen die Verderbtheit der Metropole argumentiert, bezieht er sich vor allem auf die Glitzerwelt des Kinos. Wenn die Filmindustrie nach 1933 angehalten ist, im Film das »Saubere«, »Lebenswahre« und »Deutsche« zu zeigen, dann sollte damit gerade nicht die Großstadt, sondern die bäurische Blut- und Boden-Welt gezeigt und den durch den Film der Weimarer Republik verderbten Großstädtern das «bäuerliche Erleben« nahegebracht werden.[7] Mit der Verleugnung der Urbanität im Film gab der deutsche Film sich selbst auf.

Bild benutzt, lösen die Produktionen aus Neu-Babelsberg Raum und Zeit aus ihrer Bindung an den Ort. Film ist, um mit Erwin Panowsky zu sprechen, die »Dynamisierung des Raumes« und entsprechend »die Verräumlichung der Zeit«.[8]
Das Kino nimmt uns auf, löst uns aus dem Hier und Jetzt und führt uns in eine andere Welt. Wo die Stadt als gebaute Raumstruktur unser Leben bis in unser Denken hinein prägt, imaginiert der Film mit seinen kinematografischen Mitteln neue Räume, transzendiert die alltäglich erfahrenen, bewegt die Raumwelten, in denen wir uns filmisch zu bewegen scheinen. Kino schafft zugleich eine Ordnung im Ungeordneten der Welt, schafft eine

Komprimierung der Welt an einem Ort, ihre Verdichtung im Geschehen der Großstadt bewirken und erfordern eine höhere Durchlaufgeschwindigkeit. Das Leben der Stadt ist nur mehr in Ausschnitten erfahrbar. Die kulturelle Produktion jener Jahre thematisiert dieses Phänomen. Der Takt der taylorisierten Arbeit in den Fabriken und die sich in den zwanziger Jahren allmählich herausbildende Angestelltenkultur sind ihr Anlaß, Vorbild und Motiv.
Vor allem in den darstellenden Künsten läßt sich seit dem Ausgang des 19. Jahrhunderts eine Beschleunigung der Bildproduktion beobachten. Das Theater verändert sich mit dem Einzug der Elek-

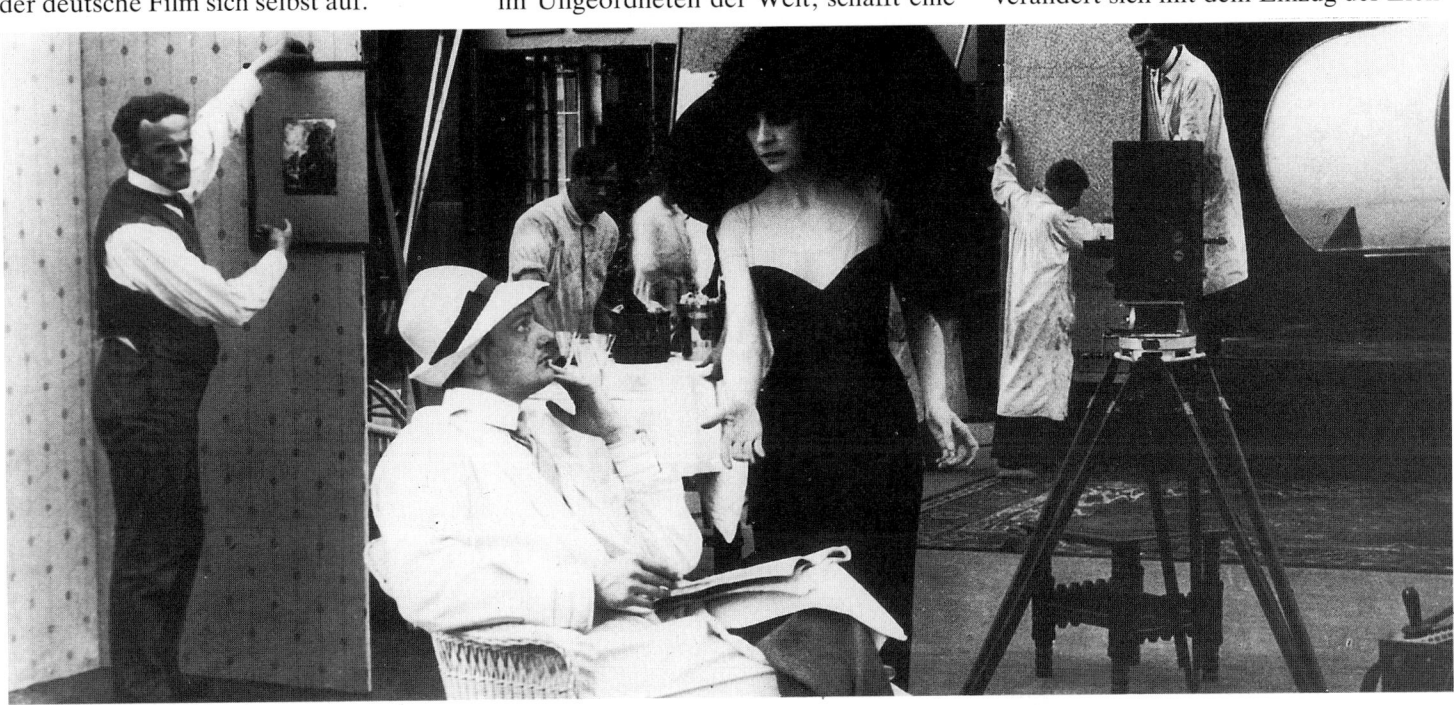

Der Film als dynamisierter Raum und als verräumlichte Zeit

Kinomythos und Großstadtmythos ergänzen einander. Wo der Großstadtmythos die Verdichtung der Welt an einem einzigen Ort bildhaft werden läßt – sinnfällig im Verkehrsgewühl des Potsdamer Platzes, wo im Großstadttempo die Beschleunigung der Zeit als Komprimierung *und* Erfüllung von Leben zur Metapher wird –, wo der Großstadtmythos die aufgetürmten Räume des alten Babels als

mythische Struktur jenseits rationaler Begrifflichkeit, schafft eine »Weltordnung gegen die Angst«.[9] Dies alles nicht zuletzt, weil es von den Ängsten erzählt, sie im Schauen lustvoll erlebbar macht.
Die Veränderung des Zeitgefühls im Berlin der Jahrhundertwende ist universell. Eine Beschleunigung der Rhythmen erfaßt fast alle Lebensbereiche. Namentlich das Verkehrsgewühl wird mit dem Aufkommen neuer Massentransportmittel zum Inbegriff dieser Entwicklung, »Tempo, Tempo« ihr Schlagwort. Die

trizität. Die Erfindung der Schiebe- und Versenkbühne, vor allem aber der Drehbühne, verkürzt die Umbauphasen zwischen den Szenen, ermöglicht einen schnelleren Ortswechsel, wie ihn noch schneller dann der Film vorführt. Die Künste werden schneller. Ein ehemaliger Burgtheater-Dramaturg, der an das Schauspielhaus nach Hamburg wechselte, der Freiherr Alfred von Berger, konstatiert 1910 in einem Werk über die Dramaturgie die Abkehr von einer breiten und ausführlichen Sprech- und Spiel-

145

weise: »Ohne Zweifel sprechen heute alle Deutschen im Leben schneller als vor fünfzig Jahren... Der moderne Zuhörer hat das Recht zu fordern, daß die Kunstsprache mit seinem Denken und Verstehen Takt halte.« Die »nervösen Leute« der zehner Jahre würden sonst ungeduldig werden.[10]

Die neue Ubiquität des Großstadtmenschen wird von den Bühnentechnikern im neuen Medium Film wiederentdeckt. Friedrich Kranich: »Wie Kraftwagen und Flugzeug Raum und Zeit überbrücken, Wellen in Sekunden dem Menschen geistige Güter vermitteln, so hat der Film die eigentliche Mannigfaltigkeit der Szene erst ermöglicht.«[11] Der neue Film kann Räume aneinanderschneiden, den Zu-

Beziehung zu bringen und zu kombinieren«, schreibt Béla Balázs 1930. »Wir haben gelernt, der Assoziation so genaue Richtung zu geben, daß mit ihr auf ein Ziel hingezielt werden kann, so genau, wie mit einem Gewehr.«[12]

Noch 1913 entsetzt sich ein Kritiker über die wenigen Schnitte in Albert Bassermanns Film »Der Andere« und moniert »dieses fortwährende Springen von Bild zu Bild, diesen durch nichts gerechtfertigten Wechsel des Maßstabs, auf den sich das Auge in aller Geschwindigkeit einstellen soll«. Und er vermutete: »Dieser ewige Wechsel des Maßstabs, der Beleuchtung, der Bewegungstempi versetzt den Beschauer allmählich in einen Zustand nervöser Überreizung.«[13]

ihn, baut ihn zu einem ganz neuen zusammen. Die Beschleunigung verändert auch das, woraus sie hervorgeht, die Zeit und die Zeitvorstellung, indem sie ein neues, inhaltlich gefülltes, erregendes Zeiterlebnis schafft.

Nicht zufällig bleibt der deutsche Film, in seiner Art, Raum und Zeit zu konstituieren, bis auf wenige Ausnahmen weit hinter den in jenen Jahren so bewunderten »Russenfilmen« zurück. Er bleibt statisch, weil die Verhältnisse, so turbulent sie waren, auf Verfestigung aus waren, die Kräfte, die die Filmwirtschaft bestimmten, eher auf Erstarrung als auf Verflüssigung abzielten.

Wenige Filme nur können als Ausnahme gelten: Filme über die Großstadt, Filme

schauer von einer Sekunde zur nächsten mit einer ganz anderen Welt konfrontieren, sich via Kamerablick in diesen Räumen bewegen und so dem Zuschauer suggerieren, er selbst bewege sich darin. Der Film macht sich die Zeit verfügbar, indem er ihren Ablauf seinen Intentionen entsprechend komprimiert, dehnt oder rhythmisch akzentuiert.

Als eine neue Art künstlerischen Gestaltens ermöglicht die Montage andere, differenziertere Wahrnehmungen. Das beziehungsreiche Aneinanderschneiden kann in ganz neuer Weise Bildwelten verknüpfen und neu konstituieren. Die Montage ist produktiv, kann doch der Zuschauer in seinen Assoziationen so gelenkt werden, daß er etwas erfährt, auch wenn er es nicht sieht. Der Zuschauer ergänzt das Gesehene durch seine Assoziationen. Dies entspricht der Wahrnehmung und Erfahrung des »nervösen« Großstädters, der sich »im Dschungel« der Stadt zu bewegen weiß. «Wir haben gelernt kleinste Zeichen miteinander in

Doch die Montage wird erst noch erfunden. Als dann Eisensteins »Panzerkreuzer Potemkin« auch in Berlin zu sehen ist, wird erkannt, welche Beschleunigungen, welche schnellen Rhythmen, welche rasanten Assoziations- und Schnittfolgen möglich sind. Vom »Kurzschnitt« ist die Rede, von »Wirbelmontagen«, die das Tempo in einer bis dahin noch nicht gesehenen Weise steigern. Balázs 1930: »Bedingung dafür ist nämlich, daß wir diese kurzen Bildchen, die im Bruchteil einer Sekunde an uns vorbeifliegen, überhaupt perzipieren. Wir hätten vor zehn Jahren noch so einen jagenden russischen Kurzschnitt einfach mit den Augen nicht erfassen können. In einem verschwommenen grauen Streifen wäre er an uns vorbeigegangen. Wir haben auch schneller sehen gelernt.«[14]

In der Beschleunigung der Montage steckt ein revolutionäres Potential. Sie zertrümmert mit den festgefügten Räumen die darin eingeschriebenen Mächte, setzt den Raum in Bewegung, verändert

über Berlin. Walther Ruttmanns »Berlin. Symphonie einer Großstadt«, versucht mit diesem neuen Prinzip der Montage zu arbeiten und die Stadt selbst zum Sujet und Hauptdarsteller des Films zu erheben. Doch es ist nur die Anwendung eines des formalen Prinzips. Impressionen einer Stadt werden in rascher Folge montiert, es fehlt das Bewußtsein, daß mit der veränderten Raum- und Zeitstruktur auch eine andere, eine neue Gesellschaft gemeint ist. »Allenfalls liegt dem Film die Idee zugrunde, daß Berlin die Stadt des Tempos und der Arbeit sei. Eine formale Idee, die erst recht zu keinem Inhalt führt und vielleicht darum die deutschen Kleinbürger in Gesellschaft und Literatur berauscht«, merkt Siegfried Kracauer 1928 an.[15]

Berlin im Film

»Der Blick von außen, den auch die Berliner selbst mitvollziehen, wenn sie ihre

Stadt im Kino sehen, bestimmt das Interesse am Filmsujet Berlin. Berlin, die hektische, menschenverachtende, massenbewegende und sich ständig verändernde Großstadt ist so gut eine filmische Sehenswürdigkeit wie die Stars, die hier ein- und ausgehen«, schrieb Uta Berg-Ganschow 1984 zur Einführung der Filmreihe »Berlin. Außen und innen« der Deutschen Kinemathek.[16] Was aber macht Berlin so sehenswert? Was zeichnet die Stadt im Film aus? Die Wiedererkennbarkeit reduziert sich zumeist auf einige symbolträchtige Signets: was zuvor der Potsdamer Platz, die Friedrichstraße, der Platz vor dem Anhalter Banhof war, ist nach 1945 das Brandenburgrer Tor, die Gedächtniskirche, die Kongreßhalle vielleicht noch und vor allem und immer wieder die Mauer. Kaum ein Berlin-Film seit den sechziger Jahren, der nicht auch eine Teilansicht dieses größten deutschen Bauwerks liefert. Was aber sonst noch? Die Straßen, auf denen eine Szene spielt, sind fast immer austauschbar und der Zuschauer muß schon ein intimer Berlin-Kenner sein, um beim Anblick einer bestimmten Hausecke zu erkennen, daß die handlungslogisch in den verschiedenen Einstellungen so stimmig zueinander gesetzten übrigen Hausecken, in ganz verschiedenen Quartieren der Stadt aufgenommen wurden.

Gerade dort, wo sich das touristische Symbol ins Bild rückt, werden die Berlin-Filme unglaubwürdig. Sie geben vor, die Sache selbst zu sein, wo das Symbol bereits verwertungsgerecht aus dem Urbanen heraustranchiert ist. Das Symbol behauptet den Zusammenhang mit der Stadt, damit sich dann das Filmgeschehen um so ungehemmter von ihr entfernen kann. Die Handlung der Figuren ist dann fast immer beliebig, in irgendeinem Interieur spielend. Ob dies nun in Babelsberg oder in Geiselgasteig zusammengestellt wurde, ist unerheblich. Die besten Berlin-Filme sind vielleicht ohnehin die, die gar nicht in der Stadt entstanden sind. Sie reproduzieren die Projektionen auf diese Stadt und von dieser Stadt am reinsten in ihrer Abwesenheit. »Cabaret« zum Beispiel. Oder Faßbinders »Berlin-Alexanderplatz«.

Uta Berg-Ganschow: »Erst in der Imagination Großstadt schält sich die dokumentarische Authentizität von Original-Einstellungen von Straßen und Plätzen heraus. Max Skladanowsky, der deutsche Erfinder des internationalen Films, mischt schon 1896 Berliner und Stockholmer Straßenszenen. Der einrollende Eisenbahnzug wird in Berlin als Berliner, in Paris als Pariser Erfahrung wiedererkannt. Zugleich bilden sich Genres heraus, die die lokale Besonderheit zur filmischen Attraktion machen, das bedeutet

Die Mörder sind unter uns (1946)

allerdings nicht, daß der Schauplatz authentisch sein muß. Das Bewußtsein, die Erwartung des Zuschauers, einen Berliner Hinterhof zu sehen, rückt sich die Bilder als Originale zurecht.«[17] »Metropolis«, der Film über die Maschinenstadt, eine Imagination der Stadt schlechthin, gibt eine Vision von Berlin. »Metropolis« schildert nicht ab. An Wiedererkennbarkeit architektonischer Details war von vornherein nicht gedacht. Das Bild der Stadt im Film besteht aus dem, was er von ihrer Struktur, was er als ihr Prinzip zeigt.

Sind die Visionen von Berlin dämonisierend, ist das Bild von dieser Stadt überformt und geprägt durch das, was das Kino als Berlin gezeigt hat?
Erst die Imagination der Großstadt schafft das Bild von Berlin, die Sehnsuchts- und Haßbilder der aus der Stadt Fortgegangenen, der Vertriebenen, der Emigranten. Dagegen stehen die profanen Bilder des alltäglichen Hierbleibens. »Berlin, die ersehnte, die verhaßte Insel«, war 1986 der Ort für Martin Theodor Kriegers Film »Zischke«, sicherlich nicht der letzte in der Reihe der Berlin-Filme, die das Ankommen und Weggehen, die kleinen Geschichten erzählen.

»Jeden Tag stranden Menschen an den Ufern dieser Insel. Mit dieser Stadt sind Träume und Hoffnungen verbunden. Aber jeden Tag scheinen ebenso viele Menschen zu bemerken, daß sich die Wünsche und Hoffnungen, mit denen sie in die Stadt kamen, nicht verwirklicht haben. Plötzlich spüren sie die vielen Mauern, erleben die Enge und wünschen sich wieder weg, träumen von neuen Ufern. Anderen bleibt nicht einmal die Zeit zum Träumen.« (Martin Theodor Krieger zu »Zischke«).[18]

Berlin ist Ort der kleinen Geschichten, des sich Einrichtens, des Ausharrens, es ist das Berlin der Nebenstraßen und Hinterhöfe. Das Pathos des Melodrams, der Filmtragödie der zwanziger und dreißiger Jahre ist in der Nachkriegsgeschichte verloren gegangen, angefangen von der »Hintertreppe« (1921), den »Verrufenen« (1925), dem »Letzten Mann« (1925), bis zum »Krach im Hinterhaus«

struktiven Folgen. Zum Bild der Stadt gehören nicht nur die großen Gebäude, nicht nur die Insignien der Macht, sondern auch die ärmliche Küche mit der Küchenwaage, den Büchern, Wäscheborden, Kleidern und Hüten, gehört »der Blick aus dem Fenster: zweitausendfünfhundert Sonntage lang auf die gleichen Destillen, Haustüren, Pflastersteine und Dächer gestarrt«.[19]

Das Berlin, das sich in solchen (bei Fechner nicht geworfenen) Blicken aus Fenstern und Toreingängen zeigt, ist das

ren lassen. Irritierend das Fehlen einer breit ausgebauten Tradition des Dedektivfilms, der vom Genre her Großstadt am reinsten thematisieren kann, weil der Detektiv die Struktur der Stadt durchschaut, sie für sich licht und transparent werden läßt und dem Verbrecher, der die Nischen und Dunkelzonen zu nutzen weiß, auf die Spur kommt –, der Detektivfilm hat es in Berlin, aber auch anderswo in Deutschland, zu keiner besonderen Blüte gebracht. Nach den frühen Detektivserien des Stummfilmkinos in

Peter Lorre in »M» (1931)

Fritz Kortner und Marlene Dietrich

Henny Porten

(1924), bis zum »Krach im Hinterhaus« (1935), von »Die Mörder sind unter uns« (1946) bis in die Gegenwart von »Berlin. Chamissoplatz« (1980) und der »Allseitig reduzierten Persönlichkeit« (1977). Eberhard Fechners »Nachrede für Klara Heydebreck« (1969) hebt am eindringlichsten jene endlose Alltäglichkeit hervor, die dem Bild der glitzernden, aufregenden, atemlosen Metropole entgegensteht, die auch, die vielleicht vor allem das Leben in dieser Stadt kennzeichnet.

Die Recherche nach dem, was zum Selbstmord der alleinstehenden 72jährigen Klara Heydebreck geführt hat, zeigt die vielen kleinen Etappen der Isolierung des einzelnen in dieser Stadt und ihre de-

nicht intentional gestaltete Berlin, das »ungestellte Berlin«, wie es Siegfried Kracauer nennt. In ihm zeigt sich die wahre Stadt, zeigt sich die Stadt der Menschen, die hier leben. »Die Erkenntnis der Städte ist an die Entzifferung ihrer traumhaft hingesagten Bilder geknüpft.«[20]

Trotz vieler Bemühungen gibt es kein Genre des Stadtfilms. Auch die Filme, die Berlin zu ihrem Thema machen und die in dieser Stadt spielen, lassen sich nicht zu einem Genre zusammenfassen. Zu vielgesichtig sind die Geschichten, zu unterschiedlich die Erzählweisen, als daß sie sich in einem Genre konventionalisie-

der Kriegs- und Nachkriegszeit, sind nur noch wenige Detektivfilme entstanden. Das Verbrechen wird in »M« und in »Dr. Mabuse« anders zur Darstellung gebracht. Der strahlende Detektiv, der in der Sonne des Tages den dunklen Dieb zur Strecke bringt, ist ein Kind, das Genre nur als Jugendfilm denkbar: »Emil und die Detektive«.

Siegfried Kracauer: »Durch sein Loblied auf die jugendlichen Detektivspieler suggeriert ›Emil und die Detektive‹ daher eine gewisse Demokratisierung des deutschen Alltags. Diese Folgerung wird sowohl durch die Unabhängigkeit und Selbstdisziplin der Jungen als auch durch die dokumentarische Kameraführung unterstützt. Saubere, unprätentiöse Dokumentaraufnahmen von Berliner Straßenszenen porträtieren die deutsche Hauptstadt als eine Stadt, in der demokratische Grundrechte blühen und gedeihen.«[21] Der Film bleibt eine Ausnahme. Die einzige Genreform, die sich nachhaltig mit Berlin verbindet, ist die Ost-West-Geschichte. Für sie ist das geteilte Berlin ein »Topos«, ein Ort geworden, ohne daß sich das Genre ausschließlich auf diese Stadt konzentriert hätte. »Die Spur führt nach Berlin« (1952) oder »Eins, zwei, drei« (1961), »Verspätung in Marienborn« (1963) oder »Heute Nacht starker Nebel« (1962) sind Beispiele, die über die Ost-West-Fernsehfilme von Jochen Ziem bis zu »Mauerspringer« (1985) und »German Dreams« (1986) reichen. Vor allem das Fernsehspiel hat sich dieses Genres dann in zahlreichen Varianten angenommen, ließ sich doch hier das so begehrte Berliner Lokalkolorit inmitten der Masse bundesdeutscher Filmplots gewinnen.

Der Star als Produkt der Großstadt

Als Filmheld duldet die Stadt keine anderen Helden neben sich. Wo die Montage zum Erzählprinzip wird, das die Facetten der Stadt zusammenfügt, werden »soziale Physiognomien« als ihr Material unentbehrlich. »Naturspieler« und das »Gesicht der Klasse«, so Balázs 1930, das »physiognomische Mosaik«, bestehend aus »Aufnahmen einzelner spontaner Naturausdrücke«: »Photographien ›aus dem Leben‹: hier ein Lachen, dort ein Weinen, hier ein Mißtrauen, dort eine Wut... Man hält sich mit der Kamera daran, was nicht zur Schau getragen und doch sichtbar ist.«[22]

Die von Balázs emphatisch verkündete »Flucht vor dem Schauspieler« und Hinwendung zum »Naturspieler«, sie findet im deutschen Kino der zwanziger, dreißiger und vierziger Jahre nicht statt. Der Schauspieler bleibt dem Kino erhalten und wird zum Star. Er vor allem lockt das Publikum vor die Leinwand, verkörpert er doch jene Hoffnungen und Wünsche, die sich die Kinobesucher wenigstens für zwei Stunden so gern erfüllen möchten.

Die Kinoreise in andere Räume und Zeiten erfolgt durch den Star als Vermittler. Er wird zum ständigen Begleiter des Zuschauers. Mit ihm und, sich mit ihm identifizierend, in ihm, bricht der Zuschauer auf in die Welten seiner Wünsche.

Die Reise in andere Räume ist auch eine Reise in andere Seelenlandschaften. Wie die Filmkamera dem Raum, den sie zeigt, Ausdruck verleiht, wird das menschliche Gesicht im Film zum Inbegriff der mythischen Naturwerdung von Geschichte. Das menschliche Gesicht als Landschaft

Curt Bois und Mona Maris, 1927

zeigt uns Zuschauenden die Topografie der Gefühle, es öffnet Innenwelten, in denen sich unsere eigenen spiegeln. Der Film macht in neuer Weise den Menschen selbst sichtbar. Er verleiht der Sprache des Körpers, der Gebärde ein neues kulturstiftendes Moment.
»Die Lupe des Kinematographs (die Großaufnahme – KH) bringt uns die einzelnen Zellen des Lebensgewebes nahe, läßt uns wieder Stoff und Substanz des konkreten Lebens fühlen. Sie zeigt dir, was deine Hand macht, die du gar nicht beachtest und merkst, während sie streichelt oder schlägt. Du lebst in ihr und

schaust nicht hin. Sie zeigt dir das intime Gesicht all deiner lebendigen Gebärden, in denen deine Seele erscheint und du kennst sie nicht. Die Lupe des Kinoapparates wird dir deinen Schatten an der Wand zeigen, mit dem du lebst, ohne ihn zu merken, und wird dir die Abenteuer und das Schicksal der Zigarre in deiner ahnungslosen Hand zeigen und das geheime weil unbeachtete -Leben aller Dinge, die deine Gefährten sind und miteinander das Leben ausmachen (...) Der gute Film wird dich durch seine Großaufnahmen lehren, die Partitur des vielstimmigen Lebens zu lesen, die einzelnen Lebensstimmen aller Dinge zu merken, aus denen sich die große Symphonie zusammensetzt.«[23]

Der Schauspieler wird im Film Produzent. Indem er sie darstellt, wird zugleich in der Verschränkung von Gespieltem und Naturhaftem, von Physiognomie und Typus (als Ausdruck einer gesellschaftlichen Vorstellung) zum Moment des Kinomythos. In ihm verkörpert sich die unauflösbare Einheit von naturhaftem Schein und absichtsvollem Kalkül.

Die Stars der Kinos, wie zuvor schon die des Theaters, werden in der Großstadt gemacht. Sie verkörpern Eigenschaften, Bilder und Verhaltensweisen, gerade auch dort, wo sie das genaue Gegenteil großstädtischer Figuren darstellen. Sie lösen bestimmte Vorstellungen aus dem Bild der Großstadt heraus, personifizieren gelegentlich sogar mythisierende Konstruktionen von der Stadt. Hure Babylon und paradiesisches Jerusalem – Vamp und Jungfrau. In der zwiegesichtigen Maria in »Metropolis« verkörpert Brigitte Helm beide Typen. In den Stars des frühen deutschen Films sind auch Bilder von dieser Stadt, von Berlin enthalten.

Der Star entsteht nicht erst mit dem Film. Seine Geburtsstätte ist ebensowenig das amerikanische Kino, auch wenn er dort seine deutlichste Ausprägung erfahren hat. Walter Turszinsky spricht bereits um die Jahrhundertwende in seinem Buch »Berliner Theater« von den »Stars« als der »Oberklasse der Schauspieler«.[24] Das Theater Max Reinhardts mit seiner Unterscheidung zwischen Premierenschauspielern und zweiten und dritten Beset-

Zischke (1986) Basisverleih

zungen war schon in den zehner Jahren deutlich auf den Starbetrieb hin angelegt; eine Tendenz, die von den Rotter-Bühnen, dem vielgescholtenen »Geschäftstheater« in den zwanziger Jahren intensiviert wurde.

Faktisch sind bereits die von Eduard Devrient und anderen wortreich beklagten Virtuosen, die seit der Mitte des 19. Jahrhunderts mit ihren vielen Gastspielen das Entstehen des Ensemblespiels im Theater behindert haben sollen, die ersten Stars. Friedrich Haase ist der heute noch bekannteste unter ihnen, aber auch in Josef Kainz, Albert Matkowsky und Agnes Sorma steckt Virtuosenhaftes.

Alle Merkmale und Erscheinungsformen, die den Filmstar ausmachen, finden wir schon beim Bühnenstar. Im Übergang vom einen zum anderen, vom Theater zum Kino, gibt es keine prinzipiellen Abgrenzungen, nur Verschiebungen und das Erreichen neuer Dimensionen.

Berlin mit seinen vielen Theatern bietet deshalb für das neue Medium Kino ein von keiner anderen deutschen Stadt erreichtes Potential. Nicht nur die Schauspieler, auch andere Spezialisten der Illu-

sionskünste, die Theatertechniker, Requisiteure und Regisseure, Autoren und nicht zuletzt die Geldgeber sind hier konzentriert. In Berlin gibt es zudem ein Publikum, das neuen Unterhaltungssensationen gegenüber aufgeschlossen ist, zumal es schon durch die französischen Filme der Firma Pathé und anderen mit dem neuen Medium vertraut ist. Zur Kunst aber konnte das Kino nur durch die Gewinnung prominenter Autoren und vor allem renommierter Schauspieler werden. Albert Bassermann und Paul Wegener gehörten dazu, aber auch Max Reinhardt, der zumindest den Namen gab für die Verfilmung seiner Inszenierungen des »Mirakel«, der »Venezianischen Nacht« und der »Insel der Seligen«. Das Kino schuf sich jedoch bald seine eigenen Stars. Henny Porten und Asta Nielsen, Ossi Oswalda und Pola Negri, Fern Andra und Lil Dagover, Harry Piel und Harry Liedtke, Willy Fritsch und Lilian Harvey und natürlich Marlene Dietrich. Dann auch Zarah Leander und Grete Weiser, Hildegard Knef:[25]

Von Berlin aus machen sie Karriere, von hier aus gelangen sie als Stars in die

Köpfe des Publikums. Sie sind Geschöpfe der Großstadt. Im Film leben sie vor, wovon die meisten nur träumen können: sein Glück zu machen, Lebenserfüllung zu finden, ein neues und ganz anderes Leben zu beginnen. Sie verkörpern es auf eine sinnlich-anschauliche Weise, sie zeigen, was viele nur vage sich erhoffen. Die Großstadt, die Metropole Berlin, erscheint denen, die von außerhalb kommen, als Wunschbild, als positiver Utopie, als Ort ihres Glücks. In den Stars aus Berlin, in deren glanzvoller Präsentation und strahlendem Auftreten fühlen sie sich in ihren Wünschen bestätigt.

Die Pocken der Stadt

Die Kinos überziehen wie Pocken die Stadt. Sie nisten sich ein in Wohngebieten, in Vergnügungsvierteln, an verkehrsreichen Ecken. Alfred Döblin schwärmt 1909 von den Kientopps, die die Stadt übersäen und im »Norden, Süden, Osten, Westen der Stadt . . . in verräucherten Stuben, Ställen, unbrauchbaren Läden, in großen Sälen, weiten Theatern« bewegte Bilder zeigen, die eine Schaulust erregen, »die im Blut fiebert und brausen macht«.[26] Das Leben in der Großstadt weckt einen Bedarf nach Imaginationen. Der Alltag kommt ohne die Besonderheit des Kinoerlebnisses nicht mehr aus. Das Kino geht in der Erfüllung der Bildersucht weit über das Theater als

Billy Wilder, Pamela Tiffin, James Cagney und Horst Buchholz in »Eins-zwei-drei« (1961)

dem älteren Lieferanten von Imaginationen hinaus. Es wird später ergänzt durch die akustischen Bilder, die das Radio liefert, noch später dann durch die audivisuellen des Fernsehens. Die Großstadt, das Leben in ihr, ist offenbar nur noch zu ertragen durch die Imaginationen der Medien.

Die Kinos sind auch Orte für die von der Großstadt Enttäuschten, Einsamen und die Hoffnungslosen, die auch am Tage nach Ersatz für das des Leben suchen. Das Tageskino verdrängt die Stadt. Walter Hasenclever 1929 über das Tageskino am Stettiner Bahnhof:
»Tageskino. Wer rettet sich um elf Uhr morgens in den Scheintod eines Filmromans? Da sitzen Arbeitslose und Eisenbahnbeamte, Ferienschüler, Obdachlose und Straßenmädchen in billiger Seide. Da tönt Musik, da hängen hungrige Augen an den zufallsreichen Einfällen der Filmindustrie, da wird das wahre Leben gekostet. Der längliche Raum ist voll. Für sechzig Pfennig rollt auf der Leinwand die Welt vorüber, von der man nur sagen kann, daß sie nicht so ist. Dazu schluchzt die Geige: ›Es muß ein Wunderbares sein ums Lieben zweier Seelen‹«[27]
Und Siegfried Kracauer beschreibt die Tageskinos in der Münzstraße:
»Die jungen Burschen, die vor den Kinoeingängen herumlungern und kritisch die Photos betrachten, sehen alle mißmutig aus. Der Zeitvertreib, der sich hier bietet, ist ihnen weniger ein Vergnügen als ein Mittel, das die Gespenster der bösen Zeit vertreibt. Sie verwenden es wie eine Medizin, die man im Krankheitsfall schluckt. Ihre Hautfarbe ist schlecht, und das Bewußtsein der Nutzlosigkeit trübt ihren Blick. Manchmal zögert auch ein Pärchen vor den Bildern, das im Dunkel verschwinden will... Wie in jenen verschollenen Zeiten, als noch die Filme stumm waren und schöner, muß man an der niederen Leinwand vorbei in die Hintergründe des Zuschauerraumes, der ein unermeßlich langer Schlauch ist. Er strömt einen Geruch aus, an dessen Herstellung offenbar Generationen gearbeitet haben, und wimmelt von Menschen... Gespielt wird ein älterer Ton-

film mit Hans Albers, der überhaupt der Favorit der Münzstraße zu sein scheint, da er so ziemlich in allen Kinos auftritt. Bezeichnend für das Publikum sind die Stellen, an denen gelacht wird. Besonderen Jubel löst eine kleine Szene aus, in der Albers seine Muskelkräfte unbekümmert entwickelt. Er springt zum schmächtigen Rühmann in die Badewanne hinein und taucht ihn mehrere Male unter. Es sind Erwerbslose, die über den rohen Spaß lachen, ausgebootete Menschen, denen jeder Ulk Dankbarkeit abnötigt... Die Sonne scheint, aber was geht diese Menschen die Sonne an?«[28]
Seine Anziehungskraft verdankt das Tageskino dem Gegensatz von Licht und Schatten. Draußen die Sonne des »wirklichen Lebens«, die Straße, »wo das wahre Leben vorbeigeht« – drinnen die Schminke, der Bluff, Talmi, Film; oder noch lapidarer: »In Frühstücksstuben schillern Schinken und Sülze. Draußen donnert Berlin.«[29] Dies beruhigt: weil für die Menschen das Draußen an Kraft verloren hat, ist auch dem Kino die Imaginationskraft geschwunden. Zurück bleiben Desillusionierung, Indifferenz und die Resignation, die erloschene Hoffnung in bleichen Gesichtern.
»Die Sonne scheint, aber was geht diese Menschen die Sonne an? Vor dem Kinoportal steht eine Frau im imitierten Pelz und kaut. Lautlos kaut sie, sieht weder nach rechts noch nach links und wartet. Sie ist in mittleren Jahren, eine gewöhnliche Frau, die nichts zu tun hat und darum einfach irgendwo am Straßenrand stehen bleibt. Wenn nicht einer kommt und sie ins dunkle Kino mitnimmt, kaut sie sicher noch bis in die Nacht hinein am selben Fleck, und die Sonne zieht unverrichteter Dinge ab.«[30]
Die Stadt hat heute ihre Pocken weitgehend verloren. Die Imagination braucht keine gesonderten Zellen mehr, in denen neue Räume und andere Zeiten sich entfalten. Sie werden heute umstandsloser in die Innenräume hineintransportiert. Die elektronischen Bilder halten sich verfügbar. Die Vielfalt des Angebots nivelliert seine Suggestivität. Sie degeneriert zur Vervielfachung des gleichen. Die Mythen der Stadt müssen sich auf neue Weise vermitteln.

Thomas Kufahl in »Am Ende des Regenbogens« (1979)

Nicht müde und niemals traurig. Ein Bürgerkrieg ohne Feindseligkeit. Impressionen aus dem Berliner Stadtverkehr

Klaus Strohmeyer

Der Berliner Verkehr wird um die Jahrhundertwende zu einem vielbeschriebenen Faszinosum; er ist der Motor, der der Stadt den Rhythmus, die Geschwindigkeit vorgibt. Mit maschinell vielfach gesteigerter Beschleunigung eilt Berlin der ländlichen Umgebung voran. Völlig ungewappnet steht der Provinzler den Verkehrsströmen der Metropole gegenüber:

Das Getriebe in den Hauptverkehrsstraßen wie Leipziger- und Friedrichstraße ist förmlich betäubend; die elektrischen Wagen und die Trams bilden eine ununterbrochene Linie, Wagen aller Art, Droschken, Drei- und Zweiräder zu Hunderten fahren neben-, vor-, hinter- und oft aufeinander, das Läuten aller dieser Vehikel, das Rasseln der Räder ist ohrenzerreißend, der Übergang der Straßen ein Kunststück für den Großstädter, eine Pein für den Provinzler. Behauptete doch Frau von Beulwitz, sie hätten sich anfangs gerührt umarmt, wenn sie nach solchem Übergange des Potsdamer Platzes sich gesund auf der Insel wiederfanden! [1]

Im Tagebuch der Baronin Spitzemberg findet sich diese um 1895 niedergeschriebene Beobachtung des Verkehrsgeschehens in den Berliner Straßen. Leicht amüsiert wird die Bemerkung der Frau von Beulwitz kolportiert; sie bezeugt die emotionale Situation der ungeübten Berlin-Besucherin, die Schwierigkeit, sich gegen Masse und Dichte des Fahrzeugstromes in der Großstadt zu behaupten.

Die Überquerung des Potsdamer Platzes nimmt artistische Dimensionen an. Nach erfolgreichem Abschluß des Unternehmens liegt man sich in den Armen wie nach einer überstandenen Katastrophe.

Mag auch der Ausspruch der Provinzlerin um des Bonmots willen so zugespitzt worden sein, die Berichte über den Berliner Verkehr ähneln sich, und es sind keineswegs nur die verschreckten, hilflosen Provinzler, die sich von dem Chaos des vielrädrigen Getriebes bedroht fühlen. Die Bewältigung des Verkehrs muß mühsam erlernt werden.

Der Verkehr wird zum unpersönlichen Subjekt mit absolutem Geltungsanspruch. Den Gesetzmäßigkeiten seiner Bewegungsabläufe hat sich der einzelne unterzuordnen. Er fordert unbedingte Pünktlichkeit, anhaltende Wachsamkeit, beständige Anspannung: ein Zerrbild des Lebens unter den Bedingungen der großen Stadt, ein auf- und abebbendes Bewegungsornament, das wie ein Körper bei Belastungen die Pulsfrequenz hebt, bei Abspannung senkt, das sich dehnt und schrumpft, Zellen aufbaut und abstößt, ein Organismus, dessen Bewegungsgesetze und Funktionsbedingungen für den Außenstehenden undurchschaubar sind.

Je stärker das Verkehrsaufkommen anschwillt, desto enger werden die Spielräume des einzelnen. Wege und Bewegungsformen sind vorgegeben, entbehren mitunter eines erkennbaren Sinns.

1913 lesen wir in einem Artikel der Vossischen Zeitung:

Vom Potsdamer Platz zum Spittelmarkt bewegen sich täglich schlecht gerechnet, eine Million Menschen in jeder Richtung. Aber welches Bild für den unbefangenen Beschauer. Auf ziemlich schmalen Bürgersteigen schiebt sich gemächlich eine Menge augenscheinlicher Nichtstuer, durch die sich hier und da ein Eiliger schlangenhaft hindurchwindet. Die Mitte des Weges nimmt eine Wagenburg ein, die sich ruckweise vorwärtsbewegt. Wo eine Straße die große Ader kreuzt, eine Seitenlinie von ihr abzweigt, staut es sich zu undurchdringlichen Massen auf, zwischen denen einige Tollkühne auf Gefahr ihres Lebens durchschlüpfen.[2]

Ziel- und zwecklos bewegt sich die in der Beschreibung undifferenzierte Masse, ein zäher Strom, in dem nur auffällt, wer sich – bei Gefahr des Lebens – dem Rhythmus nicht anpaßt, wer gegen den Strom läuft, wer sich den Leitsignalen nicht unterwirft. Wer sich in einer überschaubaren Gemeinschaft bewegt, bleibt erkennbar, berechenbar. Sobald er in die anonyme Masse der Großstadt eintaucht, droht ihm der Verlust seiner unverwechselbaren, individuellen Kontur, er läuft Gefahr, sein persönliches Profil, auch seine subjektive Bewegungsform einzubüßen.

Allmählich entsteht bei den Fahrgästen eine gewisse Narkose; sie wackeln taktmäßig, wie der Wagen ruckt, mit den Köpfen, und nachdem sie alle Plakate, Ver- und Gebote gelesen haben und auswendig wissen, fangen sie an einzunicken und verwundern sich über Anschriften wie ›Das Stehen und Herumknien von Kindern auf Bänken ist verboten‹ nur noch traumhaft..[3]

Der gleichförmige Bewegungsrhythmus und die Maschinenvibrationen machen die Tag für die Tag sich wiederholenden Fahrten zu einem kollektiven Erlebnis der Erlebnislosigkeit, zu einer abstumpfenden ›Erfahrung‹, aber auch zu einem Urerlebnis der Geborgenheit und des Aufmerksamkeitsverlustes. Inmitten des quirligen Stadtverkehrs, kehren die Erlebnisqualitäten einfacher Gesellschaften

wieder: Trancezustände und Bewußtseinsausblendungen.

Wir dürfen uns sagen, die ausgiebigen affektiven Bindungen, die wir in der Masse erkennen, reichen voll aus, um einen ihrer Charaktere zu erklären, den Mangel an Selbständigkeit und Initiative beim Einzelnen, die Gleichartigkeit seiner Reaktion mit der aller anderen, sein Herabsinken zum Massenindividuum sozusagen. Aber die Masse zeigt, wenn wir sie als Ganzes ins Auge fassen, mehr; die Züge von Schwächung der intellektuellen Leistung, von Ungehemmtheit der Affektivität, die Unfähigkeit zur Mäßigung und zum Aufschub, die Neigung zur Überschreitung aller Schranken in der Gefühlsäußerung und zur vollen Abfuhr derselben in Handlung, dies... ergibt ein unverkennbares Bild von Regression der seelischen Tätigkeit auf eine frühere Stufe, wie wir sie bei Wilden oder bei Kindern zu finden nicht erstaunt sind.[4]

Schicksalsergeben wie ein Stück Herdenvieh gliedert sich der Großstädter in den Verkehr ein. Widerstands- und willenlos läßt er sich lenken.

Auf seinen (des Schupos, K.S.) erfolgten Ruck laufen über den Platz in Richtung Königstraße etwa 30 private Personen... Ebenso viele haben sich nach Osten aufgemacht, sie sind den anderen entgegengeschwommen... Das Gesicht der Ostwanderer ist in nichts unterschieden von dem der West-, Süd- und Nordwanderer, sie vertauschen auch ihre Rollen, und die jetzt über den Platz zu Aschinger gehen, kann man nach einer Stunde vor dem leeren Kaufhaus Hahn finden. Und ebenso mischen sich die, die von der Brunnenstraße kommen und zur Jannowitzbrücke wollen, mit den umgekehrt Gerichteten. Ja, viele biegen auch seitlich um, von Süden nach Osten, von Süden nach Westen, von Norden nach Osten. Sie sind so gleichmäßig wie die, die im Autobus, in den Elektrischen sitzen. Die sitzen alle in verschiedenen Haltungen da und machen so das außen angeschriebene Gewicht des Wagens schwerer. Was in ihnen vorgeht, wer kann das ermitteln..[5]

Döblins Beschreibung dieser ›Massenbewegung‹, die nach Maßgabe der Schutz-

polizisten über den Alexanderplatz dirigiert wird, ist in die Kategorien einer Völkerwanderung gefaßt. Auf engstem Raum werden Gruppen, Ströme aneinander vorbei gelotst. Einzig das Gleichmaß der Bewegungen verbindet sie, austauschbare Partikel eines unübersichtlichen Transportsystems, eines geheimnisvollen Wegenetzes. All ihre verborgenen, heimlichen Verschiedenheiten fallen unter dem vorgezeichneten Bewegungstakt nicht ins Gewicht, allein die Zeichen der Schupos, die Vibrationen der Elektrischen werden ihnen zur Bestimmung.

*»›Was hast du gesehen?‹
›Ich habe gesehen – ein Mann mit einem Plakat um den Hals: ›Ich nehme jede Arbeit‹ – und ›jede‹ dreimal rot unterstrichen – und ein böser Mund, der zog sich nach unten und mehr – es gab eine Frau ihm zehn Pfennig, die waren gelb, und er rollte sie auf das Pflaster, das Schein hat durch Reklame von Kinos und Lokalen. Und das Plakat war weiß mit schwarz drauf. Und viele Zeitungen und sehr bunt und das Tempo rosalila und Nachtausgabe mit rotem Strich und ein gelber Querschnitt – und sehe das Kempinsky mit edlem Holz und Taxis davor mit weißen Karos und Chauffeure mit eingeknicktem Kopf, weil sie ja immer warten. Und von innen Spiegel und was von Klub. Und Menschen eilen. Und Vorgärten von Kaffees, die sind ein Winter und drinnen Musik. Und auch mal Bars und ein großes Licht hoch über der Erde von Kupferberg Sekt – und einer mit Streichhölzern und auf der Erde mit schwarzen Beinen – quer übers Pflaster und Schachteln von Streichhölzern, die sind blau mit weiß und kleiner roter Rand –‹*[8]

Das und der atemlosen Aufzählung muß den fehlenden inneren Zusammenhang ersetzen, die logischen Verknüpfungen. Alles zählt gleich, was von dem hungrigen Blick erfaßt und weitergegeben wird. Das Auge ist mitleidlos, es zeichnet nur auf. Christopher Isherwood bringt diese unbezähmbare Schaulust auf einen einprägsamen Begriff:

Ich bin eine Kamera mit offenem Verschluß, nehme nur auf, registriere nur, denke nichts. Registriere den Mann, der

sich am Fenster drüben rasiert, und die Frau im Kimono, die ihr Haar wäscht. Eines Tages werde ich alle diese Bilder entwickelt, sorgfältig kopiert und fixiert haben.[9]

Die neuen Wahrnehmungsformen sind eng mit dem Berliner Tempo gekoppelt, Berlin war ein zugleich bedrohliches wie anziehendes Experimentierfeld für neue Lebensformen. Das gesteigerte Tempo verhieß ein Mehr an Erfahrung und Lebensintensität ohne es einzulösen. Berlin bildete die vorgeschobene Front der bürgerlichen Gesellschaft.

In den Gliedern dieser einst so ungelenken Stadt voll protestantischer Staats- und Militärphilosophie zuckte ein anglimmendes Feuer. Ein Wille zum Leichtsinn . . .[10]

Charlott, die sich in Wilhelm Speyers Roman diesem Willen zum Leichtsinn er-

gibt, ist die Personifikation des neuen Lebensgefühls: eine geschwindigkeitsliebende Frau in einer schnellebigen Stadt. *Alles in allem, man brauchte Charlott in Berlin ein wenig, um sich selber dieses Zeitalter zu bestätigen. Sie durfte nicht müde und niemals traurig werden oder sich allzu lange von Berlin fern halten.*[11]

Das ist der Preis, den man für das neue Lebensgefühl zu zahlen hat, »nicht müde und niemals traurig« zu sein. Wer mit diesem künstlich gesteigerten Lebensrhythmus nicht Schritt halten kann, geht in der geschwindigkeitsbesessenen Stadt zugrunde.

Die große Straße schoß unaufhörlich Raketen des Lärms vorbei. Ihr Wesen war die Explosion. Nicht eines Auges Heben schleuderte sie das gleiche Bild, und doch war es immer der eine große Strom: die Straße, immer eine der aufgerissenen

Schlagadern der Stadt! – Sie schäumte Schreie und Bellen, warf das blitzende Zucken von silbernen Automobilen und weggeworfenen Tourenwagen auf, schnitt kreisende Hupenwarnungen dazwischen, ward von den Armen des Verkehrspolizisten stromlos gemacht, hielt wie im Krampf das Blut zurück – und dann schoß es doppelt in wüsten Strudeln, das aufgehäufte Blut! – Die Menschen trieben gleich fliehenden Punkten auf dem Schaum der Kreisung, helle, gelbe, grüne, schwarze Farbspritzer, rasend, ohne eigenen Willen, dem Explosionsrhythmus unterworfen, von Benzinwolke eingehüllt . . .[12]

Der alte Buchtrödler, vor dessen Augen sich dieses Bild Tag für Tag abspielt, hat an diesem Leben nicht teil. Er bewegt sich auf der Kehrseite der explosiven, lebensprühenden, jungen Stadt. Er wird von ihr abgestoßen, ausgestoßen.

Gebrauchsanweisung

nach Art. 5, Abs. 1 GG

1. Schlag dir die Schere aus dem Kopf,

2. nimm sie entschlossen zur Hand, und...

3. schneide dir dein taztägliches Stück Pressefreiheit ab!

Ich abonniere

die tageszeitung

zum fortlaufenden Bezug. Das Abonnement verlängert sich automatisch um den angegebenen Zahlungszeitraum, wenn es nicht mindestens **3 Wochen** vor Ablauf schriftlich gekündigt wird. Wenn das Abo **befristet** sein soll, bitte extra angeben!

NAME/ADRESSE (Lieferanschrift für das Abo):

ZAHLUNGSZEITRAUM: (Zutreffendes bitte ankreuzen)

○ monatlich: (**nur über Einzugsermächtigung oder Scheck!**)   29.—DM
○ vierteljährlich: 87.—DM
○ halbjährlich: 174.—DM
○ jährlich: 348.—DM

Bei Verschickung ins Ausland berechnen wir zusätzlich Mehrporto

ZAHLUNGSWEISE: (Zutreffendes bitte ankreuzen!)

○ **Einzugsermächtigung:**

Ich erkläre mich damit einverstanden, daß die Abonnementsgebühren von meinem Konto abgebucht werden. Dafür erhalte ich folgende Ermäßigung: Vierteljahresabo 2.50 DM   Halbjahresabo 5.00 DM   Jahresabo 10.00 DM

Kontoinhaber/in:

Geldinst.:

Konto-Nr.:

BLZ.:

Diese Einzugsermächtigung wird ungültig, wenn ich sie **schriftlich** widerrufe.

Unterschrift:

○ **Rechnungsadresse:**

Name:

Adresse:

Diese Bestellung kann innerhalb von 7 Tagen schriftlich widerrufen werden. Zur Wahrung der Frist genügt die rechtzeitige Absendung des Widerrufs. Davon habe ich Kenntnis genommen.

M   Datum, Unterschrift

Ausschneiden, auf eine Postkarte kleben und an: taz-Abo, Postfach, 1000 Berlin 65 einsenden.

156

Zeitungskioske
Werner Theuer

Eine Musterkarte von allem Gesträuche,
Krumme Gänge, Wasserfälle, Teiche,
Pagoden, Höhlen, Wieschen, Felsen und
Klüfte,
Eine Menge Reseda und andres Gedüfte,
Weimuthsfichten, babylonische Weiden,
Ruinen,
Einsiedler in Löchern, Schäfer im Grü-
nen,
Moscheen und Thürme mit Kabinetten,
Von Moos sehr unbequeme Betten,
Obelisken, Labyrinthe, Triumphbogen,
Arkaden,
Fischerhütten, Pavillons zum Baden,
Chinesisch-gothische Grotten, Kiosken,
Tings,
Maurische Tempel und Monumente,
Gräber, ob wir gleich niemand begraben,
Man muß es alles zum Ganzen haben.

So jedenfalls Goethe in seinem Schauspiel ›Triumpf der Empfindsamkeit‹. Uns allerdings soll es hier nicht um das große Ganze gehen, sondern speziell um den Kiosk.

Das Wort Kiosk ist vom persischen ›kösk‹ abgeleitet, gelangte über das französische ›kiosque‹ und das italienische ›chiosco‹ gegen Ende des 18. Jahrhunderts nach Deutschland und bezeichnete ursprünglich Zelte oder Buden in Park- und Gartenanlagen, in denen Erfrischungen gereicht wurden. In seiner neueren Bedeutung sind damit fest gebaute, freistehende und architektonisch gestaltete Kleinbauten für den Straßenhandel gemeint.

Wie Normaluhren, Verkehrszeichen, Fernsprechzellen, Haltestellen und Pissoirs gehörten Zeitungskioske zu jenen Neuerscheinungen im Straßenbild der Großstadt, die im Berlin der Jahrhundertwende an verkehrsreichen Kreuzungen und auf belebten Plätzen immer häufiger auftauchten.

Als Vorläufer der Zeitungskioske kann man am ehesten die Trinkhallen für den Ausschank von Soda- und Mineralwasser ansehen, die nach Entwürfen von Martin Gropius ab 1859 in Berlin errichtet wurden und die mit der Zeit ihr Angebot auf Obst, Kuchen und vereinzelt auch Zeitungen und Zeitschriften erweiterten.

Das explosive Wachstum der Stadt bedingte u. a. immer größer werdende Nachfrage nach Zeitungen und Zeitschriften. Von der großen Zahl der aus den Provinzen zugezogenen ›Neuberliner‹ wollten viele ihre Heimatzeitung weiterlesen, der gestiegene Fremdenverkehr verlangte internationale Presse und letztendlich muß sich der moderne Großstädter über alle Ereignisse informieren, um ständig auf dem laufenden zu sein und überall mitreden zu können.

Das Zeitungswesen hatte sich seit den Gründerjahren vom Gewerbe zur Großindustrie entwickelt und suchte nach neuen Absatzmöglichkeiten. Den Buchhändlern erschien der Vertrieb der für sie billigen Blätter nicht lohnend genug, und der ›fliegende‹ Straßenhandel mit Zeitungen war bis 1904 verboten. Bisher besorgten Zeitungsspediteure den Vertrieb. Die Zeitungen wurden vom Verlag abgeholt und den Abonnenten direkt ins Haus zugestellt. Für das Austragen der Zeitungen beschäftigten sie Frauen und Kinder. Die Spediteure besaßen oftmals kleine Frisör- oder Zigarrenläden, in denen sie nebenbei Zeitungen verkauften. Um auch auf der Straße mit Zeitungen handeln zu können, stellten sie vor ihren Häusern und Läden kleine Verkaufsstände oder Buden auf. Allerdings blieb der Straßenhandel mit Zeitungen bis zur Jahrhundertwende recht unbedeutend.

Der Zeitungs- und Zeitschriftenvertrieb wurde wesentlich erweitert, als der Verlagsbuchhändler Georg Stilke 1882 anläßlich der Eröffnung der Berliner Stadtbahn die Genehmigung erhielt, auf den

Bahnhöfen Zeitungskioske zu errichten. Aber auch schon in den Jahren zuvor gingen einige Händler zu den abfahrbereiten Zügen auf die Bahnhöfe, um den Reisenden Zeitungen, Zeitschriften und Bücher als Lektüre anzubieten. Zunächst mit geringem Erfolg, denn mit der schnelleren Art des Reisens mußten sich die Passagiere erst noch vertraut machen und eigene Erfahrungen sammeln. Aber nach Mitte des vorigen Jahrhunderts ist die Reiselektüre kulturell etabliert und wird – zumindest in bürgerlichen Kreisen – zur allgemeinen Beschäftigung während der Fahrt. In England und Frankreich kamen in dieser Zeit die ersten Bahnhofsbuchhandlungen auf, die neben dem Verkauf von Zeitungen und Zeitschriften auch ›Unterhaltungsromane gegen eine geringe Gebühr verliehen.

Das Bedürfnis nach Reiselektüre wurde durch die im Vergleich zur Postkutsche völlig veränderte Form des Reisens geweckt. In den Kutschen waren die Reisenden viele Stunden oder tagelang gemeinsam unterwegst, vertrieben sich die lange Fahrzeit, indem sie sich über alle möglichen Themen unterhielten, und es entstanden gelegentlich Bekanntschaften, die die Reise überdauerten. Im Eisenbahnzug dagegen verläuft die Reise anonymer. Man begegnet vielen Menschen, ohne ein Wort mit ihnen zu wechseln und der Reisende, mit dem man die Fahrt in einem Abteil begonnen hat, steigt eventuell an der nächsten Station wieder aus, und ein anderer nimmt seinen Platz ein. So kompensiert die Reiselektüre sowohl die verminderte Kommunikation in der Eisenbahn, als auch die durchreiste Landschaft, die wegen der hohen Geschwindigkeit nicht mehr detailliert wahrgenommen wird, sondern vor dem Abteilfenster als rasche, flüchtige Folge von Bildern und Szenen erscheint. Längeres Hinaussehen wirkt ermüdend und eine Fahrt wird als monoton empfunden, wenn man zur Untätigkeit verurteilt ist. Für die meisten Reisenden sind deshalb Buchhandlungen und Kioske auf Bahnhöfen ein zentraler Anziehungspunkt. Hier liegen die wichtigsten in- und ausländischen Zeitungen aus, Taschenbuchausgaben von Romanen, Triviales und Illustrierte, Ansichtskarten, Reiseliteratur und Wörterbücher und ob man sich nun mit Lektüre versorgen oder nur die Wartezeit auf den nächsten Zug mit Herumblättern und -suchen verkürzen will; an der Buchhandlung führt kein Weg vorbei.

Aber auch für Nichtreisende können sie von Bedeutung sein, z. B. wenn sie möglichst früh wegen der Job- oder Wohnungsinserate die Morgenzeitungen haben wollen, denn Bahnhofskioske öffnen eher und schließen später als andere Verkaufsstände.

Um die Jahrhundertwende war das Angebot der Bahnhofsbuchhandlungen noch sehr konservativ und oft war dort der Verkauf solcher Zeitschriften wie »Das Narrenschiff«, »Der Simplicissimus« oder »Die Zukunft« verboten, aber es gab immer einige Straßenhändler in der Nähe der Bahnhöfe, die diese Druckschriften anboten.

Nach 1904 belebte sich der Straßenhandel mit Zeitungen schwunghaft. Die Großverleger postierten an den belebtesten Stellen Berlins zusätzliche Verkäufer ihrer Zeitungen und einige Jahre später waren schon mehrere hundert Zeitungshändler auf den Straßen tätig, die sogar eine eigene Fachzeitschrift, den ›Zeitungshändler‹, hatten.

Ab 1905 konnte Stilkes inzwischen gegründete Deutsche Kiosk GmbH mit dem Bau und Betrieb von Zeitungskiosken auf öffentlichem Straßengelände beginnen und stellte bis 1921 etwa 90 Kioske in Berlin auf.

Die Entwürfe für die ersten Kioske stammen von Alfred Grenander, der schon die Kassenhäuschen für die Hochbahngesellschaft konstruiert hatte. Um die Kioske aus dem Großstadtgewühl herausragen zu lassen und weithin sichtbar zu machen, erhielten sie als Hauptakzent besonders originelle, auffällige und hohe Dächer aus Kupfer, in denen je nach Bedarf zwei bis vier Normaluhren untergebracht werden konnten.

Die Kioske waren vor allem aus Eisen und Glas gebaut, die Sockel gefliest und unter dem Dach waren Glasfenster zur Aufnahme von Reklamebildern, Plakaten und Anzeigen angebracht. Obwohl die Kioske aus einheitlichen Baustoffen bestanden, erhielten alle eine eigene, besonder Form. In der Zeit der Weimarer Republik wurden die meisten Typen bevorzugt aus Holz gebaut.

Viele Kioske waren mit Telefonzellen, Wartehallen und Bedürfnisanstalten kombiniert. Man findet hier also wesentliche Elemente der Großstadtkommunikation an einem Punkt konzentriert. Es gibt Nachrichten, Meinungen, Stadtklasch und politische Informationen in den Auslagen am Zeitungsstand, sexuelle an den Wänden des angebauten Pissoirs, die Uhrzeit kann abgelesen werden, um festzustellen, ob noch Zeit für ein Telefongespräch ist oder wann der nächste Bus kommt, in dem dann die eben gekaufte Zeitung weitergelesen werden kann.

Zeitungskioske entsprechen dem bechleunigten Lebensrhythmus und kommen den Bedürfnissen des sich stets in Eile befindlichen Großstädters entgegen. Ohne Zeitverlust kann er im Vorbeigehen, die bevorzugte Zeitung und vielleicht ein paar Kleinigkeiten wie Zigaretten, Süßwaren oder einen ›Flachmann‹ mitnehmen. Bei diesem Schnelleinkauf kommt es gelegentlich zu einer Kurz-Konversation zwischen Stammkundschaft und Verkäufer, aber in der Regel bleiben nur Touristen länger stehen, um Ansichtskarten, Stadtpläne, Reiseführer und irgendeine Aufenthaltslektüre auszuwählen oder um eine Auskunft zu erhalten.

Der Zeitungsverkäufer am Kiosk schätzt vor allem die Selbständigkeit an seiner Arbeit. Er ist »sein eijener Chef, der sich nüscht in sein' Kram rinreden läßt«, aber trotz des »Dachs üba'm Kopp« ist er dem Wetter ausgeliefert und hat je nach Jahreszeit unter Feuchtigkeit, Kälte, Hitze und Zugluft zu leiden, »im Winta kalte Beene, im Somma wie inne Sauna und die Omme schwirrt vom Straßenkrach, da mußte dir erst dran jewöhnen«.

Otto Nahnsen beschreibt 1922 in einer Untersuchung über den Straßenhandel den Zeitungsverkäufer so:

»Er kennt die Druckerzeugnisse, mit denen er handelt, nicht nur dem Titelblatt nach, er hat auch eine Vorstellung von ihrem Charakter. Er kennt die Tendenz der politischen Tageszeitungen und weiß, für welche Gruppe Menschen diese Zeitung, jene Zeitschrift von Interesse ist. Wenn ihm die ›Tägliche Rundschau‹ ausgegangen ist, wird er dem Kunden, der sie verlangt, nicht die ›Berliner Morgenpost‹, sondern vielleicht die ›Deutsche Tageszeitung‹ anbieten. Er hat eine gewisse Gewandtheit in der Beurteilung der Menschen und bekommt einen Einblick in das Großstadtleben ähnlich wie der Droschkenkutscher und der Gepäckträger. Er kennt die Käufer und Käuferinnen der Film-, Sport und Junggesellenliteratur. Hat er irgendeine Spezialität – das ist sehr häufig – z. B. Sportzeitschriften, so ist er selbst etwas fachkundig, kann raten und dann mitreden. Ferner, er hat Konjunktursinn: ein Gefühl, welche Neuerscheinung zu bearbeiten sich lohnt; eine Witterung, wie nach Jahreszeit, Wetter und allgemeiner politischer und geistiger Tagesstimmung eingekauft werden muß. Er ist geduldig in der Anhörung der Ansichten seiner Kunden über das Wetter und die hohen Preise – denn er hat eine Stammkundschaft. Er ist die Allerweltsauskunftsperson; das gehört zum Geschäft wie zum Zigarrenhändler der Fernsprecher und das Berliner Adreßbuch.«

Heute haben die Zeitungskioske infolge veränderter Lebensformen und Mediengewohnheiten einiges von ihrer ursprünglichen Kommunikationsfunktion eingebüßt. Sie sind auch nicht mehr so zahlreich im Stadtbild anzutreffen.

Die meisten der alten Kioske wurden im Zweiten Weltkrieg zerstört oder stark beschädigt, andere bei späteren Straßenverbreiterungen abgerissen. Die wenigen, die übrig blieben, haben ihre originellen, charakteristischen Dächer eingebüßt und wurden in den fünfziger Jahren flach gedeckt, so daß sie jetzt mit der hohen, für Reklame und Plakate gedachten Zone enden. In den Jahren nach 1945 wurden neben vielen häßlichen Buden einige Kioske im Stil der Holzbuden der zwanziger Jahre errichtet. Seit Ende der fünfziger Jahre gibt es modifizierte Normenbauten für Kioske, die eine quaderartige Form mit Flachdach haben und hauptsächlich aus Stahlrahmen und Glasflächen bestehen.

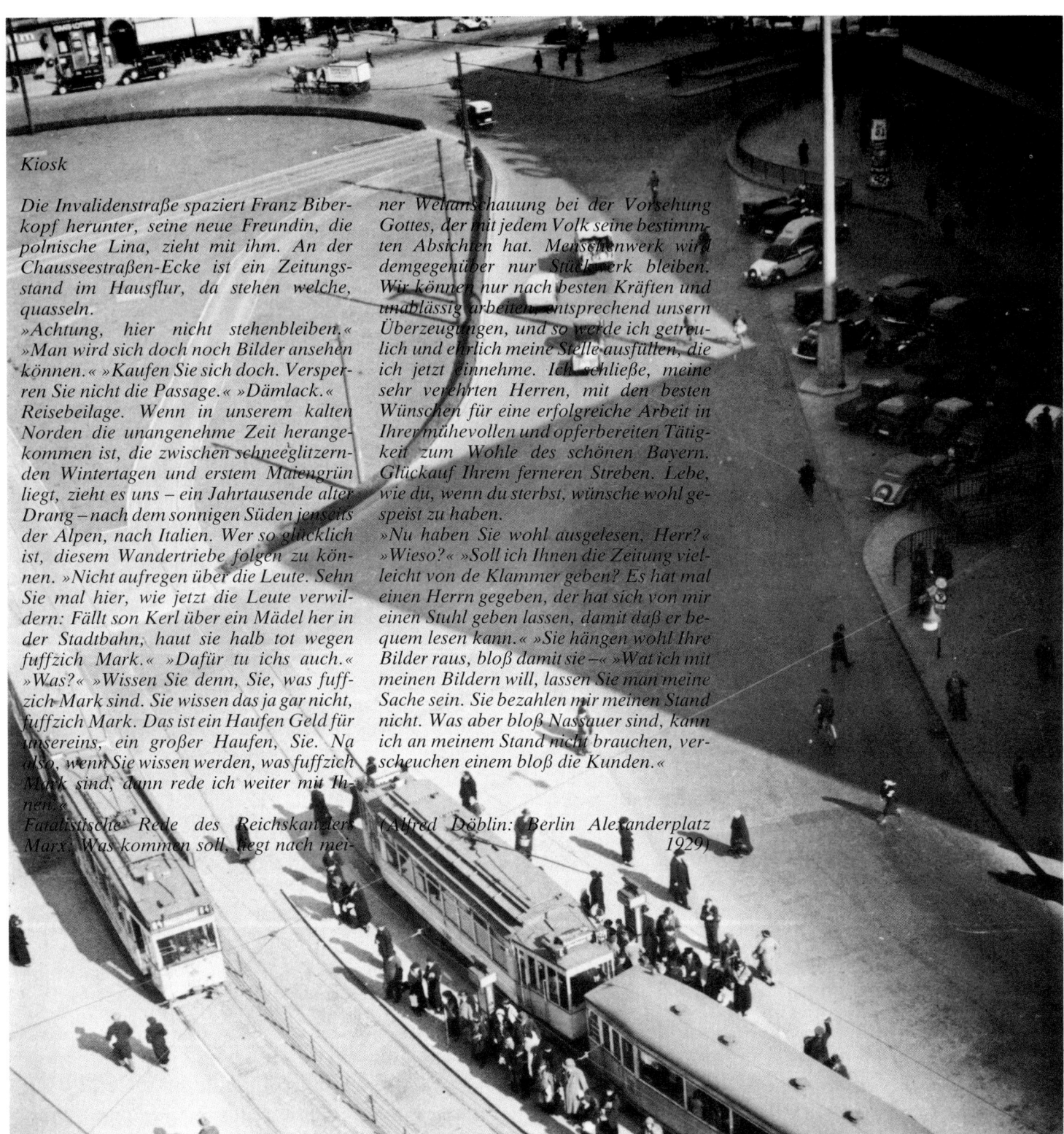

Kiosk

Die Invalidenstraße spaziert Franz Biberkopf herunter, seine neue Freundin, die polnische Lina, zieht mit ihm. An der Chausseestraßen-Ecke ist ein Zeitungsstand im Hausflur, da stehen welche, quasseln.
»Achtung, hier nicht stehenbleiben.« »Man wird sich doch noch Bilder ansehen können.« »Kaufen Sie sich doch. Versperren Sie nicht die Passage.« »Dämlack.« Reisebeilage. Wenn in unserem kalten Norden die unangenehme Zeit herangekommen ist, die zwischen schneeglitzernden Wintertagen und erstem Maiengrün liegt, zieht es uns – ein Jahrtausende alter Drang – nach dem sonnigen Süden jenseits der Alpen, nach Italien. Wer so glücklich ist, diesem Wandertriebe folgen zu können. »Nicht aufregen über die Leute. Sehn Sie mal hier, wie jetzt die Leute verwildern: Fällt son Kerl über ein Mädel her in der Stadtbahn, haut sie halb tot wegen fuffzich Mark.« »Dafür tu ichs auch.« »Was?« »Wissen Sie denn, Sie, was fuffzich Mark sind. Sie wissen das ja gar nicht, fuffzich Mark. Das ist ein Haufen Geld für unsereins, ein großer Haufen, Sie. Na also, wenn Sie wissen werden, was fuffzich Mark sind, dann rede ich weiter mit Ihnen.«
Fatalistische Rede des Reichskanzlers Marx. Was kommen soll, liegt nach meiner Weltanschauung bei der Vorsehung Gottes, der mit jedem Volk seine bestimmten Absichten hat. Menschenwerk wird demgegenüber nur Stückwerk bleiben. Wir können nur nach besten Kräften und unablässig arbeiten, entsprechend unsern Überzeugungen, und so werde ich getreulich und ehrlich meine Stelle ausfüllen, die ich jetzt einnehme. Ich schließe, meine sehr verehrten Herren, mit den besten Wünschen für eine erfolgreiche Arbeit in Ihrer mühevollen und opferbereiten Tätigkeit zum Wohle des schönen Bayern. Glückauf Ihrem ferneren Streben. Lebe, wie du, wenn du sterbst, wünsche wohl gespeist zu haben.
»Nu haben Sie wohl ausgelesen, Herr?« »Wieso?« »Soll ich Ihnen die Zeitung vielleicht von de Klammer geben? Es hat mal einen Herrn gegeben, der hat sich von mir einen Stuhl geben lassen, damit daß er bequem lesen kann.« »Sie hängen wohl Ihre Bilder raus, bloß damit sie –« »Wat ich mit meinen Bildern will, lassen Sie man meine Sache sein. Sie bezahlen mir meinen Stand nicht. Was aber bloß Nassauer sind, kann ich an meinem Stand nicht brauchen, verscheuchen einem bloß die Kunden.«

(Alfred Döblin: Berlin Alexanderplatz 1929)

160

»Wenn die Jemsen springen ...«

Gassenlieder im 19. Jahrhundert

Guido Hiß

Später als andere europäische Metropolen hat Berlin seine Eigenart gefunden. Erst Mitte des 18. Jahrhunderts festigte sich in der Zuwanderungsstadt eine gemeinsame Mundart; zugleich gewinnt der Berliner Charakter Profil: Ein »bißchen grob« muß man sein und »Haare auf den Zähnen« haben, um sich inmitten des »verwegenen Menschenschlags über Wasser zu halten«, notiert ein deutscher Dichter in Erinnerung an einen Besuch in der preußischen Residenz um 1780. Seit den zwanziger Jahren des 19. Jahrhunderts kommt das neue Selbstbewußtsein der sich entwickelnden Industriestadt in einer Vielzahl von Gassenhauern, Bänkel- und Saufgesängen zum Ausdruck.

Singend probieren die Berliner ihre Lieblingsrollen aus, wobei Figuren, die später zu Markenzeichen der Stadt werden, in dieser Zeit noch selbst ihre Leierkästen und »Schnauzen« betätigen. Was Schusterjungen, Eckensteher und Hökerweiber zum Besten geben, was Drehorgelleute und Bierfiedler vortragen und Handwerksgesellen, Studenten, Kleinbürger und Dienstmädchen in Tabagien und auf der Straße singen, ist bruchstückhaft mündlich überliefert. Gedruckt wurden beliebte Gassenlieder von spezialisierten Verlagen (z.B. Zürngibel und Litfaß): »Schöne neue Lieder«, die auf losen Zetteln, »Flugblättern«, schnell und billig unters Volk gemischt und später auch – gesammelt wurden.

Der Gassenhauer ist lokal (nur sein Erfolg ist international). Aber zwei Städte vor allem ringen in friedlichem Wettbewerb (und anschlußfrohem Austausch) um die Palme: Wien und Berlin, »Roland und Viktoria« gegen den »Eisernen Rathausmann und das Donauweiberl«, und jede beweist der anderen mit ihren Gassenhauern, daß sie nicht aus ihrer Haut kann und auch nicht will, weil sie sich im Grunde sehr wohl in ihrer Haut fühlt. Denn auch der Gassenhauer stammt aus den Tiefen, nur aus anderen, des Volksgemüts, dessen unmittelbarster Ausdruck und verräterisch charakteristisches Spiegelbild er bedeutet.

(Arthur Kahane 1930)

Nur ein einziges Lied ist überliefert, in dem das Biedermeier-Berlin sich so darstellt, wie es dem Klischee entspricht. Es heißt »Das Kanapee ist mein Vergnügen« und schildert ironisch den selbstgenügsamen und genüßlerischen Stubenhocker, die exemplarische Biedermeier-Schlafmütze:

> Ein Pfeifchen Knaster ist mein Leben,
> Dazu der edle Gerstensaft,
> Da mag's mei'm Körper Labung geben,
> In allen Gliedern Mut und Kraft,
> Da rauch ich, wo ich geh' und steh',
> Am liebsten auf dem Kanapee.

Dieses Lied – es plätschert noch fünf Strophen vor sich hin – bildet die große Ausnahme. Was sonst aus dieser Zeit an volkstümlichen Liedern erhalten ist, erweckt den Eindruck, als ob die Berliner alles daran gesetzt hätten, Betulichkeit gar nicht erst aufkommen zu lassen. Feier- und amüsiersüchtig war man, und eine bis heute liebevoll gehegte urbane Inspiration, das »Mittenmang Sein«, koste es was es wolle, hat seine Wurzeln im Biedermeier; und wird auch gleich ironisch besungen: »Mein Liebchen ist Berlinerin, / lebt nach Berliner Brauch. / Man immer ins Vergnügen rin / und in die Kosten auch.« Und: »Een echter Berliner im Sinne des Worts / hat ein'n größeren Spleen als ein englischer Lord, / denn wo nur was los ist, / da muß er auch hin.«

Und ›los‹ ist einiges. Neben den alten Volksfesten (wie dem Stralauer Fischzug) entstehen in den zwanziger und dreißiger Jahren die verschiedensten Amüsierbetriebe, am Kreuzberg der Vergnügungspark »Tivoli« (Hauptattraktionen: Riesenrutschbahnen, Feuerwerke, »Monstrekonzerte«) und im Tiergarten Joseph Krolls »Feenpalast«, eine veritable Burg mit Türmen und Mauern; man inszeniert hier mit Vorliebe Maskenbälle, »italienische Nächte« und Opern-Prunkaufführungen. Eine Fülle von Restaurationsbetrieben steht den Amüsierwilligen jeden Standes zur Verfügung: vornehme Cafés für Offiziere, Staatsbeamte und wohlhabende Bürger (z.B. »Kranzler«), Konditoreien für Intellektuelle; Tabagien, Budicken und Weinstuben (mit Stehgeiger) für Kleinbürger; finstere Spelunken (»Keilerei mit Tanzvergnügen«) für junge Handwerker, Studenten, Huren und Diebe. Im Sommer strömen die Berliner in große Gartenwirtschaften vor den Toren der Stadt: »Hier können Familien Kaffee kochen«. Die Prostitution blüht: »untern Linden, wie ihr wißt, stehen die da rufen pst«. Auch wenn diese Berliner, wie sie selbst tönen, »wirklich sehr stolz und spinöse duhn« – man darf gar nicht daran denken, diesen Rummel zu verlassen. Dorthin, wo's wirklich bieder zugeht. Hier Berlin, dort Provinz, hier der Trubel, dort die Ödnis: für das Zentrum der Welt hielten die Berliner ihre Stadt, lange bevor sie Reichshauptstadt wurde.

Weheklage eines scheidenden Handwerksgesellen:

Euch ihr Tabagien,
wo viel Jubelton,
von euch muß ich fliehen
dahin, wo der Kummer wohnt.
In ein kleines Städtchen,
da lebt man ohn ein Mädchen,
man hat kaum's liebe Brot,
still ist's, öd' und todt

Wir sind zum Glück noch da und »gehen unsern Schlenderjang« zum nächsten Spektakel: »Zum Fliegen-, Mottenfest; / nach Pankow, ohne allen Zwang, / nach Lichtenberg modest.« Oder: »Auf lasset uns nach Stralau geh'n«: »Alte Weiber, die scharmiren, / tolle Köpfe, die prampiren, / und das angenehme Chor / von Besoffnen kreischt vor.« Oder auch: »Nach Wisotzki! Nach Wisotzki! Wo die frische

Wurst und Stullen / uf die große Tische stehn, / aus det Fenster volle Pullen / und die schöne Meechens sehn. / Wo ich Herrn Jakobi hör', / dahin sehnt mein Herz sich sehr.« Die Wisotzkische Tabagie ist eine der beliebtesten Kneipen, Jakobi ein umjubelter Volkssänger. Jakobi singt natürlich vom Saufen, »Branntwein trinken, Schaafkopp spielen, det is mein Plaisir.« Und, immer wieder gefordert, das Lied vom Eckensteher Nante: »Ick denk bei mir: s' janz ejal, / ob Wein, ob Schnaps im Jlase, / von beeden kricht man allemal / doch eene rote Nase.« Ein paar Kneipen weiter, in der finsteren »Neuen Welt«, grölt ein Student: »Ich bin ein Berliner Kaufmannssohn, / ja all mein Geld versauf ich schon. / Oh ich Lump..., oh ich liederlicher Lump.« Danach, alle zusammen, ein »Mordbrennerlied«: »Wir sind unsrer Neune, / wir stehen hinter Schulze Willmanns Scheune / und machen wohlbekannt, / morgen wird Schöneberg abgebrannt.« Auf der Straße ist's auch nicht ganz geheuer: »da wandeln und da handeln frei / in Finsternis die Libelei, / da brechen aus der Hausvogtei / Brandstifter, Gauner, Diebe / dem Fremden Arm und Bein entzwei.«

Das Lied, aus dem die letzten Zeilen stammen (»Die Berliner Straßenbeleuchtung«), ist eines der wenigen aus der Epoche der Restauration, in denen »Kümmel«-Konsum und Vergnügungswut Ursachen erkennen lassen: »Finsternis« wird doppeldeutig:

»Hier in Berlin am ersten Mai,
Dem Wonnemond der Liebe,
Sorgt unsere Straßenpolizei
Für abendliche Trübe.
Kein Lämpchen brennt, es ist vorbei,
Mit modischer Aufklärerei...«

Saus und Suff sind nicht einfach nur Ausdruck gesteigerter Lebensfreude in der schnell wachsenden preußischen Residenz, sondern auch Ergebnis politischer Unterdrückung, sozialer Mißstände und bitterer Not großer Bevölkerungsteile, vor allem des im Zeichen rapider Industrialisierung entstehenden Proletariats. Doch erst in den vierziger Jahren, als der sich als reaktionär erweisende Friedrich Wilhelm IV. den Thron übernimmt, wird gegen Mißstände offen angesungen. Zum vielbesungenen Helden des Vormärz

steigt ein Storkower Bürgermeister namens Tschech auf, der 1844 ein kläglich scheiterndes Attentat auf das peußische Königspaar verübt. Sind Constabler in der Nähe, hält man sich zurück:

War wohl je ein Mensch so frech,
Als der Bürgermeister Tschech?
Denn er traf auf ein Haar
Unser teures Königspaar.
Ja er traf die Landesmutter
Durch den Rock ins Unterfutter.

Ist man unter sich, ertönt diese Variante:

Hatte je in Mensch so'n Pech
Wie der Bürgermeister Tschech,
Daß er diesen dicken Mann,
Auf zwei Schritt nicht treffen kann.

Die Bänkelsänger besingen ganz neue Unholde:

In der Alten Jacobstraße
Bei dem biergefüllten Glase
Saßen zweiundzwanzig Mann;
Samt und sonders schlechte Christen
Atheisten, Kommunisten
Herrgott sieh uns gnädig an!

Der Vergnügungstrubel des Biedermeierberlin pflanzt sich in hektische politische Aktivitäten fort. Debattierklubs und neue Zeitungen entstehen: »Der Berliner Krakehler«, Kalischs »Kladderadatsch«. Überall hört man Straßenredner, und Theater wird gespielt, daß sich die Bretter biegen. In »Volks-Krakehl-Theatern« (Sommerbühnen vor der Stadt), in Callenbachs Vaudeville-Theater und in Gräberts »Vorstädtischem Theater« gibt man tagesaktuelle, bodenständige Possen mit Gesang: »Nante als Nationalversammelter« oder: »Die Barrikade am Köllnischen Rathaus«. Couplets aus diesen Singstücken sind auf den Straßen zu hören. Es kommt zu »Unruhen auf den Märkten«. »Auflauf auf dem Gensdarmenmarkt. Abends gewaltsames Stürmen der Bäkerladen, Konditoreien, dem Prinz von Preußen die Fenster eingeworfen« (Varnhagen). Eitel Freude herrscht (wie so oft) bei der Glaserinnung: »weil überall, wohin man sieht, / so frisch ihr Weizen blüht. / Partauz erklingt es hie und da, / wo Scheiben fliegen ein; / dann heißt es »Lieber Glaser komm / und zieh ein Blei hinein. Juchhe!« Unter »Kugel-Akazien« »stolzieret man einher«, 1848, in der »Schurkenstadt! /, wo man bei jedem Schritt / uf eenen Ochsen oder Esel tritt. / Wo man die Milch verplanscht und Pferde schind't / wo die Beamten Schinderknechte sind«: »Berliner was wollt ihr noch mehr?« Schlimm für das trinkfeste Völkchen: »Das Bier trinkt nur noch der Reiche . . .«. Wasser für das Volk, Wasser in das »Die Freiheit gefallen«: »ich hab sie hören plumpsen«. Auf den Barrikaden tönen die Marseillaise und folgender Mutmacher: »Komme doch, komme doch / Prinz von Preußen, / komme doch, komme doch nach Berlin, / wir wolln dir mit Steine schmeißen / und dir's Fell über die Ohren zieh'n«. Leider: »Wrangel kommt, Wrangel kommt / hat Berlin belagert, / unsre junge Freiheit ist / schon ganz abgemagert.«

In Bänkelsängen, Flugblattliedern und Couplets besingen die Achtundvierziger ihre gescheiterte Revolution. Knapper und lakonischer Reflex auf das mörderische Eingreifen der Wrangelschen Truppen ist dieser Gassenhauer:

    In Berlin, sagt er, sollst du sehn,
    Wächst das Gras, sollst es mähn,
    Und die Köppe mähste mit,
    Sie sind reif für den Schnitt.

Danach wird es stiller, unter dem Druck der Polizei. Das Musizieren auf der Straße wird drastisch eingeschränkt. Der »Philister« Löffler ist begeistert: »Die alten, auf den Höfen herumziehenden schlechten Harfenistinnen und Leierkastendreher scheinen allmählich zur Mythe zu werden . . . Dank sei der Sicherheitspolizei, daß dies schreckliche musikalische Wesen immer mehr abnimmt . . .«

In nachrevolutionärer Zeit verlegen sich die politisch gescheiterten Bürger auf wirtschaftliche Aktivitäten. Neue Fabriken entstehen, Berlin wird zum Knotenpunkt eines ausgedehnten Eisenbahnnetzes, die Stadt wächst (1847: 400 000 Einwohner; 1870 800 000) und mit ihr (wieder) der Amüsierbetrieb. Frech-rotzige, gar politische Gassenhauer sind in den sechziger und siebziger Jahren kaum noch zu hören. Dafür entwickelt sich in den Destillen, Tanzlokalen und »Cafes chantants« eine ansehnliche Fülle von Trinkliedern: »Wenn das so weiter geht, ein ganzes Jahr, krieg'n wir's Delirium, halleluja«, oder: »Gestern früh um achte / kam der Storch und brachte / meiner

Mutter einen Sohn / und der Bengel fragte schon / wo ist hier die Destillation«. Und: »Wie schön leuchtet der Morgenstern, einen bittren Schnaps trink ich so gern«. Parodiert wird, was Oper und Operette zu bieten haben: »Reich mir die Hand mein Leben / komm mit mir auf mein Schloß / Ich will dir Äpfel geben / von meinem besten Roß.«

Witzig, frech, ironisch und auch sozialkritisch tönt es vor allem auf den Bühnen der kleinen Theater und Singspielhallen. Es ist die Blütezeit der Berliner Posse. Hier reagieren Bürger ihre politische Frustration ab. Gottfried Keller, anläßlich eines Theaterbesuchs: »Ich habe es lebhaft mitgefühlt, wie in solchen Augenblicken das arme Volk und der an sich selbst verzweifelnde Philister Genugthuung findet für angethane Unbill...« Meister der zeitkritischen, satirischen Posse mit Gesang ist David Kalisch. Mit Stücken wie: »Berlin wird Weltstadt«, »Der Aktienbudiker« und »Junger Zunder – alter Plunder – Tragikomödie des revolutionären Intellektuellen«. (Eine Posse, die bestimmt auch heute noch ihr Publikum fände!) Kalischs bevorzugte Themen sind Kritik an der Mentalität der Emporkömmlinge, an Bildungsarroganz und Meinungsfreiheit:

Oben gibt ein Wucherer Feste,
Unten steht in Wut
Einer, dem er einst abpreßte
All sein Hab und Gut.
Oben glänzet in dem bunten
Saal der Lüster Pracht,
Plötzlich tönt ein Schuß von unten
Durch die stille Nacht!
Oben werden lustig eben
Lebehochs gebracht!
Das ist das Berliner Leben,
Wie es weint und lacht.

Die katastrophale Wohnungssituation in der explodierenden Stadt, Wohnungsnot und Mietwucher werden kritisiert:

»Herr Architekt, bau'n Sie mir'n Haus
Wo ich schlag recht viele Miete raus
Sind ooch die Stuben schmal und klein,
fünf Stock hoch kann es immer sein,
Doch muß es etwas schnelle gehn,
Und bald uff diese Stelle stehn,
Vier Wochen haben Sie Zeit!«
So ist es Anno heut: Ja heute! heute! heut'!

Das Couplet beerbt den Gassenhauer auch in der ironischen Berliner Selbstdarstellung:

Kommt man in München oder Wien
Und sonst wo ins Theater hin,
Wird uns zur Seite dann plaziert
Ein Mensch, der alles kritisiert,
Der, wenn das Stück auch sehr behagt,
Doch schreit: »Das ist jar nichts gesagt,
Was das für faule Künstler sind!«
Das nennt sich ein Berliner Kind.

»Rums, widebums, widerallalala, hei rums, widebums, widerallalala«, tönt die Berliner Jugend, als die deutschen Truppen Paris besetzen: »Wehe dir Napoleon, wie wird's dir ergehen...« Ein Reich wird gegründet, Berlin wird Hauptstadt und erlebt im Zeichen gründerzeitlicher Hochkonjunktur einen Wachstumsschub, gegen den sich die vorhergehenden harmlos ausnehmen. Von 1870 bis 1914 steigt die Einwohnerzahl von 800 000 auf über zwei Millionen Menschen. Die Stadt wird elektrifiziert, Stadtbahn, Straßenbahn, U-Bahn steigern das Verkehrs- und Lebenstempo. Berlin wird laut und schrill: »Das Ohr wird vom Lärm erfüllt; schwerfällige Omnibusse rasseln, unter stetigem Geklingel rollen Pferdebahnwagen...; schwerbefahrene Frachtfuhrwerke poltern, über eine nahe Brücke braust unter schrillem Pfiff ein Zug daher. Es saust und zischt, poltert und donnert, knirscht und kreischt, knarrt und quietscht« (O. von Leixner). Im Zeichen der neuen Hektik verklärt sich das ›alte Berlin‹ zur Idylle, z.B. in einem Couplet von A. Bender:

Wie lag früher man am Morgen
friedlich still und ohne Sorgen
und kein Mensch so gut und brav
störte uns im besten Schlaf...
Heut erweckt dich jäher Schrecken,
hörst du, wie von allen Ecken
Feuerwehr und Pferdebahnen
dich zur Vorsicht mahnen,
gleich darauf Drehorgelton:
Siehste wohl da kimmt er schon!
Bolle bimmelt mitten drin,
du stehst auf in Neu-Berlin.

Während der Gründerzeit verwandelt sich Berlin, Resultat hemmungsloser Boden- und Bauspekulation, in die »größte Mietskaserne der Welt«. Es entsteht das vielverkitschte »Milljöh« aus vielhöfigen

Arbeiterställen, Kneipen und Fabrikhöfen. Für die, die es erleiden, ist es ein Alptraum. Bis zu sechs Menschen hausen in einem Zimmer, die Arbeitszeit beträgt durchschnittlich 14 Stunden. Für »kleine Fluchten« ist dabei so gut gesorgt wie nie zuvor. Auf das »von den ärmeren Classen unserer Stadt bewohnte Gebiet« kommen »fast 9000 Destillen, Ausschankstellen und Kleinhandlungen mit Branntwein«: »Mein Vater starb an Säuferwahn / bei mir fängt's langsam auch schon an.« Die Straßenprostitution muß, folgt man den damaligen Berichten, ungeheure Ausmaße angenommen haben: »Eene Vaterschadt / schneidge Huren hat / Schwamm drüber, tralala!«

Obwohl zu dieser Zeit professionell gefertigte Couplets und Operettenschlager den Musikbedarf der Berliner schon weitgehend decken, kommt es – bis zum ersten Weltkrieg – zu einer letzten intensiven Gassenhauer-Produktion. Noch einmal hat der Leierkasten Konjunktur. Nur in einem Lied wird die katastrophale Lebenslage der Milieu-Bewohner direkt zum Thema: »Mutter, der Mann mit dem Koks ist da«, aber Mutter kann nicht zahlen: »Ach lieber Koksmann ich hab kein Moos! / Aber Madameken,, det kost't ja blos / 'ne halbe Mark, / so'n bißchen Quark. / Hab'n sie nich, / Det find ich stark...« Vor allem feiert in dieser Zeit Berliner Witz (oder Galgenhumor?) fröhliche Urstände. Man singt Lieder von subtiler Absurdität, die den Lebensraum Großstadt in spöttischen Gegenbildern vielsagend aussparen, zum Beispiel in diesem Hinterhof-Jodler:

Wenn die Jemsen springen über Ber
jesjipfel,
Singt der Jemsenjäger seine Hader
schnipfel
»Jute Jemse!« spricht er, »halte still,
weil ich dir jetzt runterpuffen will«
Holtriotio, holötrietio, tie ja diareh.

Doch leider »Jibt es keine Sennerin / und auch keine Berge in Berlin!«. Wohl aber andere merkwürdige Tiere:

Wir ham zu Haus n'Aquarium,
da schwimmt 'n kleener Rollmops rum,
den ham wir neulich rot lackiert,
da is det kleene Aas krepiert.

Oder:

   Unsre Katz hat Junge, sieben an der
   Zahl
   sechs davon sind Hunde, is doch een
   Skandal!
   Und der Kater spricht: Die ernähr ich
   nicht,
   denn ich bin vom Hunde doch der Va
   ter nicht.

Beliebtes Thema des Spottes sind Frauen. Juli: »Die Jule war so schön / so schön wie weißer Käse / doch als ich sie besah, / hat se Pickel uff de Neese«. Auch Auguste hat kein Glück: »Zu Auguste geh' ich nich, / die ist mir zu liederlich!« Zu Hause ist es auch nicht besser: »Wenn meine Frau sich auszieht, / wie die dann aussieht! / Dann hat sie krumme Beene / Und falsche Zänne.« Deshalb fahren wir »mit vergnügtem Sinn (im) Pferdebus nach Rixdorf hin; denn: »Dort erwartet Riecke mir, / ohne Riecke keen Plaisir, / rum bumm trallala...« Oder auch: »Ich geh zu meine liebe Hulda raus.« Aber: »Ist denn kein Stuhl da, für meine Hulda?«; Minna »schwooft glatt wie ein Aal«; doch: »Denkste denn, denkste denn, du Berliner Pflanze, denkste denn ich liebe dir, weil ich mit dir danze.« Manchmal wird man auch direkter, Hans und Lottchen »spielen im Garten«, »denn an dem Baume, da hängt ne Pflaume... So nimm se, Du se Dir doch...« Oder: »Komm Karlineken, wir woll'n nach Pankow gehn / ...da kannst de baden jehn / und ick dir nackend sehn. / Kille, kille, hopsasa...« Es wird brenzlig: »Die Liebe is een Feuerzeug, / det Herz, det is der Zunder, / und fällt een kleenet Fünkchen rein, / so brennt der janze Plunder!«
Wer Geld hat amüsiert sich beim »Tingel-Tangel«. Seit der Reichsgründung gibt es Gewerbefreiheit für kapitalkräftige Theatergründer; mit einer Vielzahl neuer Unterhaltungsbühnen versuchen sie ins Geschäft zu kommen: Woltersdorff-, Walhalla-, Louisenstädtisches Theater werden gegründet, daneben eine Reihe von Singspielhallen: »Moors Academy of Music«, die »Lachhalle«, der »Kuhstall«, das »Klosterstübel«, der »Primas«; 1887 macht der »Wintergarten« auf. Mit der Uraufführung der »Frau Luna« beginnt

VOR MYTHENBILDUNG
SCHÜTZT AUFKLÄRUNG:
BERLINS FORUM FÜR POLITIK UND KULTUR

DER TAGESSPIEGEL
UNABHÄNGIGE BERLINER MORGENZEITUNG

1899 im Apollo-Theater der Aufstieg Paul Linckes und eines neuen Genres, der Berliner Operette, Synthese aus Berliner Posse und Wiener Operette. Unterhaltungskomponisten beginnen ihre Karriere, mit deren Namen sich noch heute der Nimbus Berliner Musik verbindet: Franz von Blon, Victor Holländer, und Walter »Puppchen, du bist mein Augenstern« Kollo. Die Friedrichstraße wird zum Zentrum der Lustbarkeiten, das legendäre Amüsiermekka der zehner und zwanziger Jahre unseres Jahrhunderts nimmt Gestalt an.

Bisweilen hat man in Berlin im 19. Jahrhundert auch andere, ›hohe‹ Musik gemacht und gehört, dafür stehen Namen wie Felix Mendelssohn Bartholdy, Carl Maria von Weber und Institutionen wie das Philharmonische Orchester, die Lindenoper oder auch Zelters »Liedertafel«, der erste deutsche Männergesangsverein. Nirgendwo sonst allerdings formuliert sich Berliner Selbstverständnis musikalisch so direkt und unvermittelt wie in den Gassenliedern. Sie belegen die Tradition einer Musik von unten, in der schnell, kess und rotzig auf politische Ereignisse (etwa die achtundvierziger Revolution) reagiert wurde, in der – selbstironisch – sich die Berliner spiegelten, in schrulligen Eckenstehern, in großmäuligen Hökerweibern und schnodderigen Schusterjungen. Besungen wurden (ohne Selbstmitleid) die Armut, diverse Skandale und Verbrechen, das Militär und mit Hingabe der Suff. Mit Gassenliedern richteten es sich Berliner in ihrer Stadt ein, singend tranken sie sich zugleich aus der oft lebensfeindlichen Gassen-Realität hinweg. Diese Tradition verblaßt mit dem Kaiserreich, professionell gefertigter Unterhaltungsmusik tritt an ihre Stelle. Würdige Nachfolger findet die freche Straßenmusik des 19. Jahrhunderts in Volkssängern wie Otto Reutter und Claire Waldoff, vor allem aber in den Protagonisten des Kabaretts der zwanziger Jahre: Kurt Tucholsky, Walter Mehring, Friedrich Holländer... Hemmungslos ausgeplündert und in den Kitsch getreten wird sie in der unsäglichen Berlin-Schlager-Produktion der fünfziger Jahre, die (mit wenigen Ausnahmen) den absoluten Tiefstand der Berliner Stadtmusik markiert.

Zeitungsstadt
Werner Theuer

»Der Millionenbetrug an der Stadt Berlin... Der schwarze Börsentag in New York... Sieben Attentate aufgeklärt...? – einige Schlagzeilen in den Berliner Zeitungen Ende der zwanziger Jahre, als sich diese Stadt zu einer der größten Zeitungsmetropolen der Welt entwickelte.

Unter den Weltstädten ist Berlin eine der jüngsten, als Zeitungsstadt aber eine der ältesten. Die Frischmann-Zeitung aus dem Jahre 1617, benannt nach dem damaligen Kurfürstlichen Post- und Botenmeister Christoph Frischmann, ist die älteste in Berlin gedruckte Zeitung, zu einer Zeit, als die Stadt knapp 4000 Einwohner zählte.

Die März-Revolution von 1848 führte zu einem großen Aufschwung im Berliner Zeitungswesen. Mit den politischen Gruppen, die an die Öffentlichkeit traten, entstand eine Vielzahl von Zeitungen, die Presse politisierte sich und nahm Partei, am wenigsten für die Regierung.

Mit der Aufhebung der Vorzensur war zwar die bürgerlich-demokratische Forderung nach Pressefreiheit formal verwirklicht worden, aber mit der nach 1848 wieder einsetzenden Restauration wurden gesetzliche Bestimmungen erlassen, die die sich ausbreitende Oppositionspresse einschränkten. So bestand für politische Zeitungen Kautionszwang und per Bundesbeschluß vom 6.7.1854 mußten Pflichtexemplare an die Polizei abgeliefert werden.

In den Jahren nach Erlaß des Sozialisten-

Rundfunkübertragung einer Wahlrede Hitlers 10.11.1933 (Reichstagswahl) Dönhoff Platz

gesetzes, das unter anderem die sozialdemokratische Presse verbot, liefen zahlreiche Prozesse gegen Redakteure wegen Majestätsbeleidigung bzw. Beleidigung des Reichskanzlers Bismarck. Jede politische Kritik konnte als »Bismarck-Beleidigung« ausgelegt werden. Im sogenannten Gummischlauch-Prozeß im Mai 1894 wurden neun Berliner Redakteure zu schweren Gefängnisstrafen verurteilt, weil sie in ihren Artikeln das Vorgehen der Polizei gegen eine Arbeitslosendemonstration im Januar 1894 kritisierten, bei der Polizisten in Zivil mit Gummischläuchen in die Menge geschlagen hatten.

Gegen Ende der Gründerjahre entstand das Berliner Zeitungsviertel in der südlichen Friedrichstadt mit den Großverlagen Mosse, Ullstein und Scherl, in denen

der größte Teil der Zeitungs- und Zeitschriftenindustrie konzentriert war. 1916 übernahm der Hugenberg-Konzern die Kontrolle über den Scherl-Verlag, womit dieser Zeitungskonzern von der Schwerindustrie abhängig wurde. In den zwanziger Jahren gründete Willi Münzenberg eine linke, der KPD nahestehende Zeitungs- und Verlagsgruppe, die unter anderem die »Welt am Abend« als vielgelesenes Arbeiterblatt, »Berlin am Morgen« und die »Arbeiter Illustrierte Zeitung« mit Fotomontagen von John Heartfield herausgab.

Das allgemeine Spektakel der Warengesellschaft überschüttete den Menschen mit einer Bilderflut von Zeichen, Signalen und Symbolen. Mit zunehmender Fülle wurde das Angebot unüberschaubar. Was wahrgenommen werden wollte, mußte Aufmerksamkeit erregen. So wie die Reklame an Hausfassaden und Straßenbahnwagen im Stadtbild auftauchte, erschienen auf den Titelblättern Schlagzeilen, um die Nachricht als Ware anzupreisen und das Kaufinteresse potentieller Leser zu wecken.

In der bürgerlichen Geruhsamkeit des vorigen Jahrhunderts sah sich der Leser beim Aufschlagen seiner Zeitung einer gleichförmigen Bleiwüste gegenüber. Es gab nur wenige Hauptüberschriften und Rubriken, unter denen sich die Informationen und Meinungen nach heutigen Lesegewohnheiten mehr versteckten als zeigten, so daß das Zeitunglesen Ruhe

August 1914: Extrablätter zum Kriegsausbruch werden vom Mosse Haus aus verteilt.

dern, um mit dem schnelleren Lebensrhythmus und dem rascheren Informationsbedürfnis des Großstädters Schritt zu halten. Ab 1904 laufen die ersten uniformierten Zeitungsjungen durch die Straßen Berlins, ständig Zeitungstitel und Hauptschlagzeilen ausrufend. Die Zeitungen erhalten ein modernes Layout, die wichtigsten Meldungen werden groß herausgestellt, so daß sie überschaulicher und somit konsumierbarer werden. Die Meldungen waren mit knappen Titeln oder Schlagzeilen aufgemacht und übersichtlicher angeordnet, die gesamte Zeitung wird bildhafter, und durch die Gliederungen rhythmischer.

Die essayistische Kritik wich der aphoristischen und es erschienen die ersten Sportberichte. Das Zeitunglesen wurde Teil des Großstadtrhythmus, der schnelle Konsum von Nachrichten und Meinungen in den Verkehrsmitteln oder Arbeitspausen bestimmt das Lebensgefühl: das Wichtigste aus der ganzen Welt wird in die Stadt, zum Einzelnen gebracht.

Um die Jahrhundertwende wurden die Bestrebungen der konkurrierenden Verleger, ihre Zeitungen »schneller« zu machen, immer offensichtlicher. Die modernen und teuren Maschinen der Druckereien sollten rund um die Uhr genutzt werden. Zu der bis dahin üblichen Erscheinungsweise der Zeitungen, das große Morgen- und das kleine Abendblatt, brachte der Verleger Louis Ullstein eine Mittagszeitung heraus, die keine Abonnenten hatte und nur in der Mittagszeit durch Straßenverkauf vertrieben wurde. Nachdem das bisherige Verbot des Straßenverkaufs von Zeitungen 1904 aufgehoben wurde, war Ullstein am 22. 10. 1904 mit der »BZ am Mittag« auf dem Markt. Sie wurde die schnellste Zeitung der Welt und war redaktionell, drucktechnisch und vertriebsmäßig ein organisatorisches Meisterstück. Vom Empfang der letzten Nachricht bis zum Verkauf vergingen nur acht Minuten. War diese Schnelligkeit nicht Ausdruck des besonderen Berliner Tempos?

Als am 17. 10. 1913 um 11 Uhr vormittags ein Zeppelin-Luftschiff in Johannisthal verunglückte, konnte man schon eine knappe Stunde später den ausführlichen Bericht in der »BZ am Mittag« lesen.

und Zeit erforderte. Vor den Gründerjahren hätten es die Leser vermutlich noch als skandalös empfunden, wenn eine Theaterkritik über das königliche Schauspielhaus neben Werbeanzeigen von Toilettenartikeln abgedruckt worden wäre. Aber mit der Ausprägung der Warengesellschaft gewöhnte sich das Auge zunehmend an eine Montage der unterschiedlichsten Dinge, so wie im Kaufhaus, in dem alle möglichen Produkte nebeneinander angehäuft sind, ohne einen direkten Bezug zueinander zu haben.

Die Zeitungen mußten ihr Gesicht verän-

Eine ständige Einrichtung war die Veröffentlichung der täglichen Anfangskurse der Börse. Um 11 Uhr begann die Tätigkeit an der Börse, um 11 Uhr 20 standen die Eröffnungskurse fest, zehn Minuten später konnte man bereits die »BZ am Mittag« mit den aktuellen Kursen auf der Titelseite vom Straßenhändler vor der Börse kaufen.

Zur Schnelligkeit der Zeitungen gehört die Beschleunigung der Nachrichtenübermittlung. Kabel wurden durch Ozeane verlegt, die Nachrichtenagenturen, wie z.B. das Wolffsche Telegraphenbüro oder dann die Telegraphen-Union des Hugenberg-Konzerns, wurden zu Nachrichtenfabriken ausgebaut. Die TU belieferte zwei Drittel aller deutschen Zeitungen mit Nachrichten. 1928 hat sie 600 feste Angestellte, 90 Redakteure und 2000 regelmäßige Mitarbeiter.

Im Konkurrenzkampf um die Schnelligkeit und um die Leser erschienen die Zeitungen immer früher. »Der Montag« kam bereits am Sonntagabend heraus, das »12-Uhr-Blatt« erschien erst gegen 11, dann um halb zehn und schließlich um 8 Uhr morgens, während die »Nachtausgabe« bereits ab 16 Uhr zu haben war.

In Zeitromanen, Gedichten, Filmen, Theaterstücken werden Zeitung und Zeitungslektüre zum Symbol für das neue Stadterlebnis. Erich Kästner läßt seinen Fabian Schlagzeilen, Katastrophen- und Horrormeldungen zum Frühstück konsumieren, in Alfred Döblins «Berlin Alexanderplatz« schlägt sich Franz Biberkopf zeitweise als Straßenhändler mit faschistischen Blättern durch.

1914 schrieb Kurt Tucholsky in seiner Geschichte »Von dem Manne, der keine Zeitungen mehr las«:

... Morgens, mit der Rechten die Lasche des linken Zugstiefels emporzerrend, mit der linken auf dem Tisch das Tägliche Morgengebet ausbreitend, ließ er gierig alle Nachrichten in sich hinunterlaufen, die eine betriebsame Zeitung ihren Abonnenten zu vermelden hat: er las von den Auseinandersetzungen über die Schul- und Kirchenfrage in Budapest... Die Rechte ließ die Lasche los, der Stiefel saß. Auf den rechten Stiefel folgte ein fesselnder Aufsatz des nationalliberalen Abge-

Extrablatt auf dem Potsdamer Platz (um 1925)

ordneten Mümmelmann über die Zukunft dieser Partei und eine kleine Plauderei über das Teppichklopfen. Die Krawatte machte die Sache schon schwieriger: aber bei einiger Übung konnte man ihre Bindung ganz gut im Spiegel mit dem einen Auge kontrollieren, während das andere wachsam den siegreichen Jüanschikai verfolgte und zugleich einen Streik in Spanien, den Einsturz eines Irrenhauses in Timbuktu und das fünfundzwanzigste Auftreten der Hofopernsängerin Metzger-Heink-Lattermann-Schumann-Ungibauer mit Befriedigung konstatierte...«[1]

An der Herstellung von Öffentlichkeit kultureller Ereignisse, wie z.B. die Diskussion über das zeitweilige Verbot des Films »Im Westen nichts Neues«, waren besonders die Zeitungen beteiligt. Sie boten gerade auch den Schriftstellern eine literaturnahe Existenzgrundlage. Kaum ein Schriftsteller, der sich nicht zugleich als Kritiker an einer Zeitung betätigt hätte. Robert Musil war Redakteur bei der »Neuen Rundschau«, Erich Maria Remarque bei »Sport im Bild«, Arnold Zweig bei der »Jüdischen Rundschau«,

Kurt Tucholsky war Mitarbeiter und zeitweilig Herausgeber der »Weltbühne«, Joseph Roth schrieb für die »Neue Berliner Zeitung«, das »12-Uhr-Blatt« und den »Börsen-Courier«, Ehm Welk für die »Grüne Post«, Johannes R. Becher für die »Linkskurve« und die »Rote Fahne«. Zu diesem Zeitpunkt hatte sich Berlin zur größten Zeitungsstadt der Welt entwickelt. Mehr als ein Viertel der gesamten deutschen Zeitungs- und Zeitschriftenproduktion mit über 2600 verschiedenen Titeln wurden hier 1928 herausgegeben. Zur Berliner Presse zählten damals 147 politische Zeitungen, von denen 93 sechsmal oder öfter wöchentlich erschienen, darunter eine polnische und eine russische Zeitung. Zu den auflagenstärksten Zeitungen gehörten die »Berliner Illustrirte« mit 1950000 Exemplaren (1929), »Grüne Post« mit 1250000 (1931), »Berliner Morgenpost« 623000 (1930), »BZ am Mittag« 202000 (1929), »Tempo« 145000, »Vossische Zeitung» 81000 (1931) und die »Arbeiter Illustrierte Zeitung» mit 400000 Exemplaren. Etwa die Hälfte der 147 Zeitungen sind Titel der Großberliner Heimatpresse, die hauptsächlich in den jeweiligen Stadtbezirken vertrieben werden, wie z.B. die »Spandauer Zeitung«, die »Neue Welt« aus Charlottenburg oder der »Westen« aus Wilmersdorf.

Mitten in der Wirtschaftskrise, zu Beginn des Jahres 1931, erschienen immer noch 45 Morgen-, 14 Abend- und 2 Mittagszeitungen.[2]

Die Machtergreifung durch die Nationalsozialisten leitete den Untergang der Zei-

München knapp 2,5 Prozent aller deutschen Zeitungen, zehn Jahre später waren es 82,5 Prozent.

Die Verlagshäuser und Druckereien der Gewerkschaften, SPD und KPD wurden am 6.3.1933 mit Waffengewalt gestürmt und geschlossen, eine große Anzahl der Mitarbeiter verhaftet. Zweieinhalb Monate später wurde der deutschnationale Hugenberg aus der Regierung gedrängt und trat die Universum-Film-A.G.

Bombenangriffe zerstören am 3.2.1945 das Berliner Zeitungsviertel. In den letzten Apriltagen vor der Kapitulation erschien nur noch der »Panzerbär«, ein kostenlos verteiltes Blatt in halbem Berliner Format, das auf 4 Seiten die letzten Durchhalteparolen ausgab.

Nach dem Zweiten Weltkrieg kam die alte Zeitungsstadt nicht mehr so recht in Schwung. Mitte der fünfziger Jahre drängte der Axel Springer Verlag auf den Westberliner Zeitungsmarkt und erwarb Ende 1959 einen Kapitalanteil von 73 Prozent der wiedererrichteten Ullstein AG. Heute hat der Springer Verlag einen Auflagenanteil von über zwei Dritteln an den in Westberlin hergestellten und vertriebenen Zeitungen. Gegen diese Monopolstellung Springers richteten sich Ende der sechziger Jahre Aktionen der Außerparlamentarischen Opposition, die Ostern 1968 mit einer Vertriebsblockade ihren Höhepunkt erreichte.

Die besondere Situation Westberlins wirkt sich einerseits ungünstig auf die wirtschaftliche Lage der Zeitungen aus, andererseits hat die Zeitung seit den vierziger Jahren ihre Vormachtstellung weitgehend an Fernsehen und Rundfunk verloren. Mit dem Schwinden der Industrie, anderen Mediengewohnheiten und insgesamt größerer Konkurrenz von Zeitschriften, Radio und Fernsehen, ging das für Zeitungen existenznotwendige Anzeigengeschäft in Westberlin erheblich zurück. Von 1960 bis 1965 sank die verkaufte Auflage der Zeitungen um 7 Prozent. Die Existenz einer Zeitung, die nicht im Verbund mit einem Großverlag steht, ist unter diesen Bedingungen äußerst schwierig. Tageszeitungen wie der »Abend«, der »Telegraf« und die »Nachtdepesche« mußten ihr Erscheinen einstellen.

Trotz aller Schwierigkeiten gab es Neugründungen, wie am 17.4.1979 die »tageszeitung«. Anfang der achtziger Jahre hatten die Westberliner Zeitungen eine tägliche Durchschnittsauflage von 825 000 Exemplaren, womit Westberlin im Vergleich mit westdeutschen Städten der dichteste Zeitungsmarkt ist.

Reste einer Tradition, Abglanz eines Mythos ›Zeitungsstadt‹, vielleicht auch nur Testmarkt einer Meinungsbranche.

Springerkampagne 1968

tungsstadt ein. Die kommunistische und sozialdemokratische Presse wurde unter dem Vorwand des Reichstagsbrandes verboten, die bürgerliche Presse unter Zwang und Druck weit unter ihrem finanziellen Wert den bisherigen Eigentümern »entzogen«.

Mit dem »Schriftleitergesetz« vom 1.1.1934 und den Anordnungen der Reichspressekammer »Über die Schließung von Zeitungsverlagen zwecks Beseitigung der Skandalpresse« und zur »Wahrung der Unabhängigkeit des Zeitungsverlagswesens« vom 24.4.1935 war die Presse gleichgeschaltet und die NSDAP errichtete ihr riesiges Zeitungsmonopol.

Am 30.1.1933 besaß die NSDAP mit ihrem Parteiverlag Franz Eher Nachf. in

(Ufa), seine Mehrheitsbeteiligung an der Telegraphen-Union, die von ihm begründete größte deutsche Anzeigenagentur Ala sowie eine Reihe weiterer Presseunternehmen an die NSDAP ab. Bis 1944 konnte er den Scherl-Verlag behalten, aus dem er noch erheblichen Profit erzielen konnte. Die Telegraphen-Union wurde mit dem Wolffschen-Telegraphen-Büro zu einer einzigen, monopolistischen und offiziellen deutschen Nachrichtenagentur, dem Deutschen Nachrichtenbüro (DNB) zusammengelegt. 1933 wird das Verlagshaus Mosse gekauft und zur »Berliner Druck- und Zeitungsbetrieb A.G.« umgewandelt, im Juni 1934 erfolgte der Zwangsverkauf der Ullstein AG an die anonyme Cautio GmbH, einer Auffanggesellschaft der NSDAP.

145 Jahre
Springer-Verlag

„Einem geehrten Publikum, meinen Freunden und Bekannten insbesondere die ergebene Anzeige, daß ich meine seit längerer Zeit vorbereitete Buchhandlung für in- und ausländische Literatur auf hiesigem Platze in der breiten Str. No. 20, Ecke der Scharrnstraße, am heutigen Tage eröffnet habe..."

Hochachtungsvoll ergebenst
Julius Springer

Mit dieser Anzeige in der „Königlich privilegirten Berlinischen Zeitung von Staats- und gelehrten Sachen" wurde vor 145 Jahren der Springer-Verlag aus der Taufe gehoben.
Selbst der unternehmerische Weitblick eines Julius Springer wird kaum vorausgesehen haben, welche Ausmaße seine Gründung einmal annehmen sollte und welchen Bestand sie haben würde.

Heute ist der Springer-Verlag ein weltweit bekanntes Unternehmen mit Sitz in Berlin, Heidelberg, New York, London, Paris, Tokyo und Wien
... hat seit 1986 eine Niederlassung in Hongkong und ein Verlagsbüro in Kalifornien
... publiziert Bücher und Zeitschriften in Deutsch, Englisch, Französisch, Japanisch und Chinesisch
... veröffentlicht auf den Gebieten der Medizin, Psychologie, Biologie, Chemie, Physik, Geowissenschaften, Mathematik, Informatik, Technik, Recht, Wirtschaft und Philosophie.

Ein Vulkan bricht aus an der Straßenkreuzung

Frank Wagner

»Metropolis« von Fritz Lang noch auf der Netzhaut. Der Moloch Großstadt findet seine adäquate Entsprechung in den Effekten des späten Stummfilms. Hochhäuser türmen sich übereinander, stürzen ineinander. Der Mensch scheint die Macht über seine Bauwerke verloren zu haben. Die uniforme Masse hält das Leben in Gang. Die Reichen vergnügen sich. Massenchoreographie wird gegen Faschingsübermut der Privilegierten in der Oberstadt gesetzt.

Zehn Jahre früher sind die einzelnen Chargen, die das 1916/17 gemalte Bild von George Grosz »Oskar Panizza gewidmet« bevölkern, trotz karikatureker Mimik und Gestik noch scharf gezeichnet. Verschiedene Typen lassen sich ausmachen, sind wiedererkennbar. Die Anonymität der Großstadtszenerie löst sich kaleidoskopartig in konkrete Details auf. Das Personal, das der Kritik ausgesetzt wird, bleibt identifzierbar. Alle sind dem Kleinbürgerstand verhaftet. Die proletarische Masse ist in Grosz' Gemälde nicht skizziert.

Ein Vulkan bricht aus an der Straßenkreuzung. Die konservativen Mächte werden beschworen, rüsten sich zum Totentanz, feiern sich im untergehenden Kaiserreich. Das Gesindel der Kriegstreiber bevölkert die Straße. Nationalisten schieben sich im Taumel, einen gefährlichen Umzug bildend, durch das nächtliche Berlin. Jedes Gesicht ist erkennbar. Die Mimik bunt markiert, scherenschnittartige Masken der Kleinbürgerlichkeit, zähnefletschend, geifernd, aggressiv, satt, voller stolzer Schmisse krakehlt der Mob dahin. Ernsthaft schwingen sie die Fähnchen ihres Mitläufertums. Voyeure, Spießer im Sonntagsanzug und Uniform. Eine Pistole entläßt eine Kugel. Die Gefährlichkeit dieser Zusammenrottung wird überdeutlich in der Nebensächlichkeit dieses Schusses. Es ist ebenso präsent wie der sich erbrechende Bürger. Drastische Bilder. Voyeure, Spießer im Sonntagsanzug und in Uniform.

Sie werden mit ihren Wünschen und Obsessionen konfrontiert, mit ihnen ins gleiche Bild gesetzt. Sie sind die, die kriminelle Energie erzeugen, die sie schüren. Lustbefriedigung, Lustmörder, Lustmädchen, Freier, Zuhälter, Laster, Subkultur, Unterwelt, Gauner, Ganove. Sie selbst sind ins Ganovenkostüm gesteckt: der Deutsche als der größte Gauner.

Die Großstadtkulisse, erhebt sich wie ein vielfältiger Schrei, ein Knirschen erzeugendes, kaleidoskopartiges Ineinandergeschobensein.

Ein schillernden, glosendes, transparentes Skelett schwebt über seinem Sarg und bildet den Mittelpunkt des Leichenzugs, der die Untergangsvision pointiert. Davor bauen sich die Fratzen, Pappmachéköpfen gleich, auf. Der Pfarrer segnet die scheußliche Szenerie. Mitten im ersten Weltkrieg, der erste, weil es ja einen zweiten gab, taumeln die Kriegstreiber durch die funkensprühende Stadt. Wer verschlingt wen? Sprengen die Herren die Stadt in die Luft oder zerquetscht die Großstadt endlich diese Ausgeburten des fin de siècle. Der Zug der personifizierten Menge drückt sich gegen das Muster der Großstadtkulisse, zerreibt sich an der unerhörten Perspektive, will nicht enden. Verdrahtung, Vernetzung, Zersplitterung, Rasterung, mehrfache Fluchtpunkte deuten die Überforderung der Wahrnehmung, die Gleichzeitigkeit der Geschehnisse, die Wahrnehmungszumutungen an. Das organisierte Chaos verweist auf den Riß, der das ganzheitliche Denken durchzieht und der den Weltbrand ankündigt.

Metropolis im Film 1926/27. Der Kampf ist entschieden. Die Masse hat sich anonymisiert, vereinheitlicht. Die Geometrisierung der Umwelt ist vorangeschritten. Taylorismus, Rationalisierung, Akkord, Ordnungsschemata greifen. Die Formierung der Masse ist abgeschlossen, ordnet sich der Großstadtarchitektur unter. Dem Personal der Städte werden Räume zugewiesen: Wohnräume, Arbeitsräume, Freizeiträume, in denen es sich begrenzt und kontrolliert entfalten kann.

Und dann gibt es keine Masse mehr. 1986 zitiert die Schaubühne in dem Stück »Der haarige Affe« von Eugen O'Neill ausgiebig das Arbeitsbild der zwanziger Jahre. Metropolis wird zum Vorbild. Die Übermächtigkeit der Filmarchitektur findet

George Grosz: Oskar Panizza gewidmet:
Friedrichstraße

Das rote Haus.

Zum Verhältnis von Georg Grosz
und Oskar Panizza
Zitate zusammengestellt von Walter
Gramming

*Ich male zur Zeit an einem großen Höllen-
bild – Schnapsgasse grotesker Tode und
Verrückter, da spielt sich viel ab – der
Leibhaftige reitet auf dem queren Sarg
nach links ab durchs Bild, rechts übergibt
sich ein Jüngling, speit er all die schönen
Jugendillusionen in die Leinwand. – Oskar Panizza hab ich dieses Bild gewidmet
– ein Gewimmel besesener Menschentiere
– darin, daß diese Epoche destruktiv nach
unten segelt – bin ich in der Anschauung
unverrückbar.*

Georg Grosz an Schmalhausen

Das rothe Haus

*Zimmer an Zimmer sei besetzt
mit sonderbaren Tröpfen,
so hört ich – gefüllt bis unter das Dach
mit geistesverwirrten Köpfen
. . .
Mir ward bei diesem Anblick so weh:
Ich dacht an die Qualen, die meinen,
an das böse Gezänk in der eigenen Brust,
ich mußte bitterlich weine.*

Oskar Panizza

Das rothe Haus ist ein Irrenhaus, und
sein ordenbehangener Direktor bittet
den Fremden herein, die halbnackten
Gestalten anden Fenstern winken ihm zu,
er meint auch vertraute Gesichter zu erkennen in den riesigen Köpfen, unter deren
Last die Körper fast zusammenbrechen:

*Entflieh der Welt und ihrem Zwang,
Dem geistigen Chicanieren,
Hier bade dich im Ideenrausch
Wir wollen dich dann seçieren.*

Der Wanderer aber widersteht der Einladung, den Lockungen in den deutlich ab-
gesetzten letzten Strophen:

ihre Entsprechung in der Überforderung
der Bühnentechnik. Gewaltige Verschiebungen weisen den Massenchören immer
wieder neue Orte des reduzierten Handelns zu. Der wahre Arbeiter, der noch
die Muskelkraft und nur diese als seine
Leistung anbieten kann, wird besungen,
das Fehlen des heutigen Arbeiterhelden
betrauert. Verschwunden ist er. Das Zi-

tat ist gerettet, das Original der Automa-
tion zum Opfer gefallen. Die Masse ist
kein Spektakel mehr. Sie fordert Spektakel.
Die Komplexität des Panizza-Gemäldes,
wird zur Ikone der Moderne. Mythos ist
Vergangenheit. Die radioaktive Wolke
gerät zum vergänglichen Ereignis und
lähmt Zukunftsvisionen.

Doch dacht' ich mir, noch bist Du gesund,
Die wollen dich nur betrügen, –
noch bist Du gesund, noch bist Du
gescheid,
Und läßt das Haus links liegen!

Noch hast Du unendlich lieb die Welt,
mit all ihren Schmerzen und Jammer,
und lieber verbluten, als leben hier
in dieser rothen Kammer!

Wie Panizza betont, sind bei ihm Leben
und Werk eng verknüpft. Und was er in
einem frühen Gedicht von 1886 noch zu-
rückweist, darum bittet er 1904.

Da die »Molestrierungen« entgegen seiner Erwartungen weder in Lausanne
noch in München, wohin sich Panizza in
seiner Not geflüchtet hatte, kein Ende
fanden, bat der frühere Assistenzarzt der
Münchner Kreisirrenanstalt dort um
Aufnahme. Diese verweigerte Direktor
Vocke, mit der Begründung, die Anstalt
sei überfüllt.

George Grosz sagt sich in Amerika von
seinen früheren Produkten in Deutschland los, Freunden gesteht er, daß nicht
nur die Nazis, sondern auch er selbst
einige seiner Zeichnungen verbrannt
habe. Im Land seiner Sehnsucht ange-
langt, versucht er sich zunächst den dorti-
gen Strich glatter Comics anzueignen – in
der Tat geraten einige seiner Zeichnungen zu popartverwandten Darstellungen.
In »Kunst und Christentum« 1946
schreibt Otto Maurer:
...verhehrend und innerlichst entartet,
der kalte Zynismus Groszscher Litogra-
fien, die nicht bloß das unbarmherzige
Gericht eines dekadenten Zeitalters und
seiner Lebenslügen sind, in denen über-
dies die perverse Freude an der Fäulnis
gleist, und das Funkeln boshafter Augen
unbarmherzig zum Selbstmord ladet.

Das Thier mit seinem Blick, – Du weißt,
anglotzend unverrückt mich, –
dem aus dem Mund der Schwefel rinnt, –
Das Thier macht noch verrückt mich!
                                    Panizza, 1889

Oskar Panizzas in einem Brief an Anna
Croisant-Rust:
...Was ist mit Ihnen? schreiben Sie nicht
wieder bald was Confiscierbares? (...)
Bringen Sie Ihre kostbare Naivität auf den
Markt, und lassen Sie sich ruhig einsper-
ren, wenn der Staatsanwalt meint, die
Früchte seien vergiftet gewesen. So mach
ich es auch.

Josef Popp, Anwalt und Vormund
Panizzas, urteilt 1886:
...ein Faun der widerlichsten Sorte: cy-
nisch, frech, voll Raserei und Sucht nach
Orgien, ohne Scheu vor Sitte und Reli-
gion, überfließend von Hohn, das Opfer
einer ungeheuerlichen Phantasie. Uns ist
der Mann eine krankhafte Erscheinung;
wir stimmen jenem Arzte bei, der nach der

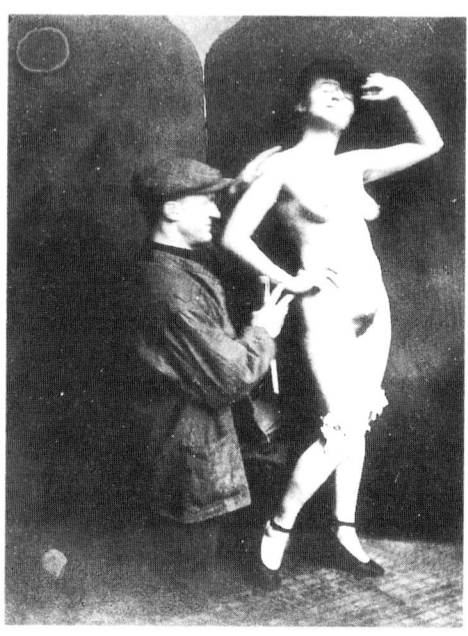

Georg und Eva Grosz
im Berliner Atelier 1917/18

Lectüre des ›Liebesconcil‹ gesagt: ›Panizza gehört in eine Beobachtungsanstgalt; sein Buch hat nur pathologischen Wert.‹

Über dem Bild eine Widmung an Oskar Panizza
»Ist das ›Leichenbegräbnis‹ wirklich nur klassenkämpferisch engagierte Gesellschaftskarikatur?« Auch bei Bosch und Goya war bereits die Frage nach der »Grenzlinie zwischen Anklage und subjektiver Befriedigung am Abseitigen und Perversen« zu stellen. Grosz steigert sich, das ist durch Aussagen und Briefe belegbar, in einer aus den Zeitumständen und seinen persönlichen Erlebnissen in Lazarett und Irrenanstalt herrührenden Verzweiflung immer weiter in einen gefährlichen Zustand hinein: alles Erleben in mir wurde Verwesung, Gift, und die Kadaver

dampfen / ...(Losung: nur fressen und saufen) (Lothar Fischer).

Erziehung Panizzas
»Später, als es Zeit wurde in die Lateinschule einzutreten, kam ich in ein kleines Provinzstädtchen; zu Leuten, die mich ebenso streng von allem, was man Welt nennt abschlossen wie mein Vater; und die mir ebenso unermüdlich wie meine Eltern eintrichterten: Zweck meines Daseins sei, Doctor der Theologie zu werden...Dieses Programm war mir vollkommen geläufig; ich hatte mich auch vollständig mit ihm ausgesöhnt; aber, was meine Seele, dazu sagen werden, jenes Wanderthier, welches auf eigene Faust auf Eroberungen ausging, und jeder Clausur, jedem Stubenarrest spottete, das wußte ich natürlich nicht, –«

176

Kriegserlebnisse

»Mit die Weiber is't bei den vorbei.« sagte gestern der Sanitätsgehilfe.
Aber der Sanitätsgefreite verbesserte ihn: »Ach watt, der kriecht een janz neuen Piephahn von Holz, nach Muß. Mensch, da haam wia schon janz andere Dinger jesehn, haam wia in Gorden. Du, Kammrad, die hättste ma sehn solln – Mensch, det Gordener Kunstbein is jenau so jut wie'n richtijes – Mensch, Kammrad, bei's Hürdenloofen und bei's Stabspringen warn die teilweise, ick meene teilweise, Kammrad, besser wie die Jesunden«. Er sagte immer teilweise, dieser Kamerad Sanitätsgefreite. »Na, nu jib mir ma teilweise Dein Arm... Wie oft bist'n jeimpft? Ick weeß, teilweise uff Tetanus – biste die Filzläuse nutzlos? Ick meene teilweise?«
Der nebenan, so schien es mir, wurde immer klumpenmäßiger und größer. Schwoll der etwa auf, von unbekannten Winden bewegt, die noch in ihm herumfegten und rauswollten? Ich fragte Mac – wir nannten ihn den »teilweisen Max« – und machten ihn darauf aufmerksam. Der dunkle sympathische Handlungsgehilfe im nächsten Bett fragte auch: »Du, Maxe, wie is det? Mensch, wenn der platzt, teilweise – ick nehme ma lieber die Schrippe hier weg –«
(aus: Georg Grosz: Ein kleines Ja und ein großes Nein)

Gastbilder
Signe Theill

Ergänzend zum Groszschen Zeitbild, der »Widmung an Oskar Panizza«, werden Arbeiten anderer Künstler herangezogen. Mit ihrer z.T. dreidimensionalen Umsetzung entsteht ein Vorplatz zur Straßenflucht des Panizza.
Ludwig Meidners »Das Eckhaus« von 1913, Ernst Ludwig Kirchners »Zwei Frauen« aus einem Holzschnitt von 1913 liefern Motive. Otto Dix ist mit dem »Bildniss der Schriftstellerin S.v. Harden« von 1926, Rudolf Schlichter mit »sit-

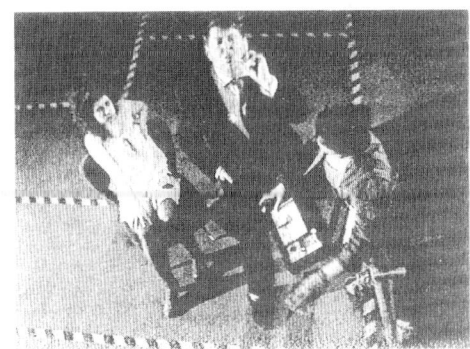

Walter Gramming:
Nach George Grosz: »Friedrichstraße«
Video 1987

177

zende Jenny« von 1924 und »Bildnis Bert Brecht« von 1926 vertreten. Als Überleitung in die heutige Zeit, Karl Horst Hödickes »Pflastersteine« von 1975 und die Toneinspielung nach »100 Aktionen ereigneten sich am 10.11.1965 von 9 bis 16.10 im Stadtgebiet Berlin« von Wolf Vostell.

Die Bilder von Meidner und Kirchner stehen für den Expressionismus vor dem ersten Weltkrieg. Meidner war nach seinem Studium in Breslau nach Berlin gekommen und Gründer der Gruppe »die Pathetiker«. Kirchner siedelte aus Dresden nach Berlin um, begleitet von seinen Freunden aus der »Brücke«. Beide entwickelten ihren Stil beeinflußt vom Kubismus, Futurismus und der Schule der Fauves.

In Berlin artikulierte sich der Protest gegen die überkommenen wilhelminischen Sitten. Ahnungen der kommenden Katastrophe lagen in der Luft. »Es mußte etwas passieren. Wenn sie die Photos aus der Zeit sehen würden, könnten sie beobachten, dass die Menschen gut gekleidet und genährt waren, aber sie hatten Angst«, meinte Meidner, der Maler der Apokalypse, der berstenden Häuser und angstvoll gedrängten Menschen.

Das »Eckhaus«, die Villa von Meidners Gastgeber in Dresden, verbindet in seiner Darstellung die Methode des Kubismus, »wie mit einer Kamera die Dinge zu umfahren« mit Meidners Drang »alles Gradlinige zu zerbrechen«.

Dem »Eckhaus« werden zwei Figuren Kirchners gegenübergestellt. Kirchner, von Meidner als Maler mit »zu geringer Seelentiefe« empfunden, war nach seiner Ankunft in Berlin besonders fasziniert von dem Leben auf der Straße. Er malte zahlreiche Bilder nach Straßenszenen, im Mittelpunkt meist flanierende Damen. Zwei dieser Damen, wahrscheinlich Prostutierte, werden hier auf einen Sockel gehoben, präsentiert als Ikonen ihrer Zeit.

Einige Jahre später — Schauplatz Berlin. Das am Anfang beschriebene »Zerbrechen aller Linien« von Meidner noch als Drang empfunden, hat sich durch den ersten Weltkrieg in Realität verwandelt. Nun ist nicht mehr »Koketterie« mit der zerbrochenen Linie, mit der »Dynamisie-

rung« angesagt, sondern Darstellung des Lebens in den zerstörten Städten. Maler der »gebrochenen« Menschen wie Grosz und Dix waren in der Dadabewegung engagiert, zu der auch Schlichter gehörte. Sie wandten sich als engagierte Kommunisten, aber auch weil es das Gebot ihrer Kunst war, sich einem neuen Publikum zuzuwenden, an die Arbeiterklasse. Diese spielte eine Doppelrolle: Zum einen war der Arbeiter ein neues Sujet für den Maler, zum anderen ein neues Publikum. Von Dix und Schlichter entstanden

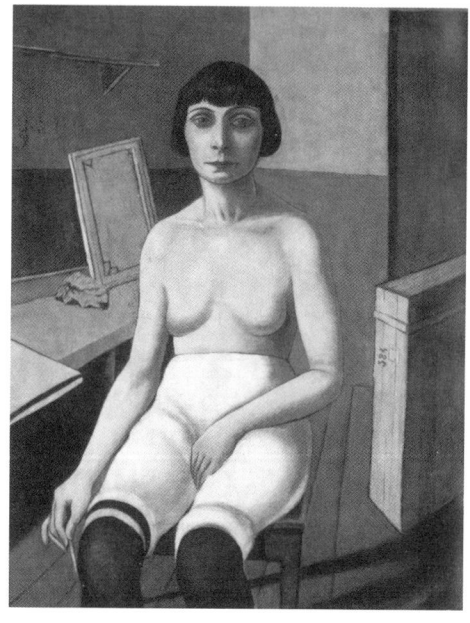

Rudolf Schlichter: Sitzende Jenny

in dieser Zeit viele Arbeiterportraits, von Schlichter und Grosz zudem Karikaturen für Zeitungen wie »Die Arbeiterillustrierte« und »Der Knüppel«.

Von dem Kritiker Paul F. Schmid wurden die drei in einem Aufsatz von 1924 als »Veristen« bezeichnet und ihre Arbeiten »als der entscheidenste Schritt nach der Gegenseite des Expressionismus« bewertet, »da sie sowohl Form als Inhalt gleichermaßen revolutionierten«.

Nach dem Kriege wurde der Expressionismus von Meidner und Kirchner als ungenügend zur Darstellung der Situation

empfunden. Der Nachkriegskunst stand nicht mehr der Kopf nach der expressionistischen Geste, sondern nach »Entmythologisierung sozialer Wirklichkeit« (Hans Hess). Als Mittel dazu dienten Schlichter und Dix hauptsächlich das Portrait, während Grosz nach übergeordneten Zusammenhängen suchte und diese mit seiner charakteristischen Linie zusammenzog: »In seiner Diagnose und der anatomischen und emotionalen Beziehung zwischen Körperorganen ist Grosz klinisch korrekt. Seine Zeichnungen sind deshalb so klar, weil er zuerst eine Figur erkennt, und dann nach ihren Gedanken, ihrer Vergangenheit, ihren Handlungen fragt. Hier wird politische Wahrheit enthüllt« (Hans Hess).

Dix und Schlichter sind in dieser Ausstellung mit drei Portraits aus der Mitte der zwanziger Jahre vertreten, Portraits von persönlichen Bekannten und Personen des öffentlichen Lebens. In ihrer Methode rückten auch sie nicht von einer veristischen Position ab, nur daß die ihre eine formale ist, während Grosz die soziale Wahrheit im Gesicht der herrschenden Klasse suchte.

Dix und Schlichter tendierten zur Neuen Sachlichkeit, die »objektiv den Blick auf die Sache gerichtet« haben wollte. Der Blick auf die »Sache« war, ihrer Neigung entsprechend, ein Blick auf den Menschen. Dieser war nun aber nicht mehr der Arbeiter, von dem sie sich, vom Scheitern der linken Intellektuellen »angewidert«, abwandten, sondern eine Gestalt des »öffentlichen Lebens«: wie im Fall der »sitzenden Jenny« eine Prostituierte. Während Schlichter danach trachtete, jede persönliche Handschrift auszuschließen, verleugnete Dix auch in dieser Zeit seines Schaffens nie seine Neigung zur Karikatur.

Hinter der Fassade des »Eckhauses« begegnen wir also drei Bildnissen: dem »Portrait der Schriftstellerin S. v. Harden«, von Otto Dix, der »sitzenden Jenny« und dem »Bildnis Bert Brecht« von Rudolf Schlichter.

Sylvia von Harden steht hier als Repräsentantin eines Frauentyps, der bei Grosz nicht vorkommt: die Journalistin, im libertinistischen Schottenkleid, an einem öffentlichen Ort, wahrscheinlich dem

Romanischen Café, dargestellt. Formal frappierend ähnlich, auch im zum Dreieck gespitzten Raum, auch als Dreiviertelfigur: die »sitzende Jenny«. Diese sitzt hier, brutal in die Bildmitte gerückt, ungeschützt dem Betrachter gegenüber. Der Bildraum um sie herum gibt genauso wenig von sich preis wie sie. Ein Bild ist umgedreht, eine Kiste verschlossen. Sie ist das völlige Gegenteil der S.v. Harden; gibt diese sich nicht als Frau zu erkennen, so die »Jenny« sich nicht als Person.

Vor einem ähnlichen Hintergrund, der Anklänge an die pittura methaphysico aufweist, ist Bert Brecht portraitiert. Das Bild hat den Charakter einer Momentaufnahme. Leicht skeptisch scheint Brecht in die Kamera zu blicken. Die Lederjacke drückt die Verbundenheit mit dem proletarischen Milieu aus, Zigarren rauchend ist er aber durchaus ein Herr. Hier wird in einem der Widerspruch zwischen Person und Attitüde, dargestellt. Dieses Portrait rundet sowohl das Bild der Zeit ab, als auch das des Bohèmekünstlers, der sich die Arbeiterklasse zum Sujet genommen hat.

Sechzig Jahre später, »100 aktionen ereignen sich am 10. 11. 1965 von 9 bis 16.10 im stadtgebiet Berlin« von Wolf Vostell und »Pflastersteine« von K.H. Hödicke: Bei Vostell ist die Stadt nicht mehr Objekt der Darstellung, sondern Ort der Handlung. Ein Zitat des Künstlers dazu: »Duchamp hat das Objekt zur Kunst erklärt, ich habe das Leben selbst zur Kunst erklärt«. Dies entsprach den sechziger Jahren, in denen sich die Kunst — Fluxus und Happening teilten diese Auffassung — dem Leben öffnen wollte.

Sieben Jahre später malt Hödicke die »Pflastersteine«. Auch er hat sich einige Jahre mit anderen Medien, hauptsächlich Film und Video, beschäftigt. Als er wieder anfing zu malen, entstehen zuerst Serien mit Berlin-Bildern, unter anderem die »Pflastersteine«. In der Ausstellung bilden diese den Übergang zu Panizza und führen uns hier auch die emotionale Harmlosigkeit des Neo-Expressionismus vor Augen: scheint hier die Straße »ein heißes Pflaster« zu sein, war sie bei Grosz noch ein »Höllenschlund«.

Otto Dix: Bildnis der Journalistin S. von Harden

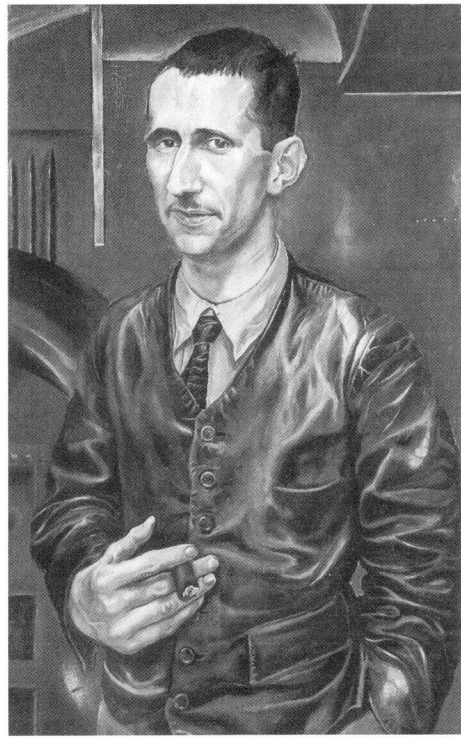

Rudolf Schlichter: Bert Brecht

179

Herzliche Grüße an
Berlin und seine Freunde weltweit.

Die Bayerische Vereinsbank ist national und international präsent. Persönliche Beratung und modernen Service bieten wir unseren 1,5 Millionen Kunden in rund 400 Niederlassungen.
In Berlin sind wir dreimal vertreten:
Filiale Berlin, Tauentzienstraße 13, ☎ (030) 21001-0
Zweigstellen: Am Fehrbelliner Platz/ Hohenzollerndamm 183, ☎ 860442 und Kantstraße 60, ☎ 3231088

Russische Emigranten
im Berlin der zwanziger Jahre
Gabriele Gericke

Ich weiß nicht, wie viele Russen es damals in Berlin gab; wahrscheinlich sehr viele, denn auf Schritt und Tritt hörte man russisch reden. Dutzende von russischen Restaurants öffneten ihre Pforten: mit Balalaleikas, mit Zigeunern, mit Gerstenfladen, mit Schaschliks und natürlich mit dem obligaten Sprung in der Seele.[1]

Wie hier in den Erinnerungen Ilja Ehrenburgs »Menschen, Jahre, Leben« herrscht auch in den offiziellen Statistiken Unsicherheit über die genaue Zahl der russischen Emigranten, die vom Ende des Ersten Weltkrieges bis etwa Mitte der Zwanziger Jahre Anteil am Leben und an der Atmosphäre in dieser Stadt hatten.

Die russische Bevölkerung Berlins, besonders in den westlichen Stadtteilen, war in diesen Jahren so groß, daß, einer bekannten Anekdote der damaligen Zeit zufolge, irgendein armer Deutscher sich aus Heimweh erhängt habe, weil er um sich herum auf dem Kurfürstendamm nur russisch hörte.[2]

Das päpstliche Hilfswerk zählte für 1923 300 000 unterstützungsbedürftige Russen in Berlin, 360 000 Asylsuchende sollen es im selben Jahr gewesen sein. Die Volkszählung von 1925 gibt für den Zeitraum von 1914 bis 1925 80 360 Russen als Einwanderer und 47 173 russische Staatsangehörige in Deutschland an, diese Zahlen gelten aber als unzuverlässig, da der Sta-

tus der meisten Emigranten ungeklärt war. Viele hatten sich nicht polizeilich gemeldet, da sie über keinen festen Wohnsitz verfügten, auch wollten sie sich die Möglichkeit offenhalten, in ein anderes Land weiterzureisen und fürchteten daher den Zugriff der Behörden.
Für die Mehrzahl dieser Emigranten war Berlin nicht Endpunkt, sondern Zwischenstation, von der aus der Weg entweder zurück in die Sowjetunion oder endgültig ins Exil führte. Ort der Hoffnung und Lähmung zugleich, sichere Entfernung von den unberechenbaren Verhältnissen in der Heimat und nächstbester Haltepunkt auf dem Weg in den Westen.

... sind wir in Berlin angekommen – mein Gott, hier ist alles anders. Es ist Rußland sehr ähnlich, jedenfalls sehr nahe an Rußland. Das Leben ist hier etwa wie in Charkow wie zu Hetmans Zeiten: die Mark fällt, die Preise steigen, die Waren verstekken sich. Aber es gibt natürlich auch einen grundlegenden Unterschied: dort war alles auf Sand gebaut, auf Politik, auf Abenteurerei – die Revolution war nur von oben befohlen. Hier fühlt man die Ruhe in der Masse des Volkes, den Willen zur Arbeit, die Deutschen arbeiten wie sonst niemand. Bolschewismus wird es hier nicht geben, das ist wohl klar. Auf den Straßen liegt Schnee ganz wie in Moskau Ende November – alles schwarz.[3]

So beschreibt der Schriftsteller Alexej Tolstoj 1921 in einem Brief an I. Bunin seine ersten Eindrücke.
Die soziale Herkunft der Emigranten war so unterschiedlich wie ihre Gründe, für immer oder zeitweise Rußland zu verlassen. Beim Ausbruch der Russischen Revolution von 1917 kamen sie hauptsächlich aus der Oberschicht, monarchistisch gesinnte Politiker und Intellektuelle, Adlige und Geschäftsleute. Für Letztere war ein neuer Anfang zunächst nicht schwierig, sie brachten Vermögen, Sprachkenntnisse und Geschäftsverbindungen mit, nicht selten verfügten die russischen Adligen über verwandtschaftliche Beziehungen und Grundbesitz in Westeuropa.

1920 kapitulierte die »Weiße Armee«, Offizieren und Mannschaften der Vrangelschen Truppen war der Rückweg nach Rußland versperrt. Wegen des anhaltenden Bürgerkrieges und einer Hungersnot 1921 emigrierten Menschen aus armen sozialen Verhältnissen und schließlich wies die Sowjetregierung selbst 1922 linke und liberale Intellektuelle aus. Trotzdem setzten sich insgesamt nur ca. 15 % der russischen Emigranten aus Arbeitern und Landbevölkerung zusammen.

Wer noch über Geld verfügte, profitierte zu Beginn der Zwanziger Jahre von der Inflation. Schlangen von Ausländern vor den Wechselstuben gehörten in diesen

len also vertraut, aber auch eine Gegend, die dem sozialen Standard der russischen Oberschicht entsprach... In den frühen Zwanzigern wurde Südwest-Berlin fast ein russischer Vorort... In der Wielandstraße westlich des Tiergartens lagen die Büros der Hilfsorganisation für russische Bürger in Berlin, gegründet 1916, und in der Uhlandstraße die Zentralen des Russischen Roten Kreuzes und von Botkins Russischer Delegation. An beiden Enden der Motzstraße befanden sich literarische Cafés, die von russischen Schriftstellern und Künstlern besucht wurden: der Prager Platz und der Nollendorfplatz. Auf dem Stuttgarter Platz am westlichen Rand dieses Gebietes gab es einen russischen Ver-

von deutscher Seite anerkannt wurde, waren russische Emigranten mit russischen Papieren ohne rechtlichen Schutz, praktisch staatenlos. Im Dezember 1921 erließ die sowjetische Regierung eine Verordnung, mit der sie alle diejenigen für staatenlos erklärte, die nach 1917 ohne Erlaubnis Rußland verlassen hatten und sich nicht bis Juni 1922 bei russischen Behörden melden würden. Die Emigranten blieben damit weiterhin schutz- und staatenlos. Dadurch wurde ihre soziale Lage im ohnehin von Wohnungsnot, Arbeitslosigkeit und Inflation geschüttelten Berlin immer schlechter.

»Berlin allein beherbergte eine russische Stadt, in Lagern, Baracken und Keller-

Jahren zum allmorgendlichen Bild im Zentrum der Stadt.

Natürlich hat der Tiefstand der Währung einen mächtigen Zustrom von Ausländern nach Deutschland gelockt. An die zweihunderttausend russische Emigranten gibt's in Berlin – eine besonders hohe Zahl. Der ganze Westen (der reiche Teil Berlins) erscheint gänzlich von diesen Russen besiedelt. heißt es bei Vladimir Majakovskij 1923 in »Das heutige Berlin«.[4]

Für eine kurze Zeit sah es so aus, als ob russische Emigranten ein besseres, reicheres Leben führten als die Berliner selbst, weil sie Rubel hatten und weil sie hauptsächlich den Berliner Westen bevölkerten.

Eine Gegend, die Tausende von Russen schon vor dem Krieg besucht hatten, Vie-

ein, der seit 1908 Zentrum für russische Studenten war. Mit gut über 100000 Russen, die während des Höhepunktes der Emigration in dieser Gegend lebten, nannten die Deutschen Berlin oft ›Rußlands zweite Hauptstadt‹ und den Kurfürstendamm den ›Nöpskij Prospekt‹.[5]

(Nöpskij-Prospekt bedeutet eine Zusammenziehung aus NÖP = Neue Ökonomische Politik, einem Wirtschaftsprogramm der Sowjetregierung, und Nevskij-Prospekt, der Hauptstraße Petrograds.)

Dennoch war die soziale und rechtliche Lage für die Mehrzahl der Russen keineswegs rosig und mit dem mitgebrachten Geld ließ sich auch nur eine gewisse Zeit überbrücken.

Bis zur Unterzeichnung des Rapallo-Vertrages, mit der 1922 die Sowjetregierung

wohnungen. Es war das durchaus Normale, daß 3 bis 5 russische Familien eine 1–2-Zimmerwohnung teilten.«[6] Die Arbeits- und Sozialgesetzgebung sah überdies Emigranten nicht vor und Ausländern wurde die Arbeitssuche wegen der allgemeinen Arbeitslosigkeit von seiten der Behörden erschwert. Die Mehrzahl der Russen war deshalb auf die Unterstützung durch karitative Verbände angewiesen oder mußte zur Selbsthilfe greifen und eigene Hilfsorganisationen gründen. Dazu kamen Sprachschwierigkeiten und daß viele in ihren ehemaligen Berufen nicht arbeiten konnten. Was sollte ein Offizier der zaristischen Armee oder ein russischer Politiker im Nachkriegsberlin anfangen? Sie arbeiteten als Hilfsarbeiter, Portiers, Tennislehrer, 1928 gab es in Berlin 140 russische Taxifahrer. Eine Situation, die für diese Menschen aus den gehobenen Schichten der russischen Gesellschaft auch seelisch eine schwere Belastung darstellte. Anläßlich der drohenden Auflösung des Nansenheimes, das »den Rückstand des großen russischen Emigrantenheeres« beherbergte, schrieb der Berliner Börsen-Courier am 28. April 1929:

Dort draußen hausen die tragischen Gestalten, von denen so viel gesprochen, geschrieben und mancher Film gedreht wurde. Der 65jährige General, der sich mit Zigarettenstopfen ein paar Groschen verdient, der zum Krüppel geschossene Gardeoffizier, der höhere Staatsbeamte und die vielen anderen, die die Heimat verlassen mußten. Wer den Wohnraum

Diese Einschätzung Ilja Ehrenburgs müssen viele seiner Landsleute geteilt haben. Nur so wird klar, wie gerade die unwägbaren politischen Verhältnisse sie hier festhielten. Politisches Exil schließt die Hoffnung auf eine Änderung der Verhältnisse im Heimatland mit ein. So glaubten die Monarchisten, daß die unsichere politische Lage in Deuschland zum Wiedererstarken des monarchistischen Gedanken führen könnte. Und obwohl Paris das eigentliche politische Zentrum der Monarchisten war, bedeutete Berlin in dieser Zeit für sie eine große Hoffnung. Eine Intervention von hier aus war auch aus geographischen Erwägungen heraus günstig.

Durch sein Dazwischentreten verhinderte Nabokov ein Attentat auf den Redner und wurde dabei erschossen.

Anhänger der nach ihrer Zeitung Nakanune (Vorabend) genannten Bewegung versuchten, unterstützt von der Sowjetregierung, die Emigranten mit der Sowjetunion auszusöhnen.

Linke Intellektuelle mit einer positiven Einstellung zu den Vorgängen in Rußland hofften dagegen auf eine kommunistische Revolution, die eine Brücke zwischen Deutschland und Rußland schlagen sollte.

In seinem Gedicht »Deutschland« gibt Vladimir Majakovskij dieser Hoffnung Ausdruck.

der Familie des ehemaligen Reichsbankpräsidenten von Petersburg Herrn v. S. gesehen hat, weiß genug.[7]

Die Deutschen lebten wie in einem Wartesaal; niemand wußte, was morgen geschehen werde... Im Berlin des Jahres 1921 schien alles illusorisch. An den Fassaden der Häuser klebten immer noch vollbusige Walküren aus Stein. Die Aufzüge waren in Betrieb, doch in den Wohnungen war es kalt und das Essen war knapp. Der Straßenbahnschaffner half der Frau Geheimrat diensteifrig beim Aussteigen. Die Streckenführung der Trambahn hatte sich nicht geändert, aber niemand wußte, für welche Strecke sich die Geschichte entscheiden werde... Die ganze Welt blickte damals auf Berlin, die einen voller Angst, die anderen mit Hoffnung. In dieser Stadt entschied sich das europäische Schicksal der kommenden Jahrzehnte.[8]

Man stritt sich darum, wer der rechtmäßige Thronfolger sein würde, obwohl die Kaiserinmutter Maria Fedorovna sich eine solche Diskussion verboten hatte, solange nicht sicher war, ob sich die Zarenfamilie nicht doch noch irgendwo in Rußland versteckt hielt. Rechtsdemokratische Kadetten stritten um den richtigen Weg Rußlands in eine bürgerliche Demokratie, darum, an welche Länder man sich anschließen sollte, an England und Frankreich oder an Deutschland. Man glaubte, das Regime in Rußland würde sich von selbst totlaufen.

Am 28.3.1922 hatte der Führer der rechtsdemokratischen Kadetten Berlins, Nabokov, einen Redner aus dem gegnerischen Lager zu einer Versammlung in die Philharmonie eingeladen. Es sollte der Versuch sein, die unterschiedlichen Standpunkte einander anzunähern.

Wir ziehn noch durch Berlin in fröhlicher Feier Rote Fahne langersehnte laß dem Wind dich weihn!

In »Zweierlei Berlin« vergleicht Majakovskij den reichen Westen mit dem armen Norden, den Arbeitervierteln:

Hier muß es zur Welt kommen, hier ein andres, ein besseres, drittes, ein Rotes Berlin.[9]

Neben politischen Gruppierungen fanden Literaten, Literaturtheoretiker und Journalisten im unsicheren Berlin günstige Bedingungen. Bereits vor 1917 waren hier russische Druckerzeugnisse erschienen, hauptsächlich solche, die wegen der zaristischen Zensur in Rußland nicht gedruckt werden konnten. Auch gab es in Rußland kein Copyright, so daß schon vor der Emigration russische Schriftsteller es vorgezogen hatten, ihre

Werke im Ausland herausgeben zu lassen.

Der Verfall der Mark machte Produktion und Vertrieb von Büchern für emigrierte Verlage und Geschäftsleute billiger als beispielsweise in Frankreich, da außerdem eine genügend große Käuferschicht vorhanden war, konnte man hoffen, sein Geld gewinnbringend investiert zu haben. So gab es Anfang der Zwanziger Jahre in Berlin 86 Verlage mit russischsprachiger Produktion und es erschienen, oft allerdings nur kurzlebig, ca. 150 verschiedene Zeitschriften und Zeitungen. Für Autoren bedeutete dies: Möglichkeiten, Geld durch die Mitarbeit an einer Zeitung zu verdienen oder ihre Bücher drucken zu lassen. Schriftsteller, Wissenschaftler und bildende Künstler machten deshalb zu Beginn der Zwanziger Jahre Berlin zu einem Zentrum des russischen Geisteslebens.

Das russische literarische Berlin wurde zu einem einmaligen Phänomen nicht nur der Geschichte der russischen Literatur. Die Intellektuellen waren sich keineswegs alle klar über ihre Haltung zur Sowjetunion. Nicht alle waren erklärte Emigranten, einige waren gar wegen allzu radikal linker Gedanken ausgewiesen worden und einige waren einfach auf Reisen wie Jessenin oder Majakovskij.

So kam es, daß in dieser Berliner Zeit die Spitzen der literarischen und künstlerischen Avantgarde, Kunsttheoretiker und Kritiker in Deklarationen, Diskussionen und Artikeln um einen Weg für die russische Literatur und Kunst sowie ihr Verständnis zur westeuropäischen Kultur rangen.

Im Café Landau am Nollendorfplatz wurde im November 1921 nach dem Petrograder Vorbild das »Haus der Künste« gegründet. Es sollte das betont unpolitische Podium für das Gespräch aller mit allen sein. Unterstützung hierfür kam auch aus der Sowjetunion. In einem Brief des Petrograder Hauses der Schriftsteller an das »Haus der Künste« heißt es:

Zwischen uns und unseren ausländischen Genossen wurde eine fast unüberwindliche Mauer errichtet. Ihre sofortige Beseitigung hängt nicht von unserem Willen ab. Aber wir wollen und müssen uns darum bemühen, daß völliges gegenseitiges Unverständnis und Entfremdung nichtg die Folge davon wird. . . . So wie wir sehr schlecht über das neueste Kulturleben des europäischen Westens unterrichtet sind, könnt ihr euch die umfassende Erneuerung des geistigen Lebens nicht vorstellen, die in Rußland begonnen hat. [10]

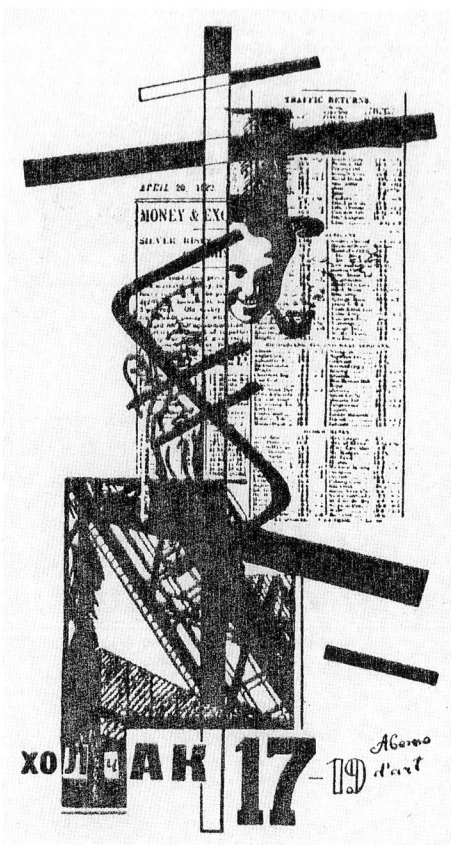

Ehrenburg/Lissitzky. Berlin 1922

Die Atmosphäre in diesem »Niemandsland« schildert Ilja Ehrenburg später:

In Berlin gab es einen Ort in der Art der Arche Noah. Hier trafen sich die Reinen mit den Unreinen. Der Ort hieß Haus der Künste. In einem ganz gewöhnlichen deutschen Café versammelten sich jeden Freitag russische Schriftsteller. Aus ihren Werken lasen Alekssej Tolstoj, Remisow, Lidin, Pilnjak, Ssokolow-Mikitow. Majakowskij trat auf. Jessenin, Marian Zwetajewa, Andrej Belyi, Pasternak, Chodasse- *witsch trugen Verse vor. Einmal sah ich den aus Estland eingetroffenen Ssewerjanin; er war immer noch von sich selber hingerissen und trug immer noch dieselben Poesien vor. Nach einem Vortrag des Malers Puni gab es ein Donnerwetter; Archipenko, Altmann, Škloskij, Majakowskij, Sterenberg, Gabo, Lissitzkij und ich gerieten uns in die Haare. Ein Abend, der dem dreißigjährigen Literatur-Jubiläum Gorkijs gewidmet war, verlief dagegen ohne Stürme. Die Imaginisten gaben einen eigenen Abend und randalierten wie im Moskauer Pegasusstall. Einmal kam Tschirikow, setzte sich neben Majakowskij und hörte ruhig zu. Heute ist das alles für mich kaum noch wahr. Noch zwei, drei Jahre früher hätte Chodassewitsch (von Tschirikow ganz zu schweigen) niemals einen Raum betreten, in dem sich Majakowskij aufhielt. Offenbar waren noch nicht alle Würfel gefallen.* [11]

Man träumte sogar von einer geeinten Literatur »über den Barrieren«, von einer russischen Literatur, die im Namen der Liebe zu Rußland Emigranten und Sowjetschriftsteller zusammenführen sollte, Berlin als Nahtstelle, als »Fuge zwischen zwei Literaturen«.

Das »Haus der Künste« ist nur ein Beispiel für all die Cafés, Vereinigungen, literarischen Zeitschriften, die für die russischen Künstler Orte des Dialogs, der öffentlichen Auseinandersetzung mit Fragen der Kunst und Politik waren. Man bemühte sich auch um eine Verbindung zur westlichen Kultur. Thomas Mann hielt einen Vortrag im »Haus der Künste« und die Galerie Dieme zeigte 1922 die bedeutendste und umfassendste Ausstellung abstrakter russischer Kunst. El Lissitskij hatte die Räume eigens für diese Ausstellung gestaltet und die Bilder selbst gehängt. Die Ausstellung erregte großes Aufsehen.

In einem Gespräch mit Marc Chagall äußert E. Roditi sein Erstaunen über die Vielzahl »großer Namen«, die El Lissitskij und Ilja Ehrenburg in ihrer Zeitschrift »Vešč – Objet – Der Gegenstand« vereinten. »Diese Zeitschrift wurde dreisprachig auf französisch, russisch und deutsch herausgegeben. . . Picasso, Le Corbusier, Archipenko, Ozenfant, die Dichter

André Salmon, Majakowskij, Jessenin, die Theaterdirektoren Tairoff, Meyer hold...« Chagall antwortet ihm darauf:

Das ist nicht weiter erstaunlich. Berlin war nach dem Krieg eine Art von Karawanserei, wo sich alles traf, was zwischen Moskau und dem Westen hin- und herpendelte. [12]

Ein Traum, für kurze Zeit in Berlin geträumt, ehe die politischen und künstlerischen Gegensätze zuerst die Dichter, dann die Schicksale auseinandertrieben. Chodasievič und Remisov ins Exil nach Paris, A. Tolstoj, Ehrenburg, Jessenin, Belyi, Školvskij zurück in die Sowjetunion. Marina Cvetaeva ging über Prag nach Paris, 1939 folgte sie ihrem Mann zurück in die Sowjetunion, wo sie 1941 Selbstmord verübte wie vor ihr schon Jessenin und Majakovskij.
Vladimir Nabokov, Sohn des ermordeten Kadettenführers, ist einer der wenigen, die länger geblieben sind. Erst 1938 ging er über Paris nach New York und wurde als russisch-amerikanischer Schriftsteller mit seinem Roman »Lolita« weltberühmt. Erster bis sechster April heißen die Zimmer einer russischen Pension in Berlin in seinem ersten Roman »Maschenka«. Provisorisch wie die aufgeklebten Kalenderblätter ist die Behausung, wechselhaft und unberechenbar wie der Monat die Schicksale ihrer Bewohner.

Diese Stimmung des Aufbruchs, der Hoffnung auf eine Verbindung zwischen Ost und West im Sinne einer europäischen Kultur, wie sie die russischen Avantgarde-Künstler in Berlin erlebten, mag das Gros der Emigranten nicht berührt haben. Die wenigsten kehrten in die Sowjetunion zurück. Aber auch sie waren in Berlin nicht angekommen, ein Moment des Innehaltens, ein letzter Blick zurück, eine Zeit, kein Ort.
Zudem ist Emigration immer die Reaktion auf eine Enttäuschung, sei sie politischer, wirtschaftlicher, sozialer, religiöser oder auch nur persönlicher Art. Verletzung, der erste Schock, die Heimat verlassen zu haben und womöglich nie wieder zurückkehren zu können, das Ge-

fühl der Fremdheit, des Nichtverstehens und Nichtverstandenwerdens sind stärker als die »Freude an der Freiheit«, der Schmerz größer als der Wille, sich neu zu orientieren. Das Altvertraute erscheint begehrenswerter denn je, bietet eine Sicherheit, die alles Negative zurückdrängt.

Majakowsky. Berlin 1923

Unterdessen saßen die Durchschnittsemigranten im Restaurant »Troika« und brachen nach einigen Gläsern Wodka und einigen Klängen des Stenka-Rasin-Liedes in Tränen und Verwünschungen aus – so wie sie im letzten russischen Eisenbahnwaggon auf der Flucht in die Fremde geweint und geflucht hatten. [13]
Niemanden wird es also wundern, wenn der Blick für eine Zwischenstation auf dem langen Weg ins Exil flüchtig ist oder trübe. Wenn der Eindruck, den sie hin-

terläßt, auch nur ein Spiegelbild der eigenen Zerrissenheit ist.
1923 schrieb Viktor Sklovskij in Berlin seinen Briefroman »Zoo oder Briefe nicht über die Liebe«. Er endet mit einem Brief an das Zentrale Exekutivkomitee der UdSSR, in dem es heißt:

Ich kann in Berlin nicht leben... Bitter wie Karbidstaub ist die Berliner Schwermut... Alles was war, ist vorbei. Die zwölf eisernen Brücken haben meine Jugend, meine Selbstsicherheit von mir genommen. Ich erhebe die Hände und ergebe mich. Laßt mich nach Rußland heim... [14]
Jahre später ist sein Blick auf die Stadt eher nüchtern, hinterließ sie keinen großen Eindruck als den der Fremdheit:

Ich befand mich in Berlin. Es war im Jahr 1922. Berlin ist groß und besitzt viele Parkanlagen. Breite Straßen im Stadtzentrum. Reihenweise gesäumt von Bäumen. Asphalt, der für mich damals völlig neu war. U-Bahn, die Schächte innen nicht verputzt, grauer Beton. Eine große Flasche aus Neonröhren gießt am Himmel Wein in ein Neonglas. [15]

Den Stätten der Kindheit ist keine Stadt gewachsen, es sei denn sie wäre selbst von einer Aura umgeben wie Paris oder New York. Berlin, diese »erzlangweilige brandenburgische Stadt«, [16] wie Maxim Gorkij sie nennt, »Stadt der scheußlichen Denkmäler und der unruhigen Augen«, [17] bietet nichts davon. Sie war für einen Moment in der Geschichte Anlaufpunkt und Durchgangsort für viele. Ein Moment der Unsicherheit, aber auch der Offenheit.

»Röhren«, »Die Straßenbahn«, »Arbeiten«, »Eden«, »Die Kneipe« überschreibt Vladimir Nabokov die Abschnitte im »Stadtführer durch Berlin«, einer Erzählung, die 1925 entstand. ›Uninteressant‹, wehrt mein Freund mit trostlosem Gähnen. ›Was sollen schon Straßenbahnen und Schildkröten. Und überhaupt... das ist alles furchtbar langweilig. Eine langweilige fremde Stadt...‹
Es ist diese Erzählung ein Plädoyer Nabokovs für die kleinen Dinge, über die der Blick täglich hinweggleitet, uninteressant und dennoch prägend: *Doch wie soll ich ihm klarmachen, daß ich heimlich*

in die künftige Erinnerungswelt eines Kindes geschaut habe? [18]

Bis vor kurzem war die geteilte Stadt einer der wenigen Fluchtpunkte für Tausende von Emigranten aus den politischen und wirtschaftlichen Krisenherden. Hier müssen sie manchmal jahrelang warten, bis eine überschaubare Behördenmaschinerie darüber befindet, ob sie ihr Land zu Recht verlassen haben, ohne Arbeitserlaubnis und ohne die Möglichkeit, die Stadt zu verlassen..

In Berlin gibt es genug zu essen, dreimal täglich im Wohnheim. Aber keine Arbeit, und dann immer wieder Angst: Vor der Polizei wegen des illegalen Handels, wegen einer möglichen Abschiebung irgendwann, wegen der Feindlichkeit der Menschen. Ich frage ihn, ob es ihm in Berlin gefällt. »Nein«, antwortet Mostaf lächelnd, das erste Wort, das wir alle sofort verstehen. [19]

Chance für eine Stadt auf halbem Wege? *In Berlin liegt das dreieckige Herz eines grandiosen Eisenbahnfuhrparks. Von hier aus führen Wege in die ganze Welt. Abfahrt. Der Zug sauste dahin, schwankte wie trunken.* [20]

Die gescheiterte Hoffnung
Schriftsteller und Berlin – 1945
Ralf Schnell

*Das Schicksal ist: das ist
die Vergangenheit*

Peter Weiss

Der Weg zurück ins Berlin der Nachkriegszeit schien ein Schritt in die Zukunft.

Im Oktober 1947 trafen sich in der einstigen Reichshauptstadt deutsche Autoren, um miteinander und öffentlich Einheit und Einigkeit zu demonstrieren: die Einheit der Kulturnation Deutschland, die Einigkeit der deutschen Kulturproduzenten. Ein gesamtdeutscher und in dieser Art bis heute einziger Schriftstellerkongreß. Er vereinte – unter den Augen der vier Besatzungsmächte und mit ihrer Unterstützung – Dichter aus Ost und West, Innere Emigranten und Exilierte, Kommunisten und Konservative, Avantgardisten und Realisten, erlauchte Namen und – noch – gänzlich Unbekannte.

Was sie zu diesem Unternehmen zusammengeführt hatte, angeregt und ermutigt zugleich, das sprach die 83jährige Ricarda Huch – nur einen Monat vor ihrem Tod – offen und selbstbewußt in ihrer Begrüßung aus: »Die Dichter und Schriftsteller haben eine besondere Beziehung zur Einheit, nämlich durch die Sprache. Die Sprache scheidet ein Volk von anderen Völkern, aber sie hält auch ein Volk zusammen. Die Schriftsteller sind die Verwalter der Sprache, sie bewahren und erneuern die Sprache. Sie bewegen durch ihre Sprache die Herzen und lenken die Gedanken.«[1]

Die Zusammenkunft der Autoren trug den selbstgewählten Titel: *Erster deutscher Schriftstellerkongreß in Berlin.* Ein

Titel, der auf die Zukunft verwies, ja eine künftige Einheit voraussetzte zur Begründung des Kongresses selbst. Denn nur wenn es eine gemeinsame Zukunft der Dichter gab in einer ungeteilten Kulturnation Deutschland – nur dann konnte dieser »Erste deutsche Schriftstellerkongreß« einen Sinn machen. Veranstaltet aber, andererseits, wurde der Kongreß – die Werte Ricarda Huchs sagten dies deutlich genug –, um zur Verwirklichung einer solchen Zukunft allererst beizutragen. Die Paradoxie in diesem wechselseitigen Begründungsverhältnis bildet den Ausgangspunkt für die folgende Skizze zur literarischen Situation im Berlin der Nachkriegszeit. Sie nimmt den Schrift-

stellerkongreß des Jahres 1947 zum Anlaß, nach der literarischen Wahrnehmung jener Wirklichkeit zu fragen, die das Berlin der Nachkriegszeit prägte. Aber auch nach der politisch-kulturellen Funktion, welche der Literatur in dieser Zeit zugemessen – und zugemutet – wurde. Die Aufmerksamkeit gilt mithin dem Anteil der Schriftsteller an einer Diskussion, für die das zerstörte und gespaltene Berlin alsbald Symbolkraft gewinnen sollte: der literarhistorische Fall als Exempel für Macht und Ohnmacht des Wortes.

Trümmer-Bilder

Berlin 1945: Das hieß Kapitulation – Befreiung oder Niederlage, da gab es Auffassungsunterschiede. In jedem Fall aber: Das Ende einer Epoche, des letzten Versuchs eines großdeutschen Imperialismus, diesmal in faschistischem Ornat, zu den imaginären Gestaden der Weltherrschaft aufzubrechen. Das Ende eines Krieges, der sechzig Millionen Opfer in seine Strudel gerissen hatte, unter ihnen nicht weniger als acht Millionen Deutsche. Das Ende eines beispiellosen Völkermordes an sechs Millionen Juden. Das Ende auch einer Vision: in der säkularisierten Gottgestalt des »Führers«, in der Klassen- und Parteiindifferenz einer »Volksgemeinschaft«, im gelebten und erbrachten Opfer fürs »Vaterland« eine Erhöhung über die Misere des Alltags zu erfahren. Eine gigantische Rüstungsindustrie, eine Kriegsmaschinerie bislang ungekannten Ausmaßes, ein riesenhafter Propagandaapparat, ein Konglomerat bürokratischer Institutionen, eine so fanatisch wie vielstimmig vorgetragene »Weltanschauung«, in zwölf Jahren unablässig variiert und wiederholt – die ganze Wirklichkeit des Dritten Reichs lag, irreversibel zerstört, unter Tonnen von Geröll, Schutt und Asche begraben. Ein Alptraum, zerstoben ins Nichts.

Die Erfahrung dieses Nichts läßt sich zahlreichen Aufzeichnungen aus den letzten Berliner Kriegstagen entnehmen: Sie warf den Einzelnen, unterschiedslos, auf die nackte empirische Existenz zurück. »Große Niedergeschlagenheit, Gefühl der Ausweglosigkeit«, liest man in Karla Höckers Berliner Tagebuch unter dem Datum vom 12. April 1945. Und am 24. April heißt es: »Fürchterliche Nacht ohne Alarm, die erste mit stundenweise heftigstem Flakfeuer, Artilleriebeschuß, Teppichwürfe von Bomben. (...) keine Hilfe, nichts – dabei die Engigkeit im Keller, das Dunkel, die verbrauchte Luft!«[2] Ein Gefühl des Ausgesetztseinss, das Bewußtsein der Isolation, Eindrücke von Blindheit und Orientierungslosigkeit sprechen aus solchen Notizen, das Wissen, nichts als das eigene Leben in Unterständen und Bunkern und Kellern zu besitzen, mit begrenztem Blick auf engstem Raum. »Über die ganze Stadt in den letzten irren Tagen des Krieges war kein Bild zu gewinnen«, so Friedrich Luft in einem Rückblick auf den Berliner Mai 1945:

Die Welt war der eigene Keller, falls der noch hielt. Ohne Licht war diese Welt oder doch nur erleuchtet von den Resten einiger Kerzen. Das Wasser war versiegt. Man trank die rostige Flüssigkeit, die aus den geöffneten Tanks der Warmwasserheizung kam. Der letzte Koffer war unsere Heimat. Draußen war das Inferno. Lugte man hinaus, sah man einen hilflosen deutschen Tank sich durch die Glut der Häuserzeilen schieben, halten, schießen, beidrehen. Hin und wieder stolperte ein Zivilist, von Deckung zu Deckung stürzend, über den aufgeborstenen Fahrdamm. Eine Mutter jagte mit ihrem Kinderwagen aus einem ausgeschossenen, brennenden Haus in die Richtung des nächsten Bunkers. Tieffliegerbrummen. Das sinnlose Reißen der nahen Abschüsse. Eine Mutter schob ihr Kind durch den letzten Aufruhr des Krieges. Einschläge unweit von ihr, daß einem der Atem fortblieb. Und sie hatte – das rührende Bild bleibt haften – den weißen Kinderwagen mit erstem Frühlingsgrün gegen Flieger ›getarnt‹, wie es im Buch des Krieges gestanden hatte. Sie jagte, von Granatsplittern umfegt, dem Bunker zu. Die bittere Lektion ging zu Ende.«[3]

Was blieb, war die Deutung des eigenen Daseins im Lichte von Absurdität und Surrealität, im Bezug auf Kunst-Wirklichkeiten, da die Realität der Kriegswirren den marginalisierten Subjekten eine individuelle Sinngebung nicht länger erlaubte. »Wir sind wie Schauspieler«, so Karla Höcker am 1. Mai 1945, »deren Rollen zu Ende sind. Abgeschminkt sitzen wir da und starren in den Spiegel, der unser eigenes Gesicht leer und grau zeigt. Und über unsere Schulter grinst, wie auf Böcklins Selbstbildnis, der Tod. –«[4]

Das Ende dieses Alptraums kommt am 2. Mai, dem Tag der Kapitulation der einstigen Metropole, die schwer gelitten hat, zumal unter den Kämpfen und Bombardements der letzten Kriegstage. Nahezu 20 Prozent aller Häuser liegen in Trümmern, von 220 Brücken sind mehr als die Hälfte zerstört oder schwer beschädigt, von über 700 Schulen nur noch knapp die Hälfte benutzbar. Die Stadt zählt nurmehr 2,6 Millionen Einwohner, gegenüber 4,3 Millionen bei Kriegsbeginn. Und deren Lebensverhältnisse sind äußerst karg bemessen: 200 g Brot, 10 g Zucker, 25 g Fleisch, 10 g Salz, 400 g Kartoffeln, 2 g Kaffee – rund 1500 Kalorien für jeden Erwachsenen pro Tag betragen die Lebensmittelrationen, mit fallender Tendenz. Hunger, Seuchen, Diebstahl, Mangelerkrankungen bestimmen den Alltag.

Aber es gibt auch erste, zaghafte kulturelle Regungen, die zur Linderung der Misere beitragen: Hans von Benda dirigiert am 13. Mai ein erstes öffentliches Konzert; die Philharmoniker unter Leo Borchard schließen sich wenig später an; es folgen eine erste Theateraufführung (»Der Raub der Sabinerinnen« im Renaissance-Theater) und ein Ballettabend in der Städtischen Oper – bis zum Jahresende sind bereits wieder 16 Theater und Opernhäuser eröffnet; im Juni erscheint erstmals die ›Berliner Zeitung‹, im September der ›Tagesspiegel‹; die Hochschule für bildende Künste mit ihrem Direktor Karl Hofer nimmt ebenfalls im Juni ihren Betrieb wieder auf, die Berliner Universität folgt im September; im Oktober erhält Peter Suhrkamp im britischen Sektor der besetzten Stadt die erste Verlagslizenz – Daten und Wegmarken eines Kulturbedürfnisses, das sich diesseits jeder Normalisierung der Lebensverhältnisse zu behaupten versucht.

Die Schriftsteller erleben das Berlin der unmittelbaren Nachkriegsjahre als Zeitgenossen: Sie sehen ein einziges Chaos. »Es gibt kein Wasser. Es gibt auch kein Gas, kein Licht und kein Telefon«, so Ruth Andreas-Friedrich über den »Schauplatz Berlin«: »Nur Chaos gibt es. Unübersehbares, undurchdringliches Chaos.«[5] Ein Chaos aus Trümmern – für die Daheimgebliebenen bedeutet es die Erfahrung eines existentiellen Nullpunktes. Noch am 2. Mai 1945, wenige Stunden nach der Kapitulation, wird der Lyriker und Erzähler Friedo Lampe aufgrund einer Verwechslung von einem sowjetischen Soldaten erschossen. Und fast acht Monate später findet sich in einem Brief Gottfried Benns der Satz: »(...) hier zwischen den Trümmern leben, heißt nicht viel anderes, als schon in seinem eigenen Sarg schlafen.«[6]

Für die zurückkehrenden Schriftsteller aber bedeutet Berlin: abgründige Fremdheit. Das einst Vertraute erscheint entrückt in eine gespenstische Ferne, ein Pandämonium der Verwüstung – Traum oder Wirklichkeit? Der Blick der Remigranten fällt auf eine Stadt, die nur in Umrissen noch, rudimentär und schattenhaft, als Abbild eines früheren Lebens sich zu erkennen gibt. »Diese Ankunft, die Fahrt durch die Ruinen, am kahlgeschlagenen Tiergarten entlang – die alten Bäume waren längst zu Brennholz gemacht, sogar die Strünke ausgerodet, es war da nur noch ein riesig ausgedehnter Kartoffelacker, über den man hinblickte wie über eine Wüste –, von einem Trümmerfeld zum anderen.«[7] So – erschrocken und erschüttert – Carl Zuckmayer, der zur Berichterstattung über den Stand des kulturellen Lebens die Stadt im November 1946 im Auftrag der Amerikaner besucht: »Berlin, das einstmals von Leben durchbrauste, war eine Totenstadt geworden.«[8]

Dem Suchen und Fragen der Erinnerung schlägt, so der Reporter Peter Weiss, eine Antwort aus »Schweigen und Dunkelheit« entgegen:

»Die Bäume, deren Laub einmal wie Silber in der Frühlingssonne glänzte, stehen nicht mehr, die hohen mit Eisenornamenten geschmückten Laternenpfähle stehen nicht mehr – leer und öde liegt der Platz da, schwarze leblose Häuserfassaden ringsum. Die Überreste der Ladenschilder versuchen sich des Namens ihrer einstigen Besitzer zu erinnern, oder sie bieten höhnisch Waren ihrer Träume feil; Pfeile und rauchgeschwärzte, mißgestaltete Metallhände weisen schadenfroh hinab zu den Fenstern, wo Schutt und Abfall liegen. Durch die Mauerkulissen siehst du den Himmel. Weiße Pfeile aber zeigen hinab in die Erde, überall siehst zu diese drohende Erinnerung an die Gräber der überschwemmten Keller, die letzte Zuflucht und Ruhe der Geschäftsinhaber.«[9]

Berlin ist eine Totenstadt, eine Stadt der Trümmer und Gräber, aus denen die Vergangenheit des Faschismus finster hervorsticht. Trümmer – das heißt aber auch: Krankheit, Tod und Verwesung, Plünderung, Raub und Mord, heißt Vergewaltigung, Verwahrlosung, Verzweiflung, heißt Psychose und Neurose. Denn der Zerstörung der Stadt entspricht die der Menschen, die in ihr leben müssen, vegetieren in Katakomben der Anarchie und der Angst. Und es sind Bilder solcher Trümmer, welche die Aufzeichnungen und Erinnerungen, die Notizen und Berichte als Topoi einer Art Nachkriegsgeographie leitmotivisch durchziehen.

»Ganze Quartiere ohne Licht«, notiert der Besucher aus der Schweiz, Max Frisch, im November 1947 in seinem *Tagebuch*, »Nicht abzuschätzen ist die Menge von Schutt; doch die Frage, was jemals mit dieser Menge geschehen soll, gewöhnt man sich einfach ab. Ein Hügelland von Backsteinen, darunter die Verschütteten, darüber die glimmernden

In den januarkalten Tagen 1946 wird die Wiedereröffnung der Staatsbibliothek Unter den Linden vorbereitet.

Sterne; das Letzte, was sich da rührt, sind die Ratten.« Und lakonisch – oder zynisch? – fügt er hinzu: »Abends in die Iphigenie.«[10] Solcherart Lakonismus und Zynismus, Ausdruck zugleich von Melancholie und ohnmächtigem Ingrimm, bot die Möglichkeit, das gesehene und erfahrene Leiden zu bewältigen, zumindest seiner innezuwerden und es zu verarbeiten. In seinem *Arbeitsjournal* notiert der Heimkehrer Bertolt Brecht unter dem Datum vom 27. Oktober 1948: »berlin, eine radierung churchills nach einer idee hitlers. berlin, der schutthaufen bei potsdam. über den völlig verstummten ruinenstraßen dröhnen in den nächten die lastaeroplane der luftbrücke. das licht ist so schwach, daß der gestirnhimmel wieder von der straße aus sichtbar geworden ist.«[11]

Es gibt Gegenbewegungen, Widerstand. Zorn und Entmutigung angesichts der Trümmerwüsten und Geröllberge suchen sich Entlastung in grimmigem Spott, in einer Art schwarzem Humor des Mangels und Elends, der auf Überwindung des status quo drängt, gerade in der Ausweglosigkeit einer existentiellen Nullpunkt-Erfahrung. »Zwölf Grad unter Null sind kein Spaß«, notiert Erich Kästner in seinem Bericht aus dem Berlin des Jahres 1947. »Der Sturm fegt eisig um die Ecken. Er pfeift durch hunderttausend leere Fensterhöhlen. Es klappert und klirrt und scheppert. Das ist die atonale, die hochmoderne Ruinenmusik. Auch wer zu Hause, bei Stromsperre, hinterm kalten Ofen sitzt, kann mithören. Die Übertragung ist vorzüglich. Das Konzert ist gratis. Es kostet nur Nerven. Alles, was Zähne hat, darf mitklappern.«[12]

Im Witz solcher Skizzen, in der bissigen Pointe wie in Lakonismus und Melancholie, teilt sich ein Mythos Berlins mit, der den Zusammenbruch des Jahres 1945 überdauert hat. Denn welcher Drang war es eigentlich, der diese Schriftsteller nach Berlin trieb, zur Rückkehr bewegte nach all den langen, oft schmerzhaften Jahren der Trennung? Was zieht jeden einzelnen an, was führt sie alle zusammen in diese Trümmerhauptstadt? Was erwarten sie sich, worauf setzen sie, was gibt ihnen Hoffnung auf irgendeine Zukunft in und mit diesem Berlin, das doch erkennbar darniederliegt, ausgelaugt, aus vielen Wunden blutend, zu Teilen in Verwesung übergegangen und keiner Anstrengung aus eigener Kraft mehr mächtig?

Es war – diesen Schluß legen zahlreiche literarische Zeugnisse nahe – der Mythos vom unbesiegbaren Kern der Stadt, der Mythos vom unsterblichen Lebenswillen einer Weltmetropole, der Mythos vom Zentrum europäischen Geistes- und Kulturlebens, der, allem Faschismus zum Trotz, überlebt hatte, und auch der von Intelligenz und Wortwitz, Behendigkeit und Wendigkeit der Berliner selber. Erich Kästner hat ihnen ein Denkmal gesetzt:

»Aber unterkriegen lassen? Niemals. Die Berliner, dieser ›verwegene Menschenschlag‹, wie Goethe sie genannt hat, die Berliner sind fleißig, tapfer, zuversichtlich und keß wie je zuvor. Wer mit ihnen in den Luftschutzkellern gesessen hat, wer dann durch die brennenden Straßen ging und hörte, wie sie sofort wieder am Werke waren, wie sie sägten und hämmerten, daß sich die Göttin der Nacht die Ohren zuhielt, der weiß Bescheid. Und wer, wie ich, zufällig neben dem Mann stand, der im Flammensturm zum Himmel hochsah und sagte: ›Wenn die Tommies so weitermachen, dann müssense sich nächstens die Häuser selber mitbringen‹, der weiß, daß die Berliner außer ihrer sagenhaften großen Schnauze noch andere Eigenschaften besitzen.«[13]

Und auch Brecht fängt diesen Mythos vom »verwegenen Menschenschlag« in einer Anekdote ein. Unterm Datum vom 23. Oktober 1948 liest man im Arbeitsjournal:

»gestern abend sahen wir nur bei der einfahrt im dunkeln die ruinen der friedrichstraße, undeutlich. früh sechs uhr dreißig gehe ich die zerstörte wilhelmstraße hinunter zur reichskanzlei. sozusagen meine zigarre dort zu rauchen. ein paar arbeiter und trümmerweiber. die trümmer machen mir weniger eindruck als der gedanke daran, was die leute bei der zertrümmerung der stadt mitgemacht haben müssen. ein arbeiter zeigt mir die richtung. ›wie lang wird das gehen, bis das wieder nach was aussieht?‹ – ›da werden noch ein paar graue haare vergehen bis dahin. wenn wir geldleute hätten, ging's schneller. aber wir haben doch gar keine geldleute mehr. na, guten morgen.‹«[14]

(Unnachsichtig fügt der materialistische Dialektiker den Zusatz an: »mir schienen die ruinen zumindest auf die frühere anwesenheit von geldleuten hinzuweisen.«) Nach der Totenstarre also der Lebenswille, erweckt von der Besinnung auf die eigenen Mythen und Legenden und gespeist, nicht zuletzt, aus der selbstbewußten Erinnerung an die einstige Bedeutung als Kulturmetropole. »Ja«, so schreibt, aus dem »blockierten, stromlosen Berlin« des Jahres 1948 Gottfried Benn,

»jetzt könnte man ihr sogar eine Zukunft voraussagen: in ihrer Nüchternheit treten Spannungen, in ihrer Klarheit Gangunterschiede und Interferenzen, etwas Doppeldeutiges setzt ein, eine Ambivalenz, aus der Zentauren oder Amphibien geboren werden.«[15] Berlin beginnt, sobald und soweit es der Konzentration auf ein kulturelles Leben überhaupt fähig ist, sich seiner einstigen Leistungen und Verdienste zu entsinnen, um aus der eigenen Geschichte, den eigenen Traditionen und Kontinuitäten, eine kulturelle Zukunft entstehen zu lassen. »Was sagen Sie zu Berlin?«, lautete eine seinerzeit häufig – vorzüglich den Heimkehrenden, den Besuchern und Ausländern – gestellte Frage. Eine rhetorische Floskel: Sie suchte Zustimmung und Bestätigung, nicht Kritik, wie Max Frisch in einer ironischen Replik bestätigt hat: »Das lobende Wort eines Ausländers steht hoch im Kurs; der Bedarf an Anerkennung ist riesengroß; wer jetzt versichert, Berlin sei ungebrochen in seinem Geistesleben, ist ein bedeutender Kopf ...«[16]

Den hinter jener Rhetorik lauernden Anspruch freilich vermochte die kulturelle Wirklichkeit der Stadt nicht zu decken. Dem guten Willen, Berlin als Kulturmetropole überdauern zu lassen, ja sie zum Mittelpunkt allererst wieder zu formen, entsprachen weder die Inspirationen noch die Mittel. Es fehlte nicht nur die Möglichkeit, elementare Bedürfnisse des alltäglichen Lebens zu befriedigen. Es fehlten – angesichts des zunehmend prekären Viermächtestatus der Stadt – nicht nur die politischen Rahmenbedingungen für eine schöpferische Konzentration der Kräfte. Sondern es fehlte vor allem auch an einer personellen und institutionellen Kontinuität: an Menschen, die den kulturellen Ruf Berlins einst begründet, an Einrichtungen, die ihn repräsentiert hatten. Geblieben war nach dem Zusammenbruch des Dritten Reiches ein Kulturvakuum, erfüllt von den besten Vorsätzen und den höchsten Ansprüchen und doch leer, weil ohne Leistungsäquivalent. Max Frisch, der unbestechliche Beobachter und sanfte Kritiker, attestierte diesem Zustand »etwas Melancholisches, sogar etwas Gefährliches; wir werden stets versucht sein, daß wir schließlich das Beste, was wir in unsren Tagen antreffen, bereits für das Gute halten…«[17]

So erschien es auch Erich Kästner. Aus dem uneingestandenen Mangel, aus der Künstlichkeit, mit der inmitten des »Treibhauses Berlin« (Kästner) die verdorrte Pflanze »Kultur« gefördert wurde, aus den allenthalben spürbaren Lebensproblemen, aus der politischen Grenzlage und dem sozialen Abgrund entstand, so Kästner, eine Art Überkompensation der Existenznöte: »Die Temperatur (…) ist überhitzt. Und sie überhitzt alles: die Not, das Temperament, die Preise, den Ehrgeiz, die Moral und deren Gegenteil.« Sie überhitzte, diese soziale Temperatur, auch die Wahrnehmung der eigenen Entwicklungsmöglichkeiten der gesellschaftlichen und künstlerischen Kraftzentren und Energiequellen. Überhitzte sie in einer Weise, die auszustrahlen vermochte, die für sich einnahm, die affizierte und begeisterte, kurz: Wirkungen zeitigte ohne Wirklichkeitsfundament. »So nimmt es nicht wunder«, schreibt Kästner, »daß mir ausländische Journalisten, die es wissen müßten, erklärten, Berlin sei zur Zeit nicht nur die interessanteste Stadt Europas, sondern der Welt.«[18]

Von solcher »Interessantheit« teilt der Blick auf die Berlin-Dichtung etwas mit. Allein daß die Stadt zum Gegenstand der Poesie werden kann, drückt ihre Attraktivität aus: dem poetischen Material ›Berlin‹ werden sowohl hoffnungsvolle wie verklärende Züge untermischt. Berlin, geschunden, gespalten, zerstört, erscheint als ein einziges, trutziges Dennoch, beispielhaft wahrnehmbar in Ilse Langners Prosatext »Mutter Berlin an ihre Töchter«:

Eine Riesin ist Berlin – mit zerbrochenen Gliedern, blutig geschrammter Haut –, mit herausgeschlagenen Zähnen und wüstem Schopf –, aber eine Riesin immer noch, die trotz Verwundung und Verkrüppelung ihre gewaltigen Glieder regt und ihre Kinder zu sich ruft –, die am Leben gebliebenen Töchter und Söhne, die der Tod nicht fraß, der Bombentod nicht und der Kampfestod nicht –, sie ruft sie schallend zu sich unter ihre steinernen Fittiche. Eine große Mutter ist Berlin, die uns mit

Versprechungen tröstet und mit kleinen Freuden die ersterbenden Hoffnungen aufmuntert, die uns die Zukunft wie ein Märchen erzählt, wenn wir am Abend todmüde in unsere kahlen Stuben einkehren und bei Sparlicht das karge Mahl verzehren – ja, sie tröstet uns mit gutem, kräftigem Zuspruch und stärkt uns den Glauben an unsere steinerne Heimat.«[19]

Die expressionistische Tradition, der diese anthropomorphe Stadt-Vision ent-

21. Mai 1945 in Berlin

stammt, ist eines ihrer Merkmale, die Matriarchalisierung von Hoffnung und Verklärung ein anderes. Beide Elemente finden sich auch in Günther Weisenborns »Berliner Totentanz«, entstanden im Sommer 1945, in dem die allegorischen Figuren des Soldaten, der Waschfrau, des Kindes, der Braut, des Arbeiters und des Gefangenen nacheinander dem Tod – ein »Herr von der Straße, im Haar den Strohkranz der Vernichtung« – anheimfallen. Allein der Mutter erweist der Tod zuletzt seine Reverenz, der Verkörperung einer Hoffnung für die Gattung Mensch, die – nach des Dichters Willen – leben soll nach so langer, so tiefer Todeserfahrung:

»Tod: Und bittet eine Mutter sehr um ihr Kind, / so sei's, weil soviel Kinder verstorben sind. / Jede Mutter pflanzt sich fort wie ein Lied, / das von Mund zu Mund in Jahrhunderten zieht.«[20]

Schließlich Wolfgang Weyrauchs »Ode in Berlin«: eine poetische Miniatur aus Alltagsbildern und Traumgesichten, Realitätssegmenten und Naturmetaphern, Visionen und Impressionen, deren poetischer Überschwang sich durch eingearbeitete Berliner Lakonismen gleichsam selbst hintergeht und entschärft. Ein Emblem der Lebensvielfalt und der Lebensfreude, in dem Berlin als Botin eines künftigen Friedens figuriert: »Süße Taube, / Schwingst dich über uns, steigst, schwebst, / Gleichnis des Kommenden, der Vielfalt / in der Seligkeit des Unauflöslichen.«[21]

Den Texten gemeinsam ist ihre transitorische Struktur.[22] Hervorgegangen aus Faschismus, Krieg und Tod, verfaßt inmitten von Trümmern und Trauer, entwerfen sie das Bild einer offenen Zukunft. In ihnen verbindet sich die Kritik an den überkommenen männlichen Mustern einer destruktiven Geschichtsmächtigkeit mit den archaischen Mythen von Weiblichkeit, Mütterlichkeit und Fruchtbarkeit. Diese Verbindung setzt die Vision eines Lebens frei, das, geläutert, aus den Niederungen der Katastrophe heraus sich seinen besten Möglichkeiten entgegenträumt: Literatur als Utopie.

»Parlament des Geistes«

Ricarda Huchs »Bedürfnis, meine Freude darüber auszusprechen, daß Schriftsteller sich aus allen Zonen zahlreich eingefunden haben«,[23] besaß in solchen Zukunftsvisionen seinen Ursprung. Denn daß man vom 4. bis 8. Oktober 1947 Berlin als Veranstaltungsort für den »Ersten deutschen Schriftstellerkongreß« gewählt hatte, läßt sich nicht allein aus der historischen Bedeutung der Stadt und ebensowenig nur aus ihrer aktuellen Situation erklären. Sondern man vertraute vor allem auch auf die Symbolkraft Berlins: auf Wirkungen, die von hier auszugehen vermöchten, auf Kontinuitäten, die man von Berlin aus begründen, auf Traditionen, an die man anknüpfen könnte.

Solche Traditionen bezogen sich die Rede Günther Weisenborns, der unter dem Titel »Tod und Hoffnung« an die ermordeten, gefallenen, verschollenen Autoren erinnerte;[24] auch der Vortrag Elisabeth Langgässers, die sich mit dem Thema »Schriftsteller unter der Hitler-Diktatur« auseinandersetzte;[25] nicht zuletzt Alfred Kantorowicz' Skizze »Deutsche Schriftsteller im Exil«.[26] Auf künftige Entwicklungen hingegen orientierte Stephan Hermlin mit seiner programmatischen Auffassung, »daß die Frage der Form heutzutage, wie in allen revolutionären Epochen der Menschheit, zurückzutreten hat hinter der Frage nach dem Inhalt, nach der Idee, die nur eine revolutionäre Idee sein kann«.[27] Und ähnlich Axel Eggebrecht mit seinem kritisch resümierenden Plädoyer für Emile Zolas Haltung des »J'accuse«, für literarische »Verbindlichkeit« als Ausdruck eines »wahren, tätigen Humanismus«, als »Wahrheit in der Hand der Kritik«.[28]

Berlin wurde in diesen Herbsttagen des Jahres 1947 zum Begegnungsort vielfältiger Erfahrungen und Erwartungen unterschiedlichster Temperamente und Ansprüche, die, geprägt und erfüllt von häufig unvergleichlichen Biographien und Geschichten, bisweilen hart aufeinanderprallten. Es gab Verständnis, Achtung, Respekt für den jeweils anderen Teilnehmer, aber ebenso Argwohn, Mißtrauen und Distanz. Doch alle Differenzen überwog der Versuch, dem Wort der Dichter wieder Geltung zu verschaffen in einer Welt, die nach dem Alptraum des Fachismus erkennbar sich anschickte, alsbald

neuerlich in politische Heteronomie zu verfallen.

Man darf Johannes R. Bechers programmatische Rede »Vom Willen zum Frieden« als den wohl weitestgehenden und umfassendsten Versuch bezeichnen, sich dieser Tendenz programmatisch entgegenzustemmen.[29] Der Exilschriftsteller Becher, der zuvor schon Gerhart Hauptmann besucht und Wilhelm Furtwängler demonstrativ begrüßt hatte, plädierte nun für die Versöhnung von Innen und Außen, Exil und Innerer Emigration. Der Kommunist Becher plädierte für die Einheit der deutschen Nation, ihrer Kultur wie ihrer Literatur. Er nannt Ernst Wiechert und Ricarda Huch in einem Atemzug mit Thomas Mann, um zugleich diesen gegen die Invektiven eines Franz Theiß zu verteidigen, und er nannte Werner Bergengruen und Ernst Wiechert im selben Zusammenhang wie Anna Seghers, Heinrich Mann und Lion Feuchtwanger, Arnold Zweig und Bertolt Brecht. Der Kommunist und Exilautor Becher beschwor die Siegermächte,

Milde und Nachsicht in der Frage der Reparationen walten zu lassen – im Hinblick auf die Opfer und die Leiden, die auch das deutsche Volk erbracht und erfahren habe. Und er etablierte – im Unterschied zum Exilautor und Kommunisten Stephan Hermlin – einen durchaus traditionellen Begriff hoher Literatur, als er deren Aufgabe mit den Worten resümierte: »Was der deutsche Dichter an Vereinsamung, an Angst und Trauer erlitten hat, ist so übermächtig, daß es sich nur im großen Gedicht befreien kann und in einem unentwegten Mitwirken überall dort, wo Kräfte für den Frieden wirksam sind.«[30] Diese große Rede, die als programmatische Synthese, als umfassend begründete Versöhnungs- und Friedensgeste entworfen war, löste gleichwohl sehr unterschiedliche und schroffe Reaktiionen aus. Dankte beispielsweise W.E. Süskind Becher emphatisch »für seine großen und umfassenden, ich meine buchstäblich die Arme aufschließenden und die verlorenen auseinandergeratenen Kindlein in diese Arme zusammenfassenden Worte«,[31] so wußte andererseits Axel Eggebrecht zu berichten, man habe aus »Ungerechtigkeit und Unduldsamkeit die wunderbar echten, inhaltsschweren Worte als schöne Fassaden«[32] abgetan. Mit anderen Worten: Bechers Versuch einer programmatischen Versöhnung der deutschen Intellektuellen und Schriftsteller atmete für manche noch den Geist der Volksfront von 1935, erschien womöglich als Konzentrationsbemühung zu einer neuen »Sammlung«, wie sie Klaus Mann mit seinem Zeitschriftprojekt im Exil unternommen hatte. Und andererseits mußte Bechers Rede auch mit Kritik von der eigenen Seite rechnen, von Genossen, die eine freundschaftliche Umarmung der Furtwängler und Hauptmann ihrerseits für unpassend hielten, hatten sich diese doch durch ihr Verhalten im Dritten Reich hinreichend kompromittiert.

In solchem Mißtrauen wirkte mithin Geschichte weiter, die nicht mit einem Federstrich und nicht allein mit gutem Willen zu erledigen war. Sie wirkte und zehrte als Lebensgeschichte an den Individuen. Und die Schriftsteller konnten – Zeitgenossen, die sie waren – sich von den Eindrücken und Einflüssen der Vergangenheit, von den eigenen Ressentiments und Vorbehalten nicht umstandslos befreien.

Daß dennoch Einigkeit über das Ziel bestand: zu einer friedlichen Zukunft, zur Einheit der deutschen Nation mit den Mitteln des Wortes beizutragen, darüber lassen freilich die Reden und Kongreßberichte keinen Zweifel. Der Streit, die Auseinandersetzung, der Konflikt galten dem Weg und der Methode, den Möglichkeiten, diesem Ziel erfolgreich näherzukommen, und den Formen der Annäherung. Günther Weisenborns großes Wort zum »Parlament des Geistes«[33] zielte darauf, der Debatte, der Kritik, dem öffentlichen Räsonnement Raum zu geben – und diesen Raum füllte der Erste deutsche Schriftstellerkongreß inmitten der vieldeutigen Symbolik Berlins in denkbar umfassender Weise aus, allen Kontroversen, Widersprüchen und Vorläufigkeiten zum Trotz.

»Das Gespräch wurde eröffnet und sollte nun weitergehen«, resümierte Hans Mayer, selbst Teilnehmer und Redner des Kongresses, seinen Bericht für die *Frankfurter Hefte*. »Alle haben gewünscht, daß es weitergehe.« Und warnend fügte er hinzu: »Der Schriftsteller ist ohnmächtig, wenn er abermals, wie in vergangenen Jahren, das Objekt von Gewalten abgibt, die nicht aus seiner Sphäre, der Sphäre des Wortes und des Geistes, sind.«[34]

Literatur und Politik

Es ist merkwüdig: In dem eben zitierten, so scharfsichtigen wie pointierten Kongreßbericht fehlt ein Hinweis auf jenen Eklat, der dem Treffen der Schriftsteller eine Art Todesstoß mit Verzögerungseffekt versetzte. Eine Bestätigung, wider Willen, jener politischen Fremdbestimmung der Literatur, vor der in diesem Bericht gewarnt worden war?

Hans Mayer vermied es, in seinem Beitrag über »Macht und Ohnmacht des Wortes« für die *Frankfurter Hefte* den Auftritt des Amerikaners Melvin Joseph Lasky zu erwähnen. Lasky, ein amerikanischer Antikommunist von Profession,

intelligent und begabt als Journalist wie als Redner, später Begründer von Kulturzeitschriften wie *Der Monat* (Berlin), *Das Forum* (Wien) und *Encounter* (Großbritannien), die aus Mitteln des amerikanischen Geheimdienstes CIA finanziert wurden – dieser Melvin J. Lasky also hatte auf dem Schriftstellerkongreß eine Rede gehalten, in der er sein Mitgefühl für die in Unfreiheit lebenden Schriftsteller aus der Sowjetunion so beredt wie teilnahmsvoll vortrug. Ein kalkulierter Affront, nicht nur für die sowjetischen Gäste auf diesem Kongreß, sondern auch für die linken deutschen Autoren, die sich ihnen politisch verbunden fühlten.

Ein Affront, über dessen Wirkungen Hans Mayer erst später, in seinen Lebenserinnerungen, berichtet hat: »In Berlin war nichts mehr zu machen. Der Kongreß schleppte sich hin bis zu seinem Ende. Er ist der erste und letzte deutsche Schriftstellerkongreß dieser Art geblieben. Lasky hatte mitgeholfen, eine drohende Kontinuität zu verhindern, was Sinn der Sache gewesen war. (...) Die zuerst so brüderlichen Schriftsteller teilten sich jäh in eine westliche und östliche Fraktion, die unvermeidlichen Grenzgänger nicht gerechnet.«[35]

Nimmt man die Unterschlagung dieses Eklats und des aus ihm resultierenden Scheiterns in Hans Mayers Bericht aus dem Jahre 1947 als ein Symptom, dann stellt sich die Frage nach dessen Bedeutung im Selbstverständigungsprozeß der Autoren aus Ost und West. Hans Mayer hat auf diese Frage eine denkbar einfache und einleuchtende Antwort gegeben: »immer noch hoffte ich, mit vielen ande-

ren, daß trotz allem eine Kontinuität denkbar sein könnte«.[36] Doch dieser Hinweis bedarf seinerseits einer Deutung, weil er neue Fragen aufwirft. Machten sich die Schriftsteller des Jahres 1947 nicht selber zu »Objekten von Gewalten« (Hans Mayer), wenn sie von deren Virulenz und Agilität absahen? Verschrieben sie sich nicht einer illusionären Haltung, Ausdruck ihrer willentlichen Selbsttäuschung, wenn sie vom politischen Kontext ihrer eigenen öffentlichen Äußerungen absahen? Setzten sie mithin nicht – bei allem materialistischen Anspruch, der unter ihnen vertreten war – lediglich die alte deutsche Tradition einer idealistischen Auffassung von Kultur, Geist und Dichtung fort?

Schon im Vorfeld des Kongresses nämlich ließ sich erkennen, daß die einstigen Alliierten zwar übereinstimmend die Tagung unterstützten, daß es jedoch »höchst verschiedene Wärmegrade der Zustimmung gab«.[37] Die Amerikaner und Engländer hatten offenbar beschlossen, den Kongreß als quantité négligeable zu behandeln. Die Franzosen ließen immerhin den Leiter der Kulturabteilung ihrer Militärregierung zur Eröffnung eine Rede halten. Nur die sowjetische Militärregierung hatte mit Alexander L. Dymschitz einen hochkarätigen Mann von ausgeprägten Kenntnissen der deutschen Sprache und Kultur ins Rennen geschickt, einen souveränen Organisator mit politischem Weitblick, der Vorbereitung, Durchführung und Ausklang des Kongresses mit Engagement wahrnahm. Solches Engagement entsprang der allgemeinen Wertschätzung der Kultur im Kontext sowjetischer Besatzungspolitik. »Heute bei den Russen. Höflicher Empfang von den beiden Herren, die tadelloses Deutsch sprechen«, hatte im November 1947 auch Max Frisch notiert. »Ihre Kenntnis der deutschen Literatur, der deutschen Philosophie; Gespräch über drei Stunden. Die Russen nehmen den Geist sehr ernst; offensichtlich entsenden sie ihre besten Leute, denen auf der anderen Seite, von wenigen Ausnahmen abgesehen, viel freundliche Nullen gegenüberstehen.«[38] Das »Ernstnehmen des Geistes« hatte bereits im Juli 1945 mit der Gründung des »Kulturbundes zur demokratischen Erneuerung Deutschlands« in der Sowjetischen Besatzungszone begonnen, einer Institution, die auf Anregung unter anderem von Johannes R. Becher ins Leben gerufen wurde und ein außerordentlich breites Spektrum politischer, ideologischer, kultureller Positionen in sich vereinte. Ein »Parlament des Geistes«, auch dieser Zusammenschluß über die Grenzen der Besatzungszonen hinweg, zusammengesetzt aus unterschiedlichen Fraktionen, die sich einig wußten im Ziel, zur »Vernichtung der Naziideologie auf allen Lebens- und Wissensgebieten« ebenso beizutragen wie zur »Zusammenarbeit mit allen demokratisch eingestellten weltanschaulichen, religiösen und kirchlichen Bewegungen und Gruppen«.[39] Und ein öffentliches Forum, um solchen Zielsetzungen Gehör zu verschaffen und zu ihrer Diskussion und Verbreitung beizutragen, bildete die Zeitschrift *Aufbau*, eine kulturpolitische Monatsschrift, deren Profil Johannes R. Bechers »Deutsches Bekenntnis« in der ersten Ausgabe umrissen hatte[40] und die immerhin noch 1948 dem CDU-Politiker Ernst Lemmer Raum gab, um seine Überlegungen zur deutschen Einheit zur Diskussion zu stellen.[41]

Die Geschichte und Entwicklung des »Kulturbundes« ist verschiedentlich dargestellt worden,[42] aufschlußreich ist hier der Zeitpunkt, zu dem schließlich der Kulturbund durch die amerikanische Militärregierung verboten wurde: Es ist der 8. Oktober 1947, der letzte Tag des »Ersten deutschen Schriftstellerkongresses in Berlin«. Waren in den Monaten zuvor schon eine Reihe von Kulturbund-Veranstaltungen in den Westsektoren behindert und unterbunden worden, so galt nunmehr ein generelles Verbot im amerikanischen Sektor, dem am 8. November eines der britischen Militärregierung folgte. Mit diesem Verbot gestanden die Westalliierten die Überlegenheit der sowjetischen Kulturpolitik ein: Deren vorgeblich übermächtiger Einfluß nämlich lieferte die materielle Begründung, die in offizieller Version auf Auffassungsunterschiede in Kompetenzfragen hinauslief.

Die Spaltung der Stadt Berlin, die Teilung Deutschlands, die Entfremdung zwischen den Siegermächten, kurz: die Kon-

turen des Kalten Krieges, der Antikommunismus ebenso wie das Ressentiment gegenüber dem westlichen Imperialismus, warfen ihre Schatten bereits auf den Kongreß, als dieser sich noch in seiner Selbsteinschätzung als »Parlament des Geistes« einig und ungefährdet sah. Die Siegermächte hatten das Treffen der Schriftsteller instrumentalisiert, und zwar, entlang den großen strategischen Linien der alliierten Nachkriegspolitik, so langfristig wie weitsichtig: als Forum einer antifaschistisch-demokratischen Bündnispolitik in der Tradition der Volksfront die Sowjetunion, als Sprengsatz der letzten alliierten Gemeinsamkeiten nach der Kapitulation des Dritten Reichs und als Brückenkopf des künftigen ideologischen Kampfes die Vereinigten Staaten.

Die Schriftsteller zahlten einen hohen Preis für ihren Versuch, sich einer Verantwortung zu stellen, die, um der Zukunft willen, aus der Vergangenheit verpflichtend auf die Gegenwart einwirkte. Sie hatten dieses Verantwortungsbewußtsein, unwillentlich und unwissentlich, durch die Alliierten instrumentalisieren, also mißbrauchen lassen für deren jeweilige Zwecke.

Und doch ist nicht von Belang, daß die Schriftsteller des Jahres 1947 sich Illusionen hingegeben hätten, nicht von Bedeutung, daß sie, abermals, »Objekte von Gewalten« geworden wären. Sondern im Gegenteil: Bar aller Verstrickung in den Faschismus und diesseits der programmatischen Position von »Ästhetizismus, Isolationismus, Esoterismus« (Gottfried Benn),[43] hatten die Schriftsteller republikanisch gehandelt in ihrem Bemühen, den materiellen Erfahrungshintergrund der Trümmer-Bilder zur »Fundamentbildung der Zukunft« zu nutzen, Brücken zu schlagen in eine Zukunft politischer und kultureller Einheit, die es nicht geben sollte.

Die Hoffnung auf Kontinuität hatte getrogen: Der Schriftstellerkongreß 1947 erfuhr die Ohnmacht des Wortes, nicht seine Macht. Sie hatten am Entwurf einer Zukunft gearbeitet, die zerstört war, noch bevor ihre Konturen sich zeigten. Sie arbeiteten an der Verwirklichung eines Mythos, den sie selber erst schufen..

Damit aber an der Realisierung einer Utopie, also gegen ihre Zeit. Und dies ist – und bleibt – eine der vornehmsten Aufgaben der Literatur.

So war also der Weg zurück ins Berlin der Nachkriegszeit ein Schritt in keine Zukunft. Aber das spricht nicht gegen die Schriftsteller.

Epilog

Und Berlin? Berlin hatte Schaden genommen durch die Kulturpolitik der Siegermächte. Das schließliche Scheitern des Schriftstellerkongresses, faßbar gerade in den beschwörenden Formeln der Einheit und Einigkeit, die seinen Abschluß bildeten, offenbaren bereits die künftige Leere, den Substanzverlust der kommenden Jahre. Gewiß, es existierte ein durchaus lebendiges Kulturleben. Noch 1948 hatte ja Gottfried Benn geschrieben von jener »Ambivalenz, aus der Zentauren oder Amphibien geboren werden«.[44] Doch es waren wohl eher Zwitter, die da von nun an zur Welt kamen, kulturelle Halbherzigkeiten, die auf Leere und Substanzverlust qua Funktionsentzug deuteten.

Berlin hatte seine Anziehungs- und Ausstrahlungskraft zugleich mit seinem Charakter als politische Metropole verloren. »Berlin ist nicht mehr Gravitationszentrum des geistigen Lebens in Deutschland«, hieß es bereits 1950 kategorisch in der »Zeit«.[45]

Berlin simulierte von nun an die einstige Größe, entfaltete sein kulturelles Leben gleichsam als Imitator seiner selbst: eine synthetische Kulturaura, die ihren faltigen Charme aus der Erinnerung an eine imaginäre Vergangenheit bezog, genährt und gehätschelt durch den unaufhörlichen Zustrom westlicher Subventionen. Verloren aber hatte damit auch Deutschland insgesamt, Ost und West. Leipzig war von 1948 an die geistige Hauptstadt der DDR – nicht Berlin-Ost. Die Bundesrepublik hingegen zerfiel in zahlreiche Kulturprovinzen, denen aber – so Gottfried Benn, skeptischer als zuvor, im Jahre 1955 – »fehlt der Blick auf ein Regulativ, und das war Berlin«.[46]

Luftbrücke
Vera Simons

›Luftbrücke‹ ist eine Luftskulptur, die aus 6 heliumgefüllten, aerodynamischen Ballons besteht, von denen jeder ungefähr 7 m lang ist. Die Ballons tragen ein 70 x 3,7 m großes Netz. Die Ballon-Einheiten sind mit Seilen am Boden verankert und können das Netz auf jede zugelassene Höhe heben.

Metapher für die Luftbrücke, die West-Berlin 1948 die Fortsetzung seiner Existenz durch die Unterstützung mit Lebensmitteln und anderen lebensnotwendigen Gütern ermöglichte, ist die ›Luftbrücke‹ stellte ein ›Sicherheits-Netz‹ dar. Es ist besondere Ironie, daß der Bunker auf der einen Seite des Anhalter-Bahnhof Geländes steht, der mit Fischkonserven gefüllt ist; während der Bahnhof, auf dem früher Menschen, Lebensmittel und Materialien nach Berlin und aus Berlin hinaus transportiert wurden, jetzt Ruine ist. Die ›Luftbrücke‹ ist auch Mahnung an die Launen der politischen Winde, die so sehr Berlins Schicksal bestimmt haben. Die Skulptur wird auf die aktuell wechselnden Winde antworten, sich bewegen und drehen und die Winde kinetisch visualisieren. Sie symbolisiert ebenso den nach wie vor eingeschränkten Luftkorridor nach Berlin.

Solange der Wind ruhig bleibt, reitet die Skulptur in beständiger Bewegung auf dem Wind. Nachts wird jede Balloneinheit von Lichtern angestrahlt und die beleuchteten Ballons und das Netzwerk werden rätselhafte Zeichen in den Himmel schreiben. Die ›Luftbrücke‹ wird weit über Berlin zu sehen sein.

»Berlin ist mir höchst unsympathisch. Staub und entsetzlich viele Menschen, die alle rennen, als ob sie die Minute 10 Mark kostete.« Das schreibt – in seinem ersten Berliner Brief an die Eltern 1913 – ein Mann, der mit einem anderen Satz im Herbst 1948 den Mythos West-Berlins gestiftet hat: Ernst Reuter. Übrigens mit einem mißverstandenen und vielleicht gerade darum mythenbildenden Satz: »Ihr Völker der Welt, schaut auf diese Stadt!« Es war nicht die 714. Blähung eines stolzen Oberbürgermeisters, der seine Stadt vorzeigen will, sondern schlicht ein Hilferuf – so weiter im Text: »Und erkennt, daß Ihr diese Stadt nicht preisgeben dürft und nicht preisgeben könnt!« Man könnte es eine Flucht nach vorn nennen, wenn Reuter General Clay zur gleichen Zeit erklärte, er wolle nicht in die Rolle eines sinnlos kämpfenden Festungskommandanten geraten, und ironisch an Freunde schrieb, es werde »etwas leonidashaft« in der Stadt – die ihn trotzdem in diese Rolle hineintrieb, um ihn schließlich nach seinem Tode zu ihrem eigenen Denkmal zu erheben. Ein Denkmal, vor dem ausgerechnet diejenigen defilieren, die er lebend vor nahezu allen Fehlern gewarnt hat, an denen sie in »seinem« Berlin scheiterten. Man reibt sich die Augen, wenn man heute liest, wie Reuter 1947 davor warnte, kommunale Eigenbetriebe und gemeinwirtschaftliche Unternehmen »als eine Art Sonderbesitz der Beteiligten im engeren Sinne anzusehen und grundsätzliche Entscheidungen allein den immer sehr bereitwillig zustande kommenden Vereinbarungen zwischen Betriebsleitung und Belegschaft zu überlassen.« Vergeblich hat er seine Parteifreunde gemahnt, daß »Titel, Ämter und Würden kein pensionsberechtigender Besitz« seien. Noch aus dem Exil hatte er 1946 an deutsche Freunde geschrieben, notwendig sei jetzt »die Brechung des hemmenden Einflusses der industriellen und Verwaltungsbürokratie, die stark miteinander verfilzt sind.«

Er wußte, wovon er sprach, denn – siehe Flick! – nicht einmal die Adressen der Parteispender hatten und haben sich seit Weimarer Zeiten geändert. »Der Zustand zum Beispiel«, schreibt Reuter 1950, »daß irgendwelche Parteien oder

Ernst Reuters Berlin
Eine Entmythologisierung
Hannes Schwenger

Parteigruppen von anonymen Kapitalquellen gespeist werden, ohne daß irgendjemand das weiß, dieser Zustand rührt an die Wurzeln der Demokratie. Und so weit durch gesetzliche Maßnahmen hier eine Einschränkung, eine Begrenzung erfolgen kann, bin ich persönlich ein unbedingter Anhänger.«

Reuter persönlich: Es lohnt sich, genauer auf seine Person als auf das Denkmal des Kalten Krieges zu blicken, das seine Nachfolger aus ihm gemacht haben. Das Ergebnis wird manche überraschen, die ihn am liebsten als Kronzeugen gegen Entspannungspolitik von heute benennen möchten; es gibt sie sowohl in seiner eigenen Partei wie unter den selbsternannten Enkeln Adenauers, die sich in Berlin am liebsten auch noch zu Enkeln Reuters erklären würden. Doch so stumm, daß er sich dazu gebrauchen ließe, war nicht einmal der tote Reuter: In seinem letzten, erst nach seinem Tod gedruckten Beitrag für eine amerikanische Zeitung setzte er unmißverständlich auf das gemeinsame Bedürfnis der Sowjetunion und ihrer Nachbarn nach einem möglichst dauerhaften Frieden in Europa. Denn »soviel ist sicher: Auf ihrer gegenwärtigen Entwicklungsstufe bedürfen die Sowjets einer langen Friedensperiode nicht weniger dringlich als ihre Nachbarn. Sie mögen uns hinhalten und taktisch manövrieren, aber zuletzt werden die Ereignisse sie aus ihrer Reserve herauszwingen.« Es war Reuter, der Adenauer folgerichtig zur Respektierung sowjetischer Sicherheitsinteressen drängte und ihm noch 1953 ins Gesicht sagte, »daß Lenin ein bedeutender Mann gewesen sei und ich seine Bedeutung auch heute noch anerkenne«. Auch da wußte er, von wem er sprach. Denn Ernst Reuter war von 1917 bis Ende 1918 Mitarbeiter Lenins und Stalins für die Wolgadeutsche Sowjetrepublik gewesen und hatte von Lenin das Zeugnis erhalten, er sei ein »brillanter und klarer Kopf, nur ist er ein wenig zu unabhängig...«

Seine Rückkehr aus Rußland 1918 war Reuters zweiter Versuch mit dem unsympathischen Berlin. Der Ostfriese Reuter hatte sich hier nur schwer eingelebt; ein Studienfreund hat berichtet, Reuter habe während seiner Studienzeit in Marburg eine betonte Antipathie gegen Berlin gezeigt und stets »mit konstanter Bosheit« München als kulturelle Metropole Deutschlands bezeichnet. Nach Berlin hatte ihn die trübe Aussicht auf eine Beschäftigung als sozialdemokratischer Wanderredner gezogen – »22 Mark für den Abend, wovon ich die Reise erst bezahlen muß« –, die unterste Stufe jener Kriechtour durch den Parteiapparat, die Generationen sozialdemokratischer Politiker ebenso geprägt wie gebrochen hat. Die Umzugsnachricht an den Bruder klingt jedenfalls nicht erwartungsvoll, sondern wie eine düstere Ahnung: »Deine Abneigung gegen Berlin teile ich nahezu vollständig, es ist eine scheußliche Stadt. Ich werde aber noch lange in ihr leben müssen.«

Es war Reuters Glück, daß er neben Parteiarbeit Zugang zu Organisationen fand, die beim Versagen der SPD im August 1914 vor der allgemeinen Kriegsbegeisterung standhielten und zum Kern einer eigenständigen Friedensbewegung werden konnten: In erster Linie der »Bund Neues Vaterland«, aus dem später die Deutsche Liga für Menschenrechte hervorging. Hinter dem patriotischen Etikett verbarg sich eine auf Völkerverständigung (mit dem »Neuen Vaterland« war Europa gemeint) und gegen die nationalen Imperialismen gerichtete Initiative; zu ihren Gründern gehörte auch Albert Einstein. Von diesem Bund ging die Anregung zur Internationalen Haager Zusammenkunft 1915 und der dort gegründeten »Zentralorganisation für dauerhaften Frieden« aus. Als Sekretär des Bundes schrieb Reuter Denkschriften über Bismarcks Realpolitik und das Versagen der deutschen Vorkriegsdiplomatie, die auch im Auswärtigen Amt gelesen wurden, obwohl sie eine sehr offene Sprache führten: »Und wenn in der Behandlung auswärtiger Fragen nicht ebenso wie in gewissen politischen Dingen eine radikale Wandlung eintritt, so werden weitere Katastrophen nicht ausbleiben können.« Das war offen, aber noch diplomatisch gesagt. In Reuters Originalton, den er sich nur in privaten Briefen an Freunde erlauben konnte, klang das so: »Vielleicht gehen wir nächste Woche zu Zimmermann oder Jagow. Ich alter Sozi! Da-

bei ist meine Wut über die ganze Schweinerei so groß, daß ich die Leute im Notfall ohrfeigen könnte!«

Als »alter Sozi« verließ er – zum Kriegsdienst eingezogen – 1915 die Stadt, als junger Kommunist kehrte er 1918 zurück. Seine Biographen Willy Brandt und Richard Löwenthal schildern ihn damals als »isolierten Linksradikalen«, der nach seinem Erlebnis der bolschewistischen Revolution, der er sich als Kriegsgefangener angeschlossen hatte, die Situation in Berlin durch die »russische Brille« sah: »Wie alle seine Genossen, sah er die deutsche Revolution fraglos unter dem Bilde der russischen. Hier wie dort war ein verhaßter Absolutismus zusammengebrochen; hier wie dort waren die Massen der Arbeiter und Soldaten in Bewegung gekommen und hatten Räte gebildet, hier wie dort suchten durch die Kriegspolitik kompromittierte Führer unter Berufung auf die formale Demokratie die Bewegung zu bremsen, versprachen sozialistische Maßnahmen, ohne sie durchzuführen, und scheuten nicht einmal davor zurück, sich gegen die entschlossenen Revolutionäre mit der bewaffneten Reaktion zu verbünden. Hier wie dort würde das kleine Häuflein konsequenter Internationalisten und zielbewußter Anhänger der Räteherrschaft mit dem Fortgang der Revolution die Mehrheit der Arbeiterklasse auf seine Seite bringen und zum Siege führen!«

Fast auf den Tag genau vier Jahre lang war Reuter Mitglied und Funktionär der KPD, zuerst als Bezirkssekretär, 1921 als ihr Spitzenkandidat und Stadtverordneter in Berlin, ab Sommer 1921 als Generalsekretär der ganzen Partei. Daß er in dieser Zeit auch Bombenattentate in Berlin organisiert haben soll, ist ein Gerücht, das der Schriftsteller Franz Jung als angeblich einziger Zeuge ausgestreut hat: Wohlweislich erst nach dem Tod Reuters, der nun nicht mehr widersprechen konnte. Vieles spricht dafür, daß der Fall umgekehrt lag, denn Jung gehörte der von der KPD abgespaltenen Kommunistischen Arbeiterpartei (KAPD) an, die tatsächlich im März 1921 mit Teilen der KPD Attentate organisierte, um einen Arbeiteraufstand zu provozieren. Reuter und der Parteivorsitzende Paul Levi fühl-

ten sich dabei von den eigenen Genossen hintergangen und nahmen den Kampf mit dem »Putschismus« in der KPD auf. Als sie unterlagen und Reuter wie vorher Levi Anfang 1922 aus der Partei ausgeschlossen wurde, verabschiedete sich Reuter mit der Prognose aus der Partei, sie werde »immer wieder über Bord werfen müssen die, die früher sehen als es die Disziplin gestattet, und die nicht am Posten kleben.«

Im Herbst 1922 kehrte er in die SPD zurück, diesmal als Redakteur beim sozialdemokratischen »Vorwärts«. Sein Ressort: Kommunalpolitik. Als Stadtverordneter hatte er sich mit den konkreten Problemen der ungeliebten Stadt vertraut machen müssen und hatte sie offensichtlich so gut kennengelernt, daß ihn die SPD 1926 zum hauptamtlichen Stadtrat für Verkehr nominierte. Seine Vision eines anderen Berlin beschrieb er vor der Wahl im Vorwärts: »Berlin, früher die Stadt der Hohenzollern und des Hofes, des Militärs und der hohen Bürokratie, muß sich in das neue Berlin, in das Berlin der Wirtschaftlichkeit und der Arbeit verwandeln.«

Wohlgemerkt: Wirtschaftlichkeit – nicht: Wirtschaft oder gar Privatwirtschaft. Die Spitzenverbände der deutschen Wirtschaft riefen damals gerade zum Widerstand gegen die wirtschaftliche Tätigkeit der öffentlichen Hand auf; so waren es Deutschnationale und Wirtschaftspartei (Reichspartei des deutschen Mittelstandes), die bei der Gründung der Berliner Verkehrsgesellschaft BVG ebenso gegen die Pläne Reuters stimmten wie die KPD gegen den verhaßten »Renegaten«. Deren linker Fundamentalismus ging zeitweise so weit, daß Ruth Fischer ernsthaft formulierte: »Den Versuch, im Rahmen der bürgerlichen Demokratie Politik im Interesse der Arbeiterschaft zu treiben, lehnen wir ab.« Ernst Reuter hielt es dagegen für nötig – wie er in einer Polemik mit Paul Levi schrieb –, »an der Gestaltung der gegenwärtigen, kapitalistischen Welt aktiv teilzunehmen, damit diese Entwicklung der sozialistischen Bewegung Raum, Luft und Wirkungsmöglichkeit verschaffe.«

Illusionen über die Reichweite solcher Versuche hat er sich dennoch nicht ge-

Kundgebung auf dem Platz der Republik »Berlin ruft die Welt«
300.000 Berliner vor dem Reichstag am 9. 9.1948

macht. Seine Berliner Verkehrspolitik begründete er 1927 politisch *und* pragmatisch: »Gemeindewirtschaft ist noch kein Sozialismus. Aber Gemeindewirtschaft ist ein wesentliches, nicht zu verachtendes Stück sozialistischer Wirtschaft... Die Vorteile dieser Entwicklung werden überwiegend der Arbeiterschaft zugutekommen. Durch die neuen Bauten wird der Osten und Norden erschlossen. Der neue Verkehrsstrang von Neukölln über Moritzplatz, Alexanderplatz, Gesundbrunnen und der dann folgenden Verbindung an die Reinickendorf-Liebenwalder Bahn wird zum überwiegenden Teil ein

Viertel mit der Arbeiterbevölkerung erfassen. Nicht anders wird es bei der Bahn vom Alexanderplatz nach Friedrichsfelde sein. Ebenso ist die Wirkung der Zug um Zug folgenden Verlängerung der Hochbahn vom Nordring nach Pankow. Noch wichtiger wird die Tatsache sein, daß durch die Einführung der Umsteigemöglichkeiten die Arbeiterbevölkerung aus allen Vororten die Möglichkeit hat, an den Endpunkten des Schnellbahnnetzes umzusteigen und die notwendigen Fahrten mit der technisch größten Beschleunigung auszuführen.«
Für seine weite Berliner Zeit (1918 –

1931) ist die Gründung der BVG ohne Zweifel Reuters wichtigster Beitrag zum Bild der Stadt. Weitere Probren einer gestaltenden Kommunalpolitik hat er in Magdeburg geliefert, das ihn 1931 zum Oberbürgermeister berief; in Berlin war er für dieses Amt, obwohl auch dort mehrfach im Gespräch, nicht durchsetzbar. Kein Wunder, daß er noch in seiner Berliner Rede an die Völker der Welt 1948 als »seine« Stadt – Magdeburg erwähnte: »Ich danke an meine alte Stadt Magdeburg, die mich zum Reichstagsabgeordneten wählte und deren Oberbürgermeisteer ich war, ehe Hitler uns in die

Konzentrationslager steckte.« Dort hat man ihn als den Mann im Gedächtnis, der mitten in der Wirtschaftskrise Selbsthilfesiedlungen für Arbeitslose initiierte, trotz Finanzkrise die städtischen Tarife wie Gas, Strom und Straßenbahn auf das niedrigste Niveau deutscher Großstädte senkte und die spärlichen Arbeitsbeschaffungsmaßnahmen des Reichs durch städtische Mittel aufstockte. Und der – nun greifen wir schon auf seine dritte Berliner Zeit vor – gleichzeitig jede »Verstaatlichung« der Kommunalpolitik ablehnte.

In Magdeburg hatte er es nämlich abgelehnt, sich einer Notverordnung zu bedienen, die ihn bevollmächtigte, bei bestimmten Maßnahmen die Stadtverordnetenversammlung zu übergehen. »Eine Selbstverwaltung von Magistrats wegen«, schrieb er damals, »würde ganz zwangsläufig dazu führen, daß die Verwaltung der Städte eine Auftragsangelegenheit der Staatsbehörden würde und am Ende dieser Entwicklung stünde die Eingliederung der kommunalen Selbstverwaltung mit all ihren für die Entfaltungsmöglichkeiten örtlicher Kräfte verhängnisvollen Folgen.« Für Berlin verdient diese Episode Aufmerksamkeit, weil sie verdeutlicht, daß Reuters Gegensatz zur Politik seiner früheren kommunistischen Genossen nach 1945 nicht aus einer Renegatenhaltung, sondern einer lebenslangen Grundüberzeugung entsprang. Für ihn ging es dabei um die unumkehrbare Richtung demokratischer Politik von unten nach oben. 1952 war es eine der seltenen Gelegenheiten, daß er Walter Ulbricht persönlich zitierte und namentlich angriff, als die SED den »Kampf um eine selbständige Gemeindegewalt überflüssig und reaktionär« nannte. Ulbricht hatte damals erstmals offen von den »staatlichen Organen in den Städten und Gemeinden« gesprochen, die man »bisher als Kommunalorgane« bezeichnet habe.

Reuter hat daraufhin in seinem letzten Referat vor dem Deutschen Städtetag der DDR die Berufung von Marx' Begriff der sich selbst verwaltenden Gesellschaft streitig gemacht: Es könne »Selbstverwaltung ja nur echt sein, wenn sie von unten nach oben geht«. Die Haushalte der DDR-Länder, deren baldige Abschaffung Reuter vorhersagte, wurden damals bereits ohne Mitwirkung der Landtage aufgestellt. Dergleichen war für ihn 1952 genauso wenig annehmbar wie 1932, im Sozialismus so wenig wie im Kapitalismus; und er bestand darauf gerade als Sozialist. »Wir stehen und fallen«, schrieb er 1947, »mit der Behauptung und gleichermaßen mit der Einsicht, daß Sozialismus ohne Demokratie nicht möglich ist.« Hoffnung auf die Möglichkeit eines demokratischen Sozialismus in Europa kam damals – nach dem Sieg der Labour-Party 1945 – wieder einmal aus England. Schon 1924 hat Reuter beim Tode Lenins, der mit dem Amtsantritt der ersten britischen Labour-Regierung zusammenfiel, geschrieben, mit Rußland sei jetzt zu trauern, aber von England zu lernen.

Englische Sozialisten unterstützten Reuters dritten Anlauf nach Berlin, indem sie ihm nach zwölf Jahren Exil in der Türkei 1946 die Rückkehr nach Deutschland – übrigens gegen Bedenken des amerikanischen Geheimdienstes – ermöglichten; wobei es Reuter zunächst mehr nach Magdeburg, dann ins Ruhrgebiet und erst als dritte Wahl nach Berlin zog, wo man ihm lediglich seinen alten Posten als Verkehrsstadtrat wieder anbot. Die Berliner SPD hatte ihre erste Machtprobe mit der SED bereits hinter sich und stellte als stärkste Partei den Oberbürgermeister Otto Ostrowski. Ihr Vorsitzender Franz Neumann holte sich Ernst Reuter als Verkehrsstadtrat aus der SPD-Zentrale in Hannover, wo Kurt Schumacher von der Britischen Zone aus die Partei im Westen reorganisierte.

Obwohl er also als »Engländer« kam, war die Presse – besonders der SED – voll von Anspielungen auf den »Amerikaner« oder »Türken« Reuter. Heute mag es nur noch als eine Frage der Zeit erscheinen, wann ein Türke Stadtrat in Berlin wird; damals war das natürlich eine Sottise gegen Reuters Rückkehr aus seinem Exilland. Es paßt dazu, daß Reuter im bundesdeutschen Wahlkampf dann von rechts als ein »aus der Türkei hergelaufener kommunistischer Generalsekretär« angegriffen wurde. In den Artikeln der SED-Presse hieß es dagegen süffisant: »Ob jemand Türke oder Amerikaner geworden ist, steht, hier überhaupt nicht zur Debatte. Zur Debatte steht die Tatsache, daß die Berliner SPD Verstärkung selbst aus der Türkei holen muß, um die ihr zustehenden Magistratsposten zu besetzen.« Daß die Diffamierung – und zwar nicht Reuters, sondern der Türken – schon in dem Wörtchen »selbst« steckte, war dem Verfasser offenbar entgangen. Ernst Reuter war dergleichen gewohnt; nach dem Ersten Weltkrieg war er als »Russe« nach Berlin zurückgekehrt und deswegen diffamiert worden. Auch diesmal blieb er die Antwort nicht schuldig. »Ich liebe die Türken«, sagte er 1947 in einem Interview, »ich habe in engen Beziehungen zu allen prominenten Türken des öffentlichen Lebens gestanden. Ich war Berater der türkischen Regierung in vielen Fragen, aber ich glaube, meine Rückkehr in dieses Land ist die Konsequenz meiner Lebenshaltung und eine gewisse elementare Treue mir selbst gegenüber. Was die sachliche Seite angeht, es gibt keine interessantere Arbeit als die, die Deutschen durch systematische und geduldige Umbildung in die Gemeinschaft der Völker zurückzuführen.« Das war eine ziemlich saftige Ohrfeige für die, denen die Türkei offenbar weit hinten am Rande der Völkergemeinschaft zu liegen schien. Er habe, schrieb Reuter bei anderer Gelegenheit, »sehr oft das Gefühl gehabt, daß die Türken, unter denen ich lebte, in ihrem Lebensstil und ihrer Lebenshaltung stärker naturmäßig Demokraten waren, als es die Deutschen sind«. Von diesem Urteil nahm er auch »die mir aus begreiflichen Gründen nahestehende Arbeiterschaft in keiner Weise aus, sie ist ebenfalls außerordentlich konservativ eingestellt, und ich habe mir gelegentlich erlaubt, von der königlich-preußischen Sozialdemokratie zu sprechen, die wir gewohnt sind seit langem«.

Auch den »Amerikaner« ließ Reuter nicht gern auf sich sitzen. Es ist bekannt, daß sein Verhältnis zu General Clay anfangs gar nicht gut war, und an Margret Boveri schrieb er 1948 Sätze, die ihm von Heiner Geißler den Vorwurf des Antiamerikanismus eingetragen hätten: »Daß wir diesen Kampf unter Zuhilfenahme solcher Bundesgenossen zu führen haben, wie es die Amerikaner sind, ist historisch bedingt und braucht uns keineswegs dagegen blind zu machen, daß dort auch nicht alles Gold ist, was glänzt. Wir brauchen auch gar nicht in die burschikos primitive Methode zu verfallen, die uns manchmal als neue Diplomatie vorexerziert wird.«

Vielleicht kann Reuters Entmythologisierung sogar dazu beitragen, das ideologische Verwirrspiel um Begriffe wie Antiamerikanismus und Antikommunismus zu beenden, das bis heute – und in Berlin mit besonderer Lust – von den Enkeln Adenauers und Ulbrichts weitergespielt wird. Reuter kann trotz seiner Konflikte mit dem Parteikommunismus 1922 und mit der Außenpolitik Stalins 1948 nämlich keineswegs als Kronzeuge jenes Antikommunismus in Anspruch genommen werden, den Thomas Mann mit Recht als die »Grundtorheit der Epoche« bezeichnet hat. Beide, Reuter und Thomas Mann, standen übrigens in respektvoller Korrespondenz; beide verachteten den McCarthyismus, Reuter wünschte den Amerikanern »Zivilcourage« zu seiner Überwindung – als reaktionäre Gefährdung der Demokratie. Manns Bemerkung war denn auch keine Apologie des real existierenden Sozialismus, von dem sie bis heute so kolportiert wird, sondern handelte – wie Mann wörtlich fortfuhr – »vom Schrecken der bürgerlichen Gesellschaft vor dem *Wort* Kommunismus-«*(Hervorhebung von H.S.).* Ernst Reuter hat diesen Schrecken nie geteilt, ja sich sogar gelegentlich lustig gemacht, »der Kommunistenschreck sitze den führenden Politikern in Bonn und Washington so sehr in den Knochen, daß sie zu einer konstruktiven Außenpolitik kaum noch fähig seien«.

Er selbst hielt – und da müßte ihm die Generation der Studentenbewegung und der ihnen folgenden K-Gruppen eigentlich folgen können – für die Grundtorheit seines Lebens nicht den bürgerlichen Schrecken, sondern den blinden Respekt vor dem Wort Kommunismus. Diesem Respekt waren, als Reuter zum dritten Mal in Berlin antrat, sogar Menschenopfer gebracht worden – im Spanischen Bürgerkrieg und in den Moskauer Prozessen. Und doch hat sich Reuter noch

Kundgebung »Berlin ruft die Welt« 1948

1947 mit Bewegung an seine russischen Jahre erinnert: »Niemals werden wir Sozialisten den ungeheuren Elan vergessen, mit dem dieses Volk den Weg eines sozialistischen Aufbaus betreten hat.« Und noch einmal vermerkt das Protokoll »anhaltenden, starken Beifall«, als Ernst Reuter einige Wochen später vor dem Landesparteitag der SPD ausruft: »Wir sind nicht antirussisch, wir können nicht antirussisch sein, wir wollen nicht antirussisch sein und wir werden nicht antirussisch sein. Wir wollen nur eins: Wir wollen frei und unabhängig sein.«
Stalin war da vergeßlicher. Er ließ dem früheren Sowjetkommissar Reuter durch

seinen Stadtkommandanten Genral Koti-kow wenig später, im August 1947, die fachliche Eignung als Stadtrat und Bürgermeister absprechen, für die er sich nur durch »antisowjetische Ausfälle« qualifiziert habe. Reuter, inzwischen zum Bürgermeister gewählt und von den Sowjets im Amt nicht anerkannt, ist dann in der Tat ausfällig gegenüber der sowjetischen Politik geworden: Ein Jahr später, als Stalin ihm ebenso wie einem gemeinsamen Genossen aus Moskauer Tagen, Josip Tito, den Kampf um die politische Existenz ansagte. Wenn wir Fotos von Stalin und Reuter aus dem Jahr 1918 im Kreis ihrer damaligen Genossen besäßen, ließen sich darauf noch mehr »Antikommunisten« nach Stalins Lesart entdecken: Bolschewiki der ersten Stunde, von denen die meisten den Säuberungen des Kommunisten Stalin zum Opfer gefallen sind. Was erklären die Vokabeln Kommunismus und Antikommunismus überhaupt noch? Ein Anlaß zum Nachdenken für alle, die zu wissen glauben, was heute links ist.

Die Parallele Reuter – Tito (sie war so augenscheinlich, daß Reuter 1953 um ein Vorwort zur autorisierten Biographie Titos gebeten wurde) stimmt nachdenklich, denn sie zeigt, daß nicht »Antikommunismus« ursächlich für die Konflikte der Nachkriegszeit war, wenn der Kommunist Tito von Stalin genauso zum Renegaten und US-Agenten gestempelt werden konnte wie der Sozialdemokrat Reuter. Letzten Endes war Stalins Bannfluch nicht mehr als ein außenpolitischer Reflex auf die beiden Seiten gemeinsame Einschätzung Berlins als der Stadt, in der sich die Frage der politischen Hegemonie in Mitteleuropa entscheiden mußte: »Mit Berlin«, wußten beide und schrieb Reuter, »wäre die Ostzone etwas Großes und Bedeutendes. Ohne Berlin ist die Ostzone nicht ein komplettes Deutschland.« Umgekehrt schien Konrad Adenauer durchaus eine Bundesrepublik ohne Berlin für möglich zu halten und sich – so Reuter ironisch – »hinter den Limes zurückzuziehen«.

Verkehrte Welt: Mit der Gründung der beiden deutschen Staaten sah sich Ernst Reuter genötigt, der Bundesrepublik Konrad Adenauers die halbe Hauptstadt

förmlich aufzudrängen. »Was sind wir in Berlin nun eigentlich?« fragte er 1949 verbittert. »Ein Haufen Dreck oder ein Teil des Westens, für den der Westen zu sorgen hat?«

Es ist Ernst Reuter schwer gefallen, den innenpolitischen Preis für diese außenpolitische Wende zu zahlen. Er hatte große Pläne mit Berlin – vom Städtebau (er sprach vom »Wahnsinn großer Achsen und ähnlicher Monster-Erscheinungen, die wir wieder beseitigen wollen«) über die Verwaltungsreform (die »in ihrer Notwendigkeit viel zu wenig erkannte radikale Demokratisierung der Verwaltung«) bis zur Kulturpolitik (»den Jungen die Möglichkeit geben, aus sich selber heraus Neues zu schaffen«). Nun mußte Berlin, um nur den Anschluß an die Bun-

desrepublik zu wahren, sogar eine Reihe von Fortschritten opfern, die in Berlin 1945 bis 1949 erreicht worden waren: Das System der Einheitsschule, die Einheitsversicherung von Arbeitern und Angestellten und die Berliner Neuordnung des öffentlichen Dienstes. Mehr als einmal machte er seinem Zorn Luft über »alle diese, ich hätte beinahe mit Berliner Unhöflichkeit gesagt, dämlichen Gesetze von Bonn«.

Besonders schweren Herzens sah Reuter die Rückkehr des in Berlin abgeschafften Berufsbeamtentums in den öffentlichen Dienst. »Ich bin ja ein Ketzer auf diesem Gebiet«, bekannte er 1951, »und ich bin im Gegensatz zu manchen Sozialdemokraten mehr ein Anhänger des Civil-Servants-Systems, das wir in anderen Ländern haben. Ich bin der Meinung, daß man auch mit diesem System die sozialen

Rechte der öffentlichen Angestellten durchaus wahren kann. Ich habe nur einmal in Berlin eine Versammlung mitgemacht, das war die Versammlung der BVG, da habe ich mich direkt wohl gefühlt. Da waren Leute, die wollten ›keene‹ Beamte werden.«

Hier hatte er endlich einmal Berliner entdeckt, die ihm sympathisch waren: ›keene‹ Beamte. Selbst die Heroisierung der Berliner Blockade kommentierte er ironisch, »daß die Bevölkerung in ihrer Aufgeschlossenheit, in ihrer Tapferkeit, in ihrer Heldenmütigkeit sich durch gar nichts beirren läßt, das Gute nimmt wo sie es bekommen kann, sogar von der Bundesrepublik, gelegentlich sogar aus den HO-Läden«. Das könne schließlich »jedem mal passieren, daß er wider Willen Held ist oder sein muß«.

Nie wäre ihm der fatale S-Bahn-Boykott eingefallen, mit dem seine Nachfolger 1961 den Mauerbau beantworteten. »Unsere eigenen Verkehrsmittel würden zwar in der Lage sein, den Verkehr fast ganz aufzunehmen«, schrieb er zehn Jahre früher zu ähnlichen Überlegungen, »die Bevölkerung aber müßte eine solche Entwicklung mit großen Zeitverlusten und Erschwernissen bezahlen. Es würde keine sinnvolle Politik sein, aus Freude am Kriegsspielen das Leben der Berliner zu erschweren«.

Sogar an den eigenen Freiheitskundgebungen gefiel ihm am besten, daß sie »ohne Mobilmachung, ohne Propagandamärsche und ohne Marschieren von Kolonnen in Betrieben« stattfanden. »Hier«, freute er sich, »entwickelt eine deutsche Bevölkerung die Eigenschaft der Zivilcourage, die uns nach Meinung des Auslands bisher immer gefehlt hat.«

Das war das höchste Kompliment, das ein Mann zu vergeben hatte, der sich selbst einen »unverbesserlichen Zivilisten« nannte. Der stolzeste Satz, den er als Bürgermeister über seine Stadt schrieb, lautete: »In dieser, nicht nur räumlich und zahlenmäßig großen, sondern auch von einer arbeitsamen, fleißigen und politisch außerordentlich wachen Bevölkerung bewohnten Stadt entwickelt sich seit langem ein echtes politisches Leben.«

Da muß sie ihm direkt sympathisch gewesen sein.

»Uns wird niemand betrügen«

Zur Person von Ernst Reuter
Ein Gespräch mit
Eduard Reuter

Knödler-Bunte: Wenn ein Politiker im Berlin der Nachkriegszeit den Nerv einer Stadt, einer historischen Periode am überzeugendsten getroffen hat, dann war es Ihr Vater Ernst Reuter. Ihr Vater verkörperte den Überlebenswillen einer Stadt, wurde selbst zum Mythos eines freiheitlichen, unbeugsamen Berlins, das trotz Blockade und Hungersnot standhielt. Die selbstbewußte und kämpferische Haltung gegenüber dem kommunistischen Anspruch auf das gesamte Berlin hat das Bild von Ernst Reuter geprägt und seine biografischen Stationen in den Hintergrund treten lassen.

Reuter: Mein Vater kam bereits in seiner frühen Studentenzeit in Marburg und München in Kontakt zur Arbeiterbewegung und ist schon damals der Sozialdemokratie beigetreten. Aber erst nach dem Staatsexamen hat er seinen Eltern mitgeteilt, daß er sich als Sozialdemokrat nicht in der Lage sehe, in den preußischen Staatsdienst einzutreten und Lehrer zu werden. Das hat zu einer großen Auseinandersetzung mit seinen Eltern geführt, die ihn daraufhin praktisch verstoßen haben. Die Folge war, daß er seinen Lebensunterhalt frei verdienen mußte, zuerst als Hauslehrer, danach als eine Art ›Wanderprediger‹ in den vielen Arbeiterbildungsvereinen der SPD. In dieser Funktion ist er auch 1913 nach Berlin gekommen, eine Stadt, die ihm zunächst gar nicht besonders gefiel. Er

empfand Berlin als eine schreckliche, eine ›fiese‹ Stadt, deren ›Hasten und Protzen‹ ihm gräßlich waren. Aber er blieb in Berlin und hat in den ersten Kriegsjahren in dem Komitee ›Bund Neues Vaterland‹ gearbeitet, das für einen baldigen Friedensschluß agitierte. Der Entschluß, ihn einzuziehen, war dann der Versuch von seiten des Staates, diesen unliebsamen Verein unschädlich zu machen.

Knödler-Bunte: Könnte es sein, daß der ethische Sozialismus, wie ihn der linke Flügel des Neukantianismus vertrat, einen wichtigen Einfluß hatte für einen Studenten, der es mit den protestantischen Moralvorstellungen seines Elternhauses sehr ernst nahm?

Reuter: Ich halte dies für außerordentlich wahrscheinlich, kann dies aber nicht genau belegen. So, wie ich seine Geschichte kenne, spielte das Motiv einer gerechten und befriedeten Welt für ihn eine große Rolle. Er haßte die verlogene Moral des wilhelminischen Bürgertums mit seinen Ritualen, ihm waren schlagende Verbindungen ein Greuel. Dagegen stellte er das Ideal einer echten Gemeinschaft, in der sich Humanität erst verwirklichen kann.

Der Kontakt mit der SPD ist ganz sicher über dieses Engagement zustandegekommen und nicht durch unmittelbaren Kontakt zur Arbeiterbewegung.

Mein Vater hat sicher nie diesen sozialdemokratischen Stallgeruch gehabt, er war nie ein Mann primär der Partei, des Apparates, und er hat oft genug Politik neben der Partei gemacht. Das mag mit einer Veranlagung zu tun haben, einer Neigung, Probleme pragmatisch anzugehen, es hängt ganz sicher aber auch damit zusammen, daß er für die Partei nach seiner Rückkehr aus der KPD über die USPD ein Fremdkörper war, dem man voller Mißtrauen begegnete, wie allen, die diesen Weg gegangen sind.

Knödler-Bunte: Drehen wir die Zeit wieder ein wenig zurück. Ernst Reuter, der alles daransetzte, die westliche Stadthälfte Berlins vor dem kommunistischen Zugriff zu verteidigen, war selber Kommissar der jungen Sowjetrepublik. Er gerät 1916 in russische Gefangenschaft, wird freundlich aufgenommen, lernt innerhalb weniger Monate russisch und wird bereits im Frühjahr 1918, nur wenige Monate nach der Oktoberrevolution, von Lenin mit einer politisch wichtigen Aufgabe betraut. Dahinter mußte doch ein zäher Wille und ein starker Antrieb stehen, diese neue Gesellschaft zu verwirklichen.

Reuter: Mein Vater war ein großes Sprachtalent. Er konnte nicht nur die alten Sprachen und las gerade in den späten Jahren die Klassiker in griechisch und lateinisch, sondern er sprach auch sehr gut englisch, redete fließend türkisch. Dies war sicher eine Voraussetzung, mit neuen Situationen zurechtzukommen. Aber gleichzeitig hatte er ein großes Gefühl für Gerechtigkeit, die sich mit dem Interesse für den einfachen Menschen verknüpfte, an dessen Einsicht und Bildungsfähigkeit er immer glaubte.

Knödler-Bunte: Woher kam denn dieses Vertrauen in die Gemeinschaft und in die Kraft ethischer Ideale?

Reuter: Eine wichtige Rolle spielte sicher die Studentenverbindung ›Frankonia‹, eine nichtschlagende Verbindung, die sich mit den Idealen der 48er Revolution verbunden sah. Hinzu kommt aber auch der rigide protestantische Moralismus seines Elternhauses. Auch aus dieser Tradition kommt die Vorstellung einer richtigen Gemeinschaft, der der einzelne zu dienen hat. Aber ich schließe dies eher aus Andeutungen denn aus Erzählungen meines Vaters. Mein Vater gehörte nie zu denjenigen, die aus ihrem früheren Leben Geschichten erzählt haben. Mein Vater neigte nie dazu, Privates sehr ausführlich zu erzählen, er nahm seine Biografie zu wenig wichtig. Auch dies gehört zum Bild eines Mannes, der immer objektive Aufgaben vor Augen hatte. Die Vorstellung von Pflichterfüllung unter Hintanstellung der eigenen Person gehört sicher zur Wurzel seines Lebens.

Knödler-Bunte: Im Dezember des Jahres 1918 kommt Ernst Reuter, mit einem Brief von Lenin ausgestattet, nach Deutschland zurück, tritt in die KPD ein und macht in dieser noch sehr jungen Partei das, was man eine rasante Karriere nennen könnte. Er gehört zum inneren Führungszirkel der Partei und wird, nach dem Austritt von Paul Levi, für vier Monate Generalsekretär dieser Partei, die ihn auf Drängen der Komintern am 27. Dezember 1921 wieder absetzte.

War dies für ihn eine Verlängerung der Ziele, für die er in Sowjetrußland gekämpft hat, noch im Banne der revolutionären Naherwartung?

Reuter: Ganz sicher. Den Bruch mit der KPD – dies hat Richard Löwenthal sehr gut beschrieben – hat es ja auch nur gegeben, weil er in seiner neuen Funktion nach dem Ausscheiden von Levi plötzlich die Hintergründe des Putsches in Thüringen mitbekommen hat. Ihm wurde deutlich, daß die von Max Hölz und anderen initiierte Revolte kein spontaner Arbeiteraufstand war, sondern eine bewußte Provokation, hinter der die damalige sowjetische Politik, vertreten durch Radek, stand. Diese Steuerung der Politik aus Moskau, die völlig von den spezifischen deutschen Verhältnissen absah, war für ihn der Anlaß, ganz schnell mit dieser Partei zu brechen. Die Politik der KPD war ihm nicht zu links, sondern sie verletzte die nationale Unabhängigkeit zugunsten einer vagen Vorstellung von Weltrevolution, und dies führte zum endgültigen Bruch mit der kommunistischen Bewegung. In dieser Erfahrung liegt sicher auch ein Grund für sein späteres Mißtrauen gegenüber einer Politik, die die Sowjetunion im besetzten Deutschland verfolgte.

Knödler-Bunte: Bereits im Frühjahr 1922 tritt Ernst Reuter in die USPD ein, die im September 1922 in der SPD wieder aufgeht. Er behält sein Mandat als Stadtverordneter und wird 1926 Stadtrat der SPD im Magistrat von Berlin und zuständig für die städtischen Verkehrsbetriebe, die er später, 1929, zur Berliner Verkehrs-Gesellschaft zusammenfügte. Wie kommt es zu dieser Wandlung von einem engagierten Linksradikalen zu einem pragmatischen, sozialdemokratischen Kommunalpolitiker?

Reuter: Zum einen war mein Vater nie ein reiner Intellektueller, der in ideologisch-politischer Arbeit aufging, sondern er wollte immer etwas praktisch bewirken und dies setzt die Bereitschaft zu Kompromissen und Allianzen voraus. Die Tätigkeit in der Arbeiterbildung war eine eminent praktische, auf die Wirkung bei Menschen gerichtete Arbeit. Auch seine Tätigkeit in der wolgadeutschen Republik war auf die unmittelbar praktischen Probleme gerichtet. Dort ging es nicht um ideologische Probleme, sondern um die Beseitigung der Hungersnot und den Aufbau einer neuen Verwaltung. Ich glaube, daß schon in dieser Phase seines Lebens die Bereitschaft zum praktischen Handeln zum Ausdruck gekommen ist. Vielleicht mögen auch altersbedingte Erfahrungen in der unmittelbaren Nachkriegszeit eine Rolle gespielt haben.

Die publizistische Arbeit in der Redaktion des ›Vorwärts‹ hat ihn offensichtlich nicht ausgefüllt, so daß er sehr dankbar die Chance ergriff, in die Kommunalpolitik einzusteigen. Die Strukturprobleme einer Industrieregion, die in der ersten Hälfte der 20er Jahre zu einer Gesamtstadt zusammenwächst, haben sicher einen Handlungsbedarf entstehen lassen, der ihn mit seinen Organisationserfahrungen ganz sicher herausgefordert hat.

Knödler-Bunte: Ernst Reuter wird 1929 in Magdeburg zum Oberbürgermeister gewählt. Bedeutete dieser Weggang von Berlin, in der er gerne Oberbürgermeister geworden wäre, nicht einen großen Bruch in seiner Lebensgeschichte?

Reuter: Ich sehe dies eher als eine kontinuierliche Entwicklung. Mein Vater wollte die kommunalpolitische Verantwortung einer Stadt übernehmen, und da war die Stelle in Magdeburg eine große Chance, konnte er doch vieles von dem, was er in Berlin entwickelte, dort in eigener Verantwortung in die Wege leiten. Er hat sich in dieser Stadt pudelwohl gefühlt und konsequent den Weg eines modernen Aufbaus einer Stadt weiterverfolgt. Magdeburg war eine aufstrebende Industriestadt mit dementsprechend großen städtebaulichen Problemen, vor allem im Massenwohnungsbau.

Knödler-Bunte: Ihr Vater hat frühzeitig die Gefahr des Faschismus erkannt und war in Magdeburg eine bevorzugte Zielscheibe nationalsozialistischer Agitation. Auf der anderen Seite hatte er der kommunistischen Partei zutiefst mißtraut und deshalb auf Abgrenzung gedrängt. Was war für ihn das zentrale Trauma: die Enttäuschung an einem Kommunismus, der sich den nationalen Interessen der Sowjetunion beugte oder war es das Trauma der verlorenen Schlacht gegenüber den Nazis?

Reuter: In erster Linie ging es bei ihm darum, alles zu mobilisieren, um die Nazis in Deutschland wegzubekommen. Und da war für ihn die große Koalition unter Einschluß der kommunistischen Partei willkommen. Insofern setzte er gerade nach 1933 auf ein Bündnis auch mit der Sowjetunion, ohne die ein Sieg über die Nazi-Diktatur nicht möglich schien. Als dann aber die letzte Phase des Krieges kam, der Vormarsch der sowjetischen Armee in den osteuropäischen Ländern, da setzten seine Versuche ein, jene Kräfte zu stützen, die verhindern sollten, daß die Sowjets das deutsche Vaterland »beglücken«. Ich glaube nicht, daß man das eine Verhalten gegen das andere ausspielen kann. Man muß den geschichtlichen Ablauf sehen.

Knödler-Bunte: Hat er denn in den Jahren seines Exils nicht auch an der Sozialdemokratie gezweifelt, die ja genauso hilflos war gegenüber den Nazis wie die Kommunisten?

Reuter: Er hatte eine große Skepsis gegen manche der führenden Sozialdemokraten in der letzten Phase der Weimarer Republik, die ja auch die sozialdemokratische Politik im Exil noch bestimmten; eine Skepsis gegenüber dem mangelnden Handlungswillen der Sozialdemokratie, und das schloß auch so verdiente Sozialdemokraten wie Paul Löbe und Otto Wels mit ein. Insofern gehörte er zu denjenigen, die das Verhalten der SPD gerade in den letzten Jahren der Weimarer Republik scharf kritisierten.

Knödler-Bunte: Im Gegensatz zu denen, die 1933 das Land verließen, war er entschieden der Meinung, daß man in Deutschland bleiben sollte, um alle Möglichkeiten zu nutzen, die verbliebenen Kräfte gegenüber den Nazis zu mobilisieren. Aber nach zweimaliger Verhaftung und Internierung im KZ ging er dann doch, einer dritten Verhaftung zuvorkommend, schließlich in das türkische Exil. Welche Rolle spielte die Arbeit in der Türkei in der Lebensgeschichte Ihres Vaters? War dies auch eine erzwungene Chance, das wissenschaftlich und planerisch aufzuarbeiten, was er als praktischer Politiker in Berlin und Magdeburg getan hat? Wie hat er das Überwechseln in eine ihm fremde Kultur verkraftet?

Reuter: Im Unterschied zu der weit überwiegenden Zahl der Emigranten in der Türkei, mit denen wir zusammen waren, war für meine Eltern dieser Aufenthalt immer eine schreckliche, das Innerste ihres Lebens berührende Phase. Sie sind nie das Gefühl losgeworden, herausgerissen zu sein aus einem politischen Engagement, das sie beide erfüllte. Beide haben diese Herauslösung aus dem politischen Leben in Deutschland nie richtig akzeptiert. Jegliches Geschehen in Deutschland, jede neue Nachricht, die von dort kam, wurde begierig aufgegriffen und war ständiger Gesprächsstoff. Mein Vater führte eine rege Korrespondenz, um Informationen aufzunehmen und zu verarbeiten. Alles konzentrierte sich auf die Frage, wann geht das endlich zu Ende. Gleichzeitig gehörte mein Vater aber nie zu denjenigen, die mit einem raschen Ende der Naziherrschaft rechneten. Vor

diesem Hintergrund – dies würde ich nie so gegenüber einem türkischen Kollegen sagen, weil er dies mißverstehen würde – hat der Aufenthalt in der Türkei ihm viel Befriedigung gegeben, aber eben auf der Basis, daß man sein Leben in manchen Phasen eben so hinnehmen und das Beste daraus machen muß. Abgesehen von der Schönheit dieses Landes, von dem Respekt vor den einzelnen Menschen, vor ihrer Intelligenz und ihrer Aufrichtigkeit, kam aber auch noch das Aufnehmen von Eigenschaften, die man in einem Land mit einer anderen Mentalität eben lernen muß. Als er wieder in Deutschland war, hat er einmal auf die Frage, was ihm dort besonders schwer gefallen sei, geantwortet, er habe vor allem Geduld lernen müssen. Natürlich hat er in der Türkei sich mit deren Literatur und Kunst vertraut gemacht, aber eben immer vor dem Hintergrund einer tiefen Sehnsucht nach Deutschland.

Knödler-Bunte: War er in der Türkei isoliert oder hatte er Kontakt zu anderen emigrierten Deutschen?

Reuter: Mein Vater hatte einen sehr großen Bekanntenkreis, man besuchte sich oft gegenseitig, traf sich in den Ferien und unternahm Ausflüge. Man war ja zumeist unter Gleichgesinnten, jedenfalls unter Menschen, die das gleiche Schicksal des Exils erlitten. Alte Freundschaften setzten sich fort, so zu Martin Wagner, dem ehemaligen Stadtbaumeister von Berlin, der in Istanbul unterrichtete. Für mich selber war die Türkei viel unmittelbarer Heimat, eine vertraute Umwelt. Ich konnte in meiner Jugend fast besser türkisch als deusch. Trotzdem war für mich immer klar, daß die Türkei eine Art Durchgangsland war, in dem wir nicht ständig bleiben würden. In die türkische Schule bin ich nicht gegangen, wir hatten Privatunterricht bei einer Frau, die sämtliche Fächer unterrichtete, aber durch die Spielkameraden auf der Straße verkehrte ich auch in türkischen Familien.

Knödler-Bunte: Was hat sich für Sie und Ihre Eltern durch den Kriegseintritt der Türkei 1945 verändert?

Reuter: Schon vor dem Kriegseintritt schwenkte die Türkei von ihrer früheren Neutralität und Affinität zu den Deutschen, die eine lange Tradition hatte, langsam in das Lager der Alliierten über. In dieser Zeit fingen die Türken damit an, jene Deutschen, die in Beraterpositionen tätig waren, wegzuschieben. Mein Vater war allerdings davon nicht so sehr betroffen, da er schnell eine Professur an der Hochschule für Politik in Ankara bekommen hatte. Von dem Krieg hatte man nur im Radio erfahren und erst, als die deutschen Truppen näherrückten und Griechenland besetzten, verbreitete sich Angst unter den Emigranten. In dieser Phase erwog mein Vater eine Emigration in die USA. Aber ehe es dazu kam, wendete sich das Kriegsglück.

Noch vor Kriegsende hat sich Ernst Reuter im März 1943 an Thomas Mann gewandt mit dem Appell, die Stimme des anderen Deutschlands in die Diskussion mit einzubringen. Thomas Mann hat diese ihm zugedachte Rolle ziemlich entschlossen abgewehrt, aber die Hoffnungen meines Vaters auf ein verändertes Deutschland kann man in diesem Briefwechsel sehr gut nachvollziehen. Thomas Mann hielt seine berühmten Reden in der BBC und war damals der international bekannteste deutsche Schriftsteller, der in allen antifaschistischen Lagern Gehör fand.

Im Grunde ging es darum, daß sich in der Türkei mit meinem Vater eine kleine Gruppe von ausgesprochen politisch interessierten Leuten zusammengefunden hatte, die verzweifelt danach gesucht hatten, angesichts der massiven alliierten Propaganda, daß alle Deutschen Nazis seien, eine Gegenstimme auf die Beine zu bringen, eine Artikulation der Deutschen, die guten Willens sind. Und dafür brauchte es eines weltbekannten Sprachrohrs.

Für meinen Vater stand es fest, daß man so schnell wie möglich zurückkehren müsse, um anzupacken, um zu helfen, daß ein demokratisches Deutschland wieder auf die Beine kommt.

Er hatte natürlich keine feste Vorstellung, was ihn erwartete. Als er bereits in Hannover war, spielte er mit dem Gedanken, als Treuhänder in die Kohle- und Stahlindustrie zu gehen, die die Engländer im Ruhrgebiet verstaatlichen wollten. Gleichzeitig gab es in dieser Zeit im November/Dezember 1946 bereits Angebote, nach Berlin zu kommen. Ich kann mich noch daran erinnern, wie wir in diesem schrecklich kalten Winter in der Nacht mit dem Interzonenzug nach Berlin gefahren sind und eine Stadt vorfanden, wie wir sie uns nicht schlimmer hätten vorstellen können. Diese Wiederbegegnung mit Berlin, mit den Menschen in dieser Stadt, gab schließlich den Ausschlag, hier zu bleiben. Hinzu kam der bereits erkennbare Kampf der SPD für ihre Unabhängigkeit, der für meinen Vater eine Herausforderung war.

Als wir Ende 1946 zurückkamen, war die Arrondierung innerhalb der SPD weitgehend schon gelaufen. Kurt Schumacher, der fast die ganze Zeit zwischen 1933 – 1945 in KZ's und in Gefängnissen verbrachte, hatte sich mit seiner Linie einer nationalen Opposition gegenüber Adenauers Politik der Westintegration in der SPD durchgesetzt.

Schumacher war ein sehr entschlossener Mann, der sich schnell festlegte, nicht nur rhetorisch und intellektuell, sondern auch in seinem Auftreten und in seinem Durchsetzungsvermögen. Und er war ein Mann der Partei, die er zu dominieren wußte. Wenn man sich die Persönlichkeiten vor Augen führt, die z. B. aus London zurückkamen wie Erich Ollenhauer, der sein ganzes Leben lang ein liebenswerter, netter, aber auch ganz weicher Mann gewesen ist, dann wird der Unterschied zu einem Mann wie Kurt Schumacher deutlich, der schon vor 1933 über die Unentschlossenheit seiner Partei gegenüber den Nazis verbittert war. Dieser Mann, der in preußisch-militärischen Traditionen großgeworden ist, ehe er zur Sozialdemokratie kam, hat dann in den Konzentrationslagern Schreckliches durchgemacht und wahrscheinlich nur durch eine enorme Selbstdisziplin überlebt. Hinzu kam, daß er bereits vor der später erfolgten Zwangsvereinigung von SPD und KPD den Machtkampf mit Grotewohl und der SPD in der sowjetischen Besatzungszone durchgestanden hatte.

Es war eine Phase der erbitterten Rivalität, bevor die Russen eingriffen. Derselbe Kampf hatte sich innerhalb der CDU zwischen Jakob Kaiser und Konrad Adenauer abgespielt. In Berlin war das Rennen schon längst gelaufen, weil dort Franz Neumann, der ein kräftiger Knüppelknabe war, die Parteibasis fest in der Hand hatte.

Knödler-Bunte: Ihr Vater wurde am 5. Dezember 1946 zum Stadtrat für Verkehr gewählt, am 24. Juni 1948 zum ersten Mal zum Oberbürgermeister Berlins, auch wenn die Alliierten ihn, durch sowjetischen Einspruch, in diesem Amt nicht bestätigten. Wie kommt ein Stadtrat für Verkehr und Städtische Betriebe, der so gar kein Parteimann war, in dieses Amt?

Reuter: Das lag sicher an einer krisenhaften Situation des Magistrats, zu der das politische Verhalten des damaligen Oberbürgermeisters Otto Ostrowski (SPD) entscheidend beigetragen hatte. Ostrowski war kein schlechter Mann, aber politisch ein Tölpel, der meinte, er könne dank seiner Position mit den Russen politische Absprachen treffen, bei denen er gleichberechtigt als politischer Partner auftreten könnte. Diese Politik an der Partei vorbei hat dann schnell zu seiner Ablösung geführt. Auf der anderen Seite war mein Vater einer der wenigen Politiker, denen man zutraute, die sich abzeichnenden Probleme von Währungsreform, Blockade und wachsender Arbeitslosigkeit in den Griff zu bekommen.

Knödler-Bunte: Ihr Vater hat sich dadurch ausgezeichnet, daß er eine pragmatische, an den unmittelbaren Aufgaben orientierte Politik vertrat, die dennoch langfristige Ziele vor Augen hatte. Er nahm in Kauf, daß diese Politik ihn immer wieder zu Konflikten führte, mit den Alliierten, mit den Berliner Parteien, aber auch mit dem Parteivorstand der SPD. Woher kam dieses starke Selbstbewußtsein, das in manchem an die trotzige Haltung Churchills erinnert?

Reuter: Dieses Selbstbewußtsein war biografisch angelegt, aber er war eben auch durch die harte Schule der Kommunalpolitik gegangen. Er war sich seiner rhetorischen Fähigkeit sehr bewußt. Er konnte seine Begeisterung für Ideale und für Prinzipien sehr gut vermitteln und war in diesem Sinne ein mitreißender Mann. Diese Fähigkeit hat sich auch in seinem Verhältnis zur Partei ausgewirkt. Er vertraute im Zweifelsfalle mehr seiner eigenen Nase als dem, was der Parteiapparat ihm vorgab. Hinzu kam seine Glaubwürdigkeit. Die Menschen verstanden sehr gut, daß er nicht nur mit den Russen Krach riskierte, sondern sich auch mit den Amerikanern anlegte, wenn es um Berliner Interessen ging. Und im Unterschied zu vielen anderen stand er diese Konflikte auch durch, selbst wenn sie ihn bisweilen physisch fast überforderten.

Knödler-Bunte: Vielleicht war Ernst Reuter eine Person, in der sich die Eigenschaften von Strenge und Autorität mit der Fähigkeit von Offenheit und emotionaler Wärme mischten. Liest man seine Schriften und Reden, dann fällt auf, daß er immer beides zugleich sein will und vielleicht auch war: Kämpfernatur, die etwas bewirken und durchsetzen will, und gewährender Vater, bei dem man sich aufgehoben fühlt. Waren dies Eigenschaften, die seine politische Person ausmachten, und war er das auch privat?

Reuter: Bei ihm gab es eine große Konsistenz der Persönlichkeit. Er hatte ein ganz starkes Gefühl des Respektes vor der Meinung anderer Menschen, Offenheit für andere, aber auch das Bewußtsein, daß man aus ethischen Gründen einen Anspruch hat, gehört zu werden. Toleranz und Entschlossenheit zu führen, gingen bei ihm zusammen, beides war in ihm angelegt. Das war deshalb glaubhaft, weil es mit einer großen Gabe zur Selbstironie durchmischt war. Diese Mischung gab es bei ihm auch privat, am liebsten hat er sich selber durch den Kakao gezogen. Wenn man die hingeworfenen und improvisierten Reden liest, tritt dieses Element besonders stark hervor.

Knödler-Bunte: Aus einem gewissen Abstand heraus wird man doch sagen können, Ernst Reuter war ein populistischer Führer, der oft an der Partei vorbei an die Berliner direkt appellierte und das

machte, was er für richtig hielt; der die Stimmungen und Problemlagen in der Bevölkerung fast intuitiv erkannte und sie zu bündeln vermochte. Sieht man von Willy Brandt ab, so zeichnen sich die späteren Regierenden Bürgermeister dadurch aus, daß sie diese Eigenschaften nicht mehr entwickelten. Hört man sich Reden aus den letzten Jahrzehnten an, dann spürt man doch sehr die Aufgesetztheit der Gefühle und des Pathos. Bei Ihrem Vater hat man den Eindruck einer großen inneren Konsistenz. War das auch privat so, oder gab es eine Bruchstelle zwischen öffentlich und privat?

Reuter: Diese Bruchstelle gab es nicht. Natürlich war er oft genug frustriert vom Tagesgeschäft, vom Leerlauf der Alltagsarbeit, natürlich war er oft müde und erschöpft, und dann machte er den Kragen auf und wollte von Politik nichts mehr wissen. Aber das hielt nicht lange an.

Knödler-Bunte: Ernst Reuter hat große Niederlagen hinnehmen müssen, trotz seiner persönlichen Erfolge. Berlin wurde nicht 12. Bundesland, die Statusprobleme Berlins waren nicht lösbar, die Teilung der Stadt wurde verstärkt und an eine Wiedervereinigung war längst nicht mehr zu denken. Wie ist er damit fertig geworden?

Reuter: Er hat das selbst als schwere Niederlage empfunden. Dabei spielte eine große Rolle, daß er sich in diesen Phasen

der Probleme und Niederlagen von seiner eigenen Partei alleingelassen fühlte. Dies betraf vor allem die letzte Phase seines Lebens, in der es zu massiven Auseinandersetzungen in der Partei und vor allem mit Franz Neumann kam. Das ist auch der Grund dafür, daß Willy Brandt nach dem Tode meines Vaters das einzige Mal in seinem Leben einen massiven und erbitterten Polarisierungskampf gegen Franz Neumann geführt hat.
Er hatte das Gefühl, daß er einiges besser hätte durchstehen können, wenn er mehr Unterstützung gehabt hätte, und es ist denkbar, daß dies einer der Gründe für seinen frühen und plötzlichen Herzinfarkt war. Sein Tod kam für uns alle sehr überraschend und mit ihm ist sicher auch eine Periode Berliner Geschichte zu Ende gegangen, die vor allem anderen von dem Freiheitsbewußtsein und dem Durchhaltewillen der Berliner Bevölkerung geprägt war.

Knödler-Bunte: Ich möchte zum Schluß auf die Gegenwart Berlins zu sprechen kommen, die Sie gedanklich und publizistisch immer wieder beschäftigt hat. Berlin zehrt gerade auch zum Stadtjubiläum von seiner großen Vergangenheit, aber es gibt wenig Gegenwart, mit der wir uns die Zukunft in dieser Stadt vorstellen können. Während heute die alten und neuen Leitbilder von Berlin inflationär gehandelt werden, hatten es die Menschen, hatte es Ihr Vater in der unmittelbaren Nachkriegszeit viel einfacher. Die inneren wie äußeren Herausforderungen waren vorgegeben, die Fremd- und Selbstbilder waren deutlich konturiert, die Frontstadt Berlin hatte eine klare Botschaft.

Reuter: In damaliger Sicht war ganz sicher diese Position der Frontstadt, der antikommunistischen Frontstadt, eben nichts Negatives, sondern ein positives Leitbild. Dieses Berlin war die positive Vertretung der Freiheitsidee, einer freiheitlichen Staatsordnung, und diese Stadt sollte als Fackel, als Schaufenster der Freiheit in die östlichen Regionen ausstrahlen, die noch nicht lange unterjocht waren.

Knödler-Bunte: Inzwischen hat die Normalität einer geteilten Stadt Berlin eingeholt. Während die äußeren Bedingungen unverrückbar festzustehen scheinen, richtet sich die Problemwahrnehmung nach innen. Was kann aus einer Stadt werden, die ihren stellvertretenden Anspruch auf eine Reichshauptstadt aufgegeben hat, aber zur Normalität einer bundesdeutschen Großstadt sich nicht zurückentwickeln läßt? Bleibt uns nur noch die Kultur, um wenigstens noch im Kopf Berlin auf seiner einstigen Bedeutung zu halten?

Reuter: Alle Ideen, daß eine solche Stadt wie Berlin nur davon leben kann, Kulturmetropole oder ein großes Dienstleistungszentrum zu sein, können auf keinen Fall tragen, wenn nicht eine solide ökonomische Grundlage vorhanden ist, und dies setzt ein breites produzierendes Gewerbe voraus. Berlin kann in seiner geopolitischen Lage nicht als reines Zentrum von Banken, Versicherungen etc. leben, sondern muß auch selber etwas produzieren können. Deshalb gibt es erstens keine Alternative zu dem Versuch, alles zu tun, damit die noch existente und lebensfähige Industrie modernisiert wird. Da ist offensichtlich viel Zeit verschlafen worden, auch von Unternehmern.
Zweitens muß soweit wie möglich dazu beigetragen werden, daß Innovationskraft da ist. Es muß auf die einstige Stärke von Berlin zurückgegriffen werden, es muß ein Klima erzeugt werden, in dem in Wechselwirkung zwischen Forschung, Naturwissenschaften und einem kulturellen Milieu neue Ideen für Unternehmen entstehen. Dieser Zusammenhang wird weitgehend unterschätzt. Unternehmerische Innovation entsteht eben nicht nur durch Erfindung neuer Produkte, sondern Produkte werden erfunden, wenn ein kulturelles Klima da ist, das innovationsträchtig ist.
Die Berliner sehen dies meistens nicht, aber dieses Klima ist im Ansatz unverändert vorhanden und ein Kapital, mit dem die Stadt wuchern muß. Wenn man die gängigen Angebote etwa des Kurfürstendamms einmal außen vor läßt und nach Kreuzberg oder Wedding geht, und sich dann vergegenwärtigt, was dort an Le-

ben, an Kreativität ist, dann gibt es doch keine vergleichbare bundesdeutsche Großstadt, die da mithalten könnte. Nur in Berlin kann so ein Institut wie das von Prof. Spur entstehen. Diese Ansätze muß man intensiv weiter pflegen.
Ich glaube des weiteren, daß man in Berlin noch viel mehr versuchen muß, das Modell einer modernen Großstadt vorzuführen – die Integration der Türken. Dieses Problem muß angepackt werden, viel mehr, als dies bisher der Fall gewesen ist. Die produktiven Eigenschaften der Türken müssen aufgegriffen werden, anstatt daß man in ihnen nur eine Belastung sieht. Wenn das erkennbar gelingt, könnte dies der Stadt auch wieder neue Impulse geben. Integration schließt den Schutz der eigenen kulturellen Identität nicht aus, vielmehr gehört zu ihr das Recht auf kulturellen Ausdruck.

Die Türken sind nicht jene hochqualifizierten, handwerklich geschulten Hugenotten und Salzburger Protestanten, auf die Berlin so stolz war, sondern es kommen Menschen, die ganz andere Qualifikationen haben, etwa in vernachlässigten Reparaturbereichen, im Handel oder als Facharbeiter. Man soll das vielseitige Talent gerade der Türken nicht unterschätzen. Natürlich muß man diese Integration wollen und auch etwas dafür tun. Bei der Struktur unseres politischen und gesellschaftlichen Systems ist die Durchlässigkeit dafür nicht sehr groß, aber schon jetzt ist erkennbar, daß sich die Probleme mit der zweiten und dritten Generation verändern. In der ersten Generation kommen vielleicht wenig qualifzierte Handwerker und Hilfsarbeiter, aber in der zweiten Generation gibt es dann schon sehr beachtliche Qualifikationen in technischen Bereichen. Nur haben es die Türken bei uns immer noch sehr schwer. Das aufgeschlossene Klima in Berlin kann mit dazu beitragen, daß diese Assimilation schneller gelingt als anderswo. Warum läßt sich nicht ein in Teilen multikulturelles Berlin vorstellen? Herausforderung zur Toleranz und eine gewisse selbstverständliche Weltläufigkeit sind immer noch das beste Mittel gegen Provinzialismus. Wenn es gelingt, ein wirklich offenes kulturelles Klima für Berlin

zu schaffen, habe ich auch, vernünftige Rahmenbedingungen vorausgesetzt, für die Entwicklung Berlins keine großen Sorgen. Unwägbar ist natürlich die außenpolitische Situation, die immer direkt auf Berlin durchschlägt.

Knödler-Bunte: Woher soll die ökonomische Kraft kommen, wenn die Standortfragen sich immer wieder an den harten politischen Tatsachen brechen? Gibt es denn Ihrer Meinung nach neben den vielen Standortnachteilen, die bekannt sind, auch Vorteile, die man weiter ausbauen könnte?

Reuter: Ein Punkt ist natürlich der Ost-West-Handel, ein Gebiet, das viel stärker in Angriff genommen werden könnte. Andere Punkte wären der Ausbau der wissenschaftlichen und technischen Strukturen, die schon beachtlich sind, dann die Modernisierung in der produzierenden Industrie. Hier hinkt Berlin deutlich hinter den bundesdeutschen Entwicklungen hinterher.

Knödler-Bunte: Was wir für Berlin brauchen, wäre eine langfristige und von möglichst vielen Kräften getragene Industriepolitik im Zusammenspiel von wirtschaftlichen, politischen und kulturellen Faktoren. Was wir haben, ist eine politische Koalition, die langfristig und strukturell nicht planen kann oder nicht will und eine Opposition, in der antimoderne und antiindustrialistische Neigungen immer mehr um sich greifen. Aber auch die Industrie selber betrachtet Berlin eher als Problemfall denn als Entwicklungschance. Eine Berlinmüdigkeit ist spürbar. Die Stadt scheint ein Hemmschuh auf dem Weg zur bundesdeutschen Normalität zu werden.

Reuter: Natürlich gibt es immer wieder Wellen- und Pendelbewegungen. Ich sehe nicht, daß dieses Denken schon soweit um sich gegriffen hat. Sonst würde es doch nicht jene beträchtliche Zahl von Neuansiedlungen geben, die von westdeutschen Unternehmen getätigt worden sind. Nehmen Sie z. B. Nixdorf, BMW oder auch Daimler-Benz. Hinzu kommt die Zahl mittelständischer Betriebe, die in den letzten Jahren neu gegründet wurden oder sich erweitert haben.

In Berlin ist alles lauter und dramatischer als an den Orten der Republik. Wenn der erste Schub etwas an Kraft verliert und die konjunkturelle Welle etwas zurückgeht, dann sind die Auswirkungen eben in Berlin auch immer sofort spürbar.

Was zunächst getan werden müßte, wäre die Stärkung der industriellen Ansätze, die bereits vorhanden sind und die dringend modernisiert werden müßten. Nur so wird Berlin wieder konkurrenzfähig, jedenfalls im mittelständischen Bereich. Wir arbeiten mit sehr vielen Zulieferfirmen zusammen, und von dort kommt folgende Klage: Wir sprechen immer wieder Berliner Firmen an, aber entweder machen sie überhaupt kein Angebot oder sie hinken, wenn wir genau hinschauen, mindestens drei Jahre hinter der Entwicklung etwa im Rhein-Neckar-Gebiet hinterher.

Knödler-Bunte: Hier in Württemberg hat man eine Situation, als Schwabe darf ich das sagen, daß eine geistig und kulturell oft sehr enge Mentalität mit einer enormen Mobilität im Arbeitsverhalten und in der technischen Innovation zusammengeht. In Berlin hat man manchmal den gegenläufigen Eindruck. Eine hohe kulturelle Mobilität ist verknüpft mit einem Arbeitsverhalten, das von einem preußisch-protestantischen Pflichtethos jedenfalls sehr weit entfernt ist.

Reuter: Man kann dies nicht verallgemeinern, vielleicht gilt dies auch nur für Teilgruppen, die besonders einprägsam vor Augen stehen. Aber es könnte doch sein, daß sich zwei gegenläufige Entwicklungen miteinander verschränken: Die Erosion einer verinnerlichten Arbeitsmoral und die Dynamik einer kulturellen Mobilität, deren produktive Zeit vielleicht erst noch kommt. Wenn das so wäre, hätte Berlin seine zweite innovative Periode erst noch vor sich.

Knödler-Bunte: Welches Instrumentarium müßte eine Industriepolitik haben, um in diese Prozesse steuernd eingreifen zu können?

Knödler-Bunte: Wäre es eine politisch wie wirtschaftlich interessante Perspektive, internationale Institutionen für Berlin zu gewinnen, etwa nach dem Muster Wiens?

Reuter: Wenn es keine krampfhaften und erzwungenen Lösungen sind, dann wären sie sicher sinnvoll und würden der Stadt in beiden Teilen neue Impulse geben. Aber die Gefahr, daß nur etwas aufgepfropft wird, was mit der Geschichte und der Struktur der Stadt nichts zu tun hat, ist natürlich groß. Die Teilansiedlung der UNO in Wien hat die Stadt nicht lebendiger gemacht.

Knödler-Bunte: Könnten Sie sich vorstellen, daß sich viele Fragen einfacher stellen würden, wenn wir deutschlandpoli-

Reuter: Ich glaube, daß es gar nicht eines so großen Instrumentariums bedarf. Dazu gehört ganz sicher eine Bildungspolitik, die sich an den neuen Zielsetzungen orientieren müßte. Dazu gehört aber auch der ungeheure Aufwand, diese vielen kleineren und größeren Unternehmen zum Jagen zu tragen und dafür zu sorgen, daß sie die richtigen Leute ins Management bekommen. Das ist nicht publizitätsträchtig, aber das sind Ansätze, die im täglichen pragmatischen Handeln da sind und ergriffen werden müssen. Diese zu nutzen, ist viel wichtiger, als mit Gewalt eine Ansiedlungspolitik zu betreiben, die nicht gelingen wird.

tisch etwas weitergekommen wären? Wenn es einen normalen Intercity-Verkehr nach Berlin gäbe, wenn das städtische Umland für die Berliner als Naherholungsgebiet offen wäre, wenn es industrielle Kooperationen gäbe, Verpachtung von Industriegebieten an der Peripherie für Westberliner Firmen? Wenn West-Berlin Dienstleistungsfunktionen für Ost-Berlin übernähme und umgekehrt?

Reuter: Natürlich, jeder Schritt in diese Richtung, der gelingt, stärkt Berlin und muß versucht werden. Berlin muß langfristig wieder eine normale großstädtische Struktur bekommen, wenn es seine kulturell innovative Rolle weiter spielen soll.

Knödler-Bunte: Immer wieder hört man, nach Berlin gehen Leute, die ihre Karriere beginnen oder die sie abgeschlossen haben, die mittlere Generation der qualifizierten Macher fehle fast ganz.

Reuter: Das ist völlig falsch. Diese Haltung ist nur verständlich als erste Reaktion. Wenn die Aufgabe wirklich lohnend ist, wird jeder ihr folgen, der sie als Herausforderung akzeptiert. Erst danach gibt es dann diese Angst vor dem Eingeschlossensein durch die Mauer, dem Abgeschlossensein vom Umland, den eingeschränkten Freizeitmöglichkeiten. Aber wenn die Menschen, die so reagieren, zwei Monate in Berlin sind, wollen sie gar nicht mehr weg, weil sie das großstädtische Leben mit seiner Vielfalt und seinen unübersehbaren kulturellen Angeboten schätzen gelernt haben. Ich kenne keinen, der von Berlin gerne wieder weggeht. Das hängt sicher auch mit der zunehmenden Bedeutung der Kultur zusammen. Ich sehe deshalb nicht so schwarz in die Berliner Zukunft, auch wenn wir heute vor andere Aufgaben gestellt sind, als die, mit denen mein Vater konfrontiert war.

Das Gespräch zwischen Edzard Reuter und Eberhard Knödler-Bunte fand am 31. 3. 1987 in Stuttgart statt.

INSZENIERUNG DER MACHT
Ästhetische Faszination im Faschismus ■ DM 34,–

DER UMSCHWIEGENE ORT
Stand der Diskussion über das Gestapo-Gelände in Berlin-Kreuzberg ■ DM 5,–

BERLINER KULTURPLÄTZE
Exemplarische Berichte aus der dezentralen Kulturarbeit: ■ Theaterspiel nach Feierabend ■ Frauen-Autonomie-Kreativität-Subkultur ■ Phantasie und Volkshochschule ■ Seestück – Berliner Künstlergruppen auf dem Kulturforum ■ (Auch in Einzelbänden erhältl.) ■ DM 38,–

CHILENAS
Drinnen und Draußen.
40 Künstlerinnen zum Thema Zensur und Exil ■ DM 8,–

AUFSCHLÜSSE ÜBER DIE WIRKLICHKEIT
Projektstudium.
Visuelle Kommunikation an der HdK Berlin 1977
■ DM 13,–

UNBEACHTETE PRODUKTIONSFORMEN
Der Alltag von Frauen, ihre Fantasie, ihre Gedanken, ihre Assoziationen / Mappe ■ DM 8,–

ANSATZPUNKTE KRITISCHER KUNST HEUTE
Kritische Auseinandersetzung der Künstler mit den großen Themen der Gesellschaft ■ DM 25,–

EINE KULTURMETROPOLE WIRD GETEILT
Literarisches Leben in Berlin (West) 1945-61.
Scheitern des kulturellen Neubeginns ■ Kongreß für kulturelle Freiheit (1950) und die Folgen ■ Hörspiel ■ Verlagswesen ■ Berliner Kunstdebatte 1948 ■ Interview mit Ingeborg Drewitz ■ DM 20,–

KUNST AUS DER REVOLUTION — »KUNST IN DIE PRODUKTION!«
Aufsätze, Bilder, Dokumente zur Kunst, Kultur und Lebensweise in der Sowjetunion 1927-1933.
Selbsttätiges Theater ■ Die neue Frau ■ Konstruktivismus ■ Gegenständliche Malerei ■ Arbeiterklubs ■ Kulturfeldzug ■ DM 25,– (2 Bände)

Diese und viele andere Kataloge der **NGBK** – wie z.B. die Reihe REALISMUSSTUDIO – können Sie beziehen (zuzüglich Porto und Versandkosten gegen Vorkasse) bei

NEUE GESELLSCHAFT FÜR BILDENDE KUNST

Tempelhofer Ufer 22 · 1000 Berlin 61
Telefon (030) 216 30 47

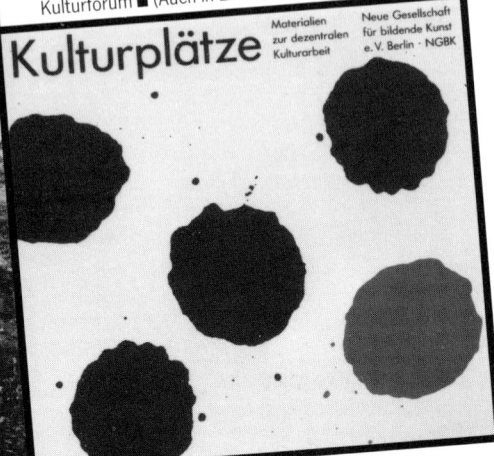

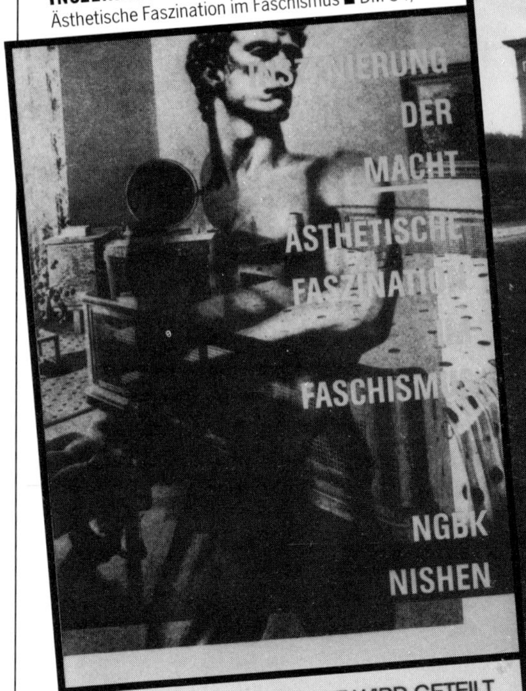

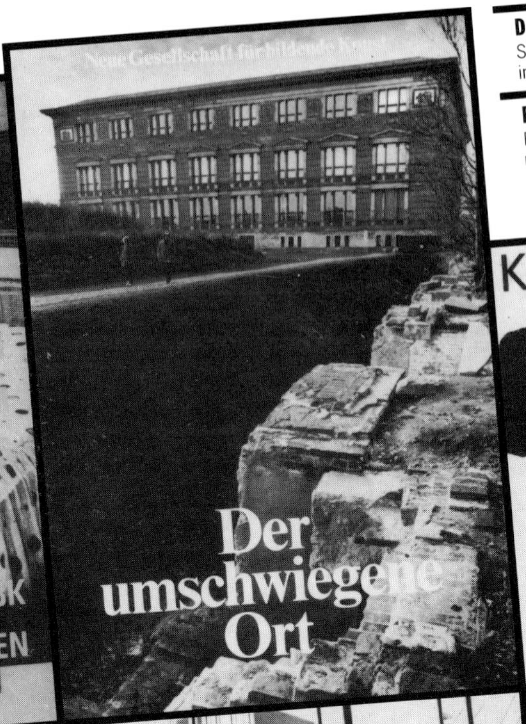

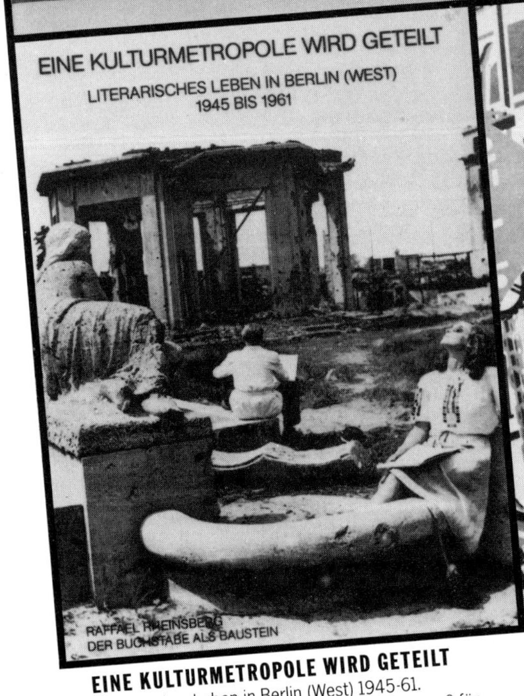

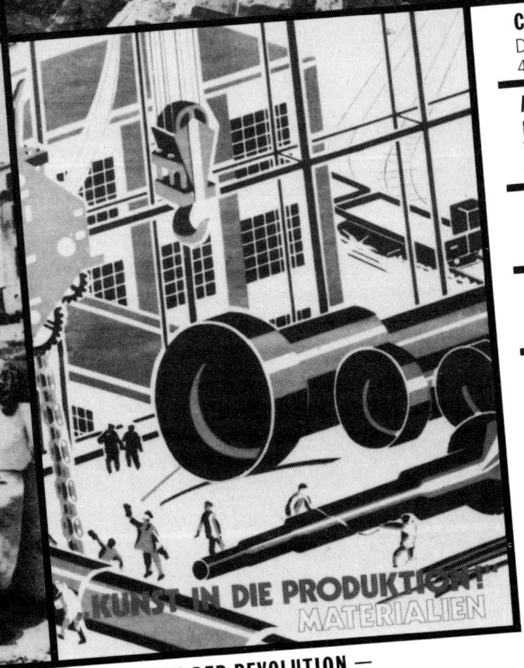

On laisse toujours

une valise à Berlin
Peintures perissables in situ

Paul Bloas

*Unterstützt vom Institut Français de Berlin /
Maison de France*

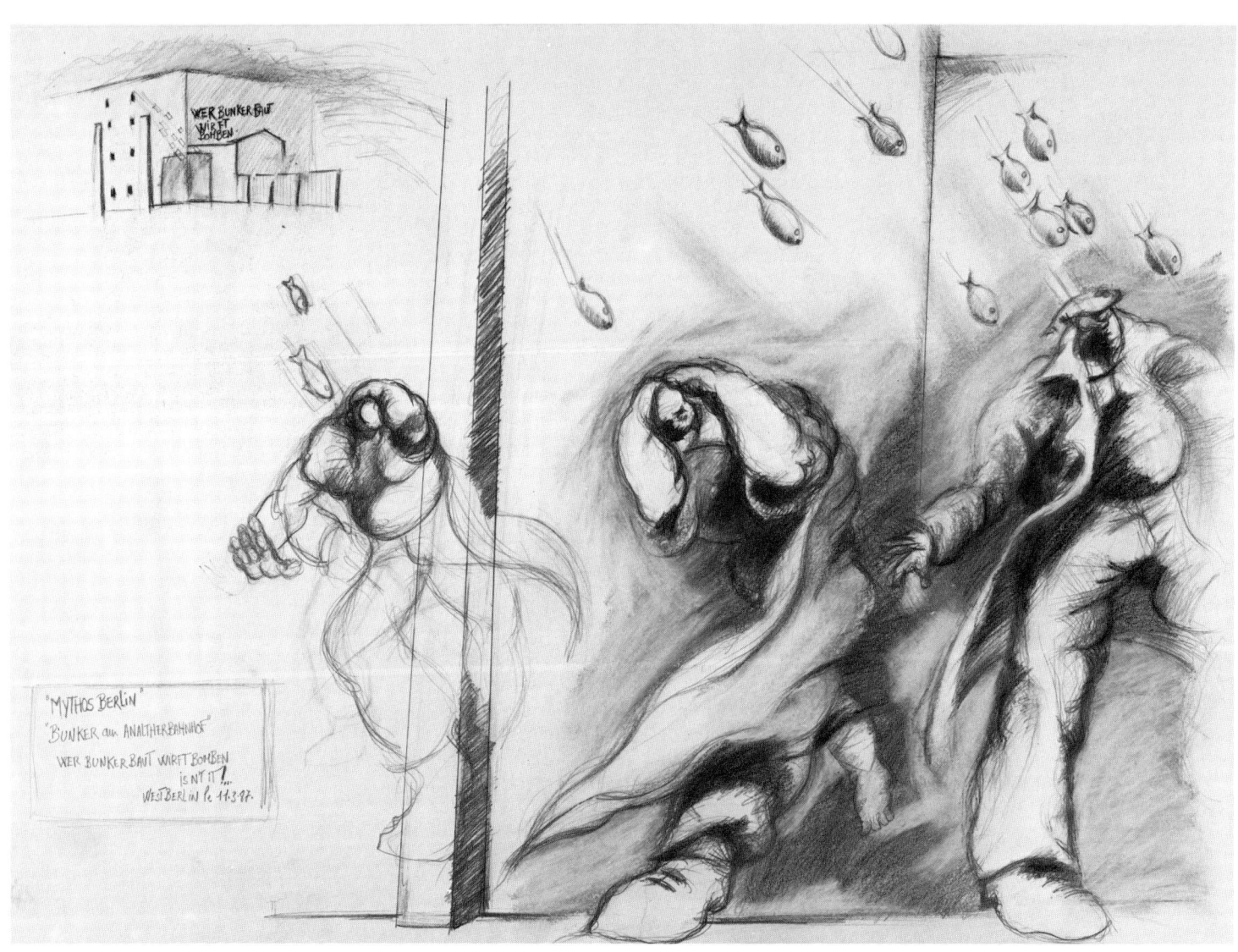

Weizenfeld / Wheat field
Ilan Averbuch

Viele meiner Projekte beginnen mit einer Imagination, mit einer Vision von einem imaginären Ort. Erst wenn sie vorhanden ist, werden die wirklichen Umstände von Zeit und Ort wichtig und damit auch Fragen der technischen Konstruktion und Zielsetzung und all das, was an Zeichnung und Gestaltung dazu gehört, bis schließlich eine konkrete Skulptur entsteht.

Wenn ich von einem imaginären Ort spreche, meine ich keinen unwirklichen Ort, keinen, der nicht existiert, sondern ganz im Gegensatz dazu einen, der in unserer aller Erinnerung ist, einen, nach dem wir uns sehnen und der uns durch die Skulptur wieder nahe gebracht werden soll.

Bei »wheat field« war es etwas anders. Ich habe den Anhalter Bahnhof zum ersten Mal an dem Tag gesehen, an dem ich in Berlin ankam und vom Flughafen zu meiner Unterkunft fuhr. Als ich ihn sah, wußte ich, daß das ein Ort war, wo ich sein wollte und wo ich arbeiten wollte. Es war wie eine Bühne für zahllose Ideen und ein Ort des Nachdenkens und Besinnens. Er war wie ein naturhaftes Zeichen für die Komplexität der Geschichte und ein Ausdruck ihrer Beharrlichkeit. Meine erste Reaktion war auch eine der Angst, was hier heraufwachsen würde an Wiedergeburt und an Erneuerung längst vergangener »Größe«.

Später, als ich dann länger in Berlin war, fand ich mich oft, wie ich auf dem Ge-

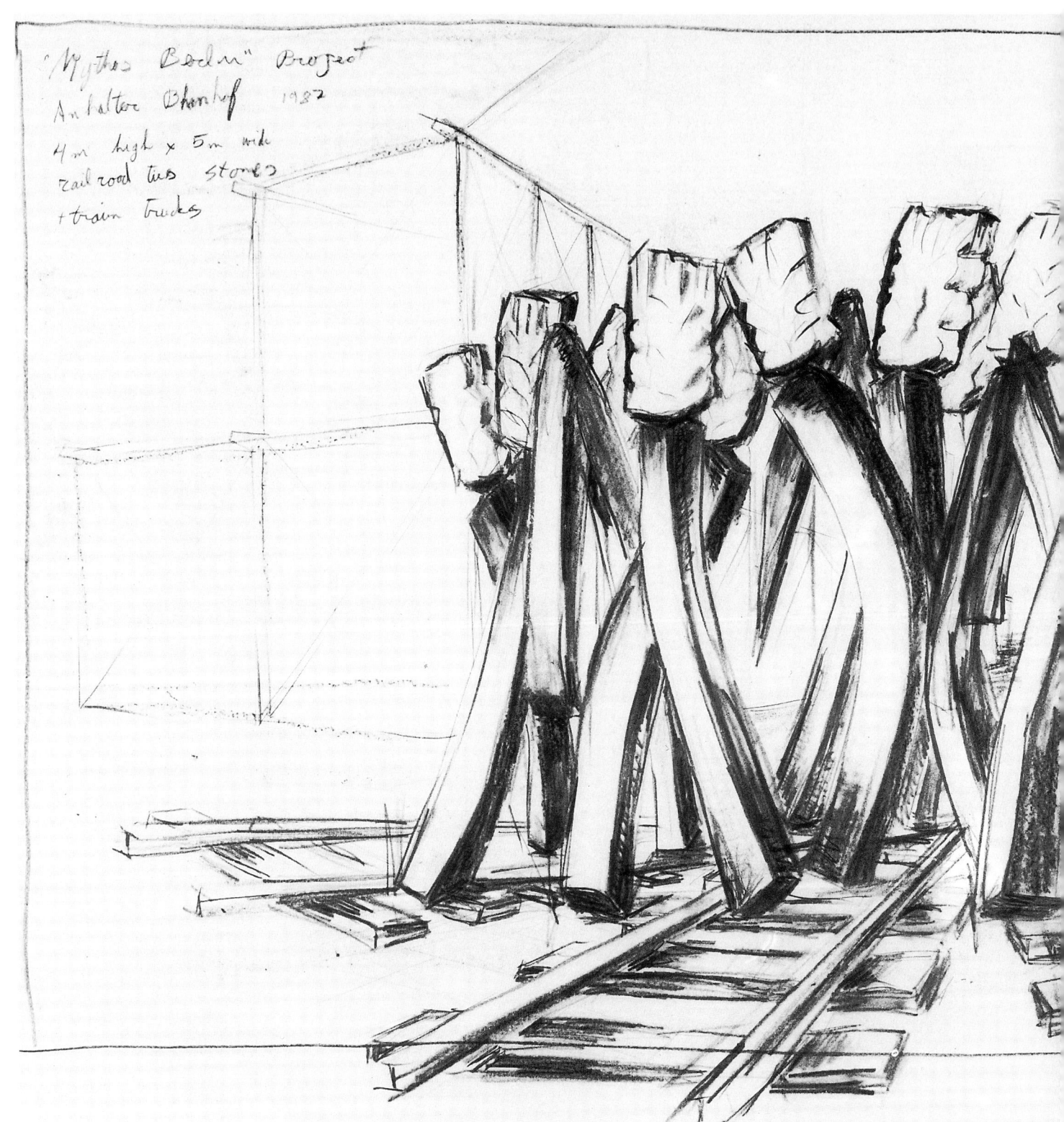

"Mythos Berlin" Project
Anhalter Bhanhof 1982
4 m high x 5 m wide
railroad ties stones
+ train trucks

214

lände des Anhalter Bahnhofs herumgewandert bin und nach Material gesucht habe, das ich für meine Skulptur verwenden konnte. Wie ein Archäologe habe ich nach Resten und Bruchstücken gesucht, um daraus ein Bild von etwas Ganzem entstehen zu lassen.

Mit Eisenbahnschienen, Bohlen und Pflastersteinen, die ich auf dem Gelände gefunden habe, habe ich begonnen. Bei einer dieser Spurensuchen hatte ich plötzlich die genaue Vorstellung, wie sich das Material zu einem Zeichen verbinden mußte, um den Ort mit seiner komplexen Bedeutung zu beschreiben.

Es war eine alte Eisenbahnstrecke, die dort noch entlangführte, längst außer Gebrauch, aber sie streckte sich gerade und sicher bis zum Horizont. Dazwischen aber wuchsen Bäume, ein junger Wald durchbrach auf unregelmäßige, natürliche Weise das menschlich Gebaute, begann es auszulöschen.

Das Poetische lag in der Auflösung des Zweckhaften in etwas anderem. Bilder des Bauens und des Zerstörens vermischten sich, wuchsen zu einer neuen Einheit, zu einer neuen Harmonie zusammen: tausend Fragen stellend und tausend und eine Antwort fordernd.

Ilan Averbuch

1953 in Tel Aviv, Israel, geboren
1977 – 78 Studium an der Wimbledon School of Art, London
1979 – 81 Fortsetzung des Studiums an der School of Visual Arts, New York
1982 – 84 am Hunter College, New York
1985 – 86 Stipendiat des DAAD-Künstlerprogramms in Berlin

seit 1978 Teilnahme an Ausstellungen
seit 1980 Einzelausstellungen u.a. in New York, Ottawa; Berlin

IC Intercity

Im Stundentakt verbindet dieses Zugsystem die großen Städte in der Bundesrepublik. Auf sechs schnellen Linien eilen die Züge mit einer Höchstgeschwindigkeit bis zu 200 km/h durchs Land. Die einzelnen Linien sind an Knotenbahnhöfen so miteinander verknüpft, daß die Reisenden von ihrem Anschlußintercity bereits erwartet werden, oder daß er in den nächsten Minuten dort einläuft. Dabei stehen sich die Wagenklassen am selben Bahnsteig gegenüber.

Mit Intercity verbindet sich aber auch der Begriff hoher Reisequalität. Alle Wagen der 1. Klasse sind klimatisiert. Bequeme Polstersitze und eine großzügige Raumaufteilung, die für die nötige „Beinfreiheit" sorgt, garantieren eine angenehme Reise. Die Sitze im Großraumwagen sind drehbar, so daß Sie immer in Fahrtrichtung sitzen können. Eine geschmackvolle Ausstattung rundet den Fahrkomfort ab.

Auch in der 2. Klasse reisen Sie bequem in den Abteilwagen. Die Großraumwagen 2. Klasse, die zunehmend eingesetzt werden, sind ebenfalls klimatisiert.

Zwischen der 1. und 2. Klasse befindet sich das Zugrestaurant. Hier werden Sie mit Speisen und Getränken bestens versorgt. Für die Gäste der 1. Klasse serviert das IC-Begleitteam auch einen Drink oder einen kleinen Imbiß direkt am Platz. Im Großraumwagen 1. Klasse haben die Reisenden mit einem Münztelefon Anschluß nach Hause, ins Büro, oder wo immer sie hintelefonieren wollen.

EC EuroCity

Der EuroCity setzt im internationalen Verkehr Maßstäbe. Durch schnelle Tag- und Nachtverbindungen rücken die Metropolen Europas näher zusammen. EC-Züge fahren in neun EG-Staaten sowie in Österreich, der Schweiz, Norwegen und Schweden. Sie garantieren den Reisenden einen einheitlich hohen Qualitätsstandard bei allen am EC-Netz beteiligten Bahnen.

Die Züge bestehen ausschließlich aus klimatisierten Wagen. Lediglich in der Anlaufphase können auch Wagen 2. Klasse, die nicht klimatisiert sind, eingesetzt werden. Für das leibliche Wohl der Fahrgäste ist bestens gesorgt, denn EC-Züge haben ein Zugrestaurant.

Speziell geschultes Personal, das meist mehrsprachig ist, garantiert einen hervorragenden Service.

Wann steigen Sie ein?

Deutsche Bundesbahn

216

Auf einer Berlinreise
im Frühjahr 1938
Die letzten Kilometer
bis zum Anhalter Bahnhof
Rainer Knothe

Lassen wir uns von unserer Phantasie zurückversetzen in das Frühjahr 1938, in den Schnellzug D 41 Basel-Berlin. Der Zug, der Kurswagen aus Ventimiglia und Genf führt, hat Basel um Mitternacht verlassen und u.a. in Frankfurt/Main, Erfurt und Halle gehalten, wo wir um 13.30 Uhr zugestiegen sind. Die ersten Reisenden verlassen jetzt ihre Abteile, um nachher als erste aussteigen zu können. Auch wir treten in den Gang, bleiben aber am Fenster stehen und sehen hinaus auf das östliche Streckenpanorama.

Die Haltepunkte Lichterfelde-Ost und Südende liegen schon hinter uns, und wir nähern uns dem Stellwerk »Tpa«, in dessen Bezirk bei km 3,6 das Gleis aus Dresden in das unsrige einmündet. Dieser Punkt liegt kurz vor dem S-Bahnhof »Papestraße« der parallellaufenden S-Bahn-Linie, unmittelbar südlich der Brücken über den Sachsendamm. Wir bemerken das kräftigere Schlagen der Räder beim Passieren der Weiche mit 120 km/h. Der Zug kann auch jetzt diese hohe Geschwindigkeit beibehalten, da hier sogenannte Schnellfahrweichen mit besonders geringen Abzweigwinkeln eingebaut sind.

Während die Wagenschlange über die Brücke donnert, öffnen wir das Fenster, um besser sehen zu können. Für Sekundenbruchteile erkennen wir über uns den neuen Fußsteig zum »Ringbahnhof Papestraße«, der über die Gleise hinwegführt. Die Brücke des Gütergleises »Halensee-

01 020 als Vorspannlok vor einer weiteren Maschine der Baureihe 01 am Bahnhof Lichterfelde Süd, 1935.

Tempelhof« kreuzt unmittelbar hinter dem Fußsteig unser Gleis in spitzem Winkel und gibt nun den Blick auf das Empfangsgebäude Papestraße frei. Knapp 100 m weiter unterfährt unser Zug die Ringbahnstrecke, hinter der wir ein zweiflügeliges Signal sehen. Es ist an einem Ausleger befestigt, der – über unser Gleis ragend – auf einem Sockel zwischen den Ferngleisen steht. Das Signal gilt für die Einfahrt des parallel laufenden Gleises vom Anhalter Güterbahnhof zum Tempelhofer Verschiebebahnhof. Daneben

liegt das Gegengleis, und etwa 100 m hinter der Ringbahnunterführung markiert ein Prellbock das Ende des ehemaligen Anschlußgleises zur Ringbahn, dessen Rampe noch vorhanden ist. Auf dem unteren geraden Teil dieser Rampe sehen wir jetzt ausgedehnte Kohlenbansen, zwischen denen sich ein Aufenthaltsraum und ein Kohlenkran befinden. Dahinter erhebt sich die Böschung zur General-Pape-Straße, an der die ersten Kasernenbauten der früheren Eisenbahnregimenter und des Landwehr-Bezirkskommandos zu erkennen sind.

Wir passieren ein dreibegriffiges Vorsignal, das für unsere Strecke gilt, und etwa 15 m weiter das Vorsignal für das Güterausfahrgleis in Gegenrichtung. Von hier an liegen nun neben den Ferngleisen insgesamt fünf Gleise, da zwischen den Gütergleisen noch zwei weitere liegen, die früher einmal in das Ausfahrtgleis mündeten, nun aber stumpf enden.

Etwa 50 m weiter steht am Gütereinfahrgleis ein doppelflügiges Signal für die ersten Verzweigungen der Güterbahnhofseinfahrt. In diesem Bereich erblicken wir hinter einem langsam fahrenden Güterzug an der Böschung das Zwischenstellwerk Stm mit Zugang zur General-Pape-Straße, von dem aus die hier befindlichen Weichen und Signale bedient werden. Wir befinden uns jetzt etwa bei km 2,7 und sehen im folgenden weitere Vor- und Hauptsignale, die für die Gütergleise gelten.

Askanischer Platz mit Anhalter Bahnhof um
1922

Askansicher Platz mit Anhalter Bahnhof,
1928
(Foto: Thormann)

Einfahrender Schnelltriebwagen kurz vor der Kanalbrücke um 1936. Im Hintergrund die Lochkartenstelle der Reichsbahn und die Hochbahnbrücke.

Der Zug nähert sich jetzt der hölzernen Kolonnenbrücke, nach deren Unterquerung wieder ein Vorsignal an uns vorüberfliegt. Jetzt taucht am Fuße der Dreibundstraße die verpachtete alte Schuppenanlage II auf, die früher den Güterzuglokomotiven als Depot diente. Wo sich vor dem Schuppen einmal ausgedehnte Kohlenlager und die Behandlungsanlagen für die Lokomotiven befanden, ist das Gelände jetzt weitgehend abgeräumt. Hier werden in Kürze Hallen für die neuen Schnelltriebwagen entstehen, die seit knapp drei Jahren planmäßig am Anhalter Bahnhof verkehren. Kurz vor der Monumentenbrücke, die etwa 300 m nach der Kolonnenbrücke die Gleise überspannt, sehen wir noch einige Signale an den Gütergleisen, und unmittelbar bevor wir die Monumentenstraße unterfahren, stehen an unserem Gleis Vor- und Hauptsignal, die uns weiter »Freie Fahrt« zeigen. Inzwischen hat der Lokführer aber – seinem Fahrplan entsprechend – die Geschwindigkeit auf 80 km/h verringert.

Nach Passieren der Brücke wird auf dem Nachbargleis die Ausfahrt durch ein weiteres Signal geregelt. An der Böschung zur Kreuzbergstraße ragen die Ziegelbauten des mehrgeschossigen Übernachtungsgebäudes und der Güterstation auf. Hier, am Anfang des Güterbahnhofs, der nun östlich der Ferngleise beginnt, steht das Stellwerk Agb zwischen den Ein- und Ausfahrgleisen, an denen sich auch die doppelflügeligen Ausfahrsignale befinden.

Von hier an verbreitert sich der Gleisfächer des Anhalter Güterbahnhofs beträchtlich, und unser Ferngleis weicht in einem Bogen nach Westen aus. Der Zug poltert nun über die mit Doppelkreuzungsweichen ausgestattete Gleisverbindung, die einen Übergang zwischen den getrennten Bahnanlagen östlich und westlich der Ferngleise ermöglicht. Auf gleicher Höhe sind hinter zwei Gleisen niedrige Aufenthaltsräume zu sehen. Wir überqueren jetzt auf einer der über 30 Brücken die Yorckstraße, hinter der (ebenfalls jenseits der zwei benachbarten Gleise) das Stellwerk Abwt zu sehen ist. Die Gleisanlage des Güterbahnhofs er-

Hochbahnbrücke im Bau, Oktober 1901. Darunter die alte Bogenbrücke der Anhalter Bahn, die in den Zwanziger Jahren gegen stärkere Blechträgerbrücken ausgewechselt wurde.
(Foto: Siemens-Museum)

reicht langsam ihre volle Breite von über 300 m, und unser Blick schweift über unzählige Güterzüge und hin- und herfahrende Rangiereinheiten. Hinter einem abgestellten D-Zug sehen wir gerade noch in etwa 25 m Entfernung die Dachkonstruktion der Milchrampe hervorragen. Weiter hinten sind die langgestreckten Schuppenanlagen des Versandspeichers und der vorgelagerten Umladerampe auszumachen.

Mit merklich geringerer Geschwindigkeit passieren wir nun das zweiflügelige Einfahrsignal, das durch seine Flügelstellung die eingestellte Fahrstraße signalisiert. Während der Zug über die große Kreuzbahn vor der Kanalbrücke rattert, kommt der Kopfbau des Güterbahnhofs in Sicht, der – ebenso wie das Empfangsgebäude – nach einem Entwurf von Franz Schwechten gebaut wurde.

In diesem Augenblick durchfährt unser Zug auch schon das Nadelöhr des Bahnhofs, die viergleisige Brücke, die in drei Abschnitten des Tempelhofer Ufer, den Landwehrkanal und schließlich das Hallesche Ufer überspannt. Am Widerlager zwischen Straße und Kanal ist das Stielstellwerk Abf postiert. Hier befinden wir uns nun an der berühmten verkehrstechnischen Kreuzung mit – je nach Auslegung – bis zu sechs verschiedenen Verkehrsebenen, nämlich der im Bau befindlichen Nord-Süd-S-Bahn, die im Tunnel den darüberfließenden Landwehrkanal kreuzt, der etwas höher gelegenen Stra-ßenebene, der Fernbahntrasse und der nochmals darüber kreuzenden Hochbahnstrecke der Linie über Gleisdreieck in Richtung Warschauer Brücke. Den noch fehlenden sechsten Verkehrsweg müßte dann ein gerade darüber hinwegschwebender Zeppelin markieren.

Unmittelbar nach Verlassen der Brücken gleitet der Zug langsam durch die gestauchte Weichenstraße des Bahnhofsvorfeldes. Dabei passieren wir das frühere Stellwerk und die niedrigeren Aufenthalts- und Werkstättengebäude, die hier die Gleisharfe flankieren. Von den vier östlichen Gleisen, die nicht in die Bahnhofshalle führen, enden die drei äußeren vor einem dreigeschossigen Übernachtungsgebäude, das sich rechts vor

Kopfperron mit Sperrenbereich um 1931. Rechts oben sind die überbauten Gepäckaufzüge zu sehen, in deren Veerkleidung eine elektrische Anzeige der freien Schlafwagenplätze integriert war. Links oben erkennt man einen Fußbereich des verfahrbaren Untersuchungsgerüstes für die Hallenkonstruktion.

der riesigen Hallenstirnwand befindet. Unser Zug rollt nun in den rechten der drei über 15 m hohen Bogen ein, um vor dem Prellbock des Gleises 8 endlich zum Stehen zu kommen.

»Berlin – Anhalter Bahnhof« verkündet uns die Lautsprecherstimme, während die Türen geöffnet werden, und wir mit den anderen Reisenden den Zug verlassen. Die Uhr an der Hallenstirnwand zeigt 15.19 Uhr und bestätigt uns damit die planmäßige Ankunft. Auf dem Nach-

Ein Schnellzug verläßt von 39 162 gezogen den Anhalter Bahnhof, dessen Halle gerade noch am rechten Bildrand zu erkennen ist. Davor sieht man das dreiflügelige Einfahrtsignal, dessen jeweilige Flügelstellung die Einfahrt auf die unterschiedlichen Gleise anzeigte. Der Zug passiert gerade das Bahnbetriebswerk Anhalter Bahnhof, das sich hier hinter den Dampfwolken der Lokomotive verbirgt. Die Aufnahme entstande etwa 1927/28.
(Foto: Biebelge)

bargleis 9 steht noch der Schnellzug D 63 aus Budapest, der vor etwa zehn Minuten eingelaufen ist. Wir bleiben etwas hinter den anderen zurück, die jetzt den Sperren am Kopfbahnsteig entgegendrängen. Schließlich wollen wir noch in Ruhe die Lokomotive betrachten.

Aus: Rainer Knothe, »Anhalter Bahnhof, Entwicklung und Betrieb«, Verlag Ästhetik & Kommunikation, Berlin 1987

17 1177 abfahrbereit in einer Nacht des Jahres 1935.

17 1177 ragt mit ihrem Zug aus der Bahnhofshalle, 1935.

01 014 auf der Drehscheibe vor Lokschuppen Ia des Bahnbetriebswerkes Anhalter Bahnhof um das Jahr 1932. Oben rechts ragt der Wasserturm über den Schuppen auf. Links stehen versorgte Maschinen abfahrbereit und warten auf ihren Einsatz. Dahinter ist der Wagenreinigungsschuppen mit dem vorgelagerten Kesselhaus zu erkennen. (Foto: Landesbildstelle Berlin)

Dieselbe Drehscheibe des benachbarten
Bildes im Frühjahr 1984. Das Gelände bis
zum Wagenschuppen wird derzeit für das
Museum für Verkehr und Technik herge-
richtet, wobei die Lokschuppenanlagen
ebenfalls restauriert werden.
(Foto: Knothe)

Reste des Anhalter Bahnhofs während des Abrisses. Die meisten Ziegelbrocken des angeblich so baufälligen Gebäudes waren noch für die Maschinen zur ersehnten Ziegelsplitterherstellung zu stabil. Die Berliner können daher heute auf dem Anhalter Ski laufen - man fuhr den Abraum zum Teufelsberg.

Der Anhalter Bahnhof
Helmut Maier

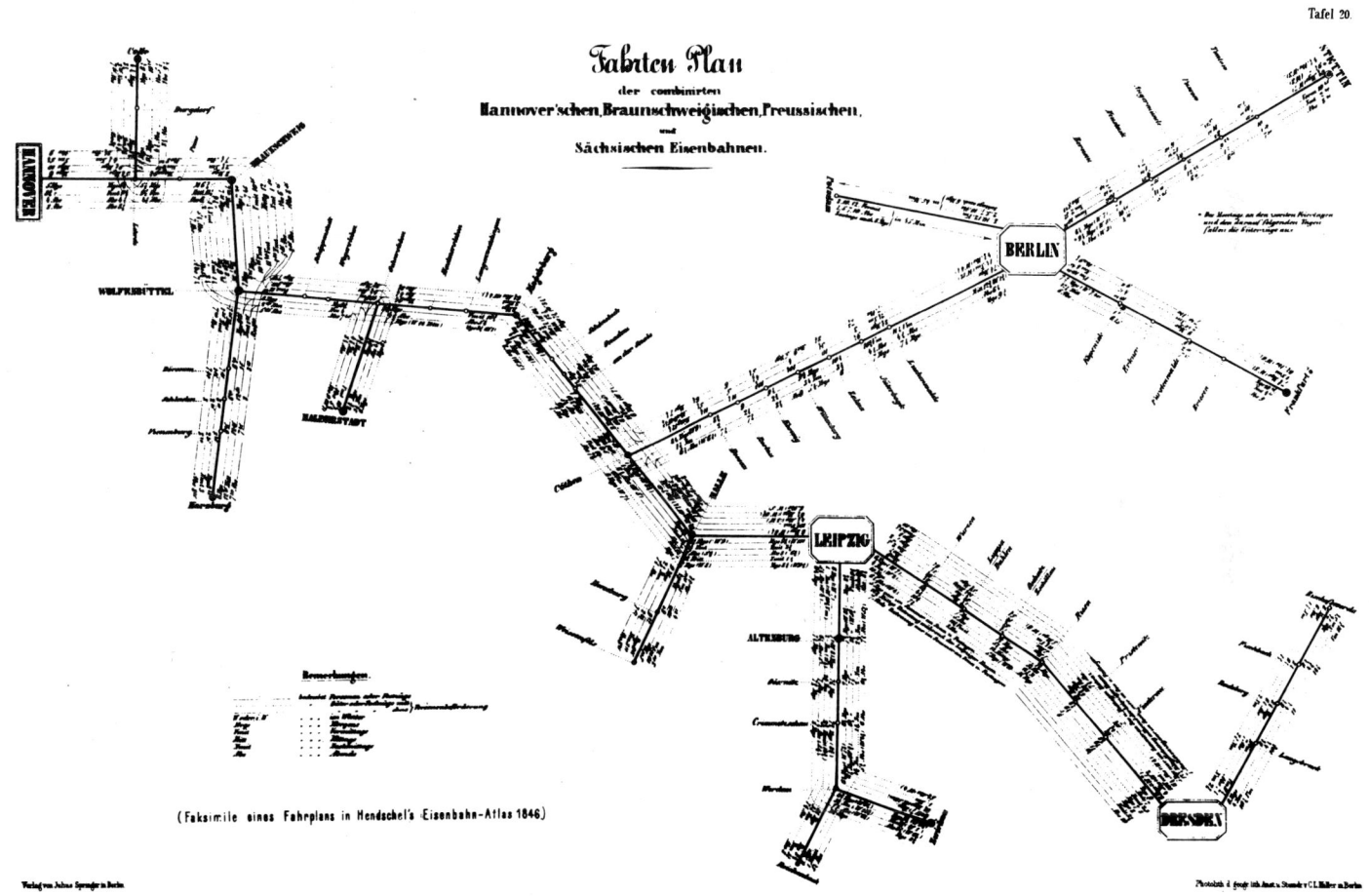

In Friedrich Lists Plänen für ein deutsches Eisenbahnsystem war Leipzig der Mittelpunkt: von der Messestadt gingen denn auch die ersten deutschen Fernstrecken aus (nach Dresden 1839, nach Magdeburg 1840 eröffnet). In Berlin bildete sich 1836 ein Comité zur Gründung einer Aktiengesellschaft, die schnellstmöglich eine Eisenbahn in Richtung Leipzig-Dresden (Sachsen) realisieren sollte. Die Regierung in Berlin jedoch, unfähig zu einer richtigen Einschätzung der wirtschaftlichen Impulse, die vom Eisenbahnbau ausgehen sollten, versagte die Genehmigung und verlangte eine Verbindung in Richtung Magdeburg (Preußen). So kam es zum späten Kompromiß nach Dessau, der Hauptstadt des Herzogtums Anhalt, und zur mehrdeutigen Namensgebung.

Nachdem das Potsdamer Tor durch die Berlin-Potsdamer Eisenbahn seit 1837 »besetzt« war, mußte für die parallel herangeführte Linie der B.A.E. ein neuer Berührungspunkt mit der eingemauerten Stadt zwischen Potsdamer und Halleschem Tor gefunden werden. Dioe B.A.E. legte dazu die Anhalt-Straße und den Askanischen Platz samt der dazugehörigen Toranlage an (eröffnet 1.10.1840), außerdem die vom Torplatz abgehenden Straßen, die nach den von der B.A.E. berührten Orten benannt wurden. Der Verkauf der Baustellen erfolgte so rasch, daß mit diesen Erlösen nicht nur der Grunderwerb und die Straßenanlegung, sondern auch sämtliche Bauten ihres Berliner Bahnhofs finanziert waren. – Die gesamte Strecke Berlin-Cöthen wurde am 10.9.1841 in Betrieb genommen: an diesem Tag erwies sich auch die erste Berliner Lokomotive von Borsig auf einer Fernstrecke mit den englischen Maschinen als konkurrenzfähig.

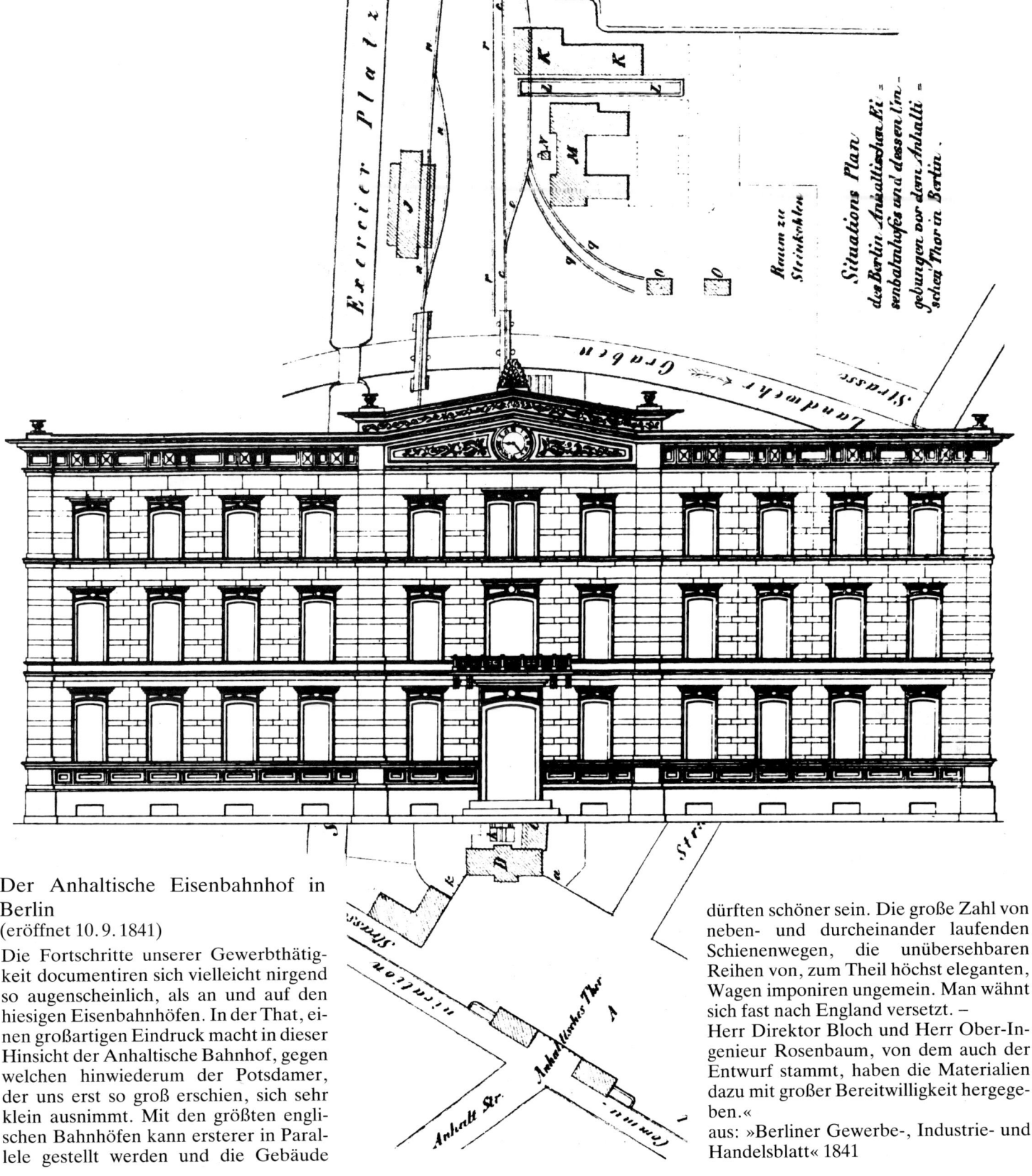

Der Anhaltische Eisenbahnhof in Berlin
(eröffnet 10. 9. 1841)

Die Fortschritte unserer Gewerbthätigkeit documentiren sich vielleicht nirgend so augenscheinlich, als an und auf den hiesigen Eisenbahnhöfen. In der That, einen großartigen Eindruck macht in dieser Hinsicht der Anhaltische Bahnhof, gegen welchen hinwiederum der Potsdamer, der uns erst so groß erschien, sich sehr klein ausnimmt. Mit den größten englischen Bahnhöfen kann ersterer in Parallele gestellt werden und die Gebäude dürften schöner sein. Die große Zahl von neben- und durcheinander laufenden Schienenwegen, die unübersehbaren Reihen von, zum Theil höchst eleganten, Wagen imponiren ungemein. Man wähnt sich fast nach England versetzt. –
Herr Direktor Bloch und Herr Ober-Ingenieur Rosenbaum, von dem auch der Entwurf stammt, haben die Materialien dazu mit großer Bereitwilligkeit hergegeben.«
aus: »Berliner Gewerbe-, Industrie- und Handelsblatt« 1841

Die Haupt-Akteure

Franz Siegert (1825 – 1917)
Geh. Oberbaurat im Ministerium für Handel, Gewerbe u. öfftl. Arbeiten; 1873 – 1883 Direktions-Mitglied der B.A.E.

Friedrich Ph. Fournier (1801 – 1883)
1844 – 1849 Stadtverordneten-Vorsteher; 1843 – 1848 Direktor der Niederschles.- Märk.Eisenbahn-Ges.; 1849 – 1882 Vorsitzender der Direktion der B.A.E.

Karl Schrader (1843 – 1913)
1872 – 1882 Direktions-Mitglied der B.A.E. Seine Frau Henriette S. gründet 1874 das Pestalozzi-Fröbel-Haus; 1886 Mitbegründer der Berliner Baugenossenschaft; MdR

Heinrich Seidel (1842 – 1906)
Dichter und Ingenieur, 1870 – 1872 bei der Berlin-Potsdam-Magdeburger Eisenbahn-Ges.; 1872 – 1880 bei der B.A.E. (autobiographisch: »Leberecht Hühnchen« und »Ein Tag aus dem Bureauleben«)

Franz Schwechten (1841 – 1924)
Schinkel-Preis 1868, Reg.-Baumeister 1869; 1871 – 1882 Chefarchitekt und Leiter der Hochbauabteilung der B.A.E.

Profile von Bahnhofs-Hallen.

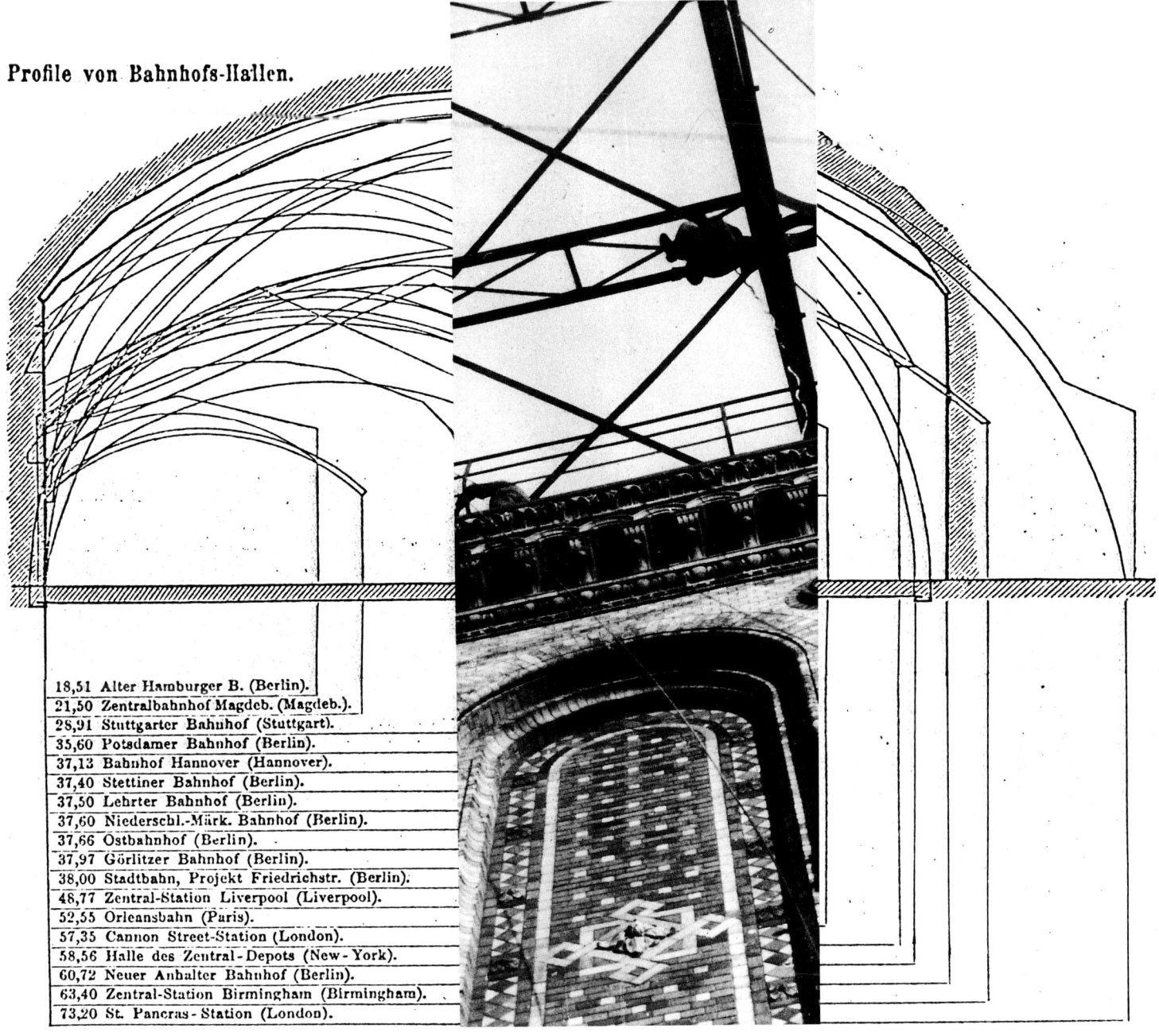

18,51	Alter Hamburger B. (Berlin).
21,50	Zentralbahnhof Magdeb. (Magdeb.).
28,91	Stuttgarter Bahnhof (Stuttgart).
35,60	Potsdamer Bahnhof (Berlin).
37,13	Bahnhof Hannover (Hannover).
37,40	Stettiner Bahnhof (Berlin).
37,50	Lehrter Bahnhof (Berlin).
37,60	Niederschl.-Märk. Bahnhof (Berlin).
37,66	Ostbahnhof (Berlin).
37,97	Görlitzer Bahnhof (Berlin).
38,00	Stadtbahn, Projekt Friedrichstr. (Berlin).
48,77	Zentral-Station Liverpool (Liverpool).
52,55	Orleansbahn (Paris).
57,35	Cannon Street-Station (London).
58,56	Halle des Zentral-Depots (New-York).
60,72	Neuer Anhalter Bahnhof (Berlin).
63,40	Zentral-Station Birmingham (Birmingham).
73,20	St. Pancras-Station (London).

Die von Bismarck inszenierten Kriege gegen Dänemark, Österreich und Frankreich verlangten auch von der B.A.E. gewaltige Transportleistungen und brachten ihr volle Kassen (Dividende 1868 = 13 %, 1871 = 18,5 %). Noch wurden der Landwehrkanal und die Uferstraßen im Niveau gekreuzt und die ständigen Behinderungen zwangen zu einer Entscheidung, den Bahnhof höher oder weiter hinaus zu verlegen. Durch Allerhöchste Cabinetsordre wurde 1868 bestimmt, daß ein Neubau am Askanischen Platz zu erfolgen habe und 4,50 m höher zu legen sei.

Die Aktionäre bewilligten, was Fournier bestellte, Schwechten entwarf und Seidel berechnete: die weitestgespannte Bahnhofshalle auf dem Kontinent – Symbol ihrer ökonomischen Potenz und politischen Erwartungen im monarchistischen Staat.

»Wo jedoch die Eisenhalle über die Grundanlage der Front entschieden hat, beginnt nach den ersten unrichtigen Anfängen eine ihrer neuen Ziele klar bewußte Baukunst, die mit Massen neuer Größe eigenartig schaltet. Unrichtige Anfänge waren auch hier besonders die Übertragung des antiken Triumphbogen-Motives. Den rechen Weg weist ein Bau wie Schwechtens Anhalter Bahnhof in Berlin. Was eine große, schön geschwungene Flachkurve als Hauptumriß bedeuten kann, hat so kein Bauwerk je zuvor gezeigt. Es ist eine ganz schlichte, im Umriß der Eisenhalle folgende Backsteinwand mit sehr spärlichem Schmuck; die Hauptflächen in neun Backsteinarkaden aufgelöst, die Hauptmasse nur als umrahmende Wand behandelt, die – bezeichnenderweise – vom Scheitelpunkt nach den Kämpfern in fein bemessener Fläche anwächst. Diese ruhige Sachlichkeit, ohne allen Prunk gegeben, ist von vornehmem Adel, und die Linien haben eine ungewöhnliche Feinheit. Man vergleiche diese säulenlose Backsteinfront mit der des Lehrter Bahnhofes in Berlin! Das ist der gewaltige Fortschritt von einem frontalen Vorbau eines Baukörpers zu seinem organischen Ausbau, der ihm keine Maske gibt, sondern ein charaktervolles Haupt.«

A.G. Meyer mit W.v. Tettau in ihrem bedeutenden Werk »Eisenbauten. Ihre Geschichte und Aesthetik« (1907)

»Abreise und Rückkehr
Ich glaube, das Traumschiff, das einen damals abholte, ist oft über den Lärm der Gesprächswogen und die Gischt des Tellergeklappers vor unsere Betten geschwankt, und am frühen Morgen hat es uns abgesetzt, fiebrig, als wenn wir die Fahrt schon hinter uns hätten, die wir eben erst antreten sollten. Fahrt in einer ratternden Droschke, die den Landwehrkanal entlang fuhr und in der mir plötzlich das Herz schwer wurde. Gewiß nicht wegen des Kommenden oder des Abschieds; sondern das öde Beisammensitzen, das noch anhielt, noch dauerte, nicht vom Anhauch der Reise wie ein Gespenst vor der Morgendämmerung verflogen war, überschlich mich mit Traurigkeit. Aber nicht lange. Denn wenn der Wagen die Chausseestraße hinter sich hatte, war ich wieder mit den Gedanken unserer Bahnfahrt vorangeeilt. Seitdem münden für mich die Dünen Koserows oder Wenningstedts hier in der Invalidenstraße, wo den andern die Sandsteinmassen des Stettiner Bahnhofs entgegentreten. Meist aber war in der Frühe das Ziel ein näheres. Nämlich der ›Anhalter‹, laut des Namens Mutterhöhle der Eisenbahnen, wo die Lokomotiven zu Hause sein und die Züge anhalten mußten. Keine Ferne war ferner, als wo im Nebel seine Gleise zusammenliefen. Doch auch die Nähe, die mich eben noch umfangen hatte, rückte ab. Die Wohnung lag der Erinnerung verwandelt vor...«

»Walter Benjamin, Gesammelte Schriften« Hrsg. T. Rexroth, Bd. IV, I, Frankfurt/Main 1972

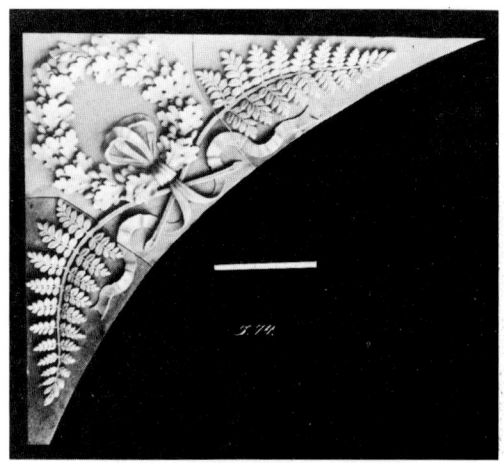

Der Berliner Rundbogenstil ist, speziell in seiner konstruktiven Ausprägung im Backsteinbau, eine schöpferische Symbiose aus hiesiger Tradition und italienischem Rundbogen-Repertoire der Antike und Renaissance. Diese Elemente stimmten zum Wesen der Bauaufgabe – dem Verkehrsbedürfnis der bürgerlich-kosmopolitischen Ideen und Interessen zu dienen. Die Stilwahl und meisterhafte Ausbildung durch den jungen Schwechten bewahrte den »Anhalter« vor der massiven Kritik, die sein späteres Oeuvre hervorrief, seit er zum »Leibarchitekten« Seiner Majestät avanciert war.
Die Terrakotten ließ Schwechten vom Bildhauer F. Thomas modellieren und wurden dann in der Dampfziegelei Greppin bei Bitterfeld, die auch alle Verblend-steine lieferte, maschinell oder von Hand hergestellt.

Nach all dem Glanz, den der »Anhalter« miterlebte, war es von dialektischer Konsequenz, daß er auch in das kriegerische Inferno mit hineingerissen wurde. Purer Größenwahn ließ deutsche Heere durch Europa ziehen, überall Menschen und Kultur mißachtend und vernichtend; geschlagen und wieder zu Hause wandte sich die nach innen gekehrte Zerstörungswut – Ursache und Wirkung verwechselnd – gegen die übrig gebliebenen Spuren der unheilvollen Geschichte.

Das Empfangsgebäude stand beim Bau der Nord-Süd-S-Bahn (also mindestens seit 1935) unter Denkmalschutz. Die Verfügung des Amts für Denkmalpflege von 1959 – die im Auftrag des Senators für Bau- und Wohnungswesen angefertigt wurde – ignoriert diesen Tatbestand vollkommen. Insofern liegt ein Amtsmißbrauch vor, der zur Wiedergutmachung verpflichten würde.

Die Legende von der Einsturzgefahr wurde von den Abriß-Befürwortern – al-

len voran vom Kreuzberger Bürgermeister Kreßmann – in die Welt gesetzt; bei den teuren und langwierigen Sprengungen erwies sich die Stabilität des Mauerwerks (die Reste des Hallendachs waren bis 1948 als Gefahrenpunkte beseitigt worden).

Wie die Aufnahme von 1945 zeigt, fuhren ab August bereits wieder Fernzüge aus der Halle ab – unmöglich bei einer Einsturzgefahr.

»II D (971) 464

       Vfg.

An II C

Betr.: Abbruch des Anhalter Bahnhofs
Die Erhaltung und der Wiederaufbau ist
eine Frage der zukünftigen Zweckbestim-
mung und der finanziellen Mittel. Wenn
die gegenüber dem vorigen Jahrhundert
völlig veränderten Verkehrsbedingungen
die Verwendung des Anhalter Bahnhofs
überflüssig machen, dann wäre es wider-
sinnig, einen Aufbau der Bahnhofsge-
bäude zu finanzieren. Abgesehen von den
sehr erheblichen Kosten wäre es zudem
unmöglich, die vielen Beschädigungen an
den Verblendfassaden und dem Terrakot-
taschmuck auszubessern, weil uns heute
keine Fabriken für diese speziellen Arbei-
ten zur Verfügung stehen.

Das Gebäude steht nicht unter Denkmal-
schutz. Die von Schinkel in überzeugen-
dem Maßstab gestalteten Klinkerbauten
(Feilnerhaus, Bauakademie) sind hier
beim Anhalter Bahnhof zu monumentalen
Massen gehäuft und in den akademischen
Detailformen nüchtern durchgebildet.
Der Anhalter Bahnhof kann nicht als ein

überzeugender künstlerisch wertvoller
oder neue Wege weisender Bahnhofsbau
des vorigen Jahrhunderts angesprochen
werden. Deshalb ist auch die Erhaltung,
etwa der Hauptfassade, aus musealen
Gründen nicht zu verantworten. Das Amt
für Denkmalpflege wird jedoch beim Ab-
riß einige der typischen Architekturfor-
men bergen und magazinieren.

Die Vorgänge fügen wir wieder bei.

Z.d.A.

Berlin-Charlottenburg, am 30.9.1959

Konwiarz«

Abbruch des Anhalter Bahnhofs
Briefe

Hinzu kommt, daß Westberlin dringend
altbrauchbare Steine und Ziegelsplitt be-
nötigt. Außerdem möchte man nach Wie-
derherstellung normaler Verhältnisse in
Berlin sofort mit dem Neubau beginnen
können und nicht erst wertvolle Zeit mit
dem Abbruch vorhandener Anlagen ver-
lieren oder womöglich noch bestehende
Anlagen provisorisch wieder in Betrieb
nehmen, was den Umbau an gleicher

Stelle erheblich verteuern würde. Aus al-
len diesen Gründen wurde – schwerzen
Herzens – der Entschluß zum Abbruch ge-
faßt, damit einst neues Leben aus den Rui-
nen blühe.

       Dr.-Ing. Hans Bock
       Bundesbahnoberrat, Berlin
       (Bauwelt 1959, Heft 47)

Wir sind nicht einverstanden mit der Idee
der Denkmalpflege, ein kleines Stückchen
vom Anhalter, etwa die Vorhalle, zu kon-
servieren. Es geht nicht darum, wieviel un-
sere Verwaltung vom Anhalter Bahnhof
rettet oder konserviert, es geht darum, daß
unsere Verwaltung den Anhalter Bahnhof
nicht abreißt. In antiken Ruinenstädten
hört man oft: Dieser Bau wurde in Zeiten
der Barbarei als Steinbruch benutzt. Wir
haben nichts gegen dieses Verfahren der
Geschichte – aber warum müssen wir un-
bedingt selbst die Barbaren sein?

       Dipl.-Ing. Goerd Peschken, Berlin
       (Bergwelt 1960, Heft 34)

In der Ausstellung »Hauptstadt Berlin im Aufbau«, 1952 am Funkturm vom Senator für Bau- und Wohnungswesen veranstaltet, wird ein Modell der geplanten Neuordnung des Anhalter Bahnhofs und seiner Umgebung gezeigt: Sie basiert auf dem Abriß des alten Empfangsgebäudes und einer Neuformulierung des Askanischen Platzes entlang der Stresemann- bis zur Hedemann-Straße, in dessen Schwerpunkt der Kopfteil eines neuen flachen Empfangsgebäudes liegt. Das Modell zeigt noch heute interessante Elemente wie u.a. Betonung von Straßen- und Platz-Raum, Beibehaltung der üblichen Bebauungshöhe (keine Hochhaus-Willkür), Führung der Schöneberger und Kanalufer-Straße, Erweiterung des zentralen Postamts SW 11.

Offener Wettbewerb Anhalter Bahnhof
Berlin Südliche Friedrichstadt

Neugestaltung des Geländes
des ehemaligen Anhalter Personenbahnhofs
mit städtebaulicher, landschaftsplanerischer
und baulicher Aufgabenstellung.
Zielvorstellungen

Entsprechend der in der Einleitung formulierten Wettbewerbsaufgabenstellung zur Neugestaltung des ehemaligen Bahnhofsgeländes werden im städtebaulich-landschaftsplanerischen Entwurf (M 1:500) folgende Vorschläge erwartet:
auf dem Gelände des ehemaligen Anhalter Personenbahnhofes bei Einbeziehung des Askanischen Platzes
ein Stadtteilpark   von ca. 60.000 qm
mit
– einer Sportanlage   von ca. 8.000 qm
    bestehend aus Großspielfeld,
    Kleinspielfeld, 100-m-Laufbahn,
    Weitsprunganlage, Kugelstoßanlage
– einem Kinderspielplatz   von ca. 2.500 qm
    für die Altersgruppe 5-9 Jahre (Kategorie II)
– Grünflächen und Spiel- und Erholungs-
    flächen mit entwurfsspezifisch zu be-
    stimmenden Nutzungsangeboten, z.B.
    Liegewiese, etc.   von ca. 15.000 qm
– einem naturhaften Erholungspark mit
    schützenswerter Vegetation   von ca. 35.000 qm
im Bereich der jetzigen Privatstraße und dem nördlichen Teil des Parkplatzes
    – die Ausbildung einer Grünzugverbindung zum Mendelssohn-Bartholdy-Park
im Süd-West-Bereich am Landwehrkanal
    – die Einbindung der vorhandenen Gebäude und ihrer
    Freiräume in das Gestaltungskonzept
im Bereich zwischen A.....ischem Platz, Schöneberger Straße und Privatstraße (dem engeren Wettbewerbsbereich)
    – die Zuordnung von Schule, Sporthalle und vorhandenem Bunker zu Sportanlage und Stadtteilpark
    – die Nutzung und Gestaltung der Blockspitze am
    Askanischen Platz.

Reise nach Innen
Meredith Monk, die New Yorker Komponistin und Choreographin hat den Portikus als Theaterkulisse, das Bahnhofsgelände als Spielort genutzt. 1980 hat sie hier einen von drei Teilen ihrer epischen Oper »Vessel« spielen lassen in einer Inszenierung, deren Grund-Idee und -Struktur die Reise war: Die Erfahrung des Daseins als Bewegung von hier nach dort, von der Jugend ins Alter, vom Leben in den Tod; aber auch die Reise nach Innen, in die Welt der Gedanken und der Träume: Die Reise durch das Universum der Bilder im Kopf.

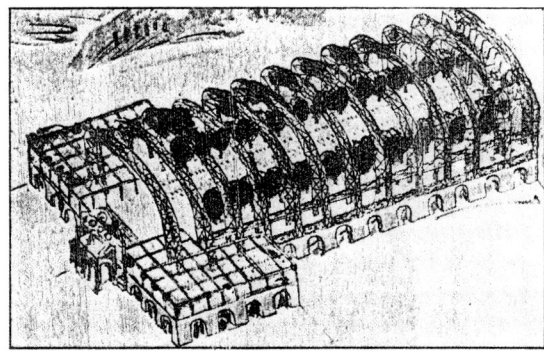

Den Gipfel der Hilflosigkeit stellt das Konzept eines Sportplatzes auf dem Gelände des Personenbahnhofs dar, wie es die IBA in einem Wettbewerb 1984 forderte. Entwürfe mit Teil- oder weitergehenden Rekonstruktionen wurden ausgeschieden und die kultur- und stadtgeschichtliche Bedeutung negiert.
1982 hatte Prof. Peter Kliem die Idee zu einem Entwurf für die Rückgewinnung der baulichen und stadträumlichen Struktur unter Einbeziehung der aktuellen grünplanerischen Vorstellungen.
Die Weiterentwicklung solcher ökologischer Aspekte in Verbindung mit dem Eisenbahn-Schnellverkehr der Zukunft wird in einer separaten Ausstellung von »Mythos Berlin« gezeigt.

Zur Ausstellungsarchitektur

Ein Bautagebuch

Andreas Reidemeister
Dietrich Riemann

Eine »innere Peripherie«, eine Brache in
der Stadt, wurde zum Ort der Ausstellung »Wahrnehmungsgeschichte der Metropole Berlin« gemacht.

Die Ausstellungsarchitektur entstand aus städtebaulicher Sicht. Eine orientierte, aber in ihrer Form und Bestimmung nicht mehr definierte Fläche wurde durch eine einzige strukturgebende Maßnahme neu in einen architektonischen Zusammenhang genommen: der Bau eines abstrakten Zitats des südlichen Hallenabschlusses des Anhalter Bahnhofs schafft Bezug zur verloren gegangenen Dimension des Ortes, gleichzeitig wird die Fläche an ihrer südlichen Flanke »transparent« geschlossen.

Das leicht in die Ausstellungsfläche und damit in die Stadt hineingeneigte Südportal sollte in dynamischer Form den städtischen Raum neu definieren – die 25 Meter hoch aufschießenden »Keilgebäude« den weit von Süden herandrängenden Landschaftsraum begrenzen. Gleichzeitig sollten sie überleiten in die Formation der Stadt an der Kante der Stresemannstraße.

Was steht, ist eine deutlich spürbare Reduktion der angelegten Idee... das Torsohafte wird nicht verschwiegen. Andere Komponenten der Architektur sind unverfälscht: schon Monate vor der Eröffnung bestimmt die Recycling-Konstruktion des Ausstellungsgebäudes mit ihrer herben Ästhetik der pragmatischen Ingenieurbauweise das Areal an der Ruine des Portikus. Der gleichmäßige Rhythmus erweckt die Vorstellung der Fortsetzung der angelegten Bewegung in Richtung auf das Südportal. Auf Rhythmus und Transparenz, die Themen der Architektur, reagiert die Ausstellung.

Die »Signale« der Ausstellungsarchitektur gelten für einen kurzen Moment. Aber »Mythos Berlin« stellt auch ein Angebot an den Stadtteil im engeren Bereich dar: die räumlichen Bezüge, die in der Stadtformation hier liegen, können für einen Park an dieser Stelle aufgenommen werden, zum Beispiel die Bewegung des Raums nach Süden in den Bereich der Güterbahnhöfe. Ebenso kann die Transparenz der angelegten Architektur als Strukturelement eines Kulturparks angesehen werden.

Ein für die Geschichte Berlins bedeutsamer Ort wird einer provisorischen Nutzung übergeben: ein Signal für die Umnutzung der Städte, für das »Recycling« des städtischen Raums!

243

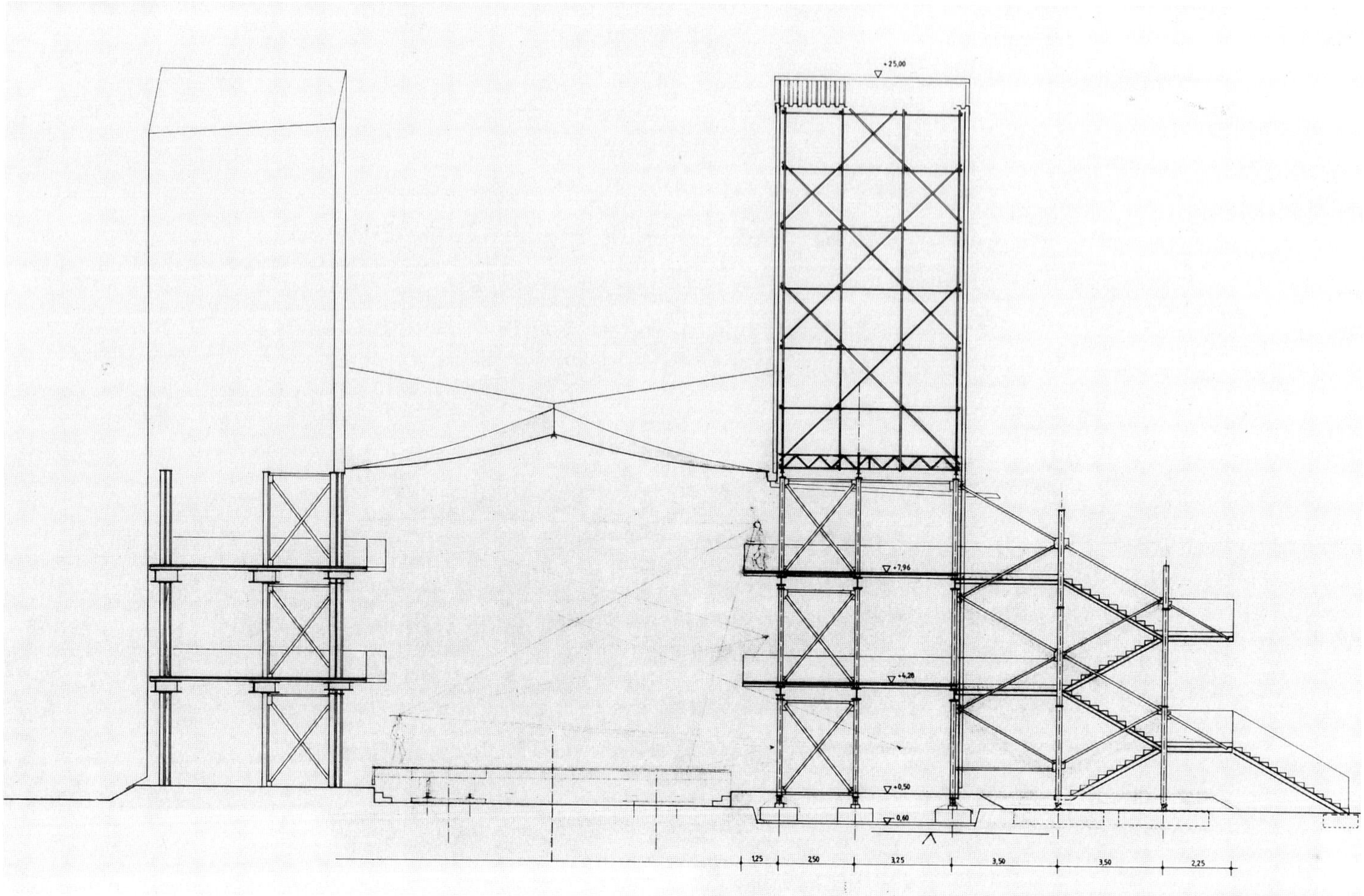

Frühjahr 1986
Querschnitt des Ausstellungsgebäudes

244

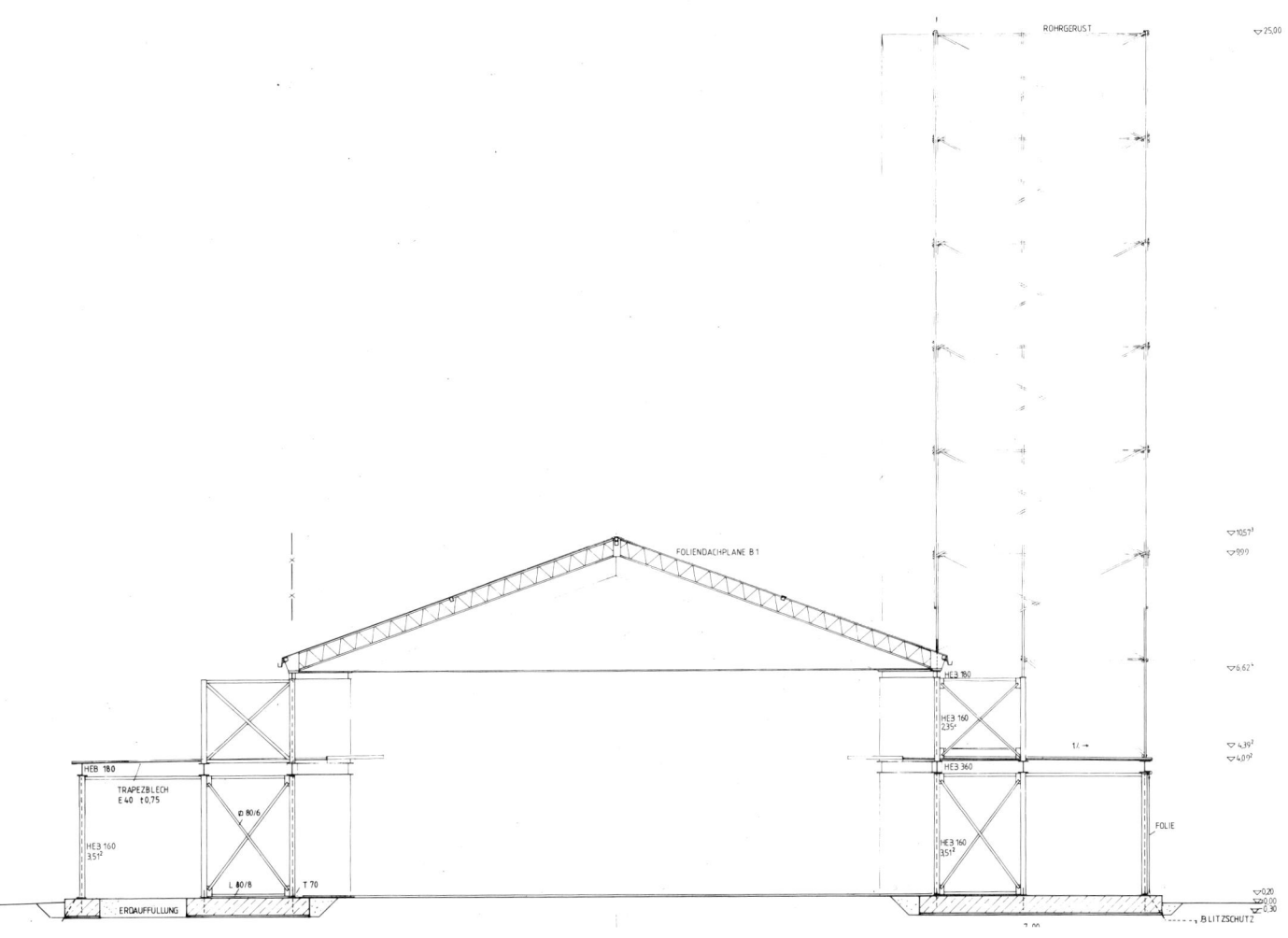

ROHRGERÜST ▽25,00

▽10,57
▽9,99

FOLIENDACHPLANE B 1

▽6,62

HEB 180
HEB 160
235¹
▽4,39
▽4,09

HEB 360
1% →

HEB 180
TRAPEZBLECH
E 40 t 0,75
FOLIE
Ø 80/6

HEB 160
3,51²
HEB 160
3,51²

▽0,20
▽0,00
▽0,30

L 80/8   T 70
ERDAUFFÜLLUNG
BLITZSCHUTZ

Sommer 1986
Der Stahlskelettbau reduziert auf eine
eingeschossige Halle... Die Silhouette
einer transparenten Keilform erinnert an
die intendierte Dimension.

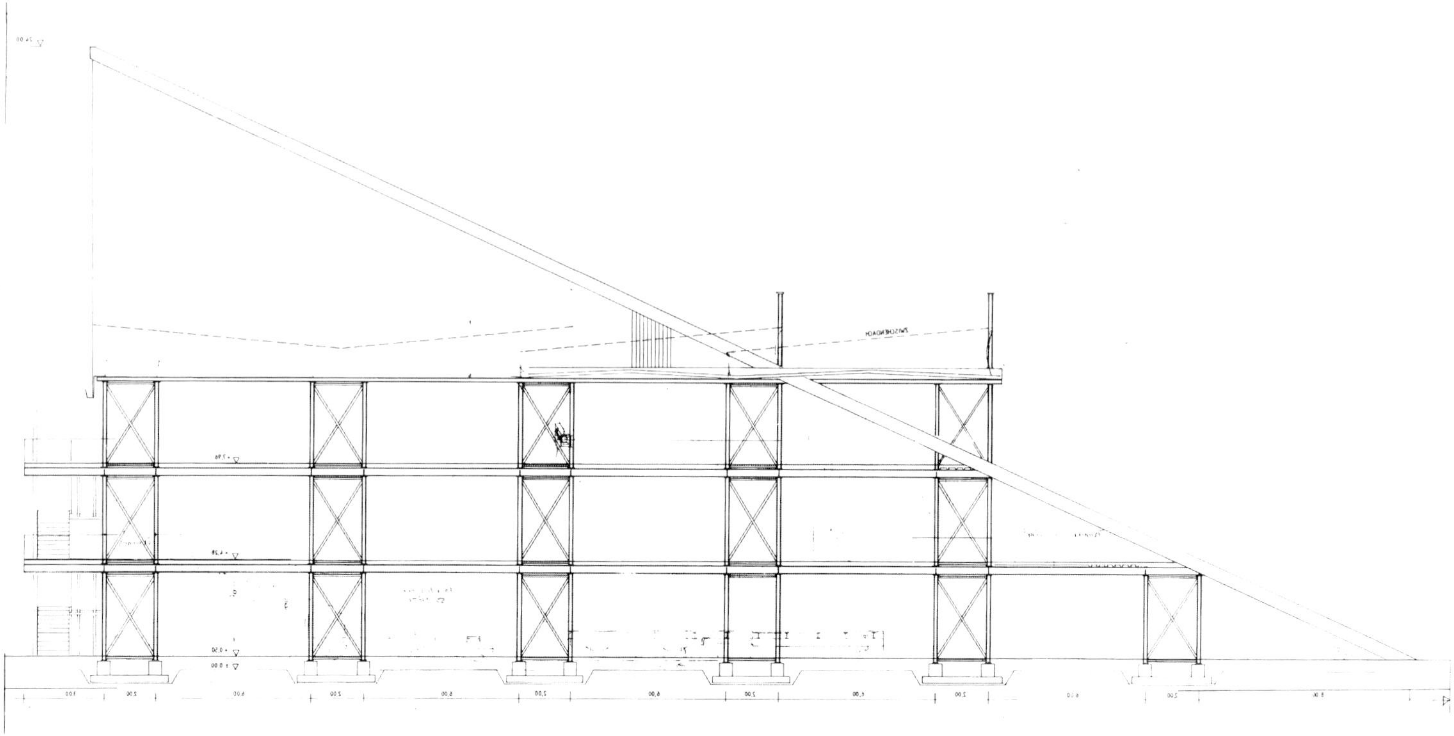

Frühjahr 1986
Das städtebauliche Thema unserer Ausstellung auf den Begriff gebracht heißt:
»Recycling im Stadtraum«. Es gehört zu
unserer Methode, daß wir das Keilgebäude mit Recycling-Material bauen.
Aus über 100 t Stahl der Einrüstung der
Wilmersdorfer Stadtautobahnbrücken
werden die Geschosse gebaut; der Modul
der übernommenen Elemente bestimmt
die Ausstellungsarchitektur mit.

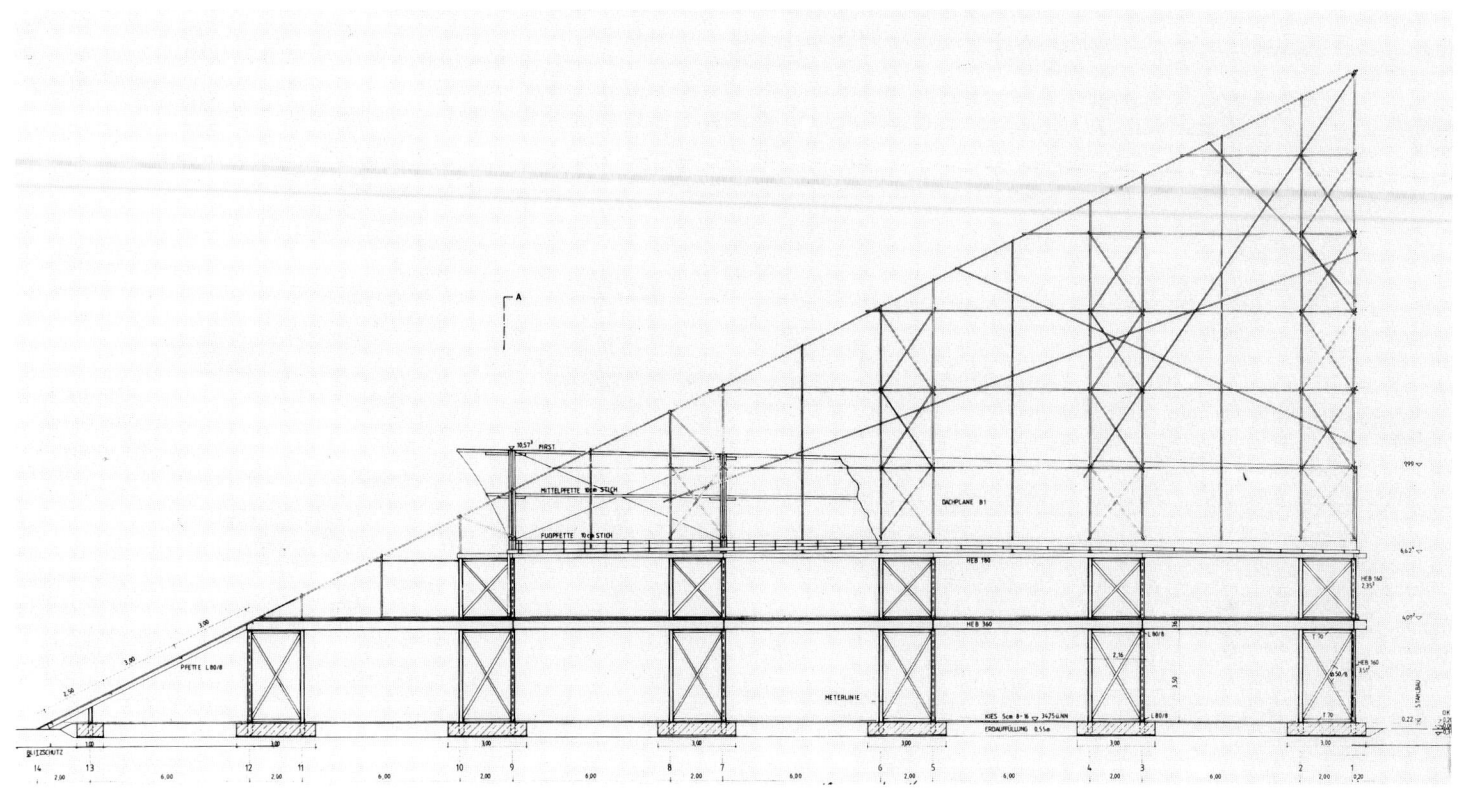

Sommer 1986
Der neue Längsschnitt

247

Frühjahr 1986
Südportal als transparente Raumscheibe
Fotomontage

Herbst 1986
Ein Inszenierungsmoment: 60 t Wind auf
der Membran des Südportals.
Modellsimulation

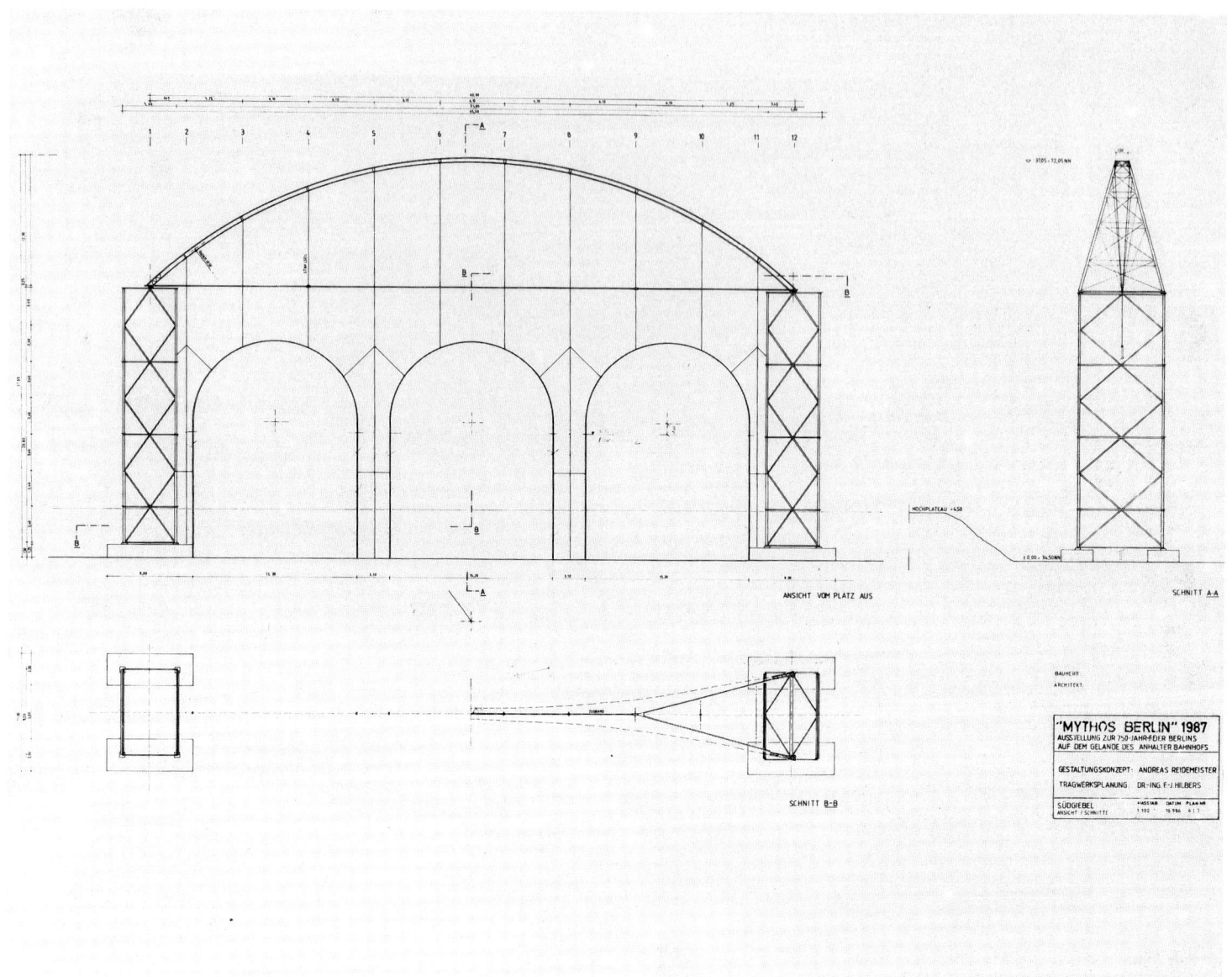

ANSICHT VOM PLATZ AUS

SCHNITT A-A

SCHNITT B-B

"MYTHOS BERLIN" 1987
AUSSTELLUNG ZUR 750-JAHR-FEIER BERLINS
AUF DEM GELÄNDE DES ANHALTER BAHNHOFS

GESTALTUNGSKONZEPT: ANDREAS REIDEMEISTER

TRAGWERKSPLANUNG: DR.-ING. F.-J. HILBERS

SÜDGIEBEL
ANSICHT / SCHNITTE

Montage 24.4.87
Die Ausgereiftheit der historischen Bo-
genkonstruktion und die Leichtigkeit des
industriell gefertigten großen »X-Trä-
gers« der Firma Filigranbau ermöglichen
die Realisierung der räumlichen Geste
des Südportals.

Montage 24. 4. 1987

Die dritte historische Schicht wird gelegt:
1842, 1877, 1987

Südportal
Franz Josef Hilbers

Das Südportal des Anhalter Bahnhofs sollte in seiner Silhouette als Symbol für dieses eindrucksvolle Gebäude neu entstehen und damit über die vormalige großartige Anlage Auskunft geben.

Obwohl noch viele Zeichnungen von dem Bauwerk vorhanden sind, ist aus ihren Abmessungen kaum abzulesen, welche Grundmaße der Baumeister gewählt hatte, um seinen Entwurf in ausführungsreife Zeichnungen umzusetzen.

Die Grundmaße sind überdeckt durch die Anpassung an die Ausführungsmaße für das Mauerwerk, durch die Verfeinerung der architektonischen Linienführung und durch ästhetisch gewollte Ausschmückungen.

Will man das Grundgerüst der Abmessungen ergründen, so muß man zu Zirkel und Lineal greifen. Mit der Vorstellung, dem Baumeister über die Schulter zu schauen, wie er aus seinem Entwurf die Ausführungszeichnungen entwickelt, kann man nun versuchen, Schritt für Schritt die vorliegenden Abmessungen nachzuvollziehen, sie zu abstrahieren, um in die Konstruktion einzudringen.

Für das Südportal als geeignet erschien die Zeichnung »Innere Ansicht«, die von Franz Schwechten, dem Baumeister des Anhalter Bahnhofs, mit Datum vom 30. Dezember 1876 für die Baugenehmigung angefertigt wurde.

Die damals übliche Art, eckige Übergänge zwischen Kreisbögen und Geraden durch Korbbögen, also Teilkreisen mit reduzierten Radien, zu konstruieren, ist in den Abschußlinien wiederzufinden.

Mit den ermittelten Grundmaßen war es nicht mehr schwierig, wesentliche Elemente des Südportals in einer Stahlbaukonstruktion zu erfassen und dem Entwurf von F. Schwechten zu folgen. Der realisierte Bogen aus zwei gegeneinandergelehnten Bogenelementen ruht mit einer Spannweite von 60 Metern auf den Stahlgittertürmen. Damit sind die Grundelemente vorhanden. Die Arkaden wurden durch Andeutung ihrer Pfeilerlinien und die drei Portalöffnungen durch Bogenelemente stilisiert.

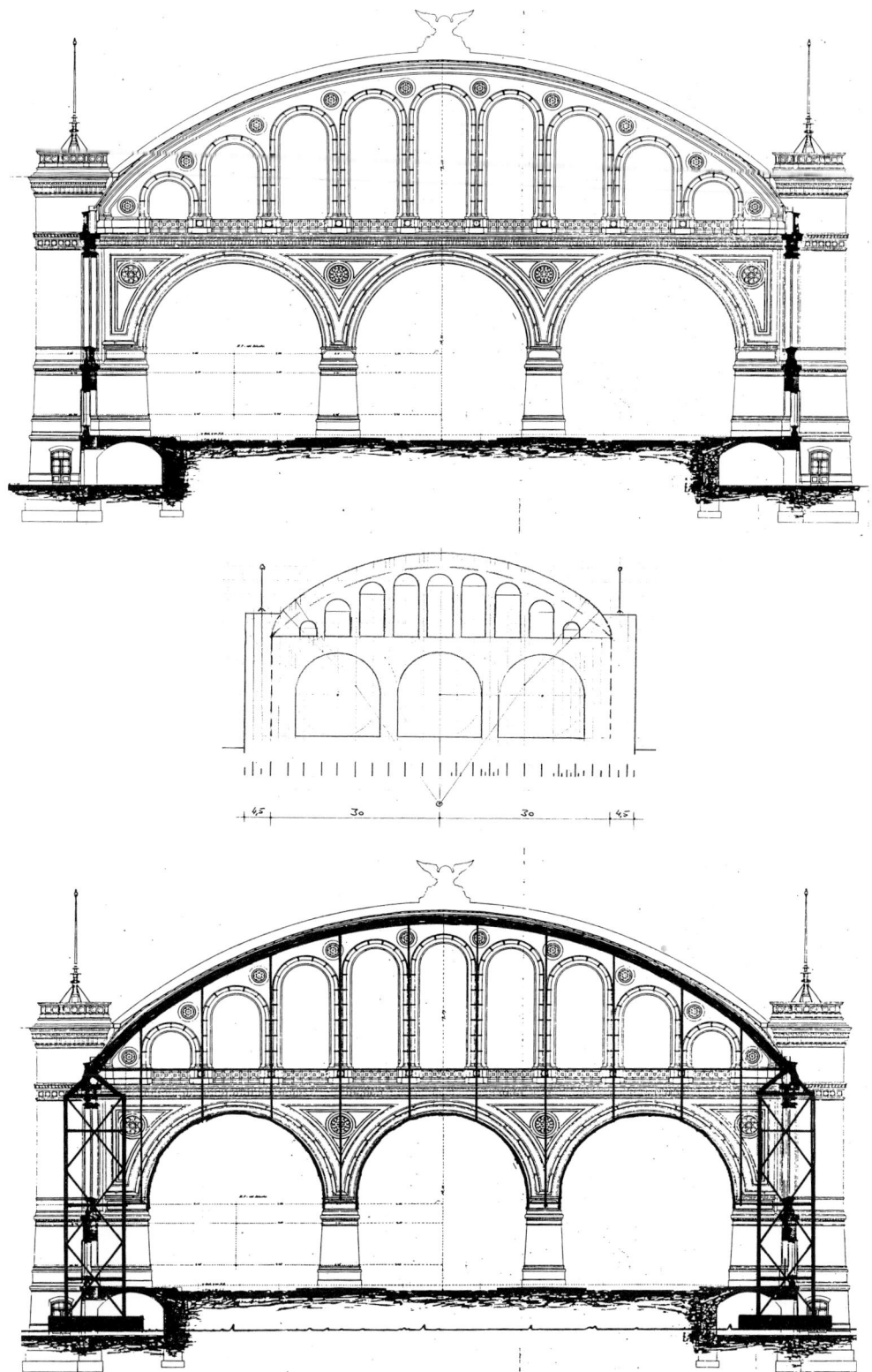

Bilder vom Gelände
Marlene Apmann

Vegetationsstruktur

An das Ausstellungsgelände grenzt ein Hochplateau, so hoch wie die alten Bahnsteige. Durch einen Zaun geschützt entwickelte sich dort eine artenreiche Vegetation.

Das Ausstellungsgelände selbst war ungeschützt, deshalb haben sich dort nur wenige Pflanzen gegen Lastwagen, Schrott und Unrat behaupten können.

Außerhalb des Hallengrundrisses, vor dem Bunker wird die dort entstandene Spontanvegetation »ausgestellt«. Diese

wird gleichwertig konfrontiert mit dem Torfforum und dem Baumraster – drei verschiedene Ordnungen.

Der rotblühende Kastanienhain wurde scharf abgegrenzt gepflanzt, mit soldatisch ausgerichteten Reihen. (Ein rostzerfressener Stahlhelm aus dem 2. Weltkrieg kam dabei zutage). Zufällige Hindernisse haben die Lücken in die Baumreihen gerissen – Zeichen, die aus der Vergangenheit mit in die Zukunft übernommen werden – vielleicht Elemente einer künftigen Parkgestaltung.

Dietrich Riemann

256

Big Man oder
die unzerstörbare Stadt
Karel Broniatowski

Karol Broniatowski

1945 in Lodz, Polen, geboren
1964 – 70 Studium an der Akademie der Künste in Warschau
1971 Assistent an der Akademie der Künste,
Warschau
1972 – 73 längerer Aufenthalt in Belgien
1975 Aufenthalt in den USA als Gast der Co-
pernicus Society
1976 Stipendiat des DAAD Künstlerpro-
gramms in Berlin
seit 1977 zahlreiche Paris-Aufenthalte
1983 Übersiedlung von Warschau nach Berlin
lebt in Berlin

seit 1970 zahlreiche Einzelausstellungen und
Ausstellungsbeteiligungen u.a. in Warschau,
Venedig (36. Biennale 1971), Gent, Brüssel,
Paris, Mannheim, Philadelphia (USA), Berlin
Saō Paulo

Die Berliner Olympiade 1936
Spiele der Gewalt
Gunter Gebauer / Christoph Wulf

Selten hat es in Berlin ein so perfekt inszeniertes Ereignis wie diese Olympiade gegeben. Die Inszenierung eines Gesamtkunstwerks, das den Mythos, die Architektur, die Wettkämpfe, die Zuschauer und die Medien vollständig einbezog.

Innerhalb von drei Jahren wurden auf persönliches Geheiß Hitlers das Olympiastadion und die olympische Anlage errichtet. Leni Riefenstahl erhielt den Auftrag, einen zweiteiligen Film über die Spiele zu drehen: »Olympia: Fest der Völker« und »Olympia: Fest der Schönheit«, mit dem ihr eine perfekte Inszenierung des Mythos dieser Spiele gelang. Das Internationale Organisations-Komitee der olympischen Spiele wurde im Sinne der Selbstinszenierung des faschistischen Staates funktionalisiert und sah hilflos zu, wie die olympischen Symbole vom Faschismus überlagert und besetzt wurden. Die Spiele wurden zu einer großen, internationale Anerkennung erheischenden Inszenierung deutscher Organisationsfähigkeit und deutschen Kampfgeistes. In ihrem Rahmen verloren die sportlichen Leistungen ihren Selbstwert; sie dienten der Selstinszenierung des Faschismus. Die Zuschauer an den Straßen, auf den Plätzen und im Olympiastadion hatten die Aufgabe, das Überragende des Ereignisses zu bezeugen. Mit dieser Funktion traten sie auch in der Berichterstattung über die olympischen Spiele in Erscheinung, die für die Verbreitung des

Mythos dieser Spiele in alle Welt so wesentlich waren. Stellvertretend für alle, die nicht dabei sein konnten, bekundeten die so funktionalisierten Zuschauer die überhistorische Bedeutung des Ereignisses. Vielleicht fand hier zum ersten Mal das intensivere Ereignis in den Medienberichten über die Olympiade statt. Mit der ersten simultanen Übertragung der Spiele auf die Fernsehapparate in den Berliner Fernsehstuben begann das Zeitalter der Telekommunikation mit den Mythen der Gleichzeitigkeit und Authentizität.

Wenn der Besucher des Berliner Olympiastadions über endlos weite Steinplatten geeilt ist, den Eingang des olympischen Bezirks zwischen zwei scharf in die Höhe steigenden Festungstürmen durchquert hat, vor dem ungeheuren Rundbau aus grob behauenem Stein und der schweren Mauerkrone angekommen und

durch die dunkle Öffnung zwischen den quaderförmigen Säulen geschritten ist, gibt es einen Augenblick, der ihn unweigerlich in den Bann schlägt. Er findet sich in einem gewaltigen Innenraum wieder, der sich weit hinunter in die Tiefe ausdehnt und nach oben in den Himmel aufsteigt, inmitten eines Rundes, das in seiner Geschlossenheit, Einsamkeit und Tiefe nichts anderes gelten läßt als das, was sich in ihm abspielt: unten auf dem Rasen und der Laufbahn, in der Mitte des Stadions auf den wuchtigen vorgeschobenen Steinquadern der Führerloge und auch überall auf den Rängen.

Die Autorität des Stadions läßt alles zum Theater werden, das seinerseits hier keine andere Form annehmen kann als die des Dramas und die Lust der Zuschauer, darin zu verschmelzen. Nirgendwo wird begreifbarer, daß der Sport den Charakter einer eigenen Welt für sich beansprucht. Was immer man davon halten mag, sein Eigensinn läßt sich an dieser Stelle nicht leugnen. Die Weite, das Geordnete, die Steinmassen, der tiefe Einschnitt des Marathontores mit der feierlichen Treppe, dann weit hinten, jenseits des Maifeldes, der Glockenturm; alles stellt eine Weihe her, unterdrückt das Alltägliche und befiehlt dem Besucher eine Sammlung seiner Gefühle.

Kein Ort wilder Feste, hier kann nichts brennen – nur die Flamme in der Opferschale; es ist ein Ort gigantischer Feiern. Wenn er leer ist, kann noch niemand wissen, für welchen höheren Anlaß die Feiern aufbrechen sollen; wenn er gefüllt ist, hat die Erwartung eines Festes eher etwas Erschreckendes.

Die Zuschauer strömen hinein, Massen in sorgfältig gelenktem Fließen. Alle sitzen, keiner muß stehen; das Stadion braucht Musik, die gesammelte Erregung größter Ereignisse, der allergrößten; es verlangt die Superlative: das Mittelmäßige erfährt hier ein gnadenloses Schicksal, es stürzt ab. Halbleer verliert der Ort seine Wärme; er verlangt die Mobilisie-

Schauspieler, einzeln oder in kleinen Gruppen. 1936 sind es keine Individuen, die hereintreten, sondern Kolonnen unterschiedlicher Stärke, abgestuft nach der sportlichen Leistungshöhe: gewaltige Züge im Marschschritt bilden die Großmächte des Sports; kleine energisch marschierende Gruppen die sportlichen Kleinstaaten. Der Innenraum füllt sich: Japan, Italien, Österreich, die USA, Frankreich – der Höhepunkt kommt auch hier zum Schluß: das deutsche Reich, das wiedergeborene Deutschland, die Mann-

mengesetzt. Aber der antike Mythos und die griechischen Rituale werden von der neuen Flamme dieses Lands verzehrt, das Totenopfer ruft neuen Tod herbei; dies ist die Umkehrung der Olympischen Botschaft, die vom »Führertum« und der Langemarckhalle ausgesandt wird. Der wiedergeborene Pelops wird insgeheim sein Sterben vorbereiten.

Die Nacht verzaubert das Stadion und vereinigt es mit dem Himmel; sein Raum wird unendlich. Die großen Gefühle in Deutschland werden durch das techni-

rung der Massen, die pralle Fülle von Menschen und Ereignissen. Als disziplinierte Reihen, von unten nach oben, von den Kurven zu den Geraden geordnet, sitzen die Zuschauer in Reih und Glied. Hitler ließ sich mit dem Wagen von der Heerstraße aus an den Südeingang, das ›Königsportal‹, heranfahren, betrat dann aber das Stadion durch einen unterirdischen Gang; unversehens tauchte er in seiner Loge auf, er war auf einmal da, unter seinem Volk, ein als Volksgenosse verkleideter deus ex machina, einzigartig hervorgehoben im architektonischen Zentrum des Runds.

Wie bei jedem echten Schauspiel sitzen zuerst die Zuschauer, dann kommen die

schaft, die sich als die weitaus stärkste, erfolgreichste erweisen würde, eine stählerne Säule, von einem Willen beseelt, in einem unglaublich ruhigen, maschinenhaft gleichmäßigen Tritt, Menschen in Weiß, ein Wunder an Erneuerung eines geschlagenen, von schwersten Krisen heimgesuchten Landes.

Dies ist die Szenerie eines Weihespiels, einer Wagner-Oper und eines Turnfestes zugleich; eine solche Szenerie kann nur mit einem Schwur und Beethovens Neunter enden. Das Menschenmeer verdoppelt sich in ein Fahnenmeer, das Feuer flackert in der Opferschale: der zerstückelte Pelops wird wie im Gründungsmythos des antiken Olympia wieder zusam-

sche Mittel der Flakscheinwerfer, die einen »Lichtdom« bilden, auf das Höhere gerichtet. Die Jugend des Volkes wird aufgefordert, sich in der Nacht ihren Selbstausdruck zu suchen im Opfer ihres Lebens für das Höchste, was in diesem Rund denkbar ist: für die Volksgemeinschaft.

Die sportlichen Leistungen, so ausgezeichnet sie sind, vermögen in dieser Arena keinen Selbstwert zu erlangen. Die einzelne hohe Leistung, der Rekord, wird in den Rang des Wunders gestuft; sie wird vom Publikum herbeigesehnt wie die Heilung eines Unheilbaren. Aber wie das religiöse Wunder, gehört sie nicht dem Athleten; sie bleibt nichts anderes als Zeichen der Macht, die von ihr profitiert, die ihr die Vieldeutigkeit des individuellen Willens nimmt, die Egozentrik der Ziele, die der Athlet mit ihr verfolgte. Sie werden Tribute, darzubringen immer auf dem selben Altar, immer als Weihehandlungen. Die Auslöschung des Individuellen funktioniert nicht vollständig, denn sportliche Leistungen sind rebellische Materie.

Alle Zeichen, auch die sportlichen Gesten, sind im Raum des Stadions doppeldeutig: Der friedliche Kampf, der hier beschworen wird, verwandelt sich später in den wahren; die Tauben, die aufsteigend den Frieden verkünden sollen, fliegen heim in die Taubenställe des deutschen Heeres; der Gruß der französischen Mannschaft im olympischen Geist wird als Gruß an Hitler interpretiert; die Initiation, zu der die Jugend der Welt gerufen wird, weiht sie letztlich nicht dem Leben, sondern dem Tod. Das Fest der schönen Körper bereitet das Tribunal gegen die Untüchtigen vor. Berlin träumt seinen Traum von Olympia, wo alles ganz ähnlich ist wie am antiken Ort, aber doch ganz anders, letztlich eine christlich inspirierte Umkehrung des griechischen Festagons. War schon Preußen nicht Athen, so ist Hitlers Berlin noch weniger Olympia.

Es ist schwer, sich von dem Eindruck dieses Stadions freizumachen. Berlin hat damit ein ganz intaktes Stück seiner Vergangenheit, ein Zeugnis seiner alten Größe ohne Narben; alle Wettkampfstätten sind vollständig erhalten. Das Aufmarschfeld und einige andere Prachtstücke reserviert sich der englische Alliierte. Ihren Respekt vor der Inszenierung der Spiele von 1936 bezeugen viele, auch scharfe Kritiker. Die Reinheit und Unschuld der Teilnehmer mag echt gewesen sein. Dann aber paßten sie nur noch besser in das Konzept der Veranstaltung; je reiner, je unschuldiger, je jünger die Sportler und Zuschauer, desto besser funktionierte die Inszenierung und desto größer war die Glaubwürdigkeit. Fatal ist die Bereitwilligkeit, mit der sich der olympische Sport inszenieren läßt; aber auch begreiflich: Da er über ein offen interpretierbares inszenatorisches Konzept verfügt, ist er letztlich der Ästhetik des Veranstalter-Staates ausgeliefert. Er wird sogar zu einer der Stützen der Staatsästhetik; in totalitären Staaten ist dies seine Hauptaufgabe.

Mehr noch in seiner ästhetischen Funktion als im Nachweis hoher Leistungsfähigkeit liegt seine wesentliche Aufgabe für die Herrschaftssicherung. Die Ästhetik des Staates entfaltet Macht über die Körper: die Athleten sind ihr vollendeter Ausdruck, die Disziplin und der Enthusiasmus der Massen ihr eindrucksvollster Beweis von deren Zustimmung. Überall,

wo die staatliche Macht um Einverständnis buhlt, lockt sie mit ästhetischen Formen, mit dem von ihr bestimmten Schönen. Der Sport paßt bruchlos in ihre alten Muster, wie die der Gemeinschaft, der Wiedergeburt und der Gewalt.

Der Olympismus hat dem Hitler-Staat mehrere interessante Angebote zu machen: Die Macht verlangt die Tüchtigkeit der Körper; alles andere gilt ihr als minderwertig. Die Berliner Spiele werden so inszeniert, daß die besten Körper überhaupt angetreten sind, um die Verpflichtungen, die ihnen der Staat gesetzt hat, zu erfüllen. Weiterhin verfügt der olympische Sport über das größte und verführerischste Theater, das es gibt, das Stadion.

Es ist zu einer bestimmten Stunde Tag für Tag mit 100 000 Zuschauern gefüllt. Es gibt der fließenden, unsteten Masse eine feste Form: ein flüssiger Ring in einer kolossalen Steinfassung, geschlossen unter freiem Himmel, voller Wärme und Emotionen. Schließlich verwandelt der Olympismus seine Räume in heilige. Der Nationalsozialismus sucht heilige Räume überall; anderswo muß er sie erst künstlich schaffen unter Eichen, in Ehrenmalen und Weihehallen. Olympische Spiele erzeugen eine traumhafte Wirklichkeit, eine Welt der Magie, die sich zuletzt mühelos ins wundergläubige Kalifornien transportieren ließ. Die NS-Stimmungsarchitektur nahm die Kinobauten als Stilvorbild, die Spiele von Berlin und Los Angeles das Kinoheldentum. Die Inszenierung der Spiele öffnet den Himmel; in Berlin senkt sich Walhalla über die olympischen Götter, die Magical Mystery Tour von Los Angeles verzaubert das Stadion in ein Disneyland.

Der Sport ist ein phantastisches System der *freiwilligen* Unterordnung. Er wirkt durch das Konzept der Normalität, der Normkörper, das er ausbreitet und das ihm von immer mehr Menschen geglaubt wird. Er richtet sich, ohne es ausdrücklich zu wollen, gegen die untüchtigen Körper. Sein Zauberwort heißt: Erziehung der Körper gegen die Dekadenz der Zeit; das ist sein Reformprojekt. Coubertin sah »mit großem Vergnügen«, daß sich Deutschland und Italien auf den Boden einer solchen Erziehungsreform gestellt hatten, »die allein zu der letzten Verwirklichung des von ihm erstrebten sportlichen Erziehungsziels führen könne«. Nach den Olympischen Spielen spricht er begeistert davon, sie seien »von hitlerischer Kraft und Disziplin illuminiert worden«.

Heute hat man sich in Deutschland auf die Formel geeinigt, die Berliner Spiele seien politisch ausgenutzt worden. Dieses

Der Film beginnt mit den Aufnahmen von zerbrochenen Ruinen der antiken Tempel. Sie liegen in den Wolken und erwachen langsam aus dem Schlaf der Jahrtausende: Eine Auferstehung des antiken Griechenlands kündigt sich an: In den Himmel emporragende Säulen, von Wolkenfetzen verhangene, im Morgenlicht leuchtende Tempeltrümmer. Langsam entsteht im Film ein imaginärer, zeitentrückter Raum aus Wolken und Ruinen, in dem allmählich antike Statuen in Erscheinung treten. Zunächst kaum erkennbar, dann deutlich sichtbar, dann wieder dem Blick entrückt – ein Spiel von Erscheinen und Verschwinden. Immer mehr gewinnen sie Gestalt: Apollo,

Vom Volk umjubelt, läuft er durch das Brandenburger Tor zum Olympiastadion, wo die olympische Gemeinde seiner harrt. Hier wird die »Flamme aus Griechenland« der deutschen Olympiade und damit dem deutschen Reich und seinem Führer übergeben. Entsprechend dieser Intention werden plötzlich auch die nationalsozialistische Fahne und der Kopf Hitlers eingeblendet. Aus dem Zeus- und dem Pelosopfer wird ein Opfer für den Führer, das bald schon in bis dahin unvorstellbarem Maße eingefordert wird. Wurden in Griechenland aus Göttern Menschen, so machte man in Deutschland aus Menschen Götter. Die Musik mit ihren heroischen Fanfaren-

Urteil ist blind für die ästhetischen, rituellen und mythologisierenden Zusammenhänge zwischen Olympismus, modernem Sport und dem Nationalsozialismus. Es übersieht die Rolle der Gewalt in der Inszenierung des sportlichen Völkerwettkampfes. Die Macht hat auf dem Wege der ästhetischen Inszenierung die Spiele ergriffen: »der totalitäre Staat wird durch Schönheit maskiert« (Enquist). Wie andere Gesamtkunstwerke auch, tendiert das der Olympischen Spiele zu einer Allianz mit dem Faschismus.

Die Inszenierung der Spiele wird überhöht durch den das Ereignis für die Erinnerung und die Zukunft noch einmal inszenierenden Film Leni Riefenstahls. Die Botschaft ihres Films: Die Olympiade in Berlin ist ein mythisches Ereignis, in dem die griechische Antike und die deutsche Gegenwart eine grandiose Verbindung eingehen.

Achilles, Paris. Plötzlich taucht der Diskoswerfer aus Myron auf. Sogleich überblendet ihn die Kamera: Aus dem antiken Diskoswerfer wird ein aggressiver germanischer Diskuswerfer – ein Vorgang, den Leni Riefenstahl als »wiederbelebte Antike« bezeichnet. In seiner Hand ist die Scheibe des Diskos zur Waffe geworden. Ihm folgen zum Leben erweckte Speerwerfer und Kugelstoßer. Junge Frauen treten in Erscheinung: Tänzerinnen: im Reigen und beim Reifenspiel am Meer; in den Dünen nackte Körper vor einer sie in schwüler Erotik umspielenden Sonne. An dem für Zeus und Pelos auf der Pelosinsel brennenden Feuer wird die Fackel entzündet und in einem gigantischen Lauf von Griechenland nach Berlin gebracht. Eine von Wolkenfetzen umwehte Landkarte zeigt seine Etappen. Endlich gelangt der Fackelträger nach Deutschland.

klängen betont die Mythenbildung des Films, dessen Absicht es war, das olympische Ereignis von 1936 »schöner als in Wirklichkeit« (Riefenstahl) in Erscheinung treten zu lassen. Der Traum des Olympismus und der des Nationalsozialismus werden zur Überschneidung gebracht: der olympische Traum wird vom Faschismus für seine Zwecke funktionalisiert.

Man wird nicht den Grund der Faszination der Berliner Spiele aufspüren können, wenn man nicht die ungeheuer dichte Organisation ihrer Zeichen offenlegt. Tatsächlich werden Zeichen in einer seltenen Fülle und Dichte produziert – die Räume, die Zeitgestaltung, die Kämpfe, die Massen, die Athleten und Nationen –, buchstäblich nichts entgeht der Symbolisierungswut der Veranstalter. Alles repräsentiert; jedes Ding, jedes Ereignis ist mit einem anderen verbunden; das Wirkliche wird Symbol für das Unwirkliche, »alles war wie im Film« (S. Kracauer). Die Deutschen sind zugleich die wiedergeborenen und die neuen Griechen, die Italiener der faschistische Bundesgenosse und Träger römischer Größe, die Österreicher, die Eigentlich-Deutschen, die Franzosen, der Erbfeind und der sich unter die Macht des Gastgebers – scheinbar – beugende Gast.

Schon der Olympismus hatte die Anzahl der Repräsentationen eindrucksvoll vermehrt und das sportliche Ereignis in manchem zu einem Kostümfest gemacht. In Berlin stößt er auf einen ungleich mächtigeren Symbolproduzenten, der zudem den Kostümen den Schein von Echtheit

Sportfest zum Weihefest, aus Zeus wird Hitler.

Die geheime Gewalt der Spiele, die selbst genauen Sachkennern verborgen bleibt, erzeugt eine Situation der Unterdrükkung von Persönlichem, der Unterwerfung unter NS-Rituale und eine permanente Stilisierung aller Teilnehmer im nationalsozialistischen Sinn. Sie verlangt also eine ständige Anerkennung der Deutung, die ihnen der deutsche Gastgeber gab. Kein Zweifel, daß die Beteiligten dies akzeptierten. Sicher ist auch, daß es den Nationalsozialismus seinerseits beträchtliche Konzessionen kostete, den Olympismus von innen her zu durchdringen. Olympia sollte auf dem Feld des

genheit und Festigkeit aufgefaßt. Wie die deutsche Olympiamannschaft ist die nationalsozialistische Plastik Repräsentant gegen ein faulendes Saeculum, gegen die Lehmbrucks, Kollwitzs, Barlachs, gegen ein demütiges, vergeistigtes, mitfühlendes Bild des leidenden Menschen, kurz: gegen die Dekadenz:

Der Mensch des neuen Menschenbildes leidet nicht, er läßt leiden: Es gibt zu diesen Plastiken immer einen Feind – das Häßliche und Minderwertige. Die nationalsozialistischen Sportplastiken sind wahre Sinnbilder, Denkmälern vergleichbar, die bei den Nazis so beliebt waren: einsam wie diese, herausgelöst aus

zu verleihen im Stande ist. Wagner, der musikalische Favorit Coubertins und Hitlers, wird zu übertrumpfen gesucht. In vielem ähneln die Nazi-Zeichen denen, die sich die olympische Bewegung in den vierzig Jahren ihrer Existenz ausgedacht hat. Aber das Entscheidende ist, daß das olympische Zeichenreservoir unmerklich von innen her umgeformt wird, bis es in das Lager des Nationalsozialismus hinübergleitet: Der olympische Mythos braucht den Heroen und den obersten Gott, Zeus, dem geopfert wird. Der deutsche Mythos braucht den Herrn des Festes, der zugleich Herr über Leben und Tod ist. Die anachronistische Ritterwelt des Sports wird zur Anständigkeit des deutschen Kämpfers, der Elitismus Coubertins zum Rassismus, die Wiedergeburtsidee Olympias zu einer nationalsozialistischen Erlöserreligion, die Dramatik des Wettkampfes zur Tragik, das

Sports nicht sein letztes Wort bleiben – die Zukunft lag in Nürnberg mit gigantischen Germanischen Spielen, in einem Stadion, das alle Vorstellungen sprengte und das dem Spezialisten für derartige Unternehmungen, Albert Speer, anvertraut wurde.

Wesentlicher Bereich der Zeichenproduktion neben der Architektur und den Ritualen sind die künstlerischen Menschenbilder, insbesondere die plastische Kunst. Die Olympischen Spiele markierten die offizielle Aufnahme des antiken Schönheitsideals, definiert in den Arbeiten Arno Brekers, und ihrer Promotion zur repräsentativen Staatskunst. Was uns heute wie ein Rückfall weit hinter den Stand der modernen Kunst vorkommt, wird von den Nazis und der schweigenden Mehrheit als Wiedergewinnung eines erkennbaren, zur Identifikation einladenden Menschenbildes der Stärke, Überle-

ihren Umgebungen, mit wuchtigen, elementaren Formen, geschichtslos, ohne Lebendigkeit und Individualität sollten sie als Jahrtausende auf den Betrachter herabblicken. Die Plastiken und Athletenkörper bleiben, für sich genommen, immer leer; man muß sie sich mit Musik vorstellen, wie im Riefenstahl-Film. Das Starre bleibt dann zwar, aber es wird angefüllt mit vaterländischer Stimmung. Starr bleibt der Körper dann immer noch, aber aus Emotion; in einer solchen Haltung wollte der Nationalsozialismus seine Olympiakämpfer sehen, seine »politischen Soldaten«, die zu Beginn ihrer Vorbereitung auf die Spiele in der Deutschen Oper den Schwur auf den Führer leisten mußten. Aber auch als Gefühlskörper haben sie keinen Ausdruck, ihr Gesicht entspricht einem Standard, das ist alles. Auch die Bilder, Pressefotos und der Riefenstahl-Film zeigen kaum Gesichter.

Die Athleten sind als Ausdruck einer Idee vollkommen körperlich. Sie brauchen kein ausdrückendes Gesicht.

Die Zeichen der Spiele wirken zugunsten einer politischen Macht, ohne im geringsten politische Eigenschaften zu besitzen. Ihre Wirkungsweise beruht auf Stimulation und Täuschung. Sie exaltieren das Geschehen und sie täuschen, weil sie *als Kunst* erscheinen, aber in Wirklichkeit biologistisch geprägt sind. Das wesentliche Zeichen des gesamten Repertoires ist das Blut: es bildet die Rasse, die Gemeinschaft und den Wert des einzelnen. Blut ist das Zentrum des Opferkults. Es wirkt andererseits ins Lebendige: es gestaltet den menschlichen Körper in seiner ursprünglichen Form, was immer man sich darunter vorgestellt hat. Die Wunderleistungen der deutschen Athleten bezeugen ihre Rasse. Die Spiele feiern das Blut, seine Erhaltung, Vermehrung und Verbesserung, und sie bereiten mit ihrem Festrausch das neue große Vergießen vor.

Bildverschiebungen

Jan Berg

Nur noch zehn, zwölf Minuten, mein Flug ist aufgerufen. Doch eigentlich ist es keine Frage der Zeit. Die ganze Nacht schon war ich allein.

Hätten auf dem Herflug zehn idiotische Terroristen den Piloten zu zwanzig Flughäfen gelotst, jedesmal hätte ich gedacht: hier ist es, ich werde sie wiedererkenne. Aber ich landete, wo ich landen sollte, arbeiten sollte, in Berlin, in den Bildarchiven, in der Nazizeit und in der Zeit danach. Und landete tatsächlich bei ihr, gleich in der ersten Woche.

Archive sind nicht jedermanns Sache, auf die Dauer aber Todesorte wie alle Orte des Lebens. Sie sah mich an aus jedem Bild. In der Menge erkannte ich sie zuerst wieder. Der Führer kommt, der junge Kriegsheld, der Duce. Ein großer Platz

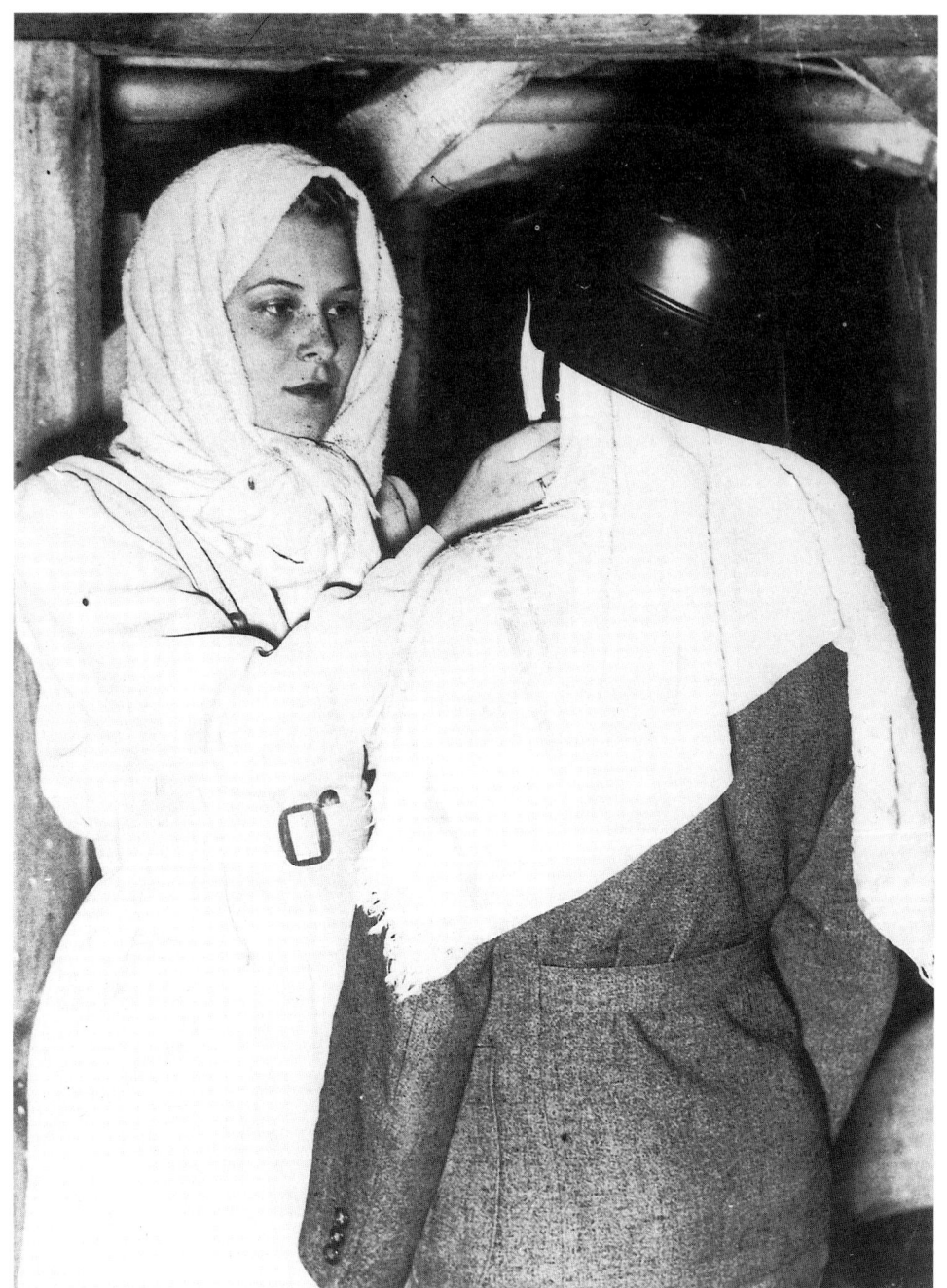

also und eine Menge: so, daß jeder sein
eigner Vordermann ist und Hintermann.
Männer wie Frauen, Jungen wie Mädchen. Ich sehe sie in ihrem kurzen blauen
Röckchen, frieren, weiße Kniestrümpfe,
Baumwolljäckchen über weißer Bluse.
Sie schaut mich an. Dann der Mercedes.
Vorbei. Am Abend nur noch die Bäume
an ihrem Platz. Sie war da, ich habe sie
gesehen.
Du bist da. Du bist die Frau bei der Luft-
schutzübung, mit dem nassen Tuch um
Kopf und Schultern, mit dem man durch
brennende Räume gehen kann. Du bist
die Frau in der Kartoffelschlange, in der
Kohlenschlange, die Frau mit dem Tur-
ban-Tuch, das so praktisch ist in den
Bombennächten. Du bist die Flüchtlings-
frau aus Ostpreußen.

Du bist da in jedem Bild, siehst mich an. Du sagst, du redest dich nicht heraus, du sagst, alles ist auf den Bildern zu sehen. Aber ich sehe das anders und ich sage: ich muß dir das erklären. Das ist es nicht! sagst du. Ich soll nichts hineinlesen in die Bilder. Aber auch: ich soll es ruhig tun. Die Toten könnten mit jeder Erklärung leben. Du bist da und du bist dabei, mich hilflos zu machen. Du sagst, ich soll dazukommen, in die Bilder. Aber jetzt müßte es sein. Eines Tages wäre es zu spät oder zu früh. Wir haben geredet, so: wie man den Anfang des Traums niemals herauskriegt. Wie es immer später wird. Was sich sowieso keiner vorstellen kann. Und wie glücklich man gewesen wäre. Wie man letztlich alle Lust verlieren kann, alles aufs selbe hinausläuft. Wie banal

Träume sein können und was man sich
auch anders hätte denken können oder zu
anderer Zeit. Warum die kleinen Schritte
sinnlos sind in bestimmten Situationen,
die Idee vom Realitätssinn ein Hut mit
Krempe. Wieso Erfahrung und Hoffnung
sich niemals unter die Augen kommen
sollen, wenn es kein Unglück geben soll.
Weil man sowieso nicht alles im Kopf haben könne und wer sich noch umsehen
werde.

Ich sehe dich überall. Du bist die junge
Mutter mit dem Kinderwagen, du bist die
alte Frau mit dem Kinderwagen und den
Kartoffeln drin, mit dem Holz, du bist die
Frau am Fenster, 1945. Du bist das BDM-
Mädchen in der Tür, mit den Klamotten,
die du gesammelt hast fürs Winterhilfs-
werk, mit der Sammelbüchse, mit dem
Lachen. Mit deinen beiden Brüdern
gehst du am Sonntag zum Belle-Allianz-
Platz, jeder zu seinem Fähnlein. Aufstel-

len, nachrücken, warten. Deinen Eltern haben sie die Scheiben eingeworfen, weil dein Vater nicht die Nazi-Versammlung wollte, nebenan. Aber du liebst dein Fähnlein, du hast gern gesammelt für den Führer, am Planufer, die Tempelherrenstraße rauf und runter.

Wenn Voralarm ist, schlägt deine Mutter nachts mit dem Schlüsselbund gegen die Gasrohre. Der Keller ist über den Hof. Manchmal schlägt deine Mutter falschen Alarm. Die Bomber bombardieren anderswo. Du glaubst, die Piloten oben hätten genausoviel Angst wie du. Und daß sie nur die andere Seite des Planufers bombardieren, weil da die Kleindustrie ist. Du glaubst an die Treffsicherheit der Bomber. Du glaubst noch ganz andere Dinge. Propaganda ist eine Kunst, sagen die Nazi-Propagandisten. Politik ist eine Kunst und der Führer ein Künstler. Vor dem Krieg lebt es sich nicht schlecht in

Berlin, für die meisten. Eine Zeit der Lüge, wird man später sagen, aber das stimmt nur aufs Wort. 1939 heißt ein Slogan: Ferienerlebnis Berlin. Was nach außen dringt von der Realität sind Interna. Der König weiß bestimmt nichts. Käme ein Krieg, sagt Goebbels vor dem Krieg, wäre er das größte Unglück für Deutschland und die Welt. Von der Wahrheit eine Scheibe abgeschnitten. Es gibt nichts, sagt dein Deutschlehrer, was man nicht amputieren könnte. Dein Biologielehrer hätte das nie gesagt. Der sprach von der Potenz der Geschichte. Die rutscht auf ihrem Ejakulat aus, bezieht Invalidenrente nach 45. Hungern muß keiner, frieren muß keiner, manche müssen verhungern, manche müssen erfrieren. Manche müssen sich bereithalten zum Abtransport zum Verhungern, zum Erfrieren, zum Verbrennen. 1950 sucht der Vater für seine studierende Tochter ein helles Zimmer mit Waschgelegenheit. Ich habe dich gesehen. Du sagst, man hat nichts von den Bildern, wenn man etwas von ihnen haben will, sie erklären will.

Die Bilder sind ganz klar, einsehbar, ausleihbar, vertauschbar. Du sagst, du redest dich nicht heraus aus den Bildern und ich soll dazukommen. Es soll ganz einfach gehen. Ich komme in 12 Stunden an. Doch eigentlich ist es keine Frage der Zeit. Ich bin allein, die ganze Zeit schon.

2. Juni 67
Petra Goldmann

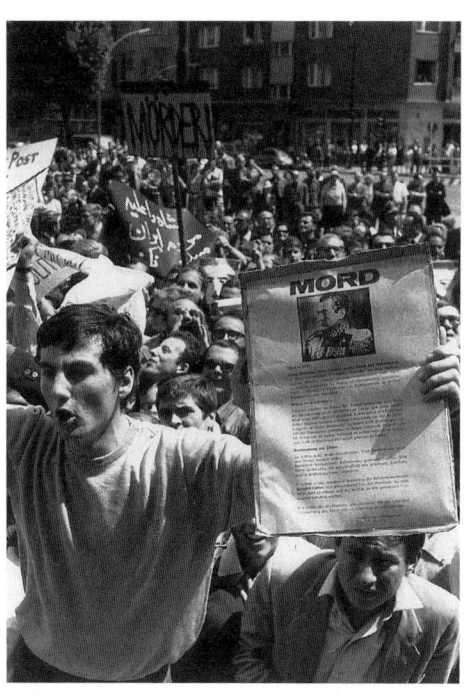

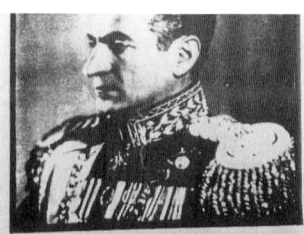

Seit dem Sturz Mossadeghs macht der Iran keine Schlagzeilen mehr. Er füllt nur noch die Klatschspalten. Dort finden, was uns betrifft, keine Krisen mehr statt, sondern nur noch Märchen auf dem Pfauenthron. Denn daß der Iran krepiert, davon haben wir zweierlei: wir verdienen daran, und wir unterhalten uns damit.

H.M. Enzensberger

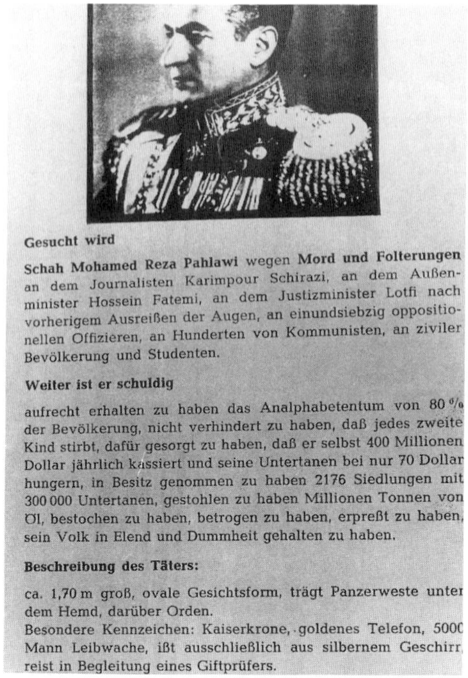

Gesucht wird

Schah Mohamed Reza Pahlawi wegen **Mord und Folterungen** an dem Journalisten Karimpour Schirazi, an dem Außenminister Hossein Fatemi, an dem Justizminister Lotfi nach vorherigem Ausreißen der Augen, an einundsiebzig oppositionellen Offizieren, an Hunderten von Kommunisten, an ziviler Bevölkerung und Studenten.

Weiter ist er schuldig

aufrecht erhalten zu haben das Analphabetentum von 80 % der Bevölkerung, nicht verhindert zu haben, daß jedes zweite Kind stirbt, dafür gesorgt zu haben, daß er selbst 400 Millionen Dollar jährlich kassiert und seine Untertanen bei nur 70 Dollar hungern, in Besitz genommen zu haben 2176 Siedlungen mit 300 000 Untertanen, gestohlen zu haben Millionen Tonnen von Öl, bestochen zu haben, betrogen zu haben, erpreßt zu haben, sein Volk in Elend und Dummheit gehalten zu haben.

Beschreibung des Täters:

ca. 1,70 m groß, ovale Gesichtsform, trägt Panzerweste unter dem Hemd, darüber Orden.
Besondere Kennzeichen: Kaiserkrone, goldenes Telefon, 5000 Mann Leibwache, ißt ausschließlich aus silbernem Geschirr, reist in Begleitung eines Giftprüfers.

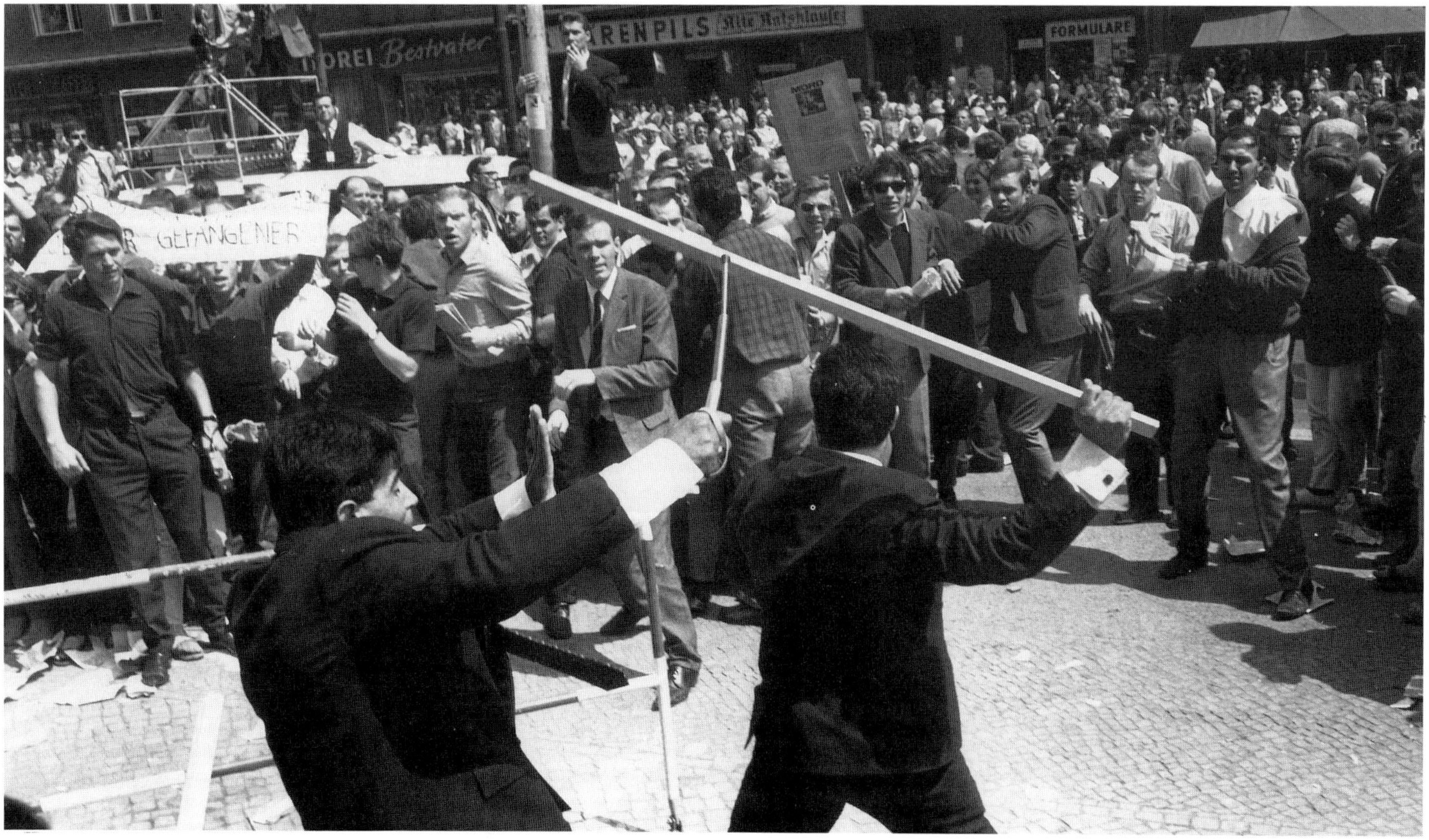

Ulrike Marie Meinhof:
Offener Brief an Farah Diba

Guten Tag, Frau Pahlawi,
die Idee, Ihnen zu schreiben, kam uns bei der Lektüre der NEUEN REVUE vom 7. und 14. Mai, wo Sie Ihr Leben als Kaiserin beschreiben. Wir gewannen dabei den Eindruck, daß Sie, was Persien angeht, nur unzulänglich informiert sind. Infolgedessen informieren Sie auch die deutschen Illustriertenleser falsch.

Sie erzählen da: »Der Sommer ist im Iran sehr heiß, und wie die meisten Perser, reise auch ich mit meiner Familie an die persische Riviera am Kaspischen Meer.« »Wie die meisten Perser« – ist das nicht übertrieben? In Balutschestan und Mehran z.B. leiden »die meisten Perser« – 80 Prozent – an erblicher Syphilis. Und die meisten Perser sind Bauern mit einem Jahreseinkommen von weniger als 100 Dollar. Und den meisten persischen Frauen stirbt jedes zweite Kind – 50 von 100 – vor Hunger, Armut und Krankheit. Und auch die Kinder, die in 14stündigem Tagewerk Teppiche knüpfen – fahren auch die – die meisten? – im Sommer an die Persische Riviera am Kaspischen Meer?

Als Sie in jenem Sommer 1959 aus Paris heimkehrend ans Kaspische Meer fuhren, waren Sie »richtig ausgehungert nach persischen Reis und insbesondere nach unseren natursüßen Früchte, nach unseren Süßigkeiten und all den Dingen,

273

In der Rekordzeit von 25 Minuten führten acht der hübschesten Manniquins der Kaiserin und ihrer Hofdame 56 Modelle für Tages- und Abendstunden vor. Lachen, als DOB-Chef Mohr am Rocksaum die Qualität des Kaiserinkleides prüfte. Gelobt von der Kaiserin, daß keine exzentrischen Modelle gezeigt wurden.
(Spandauer Volksblatt)

aus denen eine richtige persische Mahlzeit besteht, und die man eben nur im Iran bekommen kann«. Sehen Sie, die meisten Perser sind nicht nach Süßigkeiten ausgehungert, sondern nach einem Stück Brot. Für die Bauern von Mehdiabad z.B. besteht eine »persische Mahlzeit« aus in Wasser geweichtem Stroh, und nur 150 km von Teheran entfernt haben die Bauern schon Widerstand gegen die Heuschreckenbekämpfung geleistet, weil Heuschrecken ihr Hauptnahrungsmittel sind. Auch von Pflanzenwurzeln und Dattelkernen kann man leben, nicht lange, nicht genug, aber ausgehungerte persische Bauern versuchen es – und sterben mit 30; das ist die durchschnittliche Lebenserwartung eines Persers. Aber Sie sind ja noch jung, erst 28 – da hätten Sie ja noch zwei schöne Jahre vor sich –, »die man eben nur im Iran bekommen kann«.

Auch die Stadt Teheran fanden Sie damals verändert: »Gebäude waren wie Pilze aus dem Boden geschossen; die Straßen waren breiter und geräumiger. Auch meine Freundinnen hatten sich verändert, waren schöner geworden, richtige junge Damen.«

Die Behausungen der »unteren Millionen« haben Sie dabei geflissentlich übersehen, jener 200000 Menschen, die im Süden Teherans »in unterirdischen Höhlen und überfüllten Lehmhütten leben, die Kaninchenställen gleichen«, wie die New York Times schreibt. Dafür sorgt die Polizei des Schah, daß Ihnen sowas nicht unter die Augen kommt. Als 1963 an die tausend Menschen in einer Baugrube in der Nähe der besseren Wohnviertel Unterschlupf gesucht hatten, prügelte eine Hundertschaft von Polizisten sie da heraus, damit das ästhetische Empfinden derer, die im Sommer ans Kaspische Meer fahren, nicht verletzt würde. Der Schah findet es durchaus erträglich, daß seine Untertanen in solchen Behausungen leben, unerträglich findet er lediglich ihren Anblick für sich und Sie etc. Dabei soll es den Städtern noch vergleichsweise gut gehen. »Ich kenne Kinder – heißt es in einem Reisebericht aus Südiran –, die sich jahrelang wie Würmer im Dreck wälzen und sich von Unkraut und faulen Fischen ernähren.« Wenn diese Kinder auch nicht die Ihren sind, worüber sie mit Recht heilfroh sein werden – so sind es doch Kinder.

Hausfrauen und Rentner!
Angestellte und Beamte
Arbeiter und Freischaffende
Schüler und Studenten

Dieser »Offene Brief an Farah Diba« soll beitragen zum Verständnis von Protesten gegen unmenschliche Daseinsbedingungen, gleich, ob sie in Deutschland, Vietnam, Griechenland, Persien oder in einem anderen Teil der Welt bestehen.

Menschen, denen es um Demokratie und Humanität Ernst ist, können nicht den lächelnden Unterdrückern eines hungernden Volkes zujubeln.

Menschen, denen es um Demokratie und Humanität Ernst ist, schämen sich für die Presse und die Repräsentanten dieser Stadt, die über das Lächeln eines Kaiserpaares Hunger und Unterdrückung eines Volkes vergessen.

Auch der Sicherheitsausschuß des Berliner Parlaments sprach den während der Demonstration eingesetzten Polizeibeamten für ihre Haltung seinen Dank aus.
(BZ)

»Pausenlos sind schon Koffer herge-
schleppt worden«, stöhnten dienstbare
Geister, »das geht seit Stunden«. Die Direktion schwächte ab: »Kein Wunder —
mit Gefolge sind es 71 Gäste, sie haben
die zehnte, elfte und zwölfte Etage doch
fast restlos belegt.« Die Zimmer für das
hohe Paar aus Persien? Natürlich die Prä-
sidenten-Suite für 350 Mark pro Nacht.
Dort schliefen allerdings auch schon Bürgerliche wie die Callas, der Hitchcock
und Jayne Mansfield.
Autovorfahrt, aussteigen, eintreten: Alles schnell, und doch findet die Werbe-
chefin des Hauses noch Zeit, den Brief
der anwesenden taubstummen Mädchen
(süße und seit Stunden in der Halle war-
tende Geschöpfe aus der Waldschulallee)
zu überreichen. Es ist eine Grußbotschaft
in Deutsch, die Antwort sind goldglän-
zende Münzen aus dem Iran: Rührender
Jubel ohne Laute.

(Fotograf)

Ihr könnt es ja mal mit Arbeit versuchen,
dann kommt Ihr vielleicht auf andere Gedanken. Aber es ist natürlich angeneh-
mer, auf Kosten der Steuerzahlenden
(sprich Stipendium) zu studieren.

Eine erzürnte Berlinerin
(Brief an die Studentenvertretung der TU)

Wenn man die sehr lange und außerordentlich verletzliche Grenze betrachtet, die Persien zur Sowjetunion hat, dann wird verständlich, daß der Berlin-Besuch des Schahs eine durchaus noble und keinesfalls nebensächliche Geste war.

(Morgenpost)

»Den Schaden hat die Bevölkerung insgesamt, an der Spitze die Berliner Geschäftswelt. Denn Besucher werden es in Zukunft kaum noch riskieren, sich hier von Studenten belästigen, beleidigen und anpöbeln zu lassen, wie es in letzter Zeit mehrfach vorgekommen ist. Für diese Zustände ist Berlin keine Reise mehr wert.«

Kuno v. H., Hannover
(Leserbrief, BZ)

277

BEWAFFNET NICHT DEN SCHAH FÜR
SEINEN KAMPF GEGEN DAS PERSISCHE VOLK

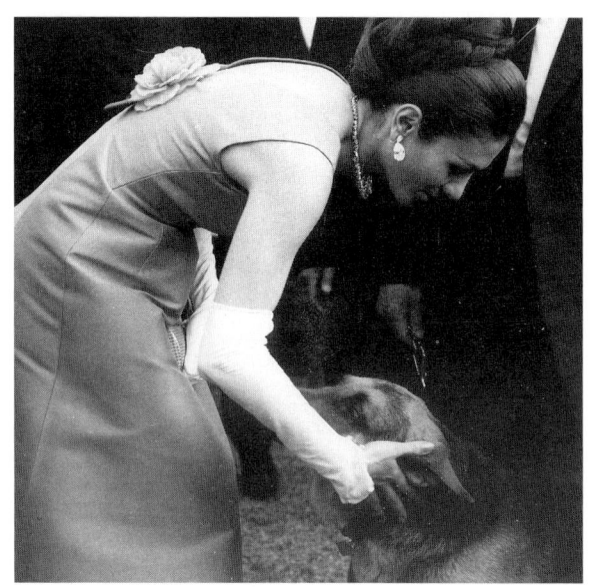

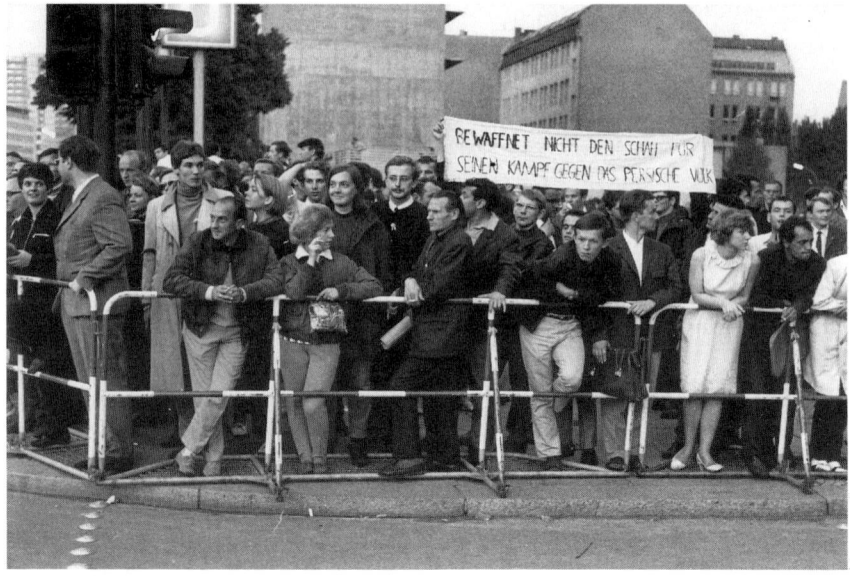

Lauter ganz kleine,
gestochen scharfe Monumente
Nicolas Born

Vor der Oper waren die Masken versammelt, Leidenschaften aus den kleinen Kinos, deren Wirklichkeit aber doch nicht mehr zu bestreiten war. Ich verstand die Berechtigung, nicht erst, als der Herrscher durch ein Spalier von Auserwählten ging. Ich sah, wie er sich nervös ein Ohrläppchen zupfte (er hatte da ein Ohrläppchen, was mir grotesk vorkam). Er duckte sich etwas unter den Sprechchören und sah so harmlos aus, daß ich verstand, warum er vor mir beschützt werden mußte. Diese Figur war gleichgültig, nur zufällig in ein Licht geraten. Es hätte ihm nicht schnell einer das geben können, was er verdiente; seine direkte Umgebung grüßte ihn wie bessere Zeiten. Das Geschrei und Gekreisch erreichte manchmal eine Stärke. Ich konnte mich aber nicht wehren gegen ein Gefühl von künstlicher Stimmung, das eine Art Rückstau von Informationen war, nicht von Erfahrungen am eigenen Leib. Einige wurden schon verprügelt und hingen am Boden, ein Paar Stiefel umarmend, wenn sie nämlich herausgequetscht worden waren aus der Menge. Ich versuchte ein paarmal, mir einzelne Gesichter einzuprägen; das konnte ich nicht, weil sie sofort von anderen Gesichtern wie mit Lappen ausgewischt wurden. Ein Entsetzen vor blinkenden Knöpfen, vor Knüppelarmen, die Angst, an den Rand, an die Barrieren gedrückt zu werden, Angst, die auf einmal ganz ohne Meinung auftauchte und schon wieder weg war. Die Gesichter wurden aufgehoben und wieder verborgen hinter anderen Gesichtern. Nichts war zu halten; ich kam nie auf eine Person zurück, auch dann nicht, wenn einer schreiend einen größeren öffentlichen Schrei auslösen wollte. Schnell drückte ihn eine Bewegung des Blocks beiseite, als sei dem Block schon so eine Eigenwilligkeit, so ein Hervortun peinlich. Andere traten mit anderen Verletzungen dazwischen. Es gab kleine strudelartige Bewegungen, Handgemenge, die Platz einnahmen. Ich war auch bereit, etwas Gemeinsames zu bewirken, mich in

blinder Wut in Stücke reißen zu lassen, aber die blinde Wut konnte ich vor Angst nicht haben. In meiner Angst sah ich lauter ganz kleine, gestochen scharfe Momente, auch den Blick eines Uniformierten, der an der Absperrung einen Stoß gegen die Brust erhielt und an den Schultern seiner Nebenleute Halt suchte. Alles schien er bisher verstanden zu haben, nur das nicht. Er sah beleidigt aus, so unerträglich »persönlich« war der Stoß gewesen. Neben mir sah ich eine Brille auf einem Gesicht verrutschen, aber die Hände konnten erst zu spät aus dem Gedränge befreit werden. Die Brille war nur noch eine verlorengegangene Brille. Ich wich mit denen zurück, zwischen denen ich eingekeilt war. Die erste Reihe an der Absperrung knüppelte darüber hin. Eine auseinandergekeilte Woge von Körpern, die Arme über die Köpfe gekreuzt. Jeder Satz, jeder Zuruf war zu lang. Es gab nichts Ganzes mehr. Bärte rutschten durch Gesichter, Schultern flogen gegen Ohren. Ein Schlägertrupp setzte über die Absperrung in eine dünn gewordene Stelle hinein. Jetzt dachte ich schon wieder an ein Ballett. Ein Knüppel traf mich am Arm, und da habe ich die Stelle an meinem Arm genau betrachtet. Es tat nicht weh, und ich sah da auch nichts. Aber ich merkte, daß hier immer nur ein einzelner erstaunt war, irgendwie getroffen zu werden, vielleicht auch darüber, daß es ihn als einzelnen immer noch gab. Von hinten, von der Baustelle her, drang jetzt ein Trupp Arbeiter mit Sturzhelmen vor, in den Händen kurze gebogene Moniereisen. Die hatten schon am eigenen Leib Erfahrungen gemacht. Eigentlich war hier keiner gemeint, jeder einzelne nur ein Unbeteiligter, ahnungslos hineingeraten. Ich hörte auch immer weniger, nur noch die jaulenden Kommandostimmen aus den Lautsprechern, sah auch immer weniger, konzentrierte mich schon darauf, auf den Beinen zu bleiben. Ich glaube, ich habe auch ein paarmal das Gesicht zum Himmel hinaufgereckt, der mir dann wie die allergrößte Unverständlichkeit vorgekommen sein muß. Hinterher mischten sich alle Bilder mit den Häuserfassaden im Rücken. Ich hatte mich also auch öfter umgedreht. Der Verputz war in großen Flecken abgeblättert. Auf

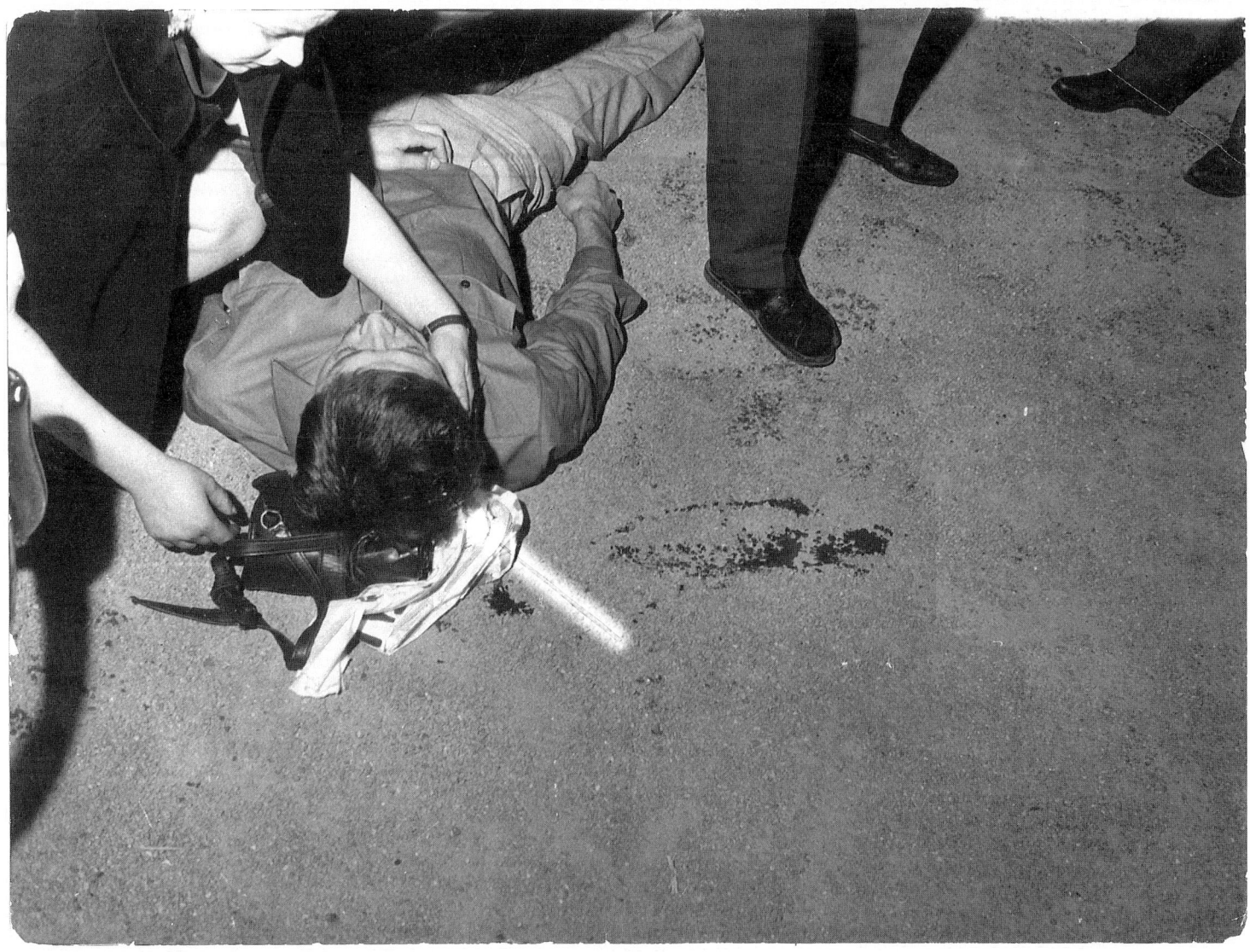

den Balkonen waren Leute in Unterhemden, die mit den Armen fuchtelten und schrien, immer lauter, verzweifelt darüber, nicht verstanden zu werden.

Ein Pflasterstein wurde mir in die Hand gedrückt, den ich behielt und später darin wiederfand. Ich sah einen Bekannten, der an mir vorbeigeschoben wurde, ein vollendet lächerlicher Händedruck wie auf gegenläufigen Rolltreppen. An ein Gefühl der Befriedigung kann ich mich erinnern, als ich sah, wie eine blutende Stirn behandelt wurde. Der Verletzte hielt die Mütze hoch in die Luft. Ich sah auch ein Mädchen lange von der Seite an und muß überlegt haben, ob ich sie ansprechen soll. Ich habe auch geraucht, wie zwischendurch, als könne erst danach alles weitergehen.

aus: Nicolas Born:
Die erdabgewandte Seite der Geschichte · Reinbek 1976

»2. Juni 67«

Der Student Benno Ohnesorg starb durch einen Kopfschuß. Das ist alles, was die Berliner Behörden über diesen Fall glaubhaft machen können. Die amtlichen Darstellungen über den Tod des Studenten haben weithin Mißtrauen gegenüber dem Vorgehen und der Aufrichtigkeit der Berliner Behörden ausgelöst. Innerhalb von drei Tagen verbreiteten die amtlichen Stellen fünf Versionen über die Umstände des Todes. Sie reichen vom »ermordeten Polizisten« über einen »verirrten Querschläger« bis zum »in Notwehr« abgefeuerten Schuß. Von all diesen unwahren Darstellungen bleibt als offizielle Version übrig: Ein Kriminaler gab einen Warnschuß ab, der zufällig Ohnesorg traf. Die Obduktion ergibt: Ohnesorg ist durch direkten Schuß in den Hinterkopf getötet worden, »in Notwehr« behauptet die Staatsgewalt.

(Frankfurter Rundschau)

Die Einpeitscher der Anti-Schah-Krawalle haben Grund zur Genugtuung; es hat einen Toten gegeben.
Es komme keiner und schelte solche Feststellung Zynismus. Was sich am Freitag mittags vor dem Rathaus Schöneberg und abends vor der Oper abspielte, ausgelöst und gesteuert von einer Clique von drei bsi vier Dutzend Randalierern, war der gezielte Versuch, unter dem Deckmantel demokratischer Demonnstrations- und Meinungsfreiheit, den Terror auf die Straße zu tragen.

(Spandauer Volksblatt)

Steinwürfe und Rauchbomben gegen das deutsche Staatsoberhaupt und das iranische Herrscherpaar hatten nicht mehr den friedlichen Charakter freier Meinungsäußerung. Es waren vielmehr Zusammenrottungen zu aufrührerischen Aktionen und Landfriedensbruch. Dies mußte im Keim erstickt werden. Berlin wird sich nicht länger von einigen hundert radikalen Müßiggängern terrorisieren lassen!

(Landesvorstand der CDU)

Was sich gestern in Berlin ereignet hat, ist so erschütternd und beschämend, daß man kaum eine Erklärung dafür finden kann. Berlin hatte bisher den Ruf einer fleißigen, arbeitsamen Stadt. Ein Ruf, den die Arbeiter, Angestellten und Beamten unserer Stadt begründeten. Ein Ruf, der im Aufbau dieser Stadt nach dem Kriege sichtbare Beweise fand.
Eine Minderheit ist auf dem besten Wege, diesen Ruf zu zerstören. Sie will Berlin in ein Rabaukennest verwandeln.

(BZ)

»Ich bin erst 27 Jahre alt, aber ich habe als Berlinerin das Gefühl, mich beim Schah entschuldigen zu müssen.«

(Sigrid H., Berlin 36)
(Leserbrief BZ)

Die Polizei tat ihre schwere Pflicht. Der unglückliche Schuß, der Ohnesorg tötete, wurde nach menschlichem Ermessen in Notwehr abgegeben. Benno Ohnesorg ist nicht der Märtyrer der FU-Chinesen, sondern ihr Opfer.

(Berliner Morgenpost)

»2. Juni 67«

Wer Anstand und Sitte provoziert, muß sich damit abfinden, von den Anständigen zur Ordnung gerufen zu werden.
Die Anständigen in dieser Stadt aber sind jene Massen der Berliner, die Berlin aufgebaut und Berlins Wirtschaft angekurbelt haben.
Ihnen gehört die Stadt.
Ihnen ganz allein!

(BZ)

Pfui Teufel!
Was diese sogenannten Studenten angerichtet haben, ist nicht wieder gut zu machen. Wie steht jetzt unser Berlin da? Blamiert haben wir uns vor der Welt und den reizenden Gästen Farah und Schah aus Persien. Das »Flugblatt« geht in den Papierkorb, wo es hingehört. Jetzt spielen die Radaubrüder sich als Märtyrer auf. Ohnesorg brauchte nicht zu sterben, wenn er diesem Rummel ferngeblieben wäre. Berlin, das schon so sehr im Blickpunkt der Welt steht, hat sich blamiert und es kann durch nichts wieder gut gemacht werden. Die Perser, wenn welche mit dem Schah unzufrieden sind, sollen gefälligst in ihrem Lande und nicht im Gastlande protestieren und die Berliner Studenten geht alles überhaupt nichts an. Der Schah tut so viel Gutes in seinem Lande und ist ein prächtiger Mensch. So eine Gemeinheit, ihn anzugreifen.

(Die empörten Berliner)
(Brief an die Studentenvertretung TU)

Die Studenten haben Recht!
60 Mill. für den Schah – kein Geld für Wohnungen, Kriegskrüppel usw. (...)
Eine zweimal mißbrauchte Jugend muß das Recht zum Denken haben, wenn zwei Generationen der Besten begraben liegen – ehe sie selber geholt werden!!!
Die Jugend kann nicht immer nur zum Sterben reif sein und wer heute »unreif« ist, kann nicht morgen Leutnant und Held sein!! Die Deutschen sollen aus ihrer Geschichte lernen und nicht ewig Landsknechte von Fürsten und Presse-Meinungsfabriken Springer-Ullstein sein!

(Die Berliner)
(Brief an die Studentenvertretung TU)

»Volksabstimmung, ob Berlin unter diesen Umständen überhaupt noch Universitäten haben will.«

(Heike S., Berlin 33)
(Leserbrief BZ)

»Nicht umsonst ist die Zahl der Studenten besonders in Berlin sehr groß. Glauben Sie, das liegt daran, daß unsere Dozenten so gut sind? Nein, es liegt an der Narrenfreiheit, die in Berlin allen Studenten, aber nur ihnen, gewährt wird.

(Eine Arbeitsgemeinschaft (folgen acht Namen) (Leserbrief BZ)

»Nichts gegen politische Diskussion der Studenten untereinander. Aber bitte nicht in der Öffentlichkeit. Die Berliner haben die Studenten nicht um ›Aufklärung‹ gebeten.«

(Erhard S. H., Berlin 41) (Leserbrief BZ)

Wer es wohl meint mit Berlin, wer Berlin wirklich zur Brücke zwischen den Völkern in West und Ost machen will, der jage endlich die Krawall-Radikalen zum Tempel hinaus, die das Ansehen Berlins systematisch ruinieren.

(Berliner Morgenpost)

Wir können nur versichern: Sollten sich diese Studenten in Zukunft nicht ruhig und diszipliniert hier in West-Berlin verhalten, dann können sie erleben, wie sie von der Berliner Bevölkerung in Selbsthilfe dazu gebracht werden.

(Stellvertretend für eine starke Bevölkerungsgruppe: R. Müller; Brief an die Studentenvertretung TU)

»Aber wohin bewegt sich das Ganze«, fragt Hans Magnus Enzensberger, »dieses große weiche empfindliche Ungeheuer, das wir Gesellschaft nennen, mit seinem weitverzweigten Gehirn? Es ist doch eine unheimliche Vorstellung, daß darüber keine begründete Aussage möglich ist. Manchmal reagiert dieses Ganze überraschend intelligent, phantasievoll, realistisch, manchmal kommt es einem schäbig, dumpf und tückisch vor. Ich weiß auch nicht, was es im Sinn hat, und deshalb muß ich ohne Optimismus und ohne Pessimismus auskommen.«

Wo die Gesellschaft so empfunden wird, wächst der Wunsch nach einem Platz der Republik, der die Wahrnehmungen bündelt und die Meinungen im Streit zusammenführt. Einige möchten eine Kommandohöhe, von der Bataillone dirigiert werden könnten; andere möchten eher eine Mulde, einen Ort des Wartens und Duckens, wo man nicht auf der Höhe der Zeit sein muß. Als Platz des Austauschs von praktischen Ideen, von bitteren und heiteren Erfahrungen, als Ort des öffentlichen politischen Nachdenkens soll im Rahmen der Ausstellung »Mythos Berlin« vom 13. Juni bis 20. September auf dem Gelände des Anhalter Bahnhofs ein Republikanisches Forum entstehen: zwischen dem als Fragment wiedererrichteten Südportal und dem stehengebliebenen Hochbunker, von Spontanvegetation umgrenzt. Silvia Breitwieser hat das Terrain gestaltet, mit Torfsteinen und Eisenbahnschwellen, mit Geröll und Sand, material und formal schwankend zwischen antiker Agora und moderner Industriebrache. Hier können Hochschullehrer ihre Vorlesungen und Seminare abhalten; hier finden Symposien und Vorträge statt; hier treffen sich Gesprächsrunden.

Das Spektrum der Themen reicht von kultur- und sozialhistorischen Fragen über Probleme des gegenwärtigen Berlins bis hin zu neuen gesellschaftlichen Entwicklungen.

Berliner Zukünfte
Experten aus verschiedenen Bereichen formulierten Erwartungen an eine langfristig orientierte Politik für Berlin. Re-

Republikanisches Forum

präsentanten des politischen, kulturellen und wirtschaftlichen Lebens skizzieren die Zukunft der Stadt Berlin und tragen dabei zur Rhetorik des Republikanischen bei.

Vertreibung und Exil
Das Eingedenken des Völkermordes gehört zur Stadtraison Berlins. Auseinandersetzung um die Zukunft setzt Erinnerung an die Geschichte von Vertreibung und Vernichtung, von Exil und Tod jüdischer Mitbürger voraus. Diese Geschichte verlagert sich in die Gegenwart, prägt noch immer das Verhältnis von Deutschen und Juden, kehrt wieder als Trauma, auch bei den Nachgeborenen, die keine unmittelbare Erfahrung mit der Nazidiktatur haben. Das Republikanische Forum sucht das Gespräch zwischen Deutschen und Juden – in einem Symposion, zu dem Juden der ersten und der zweiten Generation eingeladen werden.

Die Stadt und die Alliierten
Die Alliierten sind in Berlin nicht bloß präsent, sondern auch gegenwartsmächtig. Wichtige Funktionen werden heute von den Siegermächten wahrgenommen. Diese Realität wird im Alltagsbewußtsein der Stadt teils ausgeblendet, teils übersprungen. Beide Reaktionen gehen der Gegenwart aus dem Weg, an der sich alle Zukunftsentwürfe reiben müßten. Im Dialog mit möglichst allen vier Alliierten werden die historischen Voraussetzungen künftiger Entwicklungen erörtert werden. Dabei stehen die Vorstellungen der vier Mächte über diese Stadt ebenso zur Diskussion wie die der politischen Parteien und intellektuellen Gruppen.

Kulturgesellschaft und Massenkultur
Das Interesse am Republikanischen muß durch das Nadelöhr der Kultur. Vom Politischen konnte man nie reden, ohne den ökonomischen und administrativen Problemen ihre kulturellen Voraussetzungen hinzuzufügen. Die kulturalistische Wende in Politik und Wissenschaft aber meint darüber hinaus, daß schon die Lebensbeziehungen wie Arbeitsprozesse selbst durch kulturelle Wahlwandlungen und Selbstbindungen bedingt sind. Wie immer der Funktionszuwachs des Kulturellen erklärt wird – von den Thesen der Bewußtseinsindustrie bis zu den Ansätzen der Massenkommunikationsforschung –, unstrittig scheint heute, daß, verstärkt oder gar verursacht durch die Omnipräsenz des Audiovisuellen, eine neue Form von Vergesellschaftung entstanden ist.

Berlin als Mythos
Die Großstadt ist Wahrnehmungsmittel und Organisationsweise; Urbanität und Modernität schaffen ständig neue Aneignungsformen. Die politische und kulturelle Entwicklung Berlins reicht von der Residenzhauptstadt der Kurfürsten über die Stadt des industriellen Gründungsfiebers bis zur Reichshauptstadt der Monarchie beziehungsweise der Republik und zum geplanten Zentrum »Germania«. Sie reicht von der Nachkriegsgeschichte inmitten des Ost-West-Konflikts bis zu den verschiedenen Perspektiven in beiden Teilen der Stadt. Berlin bietet Stoff genug: als Mythos und als Metropole.

Das Republikanische Forum wird von Hermann Schwengel organisiert.

Programm Republikanisches Forum

(bitte auf mögliche Änderungen achten)

Sa., 13. 6. 1987:
Eröffnung Mythos Berlin

So., 14. 6. 1987, 11.30 Uhr:
Republikanische Rede:
CDU-Generalsekretär Landowsky
Zur Kunst- und Kulturmetropole Berlin
Diskutant: Bazon Brock

Di., 16. 6. 1987, 22.00 Uhr:
»Ein verlorenes Berlin«
Film von R. Kostelanetz und Martin Koerber
zum jüdischen Friedhof Weissensee
Diskussion mit Zeitzeugen aus der jüdischen Gemeinde

Mi., 17. 6. 1987, 11.30 Uhr:
Sozialdemokratische Talsohle –
grüner Kreuzweg. Streitgespräch
(mit Joschka Fischer und Peter Glotz)

Fr., 19. 6. 1987, 19.00 Uhr:
Republikanische Rede:
SPD-Vorsitzender Walter Momper
Zur deutschlandpolitischen Perspektive
Diskutant wird noch benannt

Sa., 20. 6. 1987, 11.30 oder 17.30 Uhr:
Stadtpolitisches Streitgespräch:
Provinzielles Auto – großstädtische Schiene
(Vertreter von Alternativer Liste und ADAC,
Automobilindustrie und Politik)

So., 21. 6. 1987, 11.30 Uhr:
Fragen an die Politik:
Der öffentliche Sektor als Rahmengeber für ökologische Modernisierung?
(Kurt Lange, ÖTV, Thomas Schmid, Ökolibertärer, Vertreter von Greenpeace u. a.)

Di., 23. 6. 1987, 19.00 Uhr:
Lesung Mario Offenberg.
Vernichtet und vergessen. Adass Jisroel.
Die Jüdische Gemeinde zu Berlin (1869–1942)

Do., 25. 6. 1987, 19.00 Uhr:
Vortrag Bobby Barell:
Die Geschichte des Berliner Varietés:
100 Jahre Wintergarten

Fr., 26. 6. 1987, 19.00 Uhr:
Diskussion mit den Alliierten:
Die politische Zukunft der Stadt
(mit Minister John C. Kornblum)

Sa., 27. 6. 1987, 17.30 Uhr:
Welche zentralen Orte brauchen Republik und Stadt?
(Detlef Stronk, Wolfgang Nagel, Felix Zwoch, Nicolaus Sombart u. a.)

So., 28. 6. 1987, 11.30 Uhr:
Republikanische Rede:
Walter Rasch, FDP-Vorsitzender

Di., 30. 6. 1987:
Wahrnehmungen der politischen Kultur in Deutschland und Amerika von amerikanischen und deutschen Jugendvertretern

Do., 2. 7. 1987, 19.00 Uhr:
Vortrag Bobby Barell II

Fr., 3. 7. 1987, 19.00 Uhr:
Republikanische Rede
Wolfgang Wieland (Alternative Liste)
Berlin als freie Flüchtlingsstadt

Sa., 4. 7. 1987, 17.30 Uhr:
Nicolaus Sombart: Kein Nationalstaat

So., 5. 7. 1987, 11.30 Uhr:
Sigrun Anselm: Die zwanziger Jahre:
Erzwungene weibliche Emanzipation

Mo., 6. 7. 1987, 19.00 Uhr:
Bobby Barell III

Di., 7. 7. 1987, 19.00 Uhr:
Dialog
O. K. Werckmeister / G. Höhler
Argumentative oder ästhetische Kultur

Do., 16. 7. 1987, 18.00 Uhr:
Kolloquium: Die Welt als Bild
Prof. Dr. Dietmar Kamper: Der Körper der Stadt.
Das Zerstückelungsphantasma und die Immanenz des Imaginären.

Sommerpause

(genaue Termine nach der Sommerpause bitte der Presse entnehmen, ebenso weitere Veranstaltungen)

letzte August-Woche:
Symposium: Judentum, Demokratie und Identität in Deutschland
(Prof. Walter Grab, Prof. Na'aman, Tel Aviv, Prof. Diner u. a.)

Di., 1. 9. 1987, 19.00 Uhr:
Gabi Althaus: 1945 – Die verschenkte Chance –
Trümmerfrauenromantik als Alibi

erste Septemberwoche:
Symposium: Stadt, Lebensstile, Politik und Mentalitäten
Diskussionsrunde: Monetäres Dienstleistungszentrum Berlin. Wie werden neue Lebensziele finanziert?

Sa., 5. 9. 1987:
Langer Samstag der Frauen.
Diskussionen mit Adrienne Göhler, Barbara Sichtermann, Gerburg Treusch-Dieter u. a.

Di., 8. 9. 1987:
Videoprojekt zum 17. Juni 1953

11. –13. 9. 1987:
Symposium: Geplante Kultur – inszenierte Ereignisse.
Treffen von Kultur und Politik

noch im September:
– Europäisierung der Politik – Streitgespräche
– Stadtpolitische Runde: Ökonomie und Umweltschutz
– Die politische Zukunft der Stadt im Gespräch mit den britischen Vertretern in Berlin
– Berliner Circus-Geschichte

Torf-Forum Berlin
Silvia Breitwieser

Eine Materialinstallation aus Torfsoden,
Sand und Spontanvegetation
auf dem Gelände des ehemaligen Anhalter Bahnhofs parallel zum Bunkerge-
bäude
35 m x 30 m x 2 m (LxBxH)

Silvia Breitwieser

1939	in Krefeld geboren
1959-63	Studium an den Universitäten Tübingen und München
1963-65	in Düsseldorf
1971-76	Kunststudium an der Hochschule für Bildende Künste in Kassel
1979	Übersiedlung von Marburg nach Berlin Preisträgerin im Wettbewerb Skulpturengarten am Funkturm Berlin
seit 1982	Arbeit in Raum und Landschaft
seit 1984	»Das Buch der Dinge«.
1985	Ton-Workshop, Sprengel-Museum, Hannover
1984	Torf-Aktion im Stadtraum Unna
1986	Gastatelier Villa Romana, Florenz
seit 1976	Ausstellungen und Ausstellungsbeteiligungen im In- und Ausland, u.a. in Berlin, Kassel, Frankfurt, Darmstadt, Bonn, Wiesbaden, Oldenburg, Stuttgart, Düsseldorf, Hamburg, Wien, Linz, Graz, Bremen, Paris, Fellbach

Geschaffene Historie – gewachsene Historie

Das Gelände des abgetragenen »Anhalter Bahnhofs«:
- Zugeschüttetes Flußbett eines Urstromtales.
- Geschichtlicher Boden und Müllplatz heutiger Geschichte.
- Eiszeitlich-neuzeitlich: in Trockenzeiten Steppe und zur Regenzeit Tundra wie vor 10.000 Jahren.
- Visionen von Rückverwandlung oder Überflutung.
- Im Winter wachsen gigantische schwarze Berge: urbaner Schnee, auf Halde gekippt.
- Im Sommer: Sonne auf dem Schutt der Geschichte über schwingendem Boden – die S-Bahn oder der frühzeitliche Sumpf?

»Es ist, als ob Berlin auf nichts stünde – ...Man fühlt keinen Boden, – und eben dies also wäre die Position der Stadt – ....Ich meine...das überhaupt Unbasierte Berlins, *das Grundlose.* Und allerdings meine ich damit zugleich das Fabelhafte der Leistung...Denn hier ist einmal...die Fabel von dem Baron Münchhausen Wirklichkeit geworden: es hat sich einer am eigenen Zopf *aus dem Sumpf gezogen*...

Uns schien, es gäbe in Berlin, über Berlin, unter Berlin eine verhängnisvolle Kraft, die alles immer wieder zu annullieren vermöge...die Position der Negation...Diese konstitutionelle Zweideutigkeit der Stadt...«

Wilhelm Hausenstein (1925)

286

Das *Torf-Forum* ist eine *Material-Installation*, die als ein zweiter Boden mit dem Raum und Umraum des Anhalter Geländes *eine unmerkliche Verbindung* eingeht, – eine *wachsende Verbindung*. Doch nicht nur Wachsen. Das »Bauwerk« aus ungewohnt vegetativem Material wird *Zeitlichkeit* erlebbar machen. Es konfrontiert uns mit Abläufen: Veränderungen, Alterung, Porös-Werden, Auflösungserscheinungen. Es setzt Prozesse neuer Wahrnehmung in Gang mit ungewissem Ausgang.

*Die Idee: Ein Material dem Boden entnehmen und wieder zu Boden werden lassen. »Ewigkeitswerte« nicht zuzulassen, es sei denn in ihrer natürlichen Form des Recyc-*ling. Gängige Vorstellungen von Architektur und Platzgestaltung zu unterlaufen. Eine andere Stadtraumgestaltung zu erproben.

»Unter dem Pflaster der Sand.« Aber *unter dem Sand das Moor* und noch tiefer vielleicht das Meer. Das Moor als eben der schwankende Boden und *Untergrund*, der bis in die politische Dimension hinein immer verdrängt wurde. Unheimliches Gelände, Tabu- und Dunkelzone. *Verdrängter, vergessener Grund.*

Geschichte ist Schichtenlehre.
Historie ist Histologie.

Jeder Torfstich, jedes Torfstück ein (Schnitt-)Stück Geschichte, herausgelöst aus seinem Zusammenhang: ein Stück *Naturgewebe*, Stück für Stück wieder zu-

sammengesetzt zu einem großen zusammenhängenden Gewebe, einem neu »gebauten Gewebe« auf Zeit. *Naturgewebe und »Architekturgewebe«: Inbild aller Lebens- und Gesellschaftszusammenhänge,* Verbund, materieller Text, Materie-Textur.

Das »Torf-Forum« ist ebensosehr »Bauwerk« wie »vegetative Skulptur« wie Installation und »Ereignis-Ort«. Material-Reflexion, deren Dialog sich ausweitet zum Dialog mit dem »sozialen Gewebe«.

Konzeptioneller und »realer« Ort.
Er entwickelt sich in der Fortführung der alten, fast versandeten Kopfsteinpflaster-Straßen des Geländes und versammelt auf Torffundamenten, Torfmauern und breiten, niedrigen Treppungen Menschen zu Austausch oder zu Ausruhen und Verweilen.
»Denn in der Tat ist auch hier sehr Boden, nur ein eigener, sonderbarer, der sich in die Stadt durchaus hineinschickt, den sie nicht überwindet, wie man denkt. Einer aus *Sumpf, worin Berlin schwimmt, aus Sand, worauf es gebaut ist*... Daß sein Grund noch nicht lange gesetzt ist, liegt deutlich zutage...
Überall dringt daher das jungalte Gesicht offen hervor..., prähistorische Umgebung,...eine Art kultureller Eiszeit.«
Ernst Bloch, Berlin aus der Landschaft gesehen (1932)

»Torf-Forum« und »Republikanisches Forum«

Gibt es eine Beziehung zwischen den beiden *Foren?*
Wird »Inszenierung« sich ereignen, wird »Ereignis« sich inszenieren lassen? Oder werden die beiden *Foren* einander aufheben? *Kunst, Politik, Philosophie: ein alter »Konkurs« oder Diskurs?*

288

Konturen
Anmerkungen zu einem Wettbewerb
Ludovica Scarpa

Der Fremde hat einen anderen Blickwinkel, eine andere Sehweise, eine andere Geschichte. Deswegen kann er manchmal, dank seiner Distanz, besser urteilen als der Inländer – so schon Georg Simmel.

Ich kam vor zehn Jahren nach West-Berlin, und ich habe diese Stadt mit ihren Merkmalen kennengelernt, und sie akzeptiert, wie sie ist. Daß hier eine Mauer die Stadt umgibt, fand ich eigenartig, mindestens so eigenartig wie die deutsche Geschichte, aber ich fand es gleichzeitig sehr vertraut: Ich komme auch von einer Insel. Die Insellage kann auch angenehm sein.

Nicht nur persönliche, sondern auch moralische Vorteile sehe ich damit verbunden: Es ist die einzige Stadt der Welt, in der politische Konflikte, die Spaltung der Welt zwischen den Großmächten, sich nicht verbergen, sondern sich in diesem beunruhigendsten unter allen Monumenten der Welt verkörpern. Mitten in Berlin verläuft die Grenze zwischen West und Ost, zwischen Amerika und Rußland.

Das ist eine sichere Sache. Man weiß immer, wo man sich befindet: in West-Berlin oder drüben, in Ost-Berlin. Die Linie ist nicht verschwommen, wie die Stadtgrenzen der meisten großen Städte. Berlin kenne ich nur so. Es fällt mir leicht, es so wahrzunehmen. Dennoch weiß ich, daß es eine historische Tatsache ist, die die Form West-Berlins bedingt.

Berlin gibt es einfach zweimal, in zwei Möglichkeiten, zwei Vorschlägen, die beide realisiert worden sind. Ein Sieg der Toleranz und des Relativitätsprinzips. Durch diese Klarheit der Beziehungen erweist sich jedes Verhalten als »nur eine von mindestens zwei« Möglichkeiten, keine ist besser, sie relativieren einander. Man braucht sich nicht mit einem einzigen Lebensstil zu identifizieren. Ich fahre oft rüber und habe den Eindruck, eine lange Zeit-Reise zu machen. Alles ist anders: Luft, Gerüche, Wetter, Geräusche, Menschengesichter, Autos, Kleider, – alles gibt es in zwei verschiedenen Versionen: Funkturm und Fernsehturm, Curry-Wurst und Broiler, BVG und BVV, alles erinnert daran, daß es auch eine Alternative gibt, und braucht sich nicht so ernst zu nehmen.

Die fehlende Bereitschaft, sich mit herrschenden Verhaltensweisen zu identifizieren, gehört übrigens auch zum Ausländersein. Im Ausland lernt man schnell, daß Sprache, Witze, Gesten eine andere Bedeutung haben, und daß man sich ein neues Repertoire aneignen muß. Wer einmal Ausländer geworden ist, kann nicht mehr zurück. Verdoppelung und Spiegelung haben stattgefunden. Auch »zuhause« bleiben die Sachen weiter nur »eine« von mindestens zwei.

So ist diese doppelte Stadt mir selber ähnlich, ich verstehe sie. Meinen Ausländer-Gesichtspunkt hat, wie mir scheint, kein Deutscher. Über die Mauer macht man keine Scherze, auch Ironie ist nicht möglich, überhaupt spricht man nicht über sie, auf jeden Fall nicht so. Das verstehe ich nur mit Schwierigkeiten. Für mich ist die Mauer nicht nur eine gegebene Sache, die zu diesem West-Berlin gehört, sie ist, auch, etwas Positives. Sie ermöglicht, daß zwei Welten, die entschieden hatten, sich nicht ertragen zu wollen, sich dennoch, die eine in den Fenstern der anderen, ruhig anschauen. Ich fahre mit meinem Fahrrad die Mauer entlang, sitze gern in der Maisonne unter diesen seltsamen Holztreppen, diesen Sichttürmen der Touristen, gehe am Kanal spazieren und genieße das sichere Gefühl: da, die Grenze; jenseits, der andere Teil der Welt.

Auch in meiner Stadt, Venedig, gehe ich gerne an der Wassergrenze entlang und gucke in die Ferne. Als Kind wußte ich, jenseits ist alles anders, dort ist die ganze Welt, die bei uns nicht ist. Auch hier geht die Stadt einfach nicht weiter, ich kann bis zur Grenze, bis zur äußersten Kontur gehen und mich wirklich hier, auf dieser Seite fühlen. Das ist die Sicherheit. Ist das eine naive oder gar zynische Haltung?

Nach Jahrhunderten, in denen die Städte durch ihre Festungsanlagen eine klare Form besaßen, zeigten sie mit ihrer ständigen Ausdehnung das Wirtschaftswachstum an. Berlins westlicher Teil wurde auf Nullwachstum festgelegt, bevor diese Formel erkannt wurde. War Berlin früher durch Mangel an Dauerhaftigkeit der baulichen Substanz gekennzeichnet, so ist es heute zu einer Sicherungsanlage geworden, die es räumlich festhält. Identität erfährt man über die alltägliche Begegnung mit bekannten Sachen, also dadurch, daß das Bild der Stadt bleibt, wie man es kennt. Berlin war immer so schnell in seiner Entwicklung, daß keine Generation Zeit hatte, sich mit seiner Erscheinung zu identifizieren. Nach mehr als einer Generation seit dem Mauerbau produziert die Sondersituation der räumlichen Begrenztheit Identität. Nicht nur für die Besucher. Aus solchen Überlegungen entstand die

Idee, andere, Berliner, Deutsche, Künstler und Architekten aus aller Welt nach Möglichkeiten zu befragen, die Mauer als Teil der West-Stadt zu akzeptieren: als Lernort, als Wahrnehmungsform, als beginnender Abbau im Kopf. Kurz es ging um die Möglichkeiten ihrer behutsamen Verstädterung. Behutsam, weil – wie mir scheint – die Zeiten vorbei sind, als man Gebäude einfach verschwinden ließ. Verstädterung, weil es darum geht, dieses Tabubauwerk in die Stadt einzubeziehen, d.h. auch in unserem Alltag, in unserem Kopf und in unserer Fantasie.

Ziel des im Sommer 1986 international ausgeschriebenen Wettbewerbs war es, einen anderen Blick auf die Mauer, einen verfremdenden, vielleicht auch naiven Blick zu verbreiten. Es geht mir bei dieser Aufforderung zur Fantasie darum, die Beziehung zwischen Geschichte und Wahrnehmung zu klären. Geschichte hat die Macht, Realität erfahrbar zu machen, indem sie Sehweisen organisiert. Damit ist man erst in der Lage, mit der Wirklichkeit umzugehen und Änderungsprozesse in Gang zu bringen.

Die Deutschen haben Probleme mit ihrer Geschichte – das zeigt mit Klarheit die Bereitschaft, mit der sie, in Ost wie in West, ihre Gebäude loswerden. Jetzt bauen sie domestizierte Erinnerungsstücke von Dingen, die sie längst weggeworfen haben, ein Zeichen von Unbeha-

gen und Geschichtsbedürfnis. Die Mauer ist die geronnene deutsche Geschichte. Kann vielleicht deswegen keiner normal über sie sprechen?
Als der Wettbewerb ausgeschrieben wurde, waren die »Wahrheit« und die »Morgenpost«, die eine Sprachrohr der SEW, die andere der CDU, einig in ihrer Empörung. Das Ergebnis des Wettbewerbs hat aber gezeigt, daß viele Menschen die Tabuisierung der Mauer nicht akzeptieren und mindestens mit ihrer Fantasie reagieren können.
Reagieren worauf? Aus politische Gründen, wirtschaftlichen, überhaupt historischen Ursachen wurde die Mauer gebaut. Sie ist die Frucht einer Geschichte, die von Politik und Krieg gemacht ist, und die das Leben der einzelnen zerquetscht. Das kann man andernorts vergessen, nicht aber hier in Berlin. Hier wird diese Geschichte mit den Augen wahrgenommen.
Gibt es die wirklich nur einmal? Die Geschichte der Großmächte ist nur *eine* Möglichkeit, Geschichte zu machen. Es ist kein Zufall, daß gerade in Berlin neue Geschichtsbegriffe auftauchen, neue Arten, Geschichte zu schreiben, zu denken und zu machen. Die 124 Arbeiten, die für den Wettbewerb eingesandt wurden, stehen für unterschiedliche Formen der Wahrnehmung von Geschichte. Imaginationen, zentriert um die Realität der Mauer.

Internationaler Ideenwettbewerb »Behutsame Verstädterung der Berliner Mauer« der Mythos-Berlin-Ausstellung

Der internationale Ideenwettbewerb »Behutsame Verstädterung der Berliner Mauer« wurde anläßlich des 25. Jahrestages der Mauer im August 1986 von einer Arbeitsgruppe der Mythos-Berlin-Ausstellung und der Zeitschrift Ästhetik & Kommunikation ausgeschrieben. Über 300 Anfragen erhielt die Ausstellungsleitung in der Folgezeit. Nach Ende des Einsendeschlusses wurden 124 anonyme Einsendungen codiert und dem Preisgericht — bestehend aus: Friedrich Achleitner (Wien), Eberhard Kulenkampff (Bremen), Vittorio M. Lampugnani (Mailand), Wolfgang Pehnt (Köln) und Ludovica Scarpa (Venedig/Berlin) — am 28. 2. 87 vorgestellt, das dann die Haupt- und Nebenpreisträger ermittelte. Da einige Arbeiten aus mehreren Postssendungen bestanden, ist die Zahl der Teilnehmer geringer als die der einzelnen codierten Einsendungen. Die Ausstellungsmacher haben sich bemüht, neben den Arbeiten der Preisträger weitere Exponate des Wettbewerbes zu präsentieren, soweit dafür Ausstellungsraum zur Verfügung stand.

J.L.

Preisträger

»Enciclopedia del XX Secolo«
zwei Tafeln von Andrea Branzi, Theodora Betow und Dante Donegani

Die Berliner Mauer ist als Gebäude aufgefaßt, das die Widersprüche des 20. Jahrhunderts verkörpert und versinnbildlicht: Indem parallel zu ihr ein lineares Bauwerk errichtet wird, das seine Eigenschaft als »Monumento Continuo« (so ein utopisches Projekt von Superstudio aus den siebziger Jahren) unterstreicht, und indem in dieses neue Bauwerk die Widersprüche des 20. Jahrhunderts zusammengetragen werden.

»Eismauer«
Objekt von Thomas Spiegelhalter

Auf der Suche nach Sinnbildern, die uns wieder wichtiger werden, weil die Abbilder so manipulierbar geworden sind, ist hier das Eis, der Eisblock, die Eiswand gefunden worden. So präsent und so zur Auflösung bestimmt, wie der Sommer dem Winter folgt, meint das Bild des Eises: laßt uns als zeitlich begreifen, was für die Ewigkeit gebaut zu sein vorgibt. Die Arbeit versucht, gegen die Tabuisierung der Mauer anzuarbeiten. Das Verschwinden wird zum Thema, im Betrachter werden Zweifel geweckt, an seiner Rolle als Pilger oder Politiker, der sich mit dem »heiligen Wasser vom Reichstag« abspeisen ließe.

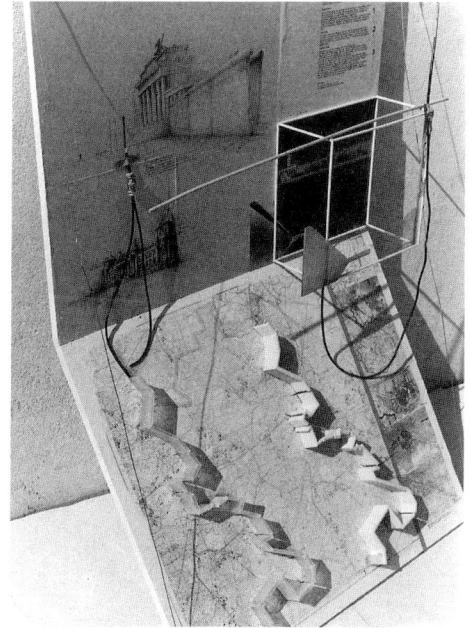

»Mauerinsel«
Fotocollage von Werner Zellien

Mit der »Mauer-Insel« schlagen die Verfasser ein Denk-Mal vor, das eine originalgetreue Rekonstruktion eines Mauerabschnittes mit der Tiergarten-Idylle konfrontiert.
Der Vorschlag bezieht seine Spannung aus Widersprüchen.
Die »Mauer-Insel« erscheint als schiffbares, also bewegliches und zu beseitigendes Element, ist aber fest an ihren Ort gebunden. Der Erinnerung an den Naturzustand des Menschen, den die benachbarte Rousseau-Insel symbolisiert, stellt die Mauer als Ausdruck politischer Differenz gegenüber. Mitten in einem landschaftlich »schönen« Erholungspark steht sie als unübersehbare Störung.

Teilnehmer am Internationalen Ideenwettbewerb zur behutsamen Verstädterung der Berliner Mauer

Eugen Adrian Adrianowitsch (München), Hellmut Ambos und Peter Weidenhammer (München), Paolo Angeletti, Gaia Remiddi und Pier F. Bonaventura (Rom), Yadegar Asisi-Namini und Bernhard Strecker (Berlin): Nebenpreis, Backhaus & Frankenheim (Düsseldorf), Giampero Bea (Montefalco), Biurrún (Barcelona), Rosemarie Blank und Michael Hellgardt (Amsterdam), Hartmut Boettcher (Braunschweig), Alex Buchhofer & 4 Kommilitonen (Berlin), Andrea Branzi (Milano), Theodora Betow (Berlin) und Dante Donegani (Milano): Hauptpreis: Christoph Butscher (St. Gallen), Nick Coombe (London), Timothy Culbert (Paris), Uwe Dippel & Stefan Thimmel (Berlin), J.A. Dyson (Manchester), Heidi Eden & Gerd Jegelka (Bremen), Volker Eich (Berlin), Werner Eisenreich & Elisabeth Stadler (Sinzig/Saxberg), Albrecht Elle (Berlin), Doro Etzler (Berlin): Nebenpreis, Fabian v. Fellner, Birgit Geercken & Frank Eßwein (Hamburg), Doris Frohnapfel (Köln), Peter Gütt (Pattensen), Burkhard Grashorn (Oldenburg), Branislav Greiner (Berlin): Nebenpreis, Jan Grießmann (Berlin), Grub & Partner (München): Nebenpreis, Sokratis Georgiadis (Thessaloniki), Wolfgang Göschel & Joachim von Rosenberg (Berlin), Alfons Werner Güthlein (Laufen a.d. Salzach), K. Händel & 4 Kommilitonen (Berlin, D. Haidas (Mainz), Bernd-Dieter Hampel (Stade), Georg Hesse (Berlin), H. Heyvaerts (Antwerpen), Franziska v. Hoerschelmann, Sören Hühnlein & Andrea Lamskemper (Berlin), Peter Hoffmann-Schoenborn (Aachen), Dieter Hoffmans & Michael Strauß (Aachen), Ir. W. Hulsbergen (Hilvarenbeek), Hartmut Jahn & Peter Wensiersky (Berlin), Claus Jahr (Berlin), Ruxandra & Alexander Jotzu (Bad Homburg) Götz Peter Kaiser & Martin Schmitz (Berlin): Nebenpreis, Hans Kaserer (Augsburg), Norbert Kasprzyk (Köln), Dirk Lukas Kisch (Köln), Maike Klauwell & M. Chr. Folwatschni (Braunschweig), Simone Kornfeld (Berlin), Ingo Kühl (Berlin), Jürgen Küpper (Berlin), Holger Kulick (Berlin), H.G. Lange (Nieder-Ramstadt), Mara Loytved-Hardegg (Nürnberg), Hans-Joachim Marske gen. Velved & Peter Horny (Berlin), Holger & Rolf (Berlin), Karin May & Herbert Preugschat (Berlin), Jürgen H. Mayer (Winnenden), Frank Meilchen (Berlin), Albert Moritz (Aachen), Bernhard Müller (Berlin), Karl-Heinz Müller (Gelsenkirchen), Isolde Nagel (Berlin), Gerd Neumann (Berlin): Nebenpreis, Christian Nitsche (Koblenz-Immendorf), Rainer Olbert & sechs Kommilitonen (Berlin), R. Oluwole (Berlin), Thomas Osolin (Basel), Lars Paulick, Oliver Heckmann, Frederike Schneider, Ole Meesenburg & Olaf Beutin (Berlin), Mary Pepchinsky (New York), Traugott Poleh (Dorsten), Joachim Polnauer (Recklinghausen), Sigrun Prahl (Berlin), Claudius Pratsch (Berlin), Adriano Rabacchin & Silvana Boaretto (Padova), Gerrit Reitmeyer & Werner H. Arndt (Berlin): Nebenpreis, Ulrich Recker (Westerhede), Hartmut Renner (Stuttgart), Valentin Rothmaler und Ulrich Vester (Plön): Nebenpreis, Caspar & Martin Seelinger (Darmstadt), Han Slawik (Amsterdam), Thomas Spiegelhalter (Berlin): Hauptpreis, John Swagten (Roermond), Stiletto (Berlin), Reinhard Stolte (Hildesheim), Wolfgang Strauss (Berlin), Klaus Schindler (Berlin), Simon Clark, Michele-Anne Dauppe, Howard Mason, David Jenkins, Tony O'Brien, Kate Studwell, Matthew Lloyd, Sean Nye, Robert Coleman, Sam Biddlecombe, Matthew Chatt-Collins, Sue Coysh, Edmund Jobling, Tim Martin, Katyna Norman, Jean Whitehead (School of Design, Portsmouth), Trutz Trommer (Berlin), Martin Schorradt (Berlin), Armin Trunzler (Wadgassen),Denise Bandoin, Janina Einsele, Dieter Fuhrmann, Jörg Andrews, Dorothea Müller & Frnak Schulz (Berlin): Nebenpreis, Cornelia Eubergs, Dagmar Ewald, Karola Höniger, Hans-Peter Kaufmann, Peter Nuss & Manfred Wickert (Berlin), Martin Vollert (Albersdorf), Werner Vollert (Berlin), Jürgen Wagner (Berlin), Frank Weitendorf (Hamburg), Gary Webb & vier Kollegen (Atherstoner/Warwickshire), Hans Wigfels (Tilburg), Fred Wilson (Chicago), H. Wirth (Stuttgart), Konrad Wohlhage (Berlin): Nebenpreis, Andreas Wolf (Berlin), Werner Zellien (Berlin): Hauptpreis.

Adlergestell
Hartmut Bonk

Hartmut Bonk

19039 in Pulsnitz geboren
1957 – 60 Arbeiter- und Bauern-Fakultät für
Bildende Künste/Dresden
1967 – 69 Studium an der Hochschule für Bildende Kunst, Dresden
seit 1971 freiberuflich in Dresden
seit 1976 Arbeiten vorwiegend in Kunststoff
1982 Übersiedlung nach Berlin/West
lebt als freischaffender Künstler in Berlin

Einzelausstellungen u.a. in Dresden, Schwedt,
Amsterdam, Ausstellungsbeteiligungen

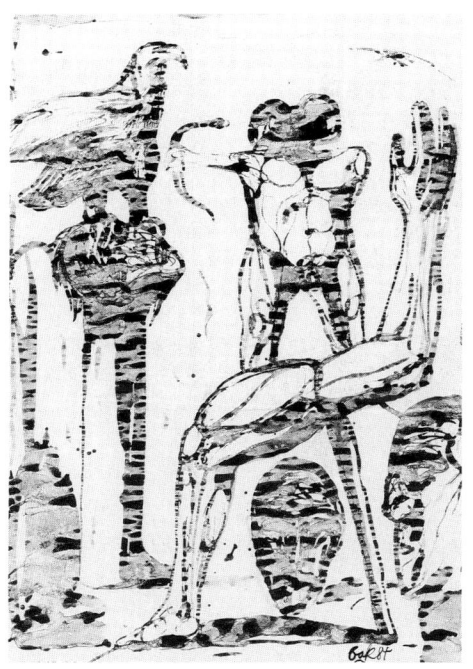

Stadtmitte
Anmerkungen zu einer Legende
Erika Schachinger

Es ist schon sehr merkwürdig, daß beide Hälften dieser geteilten Stadt mit ihrer 750-Jahr-Feier einen Geburtstag begehen, dessen Datum, das Gründungsdatum dieser Stadt nicht bekannt ist. Die markgräfliche Urkunde von 1237, die zum Anlaß für das Jubiläum genommen wird, bezieht sich nicht einmal auf das damalige Berlin. In dieser Urkunde wird die Schwesterstadt Cölln genannt, weil Symeon, Pfarrer von Cölln, als einer der Zeugen erscheint. Er tritt sieben Jahre später – 1244 – in einer anderen Urkunde als Propst von Berlin auf. Cölln und Berlin waren um diese Zeit schon Städte, zunächst nur durch einen Damm, den späteren Mühlendamm, miteinander verbunden, dem bald eine zweite Verbindung, die Lange Brücke – die spätere Kurfürstenbrücke und heutige Rathausbrücke – folgte. Die Bürger schützten ihr Stadtgebiet vor dem jeweiligen Hinterland mittels Befestigungen, die ihrerseits von Gräben umgeben waren, für Cölln vermutlich unter Ausnutzung eines Spreearms. Der morastige Werder blieb außerhalb.

Der Schweizer Kunsthistoriker Raoul Nicolas wies als erster 1937 – zur 700-Jahr-Feier Berlins – anhand eines Bildes und einer Karte darauf hin, daß das Areal, das heute die Museen trägt (die sog. Museumsinsel), erst um 1650 vom Festland abgetrennt worden war, also wenige Jahre vor dem Bau der seit 1658 nach Plänen von Gregor Memhardt unter dem

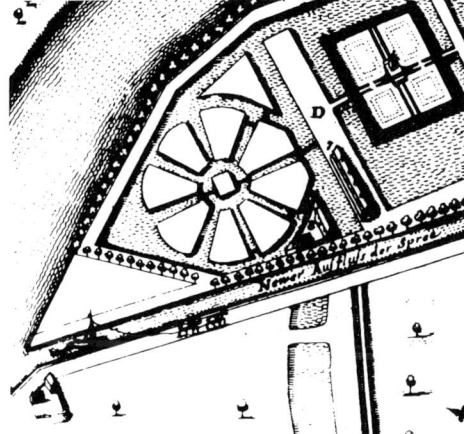

Großen Kurfürsten Friedrich Wilhelm (1640–1688) errichteten Festungsanlage. Auf seiner um 1650 entstandenen Karte der beiden kurfürstlichen Residenzstädte Berlin und Cölln bezeichnete der Festungsingenieur Memhardt diesen neuen Graben als »neuen Ausfluß der Spree«, der bald wieder zugeschüttet wurde zugunsten eines etwas weiter nordöstlich angelegten Grabens, den man als Vorläufer des heutigen Kupfergrabens an der sog. Museumsinsel ansehen kann. Außer dieser ältesten Karte, die wir über Alt-Berlin und Cölln haben, verwendete Raoul Nicolas zur Begründung seiner Einsicht vor allem einen Kupferstich, der den Kurfürsten Georg Wilhelm (1619–1640) als Reiter zeigt, mit der Darstellung seiner Residenzstädte Berlin und Cölln im Hintergrund.[1]

Seine Erkenntnis aber wurde nicht populär. Auch dies gehört zu den Merkwürdigkeiten der »Geburtstagsfeier« in dieser Stadt. Zwar schlossen sich namhafte Historiker wie Werner Vogel, Archivdirektor am Geheimen Staatsarchiv in Berlin-Dahlem, in seinem »Führer durch die Geschichte Berlins«[2] der Auffassung von Raoul Nicolas an, ebenso Werner Natschka, von Haus aus Diplom-Ingenieur für Wasserstraßenbau, in seinem Standardwerk »Berlin und seine Wasserstraßen«.[3] Lag es im Berlin der Nachkriegszeit an dem politisch bedingten Inselsyndrom, daß weite Kreise an der überkommenen Insellegende mit Bezug auf Alt-Cölln festhielten, oder lag es vielmehr am Beruf von Raoul Nicolas, der als Schweizer Kultur-Attaché kein Hiesiger war und als Kunsthistoriker im diplomatischen Dienst im strengen Sinne nicht als Historiker galt? Vielleicht lag es auch einfach daran, daß ein Aufsatz in einer Fachzeitschrift gewöhnlich weniger Beachtung findet als eine Einzeldarstellung in Buchform, wenn sich die Erkenntnis von Raoul Nicolas über die sog. Museumsinsel als einstigem Festland nicht durchsetzen konnte. Der Museumspädagogische Dienst verbreitete 1984 eine konstruierte Darstellung, betitelt »Leben in Berlin vor 750 Jahren«, mit Kölln als langgestreckter Insel auf einem Faltblatt für den Schulgebrauch. Diese Zeichnung von Friedrich Dreyer-Tamura wurde als »Versuch einer Rekonstruktion der Doppelsiedlung Berlin–Cölln im ausgehenden 12. Jahrhundert« für den Einband der Veröffentlichung von Adriaan von Müller, »Berlin vor 800 Jahren«, Berlin 1968, verwendet. 1981 erschien sie erneut, nun bereits als »Zeichnerische Rekonstruktion von Berlin-Cölln um 1200«, abgedruckt in einer anderen Arbeit des für seine Grabungen im Westteil dieser

chen Residenzstädte Berlin und Potsdam«,[5] des engen Zusammenhanges bewußt, den die Gegend an beiden Seiten des Kupfergrabens, für den er auch noch die »Benennung des neuen Ausflusses der Spree« kannte, ursprünglich besaß: Auf der einen Seite, im Westen, lag die seit 1673 errichtete Dorotheenstadt, die zu Nicolais Zeiten im Norden u. a. mit

colai nicht das Attribut »jetzig« gebraucht.

Hier kann auch daran erinnert werden, daß das schwierige Gelände mit dem nordwestlichen Bereich des Berliner Stadtschlosses – nahe der Schloßfreiheit – Andreas Schlüter 1706 zum Verhängnis wurde mit seinem Münzturm, der, als er sich während des Baues senkte, abgetragen werden mußte, ohne daß Menschen dabei zu Schaden kamen. Aber dieses Verhängnis kostete ihn bekanntlich 1707 die Leitung des Schloßbaues in Berlin unter König Friedrich I. Noch heute zwingt der einst morastige Boden der sog. Museumsinsel die Mitarbeiter des Instituts für Denkmalpflege der DDR in Berlin-Ost zu besonderen Aktenstudien im Staatsarchiv Merseburg, so für den geplanten Wiederaufbau des Neuen Museums, das nach den Plänen von August Stüler 1843–1846 in der damals üblichen Weise auf einer Pfahlgründung errichtet wurde.

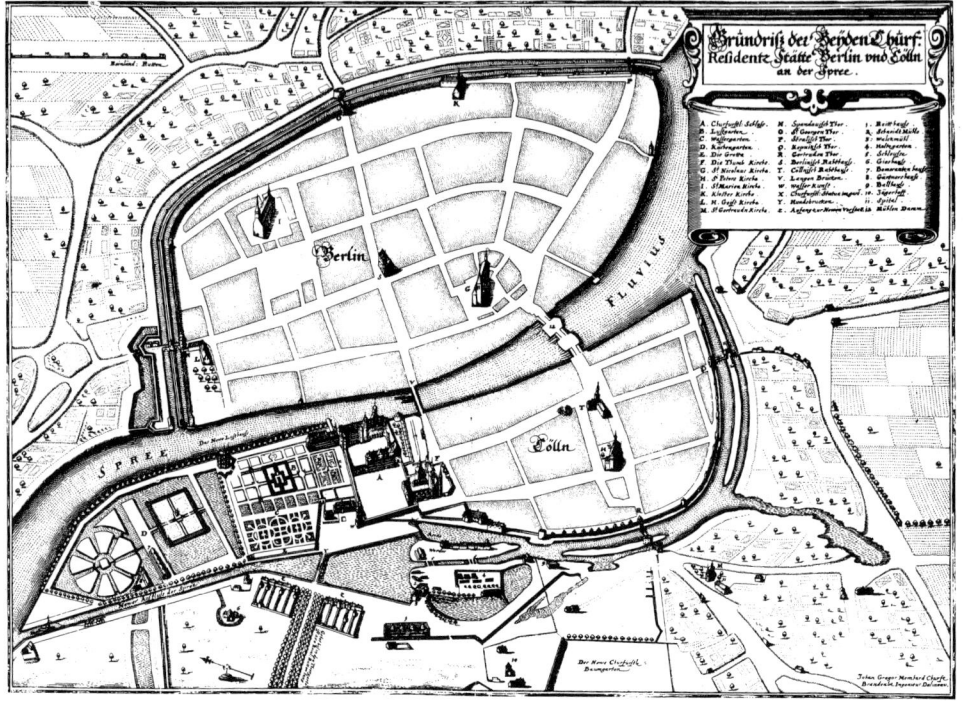

Memhardt, Grundriß der Residenzstädte Berlin und Cölln (um 1650)
Neuer Ausfluß der Spree; man sieht deutlich, wie ein Schiff von Pferden getreidelt bzw.
gezogen wird

geteilten Stadt bekannten Vor- und Frühhistorikers.[4] Die Berliner Bank ließ 1986 für die 750-Jahr-Feier Berlins eine Serie von Medaillen für ihre Kunden prägen, darunter sogar »eine Ansicht um das Jahr 1200«, mit den »Spreeinseln Berlin und Cölln«, wiederum aufgrund der Zeichnung von Friedrich Dreyer-Tamura, die an die Auffassung der älteren Geschichtsschreibung anknüpft, wie sie Karl Friedrich von Klöden in seiner Arbeit »Ueber die Entstehung, das Alter und die früheste Geschichte der Städte Berlin und Kölln«, Berlin 1839, vertrat. Aber noch Friedrich Nicolai war sich in seiner ausführlichen »Beschreibung der Königli-

dem Weidendamm gegenüber der Spree abschloß; auf der anderen Seite, im Osten, lag der »1652 von Memhardt durch den ganzen itzigen köllnischen Theil des Weidendammes« erweiterte Lustgarten.[6] Der Weidendamm, ein mit Weiden bepflanzter Damm, der sich zu Nicolais Zeiten noch von der heutigen Weidendammer Brücke bis zum Kupfergraben und von diesem bis zur heutigen Friedrichsbrücke hinzog, wurde von ihm als Einheit gesehen; die einheitliche Bepflanzung muß zu diesem Eindruck wesentlich beigetragen haben. Wäre aber der köllnische Teil des Weidendammes schon immer köllnisch gewesen, hätte Ni-

Erst 1822 war – für den Bau des Alten Museums durch Karl Friedrich Schinkel – der Graben zugeschüttet worden, der einst den alten Schloßbezirk mit dem Lustgarten gegenüber dem Festland abgegrenzt hatte. Dieser Graben hat nichts mit dem uns heute so geläufigen Begriff »Museumsinsel« zu tun, auch wenn moderne Nachschlagewerke – wie Meyers Enzyklopädisches Lexikon[7] – dies andeuten. Der Begriff, vermutlich in Architektenkreisen entstanden, setzt vielmehr eine Mehrzahl von Museen voraus. Er findet sich ab 1881/82 auf Entwürfen für den Schinkel-Wettbewerb des Architekten- und Ingenieur-Vereins zu Berlin von 1882 (Hinweis von Helmut Börsch-Supan).[8] Der Wettbewerb hatte die »Erweiterung der Berliner Museumsanlagen« zum Thema, wobei es – nach der Eröffnung der Nationalgalerie 1876 – nun um das vierte auf der »Museumsinsel« zu planende Museum ging, das erst 1897–1904 mit dem Bau des Kaiser-Friedrich-Museums, des heutigen Bode-Museums, nach den Plänen von Ihne verwirklicht wurde. Diese weitere Bebauung des Geländes zwischen Spree und Kupfergraben bietet erst den Eindruck der Geschlossenheit, den der Begriff »Museumsinsel« verlangt.

Das Hinterzimmer der deutschen Seele

Klaus Strohmeyer

Nach Auskunft des Duden hat man unter einem ›Hinterzimmer‹ zu verstehen: »1. nach hinten (hinaus) liegendes Zimmer. 2. separates (hinteres) Gastzimmer, in das man durch ein anderes Gastzimmer gelangt, 3. privates Nebenzimmer, hinteres Zimmer (bes. hinter dem Ladenraum, hinter der Gaststube o. ä.).«[1]
Ein Hinterzimmer ist ein ungeliebtes, unbequemes, schwer nutzbares Zimmer, düster und muffig, zuweilen genutzt als Abstell- oder Rumpelkammer, kein Vorzeigezimmer. In Kneipen auch das Zimmer für Vereine, für die, die unter sich bleiben wollen, die die Öffentlichkeit der lauten, belebten Gaststube scheuen, unter Umständen ein Zimmer für illegale Versammlungen oder für das Glücksspiel. In Hinterzimmern werden kriminelle Pläne geschmiedet, in Hinterzimmern spuken die Schatten unerledigter Vergangenheiten, ins Hinterzimmer zieht sich zurück, wer sich verbergen will. Gleichwohl ist das Hinterzimmer ein intimer Raum, meist nur unvollkommen genutzt, oft dem Vergessen anheimgegeben, gefüllt mit Erinnerungen, Abgelegtem, Verdrängtem, mit dem, was in den vorderen Wohnräumen nur stört. Hinterzimmer – ob wohleingerichtet oder gänzlich ungenutzt, ob finster abstoßend oder wohnlich gemacht, ob leer oder genutzt – sind schwer erreichbar, meist nur durch ein Durchgangszimmer zu betreten. Zwar mitunter als Refugium willkommen, als Ort der Einkehr und Besinnung,

meist aber wird das Hinterzimmer den negativen Beiklang nicht los, ist ein gemiedener, abgewerteter Raum. In jedem Fall eher ein Ort der Stille, selbst dann, wenn es mit drängenden, ungelösten, rumorenden Gestalten, Wünschen, Komplexen angefüllt ist, ein Aufbewahrungsort für abgelegte Vergangenheiten.
Bis die Gegenstände und Bilder hierher transportiert wurden, waren sie oft schon unbrauchbar geworden, hatten lange in einem Winkel des alltäglich benutzten Gebäudes herumgelegen, hatten zum Stolpern, zum Ärgern, zum Schämen Anlaß gegeben, bis sie schließlich fortgeräumt wurden: in jenes Hinterzimmer, den abgelegenen Ort. Auf dem Wege nur noch als Last empfunden, wurden die unliebsamen Objekte nicht gerade sorgfältig fortgetragen, bis auf jene vielleicht, die versteckt werden sollten. Einmal dort abgeladen, waren sie außer Sichtweite und nur noch durch mühsames Einholen des Ariadnefadens wieder aufzufinden.
Die Länge des Gedächtnisfadens gibt Aufschluß über die Entfernung zur Gegenwart. Denn die Fadenlänge entspricht nicht der historischen Entfernung, sie wird nicht in Luftlinie gemessen: »Was ist wesentlich das Labyrinth in alten Kulturen? Eine ›vereinigende‹ Metapher für das berechenbare und unberechenbare Element in der Welt. »Der Umweg führt zum Mittelpunkt. Nur der Umweg führt zur Vollkommenheit.«[2] Man möchte ergänzen: Der Umweg beschreibt den Grad der Verdrängung und der Faden, der zur Rekonstruktion eingeholt werden muß, wird in seiner Länge von den Umwegen bestimmt. Die Wahrheit der Vergangenheit, ihrer Objekte und Bilder, ist nur durch Aufrollen des Fadens wieder herzustellen und für den bewohnten Teil der Gegenwart wieder nutzbar zu machen.
Die Seele umfaßt das ganze unübersichtliche Gebäude, die Winkel, Gänge und Seitenkammern, die Vorder- und die Hinterzimmer. Ihre Architektur ist äußerst kompliziert, doch ihre Topographie gibt Aufschluß über den Grad von Bewußtheit unserer Erinnerungen und Traumata:
Seitdem wir den Irrtum überwunden haben, daß das uns geläufige Vergessen eine Zerstörung der Gedächtnisspur, also eine Vernichtung bedeutet, neigen wir zu der entgegengesetzten Annahme, daß im See-

lenleben nichts, was einmal gebildet wurde, untergehen kann, daß alles irgendwie erhalten bleibt, und unter geeigneten Umständen, z.B. durch eine so weit reichende Regression wieder zum Vorschein gebracht werden kann.[3]

Im Anschluß an diese Passage erläutert Freud am Beispiel der Stadt Rom das Funktionsprinzip des Gedächtnisses. Wie ein Besucher der Ewigen Stadt Spuren, Reste, Trümmer von Gebäuden und Anlagen aus den verschiedensten Entwicklungsstadien vorfindet, so sollen wir uns das Seelenleben als ein komplexes, vielschichtiges und ungleichzeitiges Gebilde vorstellen.

Nun machen wir die phantastische Annahme, Rom sei nicht eine menschliche Wohnstätte, sondern ein psychisches Wesen von ähnlich langer und reichhaltiger Vergangenheit, in dem also nichts, was einmal zustande gekommen war, untergegangen ist, in dem neben der letzten Entwicklungsphase auch alle früheren noch fortbestehen. Das würde für Rom also bedeuten, daß auf dem Palatin die Kaiserpaläste und das Septimontium des Septimius Severus sich noch zur alten Höhe erheben, daß die Engelsburg noch auf ihren Zinnen die schönen Statuen trägt, mit denen sie bis zur Gotenbelagerung geschmückt war, usw....[4]

Übertragen wir diese Vorstellung auf Berlin, so sehen wir hinter dem Portikus des Anhalter Bahnhofes noch das vollständig erhaltene Bahnhofsgebäude und gegenüber das Hotel Excelsior, dort wo heute ein eintönig graues Hochhausgebäude sich erhebt, das mit seinem Namen ›Haus Excelsior‹ eine vage Gedächtnisspur wachhält. Wir sehen den Stuttgarter Hof in ganzer Schönheit, nicht als Ruine. Über den ödgehaltenen Todesstreifen des Potsdamer Platzes würden die Verkehrsströme fließen, das Wertheim-Gebäude würde vor unseren Augen wiedererstehen. Ganze Straßenzüge, Plätze, Parkanlagen, durch Kriegs- und Nachkriegszerstörungen dem Vergessen anheimgegeben, würden sich wieder materialisieren – doch das Alte und das Neue, das Vergangene und das Gegenwärtige,

das Vorherige und das noch Frühere, würden sich gegenseitig den Raum streitig machen: eine fiktive, ineinandergeschachtelte Collage erstünde, keine Reallandschaft, eine traumatische Szenerie, keine benutzbare Realität.

Nur in der Erinnerung, in der Vorstellung, in den Archiven leben die verschiedenen Schichten übereinander, sich gegenseitig durchdringend. Sie werden vom Realitätsprinzip auseinandergehalten, nebeneinandergestellt, in historischer Abfolge wachgerufen, von der Disziplin der Vernunft fein säuberlich getrennt. Allerdings, was vom Gedächtnis wieder hervorgeholt und probeweise eingesetzt wird, ist nicht nur das positiv Besetzte, das sehnsüchtig Erinnerte. Was mit her-

Document-Center mit der kompletten NSDAP-Kartei

aufkommt, wenn auch zögernd und mancher Entstellung unterworfen, das Traumatische, die Schreckensorte der Geschichte, das Zerstörerische, das in Tabuzonen und seelische Hinterzimmer Abgedrängte.

Das Hinterzimmer der deutschen Seele beherbergt auch unerlöste Wunschfiguren, nachdämmernde Traumbilder; es ist in Teilen eine Schreckenskammer: Der Nationalsozialismus mit seinen ideologischen Zerrbildern und seinen mörderischen Wahnfiguren nimmt hier trotz aller Anstrengungen zwanghaften Vergessens viel Raum in Anspruch. Vielleicht wächst sein Verdrängungsvolumen, sind die

Umwege hier besonders weit, gerade weil für seine Bewältigung so viel krampfhafte Energie benötigt wird.

Das Hinterzimmer der deutschen Seele hat so viele Berliner Konturen, weil Berlin für eine wichtige Zeitspanne der deutschen Identität die Fassade gegeben hat. Das Kaiserreich hielt hier Hof und gab der zerrissenen Seele Selbstbewußtsein, nach dem Bilde und nach den Vorstellungen des Monarchen. Die wilhelminischen Fassaden zeugen von seinen Ostentationsgesten. Als er schließlich den eigenen Expansionsgelüsten zum Opfer fiel, blieb sein Thron verwaist, wurde nach Zeitlaune wechselnd besetzt: mit Boxer- und Fußballkönigen, Leihprinzessinnen aus anderen Ländern, mit Tennisspielern und Fernsehärzten. Eine ganze Medienindustrie lebt seit der Abdankung des Kaisers davon, den deutschen Seelenhaushalt mit Ersatzbildern zu versorgen. Im Hinterzimmer könnten wir sie noch finden, die Klatschgeschichten und Skandale der Hofgesellschaft, die abgebrochenen Köpfe der Denkmale an der Siegesallee, die Schlösser, deren Standorte längst schon von mehr oder weniger würdigen Nachfolgebauten eingenommen werden. Dort sind auch die Expansionsträume registriert, sind die Toten ›erfolgreicher‹ Schlachten verzeichnet, all das, was ungern erinnert wird oder was sich wider Willen der Erinnerung aufdrängt, was keineswegs der nationalen Geschichte zum Ruhme gereicht. Hier spielt das Kind, das dann zum Kaiser erwachsen sollte, mit den untergegangenen Resten der Skagerrakflotte, ein kleiner Dämon, Vorläufer einer ungleich größeren nationalen Schicksalsfigur, die es verstand, ihr Signum in die Köpfe der Bevölkerung einzupflanzen, so bleibend, daß es dort bei vielen noch heute zu finden ist.

Vom Nationalsozialismus finden wir dort noch eine unbewältigte Hinterlassenschaft: die endlosen Reihen von Karteikästen des document centers, in denen die Mitgliederkartei der NSDAP aufbewahrt wird. Noch heute für die Öffentlichkeit unzugänglich, bewacht von amerikanischen Soldaten.

Wir gehen über den Boden der trivialen Träume der letzten Generationen, zwi-

298

KAISER WILHELM II.
im Jahre 1861.

Kriegsspielzeug Marine

schen Buchdeckeln gespeichert, deutsche Ideologiegeschichte des 20. Jahrhunderts, mit weit zurückreichenden Einschlüssen. Wir sehen durch ein Schlüsselloch in das erotische Kabinett der großen Hure Babylon. Berlin war nicht nur die Hauptstadt wilhelminischer Prüderie, sondern auch Hauptstadt der Prostitution in Deutschland. Wir sehen schließlich in das vom Krieg verwüstete deutsche Wohnzimmer, den vom Bombenhagel heimgesuchten Ort deutscher Gemütlichkeit.

All dies bewacht ein Schäferhund, der treue deutsche Wach- und Diensthund, der auf beiden Seiten der Grenze instinktiv seine Pflicht erfüllt, Störer und Republikflüchtlinge verbellt und stellt und faßt. Auch früher schon hat der ›vierbeinige Kamerad‹ beim Observieren von ›Objekten‹, Menschen, Dingen, auch Ideen, loyal und abschreckend Dienst getan. Für das Hinterzimmer ist er unverzichtbar.

Ahnentafel

(zum Nachweis der arischen Abstammung)

für

Wolf

_____

_____

Jetziges Amt in der Partei:

Diensthund

Rang: _____ Führerhund

der Ortsgruppe: _____ Wannsee

des Kreises: _____ Berlin

im Gau: Berlin

0000000000002

Mitglieds-Nummer

Bemerkungen des Personalamtes:

Keine

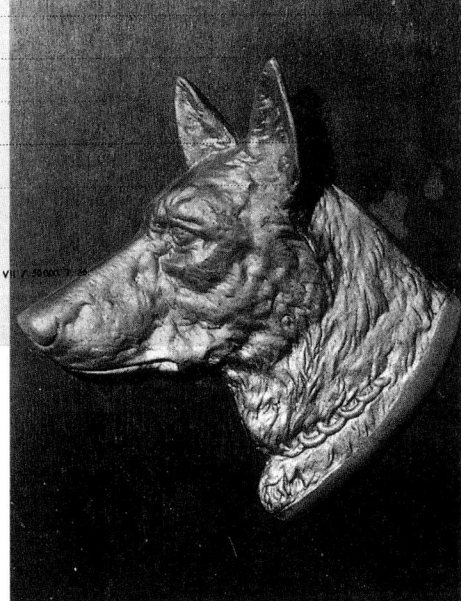

DR. 1 / Form. VII / 50000 7

Hinterzimmer
zusammengestellt vom
Blauhaus Berlin

Theodore L. de Jonge Cohen

Geb.: 1954 in La Rochelle, Frankreich
Nat.: Holländer
Autodiktat, lebt und arbeitet seit 1978 als freischaffender Künstler in West Berlin.
Ich war etwa 7 oder 9 Jahre alt als sich für mich der Mythos Berlin erschloß. Eine weit entfernte Stadt wo sich meine Geliebte und meine Mutters früheren Chef befanden. Die Zeit des Kalten Krieges die Zeit des Eisernen Vorhangs und die Zeit des strengen Winters. Letzteres war Anlaß, nicht hin zu fahren.

Eine wahre Geschichte

Ted und ich waren auf unsere Fahrräder; wir wollten ein freund helfen beim Caninchenjagd. Peter Bitte, (ein portugese, der wohnt in Berlin) had entschlossen, da er kein geld hatte und riesen Hunger auch, ein Caninchen in Tiergarten zu fangen. Ted und ich wollte ihm einladen zum Essen, aber er hat nein gesagt, weil er war stolz und unabhängig. Wir haben ihn ein Caninchen costume gegeben, dass wir übrig hatten von ein ehemaligen Performance. Er hatte ein Kopflampe damit: »Ich hypnotierzen die Caninchen!« als er sagte. Es war drei Uhr Morgens, wir fahrten in Richten Tiergarten gegenlang die Mauer. Ich bin zu viel in der nähe von Mauer gefahren als wir verpassten das Brandenburger Tor (ein besonders lieb Gebäude von die alte Kaisers, wo viele Glanz, Glitz, und versunkene Schiffe gingen kaputt während die glorreiche Zeiten Berlins) und ein Ostberliner soldat hat mich geschrien »HAMMENA HAMMENA« oder irgend was, konnte ich nicht verstehen. Wir stoppten die Fahrräder und ich sagte, »Ich bin auf dieser seite, wie ein guter Ami, und sie haven kein Recht Hammena Hammena zu sagen.« Trotzdem war ich zu nah, (die grenze bei Brandenburger Tor ist hier unclar; ein Kleine zaune und danach Mauer) und so musste der arme Kerl sein Show machen. Er schuttelt seine Gewehr auf uns, und dass war genug, wir machten

Anthony Millionaire

Geb.: 1956 in Mission Hill, USA
Nat.: Amerikaner
Massachussetts College of Art, lebt und arbeitet seit 1983 abwechselnd in den USA und West Berlin.

Berlin ist hübsch. Ich mag's.

ganz schnell weiter. Ich glaube dass der show war nicht nötig, nur ein Kleiner Spass (es muss langweilig sein, so ein Job zu machen). Nun, wir mussten ein Detour machen – Strasse gesperrt – Hier Reichstag, ein schöne Gebäude wo Hitler und sein liebster Schäfferhund Wolf einmal wohnten. (Zur zeit dise schreibung habe ich gehört daß A. H. hat seine Hunde ausgestoppt gelassen, und die standen immer noch in eine zimmer im Reichstag) Endlich sind wir zum Tiergarten angekommen und Peter Bitte war ganz excited. Man konnte Hunger in seinen Augen sehen. Er zog seine Caninchencostume an (mit Kopflampe) und gab Ted einen stein. »Du komm hinter mich mit Stein und mach Caninchen Tod« »Nein nein«, sagte Ted, »Ich will helfen – zum beispiel Kostume ausleihen und die Wodka bezahlen (Ted ist viel besser mit Geld als ich, ich darf's nie anfassen) aber Steine auf Caninchen werfen mach ich gar nicht!« Peter Bitte war verzweifelt, »Millionaire, du komm hinter mich mit stein und –« »Ja Ja gut gut, ich mach mal« sagte ich. Ich war voller Wodka und wollte alles riskieren. »MILLIONAIRE!« meinte Ted, »Du bist nicht mehr NÜCHTERN!«

Ich hatte einmal eine Freundin die sagte zu mir, »Tony, du trinkst zu viel! So geht es nicht weiter mit uns!« Ich antwortete, »Aber ich bin ein Kreativer Trinker!» Ich glaube esnicht viel und sie veniger. Ich nahm das stein und folgte Peter Bitte. Er war in der Mitte des Feld mit die Kopflampe an und machte kleine Geräusche, »miep, miep« und dann fing er an zuhoppen wie ein Caninchen, »Ich bin ein kleiner Caninchen, Ich bin ein kleiner Caninchen« sang er. Es ging aber alles falsch, die Caninchen waren alle fest eingeschlafen.

Am nächsten Tag ein ehemalige-neo-nazi hat mich verprügelt, mich im Gesicht getreten und meine Rippchen gebrochen. Danach hat er sich entschuldigt. »Ich habe vergessen dass ich kein Skinhead mehr bin«.

Sounds: Turning Shrines / Blauhaus

Ausriß Tagesspiegel, 9. 5. 1987

Senator Hassemer's Skulpturen-Diktatur

Stadtkunst ohne Demokratie

Kunst auf dem Kurfürstendamm und auf der Tauentzienstraße? Natürlich sind wir dafür. Klassisch oder modern. Der Wasserklops an der Gedächtniskirche und der Menschenalter-Brunnen am Wittenbergplatz erfreuen Berliner und Besucher.

Warum hat der Senat bei der Gestaltung des „Skulpturen-Boulevards" nicht die mehr als zweihundert Berliner Bildhauer (BbK) zu einem Wettbewerb aufgefordert, die sich mit Freude und Können daran beteiligt hätten? Das wäre der Senat den Berliner Künstlern zur 750-Jahr-Feier schuldig gewesen. Aber ein solcher Wettbewerb hat nicht stattgefunden. Auch die Kommission für Kunst im Stadtbild wurde nicht befragt. Senator Hassemer ließ sich von den selbstgefälligen Eliteklub „Neuer Berliner Kunstverein" ohne Ausschreibung acht Favoriten benennen. Jeder von ihnen bekam zunächst nur fürs Mitmachen ein Handgeld: Kunstfilz.

Im Haushalt des Senats war ein Skulpturen-Boulevard nur bis zum Olivaer Platz vorgesehen. Senator Hassemer besorgte sich das Geld für die Erweiterung bis zum Rathenauplatz. Woher bekam er es? Dort wurden zwei Cadillacs mit Beton übergossen. Hält Herr Hassemer das für Kunst? Kein demokratisches Gremium hat vorher gefragt worden. Nicht die Bezirksverordneten, nicht die Bürger. Wurden amerikanische Autos gewählt um die amerikanische Schutzmacht zu provozieren? Kunst als Provokation? Die Betonmauer um Berlin herum provoziert uns genug. Wir brauchen nicht noch auf dem Rathenauplatz eine Betonprovokation. Die Bürgerinitiative Rathenauplatz forderte die sofortige Einstellung der Bauarbeiten, denn massiger Bunkerbeton ist uns Berlinern aus historisch in unangenehmer Erinnerung.

Weil wir das Ding auf dem Rathenauplatz nicht als Kunst akzeptieren wollen, nannte man uns: Spießer, Kleinbürger, Dummköpfe, Schizophrene und Neonazis. Auch der Entwerfer dieses Dings hat uns so beschimpft. Früher mußten wir widerspruchslos hinnehmen was offiziell als Kunst bestimmt wurde. Heute brauchen wir das, Gott sei Dank, nicht mehr.

Herr Senator Hassemer: Lassen Sie das Ding unbeschädigt vom Rathenauplatz an einen anderen dafür

passenden Ort bringen, damit sich die Kunst-Schickeria dort daran ergötzen kann. Wir wollen es nicht und mit uns 76 % der Berliner. Das haben die Umfragen von RIAS und SFB ergeben. Machen Sie, Herr Senator Hassemer, Ihre Fehlplanung wieder gut.

Und das Neueste: In gleicher geheimer Aktion wollen Sie auch das Gelände am Anhalter Bahnhof mit verordneter Kunst ausschmücken. Geschmacklos wie am Rathenauplatz. Zwei Eisenbahnwaggons werden mit Beton übergossen. Ist das alles, was die Kunststadt Berlin zu bieten hat, Herr Dr. Hassemer? Wir finden, wie Sie es und was Sie gemacht haben, ist eine Provokation aller jungen und älteren Berliner Künstler!

Bürgerinitiative Rathenauplatz
Wahlspruch:
„Toleranz mit Festigkeit der eigenen Meinung"
(Eberhard Diepgen am 3. Mai 1987 in „Bild am Sonntag")

V.i.S.d.P.:
Herbert Liebenau, Storkwinkel 9, Berlin 31

Vor sechzig Jahren wäre eine Ausstellung von sogenannten dadaistischen »Erlebnissen« als einfach unmöglich erschienen und die Veranstalter würden in das Narrenhaus gekommen sein, während sie heute sogar in Kunstverbänden präsidieren. Diese Seuche konnte damals nicht auftauchen, weil weder die öffentliche Meinung dies geduldet noch der Staat ruhig zugesehen hätte. Denn es ist Sache der Staatsleitung, zu verhindern, daß ein Volk dem geistigen Wahnsinn in die Arme getrieben wird. Bei diesem aber

müßte eine derartige Entwicklung doch eines Tages enden. An dem Tage nämlich, an dem diese Art von Kunst wirklich der allgemeinen Auffassung entspräche, wäre eine der schwerwiegendsten Wandlungen der Menschheit eingetreten; die Rückentwicklung des menschlichen Gehirns hätte damit begonnen, das Enmde aber vermöchte man sich kaum auszudenken.

aus Adolf Hitler: Mein Kampf, 85. – 94. Aufl., München 1935, S. 283 f. (Gesamtauflage bis 1934 1.300.000 Ex.)

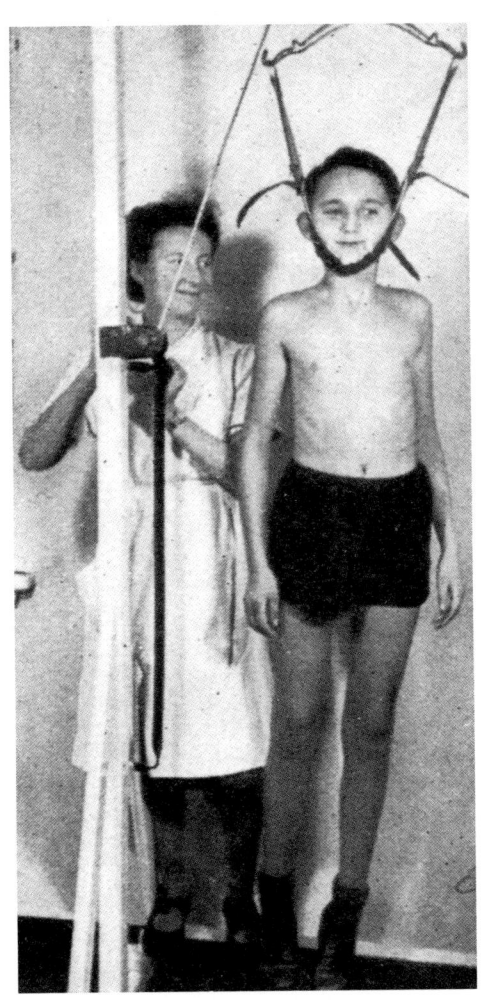

Wir müssen die lebendige Arbeitsma-
schine unter ebenso günstige Bedingungen stellen, wie die automatische Maschine. Dazu gehört vor allem das richtige Milieu, worunter wir hier das Gleichgewicht der Energien in dem Schüler verstehen. Die Anfangsgründe der Arbeit
sollen in reiner Luft, bei hellem Licht mit
allen nötigen Instrumenten minutenweise gelehrt werden; nach jeder Minute
hat eine halbe Minute Rast zu folgen.
Alle Glieder sollen einzeln trainiert werden; zuerst wird Statik und Dynamik gelehrt, dann das Ergreifen des Werkzeu-
ges, die Zusammensetzung des Schlages,
die Übung der Faust, des Ellenbogens
und der Schulter. Dadurch wird die
größte mögliche Quantität der Arbeit bei
gegebenem Kraftvorrat entwickelt.
Nachdem Tempo und Zielsicherheit des
Schlages geübt worden sind, müssen die
rechte und die linke Hand einander
gleichwertig gemacht werden. Dann folgen intensive Übungen mit Hammer und
Meißel, bei denen die Rolle der beiden
Hände andauernd vertauscht wird. Diese
Methode bringt die beste Eignung zu allen Arten von Schlosser- und Maschinen-
arbeiten hervor und erhebt sich zu einem
Erziehungs- und Organisationssystem,
das zu einer neuen Kultur führen wird.
aus: die Revolutionierung des Alltags,
Gastjiff 1919

Videocollage Periskop:
Friedhelm Thome /Blauhaus

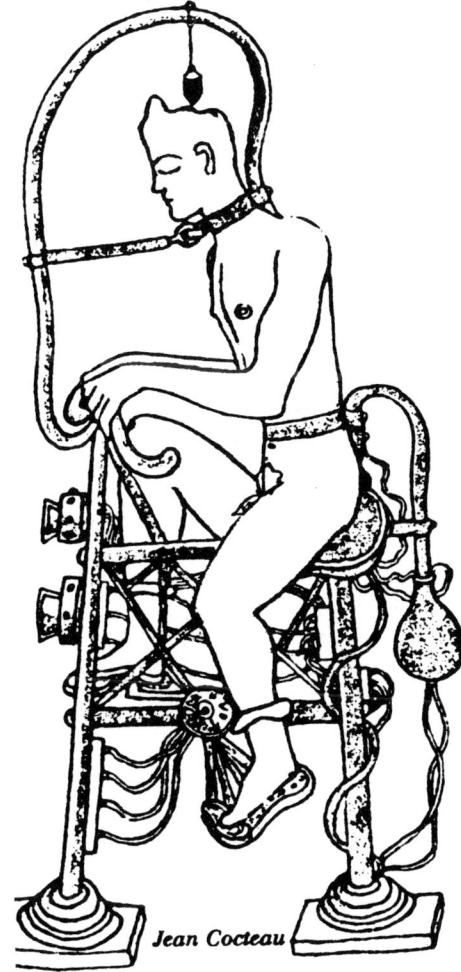

Jean Cocteau

Metronom
8

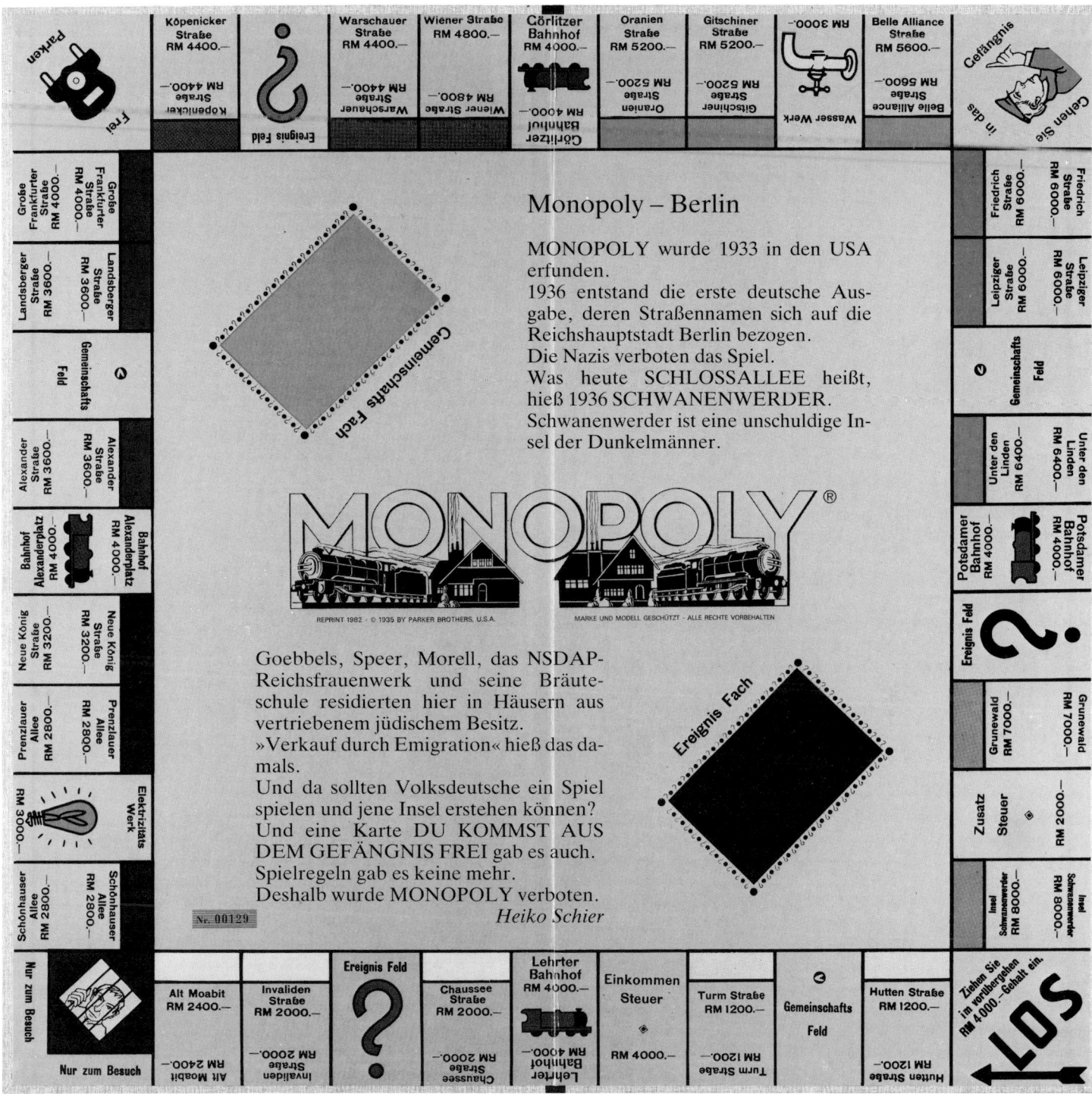

Monopoly – Berlin

MONOPOLY wurde 1933 in den USA erfunden.
1936 entstand die erste deutsche Ausgabe, deren Straßennamen sich auf die Reichshauptstadt Berlin bezogen.
Die Nazis verboten das Spiel.
Was heute SCHLOSSALLEE heißt, hieß 1936 SCHWANENWERDER.
Schwanenwerder ist eine unschuldige Insel der Dunkelmänner.

Goebbels, Speer, Morell, das NSDAP-Reichsfrauenwerk und seine Bräuteschule residierten hier in Häusern aus vertriebenem jüdischem Besitz.
»Verkauf durch Emigration« hieß das damals.
Und da sollten Volksdeutsche ein Spiel spielen und jene Insel erstehen können?
Und eine Karte DU KOMMST AUS DEM GEFÄNGNIS FREI gab es auch.
Spielregeln gab es keine mehr.
Deshalb wurde MONOPOLY verboten.
Heiko Schier

Nr. 00129

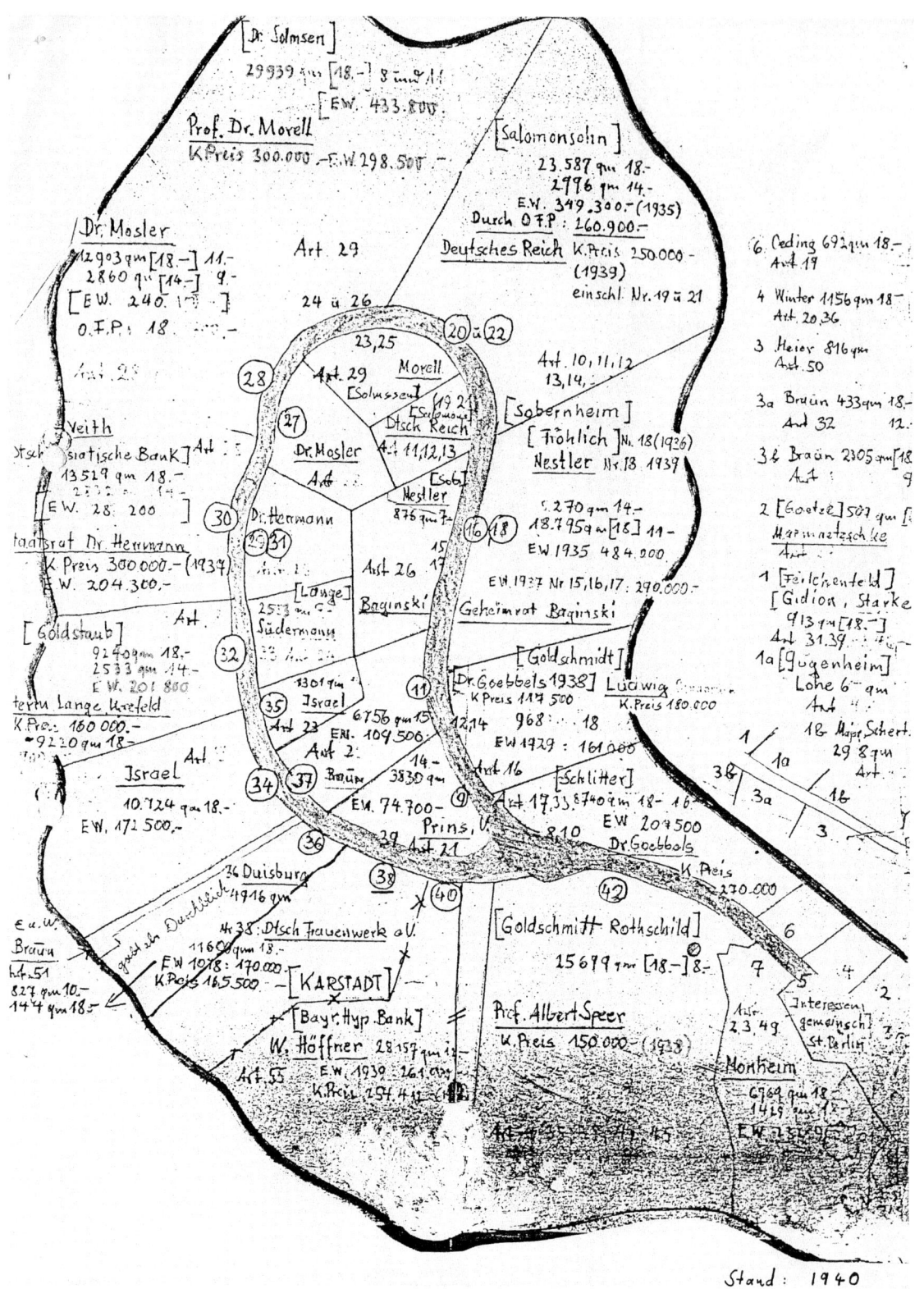

[Dr. Solmsen]

29939 qm [18.-] 8 in d. 11

[E.W. 433.800

Prof. Dr. Morell
K.Preis 300.000 E.W 298.500

[Salomonsohn]
23.587 qm 18.-
2776 qm 14.-
E.W. 349.300.- (1935)
Durch O.F.P.: 160.900.-
Deutsches Reich K.Preis 250.000.-
(1939)
einschl. Nr. 19 u 21

Art. 29

24 u 26

Dr. Mosler
12903 qm [18-] 11.-
2860 qm [14-] 9.-
[E.W. 240.1   ]
O.F.P.: 18.   .-

Art. 28

23,25   20 u 22

28   Art. 29   Morell
[Solmsen]
27   [Salomon]
[19 2]
Dtsch Reich

Dr. Mosler   Art 11,12,13
Art

Veith
Dtsch Asiatische Bank] Art
13519 qm 18.-
2   14.-
[E.W. 28.200]

[Sob.]
Nestler
876 qm 7.-

30   Dr. Hermann
29 31

Staatsrat Dr. Hermann
K.Preis 300.000.- (1937)
E.W. 204.300,-

Art

[Goldstaub]
9240 qm 18.-
2533 qm 14.-
E.W. 201.800

[Länge]
2513 qm G.
Südermann
23 Art 18

32

tertu Lange, Krefeld
K.Preis 160.000.-
9220 qm 18-

Israel   Art
10.724 qm 18.-
E.W. 171.500,-

1301 qm
35   Israel
Art 23
Art 2

34   37   Braun
3830 qm

36

36 Duisburg
4916 qm

38

e.u.W.
Braun
Art.51
827 qm 10.-
144 qm 18-

Art 26
15
17

6756 qm 15
12,14   968   18

EW 104.506,-
14.-

E.W. 74.700.-
Prins, V.
Art 21

40

Art. 29

[Sobernheim]
[Fröhlich] Nr. 18 (1926)
Nestler   Nr. 18 1939

5.270 qm 14.-
18.795 qm [18] 11.-
EW 1935 484.000.

E.W. 1937 Nr 15,16,17: 290.000.-

Geheimrat Baginski
Baginski

[Goldschmidt]
11   [Dr. Goebbels 1938] Ludwig
K.Preis 117.500   K.Preis 180.000
EW 1929 : 161.000
Art 16
Art 17,33 8740 qm 18.- 16
EW 207.500
8.10   Dr Goebbels
K Preis
270.000

42

[Goldschmitt Rothschild]
15.679 qm [18-] 8.-

6. Ceding 692 qm 18.-
Art. 19

4 Winter 1156 qm 18-
Art. 20,36.

3 Meier 816 qm
Art. 50

3a Braun 433 qm 18.-
Art 32   12.

3b Braun 2305 qm [18
Art   9

2 [Gootze] 507 qm [
Marmnetzschke
Art

1 [Feilchenfeld]
[Gidion, Starke
913 qm [18-]
Art 31.39   4

1a [Gugenheim]
Lohe 6 qm
Art 4

1b Mayr, Schert.
29 8 qm
Art

1
1a

3b
3a
1b

3

Interessen
gemeinsch.
St. Berlin

Monheim
6769 qm 18-
1419 qm
E.W. 23.7

5   4
7   5   2

6

1

38 Dtsch Frauenwerk a.V.
11600 qm 18.-
EW 1938: 170.000
K.Preis 165.500.-

[KARSTADT]
[Bayr. Hyp. Bank]
W. Höffner 28157 qm 18.-
EW 1939: 161 qm
K.Preis 254.4

Art. 55

Prof. Albert Speer
K.Preis 150.000.- (1938)

Art 45

Stand: 1940

306

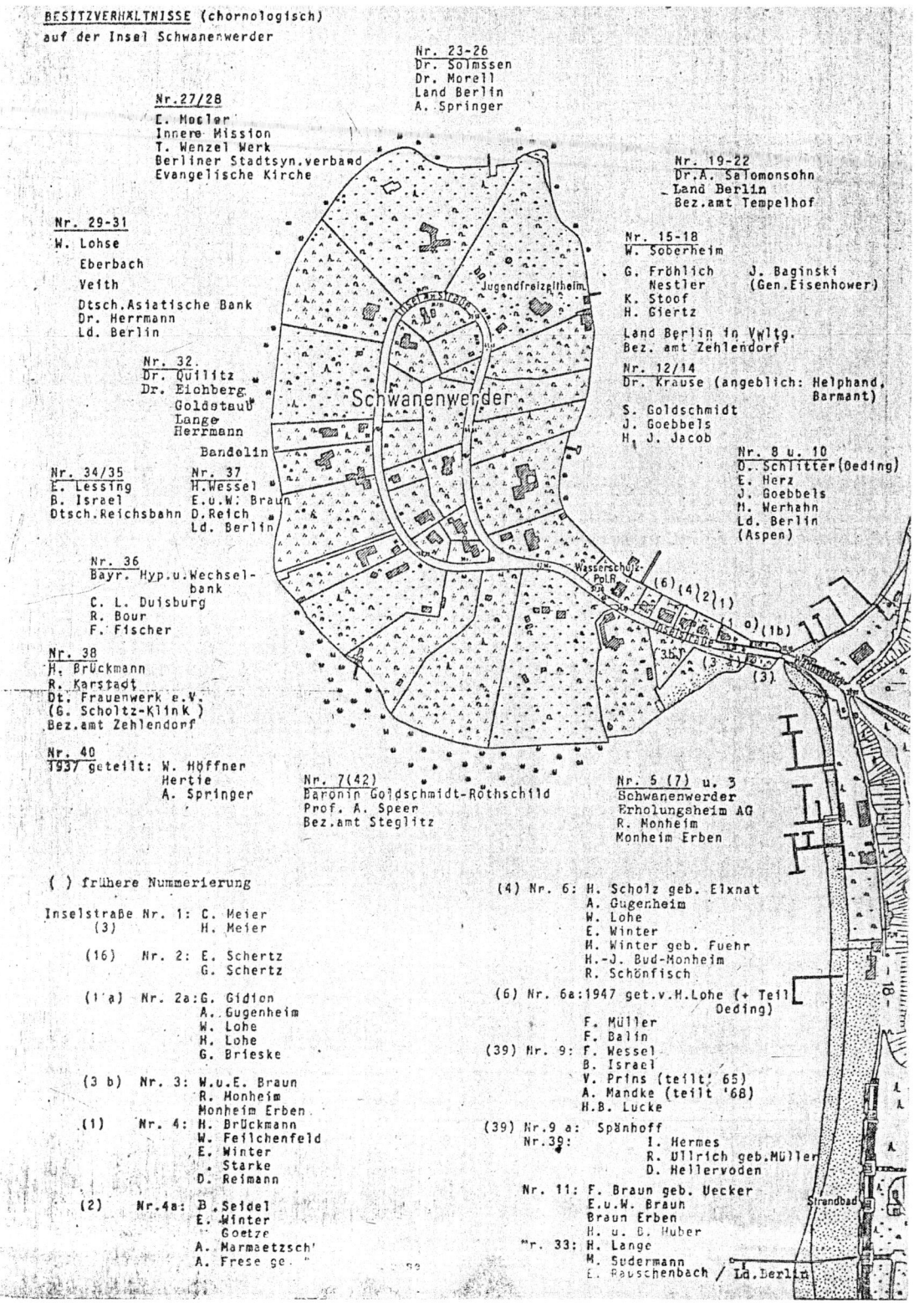

BESITZVERHÄLTNISSE (chornologisch)
auf der Insel Schwanenwerder

Nr. 23-26
Dr. Solmssen
Dr. Morell
Land Berlin
A. Springer

Nr.27/28
E. Mosler
Innere Mission
T. Wenzel Werk
Berliner Stadtsyn.verband
Evangelische Kirche

Nr. 19-22
Dr.A. Salomonsohn
Land Berlin
Bez.amt Tempelhof

Nr. 29-31
W. Lohse
Eberbach
Veith
Dtsch.Asiatische Bank
Dr. Herrmann
Ld. Berlin

Nr. 15-18
W. Soberheim
G. Fröhlich   J. Baginski
Nestler   (Gen.Eisenhower)
K. Stoof
H. Giertz
Land Berlin in Vwltg.
Bez. amt Zehlendorf

Nr. 32.
Dr. Quilitz
Dr. Eichberg
Goldstaub
Lange
Herrmann
Bandelin

Nr. 12/14
Dr. Krause (angeblich: Helphand,
                              Barmant)
S. Goldschmidt
J. Goebbels
H. J. Jacob

Nr. 34/35   Nr. 37
E. Lessing   H.Wessel
B. Israel   E.u.W: Braun
Dtsch.Reichsbahn D.Reich
                 Ld. Berlin

Nr. 8 u. 10
O. Schlitter (Oeding)
E. Herz
J. Goebbels
M. Werhahn
Ld. Berlin
(Aspen)

Nr. 36
Bayr. Hyp.u.Wechsel-
           bank
C. L. Duisburg
R. Bour
F. Fischer

Nr. 38
H. Brückmann
R. Karstadt
Dt. Frauenwerk e.V.
(G. Scholtz-Klink)
Bez.amt Zehlendorf

Nr. 40
1937 geteilt: W. Höffner
              Hertie
              A. Springer

Nr. 7(42)
Baronin Goldschmidt-Rothschild
Prof. A. Speer
Bez.amt Steglitz

Nr. 5 (7) u. 3
Schwanenwerder
Erholungsheim AG
R. Monheim
Monheim Erben

( ) frühere Nummerierung

Inselstraße Nr. 1: C. Meier
   (3)   H. Meier

   (16)   Nr. 2: E. Schertz
                  G. Schertz

   (1'a) Nr. 2a:G. Gidion
                  A. Gugenheim
                  W. Lohe
                  H. Lohe
                  G. Brieske

   (3 b) Nr. 3: W.u.E. Braun
                  R. Monheim
                  Monheim Erben

   .(1)   Nr. 4: H. Brückmann
                  W. Feilchenfeld
                  E. Winter
                  . Starke
                  D. Reimann

   (2)   Nr.4a: B. Seidel
                  E. Winter
                  Goetze
                  A. Marmaetzsch'
                  A. Frese ge."

(4) Nr. 6: H. Scholz geb. Elxnat
           A. Gugenheim
           W. Lohe
           E. Winter
           M. Winter geb. Fuehr
           H.-J. Bud-Monheim
           R. Schönfisch

(6) Nr. 6a:1947 get.v.H.Lohe (+ Teil
                              Oeding)
           F. Müller
           F. Balin

(39) Nr. 9: F. Wessel
            B. Israel
            V. Prins (teilt' 65)
            A. Mandke (teilt '68)
            H.B. Lucke

(39) Nr.9 a: Spänhoff
Nr.39:   I. Hermes
             R. Ullrich geb.Müller
             D. Hellervoden

Nr. 11: F. Braun geb. Uecker
        E.u.W. Braun
        Braun Erben
        H. u. D. Huber
Nr. 33: H. Lange
        M. Sudermann
        E. Rauschenbach / Ld.Berlin

307

Somnambule

Katharina Düttmann

Katharina Düttmann

1962	in Berlin geboren
1979-83	Goldschmiedelehre, Atelier Seibert-Philippen, Berlin
1983-86	Rietveld Akademie, Amsterdam
seit	HDK Berlin, Klasse Tajiri 1986
1985	Bildauftrag: Polanen Theater, Amsterdam
1985	Gruppenprojekt »Boekenbal« Amsterdam
1986	Stokker Stikker Gallery, N.Y.C. »Experimental Photography«
1987	Gruppenausstellung Künstlerhaus Bethanien »From the Newsagency«
1987	Mail Art Berlin-Bern, Rathaus Charlottenburg und Thun

SONNAMBULISMUS 1) Schlafwandeln, Nachtwandeln, auch Mondsüchtigkeit, Lunatismus; Ausführung komplexer Handlungsabläufe aus dem Schlaf heraus mit nachträglicher Erinnerungslosigkeit (v.a. bei Kindern). 2) Stadium tiefer Hypnose.

ENT – ART
Musikalische Umgebung
Ulrich Baehr / Erhard Grosskopf

ENT – ART ist den ungezählten Werken der Musik und der bildenden Kunst gewidmet, die – ebenso wie die Künstler, die sie schufen – unter Vandalismus, »Entartung«, Auslagerung und Zerstörung im Krieg, unter Ausbrüchen des »gesunden Volksempfindens« leiden mußten (und auch heute nicht davor gefeit sind).

Stellvertretend für ca. 16.000 Kunstwerke und zahllose Musikwerke, die während des NS-Regimes in unterschiedlicher Weise betroffen waren, steht das Schicksal der Skulptur »Große Knieende« vom Wilhelm Lehmbruck.

Durch einen Engpaß aus Sandsäcken und Kohlewänden betritt man im Innern eines Erdhügels eine Art »Isolierstation«: Eine Folge stiller Räume, die durch Schleusen voneinander getrennt sind.

In diesen Räumen wird Musik auf drei Ebenen wahrnehmbar:

FLÜSTERMUSIK: Musik wird gewissermaßen zugeflüstert, Erinnerungen an Zeiten heimlichen Hörens (nicht nur von Nachrichten), an Zeiten der Geschichte Berlins, in denen seine ohnehin schon wenigen bedeutenden Komponisten durch rassische und politische »Entar-

tung« noch weniger wurden und die Übriggebliebenen wegen ihrer geistigen Verwandtschaft zumindest in den Verdacht künstlerischer »Entartung« geraten sind. (Zur Erinnerung an Mendelssohn-Bartholdy, Eisler, Schönberg, Hindemith . . .)

MUSIKTROPFEN: Ein Bild für das »Durcksickern«, den »Untergrund«-Charakter unbequemer künstlerischer Äußerungen.

TRANSIT: Transit ist ein zur Meditation einladender Aufenthalt! Der Besucher wird aufgefordert sich hinzusetzen, sich anzuschnallen und eine Musik anzuhören, bevor es weitergeht:

DREI STÜCKE FÜR KLAVIER
quasi una sonata
Marianne Schroeder, Klavier
Produktion des Hessischen Rundfunks
KALYPSO (coupe/transformation) für Schlagzeug und Elektronik
Robyn Schulkowsky, Schlagzeug
Produktion der Inselmusik
Streichquartett in der FLÜSTERMUSIK: Arditti String Quartet, London
Jeder dieser Räume ist eine Station aus der Leidensbiographie der »Großen Knieenden« gewidmet.

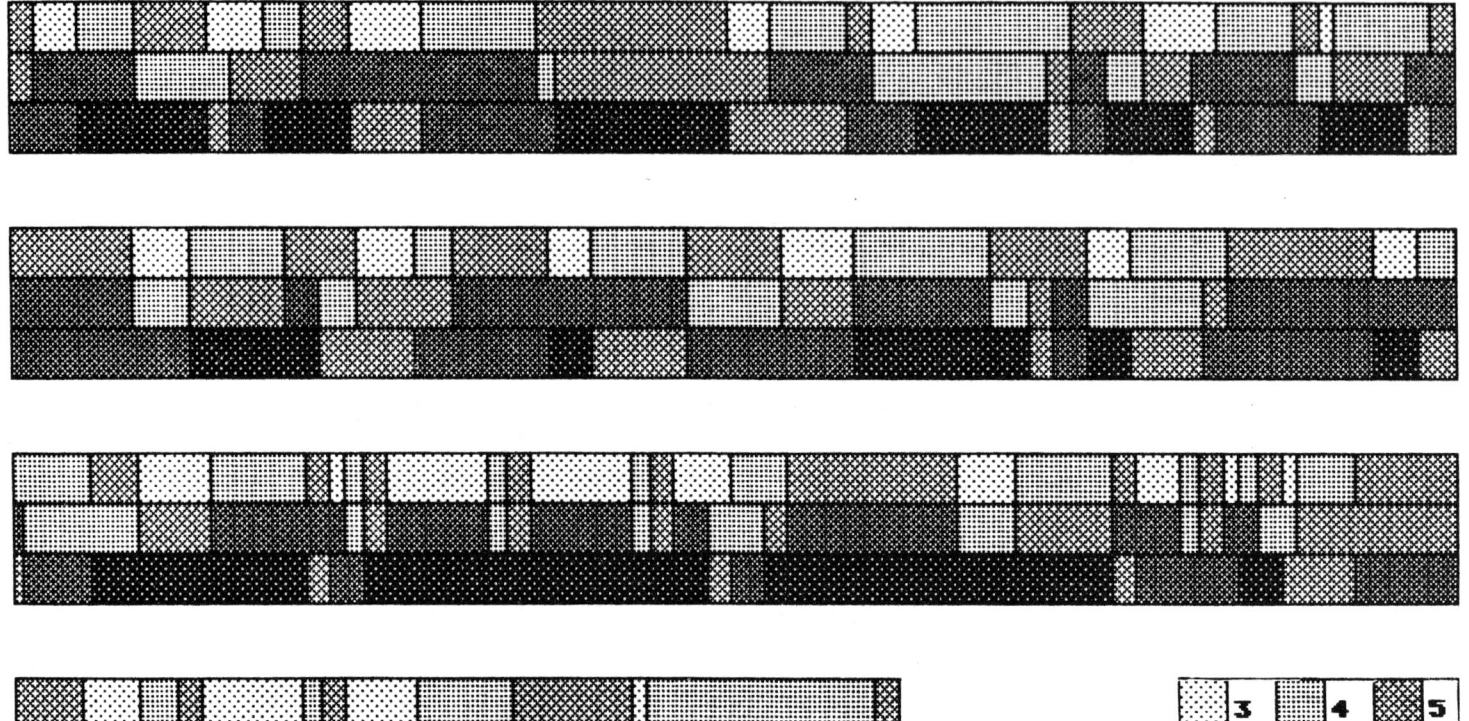

Erhard Grosskopf

*1934 in Berlin geboren
seit 1959 Kompositionsstudium bei Ernst
Pepping und Boris Blacher
1964 –1966 Dozent am Städt. Konserva-
torium Berlin
seit 1966 freischaffender Komponist
1966 –1967 Stipendiat der Villa Massimo,
Rom
1969 und 1971–1972 Arbeiten im Studio
für Elektronische Musik der Universität Utrecht
seit 1978 Initiator der Reihe »Insel Musik«
1982 Stipendium »Villa Serpentara« der
Akademie der Künste, Berlin*

*1982 und 1984 Dozent bei den Internatio-
nalen Ferienkursen für Neue Musik,
Darmstadt
Aufführungen u.a. Osaka/Japan; Rom;
London; Warschau; Paris; Amsterdam;
New York; Los Angeles; Tokyo; Darm-
stadt
1987 Auftrag der Berliner Festwochen für
ein 90-minütiges Ballett für die
Deutsche Oper Berlin (›Licht-
knall‹). (Choreographie: Lucinda
Childs; Regie und Ausstattung:
Achim Freyer)*

Ulrich Baehr

1938 in Bad Kösen/Saale geboren
1958 – 65 Studium an der Staatlichen Hochschule für bildende Künste Berlin
1962/63 Stipendium für die Ecole des Beaux Arts in Paris
1964 Meisterschüler
Gründungsmitglied der Galerie Großgörschen, Berlin

1968 – 70 Dozent an der Staatlichen Hochschule für bildende Künste Braunschweig
1970 – 75 Kunsterzieher in Berlin
1978 Atelier in Frankreich
1980/81 Stipendium für das PS 1 in New York
1984 Otto-Nagel-Preis der Berliner Sparkasse
Lebt als freischaffender Künstler in Berlin und Südfrankreich

Seit 1964 zahlreiche Einzelausstellungen und Ausstellungsbeteiligungen

Berlin Sound Portrait
Bill Fontana

Das Gelände des Anhalter Bahnhofs hat mich zum zweiten Mal zu einer Klangskulptur angeregt. Das erste Mal, 1984, entstand »Entfernte Züge«, indem ich Aufnahmen, Geräusche des Kölner Hauptbahnhofs, verwendete, die aus vergrabenen Lautsprechern auf dem freien Feld hinter dem noch erhaltenen Portikus des Anhalter Bahnhofs hervorquollen und akustisch einen Bahnhof imaginierten. »Entfernte Züge« war der erste Versuch, meine Vorstellungen und vagen, fast noch geisterhaften Eindrücke von diesem Bahnhof zu gestalten. Der neue Versuch »Berlin Sound Portrait« nimmt Geräusche, Klänge aus der lebendigen Umgebung Westberlins (und vielleicht auch von Ostberlin) und schickt sie über Lautsprecher rund um den ehemaligen Anhalter Bahnhof.

Bahnhöfe sagen etwas aus über das Leben einer Stadt. Vor vielen Jahren war der Anhalter Bahnhof ein bedeutender Platz im Großstadtleben Berlins. Als ich im Oktober letzten Jahres wieder am An-

halter Bahnhof war, hatte ich gerade eine Klangskulptur von Stockholm (für das Gelände des Stockholmer Rathauses) fertiggestellt. Ich war besessen von der Idee, daß dieser Bahnhof ein idealer Treffpunkt sein müßte, die Lebensgeräusche des gegenwärtigen Berliner Lebens zusammenzufügen.

Berlin Sound Portrait ist ein vielfältiges und differenziertes Geflecht von Klängen, das einen akustischen Querschnitt von Berlin bietet. Einige dieser Klangmuster werden Geräusche von Bahnhöfen enthalten (Bahnhof Zoo oder Bahnhof Friedrichstraße), vom Tiergarten, Zoo, vom Wannsee und der Pfaueninsel, der S-Bahn, dem Ku-Damm, der Lebensmittelabteilung des KaDeWe, etwas Glockenläuten, Autogeräusche aus Ostberlin und anderes mehr.

Neben dieser Klangskulptur, die aus Lautsprechern auf dem Gelände zu hören ist, wird eine weitere Collage für den Rundfunk realisiert.

Der Mythos ›deutsche‹ Kunst
Der Fall der »Knienden« von Wilhelm Lehmbruck
Eckhart Gillen

Paris 1910 und 1911, ein Bildhaueratelier Avenue du Maine 127. Der Bildhauer, ein mittelgroßer stämmiger Bauernjunge, blond, wortkarg, westfälischer Akzent- ... Nichts erwartete man weniger in Paris als diesen Lehmbruck... Rodin malte auf Kosten der Plastik, hatte... die Plastik geschwätzig gemacht... Maillols großes Verdienst war die Besinnung auf die geschlossene Form. Seitdem gab es wieder Körper. Und Lehmbruck hielt sich auch an die geschlossene Form... Maillol, der Südfranzose, ein bärtiger Hirt, besaß die Antike im Blute. Er hätte auch schwarze Ziegen melken können. Wie kam der blonde Westfale dazu? Hunderte, Tausende von Deutschen hatten das Land der Griechen mit der Seele gesucht, je heißer, desto vergeblicher. Lehmbrucks Vater, ursprünglich westfälischer Bauer, diente als Kohlenhauer auf einer Zeche in Meiderich bei Duisburg, und sein Leben unter der Erde hatte nichts von Apoll. In der Nähe Meiderichs liegt Elberfeld, wo Hans von Marées zu Hause war, der andere Outsider, der Hellas erreichte. Die beiden haben miteinander zu tun... Ich sah in Lehmbruck einen Nachfolger und irrte mich.

So leitet der Kunstkritiker Julius Meier-Graefe den Bericht über seine »Entdeckung« der Skulptur »Die Kniende« ein, die, in der ersten Jahreshälfte 1911 in Paris entstanden, von den Zeitgenossen als Bruch mit der im Jugendwerk erreichten kompositorischen Geschlossenheit, anti-

Wilhelm Lehmbruck, »Die Kniende«, 1911, Aufstellung im Kronprinzenpalais zwischen 1934 und 1936

ken Ruhe und ›romanisch‹ sinnlichen Körperfülle (»Stehende«, 1910) empfunden wurde. Er fährt fort in seinem Gedenkartikel zum fünfzigsten Geburtstag des Künstlers, der mit 38 Jahren am 25. März 1919 in seinem Berliner Atelier den Gashahn aufdrehte und freiwillig aus dem Leben schied:

Eines Tages waren alle Frauenbüsten, Frauentorsos mit antikem Einschlag beiseite geräumt und in der Mitte des Ateliers stand eine überlebensgroße halb kniende Frauengestalt, die nicht aufhörte. Sie widersprach allem Maréesschen Geiste und

erst recht der Geschlossenheit Maillols ...Meine Enttäuschung kannte keine Grenzen...In meinem Ärger nannte ich es gotisch. Es zerschnitt die Luft wie ein steiles Riff und zwang den Betrachter, entweder niederzusinken oder davonzugehen. Ich zog das zweite vor...Wohin kam er mit dieser verrückten Gotik?...Natürlich kehrte ich zurück.« Er kommt schließlich zurück mit der Einsicht, Lehmbrucks frühere Werke seien »vergleichsweise stumm« geblieben, »zumal stumm für uns Unruhige, die der Antike entrückt sind und einer Gebärde bedürfen...Dann kann geschehen, daß die Sprache der Knienden zu einem Ruf wird, auch wenn wir nicht wissen, wohin er uns führt- ...(Frankfurter Zeitung, Nr. 9 – 11, 5.1.1932, zit.n.Schubert, S. 284 ff.).

Dieser Ruf war durchaus zweideutig: Lehmbrucks »Kniende« wurde zur heimlichen Symbolfigur des 1911 mit nationalistischem Pathos und rassistischen Untertönen geführten Streits um die Erneuerung und Selbstbehauptung der deutschen Kunst gegen die »Überfremdung« deutschen Wesens durch den »innigen Anschluß an die jüngsten Pariser Extravangardisten, Matisse und andere«. Das Zitat steht in dem »Protest deutscher Künstler« (Jena 1911), den der Worpsweder Maler Carl Vinnen 1911 gegen die angebliche Bevorzugung ausländischer (gemeint war vor allem französischer) Kunst durch Museumsankäufe und die Kunstkritik formulierte.

Ausgelöst hatte diesen »Bremer Kunststreit« der Ankauf eines van-Gogh-Gemäldes durch den Direktor der Bremer Kunsthalle Gustav Pauli. Der Mannheimer Rechtsanwalt Theodor Alt hieb mit seinem Pamphlet »Die Herabwertung der deutschen Kunst durch die Parteigänger des Impressionismus« (Bremen 1913) in die gleiche Kerbe. Der Impressionismus ist für ihn »Unnatur bis zur Verrücktheit«, van Gogh ein »geisteskranker Dilettant«. Auch gegen die »talentvolle(n) Schmierereien« (Käthe Kollwitz) der selbstbewußten Autodidakten der Dresdner Brücke, die als junge Wilde nur die Franzosen nachahmten, statt die Natur zu studieren, richtete sich Vinnens »Protest«, der von 118 vorwiegend Münchener Akademiemalern unterzeichnet wurde. Ihnen antworten im gleichen Jahr 70 Künstler, Kunstkritiker und Museumsdirektoren, unter ihnen August Macke und Franz Marc mit der Gegenschrift »Kampf um die moderne Kunst«. Auch Julius Meier-Graefe, der in seiner »Entwicklungsgeschichte der modernen Kunst« (1. Aufl. 1904, 4. Aufl. 1924) vehement den französischen Impressionismus und eine »jenseits der natürlichen Verschiedenheit von Ort und Rasse« gemeinsame »Weltsprache« der Kunst verteidigte (nach 1945 suchte man mit dem Schlagwort von der »Weltsprache Abstraktion« wieder den Anschluß an den Westen, nach den Irrungen eines deutschen ›Sonderweges‹ in die Kunst), wurde wider Willen mit dem Pamphlet »Kunstapostel Julius Meier-Graefe und seine Anhänger« von August Piening in den Streit hineingezogen.
Bereits in seiner polemischen Schrift »Der Fall Böcklin und die Lehre von den Einheiten« (1905) kritisierte er die mythologisch überfrachteten späten Bilder des Malers, »die den verstiegenen alldeutschen Weltmachtsgedanken bezeichnen und die Katastrophe voraussagen«. Er nimmt den frühen, ›malerischen‹ Böcklin in Schutz gegen dessen deutschnationale Kultgemeinde, die sich in ihm erkennt, wie sie sich »in den mythologischen Musikdramen Richard Wagners, des Musikers der Gründerjahre, findet« (Entwicklungsgeschichte, S. 384 f.). Der Fall Böcklin wurde zur »Gewissensfrage

der Nation« (ebd.): Der deutschnational gesinnte Heidelberger Kunsthistoriker Henry Thode antwortet im gleichen Jahr mit seiner Schrift »Böcklin und Thoma. Acht Vorträge für neudeutsche Malerei« (Heidelberg 1905). Zielscheibe seines Zorns ist der durch Meier-Graefe verkörperte libertäre Kosmopolitismus, der in Berlin seinen »Hauptsitz« habe. In der Tradition völkischer, mystifizierender Deutschtümelei des »Rembrandtdeutschen« Julius Langbehn (1851 – 1907) und des »Heimatschutzbundes« (1904 von Schulze-Naumburg initiiert, dem späteren Propagandaredner des 1927 gegründeten »Kampfbundes für Deutsche Kultur«) plädiert er für eine bewußt nationale Kunst, die »immer der Ausdruck des Wesens und der Kultur eines Volkes war« (zit. n. Belting, S. 749). Seine Bestimmungen »was ist deutsch?« an der deutschen Kunst, faustische Unruhe, gotisches Emporstreben, Innerlichkeit und Schönheit der Seele gegen die äußerliche Schönheit klassischer Normen, blieben nicht auf Hans Thomas idyllische Schwarzwaldlandschaften und die sektiererischen völkischen Heimatbundkreise beschränkt. Dieses mystisch raunende Vokabular wurde nach 1910 bis Mitte der 30er Jahre von den nationalliberalen bis völkischen Propagandisten eines ›deutschen Expressionismus‹ benutzt.
Vor diesem Hintergrund wird Meier-Graefes ambivalentes Urteil über Lehmbrucks »Kniende«, das zwischen Erschrecken und vorsichtiger Zustimmung schwankt, verständlich. Dieses »Vorwort zum Expressionismus in der Skulptur« (Theodor Däubler, »Der neue Standpunkt«, Hellerau 1916) war für ihn schon der Grenzfall, über den hinaus er nicht mehr bereit war mitzugehen (vgl. »Wohin treiben wir?«, 1913). Nachdem die Kunst funktionslos geworden sei und der Gesellschaft keinen Inhalt mehr geben könne, gelte es, so Meier-Graefe, über zeitlose Gesetze der Gestaltung zu sprechen, die immanente Entwicklungslogik der abendländischen Malerei seit Giotto zu bekräftigen und zu bewahren für eine bildungsbürgerliche Gemeinde der Sammler, Kenner und Kulturkritiker. Die Kunst als »letzter Tempel der Menschheit« bot Ordnung im Chaos, die

gemäßigte Moderne der Impressionisten sollte als gesetzmäßige Fortsetzung der Tradition, nicht als Bruch mit ihr verstanden werden (vgl. Belting, S. 736). Daher seine Vorliebe für den apollinisch griechischen Lehmbruck vor 1911. Vom »gebietenden Ausdruck der Ruhe« stürzte Lehmbruck »in die problematische Bewegung oder, wie sein Biograph Wertheim sagt, in die ›Dschungeln des Seelischen‹ . . . Die Unruhe ist der Nachteil des Deutschen neben Maillol und seine tragische Überlegenheit« (Entwicklungsgeschichte, S. 583 f.).
Wie eine Kriegserklärung der deutschen Seele an die ganze Welt klingt Theodor Däublers mitten im I. Weltkrieg geschriebener Hymnus auf Lehmbrucks »Kniende«: »In der Bildhauerei sollte die ethische Lotrechte wieder durchbrechen. Phantastik mußte sich abermals emporrecken: aus sich herausfliegen sollten die verängstigten Gemüter. Viel Seele kann man aber bloß bei starkem Stil fassen, denn Seele fließt über, verströmt sich, liebt aber zugleich die Form, aus der sie sprühn darf. Wir sprechen von Wilhelm Lehmbruck. Seine Kniende ist- . . . Glaube an die Lotrechte, die kommen muß. Wenn dieses Weib aufstünde, die Kniende, sie wäre ein groteskes Gespenst: sie wird aber einmal aufstehen, uns mitreißen. Oder uns zurücklassen« (Der neue Standpunkt, Hellerau 1916, zit. n. Schubert, S. 144).
In Lehmbrucks »Kniender« sahen die Zeitgenossen den vollkommenen Ausdruck einer Rückbesinnung auf die wahre Mission deutscher Kunst, die in der heißen, aber vergeblichen Sehnsucht nach dem Land der Griechen verfehlt worden sei:

Die Schönheit der Antike oder der italienischen Renaissance, an der wir unsere Kunstanschauung großgezogen haben, . . . ist uns wesensfremd, sie hat uns . . . die Augen verdorben . . . Schönheit der deutschen Kunst ist innerlich ringende Sehnsucht, nicht äußerlich maßvolle Vollendung, und ihre Form umschließt den Gehalt oft zackig und kantig, oft schmerzhaft durchsichtig und unharmonisch im klassischen Sinne (Otto von Kursel, Eigenes und Fremdes in unserer bildenden Kunst, in: Völkischer Beobachter 188 vom 14.9.1923, zit. n. Wolbert, S. 945). Meier-Graefes ärgerliche Bemerkung über die »verrückte Gotik« der »Knienden« wurde zum Zauberwort für den wiederentdeckten Ursprung wahrer deutscher Kunst durch die Expressionisten. Ernst Ludwig Kirchner schrieb 1923: »Wir sind hinter das X. Jahrhundert zurückgegangen und von da los« und 1925: »Germanische Kunst ist Religion im weitesten Sinne des Wortes, romanische ist Abbild, Schilderung, Beschreibung oder Umschreibung der Natur. Der Deutsche malt das ›was‹, der Franzose das ›wie‹...« (zit. n. Kat. E.L.K., Berlin 1979, S. 39).

In der ersten Monografie über Lehmbruck beschreibt Paul Westheim 1919 die »Kniende« mit religiöser Emphase: »Naiv wird aus einer Sensibilität, die in ihrer geistigen Einstellung gotischem Gestalterwesen verwandt ist, die Form entwickelt...spirituelles Erlebnis..., das Begehren des Irdischen nach dem Überirdischen, das Wehen des Seelischen im Fleisch...und Stille breitet sich um diese Schlankheit, um dieses Aufstreben aus dem Endlichen« (zit. n. Trier, S. 27). »Welch erhabene Wehmut das Fleisch da spiritualisiert« (Westheim), glaubte auch Lehmbrucks Arzt in Zürich, der Psychologe Iwan Bloch, zu wissen, der in einem Brief an Fritz von Unruh über Lehmbruck schrieb: »Das Gotische ist bei ihm die ekstatische Überwindung des Fleisches, des Körperlichen überhaupt« (8.6.1919, zit. n. Schubert, S. 278). Für Unruh war Lehmbruck der heroische »Pionier, der den Berg der Materie mutig zu durchkneten wagte, auf daß in die braune Erde Licht käme, in den Erdkloß –: Geist« (Berliner Tageblatt, 23.3.1929, zit. n. Schubert, S. 283). Lehmbruck sehnte sich aber nach dem »Erdgeruch«. Eine Skulptur sollte »etwas Animalisches« haben und zugleich »wie ein Gebäude, wo Maß gegen Maß spricht« gehandhabt werden (zit. n. Trier, S. 31). Obwohl sich Lehmbruck 1918 gegenüber Fritz von Unruh selbst den Expressionisten zurechnete, gehört seine Vorstellung davon, »was wir Expressionisten suchen...: präzis aus unserm Material den geistigen Gehalt herauszuziehen« (zit. n.

Schubert, S. 154), zum Kunstidealismus des 19. Jahrhunderts, der das Ideal hinter den äußerlichen Erscheinungen suchte. Im Vergleich etwa mit Ernst Ludwig Kirchners weiblichem Akt »Stehende« (1912), erscheint die keusch-anmutige Weiblichkeit der »Knienden« wie ein Idol »Deutscher Innerlichkeit«, so der Titel eines Buches von Ulrich Christoffel (München 1940), in dem es heißt: »Das Eigentümliche der Empfindung liegt in dem Einziehen der äußeren Welt in das Innere der Seele, die bereit ist, jeden äußern Eindruck als ein schöneres Bild zurückzustrahlen und damit die Wirklichkeit zu übergießen« (S. 8). Auch August

Wilhelm Lehmbruck, »Die Kniende« in der Ausstellung »Entartete Kunst« 1937 in München

Hoff spricht von der »Innigkeit« und »Innerlichkeit« der »Knienden«: »In sich hinein sieht der Blick, horcht die Gestalt...Dies Hinhorchen in sich hinein war den mittelalterlichen Mystikern eigen« (Berlin 1933, zit. n. Trier, S. 28). Unüberbrückbar ist die Differenz zum ›Primitivismus‹ der Brückekünstler, die wie Kirchner und Heckel, unter dem Einfluß der »Negerplastik« (Carl Einstein, München 1915) und ozeanischer Kunst die direkte Arbeit mit dem Rohmaterial

des Holzstammes ohne Umweg über ein Gipsmodell bevorzugten: »In jedem Stamm steckt eine Figur, man braucht sie nur herauszuschälen« (Kirchner 1911 an den Kunstsammler Gustav Schiefler, zit. n. Kat. Skulptur des Expressionismus, München 1984, S. 21). Kirchner lehnte entschieden das Verfahren der Bildhauer »aus dem Tonmodell über den Gipsabguß zum eigentlichen Material als unkünstlerisch« ab (Kirchner unter dem Pseudonym L.de Marsalle, zit. n. Berlin 1910–1933, S. 151).

Doch auf solche Differenzierungen kam es im zukünftigen Streit zwischen den ›Gotikern‹ und den ›Griechen‹ nicht mehr an. Die wissenschaftliche Begründung der Verwandtschaft zwischen deutscher Gotik und deutschem Expressionismus übernahmen die Kunstwissenschaftler. 1911 erschien Wilhelm Worringers Buch »Formprobleme der Gotik«, 1925 folgte »Spätgotisches und expressionistisches Formsystem«. Selbst Karl Scheffler, ein enger Weggefährte Meier-Graefes, der den Expressionismus aus skeptischer Distanz betrachtete, begreift in seinem Buch »Der Geist der Gotik« (Leipzig 1917) die ganze abendländische Kunstentwicklung als Gegensatz zwischen »gotischem Geist« und »griechischem Stil«, zweier »ewig wiederkehrender Stilbewegungen« (S. 22):

»Geht man die Geschichte der deutschen Kunst in den letzten hundertfünfzig Jahren durch, so zeigt es sich, daß das griechische Vollkommenheitsideal zwar eine Kunst aus dritter und vierter Hand nachhaltig gefördert hat...; zugleich aber hat es die eigentlich schöpferischen Kräfte...bedroht...Der Stil eines Volkes ist der Abdruck seines Willens, seiner ganzen Eigenart...und muß darum hingenommen werden wie ein Schicksal...Der auf germanische Initiative zurückzuführende gotische Stil aber ist von den Gesetzgebern unserer Ästhetik geradezu verfemt worden...Erst in letzter Zeit ist ein tieferes Verständnis für das Gotische erwacht« (S. 15–21). Gegenüberstellungen wie: »Der griechische Mensch erschafft die Formen der Ruhe und des Glücks, der gotische Mensch die Formen der Unruhe und des Leidens« (S. 38), wurden im Mund völkisch-rassistischer

Mythologen bald zu ideologischen Waffen, mit denen »artgemäße« und »artfremde« Kunst aussortiert wurde.

Gegen den »zersetzenden Kulturbolschewismus« der Weimarer »Systemkunst« predigte der Rassentheoretiker und ehemalige Heimatschutzbündler Paul Schultze-Naumburg im Namen des »Kampfbundes für deutsche Kultur«. Er demonstriere stets eine »Auswahl sogenannter expressionistischer Werke« und stelle »diese den Bamberger und Naumburger Skulpturen gegenüber«, berichtet »Die Kunst« 1931 und fährt fort: »Vor dem Lichtbild des Bamberger Reiters sagt er z.B.: ›Dem nordischen Menschen von heute steht der Stahlhelm so gut wie dem Bamberger Reiter die Krone‹« (zit. n. Wolbert, S. 99).

Während Schultze-Naumburg mit seinen Gotikern und Expressionisten hausieren ging, war die expressionistische Bewegung schon am Ende. Die aufziehende Wirtschaftskrise und das Scheitern der politischen Utopien der Avantgarde an der schleichenden Agonie der Republik förderte die resignative Zuflucht in eine konservative, zeitlose Klassizität, lange bevor der völkisch-nationale Streit zwischen den expressionistischen Gotikern und den Griechen 1934 durch ein Machtwort Hitlers autoritär von oben zugunsten der letzteren entschieden wurde. Mit dem Bild »Tod des Dichters Walter Rheiner« gab Conrad Felixmüller 1925 den Expressionismus zugunsten einer neusachlichen, in den 30er Jahren genrehaft akademischen Malerei auf. 1923 initiiert G.F. Hartlaub unter den Künstlern eine Rundfrage »Ein neuer Naturalismus?«, die in eine Ausstellung der »Neuen Sachlichkeit« in der Kunsthalle Mannheim mündet (1925). Im gleichen Jahr erscheint das Buch »Nach-Expressionismus« von Franz Roh. Während Herwarth Walden mit seiner Abreise in die Sowjetunion die Hoffnung einer Fortführung der geistigen Revolution des Expressionismus als politische Revolution verband, wandte sich der Sturm- und Bauhauskünstler Lothar Schreyer, wie viele seiner Künstlerkollegen, dem Christentum zu. Über den Abschied von Walden schreibt Lothar Schreyer in seinen »Erinnerungen an Sturm und Bauhaus«: »Es

gab nichts mehr zu sagen. Wir sahen uns nur noch an...Er wußte, daß ich seinen Weg in den Kommunismus achtete, wenn auch nicht verstand. Ich wußte, daß er meinen Weg in die christliche Kirche achtete, wenn auch nicht verstand. Wir begriffen unsere Wege gegenseitig nicht mehr« (München, 1956, S. 17).

Lothar Schreyer warnte zwar noch 1931 die deutschen Bildhauer vor den Verlockungen der Renaissance, die er für »die Geburt des intellektuellen Menschen« verantwortlich machte. Mit »deutscher Kraft« sollten sie der Verführung durch »das Idealbild der klassischen Statue« widerstehen und »im Wirken der Seelenkräfte das Urbild des Menschen« suchen (»Die bildende Kunst der Deutschen«, zit. n. Wolbert, S. 105). Die Verteidiger des Expressionismus als »deutscher Stil« führten aber nach der ›Machtübernahme‹ der Nazis nur noch Nachhutgefechte.

Die kurze Geschichte der deutschexpressionistischen Opposition ist an anderer Stelle bereits ausführlich erzählt worden (vgl. H. Brenner, S. 65 – 86). Am 29. Juni 1933 organisieren Fritz Hippler und der Maler Otto Andreas Schreiber vom »Nationalsozialistischen Deutschen Studentenbund« im Audimax der Berliner Universität eine Kundgebung unter der Parole »Jugend kämpft für deutsche Kunst«. Am 22. Juli eröffnete die Galerie Ferdinand Möller die viel beachtete Ausstellung »Dreißig deutsche Künstler«, für die anfangs der NSD-Studentenbund als Veranstalter auftrat, u.a. waren Barlach, Heckel, Kolbe, Lehmbruck, Macke, Marc, Nolde, Scheibe, Schmidt-Rottluff vertreten. Als Nachfolger des am 1. Juli 1933 entlassenen Direktors der Nationalgalerie Ludwig Justi (seit 1909), ordnete Alois J. Schardt die Neue Abteilung der Nationalgalerie im ehemaligen Kronprinzen-Palais nach drei Hauptströmungen der Kunstgeschichte, die zugleich drei Weltanschauungen repräsentieren sollten: die romantische, die klassische und die naturalistische. Unter der Rubrik ›romantisch‹ konnte er die von ihm hochgeschätzte »neue Ausdruckskunst« im Kronprinzen-Palais zusammen mit der deutschen Romantik im Untergeschoß (C.D. Friedrich, Blechen), mit Hans von Marées und Feuerbach im Mittelge-

schoß bis zum nächsten Direktionswechsel 1934 der Öffentlichkeit erhalten. Freilich mußten ›Ausländer‹ wie Braque, Gris, Picasso, aber auch Baumeister und Schlemmer ins Depot, trotzdem kam im Obergeschoß eine eindrucksvolle Präsentation der Künstler der »Brücke«, des »Blauen Reiters« sowie u.a. Barlach, Feininger, Lehmbruck und Nolde zustande. Die »Kniende« erhielt einen repräsentativen Platz, während sie später bis zur endgültigen Schließung der modernen Sammlung mit einem dunklen Flur (vgl. Abb.) vorliebnehmen mußte (vgl. Das Schicksal einer Sammlung, Berlin 1986, S. 33). In einem Vortrag unter dem Titel »Was ist deutsche Kunst?« am 10. Juli 1933 in der Staatlichen Kunstbibliothek reiht er die Ausdruckskunst nach dem Bericht der »Neuen Zürcher Zeitung« in die ekstatisch prophetische Tradition des deutschen Mittelalters ein. Mit dem Eindringen des Naturalismus in die Ausdruckskunst um 1431 beginnt für ihn der »Niedergang der deutschen Kunst« (vgl. Brenner, S. 71).

In seiner Rede am 30. Juni 1934 auf dem Nürnberger Parteitag beendete Hitler kurzerhand den Streit zwischen den romantisch-völkischen Gotikern und den Anhängern zeitloser antiker Klassik. Nach der Konsolidierung seiner Macht brauchte er nicht mehr die völkisch irrationale Bewegung der »alten Kämpfer«, jene »Rückwärts«, die meinten, eine ›teutsche Kunst‹ aus der krausen Welt ihrer eigenen romantischen Vorstellungen der nationalsozialistischen Revolution als verpflichtendes Erbteil für die Zukunft mitgeben zu können...« (Brenner, S. 83). Die Wende war bereits in Alfred Rosenbergs »Mythus des 20 Jahrhunderts« (München 1930) ideologisch abgesegnet, wo lapidar erklärt wird: »Niemand wird bestreiten, daß das altgriechische Schönheitsideal dem nordischen entsprach, war es doch überwiegend Blut von seinem Blute...« (S. 301).

Ernst Bloch kommentiert die neue straffe Ordnung 1937: »Der Expressionismus enthielt selbst in seinen Nachgeburten noch aufsässige Elemente unter den archaischen; er vertrat gewissermaßen die ›zweite Revolution‹ unter Kunstburschen und der Jugend...Das ›Archaische‹, das

316

›Primitive‹, es ist heute noch, als Sadismus, in Konzentrationslagern erwünscht, und – als furor teutonicus – selbstverständlich im kommenden Krieg... Aber so gut das Großkapital aufs Hakenkreuz zu sprechen war, solange es die Massen einfing, so wenig hat es sich doch je mit dem Pathos der Steinzeit oder der archaischen Verwilderung befreundet. Es braucht pünktliche und domestizierte Angestellte, keine Urgermanen...« (»Gauklerfest unterm Galgen«, in: Erbschaft dieser Zeit, Ffm 1981, S. 85).

Die demonstrative Grundsteinlegung für das »Haus der Deutschen Kunst«, heute »Haus der Kunst«, im Oktober 1933 als erste monumentale NS-Baumaßnahme (Architekt Paul Ludwig Troost) in der Hauptstadt der Bewegung, sollte mit einem Säulenportikus von 150 Meter Länge über die gesamte Fassade ein Zeichen setzen, aus welch hoheitlich olympischer Distanz die NS-Machthaber dem Volk entgegentreten wollten.

Während Wilhelm Lehmbrucks »Kniende« in der am 19. 7. 1937 eröffneten Ausstellung »Entartete Kunst« den Beginn »deutscher Verfallskunst seit 1910« markieren mußte (Erlaß des Reichsministers für Volksaufklärung und Propaganda vom 30. Juni 1937), standen in der wenige hundert Meter entfernt davon in der am 18. 7. 1937 eröffneten ersten »Großen Deutschen Kunstausstellung« im »Haus der Deutschen Kunst« entschlossene, nackte, zeitlos klassische »Zehnkämpfer« von Richard Scheibe und Arno Breker, ein »Junger Streiter« von Georg Kolbe, aber auch »Der Boxer Schmeling« von Rudolf Belling. »Unter Führung von Männern wie Georg Kolbe, Richard Scheibe und Karl Albiker« blieb die Plastik weithin »gesund«, »dem Experiment verschlossen« und »dem ewigen Vorbild der Antike treu« (Hans Weigert, 1942, zit. n. Wolbert, S. 23).

Richard Scheibe wurde zwar 1933 vorübergehend von den Nazis aus seinem Lehramt am Städelschen Kunstinstitut in Frankfurt entlassen. Er hatte sich mit einem »Ebert-Denkmal« 1926 in der Paulskirche als Vertreter der Weimarer »Systemkunst« verdächtig gemacht. 1936 wird er aber als Nachfolger von Fritz Klimsch zum Professor an die Preußische Akademie der Künste in Berlin berufen, wo er als Senatsmitglied und Leiter einer Meisterklasse wirkt. Trotz seiner Tätigkeit im Staatsdienst tritt er nicht in die NSDAP ein. Nach 1945 ist er am Aufbau der HfbK in Berlin-Charlottenburg maßgeblich beteiligt und lehrt dort bis zu seiner Emeritierung.

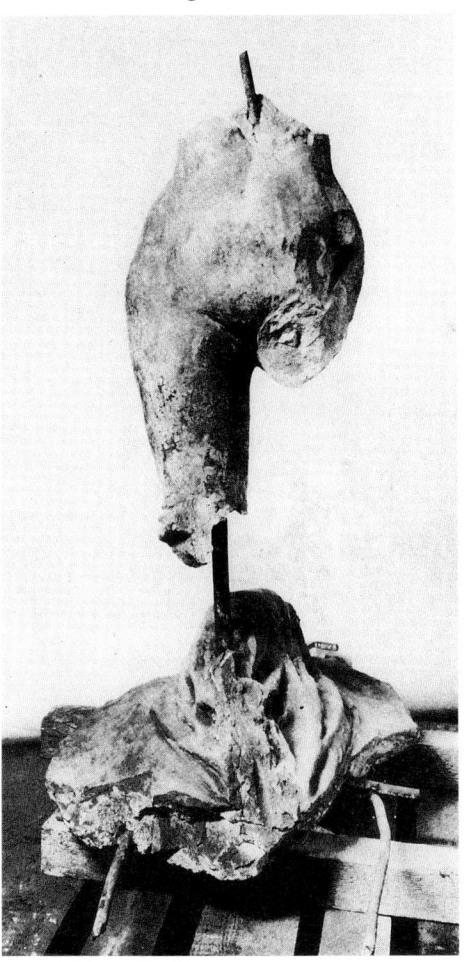

Die nach einem Bombentreffer auf das Gebäude der Nationalgalerie zerstörte Skulptur »Die Kniende«, heute im Depot auf der Museumsinsel in Ost-Berlin

Die stehende Figur angespannter Kraft (geballte Fäuse) seines »Zehnkämpfers« (Höhe 2 m, Bronze) von 1937 unterscheidet sich nur graduell von Arno Brekers 1936 entstandenem »Zehnkämpfer«. Im Unterschied zum leicht zur Seite gedrehten Gesicht bei Scheibe ist Brekers Figur streng frontal ausgerichtet, die Brust geschwellt, der Blick finster entschlossen, die straffe, faltenlose Haut spannt sich über den muskulösen Körper wie ein Panzer. Scheibe variiert seine Kämpferfigur seit 1931 immer wieder: z.B. 1938 als »Denker«, 1955 als »Schreitender«, 1953 dient der »Männlicher Akt« (Höhe 2,40 m, Bronze) als »Ehrenmal der Opfer des 20. Juli 1944« im Innenhof des ehemaligen Sitzes des Oberkommandos der Wehrmacht in der Stauffenbergstraße 11 – 14. Die geballten Fäuste des jugendlichen Athleten sind jetzt symbolisch gefesselt: »An dem Gips von 1931 habe ich noch bis 1959 unwesentliche Veränderungen vorgenommen« (zit. n. »Skulptur und Macht«, S. 28).

Auch Georg Kolbe beschäftigte sich seit 1933 mit dem Thema »Zehnkämpfer«, auch er geriet vorübergehend unter den Nazis in Schwierigkeiten wegen seiner Heinrich Heine und Walter Rathenau gewidmeten Denkmäler. Sein »Zehnkampfmann« (1933/34, Höhe 2,50 m, Bronze) wurde 1936 anläßlich der Olympischen Spiele zusammen mit einem »Ruhenden Athleten« gegenüber von Thoraks Hitlerkopf im »Haus des Deutschen Sports« auf dem Reichssportfeld aufgestellt. Seit 1976 steht er wieder an seinem angestammten Ort.

Für den NS-Kunstideologen Werner Rittich verkörperte diese Figur »das kraftvolle, lebensnahe, disziplinierte sportliche Mannesideal unserer Zeit« (zit. n. Skulptur und Macht, Berlin 1983, S. 28). Kurt Lothar Tank pries 1942 Kolbe und Scheibe als »Retter der starken deutschen Form über eine Zeit des Verfalls« (zit. n. Klaus Wolbert, S. 21).

Der Bildhauer Rudolf Belling, der kühnste Neuerer unter den deutschen Plastikern, kehrte nach 1925 zu einem gemäßigt modernen, dekorativ-eleganten Stil zurück. Dies erklärt die gleichzeitige Präsenz seiner Werke im »Haus der Deutschen Kunst« mit der 1929 entstandenen Skulptur »Max Schmeling« und in der Ausstellung »Entartete Kunst« mit dem abstrakten »Dreiklang« von 1919. Der am 6. Januar 1937 in die Türkei emigrierte Künstler konnte keinen Einspruch mehr erheben gegen die ohne sein Wissen zustande gekommene Beteiligung an der ersten »Großen Deutschen Kunstausstellung«.

Bei der Übernahme der Ausstellung »Entartete Kunst« von München nach Berlin (28. 2. – 8. 5. im »Haus der Kunst«, in den Räumen der alten japanischen Botschaft gegenüber dem Reichstagsgebäude) traute man dem Urteil des Volkes, das »von jetzt ab wieder zum Richter über seine Kunst aufgerufen wird« (Adolf Hitler, Eröffnungsrede im »Haus der Deutschen Kunst« am 18. 7. 1937, »Führer...«, S. 30), eine Verurteilung der »Knienden« von Lehmbruck und anderer Werke offensichtlich nicht mehr so recht zu. Überraschend wurden Arbeiten von Barlach, Corinth, Käthe Kollwitz, Lehmbruck, Marc und Macke aus der Berliner Zusammenstellung »Entartete Kunst« entfernt. Die Presse sprach verschämt von einer »Umgruppierung«; das Material sei »ein wenig gesiebt worden« (»Hamburger Zeitung« vom 25. 2. 38). In einem Brief vom 8. 3. 1938 an Rudolf Heß beklagte sich der völkische Kunstprophet Alfred Rosenberg: »In der Begriffsbestimmung dessen, was entartete Kunst ist, besteht gegenwärtig noch eine große Unsicherheit...« (zit. n. Otto Thomae, S. 341f., Anm. 30). Paul Westheim berichtete in der Exilpresse, »daß die Münchner selbst die ›Ausstellung der Entarteten‹ nur noch die ›Neue Sezession‹ nannten und so auch ansahen. Corinth und Barlach und Lehmbruck... erwiesen sich doch stärker als das ganze nordisch-arische Blut- und Rassenkunstgeschwafel« (Kunstkritik im Exil, S. 82).

Von den acht bekannten Exemplaren der »Knienden« (vgl. Schubert, S. 143) wurde die Zementgußfassung aus dem Besitz der Mannheimer Kunsthalle beschlagnahmt und gelangte im Rahmen der Devisengeschäfte mit ›entarteter‹ Kunst ins Museum of Modern Art, New York.

Dort wurde sie 1939 in der umfassenden Ausstellung »Art in our Time« als Meisterwerk moderner Skulptur im Exil gefeiert. Auf »Hitlers Befehl... hinausgeworfen... steht sie stellvertretend für die freie Kunst Europas« (The Bulletin of the Museum of Modern Art, New York, Okt./Nov. 1942, zit. n. Siegfried Salzmann, Westkunst, S. 49).

Auch das 1927 auf Beschluß der Duisburger Stadtverordnetenversammlung im Tonhallengarten aufgestellte Exemplar der »Knienden« sollte, nachdem es in der Nacht vom 27. auf den 28. Juli im Namen des »gesunden Volksempfindens« (Rheinischer Kurier vom 5. 5. 1927, zit. n. »Hinweg mit der ›Knienden‹«, Duisburg 1981, S. 7) umgestürzt und beschädigt worden war, gegen Devisen (200,- RM) nach Amerika verkauft werden. nach dem Ausbruch des Krieges mit den USA platzte der Handel. Die »Kniende« steht heute vor dem Wilhelm-Lehmbruck-Museum.

Ein weiteres Zementgußexemplar, vermutlich aus dem Dresdener Albertinum, wurde von Walter P. Chrysler jr., New York, erworben. Der Guß aus der Münchner Galerie ist wahrscheinlich zerstört worden. Der am 24. 6. 1920 von der Nationalgalerie, Berlin, erworbene Steinguß blieb noch bis zum 30. Oktober 1936 im zweiten Obergeschoß des Kronprinzen-Palais (Neue Abteilung der Nationalgalerie) der Öffentlichkeit zugänglich. Nach den Olympischen Spielen ordnete Kultusminister Rust die endgültige Schließung der modernen Sammlungen an. Die Werke kamen zunächst im Juli 1937 in das Depot des Stammhauses auf der Museumsinsel. Dort wurden aufgrund der Ermächtigung von Goebbels (30. 6. 1937) aus dem Besitz der Nationalgalerie 59 Gemälde und 52 Zeichnungen beschlagnahmt für die Ausstellung »Entartete Kunst« in München. Insgesamt kamen schätzungsweise 16.000 Kunstwerke im Propagandaministerium zusammen, die mit Gesetz vom 31. Mai 1938 entschädigungslos »zugunsten des Reiches« eingezogen und ins Ausland verkauft wurden. Was nicht verkauft werden konnte, ist am 20. März 1939 im Depot an der Köpenicker Straße verbrannt worden.

Lehmbrucks »Kniende« die in einem gesonderten Depotraum aufgestellt war, wurde bei einer zweiten Beschlagnahmeaktion der »Reichskammer der bildenden Künste« Mitte August 1937 von der Kommission übersehen. Ein Bombentreffer auf das Gebäude der Nationalgalerie Anfang 1945 zerstörte die Skulptur, die heute als Torso (vgl. Abb.) auf der Museumsinsel zum Mahnmal der unwiederbringlich zerstörten, einst weltberühmten, Sammlung moderner Kunst geworden ist (vgl. Das Schicksal einer Sammlung, Dokumentation, Berlin 1986).

In den Trümmern der Nationalgalerie ging mit Lehmbrucks »Kniender« auch der Mythos einer 'deutschen' Kunst in die Brüche, in der die Ideologen eines in Versailles konstruierten Nationalstaates preußischer Provinienz die identitätsstiftende Einheit und Kontinuität 'deutschen Wesens' von der Gotik bis zum Expressionismus verköpert fanden. Nach 1945 sollte die Vergangenheit 'bewältigt' werden durch die Fiktion einer »Stunde Null«. Die Abstraktion als Weltsprache« empfanden viele Künstler der 'inneren Emigration' als Befreiung von einer völkisch nationalistischen Befrachtung der Kunst. Die noch lebenden Expressionisten und Veristen gerieten zwischen die Mühlsteine des »Kalten Kriegs der Künste« oder bestenfalls in Vergessenheit. Erst in den 60er und 70er Jahren wagten Künstler der in den Krieg hineingeborenen Generation wie Georg Baselitz und Anselm Kiefer wieder Expeditionen in den Dschungel der 'deutschen Seele'. Ihre Negativbilder der deutschen Mythologie verweigern die 'Entsorgung' der Vergangenheit durch ihre Verdrängung. Wenn sie als »teutonisch-faschistisch« bezeichnet wurden, ist dies nur ein Indiz fortdauernder kollektiver Verdrängung der jüngsten Vergangenheit, in der die deutschen Mythen völkervernichtende Realität wurden.

Quadriga
Peter Schultz-Hagen

Quadriga

»Quadriga, lat. (das von einem offenen
Streit-, Renn- oder Triumphwagen (der
Antike) aus gelenkte Viergespann und
seine Darstellung in der Kunst)... (Duden)

»Der Bohrhammer dient vorwiegend
zum Bohren von Sprenglöchern.«
»Der Abbruchhammer (eines der
schwersten handgeführten Druckluft-
werkzeuge) dient hauptsächlich zum
Aufbrechen von Beton sowie zum Aufbruch von schwerem Mauerwerk.«
(Kluth/Pfadler, Baumaschinen)

»Was Bomben und Artillerie nicht schaff-
ten, dem Amt für Abräumung gelang es.«
(H. Maier, Berlin Anhalter Bahnhof)

Hamsterfahrt

»2. STARKER MANN zögert Dreihun-
dertfünfzig Menschen in einem Güterwagen...
1. STARKER MANN nickt
2. STARKER MANN Die Güterwagen
sind zu klein.
1. STARKER MANN nickt Die Menschen sind zu groß.
Die Starken Männer mit der Karre ab.«
(Harlan, Ich selbst und kein Engel)

Peter Schultz-Hagen

1953 am 22. Mai in Berlin geboren
1974-80 Studium an der Hochschule der Künste
Berlin, Schüler von K.H. Hödicke
seit 80 Arbeit als freier Künstler

Lissabon — Wladiwostok
Klaus P. Müller

Ich stehe an Schienen, folge ihnen mit den
Augen und versuche mir vorzustellen,
wohin überall ich kommen könnte —
wie es aussieht
in Wladiwostok, Peking, Bomby, Istanbul
in Kiruna, Ostende, Bordeaux, Madrid und
Lissabon
durch welche Landschaften ich fahre
Berge, Ebenen…
Brücken, Tunnel…
an drei Ozeane und was weiß ich wie viele
Meere, Seen und Flüsse…

— Anhalter Bahnhof —

Nord-Süd
Ost-West
Kein Kommen und Gehen von Menschen
mehr mit Vorstellungen.
Habe, diplomatische Noten und Kriegsge-
rät
— nichtmal die Räder der S-Bahn höre ich.

Auf dem Gelände des Anhalter Bahnhofs in
Himmelsrichtung und maßstäblichen Ab-
ständen verteilt
Schienenstücke stehend für:
Lissabon
Paris
Stockholm Berlin Rom Wien
Moskau
Wladiwostok

Klaus P. Müller

geb. 6.9.1945
in Polen und Deutschland Kindheit
in der Wildeshauser Geest
1960 - 1967
Schlosser und etwas Soldat
1971 - 1976
Bildhauer bei H. Rogge in Hannover
seit 1978
in Berlin

I.

Auf den Kern gebracht, will das Museum aus vergangenen legitimen Zukunftsvorstellungen, den ›konkreten Utopien‹, die im reellen Verlauf der Geschichte verfallen und die erst wieder ›archäologisch‹ zu rekonstruieren sind, den Funken des Verstandes für uns Heutige schlagen, da sie als uneingelöste nicht ungültig wurden.

II.

»Archäologie vom Ende der Moderne: Berlin 1912« ist die erste Vorstellung des ›Museums der Utopien vom Überleben‹. Sie findet in den Räumen zweier Container (12/2,5 m = 60 qm) auf dem Gelände des ehemaligen Anhalter Bahnhofs – links, vom Eingang – statt. Diese Behältnisse sind äußerlich verfremdet und überhöht.

Der aktuelle Berliner Kontext, in dem das Konzept des *Museums der Utopien vom Überleben* sich präsentiert, soll hier nur insofern angesprochen werden, als im Zusammenhang mit der 750-Jahr-Feier Berlins eine andere, weitaus großzügiger angegangene Museumsgründung den Berlinern ins Haus steht, nämlich die des ›Museums für Deutsche Geschichte‹ am Reichstagsgelände. Sowohl methodisch wie inhaltlich unterscheidet sich das ›Museum der Utopien vom Überleben‹ von diesem anderen Museumskonzept, wie es sich vom Jubel über und für die ›Kulturstadt Ost/West Berlin‹ überhaupt unterscheidet. Museums- als auch Ausstellungskonzept der diesjährigen Präsentation des ›Museums der Utopien vom Überleben‹ sind keineswegs ausgewogen – vielmehr interessiert und parteilich.

Das Thema der ›Archäologie vom Ende der Moderne: Berlin 1912‹ ist mit dem Versuch, eine ernüchternde Bestandaufnahme eines Abschnitts der Berliner Geschichte vorzulegen, verbunden – nicht in der Art einer alternativen Geschichtsschreibung, sondern beharrlich an Verzerrungen und Vergessenem in dieser Geschichte interessiert, die bis auf die heutigen Konflikte führen.

Das Museum der Utopien zum Überleben präsentiert:

Archäologie vom Ende der Moderne: Berlin 1912
Claudio Lange

III.

Die Zeit um die Jahrhundertwende gilt der Legende nach als die Geburtsstunde Berlins zu einer modernen europäischen Metropole.

Gemessen wurde diese Legende vom Ursprung der deutschen Moderne in Berlin an vier der ›Deutschen Kulturnation‹ mehr oder weniger zugehörenden nichtdeutschen Personen, für die nachweislich in der in Frage kommenden Zeit ein derart starker Berlin-Bezug bestand, daß sie in Berlin leben, arbeiten, ja bleiben wollten. Vier Personen und ihr Werk von vielen, die wir in unserer Analyse als ›Berlin-Utopisten‹ ausmachten, werden in der Ausstellung neu vergegenwärtigt. Es

sind dies: Der Schweizer Maler Arnold Böcklin; der Wiener Komponist Arnold Schönberg; der Wiener Literaturpapst Karl Kraus und die polnische Revolutionärin Rosa Luxemburg.

Arnold Böcklin, dessen Geschichte und Erbe unter anderem in einem Werk wie dem von de Chirico unerkannt fortlebt, betrieb in der zweiten Hälfte des 19. Jahrhunderts in Italien, wo er meistens lebte, neben der Malerei intensive Vogelflugstudien und -versuche mit selbstgebautem Fluggerüst. Die Reichshauptstadt Berlin hat ihn damals mindestens ebensosehr als deutschsprachiges Zentrum der Luftschiffahrtindustrie wie als Kunstmarkt für seine Bilder interessierte.

Fritz Gurlitt, der fortschrittliche Berliner Kunsthändler und -manager, stellte ab 1880 regelmäßig Bilder von Arnold Böcklin in Berlin aus. Einen Böcklin allerdings, derf längst von Jacob Burckhardt gefördert, von Richard Wagner hoffnungslos umworben, längst Carl Steinbart als Berliner Privatsammler für sich gewonnen, und 1878 das von der Berliner Nationalgalerie in Auftrag gegebene Werk »Die Gefilde der Seligen« beendet hatte. Im August/September 1883 war Arnold Böcklin vornehmlich in Sachen Flugtechnik in Berlin. Er stand in Verbindung mit dem ›Deutschen Verein zur Förderung der Luftschiffahrt‹, in dessen Schriften er Essays über den Vogelflug veröffentlichen sollte. Schon damals bekundete er eine gewisse Abneigung gegen die Berliner Lebensart.

1886 kam er wieder im August/September im Zusammenhang mit seinen Flugstudien nach Berlin. Am 16. April 1887 hielt er in Berlin auf Einladung des ›Deutschen Vereins zur Förderung der Luftschiffahrt‹ seinen Vortrag ›Zur Lösung des Flugproblems‹. Böcklin, ein Zeitgenosse von Cezanne, Rodin, van Gogh – die er ebensowenig kennt wie Friedrich Nietzsche – ist im Herbst 1891 wieder für Wochen in Berlin. Schließlich macht Böcklin 1894 eine Reise in diese Stadt und nimmt bei der Gelegenheit an der Gründungsfeier der Zeitschrift ›Pan‹ teil. Es gelingt ihm bei dieser Gelegenheit endlich, mit dem Berliner Flugexperten Otto Lilienthal zusammenzutreffen. Lilienthal klärte ihn darüber auf, daß sich das Berliner Interesse vorrangig an der militärischen und verkehrstechnischen Nutzung der Fliegerei orientiert und daß das ›motorlose‹ Fliegen dabei weitgehend unberücksichtigt bliebe.

Am 7. Juli 1894 schrieb Böcklin an seine Frau, daß er sein über Jahrzehnte gehegtes und gepflegtes Projekt eines Flugapparates endgültig aufgebe. Böcklin sollte Wort halten. Zugleich kehrte er Berlin endgültig den Rücken und ist auch später nicht mehr nach Berlin gekommen.

Ende des letzten Jahrhunders ist die allgemeine Begeisterung für den kaum je politisch verstandenen Maler Böcklin auf ihrem Höhepunkt. 1895/96 malt er sein Bild ›Krieg‹. Als sein künstlerisches Vermächtnis, sein letztes Wort, wird allgemein das zu Unrecht unbeachtet gebliebene Bild ›Die Pest‹ angesehen, das er 1898 — im Jahre der Gründung der Berliner Sezession — fertigmalte. Dazu griff Böcklin nicht nur auf seinen ›Krieg‹, sondern auch auf Bildgedanken von 1876 zurück, die aus Handzeichnungen bekannt sind.

Unterstrichen sei hier nur, daß die ›Pest‹ auffälligerweise das einzige Bild Böcklins, des Flugingenieurs, ist, wo etwas oder jemand — nämlich die Pest — wirklich fliegt. Sie fliegt dabei nicht, wie im ›Krieg‹, am Betrachter vorbei, sondern geradewegs auf ihn zu. Böcklin hat sich in seiner ›Pest‹ nicht nur auf Cholera und Krieg, Klassenkampf und den Börsensturz von 1873 bezogen, sondern auch sein Urteil über Berlins Flugindustrie im Verhältnis zum Menschheitstraum ›Fliegen‹ abgegeben. 1898 hat er seiner Berlin-Utopie – Berlin als Ort der Verwirkichung von Menschheitsträumen im Bilde der ›Pest‹ ein Denkmal, das zugleich eine Prophezeiung ist, errichtet. Er starb 1901 in Fiesole.

IV.

Karl Kraus, der sich 1908 nachweislich mit dem Gedanken trug, nach Berlin umzuziehen und wenige Jahre später erstmals öffentlich aus eigenen Schriften in Berlin vorlas, versucht häufig und über den Zeitraum von Jahrzehnten literarisch-aphoristische Einschätzungen Berlins zu artikulieren. Um 1911, nachdem seine anfängliche Sympathie für Maximilian Harden bei Kraus längst der Verachtung wegen dessen Feuilletonismus gewichen war, sagt er sich vom Theaterkritiker Alfred Kerr, Hardens Mitarbeiter in der von Böcklin mitgegründeten Zeitschrift ›Pan‹ — definitiv los. Seine Berlin-Utopie — in kuriosrr Erbschaft Böcklins — hat er zugleich endgültig überwunden. Karl Kraus, der deutsche Technik dem österreichischen Brathendl in vielerlei Gestalt gegenüberstellte, der die unheilige Allianz zwischen Österreich und dem Deutschen Reich im ersten Weltkrieg als ›Koofmich mit Hellebarde‹ zeichnete, schrieb einmal, ›jede Zeit habe die Pest, die sie verdiene‹; und 1907 datierte er ›den Weltuntergang vom Zeitpunkt des Flugverkehrs an‹. Der Wiener Karl Kraus entpuppt sich so nicht nur als Wahlverwandter des Schweizers Arnold Böcklin, sondern beide entpuppen sich als Teil derjenigen Gemeinschaft von Berlin-Utopikern, die ihre Utopie überwanden.

V.

Der dritte Berlin-Utopiker dieser Art ist der Wiener Musiker Arnold Schönberg. Sein in Berlin 1912, im Jahr des Untergangs der ›Titanic‹, komponierter ›Pierrot lunaire‹ vertont den gleichnamigen Text von A. Giraud in der O.E.Hartlebenschen Übersetzung, die in Paul Scheerbarts Verlag ›Phantasten‹ erschienen war.

Igor Strawinsky nannte den ›Pierrot lunaire‹ von Schönberg den ›solar plexus‹ der Neuen Musik. Während der Geld- und Auftragsarbeit am ›Pierrot lunaire‹ verarbeitet Arnold Schönberg sowohl seine Niederlage, die er als Komponist von »songs« der Moderne bei seinem ersten Berlin-Aufenthalt 1901/03 erlebt hatte, ebenso, wie er beginnt, von seiner angenommenen, durch christliche Taufe besiegelten Identität sich freizumachen, und seine Rückkehr in ein nicht mehr assimilierbares Judentum anzutreten. Die Idee zur Jakobsleiter entsteht in Berlin.

Er zieht in ›Pierrot Innaire‹ auch den Schlußstrich unter die Aktualität, um dann, nach siebenjährigem Schweigen, sich mit der Methode ›mit zwölf aufeinander bezogenen Tönen zu komponieren‹ sich bemerkbar zu machen.

Karl Kraus und Arnold Schönberg erhellen in ihren Werken das Ende einer utopischen Moderne, das vor dem ersten Weltkrieg sich bereits ereignete und das sich streckenweise mit Berlin identifizierte.

VI.

Die vielgerühmten zwanziger Jahre in Berlin sind oft nichts anderes als die komödiantisch-besinnungslose Wiederholung der Utopie der Moderne des Berlin um 1912. Beide waren zum Scheitern verurteilt. Wie die Jahre um 1912 unterm Zeichen der Erscheinung des Halleyschen Kometen standen, so waren die Zeiten der illusionären Moderne der zwanziger Jahre vom Zeichen des Sternenbanners des Amerikanismus bestimmt. Die Postmoderne hat damals bereits begonnen. Es mußten zwei Weltkriege sich ereignen, bis das, was vor dem ersten Weltkrieg zu Ende gegangen war, endlich zur Sprache kommen sollte.

VII.

Böcklin, Kraus und Schönberg, die sich von der deutschen Variante der Utopie einer deutschen Moderne verabschiedeten und diesen Abschied – die Totenmaske der deutschen Moderne – in ihren Werken gestalteten, stehen einer Rosa Luxemburg gegenüber, der der Abschied von der deutschen Moderne und ihren sozialrevolutionären Versprechungen *nicht* gelang.

Für sie nachträglich einen Abschied von Berlin und seiner Moderne zu finden — man nenne das nun »Denkmal« oder nicht —, hebt das von ihr wie uns Heutigen verdrängte zuendegehen der Moderne ins Bewußtsein.

Kleine Berlin-Chronik
der vergangenen fünfzig Jahre

Der Beauftragte für die
800-Jahr-Feier Berlins

Berlin schaut im Jahre seiner 800-Jahr-Feier voll Bewunderung und Stolz zurück auf die einzigartige Entwicklung einer Stadt, die aus einer langen Periode von Zerstörung und Teilung sich zu einer modernen Kultur- und Industriemetropole entfaltet hat. Weit zurück liegen die Zeiten der vielen durch Krieg und Abrißpolitik zerstörten Stadträume, des Provinzialismus und der politischen und kulturellen Intoleranz, die Periode einer stationären, hilflosen Politik, in der Berlin die Zukunft fast schon verschlafen hatte. Inzwischen hat sich Berlin wieder zu einem bedeutenden Zentrum Mitteleuropas entwickelt, wegweisend nicht nur für die gesellschaftlichen Prozesse in der DDR und Bundesrepublik. Wer sich an das Berlin vor 50 Jahren erinnert, kann ermessen, wieviel Energie, Kraft und Beweglichkeit notwendig war, um aus einer Periode der Stagnation und des Perspektivverlustes herauszukommen und die Zukunftsaufgaben einer modernen Metropole in Angriff zu nehmen.

Heute können wir sagen, daß Berlin der Ort war, an dem die Fehler und die Probleme der deutschen Geschichte auch am ehesten begriffen werden konnten. Die historischen sowie die strukturellen Probleme dieser Stadt haben uns in vielen Feldern zu innovativen und unkonventionellen Antworten herausgefordert und für die Zukunftsaufgaben einer Gesellschaft sensibel gemacht, die ihr Verhältnis zum industriellen Fortschritt be-

herrscht. Damit wurde ein Potential geschaffen, das die Wettbewerbsfähigkeit Berlins in technisch-industriellen Bereichen beträchtlich erhöht hat und die Grundlage des gegenwärtigen Wohlstandes bildet. Ein kurzer Blick zurück soll helfen, diese beispiellose Dynamik einer Stadt zu verstehen, die noch vor 50 Jahren vielfach als lästiges und kostspieliges Überbleibsel der deutschen Geschichte angesehen wurde.

1987

In einer selbstkritischen Bestandsaufnahme der im Dezember abgeschlossenen 750-Jahr-Feier Berlins, die von einer Mehrheit aus allen Parteien im Abgeordnetenhaus verabschiedet wurde, heißt es, das Jubiläumsfest habe zumindest das eine erreicht, daß der Bedarf an Berlin-

Geschichte auf Jahre gestillt sei, so daß die Menschen in dieser Stadt sich nunmehr verstärkt ihrer Gegenwart und der Zukunft Berlins zuwenden könnten. Ebenso wurde in dieser Bestandsaufnahme der Hoffnung Ausdruck gegeben, daß man dereinst gemeinsam in beiden Teilen der Stadt eine 800-Jahr-Feier begehen werde, in deren Mittelpunkt Berlin als Hauptstadt des 21. Jahrhunderts stehen werde.

1988

Das Jahr der europäischen Kulturhauptstadt Berlin führte in der Öffentlichkeit zu beträchtlichen Verwirrungen. Trotz erheblichen Zuwendungen für das Programm ›Die Welt zu Gast in Berlin‹ konnten die thematischen Ausstellungen und Inszenierungen zum Thema ›Kulturraum Mitteleuropa‹ im anderen Teil der Stadt mehr Gäste aus dem westlichen Ausland anziehen als die Veranstaltungen in West-Berlin. Daraufhin wurde vom Senat eine Planungskommission für Kultur- und Stadtentwicklung eingerichtet, die langfristige Strukturveränderungen konzipieren und einleiten soll.

1989

Anhalter Bahnhof. Eine große kulturhistorische Ausstellung zum Thema ›200 Jahre französische Revolution in Europa‹ ist Anlaß für umfangreiche Baumaßnahmen auf dem Gelände des ehemaligen Anhalter Bahnhofs. Gegen den erbitterten Widerstand von SPD und AL werden die Ausstellungsbauten von ›Mythos Berlin‹ nun endgültig abgerissen. An deren Stelle entsteht die alte Bahnhofshalle wieder in Form einer transparenten Stahl-Glas-Architektur, die teilweise auf beweglichen Lafetten gelagert ist. Eine große Freilichtbühne, Ausstellungsräume, Cafés, Studios und Ateliers für Kulturwerkstätten lassen aus dem alten Stadtraum einen innerstädtischen Kultur- und Ereignisort entstehen. Die wiedererstellte Brücke über den Landwehrkanal verbindet den Gropius-Bau und den Anhalter Bahnhof mit dem Museum für Verkehr und Technik und schafft damit einen neuen, zusammenhängenden Raum für ganz unterschiedliche Freizeitinteressen.

Die Arbeitsgruppe Kultur-Kontor errichtet in Ost-Berlin eine Außenstelle, die es ihr ermöglicht, ihre Reisen durch die Berliner Industriekultur in beiden Teilen der Stadt durchzuführen.

1989

Weitere Einreisemöglichkeiten: Bürger von West-Berlin erhalten ihre Einreisevisa direkt an den Grenzübergängen. Sie können künftig auch mit dem Fahrrad in die DDR einreisen und dort bis zu dreimal übernachten. Die Alternative Liste nimmt dies zum Anlaß, die Einrichtung reiner Fahrradübergänge zu fordern.

1990

Nach zähem Ringen konnten sich die vier Alliierten darauf einigen, daß das Brandenburger Tor als zentrale innerstädtische Grenzübergangsstelle ausgebaut wird. Zwischen der Deutschen Oper und der Staatsoper Unter den Linden liegen nunmehr 12 Autominuten. Trotz Protesten aus Kreisen aller vier Alliierten wird Willy Brandt mit großer Mehrheit zum Regierenden Bürgermeister gewählt. Er ist damit nach Adenauer der älteste diensttuende Politiker in der Geschichte der Bundesrepublik Deutschland.

1990

Die immer wieder hinausgeschobene Grundsteinlegung eines Museums für Deutsche Geschichte gegenüber dem Reichstagsgebäude scheitert endgültig an verfassungsrechtlichen Bedenken. Statt dessen wurde beschlossen, auf die älteren Pläne für ein Forum für Geschichte und Kultur zurückzugreifen, das die Geschichte Deutschlands und Berlins im Spiegel der europäischen Nachbarschaften behandelt.

1991

Grundsteinlegung für den neuen Amtssitz des Senators für Kulturelle Angelegenheiten auf dem Gelände des ehemaligen Potsdamer Bahnhofs. Um den nur wenig genutzten Stadtraum im Umfeld des Kulturforums zu beleben, wird ein großzügig angelegtes Gebäude angestrebt, das neben Verwaltungsräumen auch Ausstellungs- und Veranstaltungsräume enthalten soll sowie terrassenförmige Innenhöfe für öffentliche Diskussionen und Präsentationen. Dabei konnte auf Pläne von Scharoun zurückgegriffen werden, mit deren Bearbeitung der Wiener Architekt Hans Hollein beauftragt wurde. Allgemein wurde dies als ein Akt der Wiedergutmachung gewertet, nachdem das Kulturforum sich als ständiger Ort für Zirkusse bewährt hat.

1991

Kulturwerkstätten: In einem einzigartigen Modellversuch werden in Berlin 22.000 ABM-Stellen mit einer Laufzeit von zehn Jahren eingerichtet. Eine zentrale Kulturwerkstatt in Form einer gemeinnützigen GmbH konzipiert Großprojekte in kulturellen, sozialen und stadtplanerischen Bereichen, die wichtige Strukturmaßnahmen in der Stadt in Gang setzen sollen und gleichzeitig der langfristigen Qualifizierung von Arbeitslosen dienen.

1992

Am Görlitzer Bahnhof wird eine türkische Moschee eingeweiht. Im Beirat vertreten sind die verschiedenen türkischen Gruppierungen sowie die evangelische und katholische Kirche und die jüdische Gemeinde.

Alternative Bank: Durch großzügige Unterstützung aus der Bevölkerung, aber auch von seiten der öffentlichen Hand ist es gelungen, eine Bank zu gründen, deren vorrangige Aufgabe die Stützung von alternativen Kleinbetrieben und genossenschaftlichen Gründungen ist.

1993

Berlin wird wieder Weißer Kreis. Großzügige Förderungsmittel unterstützen den arbeitskraftintensiven Ausbau der Altbauwohnungen. Nachdem der Prozeß der behutsamen Stadterneuerung erfolgreich eingeleitet ist, wendet sich Berlin nunmehr seiner neuen Aufgabe zu unter der Losung ›Die Stadt bauen‹.

Verabschiedung eines Kulturentwicklungsplans für Berlin-West, der von allen im Abgeordnetenhaus vertretenen Parteien mitgetragen wird. Der langfristig angelegte Plan sieht die Entwicklung West-Berlins zu einem kulturellen Zentrum vor. Besonderer Schwerpunkt ist die Qualifizierung und Professionalisierung der kulturellen Aktivitäten aus den verschiedenen Stadtteilen.

Wohnungsgenossenschaften: Die erfolgreichen Erfahrungen mit Selbsthilfemaßnahmen im Bereich des Wohnens und die zunehmenden Finanzierungsschwierigkeiten bei der Erhaltung der Altbausubstanz machten gesetzliche Maßnahmen notwendig, die die Transformation von privatem Wohnungseigentum in genossenschaftlichem Besitz steuerlich erleichtern und durch gezielte Zusatzmaßnahmen einer ›Hilfe zur Selbsthilfe‹ absichern.

1994

Neufassung des Berlinförderungsgesetzes. Nach einem neuen Kriterienkatalog werden vorrangig nur noch solche Investitionen gefördert, die die industrielle Basis Berlins strukturell und langfristig verbessern. Der zugrunde liegende Gedanke ist: Subventionsabbau zugunsten einer offensiven Strukturpolitik.

Kulturkanal. Gründung eines Kulturkanals mit Beteiligung der beiden Rundfunkanstalten, der Museen und anderer kultureller Einrichtungen sowie der Berliner Film- und Fernsehwirtschaft. Zahlreiche Kultursendungen werden zum Exportschlager auf dem expandierenden Video-Markt, vor allem in Unterricht und Schule.

1995

Die Internationalisierung von Berlin-West schreitet weiter voran. Der Kreis der Garantiemächte wird um die VR Polen, die CSSR, Dänemark, Niederlande und Belgien erweitert.

1996

Berlin wird im Ein-Stundentakt in das Intercitynetz der Bundesrepublik Deutschland angeschlossen. Ein Einbezug in das Schnellverkehrsnetz der DDR ist für die nächsten vier Jahre vorgesehen.

Filmstadt Berlin: auf dem Gelände am Gleisdreieck Film- und Fernsehstudios unter Mitwirkung der internationalen Filmwirtschaft.

Die Arbeitslosigkeit geht auf 5 % zurück. Eröffnung eines zentralen Handelskontors der DDR im Gebäude der alten Reichsbahndirektion.

1997

Internationalisierung der alten Stadtmitte. Einrichtung eines Museums zur Erforschung des Nationalsozialismus und der faschistischen Bewegungen in Europa – Gründung eines internationalen Begegnungszentrums.

Die Havelchaussee wird wieder für den Autoverkehr geöffnet. Die AL begründete ihren Antrag damit, daß die Restwärme der nunmehr schadstofffreien Autos die einzigartige Spontanvegetation der Moränenlandschaft unterstütze.

Der Intercity München – Berlin – Hamburg erhält Kurswagen nach Kopenhagen und Rom.

Die Arbeitslosigkeit geht auf 0,5 % zurück.

1999

In Berlin wird eine große Außenstelle der Weltbank eingerichtet mit besonderer Zuständigkeit für die Ökonomie der wenig entwickelten Länder.

Ost-West-Express: Der Hochgeschwindigkeitszug Moskau – Paris über Warschau und Berlin erreicht eine Durchschnittsgeschwindigkeit von 320 km/h.

Gemeinsame Kommission für Probleme der städtischen Umwelt.

Wiederherstellung der alten BVG für Gesamt-Berlin.

Gesamtdeutsche Kulturstiftung mit Sitz in beiden Teilen der Stadt zur Erfassung und zum Schutz der gemeinsamen Kulturgüter.

2000

Nach langen Jahren der Vorbereitungen, die auf das Jahr 1987 zurückreichen, konnten im Mai 2000 die Tore zur ›Weltausstellung 2000‹ geöffnet werden. Die durch eine Vielzahl von Veranstaltungen begleiteten Ausstellungen finden in beiden Teilen der Stadt statt. Dies wurde möglich, nachdem die DDR vier Jahre zuvor überraschend ihre Mitarbeit angeboten hat. Das gemeinsame Vorbereitungskomitee erwartet ca. 6 Mill. Besucher aus aller Welt.

2001

Die großen Erfolge mit der ›Expo 2000‹ haben offensichtlich dazu geführt, daß die DDR an eine Aufhebung der Berliner Mauer denkt. Die Pläne sehen vor, daß es nur noch eine Ausreisekontrolle an der Grenze zwischen der DDR und der Bundesrepublik gibt. Im Gegenzug erwartet die DDR, daß die Behörden in Berlin-West sich verpflichten, nur solche DDR-Bürger ausreisen zu lassen, die über ein gültiges Visum verfügen. Eine gemeinsame Kommission der Garantiemächte soll die Einhaltung dieses Abkommens überprüfen.

2002
Eine paritätisch besetzte Kommission zur Stadtentwicklungsplanung greift auf eine Jahrzehnte zurückliegende Idee einer ›Mythos Berlin Ausstellung‹ zurück, die seinerzeit einen internationalen Wettbewerb zur ›behutsamen Verstädterung der Berliner Mauer‹ ausgeschrieben hatte. Im Unterschied zum damaligen Wettbewerb sollen jetzt Entwürfe für industrielle, soziale und kulturelle Nutzungen der durch die Mauer geprägten Stadträume im Mittelpunkt stehen.

2003
Autoverkehr: Eine großzügige Subventionierung des öffentlichen Nahverkehrs auch in Form von Last- und Fahrtaxen entlastet Berlin zunehmend vom Privatverkehr. Dadurch wird eine Wiederherstellung städtisch-urbaner Nutzungsformen möglich. Ein Modellversuch rekonstruiert den Kurfürstendamm als großstädtischen Boulevard mit Grünstreifen in der Mitte und einer Reihe mobiler Skulpturen.

2004
Mit großem internationalen Erfolg wird die Olympiade in beiden Stadthälften eröffnet. Damit findet seit 68 Jahren erstmals wieder eine Olympiade in Berlin statt. Seit langer Zeit ist dies die erste Olympiade, an der Vertreter aller Nationen teilnehmen.

2005
Im ehemaligen Regierungsviertel von Berlin im Bezirk Stadtmitte, das bereits unter internationaler Verwaltung steht, wird mit dem Bau der UNO-Stadt begonnen. Bereits nach vier Jahren sollen die ersten Abteilungen der UNO von New York an ihren neuen Ort umziehen.

2006
Die Garantiemächte sowie die beiden Stadtregierungen einigen sich darauf, daß die Mauer als Grenze aufgehoben wird. Ein Teil der Mauer wird unter Denkmalschutz gestellt, andere Teile werden als Freiluftgalerie ausgebaut, während gleichzeitig viele aus dem Mauerwettbewerb hervorgegangenen Entwürfe verwirklicht werden.

2007
Modellversuch für den Aufbau eines tertiären Sektors, der zusammenhängende Angebote für ältere Menschen entwickeln soll. Das Spektrum reicht von Kultur- und Bildungseinrichtungen über selbstverwaltete Dienstleistungs- und Reparaturbetriebe bis hin zu einer Seniorenhochschule.

2008
Berlin wird im Umkreis von 80 km entmilitarisierte Zone.

Einweihung eines neuen Zentralbahnhofes für Berlin-West an der Yorckstraße auf dem Gelände der ehemaligen Potsdamer und Anhalter Bahn. Der unterdisch angelegte Bahnhof hat Gleisanschlüsse zum Hauptbahnhof von Berlin-Ost am ehemaligen Ostbahnhof und zum Lehrter Bahnhof. Überbaut ist dieser Zentralbahnhof mit einem multifunktionalen Bau für Inszenierungen und Großveranstaltungen. Vorgesehen ist ebenfalls ein neuartiger Theaterbau, der der Berliner Schaubühne als neuer Standort dient.

2009
Errichtung eines Berliner Leo-Baeck-Institutes, das vor allem der Erforschung von Geschichte und Kultur des ost- und mitteleuropäischen Judentums dienen soll.

2010
Einrichtung eines zentralen Forschungs- und Lehrinstituts, an dem verschiedene Großunternehmen aus dem In- und Ausland beteiligt sind. Schwerpunkt ist die praxisbezogene Ausbildung in den Bereichen der neueren Technologien und der Verwaltungs- und Planungstechnologie. Berliner Klein- und Mittelbetriebe erhalten die Möglichkeit, ihre Arbeitskräfte in Intensivkursen weiterzubilden und mit neueren technischen und wissenschaftlichen Entwicklungen vertraut zu machen. Die Kosten für diese Angebote übernimmt ein zentraler Industriefonds der deutschen Wirtschaft.
Berlin-West wird für große Bevölkerungsgruppen aus der Bundesrepublik Deutschland und der DDR zu einem kulturellen Anziehungspunkt vor allem für die Zeit danach. Spezifische Angebote für ältere Menschen, aber auch die kulturelle Offenheit der Stadt und die reizvolle Natur der Mark Brandenburg tragen mit dazu bei, daß Berlin-West zu einem Zentrum einer neuen Generation von älteren Menschen wird.
Die Einwohnerzahl von Gesamt-Berlin beträgt 6,2 Mill.

2011
Abschluß eines Konsultationsvertrages zwischen den beiden Stadtregierungen, der monatliche gemeinsame Sitzungen von Ausschüssen und Planungskommissionen vorsieht.
Der sogenannte Vollring der Berliner S-Bahn wird wieder eröffnet, die Vorortbahnen sind für alle Berliner benutzbar.
Die jüdischen Gemeinden in den beiden Stadthälften werden wieder zusammengelegt.

2012
Die beiden Staatsbibliotheken erhalten ein gemeinsames Bestell- und Ausleihsystem.
Die Smog-Verordnungen in beiden Stadtteilen werden abgeschafft, da es seit 15 Jahren keinen Smog-Alarm mehr gegeben hat.

2013

In beiden Teilen Berlins werden die alten S-Bahn-Farben wieder eingeführt. Eine gemeinsame Bürgerinitiative konnte die beiden Stadtverwaltungen eine Unterschriftenliste mit 1,8 Mill. Eintragungen vorlegen.

2014

Die Währungen der DDR und der Bundesrepublik Deutschland werden frei konvertibel. Damit gelten in Berlin künftig die DM und die Mark der DDR als offizielle Währungen.

2014

Kooperationsvertrag zwischen den beiden Akademien der Wissenschaften. Als erster Schritt wird die Entsendung von ständigen Beobachtern vereinbart.

2015

Neue Wege der klinischen Versorgung. In Berlin soll ein neues System der ambulanten Versorgung und der persönlichen Betreuung eingeführt werden. Besondere Bedeutung kommt dabei wieder den Hausbesuchen zu, die gemeinsam von Ärzten und Psychologen wahrgenommen werden. Gleichzeitig entsteht in den Stadtteilen ein Netz von dezentralen Behandlungsstationen, die in ständigem Verbund zu hochspezialisierten Zentraleinrichtungen stehen.
Grundsteinlegung einer Hochschule für Umwelttechnologie, die die Forschungen in Ost und West koordinieren und auswerten soll. Getragen wird diese Hochschule von der UNO sowie von den Berliner Universitäten in den beiden Stadthälften.

2016

Regelmäßiger Austausch von Hochschullehrern der Berliner Universitäten. Alle in Berlin immatrikulierten Studenten erhalten grundsätzlich Nebenhörerscheine für die anderen Berliner Universitäten und Hochschulen. Ost-Berlin kontingentiert aber immer noch die Anzahl dieser Nebenhörer trotz der Proteste bei der gemeinsamen Kontrollkommission.

2017

Weinanbau: Einem gemeinsamen Forschungsprojekt von Ost- und West-Berlin ist die Züchtung von verschiedenen Rebsorten gelungen, die besonders günstig auf die klimatischen Voraussetzungen Berlins ansprechen. Natürliche Erhebungen in der unmittelbaren Nachbarschaft Berlins sowie künstliche Weinberge, die durch Aufschüttung der verlassenen Bauten einiger Randsiedlungen entstanden sind, die zugleich als unterirdische Lagerräume benutzt werden, dienen als Experimentierflächen für diese wegweisende Forschung.

2018

Berlin-West hat sich im letzten Jahrzehnt immer mehr zu einem Zentrum des Ost-West-Handels entwickelt. Auf der Jahrestagung der Industrie- und Handelskammer zu Berlin wird mit Stolz darauf hingewiesen, daß ca. 50 % des europäischen Ost-West-Handels über Berlin abgewickelt wird. Nahezu sämtliche Großunternehmen unterhalten Handelskontore und Industrievertretungen in der Stadt.

2019

Fast alle Garantiemächte sowie Kanada, Indien und Mexiko unterhalten Außenstellen ihrer Universitäten in Berlin. Dies wird als einer der Gründe angesehen, die zu einer beispiellosen kulturellen und wirtschaftlichen Blüte von Berlin führt.

2020

Eine besondere Vereinbarung mit der DDR gestattet die Industrieansiedlung westdeutscher und ausländischer Unternehmen auf dem Gebiet der DDR innerhalb der neuen Industrieregion Groß-Berlin. Die DDR gibt eine entsprechende Existenzgarantie für jeweils 99 Jahre. Damit wird ein Konzept endlich Realität, das der DGB Berlin schon zur 750-Jahr-Feier Berlins vorgestellt hatte.

2021

Internationaler Architektur- und Ideenwettbewerb zur Urbanisierung der städtischen Randgebiete und Siedlungen. Ziel ist die Sammlung von Ideen und Konzepten zu einer ›Architektur am Bau‹, die die städtischen Randsiedlungen der letzten sechs Jahrzehnte saniert und den veränderten Wohnbedürfnissen mit Hilfe einer zweiten architektonischen Gestaltung anpaßt.

2022

Abschaffung des Berufsbeamtentums. Im Zuge eines übergreifenden Plans zur Modernisierung der Verwaltung wurde die schrittweise Aufhebung des Berufsbeamtentums vom Deutschen Bundestag beschlossen. Berlin-West wurde aufgrund seiner Tradition und seiner Struktur als das erste Land ausgewählt, in dem ein Modellversuch zur Modernisierung der Verwaltung durchgeführt wird. In der 1. Phase werden nur noch Angestelltenverträge mit einer Laufzeit von 6 Jahren abgeschlossen, auslaufende Verträge werden in Angestelltenverträge transformiert; in der 2. Phase werden alle öffentlichen Verwaltungen nach Kriterien einer eingreifenden Leistungsverwaltung organisiert. Trotz anfänglicher Widerstände wurde dieser Modellversuch von allen Parteien mitgetragen. Die AL begrüßte zusammen mit Teilen der SPD die Dezentrierung obrigkeitsstaatlicher Verwaltung, während die CDU und FDP in dem Modellversuch einen wichtigen Schritt zur Effektivierung und Leistungsorientierung der öffentlichen Hand sahen.

2023

Berlin geht neue Wege in der Schul- und Erziehungspolitik. Der Sonderstatus Berlin-West ermöglicht eine Reform des Bildungswesens, das den veränderten Erfordernissen des 21. Jahrhunderts Rechnung trägt. Mit bewußtem Rückgriff auf die Reformpolitik der 20er Jahre des 20. Jahrhunderts werden Prinzipien der polytechnischen Bildung und der praxisbezogenen Arbeitsschule wieder zugrunde gelegt.

2024

Überdachung des Ernst-Reuter-Platzes mit einer riesigen Glaskuppel und mehrgeschossigen Passagen. Es entsteht ein neues Einkaufs- und Dienstleistungszentrum mit Tiefgaragen, Bahnanschluß und öffentlichen Räumen.

2025

Die Stadtbrache des alten Kulturforums wird in ein Zentrum für multimediale

Künste ausgebaut. Damit erhalten die neuen digitalen Künste Produktions- und Aufführungsräume, die einmalig sind im europäischen Raum.

2026
Die vier Etablissements ›In den Zelten‹ werden am alten Platz neben der Kongreßhalle und dem Tempodrom wieder errichtet. Damit entsteht an dieser historischen Stelle wieder ein populäres Zentrum für Unterhaltung und Geselligkeit, das mit der öffentlichen Nutzung des Tiergartens zur Wiederbelebung dieses Stadtraumes beiträgt.

2027
In Form einer gemeinsamen Stiftung der DDR und der Bundesrepublik entsteht auf dem Gelände des ehemaligen Tempelhofer Flughafens eine Hochschule für die Dritte Welt. Zentrum der Forschungen sind die Probleme der Modernisierung und Industrialisierung im Kontext ihrer sozialen und kulturellen Auswirkungen in wenig entwickelten Ländern.

2028
Die DDR richtet eine hochrangige Planungskommission ein, deren Ziel die Einbeziehung des Palastes der Republik in das wiederaufzubauende Berliner Stadtschloß ist. Im Gegenzug dazu wird in Berlin-West beabsichtigt, den Reichstag in seiner alten Gestalt wieder auszubauen und zum Zentrum eines neuen Regierungsviertels zu machen.

2029
Im Zuge von Arbeitsbeschaffungsmaßnahmen werden der Luisenstädtische Kanal sowie der Schöneberger Hafen wieder hergestellt. Neben den ökologischen Funktionen steht die touristische Nutzung im Vordergrund.

2030
In Berlin-West wird eine internationale Akademie der Kochkunst und der Gastronomie eingerichtet. International bekannte Köche und Künstler, Kulturhistoriker und Nahrungswissenschaftler konnten dafür gewonnen werden. Die Experimentierküche wird zu einem touristischen Anziehungspunkt und setzt neue Maßstäbe in der Wissenschaft vom guten Kochen. Der Name der neuen Berliner Küche steht für eine neue Ära der Kochkunst.

2031
Auf dem Gelände des ehemaligen Anhalter Güterbahnhofs wird ein Bauhaus des 21. Jahrhunderts eingerichtet. Schwerpunkt ist die Kooperation von Kunst und Technik, Design und Mode, von kultureller Innovation und ästhetischer Phantasie.

Berlin im Flieger-Rausch.
Eine Vision aus dem Jahre 1907:

2032
Das wiederhergestellte System der S-Bahn, die um zahlreiche neue Strecken ergänzt ist, erschließt mit seinen Schnellbahnen und seinen Lokalzügen nunmehr eine Industrieregion in einem Durchmesser von 120 km. Die Neugestaltung der Tarife ermöglicht eine kostenmäßige Auslastung von nahezu 100 %.

2033
Berlin erhält in beiden Teilen der Stadt ein vollständiges 2-Wasser-System und steht damit an erster Stelle in der Modernisierung der Stadttechnik.

2034
Die Wiedergewinnung von Zentralfunktionen, eine forcierte Industrieansiedlungspolitik und ein abgestuftes Programm zur Subventionierung kultureller Klein- und Mittelbetriebe macht Berlin zu einem urbanen großstädtischen Zentrum, das mit Recht den Titel einer Kulturhauptstadt Mitteleuropas beanspruchen kann.

2035
Die letzten Einschränkungen der Öffnungszeiten für Geschäfte, Restaurants und öffentliche Kultureinrichtungen fallen. Berlin ist die erste Stadt Europas, die durchgängig geöffnet ist. Die vielen Befürchtungen wegen der negativen Auswirkungen hatten sich als unbegründet herausgestellt. Klein- und Mittelbetriebe nahmen ihre Chancen wahr, ihre Angebote zu spezifizieren und konnten dadurch den Konkurrenzdruck der marktbeherrschenden Unternehmungen unterlaufen. Aber auch die Bevölkerung nahm nach einer kurzen Übergangszeit die neuen Möglichkeiten positiv auf und machte sich rasch daran, eine Balance von Ruhe und Aktivität jeweils individuell auszubilden. Eine Sonderkommission des Berliner Senats kam zu dem Ergebnis, daß die in Berlin-West ermöglichten Freiräume und die Minimalisierung staatlicher Eingriffe die Basis dafür legten, daß diese Stadt sich zu einem kulturell wie industriell attraktiven Ort entwickeln konnte, der einzigartig in Europa ist. Eine Abstimmung über diesen Bericht im Abgeordnetenhaus ließ eine tiefe Spaltung in den Berliner Parteien erkennen, die quer zu den fraktionellen Positionen stand. Während die AL sich zum Sprachrohr einer kleinen Minderheit aus allen Parteien machen konnte, die die Substanz der Berliner Kultur bedroht sahen durch eine Politik von Brot und Spiele, die die traditionellen Werte von Kultur vernichte, sprach sich eine große Mehrheit dafür aus, Berlin zu einer modernen und kulturell offenen Metropole zu entwickeln.

2036
Die stadtpolitischen Diskussionen über die Zukunft Berlins nehmen an Schärfe

zu. Anlaß ist die Frage, unter welchem Motto die 800-Jahr-Feier Berlins steht. Eine Minderheit aus allen Fraktionen schloß sich dem Vorschlag der AL an, im Zuge der neuen Kooperation mit der anderen Seite das Motto ›Berlin, wie es einmal war‹ in Berlin-Ost einfach zu übernehmen; demgegenüber konnte sich die Mehrheit mit einem Motto durchsetzen,

das auf die künftige Rolle Berlins vorbereiten und auch für die andere Seite Maßstäbe setzen sollte: ›Berlin, Hauptstadt des 21. Jahrhunderts‹.
Dennoch wurde dankbar der Kompromißvorschlag der SPD-Fraktion in beiden Stadthälften angenommen, die Spannung zwischen den beiden Losungen selber zum Gegenstand des Stadtjubiläums zu machen.

2037
Beide Teile Berlins begehen erstmals wieder seit dem Kriege ein gemeinsames Stadtjubiläum. Der Ehrenpräsident des Abgeordnetenhauses, Eberhard Diepgen, und der frühere Staatsratsvorsitzende und Ehrenbürger Egon Krenz erinnerten in ihren Grußworten an die schweren Zeiten, in denen gegenseitige Besuche unmöglich gemacht wurden durch das Veto der früheren Supermächte und deren einseitige Auslegung des Berliner

Sonderstatus. Die Gemeinsamkeit der stadtpolitischen Probleme und eine hartnäckige Politik der kleinen Schritte hätten inzwischen zu praktischen Kooperationen auf allen Ebenen geführt, gerade weil der Sonderstatus von allen Beteiligten anerkannt würde. Ein Beleg dafür sei auch dieses gemeinsame Stadtjubiläum mit dem für beide Stadthälften wegweisenden Motto ›Das moderne Berlin - einst und jetzt‹.
Wenige Tage nach den Eröffnungsfeierlichkeiten im wiederhergestellten Stadtschloß fiel ein Wermutstropfen in die Wogen der Begeisterung in beiden Teilen der Stadt. Durch eine Indiskretion wurde bekannt, daß bereits zu Beginn des Jahres von seiten einiger Historiker der Verdacht geäußert wurde, daß das Datum der ersten urkundlichen Erwähnung Berlins bzw. Cöllns damals unter dem Druck von Goebbels gefälscht worden sei. Trotz vorgebrachter Belege sei dem nicht nachgegangen worden, so daß nun schon mehrfach der Vorwurf laut wurde, daß die damalige Täuschung verdoppelt werde. Andere sehen in dieser lancierten Nachricht den Versuch interessierter Mächte, die Politik der Entspannung zu stoppen. Zum gegenwärtigen Zeitpunkt läßt sich nichts über den weiteren Fortgang der Festaktivitäten sagen. In beiden Teilen der Stadt tagen ununterbrochen die politischen Krisenstäbe, während die oppositionellen Parteien bereits den Rücktritt der beiden Stadtregierungen fordern. Während eine politische Klärung noch aussteht und die Völker der Welt auf diese Stadt schauen, vergnügt sich die Berliner Bevölkerung auf den vielen Festen und Umzügen, in den zahlreichen Ausstellungen und Inszenierungen. Besonderer Zulauf findet der wiederhergestellte Skulpturenboulevard am Kurfürstendamm, der seinerzeit zur 750-Jahr-Feier Berlins in einem heute schwerverständlichen Akt kultureller Barbarei abgerissen wurde. Mangelnde künstlerische Urteilskraft und ein Hang zur populistischen Anpassung von seiten führender Politiker ermunterten damals eine Reihe von Bürgerinitiativen, Gelder für den Abriß der aufgestellten Kunstwerke zu sammeln.
Der Betrachter von heute erfährt mit Er-

staunen das Ausmaß der Aggressionen und des Hasses, der sich an diesen Skulpturen entzündete. Schwer nachvollziehbar für einen heutigen Berliner, warum über vierzig Jahre nach dem Krieg die kulturelle Identität Berlins als einer modernen und weltläufigen Stadt so wenig gesichert war.

»auf die nächsten 750«

Nachtrag
Kurz vor Redaktionsschluß erreicht uns die Nachricht, daß bei den Rekonstruktionsarbeiten der unterirdischen Räume und Gänge des Kreuzberges ernstzunehmende Funde aus vorchristlicher Zeit gemacht wurden, die auf einstige kulturelle Blüte Berlins verweisen. Ob die Fundstücke eher dem Kulturkreis der versunkenen Stadt Vineta zuzurechnen seien oder gar einer Kultur entstamme, die enge Verbindungen zu Atlantis unterhalten haben müsse, ließe sich im Augenblick noch nicht klären. Fest stehe nur, daß die Geschichte Berlins neu geschrieben werden müsse. Der Präsident des gemeinsamen Jubiläumskomitees erklärte daraufhin, in preußischer Standfestigkeit, man werde so lange eben ohne Datum weiterfeiern, bis die Wissenschaft zu einer klaren Aussage imstande sei.

Zusammenstellung: Arbeitsgruppe Berliner Zukünfte.

Standpunkt

Dinge in neuem Licht sehen, ungewohnten Perspektiven mit Kreativität begegnen, aus Tradition fortschrittlich sein. Das ist die IKB Berlin. Eine Bank, die so ist wie die Stadt: unkompliziert und allem Neuen aufgeschlossen.

Mit zinsgünstigen Langfristkrediten, ermöglicht durch Darlehen renditebewußter Anleger nach §16 Berlin-Förderungsgesetz, geben wir der Berliner Wirtschaft entscheidende Impulse. Damit die Gegenwart eine Zukunft hat.

IKB Berlin. Zuständig für neue Perspektiven.

Industriekreditbank AG
Deutsche Industriebank

Die Unternehmerbank

Bismarckstraße 105 · 1000 Berlin 12 · Telefon (0 30) 3 10 09-0
Düsseldorf · Frankfurt · Hamburg · München · Stuttgart · Luxemburg

Anmerkungen

Dietmar Kamper: Körper der Stadt

1 hier zitiert nach Lucien Dällenbach und Christian L. Hart Nibbrig (Hrsg.): Fragment und Totalität, Frankfurt/M. 1984, S. 11.

2 a.a.O., S. 13.

3 vgl. die mit Blick auf »Zerstückelung« außerordentlich treffsichere Abhandlung von Eberhard Roters: Die Opferung und Verklärung der Braut, in: Androgyn. Sehnsucht nach Vollkommenheit (Katalog zur Ausstellung), Berlin 1987.

4 vgl. meine Abhandlung »Das wiedergefundene Labyrinth. Skizze für eine Umkehrung des Blicks«, in: Dietmar Kamper: Das gefangene Einhorn, München 1983, S. 101 ff.

5 vgl. den Kernbegriff der Soziologie Niklas Luhmanns, der erst neuerdings der Paradoxie als Struktur der Postmoderne seine Referenz erweist; Niklas Luhmann: Die Richtigkeit soziologischer Theorie, in: Merkur, 1, 1987, S. 36 ff.

6 vgl. dagegen Edgar Morin: Komplexität durch Herausforderung, in: Tumult 9, Philosophieren, München 1987.

7 vgl. Ulrich Sonnemann: Tunnelstiche. Reden, Aufzeichnungen und Essays, Frankfurt/M. 1987.

Ulrich Giersch: Berliner Sand

1 Jules Huret, Berlin um neunzehnhundert, Berlin 1979 (Reprint)

2 Altes Studentlied, zit. nach: P. Cassel, Berlin – sein Name und sein Ruf, Berlin 1874, S. 62

3 Zailonow, Freymütige Bemerkungen 1806, zit. nach: R. Glatzer, Berliner Leben 1645–1806, Berlin 1956, S. 295

4 K. Scheffler, Berlin, ein Stadtschicksal, Berlin 1910, S. 204
In einer Studie mit der Überschrift ›Arkadien in der Mark‹ (Voss. Ztg. 1933, Nr. 293) beschreibt Scheffler später auch den ästhetischen Reiz der märkischen Landschaft: »Die Spree- und Dahme-Landschaften im Südosten, die Landschaften der Grunewaldseen und der Havel im Wesen sind, wo verhältnismäßig wenigen Stellen abgesehen, nicht Kulturlandschaften, sie sind nicht vom Menschen in eine sichtbare Ordnung gezwungen, sondern sind unverändert noch so, wie sie einst jungfräulich aus den Erdrevolutionen hervorgegangen sind. Das gibt ihnen diese stille Melancholie, diesen gedämpften Heroismus, das gibt den hügeligen Kiefernwäldern, die auf hellen Sandabhängen zum Grasufer, zu den breiten Schilfgürteln und zum hellblinkenden Wasser herabsteigen, diese eigene Stimmung von Ewigkeit. Dieses Menschenferne der Landschaft, das selbst vom sommerlich sonntäglichen Gewimmel der großstädtischen Bevölkerung nicht gestört wird, macht es den aus historischen Kulturlandschaften nach Berlin Zuwandernden nicht leicht, die herbe, ganz unsentimentale und nie kleinliche Schönheit der märkischen Wald- und Wasserlandschaft gleich zu genießen. Mit den Jahren erst wird erkannt, daß kaum eine andere europäische Großstadt eine landschaftliche Umgebung von dieser freien Weite, von dieser Unversehrtheit und bildhaften Fülle besitzt.«
Vgl. auch: Erich Biehahn: Lybien und Arkadien in der Landschaft. in: Jb. f. Brandenb. Landgesch., Lg. 1967.

5 Stendhal, Brief aus der Kommandatur, 1806, zit. nach: J. Häßlin (Hrsg.) Berlin. München 1971, S. 149.

6 Reiseführer durch die Reichshauptstadt Berlin 1932, zit. nach: F. Dettmann, Hotel Excelsior, in: Die Welt am Sonntag, 29.3.1964

7 P. Cassel, a.a.O., S. 54

8 Th. Fontane, Wanderungen durch die Mark Brandenburg, Bd. IV, Kapitel: Nauen und die Markgrafensteine

9 Friedrich Lucä, 1650–1700, zit. nach: R. Glatzer, a.a.O., S. 38f.

10 J. F. Geist, K. Küvers, Das Berliner Mietshaus I, Berlin 1980, S. 29f.

11 Vgl. W. Hegemann, Das steinerne Berlin, Baunschweig 1976, 2. Auflage, S. 43–96.

12 Vgl. M. Cullen, Die Leipzigerstr. 3 – Ein Baubiographie, in: Mendelssohn-Studien, Berlin 1982

13 W. Löschburg, Unter den Linden, Berlin 1972, S. 55f. – Beispiel eines Zusammenbruchs: ein Hintergebäude der Leipziger Str. 4 im Januar 1764. Allerdings wurde der Baumeister dafür hart bestraft; Hinweis von M. Cullen

14 Bismarck, zit. nach: H. Ermann, Berlin, Geschichte und Geschichten, Berlin 1953, S. 221

15 K. Scheffler, a.a.O., S. 50

16 Vgl. dazu: Hermann Kügler: Des Heiligen Römischen Reiches Streusandbüchse. Inhalt und Aufkommen einer Redensart. In: Brandenburgia 42 (1933). Vgl. auch dazu: ›Wüsten‹ hrsg. v. Ulrich Conrads, Berlin Braunschweig 1981.

17 K. Scheffler, a.a.O., S. 181f.

18 S. Kracauer, Schreie auf der Straße, zit. nach: R. Greuner (Hrsg.), Stimmen einer Stadt, Berlin, o.J.

19 Walter Benjamin, Städtebilder in: Angelus Novus, Frankfurt 1966, S. 103f.

20 »Ich weiß Bescheid in Berlin«, Reiseführer Berlin 1908, S. 25

21 Jean Giradoux, a.a.O., S. 31

22 Fernand Léger, 1928, zit. nach: Häßlin, a.a.O., S. 28

23 H. Heine, 1828, zit. nach: Häßlin, a.a.O., S. 15

24 Simplizissimus, 5. Jg. 1900, Nr. 43

25 H. v. Wedderkop, Das unbekannte Berlin, Leipzig 1936, S. 14

26 F. Ponge, Stücke-Methoden, Frankfurt 1968, S. 113

27 F. Hebbel, 1847, zit. nach: Häßlin, a.a.O., S. 19

28 Th. Fontane, zit. nach: I. Wirth, Park und Landschaft in Berlin und in der Mark, Katalog Berlin Museum 1976

29 J. F. Geist, a.a.O., S. 31 ff

30 G. Hermann, Spaziergang in Potsdam, Berlin 1966 (1929) S. 16

31 G. Langenscheidt, Naturgeschichte des Berliners, Berlin 1978, S. 3

32 J. Ackermann, Himmler als Ideologe, Göttingen 1970, S. 227

33 Hanns Johst, Ruf des Reiches – Echo des Volkes. Eine Ostfahrt! München 1942, S. 86f.

34 N. Ritter, Berliner Wanderbuch I, Berlin 1979, S. 97

35 Walter Kiaulehn, Berlin, Schicksal einer Weltstadt. München 1981, S. 218

36 Zit. nach: H. Kügler, a.a.O.

37 Th. Fontane, Wanderungen, a.a.O., Bd. IV

38 Zailonow, 1806, zit. nach R. Glatzer, a.a.O., S. 301

39 Th. Fontane, Wanderungen Bd. III, kapitel: »Der Eibenbaum . . .«

40 Winckler von Mohrenfels, Hebe, 1786, zit. nach: R. Glatzer, a.a.O., S. 38

41 Kuba, O Menschheit hilf, 1948, zit. nach: R. Greuner, a.a.O., S. 368.

42 W. Tilgner, zit. nach: R. Greuner, a.a.O., S. 557.

43 J. Trojan, Berliner Bilder, Berlin 1903, S. 21f.

44 P. A. Gette, in: »Exotik als Banalität«, Katalog Berlin 1980.

45 H. Heine 1828, zit. nach: Häßlin, a.a.O., S. 15.

46 H. v. Wedderkop, a.a.O., S. 12f.

47 K. Scheffler, a.a.O., S. 13.

48 A. Polgar, Wiener in Berlin, 1929, zit. nach: R. Greuner, a.a.O., S. 163.

49 E. Friedel, Berliner Beinbruch-Stein: in: Mitteilungren des Vereins f. d. Geschichte Berlins, No. 9, 1891, S. 128.

50 Th. Fontane, Wanderungen, a.a.O., Bd. IV.

51 F. Ponge, a.a.O., S. 113.

52 Die Ausstellung fand 1979 in der Galerie Gianozzo (Berlin) statt.

53 Marcel Broopdthaers, in: Ausst.-Kat. Köln 1980, S. 17.

Lothar Müller: Nervosität

1 Vgl.: Gottfried Korff, Mentalität und Kommunikation in der Großstadt. Berliner Notizen zur »inneren« Urbanisierung, In: Theodor Kohlmann, Hermann Bausinger (Hrsg.): Großstadt. Aspekte empirischer Kulturforschung, Berlin 1985.

Außerdem: Jürgen Reulecke, Geschichte der Urbanisierung in Deutschland, Frankfurt am Main 1985.

2 Walther Rathenau, Die schönste Stadt der Welt, in: Ders., Impressionen, Leipzig 1902, S. 137–163, hier S. 144. Der Aufsatz erschien erstmalig unter dem Pseudonym W. Hartenau im 15. Heft des 7. Jahrgangs der »Zukunft« (1899).

3 ebd., S. 144.

4 ebd., S. 145f.

5 Karl Scheffler, Berlin. Ein Stadtschicksal, Berlin Westend 1910, S. 15.

6 ebd., S. 205.

7 ebd., S. 235.

8 ebd., S. 51f. und 181. Zur »Physiognomielosigkeit« Berlins gehört die komplementäre Diagnose: »Es fehlt Berlin die Stadtlandschaft« (58). Der Polarität des Organischen und Anorganischen entspricht die des poetischen Paris und des prosaischen Berlin.

9 Franz Hermann Meißner, Moderne Menschen. Ein Berliner Roman, Neuausgabe mit einem Vorwort von Klaus Siebenhaar, Berlin 1987, S. 5. Meißner war Direktor verschiedener Panoramen, u. a. Direktor des Berliner Zoos wurde. Zu recht verweist Siebenhaar darauf, daß das Panorama ein wichtiges Formvorbild für Meißners Roman gewesen sein dürfte.

10 ebd., S. 350.

11 ebd., S. 279.

12 Alice Berend (= A. Breinlinger), Spreemann & Co., Berlin 1916, S. 7.

13 Vgl. hierzu vor allen den in Anm. 1) zitierten Aufsatz von Gottfried Korff, der im Anschluß an Willy Hellpach die »ethnoplastische Leistung« und mentalitätsprägende Kraft der Großstadt detailreich skizziert.

14 Karl Lamprecht, Deutsche Geschichte. Zweiter Ergänzungsband. Erste Hälfte. Zur jüngsten deutschen Vergangenheit, Freiburg 1903, S. 158f.

15 Georg Simmel, Philosophie des Geldes, Berlin 1977, S. 500. Vgl. auch die Überlegungen zur Bedeutung des Geldes für das Tempo des Lebens, S. 568ff. Simmels berühmter Essay »Die Großstädte und das Geistesleben« (1903) ist ein Extrakt seiner »Philosophie des Geldes«. Vgl. Georg Simmel, Das Individuum und die Freiheit. Essais, Berlin 1984, S. 192ff.

16 Hannes Böhringer / Karlfried Gründer (Hrsg.), Ästhetik und Soziologie um die Jahrhundertwende, Frankfurt am Main 1976, S. 259f.

17 Alice Berend, Spreemann & Co., a.a.O., S. 320.

18 Willy Hellpach, Nervosität und Kultur (= Kulturprobleme der Gegenwart, Band V), Berlin 1902, S. 133.

19 Ludwig Binswanger, Die Pathologie und Therapie der Neurasthenie, 1896, zit. nach Sigmund Freud, Die kulturelle Sexualmoral und die moderne Nervosität, in: Ges. Werke, Bd. VII (= Werke aus den Jahren 1906 – 1909), S. 141–167, hier S. 147.

20 Carl Ludwig Schleich, Vom Schaltwerk der Gedanken, Berlin 1916, S. 16f.

21 ebd., S. 254.

22 Walther Rathenau, Zur Kritik der Zeit, Berlin 1912, S. 15.

23 Willy Hellpach, Nervosität und Kultur, S. 28f.

24 Rudolf Vierhaus (Hrsg.), Das Tagebuch der Baronin Spitzemberg, geb. Freiin v. Varnbüler. Aufzeichnungen aus der Hofgesellschaft des Hohenzollernreiches (= Deutsche Geschichtsquellen des 19. und 20. Jahrhunderts, Band 43, Göttingen 1960, S. 381.

25 Richard Hamann, Der Impressionismus in Leben und Kunst, Köln 1907, S. 204. Daß der Kunststil des Impressionismus wie der »impressionistische« Lebensstil ästhetische bzw. soziale Ausdrucksform von »Nervosität« sei, gehört zu den Leitmotiven der zeitdiagnostischen Publizistik der Jahrhundertwende. Das beste neuere Buch zum Zusammenhang von Impressionismus, Wahrnehmungsgeschichte und Großstadt ist Christoph Asendorf, Batterien der Lebenskraft. Zur Geschichte der Dinge und ihrer Wahrnehmung im 19. Jahrhundert, Gießen 1984 (= Werkbund-Archiv, Band 13).

26 Martin Beradt, Der Neurastheniker, In: Max Brod (Hrsg.), Arcadia Jahrbuch für Dichtung, Leipzig 1913, S. 137–149, hier S. 143.

27 Carl Ludwig Schleich, Vom Schaltwerk der Gedanken, S. 254.

28 Willy Hellpach, Nervosität und Kultur, S. 37.

29 Walther Rathenau: Die schönste Stadt der Welt, S. 154. Rathenaus Klassizismus und sein Plädoyer für die konsequent moderne Stadt stehen in diesem Text in engem Zusammenhang. Vgl. hierzu Tilmann Buddensieg, Industriekultur. Peter Behrens und die AEG (1907), der anläßlich von Rathenaus Aufsatz auf die »klassizistische Wurzel der Moderne« verweist. Tilmann Buddensieg / Henning Rogge, Industriekultur. Peter Behrens und die AEG (1907–1914), Berlin 1978, S. 63 ff und S. 87, Anm. 172.

30 Karl Scheffler, Berlin. Ein Stadtschicksal, S. 246 ff. Vgl. zu Schefflers Diagnose den Essay »Die Modernität des Wilhelminismus« von Wolf Jobst Siedler, in: Ders., Weder Maas noch Memel, Ansichten vom beschädigten Deutschland, München 1985, S. 98 ff.

31 Egon Friedell, Ecce poeta, Berlin 1912, S. 259 f.

Manuel Köppen: Unterirdisches Berlin

1 Titel eines Korrespondentenberichtes der Zeitschrift »London und Paris«, Weimar 1799, 3. Stück, S. 220.

2 Aus dem Text einer Anzeige, in der für den Kolportageroman »Terese Humpert, die Millionendiebin von Paris« geworben wird, in: Fachzeitschrift für den Colportage-Buchhandel, Jg. 19, 1903, Nr. 1, S. 5.

3 Victor von Falk (d. i. Heinrich Sochaczewski), Der Scharfrichter von Berlin. Sensationsroman nach Acten, Aufzeichnungen und Mittheilungen des Scharfrichters Julius Krautz, Berlin 1889–90, S. 5–13.

4 Briefe über die Galanterien von Berlin, auf einer Reise gesammelt von einem österreichischen Offizier, Berlin 1782, Vorwort, S. I.

5 Ebenda, S. II.

6 Friedrich Nicolai, Leben und Meinungen des Herrn Magisters Sebaldus Nothanker (Berlin 1773–1776), Frankfurt/ M. – Berlin 1986, S. 195.

7 Ebenda, S. 200.

8 Ebenda, S. 202.

9 Ebenda, S. 252.

10 Ebenda, S. 15.

11 Ernst Dronke, Berlin, 2 Bde., Frankfurt/M. 1846, Bd. I, S. 102.

12 So die Eigenwerbung in einer späteren Folge der in Fortsetzungen erschienenen »Nächte«: Joseph Alois Mercy, Berlinische Nächte, 2 Bde., Leipzig und Zullichau 1803, Bd. I, S. 102.

13 Ebenda, Bd. I, S. 26.

14 Ebenda, S. 23.

15 Ebenda, S. 168.

16 Ebenda, S. 69.

17 Ebenda, die Zitate in Reihenfolge: S. 164, S. 162, S. 1, S. 146.

18 Ebenda, S. 249.

19 Dr. Morvell (d. i. C. Vollmer), Memoiren eines Berliner Nachtwächters, 6 Bde., Danzig 1845, Bd. I, S. 3.

20 Ebenda.

21 Ebenda, Bd. II, S. 42.

22 Albert Fränkel/Ludwig Köppen, Berliner Skizzen. Bilder und Charakteristiken aus dem Leben der Gesellschaft, 3 Bde., Berlin o. J. (1846, Zitate in Reihenfolge: Bd. I, S. 13, Bd. I, S. 172, ebenda, Bd. II. S. 74, Bd. II, S. 116, Bd. III. S. 78, Bd. I, S. 194 f, Bd. II, S. 25, Bd. II, S. 16).

23 Ebenda, Bd. I, S. 143.

24 Eine Nacht in Berlin oder die Geheimnisse eines Viktualienkellers. Aus den Papieren eines Nachtwächters, Demmin und Leipzig 1844, S. 8.

25 Die Geheimnisse von +++ – eine Satyre, Berlin 1843 (ein Druckbogen).

26 Friedrich Sass, Berlin in seiner neuesten Zeit und Entwicklung, Leipzig 1846, S. 88: »Man muß immer im Auge haben, daß Berlin die Stadt des Geheimnisses ist...«.

27 Die Geheimnisse von Berlin. Aus den Papieren eines Berliner Kriminalbeamten, 6 Bde., Berlin 1844, Bd. I, S. 26 f.

28 August Braß, Die Mysterien von Berlin, 2 Bde., Berlin 1844, Bd. I, S. 145.
29 Ebenda, Bd. I, S. 70 und S. 161.
30 Ebenda, Bd. I, S. 32 ff.
31 Das obligatorische Voigtland-Kapitel fehlt auch in L. Schubar's (d. i. R. Lubarsch) »Mysterien von Berlin« nicht (12 Bde., Berlin 1844/45), die sich ansonsten vornehmlich den Mysterien der Sittlichkeit widmen.
32 Die Geheimnisse von Berlin, a. a. O., Bd. VI, S. 183.
33 Ebenda, Bd. I, S. 19.
34 Ebenda, Bd. I, S. 24.
35 Alexander von Ungern-Sternberg, Neupreußische Zeitbilder, 3 Bde., Bd. I: Die Royalisten, Bremen 1848, S. 271.
36 Ebenda, S. 215.
37 Ebenda, S. 216.
38 Ebenda, S. 271.
39 W. Piersig (d. i. F. Goedsche), Mysterien der Berliner Demokratie. Ein Beitrag zur Aufhebung des Belagerungszustands und zur Reorganisation der Bürgerwehr, 1 Theil vom März bis 12. November 1848, Berlin 1849, S. 3.
40 Ebenda.
41 Ebenda, S. 7.
42 Ebenda, S. 70.
43 Vgl. zur Biographie Goedsches: Volker Neuhaus, Der zeitgeschichtliche Sensationsroman in Deutschland 1855 – 1878. »Sir John Retcliffe« und seine Schule, Berlin 1980, S. 11–36.
44 Zit. nach: Ferdinand Fischer, Preußen am Abschlusse der ersten Hälfte des neunzehnten Jahrhunderts, Berlin 1876, S. 248 f.
45 Zit. nach: Volker Neuhaus, a. a. O., S. 27.
46 Ein ausführliches, wenn auch nicht vollständiges Verzeichnis der Geheimnis-Titel findet sich in: Erich Edler, Die Anfänge des sozialen Romans und der sozialen Novelle in Deutschland, Phil. Diss., Berlin 1932, S. 130–132.
47 Zitate aus der Eingangspassage von: Max Kretzer, Die Bergpredigt, 3. Aufl., Berlin 1898.
48 Victor von Falk, a. a. O., S. 3120: »Abschied vom Leser«. Die verbürgte Abonnentenzahl betrug 260.000. Dennoch dürfte eine Schätzung der tatsächlichen Leserzahl in Millionenhöhe realistisch sein. Kolportagehefte wurden nicht ins Bücherregal gestellt, sondern von einem Leser zum nächsten weitergereicht oder auch – wie Arbeiterautobiographien belegen – im trauten Familienkreise oder am Arbeitsplatz vorgelesen.
49 Ebenda, S. 29.
50 Ebenda, S. 40 f.
51 Ebenda, S. 61.
52 Ebenda, S. 71 ff.
53 Vgl. die Annonce der »Geheimnisse von Berlin«, »Volksroman von Victor von Falk«, in: Fachzeitschrift für den Colportage-Buchhandel, Jahrg. VII, 1891, Nr. 2.
54 Ebenda, Jahrg. VI, 1890, Nr. 17.

Krull/Strohmeyer: Erotik d. Passage

1 Hans Fallada: Wolf unter Wölfen, Hamburg 1952, S. 63
2 ebd. S. 61
3 ebd. S. 63
4 Hanne Bergius: Berlin als Hure Babylon, in: Die Metropole. Industriekultur in Berlin im 20. Jahrhundert, hg. von J. Boberg, T. Fichter u. E. Gillen, München 1986, S. 116
5 Egon Erwin Kisch: Geheimkabinett des Anatomischen Museums, zit. nach: Johannes Geist: Passagen. Ein Bautyp des 19. Jahrhunderts, München 1979, S. 140
6 ebd. S. 146
7 Walter Benjamin: Das Passagenwerk, in: W. B.: Gesammelte Schriften Bd. V, 2, hg. von Rolf Tiedemann, Frankfurt/M. 1982, S. 1041
8 ebd. S. 1042
9 ebd. S. 1054
10 Siegfried Kracauer: Abschied von der Lindenpassage, in: S. K.: Das Ornament der Masse, Frankfurt a. M. 1963, S. 331
11 Hedwig Rohde: Die Passage, in: Wolfgang Weyrauch (Hg.): Das Berlin Buch, Leipzig 1941

12 ebd. S. 142
13 S. Kracauer: a. a. O., S. 329
14 ebd. S. 332
15 Eduard Tewes: Zwischen Halleschem und Oranienburger Tor, in: Spandauer Volksblatt vom 22. 3. 1960, Berlin 1960

Knut Hickethier: Kino, Kino

1 Egon Friedell: Prolog vor dem Film. In: Blätter des Deutschen Theaters 2/1912, S. 509 ff.
2 Hans Thies Lehmann: Die Raumfabrik. Mythos im Kino und Kinomythos. In: Karl Heinz Bohrer (Hrsg.): Mythos und Moderne. Frankfurt/M. 1983, S. 573.
3 Paul Grulich: Dämon Berlin. Aufzeichnungen eines Obdachlosen. Berlin o. J. (Sonderabdruck aus ›Das Deutsche Blatt‹), S. 5.
4 Thea von Harbou: Metropolis. Roman. Berlin 1926, S. 15.
5 Emilie Altenloh: Zur Soziologie des Kinos. 1914. Nachdruck Hamburg 1977, S. 74.
6 Paul Virilio: Krieg und Kino. München 1986, S. 22.
7 Wolfgang Schivelbusch: Lichtblicke. Zur Geschichte der künstlichen Helligkeit im 19. Jahrhundert. München 1983, hier zit. nach der TB-Ausgabe Frankfurt/M. 1986, S. 209.
8 Heinz Grothe: Volkstümlicher Film. In: Berliner Börsenzeitung vom 16. 2. 1934.
9 Erwin Panowsky: Stil und Stoff im Film. In: Filmkritik 6/1967, S. 345.
10 H. Th. Lehmann, a. a. O. (Anm. 2), S. 574.
11 Alfred Frhr. v. Berger: Meine Hamburgische Dramaturgie. Wien 1910, S. 78.
12 Friedrich Kranich: Bühnentechnik der Gegenwart. München/Berlin 1929, Bd. II, S. 127.
13 Béla Balázs: Der Geist des Films. 1930. Nachdruck: Frankfurt/M. 1972, S. 50.
14 Lehr in: Berliner Tageblatt vom 15. 6. 1913.
15 B. Balázs, a. a. O. (Anm. 11), S. 57.
16 Siegfried Kracauer: Film 1928. In: Frankfurter Zeitung, 30. 11./1. 12. 1928.
17 Uta Berg-Ganschow: Von oben. In: Berlin. Außen und Innen. Hrsg. von Uta Berg-Ganschow. Berlin 1984, S. 8.
18 Ebd.
19 Pressematerial zu »Zischke«. Basis Filmverleih. Berlin 1986.
20 Momos (d. i. Walter Jens): Schattenbeschwörung. In: Die Zeit vom 25. 9. 1970.
21 Siegfried Kracauer: Berliner Landschaft. In: Frankfurter Zeitung am 8. 11. 1931.
22 Siegfried Kracauer: Von Caligari zu Hitler. Frankfurt/M. 1979, S. 236.
23 B. Balázs, a. a. O. (Anm. 11), S. 20.
24 Béla Balázs: Der sichtbare Mensch. Wien/Leipzig 1924. Nachdruck Hamburg 1977, S. 73 f.
25 Walter Turszinsky: Berliner Theater 2. Aufl., Berlin 1906, S. 69 ff.
26 Dazu: Knut Hickethier (Hrsg.): Grenzgänger zwischen Theater und Kino. Schauspielerporträts aus dem Berlin der zwanziger Jahre. Berlin 1986 (Edition Mythos Berlin).
27 Alfred Döblin: Das Theater der kleinen Leute. In: Das Theater 1919, S. 191. sowie: Walter Serner: Kino und Schaukunst. In: Die Schaubühne 1919, S. 807 f.
28 Walter Hasenclever: Tageskino. In: Herbert Günther (Hrsg.): Hier schreibt Berlin. 1929. Nachdruck München 1969, S. 178.
29 Siegfried Kracauer: Kino in der Münzstraße. In: Frankfurter Zeitung vom 2. 4. 1932.
30 W. Hasenclever, a. a. O. (Anm. 27).
31 S. Kracauer, a. a. O. (Anm. 28).

Werner Theuer: Zeitungsstadt

1 Tucholsky, Kurt: Von dem Manne, der keine Zeitungen mehr las. In: Ausgew. Werke, Bd. 1. Berlin: Volk u. Welt 1979, S. 61.
2 Mendelssohn, Peter de: Zeitungsstadt Berlin. Berlin: Ullstein 1982

Klaus Strohmeyer: Stadtverkehr

1 Hildegard von Spitzemberg, Das Tagebuch der Baronin Spitzemberg geb. Freiin von Varnbüler. Aufzeichnungen aus der Hofgesellschaft des Hohenzollernreiches, ausgew. und hg. von Rudolf Vierhaus, Deutsche Geschichtsquellen des 19. und 20. Jahrhunderts, hg. von der Historischen Kommission der Bayerischen Akademie der Wissenschaften, Bd. 43, Göttingen 1960, S. 381
2 Joachim von Bülow, Berliner Vehikel, in: Vossische Zeitung vom 13. Februar 1913, Abendausgabe.
3 Ebd.
4 Sigmund Freud, Massenpsychologie und Ich-Analyse, Frankfurt am Main und Hamburg, S. 56.
5 Alfred Döblin, Berlin Alexanderplatz, München 1966, S. 147.
6 Richard Korherr, Berlin, in: Süddeutsche Monatshefte, H. 6, 27. Jg., März 1930, München, S. 378 f.
7 Wolfgang Schivelbusch, Geschichte der Eisenbahnreise. Zur Industrialisierung von Raum und Zeit im 19. Jahrhundert, München, Wien 1977, S. 55.
8 Irmgard Keun, Das kunstseidene Mädchen, Düsseldorf 1981, S. 101 f.
9 Christopher Isherwood, Leb wohl, Berlin, Frankfurt am Main, Berlin 1986, S. 5.
10 Wilhelm Speyer, Charlott etwas verrückt, Berlin 1927, S. 53.
11 Ebd., S. 59.
12 Paul Gurk, Berlin, Berlin, Darmstadt 1980, S. 16.

Gabriele Gericke: Russische Emigranten

1 Ilja Ehrenburg: Menschen Jahre Leben, 2. Band 1923 – 1941. (Kindler Sonderausgabe) München 1965.
2 Gleb Struve: Russkaja literatura v izgnanii. Paris 1984.
3 Peter Drews: »Schriftsteller am Scheideweg«. Anzeiger für slavische Philologie, Band XII. Graz 1981.
4 Wladimir Majakowski: Werke, (übertragen von Hugo Huppert) Band IV. Frankfurt am Main 1971.
5 Robert C. Williams: Culture in Exile. Ithaca 1972.
6 Hans Erich Volkmann: Die russische Emigration in Deutschland 1919–1929. Würzburg 1966.
7 Berliner Börsen-Courier vom 28. 4. 1929.
8 Ilja Ehrenburg (siehe Anm. 1)
9 W. Majakovskij: Werke, Band I, a. a. O. (Anm. 4).
10 Fleischmann / Hughes / Raevskaja-Hughes: Russkij Berlin. Paris 1982.
11 Ilja Ehrenburg (siehe Anm. 1)
12 Edouard Roditi: Dialoge über Kunst. Frankfurt am Main 1973.
13 Ilja Ehrenburg (siehe Anm. 1)
14 Viktor Šklovskij: Zoo oder Briefe nicht über die Liebe (Übers. von Alexander Kaempfe). Frankfurt am Main 1980.
15 Viktor Šklovskij: Erinnerungen an Majavskij (Übers. von Roger Reimar). Frankfurt am Main 1966.
16 Maxim Gorkij: Erinnerungen an Zeitgenossen. Frankfurt am Main 1973.
17 Ilja Ehrenburg (siehe Anm. 1)
18 Vladimir Nabokov: Frühling in Fialta. 23 Erzählungen. Reinbek 1966. – Stadtführer durch Berlin (übers. von Wassili Berger)
19 Ute Frings: Verachtet im gelobten Land. Exil in Berlin. In: Zitty Nr. 5, 1987. Walter Andreesen: Berlin und die russische Literatur der zwanziger Jahre. Mitteilungen der SBPK 4 (1983) 1. Vladimir Nabokov: Maschenka (dt. v. Klaus Birkenhauer). Reinbek 1981.
20 Ilja Ehrenburg (siehe Anm. 1)

Ralf Schnell: Gescheiterte Hoffnung

1 Ricarda Huch: Begrüßung. In: Ost und West 1 (1947). H. 4. Oktober 1947, S. 25.
2 Karla Höcker: Aus einem Berliner Tagebuch. In: Berliner Almanach 1947. Hrsg. von Walther G. Oschilewski und Lothar Blanvalet. Berlin 1947, S. 257 und S. 261 f. – Eine erweiterte Fassung dieser Aufzeichnungen liegt vor unter dem Titel:

Kaiser's Gloria: Weil Feiern Bären hungrig macht.

Spree-Knacker sind es. Und Mariendorfer Würstchen. Auch Garnison Potsdam Kartoffelsuppe. Oder Jubel Pils.

Sie und viele andere sind Kaiser's Gloria – Berliner Spezialitäten zur 750-Jahr-Feier.

Das ist Kaiser's Art, Bären hochleben zu lassen.

KAISER'S feiert Berlins Geburtstag. Feiern Sie mit!